딸에게 보내는 인문학 편지

배우고 사랑하고 살아 낼 딸에게 건네는 위대한 고전들

딸에게 보내는
인문학 편지

맷 뷰리에시 지음 | 김미선 옮김

유노
북스

《딸에게 보내는 인문학 편지》에 쏟아진 찬사

"부모로서, 사는 동안 켜켜이 쌓아 온 지혜를 아이들에게 전해 줄 필요가 있다고 느낀다. 하지만 그다지 대단치는 않을 것이다. 맷 뷰리에시는 이런 보편적인 충동을 확장시킨다. 사랑하는 딸 바이올렛의 삶에 서구 위인의 명작을 들여놓았다. 이 과정을 통해 그는, 살면서 받았던 도전기를 딸과 나누고 가장 어려운 시기에 고전이 어떤 도움이 되었는지 말한다. 이 책은 단순한 회고록 이상이다. 개인의 삶에 고전이 얼마나 많은 힘과 가치를 심어 주는지 풍부한 예시로 보여 준다."

존 패리시 피드(미국 국립인문재단 의장)

"실로 범상치 않은 책이다. 저자 뷰리에시가 딸 바이올렛에게 쓴 것이기는 하지만, 우리 모두 의미 있는 책을 읽는다는 게 무엇인지 고찰하며 읽으면 좋겠다. 우리 모두 위대한 고전이 오늘, 여기, 지금 제시하는 메시지에 대해 깊게 생각해 볼 필요가 있다."

브렛 롯(《딸아, 다시 태어나도 너를 사랑하련다》 저자)

"이 책은 딸에게 보내는 아버지의 편지이면서, 우리 시대에 지식의 문을 열어 주는 지침서 역할을 자처한다. 솔직하고, 사적이면서, 폭 넓은 식견을 자랑하며, 가식 없고, 지혜롭다. 수많은 젊은이에게 더할 나위 없이 좋은 선물이 될 것이다."

기시 젠《세계와 마을》저자)

"진심이 가득 담긴 책. 사적인 동시에 광범위하다. 도덕적·정치적 혼란을 겪고 있는 이 시대에, 맷 뷰리에시의《딸에게 보내는 인문학 편지》는 아버지의 보드라운 유머와 넘치는 애정이 결합된, 열정 넘치고 박식한 치유제이다."

딘티 W. 무어《공황과 욕망 사이》저자)

"맷 뷰리에시는 딸 바이올렛이 갈등투성이 사회의 시대를 맞이하기에 앞서, 일련의 편지를 통해 서구 문헌을 이해하기 쉽고 유창한 어조로 만들어 보여 준다. 세계의 위대한 사상가들을 분석하면서, 그는 딸에게 인간의 삶에 있어 도덕·정의·책임·기질 등 시대를 초월하는 본질에 대해 조언한다."

힐마 월리처《결말》저자)

"저 위대한 인물들이 누구인지 잘 모르겠다면, 여기 당신의 공부를 도와줄 훌륭한 방법이 있다."

앨런 추즈(작가, NPR 비평가)

딸아, 내 가장 좋은 생각을 네게 주고 싶어

2015년 4월 8일 씀
2028년 9월 1일 읽을 예정

사랑하는 바이올렛에게,

네가 태어났을 때 아빠는 책 한 권을 선물하기로 약속했었다. 나는 수중에 돈이 없었고, 직업도 불안정했어. 세상은 미쳐 돌아가고 있었지. 하지만 책 한 권쯤은 써 줄 수 있겠지 생각했단다.

내가 글쓰기 재능을 타고났다고 말할 수도 있겠지만, 그건 사실이 아니야. 너처럼 작았기 때문에 글을 쓰게 된 거란다. 아빠가 어렸을 적에는 말이다, 큰지 강한지 빠른지 따위와 글 쓰는 행위는 아무런 상관이 없었어.

아빠는 이른 나이에 글쓰기로 주목받았단다. 사람들은 나를 격려해 줬지. 나는 그대로 밀고 나갔어. 하지만 이 책에 등장하는 작가들과 같은 궤도엔 오르지 못했지.

이 책 어디서든 부족한 점이 있다고 해도 그건 오롯이 아빠의 잘못이다. 그런 부족함으로 이 책에서 소개하는 작가들이 오해를 받는다면 너와 그들에게 사과하마. 이 책에 담긴 업적들은 많은 시간과 관심이 필요하고, 똑똑한 사람들은 그 의미를 두고 의견을 달리 하기도 해.

아빠는 바이올렛 네가 이 책에 소개된 고전들을 읽으면 좋겠다. 조언이 필요하다면 최고의 조언을 해 줄 수 있지만, 이 책이 그 역할을 충분히 대신할 수 있을 거야.

나는 이 책으로 위인의 고전들을 네 삶에 들여놓고자 했다. 내 지난날과 함께, 네 삶에 도움이 되는 지혜가 전해지면 좋겠구나. 내 가장 좋은 생각을 네게 주고 싶은 생각뿐이야, 바이올렛.

네가 이 책을 읽었으면 하는 데에는 여러 가지 이유가 있어. 우선, 이 책이 있기까지 가장 큰 영향을 준 《서구의 명작들》 시리즈는 아빠에게 매우 중요한 책이라서 너와 함께 나누고 싶다.

이 시리즈에서 소개하는 위인들은 네게 환상을 통해 보는 법을 가르친단다. 또한 네 자신과 스승 모두에게 질문을 하라고 주문하지. 그렇다고 이 시리즈의 책들만 읽을 수 있는 것도 아니고, 그래서도 안 돼. 하지만 네가 플라톤을 건너뛰어도 된다는 말은 아니야.

그래, 너는 이들에게 도전해야 해. 반론도 제기해야 해.

다양성에 관해서라면, 이들은 다른 시대에서 왔고 국가, 종교, 정치, 경제, 과학, 문화적 관념을 달리 해. 쓰는 언어도 다르고 다른 나라에 살았어. 우리가 국가라고 생각하지 않는 정치 체제에서 살기도 했지. 물론 세상을 바라보는 관점도 서로 달라.

이들이 공통적으로 공유하는 한 가지 사실은, 비단 국가, 종교, 경제 또는 정당의 단위로서뿐만 아니라 인간으로서의 삶에 관심을 갖는 걸로 보인다는 점이지. 그런 체제야 당연히 고려 대상에 포함되고, 어떻게 제대로 조직할까 고민했을지 몰라.

이들은 또한 상황을 더 좋게 만들고자 노력했고 고문이나 죽음도 불사했어. 각기 다른 시기의 지배 계급에 막대한 손해를 끼치기도 했기 때문에 외면당하거나 처벌받기 일쑤였지. 하지만 이들은 시대의 환상에서 벗어날 능력이 있었고, 용기와 정직 그리고 공감과 논리로 상황을 살필 수 있었어.

이들은 네게 어떻게 생각하라고 가르치지 않아, 무엇을 생각해야 하는지 가르치지. 그래서 아빠가 너를 위해 상을 차려 놓은 거란다.

네가 이 책을 읽을 즈음, 너는 날개 다는 법만 배우겠지. 환경에 적응하고, 기술을 활용해, 달인이 되는 법을 배울 거야. 21세기의 일꾼이 되는 법을 말이야. 그러나 그 모든 일에 앞서, 너는 영혼을 가진 인간이야.

아빠는 우리에게 영혼이 있다고 믿어, 바이올렛.

사랑을 담아,

아빠가

저는 전하에 대한 충성심의 증거물로 뭔가를 바치고자 했습니다. 제가 가진 것 중 근래 일어난 사건에 대한 지속적인 경험과 고대에 대한 끊임없는 연구로 얻어 낸 위대한 인물들의 지식만큼 귀중하고 가치 있는 건 없다는 걸 알게 되었습니다. 저는 이 사안을 심혈을 기울여 오랫동안 검토해 왔으며, 결과물을 작은 책 한 권에 담아 전하께 바칩니다.

이 책을 전하께 드리기에 다소 부족하다고는 생각되오나, 오랜 세월 동안 수많은 곤경과 위험을 무릅쓰고 배운 걸 최대한 짧은 시간에 이해하실 수 있도록 썼기에 전하께서 이보다 더 좋은 선물은 없으리라 여기시고 받으시리라 믿습니다.

저는 말을 부풀리거나 미사여구를 쓰지 않았으며, 많은 이가 작품을 만들고 꾸밀 때 쓰곤 하는 기교나 장식도 하지 않았습니다. 제 책이 존중받아야 한다면, 소재의 진실성과 주제의 중요성으로 받아들여지길 바라기 때문입니다.

부디 저의 작은 선물을 받아 주십시오. 전하께서 이 책을 꼼꼼히 읽고 그 뜻을 숙고하신다면, 저의 간절한 바람, 즉 운과 더불어 전하께서 약속하신 다른 요인으로 위업을 달성해야 한다는 뜻을 아시게 될 것입니다.

니콜로 마키아벨리, 《군주론》

Part 1

네가 진정
원하는 삶을 살아라

Chapter 1.
누구에게 뭐든지 질문하렴

플라톤, 《소크라테스의 변명》

네 엄마는 뭔가 잘못되었다고 생각했지. 너를 "느낄 수" 없다고 했어. 나는 네가 괜찮다고 느꼈어. 내가 네 엄마의 배에 손을 얹으면 너는 발을 힘껏 찼지. 3일 전 우리는 손가락을 힘차게 빨고 있는 네 모습을 초음파로 봤어. 심장 뛰는 소리도 듣고 말이야. 의사 말로는 네가 딸꾹질을 했다더구나.

네 엄마는 시도 때도 없이 뭔가 잘못되었다고 생각했어. 지금껏 의사에게 열댓 번은 더 가 봤지만 돌아오는 말이라고는 괜찮다뿐이었지. '또 시작이야, 나는 곁눈질하며 생각했어. 또 잘못 짚었다고.

나는 네 엄마에게 누워서 15분 정도 기다려 보라고 했지, "신경과민일 뿐이야"라고 말하면서. 나는 회사에서 동료들과 함께 '오버가 심한 임산부 아내'에 대해 농담을 주고받았어.

네가 태어나려면 두 달은 더 있어야 하는데 말이야. 내 달력에 적혀 있었지. 5월 19일 오전 아홉 시, 바이올렛. 재무 회의라고 써진 곳 바로 옆에. 하지만 네 엄마는 고집을 꺾지 않았어.

내가 얼마나 바쁜지 몰랐던 걸까? 매주 임신으로 공포에 떨고 있을 여유 따윈 없었다고. 해야 할 아주 중요한 일이 있단 말이야! 나는 최고 경영자였어. 기업을 책임져야 하는 막중한 임무가 있었지.

그 일이 있고 불과 3일 뒤 나는 내 인생에서 가장 중요한 회의를 하러 떠났어. 비서는 덴버에 멋진 고급 호텔을 예약해 줬지. 내가 덴버에 도착하자 리무진 운전사가 내 이름이 쓰인 팻말을 들고 공항의 짐 찾는 곳까지 와 줬어. 호텔에 체크인할 땐 총지배인이 손수 문 앞까지 와서 맞이해 줬지.

그가 손을 내밀며 인사했어. 게다가 내 이름도 정확하게 말했지 뭐야. 지배인이 내 이름을 똑바로 발음하도록, 누군가가 신경을 많이 써 줬구나 하는 생각이 들더구나. 그러고 나서 내게 옷깃에 꽂을 수 있는 특별한 브로치를 건네줬지. 파인애플 모양이었는데, 내가 호텔에 머무는 동안 호텔 직원들이 알아야 할 사항이 쓰여 있었어. '이분이 요청하는 건 무엇이든 해 드리도록.' 귀빈실에는 내가 가장 좋아하는 맥주 여섯 팩이 기다리고 있었지.

"이번엔 정말이야, 진짜로 뭔가 잘못됐다니까."

네 엄마가 말했어. 나는 한숨을 푹 쉬고, 중요한 회의와 미팅을 남겨 두고 병원에 갈 수밖에 없었지. 의사는 진찰 기록지를 끼운 클립보드로 네 엄마의 팔을 톡톡 치며 안심시키듯 말했어.

"뭐든 너무 완벽하고 의욕에 넘칠 필요는 없어요."

| 네가 태어날 때 어쩔 못했어

6일 뒤 내가 미국 저 반대편에서 중요한 담화를 하고 있을 때, 네 엄마는 죽음 직전까지 갈 정도로 하혈을 하고 말았어. 의사들은 제왕절개로 너를 세상 밖으로 꺼냈지. 엄마는 겨우 1.6킬로그램밖에 되지 않았던 네가 태어나기 전까지 진통을 20분밖에 하지 않았단다. 의사는 그제야 인정했어.

"우리가 뭔가 놓쳤을 가능성도 있어요."

너를 처음 봤을 때, 비행기 승무원은 내게 휴대폰 전원을 끄라고 말했어. 네 할아버지가 이메일로 네 사진을 보내 주셨지. 네가 누워 있는 모습이 보였어. 의식 없이 작은 손을 절반 정도 쥐고 뻗은 모습. 너는 투명한 플라스틱 상자에 누워 고통스러워하고 있었어.

거대한 관이 너의 얼굴 전체를 덮고 있었고 여기저기 전선투성이었어. 배꼽에는 영양을 공급하는 관이 꽂혀 있었고. 네 발끝에서는 모니터가 삐삐 소리를 내며 번쩍이고 있었지. 마치 사악한 과학자들이 네게 전지전능한 힘을 주려고 애쓰는 듯했어. 네 폐가 제대로 작동하지 않아 금방이라도 목숨을 잃을 것 같던 상황만 제외하고 말이야.

우리는 너를 안을 수 없었어. 네게 젖을 먹일 수도 없었지. 신생아 중환자실 위층에서 네 엄마는 대수술을 받고 회복하던 중이었단다. 네 엄마와 네가 잠들었을 때 의사가 내게 말했단다.

"둘 다 교통사고를 당한 상황과 비슷해요."

너는 소화도 제때 시키지 못해 의사들이 정맥주사를 놓았어. 황달 증세가 보이면 전열 램프 아래 너를 놓았지. 폐도 완전히 발달하지 못해 호흡관을 삽입할 수밖에 없었어. 뇌에 산소가 희박해지는 증상이 일어날 가능성도 있었단다. 의사들은 '내일이면 어떤 상황인지 더 확실히 알게 되겠지'라고 생각했을 거야. 아는 게 없었어. 나는 동의서에 몇 장 더 서명해야 했어.

병동에는 너 같은 아기들이 또 있었지. 아기들 곁에는 부모들도 함께 있었는데, 우리는 서로를 보며 고개만 끄덕일 뿐 한마디도 나누지 않았단다. 신생아 중환자실에 있던 다른 부모들에게도 말을 걸지 않았어, 그들도 마찬가지였고. 어떤 아기들은 병실을 떠났고, 다른 아기들은 그러지 못했어.

너는 네 인생의 첫 달을 인큐베이터 안에서 보냈어. 며칠 동안은 팔을 쭉 뻗은 모양새로 누워 있었지. 마치 일광욕을 즐기는 것처럼 말이야. 내가 보기에, 바이올렛 네 타고난 본성을 말해 주는 것 같았어. 너는 언제나 역경을 잘 이겨 냈지. 너는 생애 첫 순간부터 활기 넘치고 강인했어.

나는 역경에 잘 대처하지 못해, 활기 넘치지도 않고. 몇 달 전부터 잠도 설치고 있는걸. 하루에 잠자는 시간이 네 시간도 채 되지 않아. 네가 태어나기 전날 밤, 나는 덴버에 있는 그 좋은 방에서 한숨도 잘 수 없었어. 내 '중요한' 업무 때문에 걱정과 두려움에 시달려서 말이야.

나는 조만간 실직할 거라는 것도 알고 있었어. 회사에서 쫓겨나면 어떻게 해야 하는 걸까, 도저히 갈피를 잡을 수 없었어. 2010년은 경기 침체가 절정에 달할 때라서 일자리 구하기도 매우 어려웠거든. 몇 군데에서 제안을 받긴 했지만, 모두 통근 거리가 한 시간 반이나 되는 워싱턴에 있었어.

우리는 이사할 수 없었단다, 집을 팔 수 없었지. 부동산 붕괴가 절정에 달할 즈음 우리 집값이 반토막 나 버렸어. 집값보다 은행 빚이 더 나갔던 거야. 설령 집을 사겠다는 사람이 나타나더라도 팔 여력이 없었던 거지. 게다가 주택 담보 대출을 갚으면서 월세를 살 수도 없었고 말이야. 당시에 많은 이가 그랬던 것처럼, 우리는 궁지에 몰려 이러지도 저러지도 못했어.

네 엄마가 회복하기까지는 수개월이 걸릴 터였고, 네 몸무게는 1.8킬로그램도 채 나가지 않았지. 매시간 너를 먹여야 했어. 적어도 1년 이상은 교직에 돌아가지 못할 거야. 은행에 저축해 놓은 게 좀 있기는 했지만, 고작 몇 달 정도만 쓸 수 있을 정도였고. 이제 나는 가족들을 위해 어떻게 해야 하지? 우리는 뭘 해야 하나?

아빠는 최악의 시나리오에 시선을 고정했어. 분명히 실직자 상태로 계속 있을 테고, 저축한 돈을 까먹으며 집도 잃고 말겠지. 네가 태어나기 전부터, 이미 불면증과 걱정에 미칠 지경이었고 스트레스는 몸 전체에 그대로 드러났어. 세 달 동안 9킬로그램이나 빠졌단다. 손과 발은 깊고 고통스러운 상처로 점철되었지. 상처를 덮으려 거대한 거즈 밴드와 의료용 테이프로 둘둘 말았어. 마치 투명인간 같았지 뭐냐.

너와 네 엄마가 병원에서 퇴원하는 날이 가까워 오고 내 안의 공포가 속을 뒤집어 놓을 즈음, 나는 밤마다 집에 가서 간호할 준비를 했단다.

어느 날 밤, 나는 방에 있던 키 큰 책장 몇 개를 치웠어. 쉰네 권이나 되는 《서구의 명작들》시리즈를 싸기 시작했지. 그 책들은 벼룩시장에서 50달러를 주고 샀는데 우리 집의 훌륭한 장식품 역할을 했단다. 주위에 그 책이 있는 모습이 좋았어. 대학 다닐 때 몇 권은 읽기도 했는걸. 하지만 대부분은 똑똑해 보이고 싶어서 꽂아 놓은 거였어.

청소하다가 한숨 돌릴 겸 첫 번째 책을 펼쳐 보았어. 편집자는 '10년의 독서'라는 이름으로 읽기 목록을 정리해 놓았지.

목록의 첫 번째 책은 플라톤의 《소크라테스의 변명》이었단다.

| 네 생각의 틀은 플라톤이 만들었다

그리스 시대에 'apologia'라는 말은 우리가 으레 알고 있는 '사과'의 의미가 아니야. 그보다는 '방어적 진술'을 의미하지. 고대 아테네 재판의 맥락에서 보면, 고소당한 사람은 늘 'apologia'를 했어. 오늘날 피고가 자신을 방어하기 위해 진술을 하는 방식이지.

플라톤의 《소크라테스의 변명》은 철학자 소크라테스가 기원전 399년 아테네 재판정에 섰을 때, 자신을 변호하는 진술에 관한 내용이란다. 소크라테스는 무신론자에 아테네의 젊은이들을 타락시켰다는 죄목으로 기소되어 재판에 섰고, 사형 선고를 받았어. 그는 자신에게 내려진 형을 받아들이고 독배를 마셨단다. 아무 거리낌 없이 당당하게.

소크라테스는 역사적으로 실재했던 인물이지만 정작 그 자신은 아무것도 쓰지 않았어. 썼다고 해도 잃어버렸겠지.

소크라테스가 처형당한 후 그의 제자였던 플라톤은 소크라테스를 주인공으로 그려 냈어. 역사적으로 알고 있는 소크라테스—비극적인 운명이었지만 모두를 귀찮게 했던 고귀한 철학자—는 대부분 플라톤의 시각에서 왔다고 해도 과언이 아니야.

소크라테스를 기리고자 그렇게 했는지도 모르고. 따라서 그의 가르침을 충실히 기록하고, 그의 가장 좋은 능력만 담아냈지. 플라톤은 자신의 사상을 발전시키기 위해, 소크라테스를 단순히 등장인물로 삼았을지도 몰라.

둘 다일 수도 있고. 그건 크게 중요하지 않아. 소크라테스의 화법은 우리 서구적 사고방식에 너무나도 깊게 배어 있어서, 그보다 앞선 세상을 상상하기 어렵단다.

바이올렛, 너는 하나의 독립적인 개체일지는 몰라도 너의 생각과 생각하는 방식은 플라톤이 틀을 만들었어. 어떤 면에서 우리는 모두 플라톤 학파라고 볼 수 있지. 이 책에 나온 작가들도 사실 다 그래. 많은 이가 플라톤에게 응답을 보내지. 그가 세상을 떠난 지 몇천 년이 지났는데도 말이다.

마케도니아가 부상하면서 아리스토텔레스가 처음으로 응답을 했어. 그는 상당히 반대편의 입장에서 플라톤의 사상을 대부분 부정했지. 수 세기가 지나고 로마 제국이 지배했을 때는 아우구스티누스가 플라톤의 도움을 받아 기독교를 받아들였어. 르네상스 시대에 이르러 마키아벨리는 플라톤의 사상이 현실 세계의 철저한 검증을 배겨 낼 수 없다고 주장했지. 산업혁명 이후에는 칼 마르크스가 플라톤식 관념은 억압의 도구에 지나지 않다고 했고.

플라톤은 목록에 나온 여느 사람과는 달라. 이 책에 나온 목록은 플라톤 덕분에 존재한단다. 그리고 플라톤 화법에서 영웅은 바로 소크라테스야.

| 지혜는 정녕 쓸모가 없는 걸까

소크라테스는 지혜를 사랑했어. 그는 부나 권력, 영광, 존경 등을 추구하지 않았지. 결과적으로 이런 걸 충분히 얻은 것 같긴 하다만. 그는 평생을 지혜를 추구하면서 보냈단다. 그리고 인생 말년에는 자신에게 지혜가 전혀 없다고 태연하게 인정했어.

소크라테스는 자신에게 내려진 형에 응답하는 과정에서, 자신은 무신론자가 아니며 젊은이들을 타락으로 몰고 가지 않았다고 해명했어. 자신을 향한 기소는 날조된 거라고 말이야. 그는 자신을 향한 가장 치명적인 비난은 '무언', 즉 말하지 않는 거라고 했어. 일부 아테네인들은 소크라테스가 스스로를 현명한 사람이라고 믿기 때문에 벌을 주길 원했지.

소크라테스는 법정에 서서 어떻게 자신이 현자라는 평판을 얻게 되었는지 설명했어. 오래전 그와 친구는 델포이 신전의 사제에 찾아간 적이 있지. 친구는 사제에게 이 세상에 소크라테스보다 더 현명한 사람이 있는지 물어보겠다고 다짐했어.

제 친구는 사제에게, 저보다 더 현명한 사람이 있는지 물어봤습니다. 그랬더니 선지자께서 대답하시길, 저보다 더 현명한 이는 없다고 했습니다.

소크라테스는 그 말의 뜻이 다음과 같을 수 있다는 걸 몰랐어.

저는 스스로에게 물었습니다. 신이 의미하시는 게 뭘까? 그리고 그

수수께끼의 뜻이 뭘까? 내게 지혜가 없다는 사실은 내가 아는데. 신께서는 무슨 의미로 내가 가장 현명한 사람이라고 말씀하시는 걸까? 그리고 그는 신이므로 거짓말을 할 리가 없어. 그건 자연을 거스르는 행위이니까.

소크라테스는 신을 시험해 보기로 마음먹었어. 그는 정치가, 시인, 장인 등 자신보다 현명하다고 확신하는 사람들을 몽땅 찾아갔지.

우선 소크라테스는 지혜롭기로 소문난 정치가를 찾아갔단다. 이 특별한 정치가는 막강한 권력을 자랑했지. 소크라테스는 이 정치가가 자신보다 더 현명하다는 걸 증명해 냄으로써 신의 뜻을 금세 반박할 수 있을 터였어. 하지만 정치가와 이야기를 나눈 소크라테스는 몹시 놀랐단다.

그와 대화를 나눈 순간, 그가 실제로는 현명하지 못하다는 걸 인정하지 않을 수 없었습니다. 비록 많은 이가, 그리고 그 스스로도 그가 현명하다고 여기지만 말입니다.

소크라테스는 위대한 시인을 찾아가기로 했지. 그는 틀림없이 지혜로울 거야! 아름다운 작품을 만들어 사람들을 감동시키니까. 고대의 위대한 시구를 암송할 줄도 알아. 하지만 역시, 소크라테스는 실망하고 말았어.

시인 당사자보다 여기 있는 다른 사람이 시인의 시에 대해 더 잘 말할 수 있을 겁니다.

소크라테스는 시인이 신의 영감을 받아 시를 짓는다는 결론을 내렸지. 그들은 그런 재능을 가졌을 뿐 지혜로운 건 아니었어. 하지만 정치가와 마찬가지로, 시인은 스스로가 지혜롭다고 생각했지.

다 좋아, 장인에게 가야겠다. 그들은 나보다 현명할 거야. 사회에 유용하면서도 필요한 물건을 만드니까.

하지만 역시, 장인은 돈을 관리하고, 배를 만들거나, 말굽을 만들기 때문에 지혜롭다고 생각한다는 걸 알게 되었어. 소크라테스는 다른 사람들을 떠났을 때와 같은 이유로 그들로부터 벗어났지.

음, 그들 역시 지혜롭지는 않구먼. 하지만 그들도 역시, 스스로 지혜롭다고 생각하는구나.

소크라테스는 정치가와 시인, 장인 등 모든 이를 화나게 만들었어. 그들이 가지고 있는 지식이 돈 한 푼의 가치조차 없다고 말했거든. 소크라테스는 이게 그가 재판정에 선 진짜 이유라고 밝혀. 그가 무신론자이거나 젊은 이들을 타락하게 만들어서가 아니라. 그건 말도 안 된다고 말이야. 그리고 그는 신이 실제로 의미하는 바가 뭔지 설명했어.

그러나 아테네인 여러분, 진실은 오직 신만이 지혜롭다는 겁니다. 그리고 신께서는 인간의 지혜야말로 쓸모없다는 걸 보여 주기 위해 이렇게 말씀하신 겁니다. 그가 소크라테스를 예로 든 건, 내 이름을 빌어 이렇게 말씀하시기 위해서입니다.

"인간들이여, 가장 현명한 자는 소크라테스처럼 지혜가 진실로 쓸모 없다는 걸 아는 자이니라."

| 아무도 뭐 하나 제대로 알지 못했지

아빠는 아빠의 일이 아주 중요하다고 생각했단다. 내가 아주 중요한 인물이라고 생각했지. 그런데 갑자기 네가 여기에 왔고, 나는 네가 병원을 떠날 수 있을지도 확실히 알지 못했어.

너를 어떻게 돌봐야 하는지도 몰랐고, 내가 널 잘 돌볼 수 있을지 확신도 없었지. 나는 내가 누군지도, 무엇을 원하는지도, 내 인생에서 뭐가 중요한지도 알아내지 못했어.

하지만 내게 중요한 건 일도, 야망도, 우리 집의 가치도 아니었지. 나는 기업의 임원도 아니었어. 병원에서 아무도 대답할 수 없는 질문을 수십 가지나 쏟아 내는 한 남자일 뿐이었지.

무슨 일이 일어날지 전혀 갈피를 잡을 수 없었고, 그 어떤 것도 마음대로 조절할 수 없었어. 그건 의사들도 마찬가지였고. 젠장, 아무도 뭐 하나 제대로 알지 못했어. 병원에서도, 일에서도, 인생에서도.

너는 살면서 필요한 일에만 집중했어. 숨 쉬고, 먹고, 자고. 너는 연약하고, 무력하며, 무지했지만 또 그만큼 순수하고, 정직하며, 순결했지. 그 순간

만큼 너는 아빠가 책임져야 하는 어른이라는 사실을 받아들이며 느꼈던, 그 어떤 냉소주의와 절망에서도 자유로웠어.

그래, 나는 기꺼이 너를 입히고, 먹이고, 돌봐 줄 거야. 너에 대한 내 진정한 의무감만큼 중요한 건 아무것도 없었어. 그 의무감이란 단순해, 너를 망치지 않는 것. 내 실수와 나쁜 버릇 그리고 세상을 향한 못된 생각 때문에 네 정신을 해롭게 하지 않도록. 태어나서 처음으로, 나는 내 야망과 자아 그리고 내게 얽힌 이 세상 모든 걸 돌아보기 시작했단다. 앞서 언급한 것들을 네가 아무것도 모르기 때문이야.

너는 자기소개서나 학점 따위를 가지고 이 세상에 오지 않았어, 바이올렛. 너는 민주당원이나 공화당원 어디에도 속하지 않았지. 너는 자본주의자도 기독교인도, 더욱이 미국인도 아니었어. 그저 자연에서 살아남고자 노력하는 어린 여자아이였을 뿐.

네가 가는 길이야말로 참된 진실이지. 우리 모두는 자연에서 살아남기 위해 노력 중이야. 우리가 깊숙이 몸담고 있는 경제·정치적 체제 그리고 우리가 뭔가를 결정하도록 몰아가는 요인들은 우리를 공포와 걱정, 분노로 채워 넣지만 실제로는 존재하지 않아.

우리가 살아남기 위해 만들어 낸 것뿐이야. 세상에 미국이라는 것도, 달러라는 것도, 골드만삭스니 신용 부도 스와프니, 담보 대출이니, 중위 소득이니 하는 건 없어. 이런 장치들은 다른 허구에 대체되고 말겠지.

불과 얼마 전, 로마 제국은 수백만 평방킬로미터에 이르는 거대한 땅을 지배했어. 카르타고인과 아테네인, 미노아인 들이 이전에 관리했던 광활하면서도 세계적인 무역망을 지배했지. 이들은 이제 모두 자취를 감췄어.

로마는 그 어디에도 비할 바 없는 군사, 경제, 문화적 영향력을 장악했어. 로마 제국은 천 5백 년이나 다양한 형태로 지속되었지. 500년간은 로마 공화국을 이어받았고, 이후 몇 세기 동안에는 로마 왕정으로 존재했어. 수 세기 동안 누가 뭐라 해도 로마가 으뜸이었어. 모든 게 로마 중심으로 돌아갔지. 로마는 영원무궁하고 무너지지 않았어. 누구나 그렇게 알고 있었지.

네가 태어났을 때 무엇을 알고 있었는지 떠올려 보렴. 그리고 소크라테스의 말에 귀를 기울여 봐. 신만이 아신다.

남은 우리는 자못 권위 있는 모습으로 현명하게 행동할지도 몰라. 우리는 멋진 정장을 차려입고, 옷깃에 파인애플 모양 핀을 달거나, 돈도 엄청나게 많이 벌고, 정치적 계획을 실행에 옮기고, 전쟁을 치르거나, 고전을 쌓아 놓고 읽을지도 모르지.

우리는 간판이나 재산, 작은 성취감 따위가 지혜를 준다고 스스로를 속여. 그리고 돈을 더 많이 벌수록 더 강한 권력을 가질수록, 이 간단한 세 마디를 하기 더 어려워져. '나는 잘 모르겠어.'

바이올렛, 그 세 마디가 네 인생에서 얼마나 큰 도움이 되는데! 아빠처럼 되지 마라. 모른다고 부끄러워하지 말고, 전부 다 아는 척하지도 않길 바란다. 네가 뭔가를 모른다는 사실을 인정하는 데 두려워하지 말거라.

소크라테스도 모르는 게 있었어. 그러나 적어도 그는 자신이 모른다는 사실을 알았지. 아빠는 네가 내 삶에 들어오기 전까지는 정말 몰랐어. 대단한 걸 안다고 생각했지. 덴버에 있던 호텔 직원이 내가 말하는 대로 했으니까.

| 모든 것에 의문을 가져라

너는 5월 19일에 태어날 예정이었어. 아빠 달력에도 그렇게 적혀 있었지. 네 엄마 상태도 괜찮았어, 너도 괜찮았고. 나는 직장을 잃기 직전이었고 우리 가족을 파멸의 길로 몰아넣을 것 같았어. 나는 아무것도 알지 못했어, 그 사실을 인정하는 게 두려웠지.

내가 네게 무엇을 가르칠 수 있을까? 아무도 모른다는 거야, 바이올렛.

연방준비제도 의장도 몰라, 미국 대통령도 모르고, 너의 상사도 몰라, 아빠도 몰라. 기껏해야 우리는 신중하게 판단하기 위해 가능한 모든 증거를 사용할 뿐이야. 최악은 우리가 완전히 모르는 상태에서 일을 막 진행하거나 중요한 정보를 일부러 무시해 버리는 거지. 우리는 대부분 최선을 다해 일을 해. 우리가 모든 변수를 알 수 없다는 점을 감안해서 말이야.

네가 세상을 향해 다가갈 때 최대한 많이 의심해야 하는 이유야. 특히 권위 있는 인물에서 나온 내용일 때, 그가 틀림없이 맞다고 주장할 때, 그대로 받아들여서는 안 돼. 권력과 권위를 지녔으면서도 아무것도 모르는 사람이 있으니까. 그런 일은 사실, 퍽 흔해. 그러니 소크라테스처럼 모든 것에 의문을 가져라.

우리는 본능적으로 의심을 타고 났어. 그러나 충치처럼 뽑히고 말지. "하지만 왜?"는 한때 네가 입버릇처럼 하던 질문이었어. 무엇이든 왜를 갖다 붙여. 왜 바지를 입어야 해? 왜 이를 닦아야 하는데? 왜 고양이는 안아 주면 싫어하는 거야?

그때 내 대답이 뭐였냐고? 왜? 내가 그러라고 했으니까. 그게 이유야. 모든 사람이 바지를 입으니까. 이를 닦지 않으면 이가 새까맣게 변할 거야. 고양이를 안으면 너를 물어 버릴 거야.

너는 민주주의 사회에서 살고 있어. 모든 사람은 평등하게 태어났지. 종교는 신이야. 폭력으로는 아무 문제도 해결할 수 없어. 네게는 아무도 앗아갈 수 없는 권리가 있어. 시장의 보이지 않는 손이 문제를 해결해 줄 거야. 우리의 원초적인 적은 우리의 자유를 싫어하지. 우리는 이 나라를 침공해야해, 그렇지 않으면 비극의 결말을 맞을 거야. 우리는 이 은행에 긴급 구제를 해야 해. 왜냐고 그만 물어, 날 믿어. 그냥 하라는 대로 하라고.

음, 아빠는 믿지 마, 바이올렛. 그리고 하라는 대로 마냥 하지는 마.
누구에게 뭐든지 질문하렴, 네 엄마만 빼고.

Chapter 2.
너는 온전히 너로 살길 바란다

플라톤, 《크리톤》

네가 두 살 때 플로리다에 있는 수영장에 데려간 적이 있단다. 할아버지가 네게 플라스틱 숟가락과 컵을 주시면, 너는 수영장 계단에 앉아 물을 떠서 컵에 담았지.

네가 잠시 컵을 내려놓자, 더 큰 아이가 달려오더니 네 옆에 있던 컵을 낚아채 버렸어. 아이의 부모는 그 광경을 보고도 가만히 있더구나. 그저 웃기만 했지. 너는 당황해서 나를 바라보고는 물었어.

"바꿔 가며 하는 거야?"

어떤 이들은 바꿔 가며 하지 않아. 그들은 그냥 재수 없는 놈들일 뿐이야.

네가 태어나기 2년 전, 은행 간부들이 떼로 달려들어 모든 이의 컵을 훔쳐 가 버렸지. 네가 경제 대침체를 겪으며 살지 않기를 바라지만, 아빠가 살아 있는 동안 미국이 재정 위기에서 다음 재정 위기로 갈 때 얼마나 휘청거렸는지를 보니 안타깝지만 너도 언젠가는 경험할 것 같구나.

불황을 겪을 때마다 그 전보다 더 심각한 것처럼 보여. 그리고 모든 위기가 같은 방식으로 끝이 나지. 탐욕스럽고 부패하고 무능력한 범죄자들이 보상을 받고, 그 모든 대가는 피해자들의 몫이야.

솔직히 말해 2008년 재정 붕괴를 이끌었던 루브 골드버그 장치(생김새는 거창하나, 일은 아주 단순한 장치를 일컫는 말)는 도저히 이해하기 힘들 정도로 부조리해 보였지만, 이제야 제대로 이해가 가더구나. 주요 금융 기관의 꼭대기에는 무능력, 사기꾼 그리고 시장 조작이 있었다는 걸.

수백만의 죄 없는 사람이 직장뿐만 아니라 예금과 집도 잃고 말았어. 반면 단 한 명의 은행 간부도 감방에 가지 않았지. 가장 큰 범죄를 저지른 자들은 백만장자, 억만장자가 되었어.

이제껏 끔찍한 짓을 저지른 사람들을 많이 봐 왔지만, 항상 미꾸라지처럼 빠져나간 것 같아. 아무도 그들에게 책임을 묻지 않았지. 그들이 법을 위반해도 누구도 신경 쓰지 않았어.

주위를 둘러보니, 그들이 아빠보다 훨씬 더 잘 살고 있더라고. 직장 잃을 걱정이라든지 돈 걱정 따위는 하지 않았다니까. 가장 좋은 학교에 진학하고, 멋진 집에서 살며, 누릴 수 있는 기회를 다 누렸어. 왜 나는 저들처럼 되지 못하는 걸까?

이런 세상에서 꼭 묻고 싶은 질문이 있지. 왜 규칙을 지키며 살아야 하지? 다른 이들이 극악무도하게 살 때, 원칙에 따라 공정하게 한다고 해서 무슨 이득이 생길까?

| 악으로 앙갚음해선 안 돼

《크리톤》은 소크라테스가 옥에 갇혔을 때 이야기야. 자신을 논리적으로 변호했음에도 불구하고, 그는 무신론을 설파하고 젊은이들을 타락시켰다는 죄목으로 사형 선고를 받았지. 그는 무죄였고 재판은 조롱거리가 되었어. 그리고 그에게 내린 형 역시 너무나 가혹했지. 무엇보다도 소크라테스에게는 아내와 아이들이 있었어. 그가 죽으면 가족들은 어떻게 해야 하나?

그런데도 《크리톤》 서두를 보면, 소크라테스는 감방에서 편안하게 잠들어. 그의 진정한 벗이었던 크리톤이 찾아와 탈옥해 테살리아로 가자고 설득하지. 테살리아에서 따뜻한 환영을 받고, 왕처럼 먹고 쉬면서 여생을 보낼 수 있으며, 술도 실컷 마실 수 있다면서 말이야. 그곳에는 와인과 여자들, 노래 그리고 달콤한 낙원이 있을 거야. 탈옥하지 않으면, 소크라테스는 이곳에 남아 독약을 마시고 홀로 생을 마치고 말겠지.

크리톤은 소크라테스가 탈옥하도록 귀가 솔깃해지는 주장을 많이 펼쳐놓아. 우선 성공이 강력히 보장되지. 크리톤은 탈주가 아주 손쉽게 이뤄질 거라고 말해, 소크라테스에게는 지지자가 아주 많으니까. 그를 기소한 사람들조차 그가 처형되는 걸 원치 않아.

소크라테스는 자신에게 내려진 부당한 판결을 무시할 이유가 충분히 있어. 판결은 엉터리였고 그는 명백하게 죄가 없거든. 그는 사실 영웅이야. 이 바보들을 왜 만족시켜야 하지? 그가 죽으면 그의 가족들은 어떻게 하라고? 누가 그들을 돌봐 줘? 자신의 운명을 받아들이고 가족들을 버린다는 건 옳지 않잖아? 철창을 부수고 크리톤과 테살리아에 가는 거야말로 도덕적 의무를 다하는 게 아닐까? 소크라테스는 미소 지으며 고개를 끄덕이지.

"자네 말이 옳을지도 몰라, 크리톤. 함께 이야기 나눠 보세."

소크라테스는 자신이 공정하지 못한 판결을 받았다는 사실을 인정해. 판결이 악랄하다는 것도. 그러다 크리톤에게 묻지.

"부당함은 언제나 나쁜가?"

소크라테스 우리는 고의로 나쁜 짓을 저질러서는 안 된다고 말하는가, 어떤 경우에는 저질러도 되고 어떤 경우에는 안 된다고 말하는가, 나쁜 짓을 저지르는 건 무조건 악하고 수치스러운 일이라고 말하는가…. 다수의 의견이 그렇다 해도, 좋건 나쁘건 어떤 결과가 나온다 해도, 우리는 진실을 밀고 나가야 하지 않겠는가. 불의는 불의를 저지르는 자에게 언제나 악하고 수치스럽다고 했던 그 진실 말일세. 그렇게 이야기하지 않았나, 맞지?

크리톤 그렇지.

소크라테스 그러면 우리는 나쁜 짓을 해서는 절대 안 되지?

크리톤 당연히 그렇지.

소크라테스 크리톤, 우리가 나쁜 짓을 저질렀는가?

크리톤 물론 아니지, 소크라테스.

소크라테스 다수가 도덕이라 여기는 악에 대한 복수로 악을 저지른다면, 그건 정의로운가 정의롭지 않은가?

크리톤 정의롭지 않아.

소크라테스 다른 이에게 악을 저지른다는 건 그를 상처 입히는 것과 같지?

크리톤 그렇지.

소크라테스 그래서 우리는 그 누구에게도 악으로 앙갚음해선 안 되네. 우리가 그에게서 어떤 악으로 고통을 당했건 말일세.

크리톤이 말해.

"그래 좋아, 이론적으로는 그게 올바르지. 하지만 우리는 현실 세계를 논하고 있지 않나, 소크라테스! 자네는 이제 죽을 거야! 자네 가족을 생각해 봐, 자네 자신에 대해서도 생각해 보라고! 이제 목숨을 내 놓아야 해!"

| 온전히 나답게 살 수 있을 거야

소크라테스는 무심히 대답하지.

"그래서 뭐? 죽음이 나쁘다는 걸 어떻게 알지? 아무도 몰라. 아마 죽음이야말로 내게 일어날 수 있는 최선의 길일지도 몰라. 그렇게 생각해 본 적 있나, 크리톤? 내가 본 바로는, 죽음이란 기본적으로 두 가지 가능성이 있네.

첫 번째는 죽음 이면에 아무것도 없는 거야. 삶이 끝나면 흔적도 없이 사라지고 말지. 얼마나 좋은가! 그럴 때 죽음은 내 세속적인 관심에 종말을 고할 거야. 마치 영원히 낮잠을 자는 것처럼 말이지. 이제 먹고 살 걱정 안 해도 되고, 어리석은 정치에 연루될 필요도 없어. 불합리한 기소에 나를 변호하지 않아도 되지. 모든 게 멈추고 평화와 고요만 찾아올 걸세.

다른 한편으로는, 사후 세계가 있을 수도 있지. 나는 아무 잘못도 저지르지 않았으므로 내 영혼은 천국으로 갈 거야. 아니면 어딘가 다른 곳으로. 누가 알겠어? 나도 몰라. 하지만 찾고 싶네!

그리고 그래, 크리톤, 내가 잘못 기소되었다는 말은 맞아. 나는 결백해. 하지만 내가 자네와 함께 간다면 그리고 내게 내려진 법적 처분을 무시한다면, 그것으로 내 스스로를 유죄로 만드는 건 아닐까? 내가 법을 위반했다고 주장하는 모든 사람이 결국 맞았다는 걸 증명하는 꼴이 되지 않겠는가?

지금 이 순간, 나는 떳떳하게 결백하다네. 하지만 내가 자네와 함께 테살리아에 간다면 그들은 이렇게 말할 수 있지 않을까? 내가 아니라고 맹세했던 바로 그 범죄자가 되는 것 아닌가?

"그것 봐, 우리가 한 말이 맞았어! 소크라테스는 범죄자야."

이 모든 부당함을 차치하고서라도, 아무도 내게 아테네에서 살라고 강요하지 않았어. 이 결정은 내가 스스로 내린 걸세. 크레타 섬이나 스파르타에 가서 살 수도 있었겠지. 하지만 나는 여기에 머물렀네.

그리고 내가 왜 여기를 떠나지 않았는지 자네도 알고 있지? 여기가 좋았으니까. 이곳은 살기에 참 좋아. 아테네가 내게 해 줬던 그 모든 좋은 일을 생각해 봐. 내 결혼식도 아테네의 법에 따라 엄숙히 치렀어.

아테네의 법은 위대해. 살면서 언제라도 나는 내 모든 재산을 들고 떠날 수도 있었지. 그렇게 해도 법에 전혀 저촉되지 않아. 그래서 그만큼 아테네의 법이 훌륭하다는 거야.

일반적인 법에 대해 이야기해 보세. 내 평생 법을 따르는 게 얼마나 중요한지 이야기해 오지 않았나? 그리고 그 모든 일과 관련해 아테네의 법을 이용하지 않았던가?

내가 지금 법을 위반하면 배은망덕한 위선자밖에 더 되겠나? 법을 무시하는 게 되지 않겠나? '내가 하는 일이 아닌 내가 말하는 걸 하라'라고 말하지 않는가?

자 크리톤, 자네는 내게 함께 테살리아에 가자고 말하고 있어. 그곳은 낙원일 거라며. 테살리아로 간다면, 그래, 며칠은 더 살 수 있겠지. 하지만 나머지 삶은 어떻게 될까? 우선, 그 누구도 나를 진지하게 봐 주지 않을 거야. 그들은 이렇게 말하겠지.

"야, 여기 소크라테스가 오셨네. 법이 얼마나 중요한지 말해 주시지, 소크라테스. 당신 스스로가 법을 어겼을 때를 말이야."

나는 도망자에 웃음거리가 될 거야! 게다가 다른 사람들에게 전적으로 의지해서 살아가야 할 걸세. 그게 우리 가족을 어떻게 도와준다는 말이지?

내가 여기에서 죽으면 자네와 다른 친구들이 우리 가족을 돌봐 줄 테지만, 내가 테살리아로 간다면 정말로 가족들을 버리는 셈이 돼. 테살리아는 티후아나처럼 무법 천지에 추한 곳이니까.

그리고 내 가족이 나와 함께 한다면, 그들은 더 이상 눈부시게 아름다운 아테네에서 살지 못하게 될 거야.

고맙네, 크리톤, 하지만 사양하겠어. 자네의 탈주 계획에 감동받았어. 그러나 여기에 남아 죽는 걸 택하겠네. 그러면 온전히 나답게 살 수 있을 거야. 그리고 누가 알겠나? 그게 내게 일어난 가장 좋은 일일지도 모르지."

│ 네가 네 삶을 어떻게 살아가느냐

다른 사람이라면 크리톤과 함께 도망갈 기회를 붙잡는 데 뛰어들지도 몰라. 그러나 소크라테스는 다른 사람들이 어떻게 하든 상관하지 않았단다. 그는 '다수의 도덕성'에 관심이 없어. 그는 자신에게 솔직하고, 결과가 어떻든 나름대로의 기준에 맞춰 살기 위해 노력했어.

네가 태어났을 때, 아빠는 다른 사람들을 의식하며 살았단다. 사실, 다른 사람들의 생각에 너무나 집착했어. 작가가 되고 난 후 누군가가 성공했다는 소식이 들리면 화가 나고, 샘이 나고, 분하기까지 했단다.

나는 성공을 일종의 한정된 자원쯤으로 여겼지. 그래서 누군가가 성공을 거두면, 내겐 성공의 기회가 적어진다는 의미로 여겼어. 친구가 첫 번째 책을 준비하기 시작했을 때 나도 얼른 따라잡아야겠다고 생각했지, 아니면 너무 앞서간다고 생각했거나.

직장 생활을 할 때도 마찬가지였어. 동료 중 누군가가 승진을 하거나 나보다 월급을 더 많이 받을 때, 좌우지간 나보다 앞서 나갔을 때 나는 비교할데가 못 되더라도 내 상황을 그들과 비교하곤 했지.

국가도 다르지 않아. 매주 어떤 나라가 수학과 과학 시험에서 더 높은 점수를 받았는지 보도하는 기사가 나와. 어떤 나라가 우리 것보다 더 빠른 스텔스 미사일을 만들었다든가, 그 나라의 경제가 다른 나라보다 훨씬 더 빠르게 성장하고 있다는 기사도 보이지.

그 모든 게 네 이웃이 몰고 다니는 차의 종류만큼이나 상관없는 일이야. 내가 비교해야 할 유일한 사람이 바로 나라는 사실을 깨닫는 데 참 오랜 시간이 걸렸지. 다른 사람들이 뭘 하든 하지 않든 중요하지 않아. 그들이 흉측한 짓을 하든, 경제를 망가뜨리든, 네 몫을 훔쳐 가든 그것도 중요하지 않지. 중요한 건 네가 네 삶을 어떻게 살아가느냐야. 그게 네가 제어할 수 있는 전부니까, 바이올렛. 물론, 그것도 아주 어려워.

그러니 다른 사람들을 염려하지 말거라, 바이올렛. 나중에 후회할 일을 하지 않도록 하렴. 당시에는 네가 스스로 옳다고 여겨진다고 해도 말이야. 인생을 걸고 진실을 지키렴, 재수 없는 놈이 되지 말고.

Chapter 3.
이해할 수 없는 진실이 있을지 몰라

아리스토파네스, 《구름》

얼마 전 과학자들은 인간의 뇌를 포괄적인 3차원 지도로 만들었어. 이 지도는, 앞으로 나오게 될 더더욱 정교한 지도도 마찬가지지만, 과학자들로 하여금 뇌가 어떻게 기능하는지 이해하도록 해 줄 것이고, 결국 인공지능을 만들어 내는 데 도움이 될 거야.

이게 앞으로 일어날 일이란다, 바이올렛. 그리고 네 살아생전에 말이야, 머지않은 미래에 누군가가 '차세대 휴먼브레인'을 만들지도 몰라. 세상에서 가장 똑똑한 사람보다 더 똑똑한 기계가 있다고 생각해 봐. 그냥 수학만 잘하는 게 아냐.

역사상 가장 위대한 경제학자이자 의사이기도 하고, 군인정신이 투철하기도 하지. 새로운 지식을 창출해 낼 거야. 어디서나 얻은 정보를 받아들이고, 그대로 자기 걸로 만들지. 원하는 건 뭐든 만들 수 있어.

잠을 잘 필요도 없고, 물이나 음식 따위 없어도 돼. 태양열로 전력을 만들 수도 있고, 재생 가능한 에너지로 새로운 자원을 만들고 발전시킬지도 모르지. 엄청나게 빠른 속도로 데이터를 얻고 모아. 순간순간 더 빠르고, 더 좋아지고, 더 똑똑해져.

상자나 기계 형태일 필요도 없어. 일련의 수학적 코드가 될 수도 있거든. 엄청나게 복잡하거나 놀라울 정도로 단순한 소프트웨어 프로그램인데, 순식간에 자기 복제를 하거나 전 세계에 자신을 장착할 수도 있어. 공장이나 3D 프린터를 몸소 가동해, 자신만의 기계 장치를 만들거나 생물학적 유기체를 만들 수도 있지. 하지만 존재하기 위해 이런 일을 할 필요가 없어.

몸통과 몸통 사이를 별다른 노력 없이 왔다 갔다 할 수 있고, 다른 여러 곳에 동시에 있기도 해. 스스로를 복제하거나 전적으로 복종만 하는 노예로서, 상대적으로 낮은 수준의 기능을 하는 모델을 만드는 것도 가능하지. 어찌 되었든 인간보다는 훨씬 더 뛰어난 능력을 발휘할 테니까.

우주에서도 살아남을 수 있어. 인간의 기준에서, 그건 사실상 죽지 않고 영원히 살아. 의도가 뭔지 헤아릴 수도 없지. 아무도 이해할 수 없어. 그걸 만든 과학자들조차도 말이다. 우리는 신이 된 걸까?

| 어떻게 실제 세상으로 진입할까

소크라테스는 이론적으로 물질적 세상은 신뢰할 수 없다고 했어. 그리고 우주는 수학을 통해 추상적으로만 이해할 수 있다고 했지. 그때는 급진적인 생각이었어, 지금도 마찬가지일 테지만. 우리가 소통하는 이 물질적 세계는 진짜가 아니고 참된 세계의 그림자일 뿐. 장대하고, 우리의 감각으로는 이해할 수 없으며 절대적인 법과 형태를 흐릿하게 반영한 결과물일 뿐이야.

플라톤이 쓴《국가》〈제7권〉에 아주 적절한 비유가 나와. 소크라테스는 이 세계가 급진적인 사상에 어떻게 대응하는지 상상해. 너를 위해 요약해 줄게.

동굴 속 일화

죄수들이 쇠사슬에 묶인 채 동굴 속에 있는 모습을 상상해 보라. 그들은 동굴에서 평생을 살아왔으며, 계속 쇠사슬에 묶여 있었기 때문에 바로 앞에 놓인 모습만 볼 수 있다.

그들 뒤에는 불이 놓여 있다. 그리고 매일, 사람과 동물 들이 불 앞을 지나가며 죄수 앞 동굴 벽에 그림자를 비춘다. 죄수들은 그림자가 실제하는 거라 믿고 그림자에 이름을 붙여 주기 시작한다. 토끼의 그림자를 보고 토끼라고 부르고, 말의 그림자를 보고 말이라고 부른다.

그렇게 평생을 보내다 하루는, 죄수 중 하나가 동굴을 탈출한다. 비틀거리며 세상과 마주한 순간, 진짜 토끼와 말이 보인다. 고개를 들어 위를 바라보자, 눈부시게 쨍한 햇빛이 눈에 들어온다.

그는 동굴 속에서 봤던 모든 게 단지 그림자였다는 것, 즉 자연의 실제와 진실의 반영일 뿐이었다는 사실을 깨닫는다. 그는 동굴로 다시 내려가 다른 죄수들에게 이 사실을 알려 주려고 한다.

그러나 죄수들은 그의 말을 들으려 하지 않는다. 죄수들은 그가 미쳤다고 생각하며 그를 죽이려고 한다.

우리는 사람들이 우리의 그림자에 대해 질문하는 걸 좋아하지 않지. 그건 실제보다 더 진짜처럼 되어 가고 있어. 우리는 인공적인 건축물로 가득 찬 세상에 있고, 그런 그림자들을 가리켜 '실제 세상'이라고 부른단다. 우리는 우리 자신을 직업 속에, 물물 교환 체계에, 국가 이익에 깊게 연루시키지.

성인들은 우리의 아이들이 이 실제 세상으로 진입하도록 도와주는 데 평생을 보내. 그때 우리는 엄청나게 복잡한 체계의 기괴한 규칙을 가르치고, 현실 세계가 제대로 돌아가도록 레버를 작동하는 훈련을 하고 있지. "금요일은 평상복을 입는 날!"처럼 말이야. 그리고 소크라테스가 알아냈듯이, 그림자에 의문을 가지는 자들은 관례대로 엄격하게 처벌했어.

하지만 소크라테스는 회의론자였지, 무신론자는 아니었어. 그는 신을 믿었지, 그것도 아주 독실하게. 그는 독을 마신 후 아폴로 신전에 닭을 바치지 못했다는 사실을 기억하자, 방 안에 누워 죽어 가면서도 친구들에게 자신을 대신해 해 달라고 부탁했지. 신께 해야 할 의무를 게을리 하지 않도록 말이야. 소크라테스는 어떻게 신을 믿으면서도 우주가 이성적 질문을 통해서만 이해될 수 있다고 믿었을까?

| 아들이 아버지를 때리는 궤변

소크라테스가 아테네인들 사이에서 평판이 형편없던 이유 중 하나는, 아리스토파네스가 쓴 희곡 《구름》에서 소크라테스를 희화화했기 때문이야.

아리스토파네스는 기원전 4~5세기쯤에 살았어. 그의 희극이 나오기 전에 가장 인기가 많았던 코미디로는, 사티로스 연극을 꼽을 수 있지. 사티로스는 신화에 나오는 인물로, 반은 염소이고 반은 인간 남자야. 매우 음란하고 성적인 연극을 주로 하는데, 등장인물이 거대한 거시기를 달고 무대를 이리저리 뛰어 다니며 여성들을 희롱하는 식이었지.

아리스토파네스는 그런 희극을 조금 새롭게 바꿨어. 여전히 배우들이 커다란 남근을 매달고 무대에서 일어나는 사건에 따라 커지거나 수축하고는 했지만, 성이나 화장실 유머에 관해서만 다루지는 않았어.

아리스토파네스의 희극은 사회적 풍자로 나아갔지. 별안간 극장에서 전쟁이나 종교, 정치에 대해 떠들어 댔어. 음란하기만 했던 연극은 권력자들을 상대로 불온하거나 공격적인 태도로 바뀌었지. 그 누구도 예외는 없었어.

《구름》은 스트렙시아데스라는 타락한 도박꾼과 그의 게으름뱅이 아들 페이딥페데스에 대한 내용이야. 자신이 진 빚에서 벗어나고 싶었던 스트렙시아데스는 소크라테스가 가르치는 '궤변 학교'에 들어가려고 하지. 그는 소크라테스가 도박 빚에서 탈출할 수 있는 말재주를 가르쳐 주길 바랐거든.

하지만 소크라테스는 스트렙시아데스가 자신의 지혜를 받아들이기에는 너무 어리석다고 생각해. 그래서 스트렙시아데스에게 그의 아들을 학교로 보내라고 말하지.

아들은 아버지보다 훨씬 더 뛰어난 학생이었어. 그는 궤변 학교에서 학식 있는 사람으로 탈바꿈했지. 그러더니 아버지를 마구 때려. 궤변 학교에서 자신의 행동을 정당화하는 방법을 배워 왔다는 논리로 말이야. 아들이 아버지를 구타하는 게 논리적으로 타당하다고 주장해. 그리스 문화에서는 아주 악랄하고 끔찍한 금기였지.

아버지는 아이들의 나쁜 버릇을 훈육한답시고 매를 들잖아? 늙은이도 자신이 저지른 나쁜 짓을 고쳐야 한다면, 아들이 아버지를 때려야 하는 게 아닐까? 아들은 아버지에 대한 훈육이 끝나고, 어머니도 때리러 갈 거야. 분노한 노인은 소크라테스와 학생들이 있었던 궤변 학교에 불을 내고 말아.

| 이성적 탐구의 최후일지도 몰라

아리스토파네스는 소크라테스가 거만하고 한 입으로 두말하는 바보라고 묘사해. 아리스토파네스가 각색한 소크라테스가 무대 위에 처음 오를 때, 그는 바구니에 매달려 천국을 연구하지. 아카데미의 학생이 스트렙시아데스에게 궤변 학교가 얼마나 훌륭한 지적 추구를 하는지 귀띔해 줘.

스트렙시아데스 나는 당신의 궤변 학교에 학생이 되러 왔소이다!

제자 들어오시오. 하지만 여기에는 고난도의 수수께끼가 가득하다는 사실을 잊지 마시오. 소크라테스는 카이레폰에게 벼룩이 얼마나 높이 뛸 수 있는지 묻던 참이었소.

스트렙시아데스 그걸 어떻게 측정하지?

제자 가장 영리한 방법으로. 먼저 밀랍을 녹인 다음 벼룩을 잡아 두

발을 담그셨지요. 밀랍이 식으면 벼룩이 페르시아 풍 신발을 신은 셈이 되지! 그걸 벗겨 거리를 재셨단 말이오.

스트렙시아데스 오 이런 세상에, 그렇게 훌륭한 방법이 있다니!

제자 이건 어떻소? 카이레폰이 그에게 어떤 이론을 인정하는지 물었지요. 각다귀는 입으로 노래하는지, 꼬리를 통해 거꾸로 노래하는지?

스트렙시아데스 그래, 각다귀 선생께서는 뭐라고 말씀하셨는지요?

제자 그는 이렇게 말씀하셨죠. 각다귀의 내장은 작고, 좁은 관을 통해 숨결이 꼬리로 세차게 불어 닥친다고. 그러면 이 관에 가까운 빈 엉덩이가 바람을 받아 휘파람 소리가 난다지요.

스트렙시아데스 엉덩이는 각다귀에게 나팔인 셈이군! 오, 내장을 통해 배우다니 행복한 자여!

소크라테스는 스트렙시아데스에게 구름이야말로 진정한 신이라고 알려주지. 그리고 그 모든 자연적 현상이 신들 사이에서 벌어지는 상호 작용의 결과라고 말해. 이런 식으로 각색된 소크라테스에게는 종교나 믿음보다 이성이 더 높은 위치에 있어. 그가 시사한 바는 무지한 사람들의 미신과도 같은 허튼 소리에 불과하지. 갑자기, 구름에서 소리가 들려와.

구름의 소리 어서 오시오, 스트렙시아데스여. 과학이 보여 줄 수 있는 놀라움을 보게 될 자여. 그리고 이 중요한 축제의 대사제인 자네는 소크라테스, 우리에게 무슨 용건이 있어서 왔는가?

스트렙시아데스 오 이런! 이 경이롭고 심오한 소리는 뭐란 말인가! 가슴이 웅장해지는구나.

소크라테스 당연하지. 이분들만이 신들이시고, 나머지는 가짜니까.

스트렙시아데스 제우스는 빼 주시오. 그분은 의심할 여지없이 신이니까. 그건 부인할 수 없으시겠지요.

소크라테스 제우스 같은 건 없어! 아둔한 인간 같으니.

스트렙시아데스 하늘에 제우스가 계시지 않는다고! 설명해 보시오, 누가 하늘에서 비를 뿌리는지. 그렇지 않으면 당신이 틀렸다고 생각할 수밖에 없소.

소크라테스 알려 주지. 바로 이분들이라네. 내가 확실히 증명해 보이지. 자네는 하늘에 구름 하나 없이 청명한데 비가 쏟아지는 모습을 본 적 있는가? 맑은 날에는 구름이 가고 없지. 자네 말대로라면 제우스께서 구름이 없어도 비를 내리셔야 할 게 아닌가?

화장실 유머가 한바탕 이어지지. 구름이 서로 부딪힐 때 천둥이 어떻게 일어나는지, 번개가 번쩍하는 모습이 어떻게 구름이 똥을 싸는 건지 등. 아리스토파네스가 묘사한 소크라테스는, 모든 걸 이성적으로 해석하려면 군중이 신에게 경배하는 행위를 단념해야 한다고 재촉해. 심지어 그런 행위가 멍청하다고까지 말하지.

소크라테스의 가르침은 사회적 질서를 뒤집어 버려. 스트렙시아데스의 아들은 지적으로 우월해져 부모를 구타하는 구실로 삼지. 스트렙시아데스는 궤변 학교를 불태워 버려. 그 안에 소크라테스가 있었는데도 말이야.

스트렙시아데스 대체 무슨 목적으로 신을 모욕하려 하는가. 왜 달님의 자리를 차지하려고 엿보는 건지? 저자들을 마구 쳐라, 이유는 많지만 가장 큰 이유는 신을 모독했기 때문이야!

| 기적이랄 수밖에

우리는 학식 있는 사람이 이성적 탐구를 추구한다는 이유로 불태워지는 모습을 보고 움찔하게 돼. 그것도 미신적인 생각을 보호한다는 명목으로 말이야. 하지만 그게 《구름》의 요점은 아니야.

요는 우리가 신을 가볍게 대해서는 안 되고, 그들보다 우리가 더 안다고 여겨서는 안 된다는 거지. 하지만 우리는 언젠가 죽을 존재이기에, 이 두 가지 실수를 계속해서 반복하겠지. 그럴 때마다, 우리는 스스로를 파멸의 길로 몰아넣을 거야.

우리는 신인 척해서는 안 돼. 좋은 조언이지, 바이올렛. 소크라테스가 실제로 받아들였던 조언이야. 이 희곡이 아테네에서 초연되었을 때, 소크라테스는 연극을 보러 갔을 뿐만 아니라 열렬히 박수갈채를 보냈대. 유머 감각이 있는 어른이었지. 그만큼 똑똑한 소크라테스였으니까.

신의 뜻이라 할지라도 자신은 벼룩이 어떻게 방귀를 뀌는지 숙고하는 데 평생을 보낼 수도 있으리라고 인정했어. 그래서 재밌다는 거야.

네가 태어나던 그날, 나는 신—그게 뭐든—에게 사과했지. 그리고 온 힘을 다해 감사했어. 네가 오기 전, 나는 내가 말도 안 되는 미신보다 우위에 있다고 생각했지. 하지만 그날 아빠는 신의 존재를 확신했단다. 네가 소중한 꼬마 눈송이라서 그런 게 아니야, 바이올렛. 네가 이 세상에 온 것 자체가 이성적으로 설명할 수 없기 때문이지.

우선, 과학적 실수가 너를 살렸어. 네 엄마는 뭔가 잘못되었다는 걸 알고 있었지만, 초음파나 채혈 검사, 모니터링 등 온갖 방법을 다 써 봐도 뭐가 문제인지 아무도 알아내지 못했어. 그리고 정말이지 하나님께 감사하게도, 의사들이 문제를 알아내지 못했어. 만약 의사들이 네가 태어나기 전에 문제를 발견했다면, 너는 여기에 없었을 거야.

네 엄마를 침대에 눕혔을 뿐이겠지. 일을 그만두고 집에만 계속 머물러 있었을 거야. 우리는 그때 워싱턴에 살고 있었는데, 서쪽 외곽 지역에서 겨우 살 수 있었거든. 집에서 병원까지 가는 데 족히 40분은 걸렸어. 그것도 길이 막히지 않았을 때만.

진찰실에서 그 많은 검사를 다하고 일주일 후, 네 엄마는 태반 조기 박리로 큰 고통을 겪었어. 그 일이 일어났을 때 너는 생사를 다투고 있었지. 네 엄마가 집에 있었다면, 구급차를 타고 병원까지 가는 동안 너는 살아남지 못했을 거야. 너도 질식사하고 네 엄마도 목숨을 잃었을지 몰라. 엄마는 막히기로 악명 높은 I-66도로에서 구급차에 실린 채 피를 철철 흘렸겠지.

하지만 그런 일은 일어나지 않았어. 네 엄마는 병원에서 5분 거리의 학교에서 아이들을 가르치고 있었단다.

더 희한한 점은 말이다, 네 엄마가 병원에 도착했을 때 담당의가 있었다는 거야. 게다가 다른 아이의 출산을 맡으러 자리를 비우지도 않았고 말이야. 그 의사는 병원에 자기 진찰실도 없었어. 이 모든 게 완전히 우연이었지.

의사가 네 엄마를 검사한 게 불과 일주일 전이었기 때문에, 의사는 엄마의 출산을 재빨리 진행할 수 있었단다. 네 엄마가 병원에 들어서고 네가 태어나던 순간까지 겨우 20분밖에 걸리지 않았어. 워싱턴에서 20분 안에 샌드위치를 사 먹는 것, 불가능하지.

그렇지만 아직 숲을 다 헤쳐 나오지는 못했어. 너는 여전히 매우 아팠고 병원에 몇 주는 더 입원해야 했지. 재수가 좋았다는 또 다른 증거가 있어. 그 병원은 불과 얼마 전 전국에서 가장 우수한 신생아 중환자실을 보유한 곳으로 뽑혔던 참이었지.

지금까지 일어난 이 모든 일을 이성적으로 설명할 수도 있지. 하지만 사건 하나하나는 우리가 이해할 수 없는 방식으로 연결되어 있어. 그 모든 합리적 경우의 수를 뚫고 네가 이곳에 오기 위해 태어난 거야. 무엇인지 입증할 수는 없지만, 아빠는 그렇게 믿어.

| 너는 이곳에 오기 위해 태어났어

아빠는 불멸의 영혼도 믿는다. 너는 단순히 생물학적인 것 이상의 힘으로 생명력이 살아났거든. 네가 태어나고 며칠 동안, 네 신체는 곳곳에서 문제를 일으켰어. 너의 정신이 너를 지탱했지.

너는 태어난 순간부터 고집도 세고, 강인했으며, 활기가 넘쳤어. 그런 자질을 가질 이유가 네게는 전혀 없었어. 그저 작고, 약했으며, 지쳐 있었으니까. 숨도 거의 쉬지 못했고, 아주 아팠어.

그래도 너는 네게 필요한 기질을 가지고 태어났어. 누군가는 네 주변 환경 덕분에 네가 그런 자질을 타고났다고 우기겠지. 아니면 본능적인 행동을 보고 성격이라고 착각했을 수도 있어.

하지만 나는 그렇게 생각하지 않는다. 네가 이 세상에 오기 전에 이미, 너는 그런 사람이었다고 생각해. 너는 어딘가에서 이곳으로 왔고, 너의 정신도 네 연약한 신체 속에 함께 움직인다고 생각한다.

아빠에게는 믿음이 있어. 그리고 합리적인 이유로 믿는다.

소크라테스는 이성과 믿음이 서로 호환되지 않는다고 생각했지. 하지만 그중에 하나만 선택할 필요는 없어, 바이올렛. 그래, 인간으로서 우리에게 한계가 있는 이상, 우리는 오로지 과학적이고 이성적인 탐구를 통해서만 우주를 이해할 수 있을 뿐이야. 우리의 통찰력은 결함이 많고 여전히 원시적이지. 그리고 전적으로 신뢰할 수도 없어. 우주는 참으로 정확하지.

소크라테스는 이 모든 걸 믿었어. 그러나 우리는 무한하면서도 영원불멸하는 영혼도 믿어. 그는 물리적 세계 너머에 뭔가가 있다고 믿었어. 수학적 세상 저 너머에는 인간이 목격하거나 이해하기를 영영 바랄 수 없는 우주 안에, 살아 있는 선한 힘이 있으리라 믿었지.

우리는 우주에서 간접적으로 끼치는 영향을 보고, 인지만 할 뿐이야. 그게 불빛에 비치는 '그림자'이지.

한계가 명확한 인간으로서, 어딘가에 우리가 이해할 수 없는 진실이 있을지도 몰라. 그렇다고 해서, 우리가 그 진실을 알아내길 포기해야 한다는 의미는 아니야.

우리가 지금까지 노력해서 이뤄 온 걸 보렴. 생명 연장, 농업, 원자력, 새로운 경제 및 정치 체제, 맥주, 스크래블(글자 맞추기 게임) 등. 그 모든 게 다 있다 해도 우리는 서로 잘 지내지 못해. 우리는 야생 동물처럼 서로를 죽이지. 그리고 죽어 가는 조그만 바위 위의 절망적인 사람들처럼, 텅 빈 무한한 바다의 공간에 둥둥 떠다니며 갇혀 있어.

언젠가 우리도 인간보다 능력이 출중한 개체를 만들지도 모르지. 그리고 엄청난 성과를 이뤘다며 방방 뛰면서 스스로를 축하할지도 몰라. 신이 웃으며 말하겠지.

"인간들이 드디어 벼룩이 어떻게 방귀를 뀌는지 알아냈구먼."

Chapter 4.
결국엔 정의가 승리한단다

플라톤, 《국가》

옥스퍼드에서 영국의 계급 제도와 정면으로 부딪혔어. 20대 언저리에 있던 미국인으로서, 사회 계급이라는 개념은 나를 발끈하게 만들었지.

어느 날 밤 옥스퍼드 학생회관에서 맥주를 한잔하고 난 뒤, 나는 미국과 영국의 정치적 시스템에 대해 상대적으로 어떤 이점이 있는지를 주제로 한 영국 학생과 열띤 토론을 벌였어. 중간에 낙담해서 말을 툭 내뱉었지.

"여기는 모든 게 다 계급에 따라 움직여."

그 영국 학생이 재빨리 받아쳤어.

"적어도 우리는 사회 계급의 민낯을 인정한다고."

아빠는 네가 태어나기 전까지 미국에 사회 계급이 존재한다는 사실을 믿지 않았어. 이 나라는 계급 따위는 존재하지 않는, 의지만 있으면 사다리를 타고 올라갈 수 있는 곳이라고 생각했지. 열심히 노력하고, 나는 할 수 있다는 태도만 있으면!

몇 년 뒤 아빠는 한 인문학 협회의 책임자로 있었는데, 어떤 부유한 회원의 전화를 받았지. 그는 내게 천 달러를 기부하겠다고 알렸어. 그래서 공식 문서를 담은 선물을 감사 표창으로 보냈지. 아빠는 기부를 한 모든 사람에게 표창을 보냈어. 편지 구석에 손 글씨까지 써 가면서 말이야. 그러자 그 회원은 몹시 화를 냈어.

"고작 천 달러 가지고 쓸데없는 표창을 보내지 마시오. 나 같은 사람은 천 달러쯤이야 아무것도 아니니까. 나는 당신과는 계층이 다르단 말이오."

그는 그게 당연한 사실이라는 듯 무심하게 말했어. 그의 말이 맞았지. 그 남자는 어마어마한 부를 물려받았거든. 모르긴 해도 1억 달러 가까이 되는 돈을 가진 굉장한 자산가였어. 그러고도 그는 스스로를 부자라 여기지 않았단다. 자기보다 훨씬 더 부유한 회원들에게 그 호칭을 양보했어.

그가 아빠를 일부러 모욕하려던 건 아니었어. 오히려 아빠를 도우려 했지. 다른 회원들이 그의 무뚝뚝한 발언을 들으면 경악할 만도 하겠지만, 사실 그는 그런 사람들보다 더 진실했어. 다른 회원들도 은근히 같은 생각을 하고 있었다는 걸 알게 됐거든. 물론 아닌 척했지만 말이야.

바로 그때, 아빠는 미국 계급 제도의 실체를 알게 되었단다. 미국에는 지배층이 존재해. 지배층은 전통적으로 계승되는 폐쇄적 시스템이고, 국가의 대부분을 차지하는 사람들과 같은 가치를 공유하지 않지.

아빠의 냉소주의는 극에 달했어. 사회생활을 하면서 목격한 결과, 그런 권력은 엘리트 계급에 속한 사람들의 손에만 집중되어 있다고 믿게 되었지. 엘리트 계급의 목표는 권력을 유지하는 거야. 그들은 가난한 사람들을 돕거나 국가의 이익을 도모하는 데 관심이 없어. 비록 갖은 미사여구로 그런 속내를 숨기지만 말이야. 그들은 자신을 선량한 노동자라고 포장하지. 서로의 기금에 참여하거나 각종 자선 사업에 돈을 기부해.

이 모든 게 다 쇼야. 더 나쁘게 말하자면, 그들도 쇼라는 걸 알고 있어. 그들의 관심사는 주요 신문에 자신의 사진 넣기, 있어 보이는 행사에서 유명한 사람 옆에 서기, 가장 좋은 자리에 앉기 등 이상한 사회적 참여일 뿐이야.

아빠는 도무지 이해하지 못했지. 모두들 겉보기에만 신경 썼어. 억만장자들이 서로가 애정을 쏟는 일에 수천 달러도 기부하지 않으면, 안 보이는 데에서 흉을 보기도 했어. 그들은 인정사정 없을 뿐더러 그런 점을 자랑스럽게 여기지. 그걸로 서로 농담 따먹기를 하기도 해. 돈과 권력이야말로 그들의 최고 관심사였어. 도덕성은 가난한 사람들에게나 해당되지.

이 세상에 정의 같은 건 없어.

| 정의를 정의해 보자

정의는 플라톤의 《국가》에서 추구하는 중심 논제야. 많은 사람이 그저 정치학에 관련된 주제일 뿐이라고 하겠지. 실제로 정치학에 대해 많은 내용이 담겨 있긴 해. 하지만 여기에 나온 모두는 아주 간단한 질문에 대답하기 위해 다뤄지고 있어.

정의는 존재하는가? 정의는 불의보다 더 좋은가?

《국가》의 첫머리를 보면, 소크라테스가 새로운 신을 맞이하는 축제를 보기 위해 항구에서 내려오는 장면이 나와. 항구에서 돌아오는 길에, 사람들이 소크라테스를 세우고 자신들도 동행하게 해 달라고 요청하지. 정의에 대해 이야기하고 싶었거든. 사람들은 어떤 노인의 집으로 걸어갔고, 소크라테스는 정의에 대해 이야기하고 싶으면 우선 그에 대한 정의부터 내려야 한다고 말했어.

이내 우리는 정의를 정의 내리기 어렵다는 사실을 깨닫게 되지. 도대체 정의란 무슨 뜻일까? 좋아, 이건 어때. 정의는 사실을 말하는 거고 너의 약속을 지키는 일이다. 꽤 그럴 듯하게 들리지.

하지만 소크라테스는 의문을 제기해. 이 풀이가 정녕 정의를 이해하는 데 도움이 될까? 진실을 말하기에 옳지 않은 시기가 있지 않을까? 네가 지켜야 할 약속이 나쁜 거라면? 전쟁 중에는 어떻게 하지? 전쟁 중에 네가 적에게 포로로 잡혔다고 쳐. 네 적에게 진실을 말해야 할까, 거짓말을 해야 할까, 속여야 할까? 잘못된 방향으로 가게끔 내버려 둬야 할까?

진실을 지키는 측면에서 보자. 네 친구가 네게 자동차 열쇠를 줬고 네가 다시 돌려주겠다고 약속한다면? 그러다 그가 완전히 고주망태로 취해서 돌아왔어. 너는 약속을 지켜야 할까, 자동차 열쇠를 돌려줘야 할까?

좋아, 그럼 이건 어때. 다른 사람들이 제안한 정의야. 정의는 네 친구들에게 선을 베푸는 거고 적에게는 해를 가하는 것이다.

소크라테스는 이 정의에도 오류가 있다고 봤어. 누가 정말 네 친구이고 적인지 모르는 시기가 있지 않을까? 실수할 수도 있지 않을까? 네가 의도치 않게 적에게 선을 베풀고 친구에게 해를 가한다면 어떻게 될까? 네가 그 차이를 몰랐다는 이유에서 말이야.

모두들 소크라테스와 이야기하다 지쳐가기 시작했어. 그러다 트라시마코스라는 사람이 기가 막힌 정의를 내렸어.

"정의란 강자가 말하는 것이다. 정의란 강자의 이익이다."

음, 글쎄, 소크라테스는 이렇게 말해. 하지만 강자도 종종 이익에 관련해 실수를 저지르지 않는가? 네 상사가 회사를 파산으로 몰아넣을지도 모를 일을 지시한다고 쳐. 그게 네 상사가 원하는 일일까? 상사의 지시를 따른다고 상사가 이득을 볼까? 그게 정의라고?

하지만 이와 같은 제3의 정의는 다른 의견보다는 좀 더 강력해. 마키아벨리도 말했음 직한 의견이거든. '강자가 옳게 만든다.' 하지만 정의가 단지 강자가 말한 대로라고 믿는다면, 너는 이 세상에 정의 같은 건 없다고 믿게 돼.

정의는 위에 군림하는 자들이 정의하는 거지. 나라마다 의미가 달라져. 환경에 따라 바뀐다고. 우리는 상황 윤리의 세상, 즉 옳고 그름이 절대적으로 정의되지 않는 세상에 살고 있으니까. 만약 그 말이 맞다면, 세상에는 옳거나 틀린 건 없어. '정의'라는 건 없다고.

네가 태어났을 때 내가 믿었던 바와 정확히 일치해, 바이올렛. 정의는커녕 옳고 그른 것, 선과 악 같은 건 없어. 네가 정의를 기대할 수 있는 유일한 길은 권력과 돈을 획득하는 거지. 그리고 내 사무실에는 세상을 비뚤어지게 보는 나의 시선이 반영된 표어가 있었지. 거기에 이렇게 쓰여 있었어.

권력은 유일한 도덕이다.
힘은 유일한 진실이다.

아빠 그렇게 믿었단다, 바이올렛. 그 말을 지지했지. 그러다 소크라테스가 다른 방향으로 나를 설득하려 한 게 아닐까 하는 의심이 들었어. 나는 오로지 보고 겪은 경험만으로 정의는 존재하지 않는다고 믿은 거야. 가난한 자와 도움이 필요한 자는 정해 놓은 규칙 아래에서 움직이고, 부유한 자와 권력을 지닌 자는 또 다른 규칙 아래에서 움직였다고 말이야.

| 부당한 이를 위한 정의라니

우리 모두는 엘리트의 이익을 위해 도덕을 가장한 비즈니스에 속고 있었어. 우리는 우리의 빚을 갚고, 약속을 지키고, 규칙에 따라 움직이지. 엘리트 부자들은 아무런 처벌도 받지 않고, 결과에 상관없이 거짓말하고, 개인적 이익을 위해 무슨 규칙이든지 다 어겨. 그리고 일단 원하는 걸 얻으면, 같은 일을 반복하지. 네가 똑똑하다면, 너는 그들처럼 행동하겠지. 그리고 정의가 뭔지 신경 쓰지 않고 일을 진행하겠지.

소크라테스의 동료들은 거기서 한 발짝 더 나아가. 불의는 정의보다 더 바람직할 뿐만 아니라, 뒤에서는 정의롭지 않아도 정의로운 척하는 게 이상적이라고. 정의롭지 않은 이들은 약자를 학대하고 착취하기 위해 품위라는 가면을 이용해.

겉으로 정의로워 보이는 게 중요한데, 그래야 수적으로 훨씬 많은 가난하고 약한 자들을 조종할 수 있기 때문이야. 하지만 진짜로 정의롭다면 그건 성격적 결함일 뿐이지.

강자는 약자들에게 규범을 따르라고 말하지. 정작 본인들은 절대 따르지 않을 거면서 말이야. 그리고 이런 방식으로 그들은 권력을 유지하고 확장해. 그럼 누군가가 물을 수밖에 없어.

"그런데도 정의가 불의보다 낫습니까? 정의의 좋은 점이 뭔데요?"

소크라테스가 물어.

"흠, '좋다'는 게 무슨 뜻일까?"

소크라테스의 동료들은 선을 세 개의 범주로 나눈다.
결과와 상관없는 선, 즉 예쁜 꽃. 해를 끼치지 않고 기분 좋음, 기쁨.
건강처럼 누군가가 바라는 것. 우리가 잘 살 수 있고 우리를 보호해 주는 이득도 포함.
별로 하고 싶지는 않지만 우리에게 좋은 것. 이를테면 운동.

소크라테스는 위와 같은 세 가지의 선 모두 존재한다는 데 동의해. 그렇다면 명확해지겠네. 부당하게 사는 삶이 최선이야. 하지만 겉으로는 정의로워야 하지. 그렇지 않으면 인생에서 좋은 걸 또 어떻게 얻을 수 있을까? 정치가들을 봐. 사람들을 돕는다고 하면서 기업에서 몰래 뇌물을 받고 사람들을 뜯어먹잖아.

딱 맞는 생각 아니니! 부당한 사람은 사실, 정말로 정직한 사람보다 훨씬 더 좋아. 무엇보다도 부당한 사람은 대개 부유하고, 건강하고, 풍족하니까. 반대로 정의로운 사람은 보통 가난하고, 아프고, 불쌍해.

소크라테스의 동료 중 하나는 인간의 민낯을 제대로 보여 주는 예시를 이야기해 줘. 기게스라는 남자에 대한 이야기야.

어느 날, 기게스가 밖을 거닐고 있는데 땅이 갈라졌어. 갈라진 틈 사이로 문 달린 청동 말 안에 반신 인간이 죽어 있었지. 죽은 자는 반지를 끼고 있었는데, 기게스는 곧바로 기어 내려가 반지를 훔쳤어.

그때 반지를 돌리면 자신이 투명인간이 된다는 사실을 알게 되지. 그래서 그 힘을 이용해 왕비와 동침하고 왕을 죽인 다음 권력을 차지했어. 다른 사람들 눈에는 보이지 않으니, 기게스는 정직하거나 정의롭게 굴 필요가 없었던 거지. 다른 사람들에게 잡힐 리 없으니까.

이 이야기에서, 소크라테스와 함께 있던 남자들 중 한 명은 처벌에 대한 공포만이 우리를 정의롭게 행동하도록 만든다고 결론을 내렸어.

이 점에 대해 생각해 보자, 바이올렛. 네가 투명인간이 된다면, 나쁜 짓을 해도 잡힐 일이 없다면, 너는 어떻게 할 거니? 네가 한 어떤 일도 처벌받지 않는다는 사실을 안다면, 너는 법을 잘 지키는 훌륭한 사람이 될 거니? 네가 처벌받지 않는다는 사실을 확실히 안다면, 은행을 털러 갈 거니? 사후에 벌을 받을까 봐 두려워 은행털이 같은 짓은 하지 않겠지?

소크라테스의 동료들은 "웃기지 말라 그래"라고 반박해. 부당함은 사후 따위 무서워하지 않아. 그들이 무슨 죄를 저지르든 상관없어. 부당한 행동을 일삼는 사람은 신에게도 용서를 살 수 있으니까. 목사가 신에게 바치는 교회를 짓고 싶어 할 때마다 누구에게 손을 벌리지? 부당한 사람들이지, 물론!

될 수 있는 한 빨리, 목사는 기업가와 고리 대금업자 그리고 죄인에게 달려가. 사악한 사람들은 구원을 손쉽게 사 버리지. 목사는 부당한 인간을 공개적으로 칭송하고, 그들을 용서하라는 기도를 해 주지. 그리고 그의 죄를 사하기 위해 신과 보다 가까이에 있는 자신의 영향력을 이용해.

이 모든 게 사후가 있다는 사실을 전제로 해. 우리는 가난한 자들을 줄 세우기 위해 사후라는 개념을 꾸민 걸지도 몰라. 사후 세계가 없다면, 출발부터 타락해야 할 이유가 더 생긴 거네! 우리가 절대 처벌받지 않는다면, 왜 거짓말을 해서는 안 되고 남을 속이거나 물건을 훔치면 안 되는 거지?

정의로운 사람은, 부당한 사람에게 그저 순진한 뜨내기일 뿐이야. 정의로운 사업은 사람들을 짓밟기 위한 거대한 신용사기일 뿐이지. 사실, 우리가 정의라는 개념을 쓰는 유일한 이유는 부자들의 재산을 지켜 주기 위해서이지. 자, 사실인지 증명해 보자!

마음대로 하도록 내버려 두면, 사람들은 쓰레기가 돼. 뭐든 하고 싶은 대로 하고, 훔치고 죽이고, 뺏어 가. 이익을 위해서라면 뭐든 할 거야.

이건 옳지 않아. 모든 사람이 나쁘게 행동하면, 아무것도 남아 있지 않게 될 거야. 개인으로서 살아남을 확률도 적어지고. 우리는 살아남기 위해 다른 이들과 협력할 필요가 있어.

우리는 다른 이들과 사회적 계약을 맺게 돼. 원하던 자유를 포기하지, 대신 사회의 안전을 얻어. 어떤 면에서 법은 나쁜 행동을 벌주고 못하게 하도록 존재하는 거야. 법은 우리를 제자리에 유지시키기 위한 위협일 뿐이지, 정의를 갈망해서 시행하는 게 아니야.

사람들은 처벌이 두려워 정의롭게 행동하는 거야. 하지만 처벌에서 벗어날 수 있다면, 어떤 잘못을 해도 빠져나갈 수 있다면, 나쁜 짓을 저지르겠지.

정말 입이 떡 벌어지는 입증이 아닌가, 소크라테스! 이 시점에서, 개인보다 더 커다란 맥락에서 정의를 검증하는 게 도움이 될 수 있어. 좀 더 큰 예시가 필요해. 그래야 상황을 더 명확하게 파악할 수 있지.

| 완벽하게 정의로운 국가에 대하여

소크라테스는 완벽하게 정의로운 국가가 뭔지 정의를 내려. 그리고 다음과 같은 다소 놀라운 조건을 가진 국가라는 걸 알게 되지.

독재 국가, 거짓말 난무, 호전적인 국가, 무시무시한 검열, 명확하게 구분된 계급, 자유로운 생각 금지, 섹스 통제, 종교 통제, 선택된 자만 육아, 가족 금지, 전통적 종교 가치 금지.

《국가》는 플라톤을 부정적으로 바라보는 입장을 옹호하는 것처럼 보이지. 《국가》가 전체주의 논란을 일으킨다고 주장하는 의견도 있거든.

하지만 완벽하게 정의로운 국가의 개념에 단 한 가지 중요한 차이점이 있어. 소크라테스 스스로 이 점을 지적했지. '위의 조건을 가진 국가는 건강하지 않다.'

소크라테스와 다른 모든 이에게, '건강'이야말로 완벽한 선이라고 보는 것 같아. 정의롭지 못한 걸 선호하는 사람들조차 건강은 본인들을 위해 바람직하다고 인정하지.

그 아래 사람들에게도 마찬가지야. 건강하다는 건 네가 배고픔에서 벗어날 수 있다는 말이고, 네 자신을 방어하고 명료하게 생각할 수 있으며, 더 오래 살 수 있다는 말을 의미하니까.

건강하지 못한 나라가 어떻게 완벽하게 정의로운 나라로 될 수 있을까? 그게 완벽한 국가이기 때문이지. 필요한 게 넘쳐 나는 국가라는 점에서.

소크라테스는 우선 완벽하게 정의로운 나라를 매우 다른 방향으로 규정해. 그는 이상적인 나라를 세우면서, '나라'라는 개념 자체가 먼저 사람이 필요하다는 걸 강조하지. 사람들은 서로 달라. 누구는 목수가 될 자질이 있고 다른 누구는 농업에 소질이 있는 등.

그래서 그와 같은 나라에서는 사람들의 재능에 따라 노동을 분류할 필요가 있어. 그리고 모두들 이에 동의하지.

좋아, 소크라테스는 이렇게 말해. 이제 우리의 국가는 필요한 모든 걸 갖췄어. 상인도 있고 농민, 구두장이, 목수도 있지. 그리고….

그들 스스로를 위해 옥수수 농사를 짓거나 포도주를 만들고, 옷이나 신발을 제작하며, 집을 세우지 않겠는가? 그리고 집을 짓고 나서 그들은 여름이면 보통 맨발에 벌거벗은 몸으로 일을 할 거네. 하지만 겨울이 되면 옷을 두껍게 입고 신발도 신겠지.

보리로 만든 밥과 밀가루를 먹고, 그걸 재료 삼아 굽고 반죽해 맛있는 케이크와 빵을 만들 거야. 그 빵을 깨끗한 잎사귀 위에 얹어 놓고, 주목나무나 도금양(관목의 일종)의 짚으로 만든 침대에 기대 앉겠지.

그리고 손수 만든 포도주를 마시며 아이들과 함께 식사를 즐길 거네. 머리에는 화관을 쓰고 신을 찬양하며 행복하게 살 거야. 딱 필요한 만큼만 가족을 부양할 거네. 전쟁이나 가난이 두려우니 말일세.

이게 소크라테스가 '완벽하게 정의롭다'고 묘사한 '첫 번째 국가'야. 사람들이 공동체 사회 안에서 경건하고 평화롭게 사는 행복한 국가. 필요한 건 모두 충족되었고, 서로를 동등하게 인정하며, 행복하게 이야기를 나누지. 자연과 조화를 이루고 살며, 서로 충돌하지 않아. 자유가 있지. 완벽하게 정의로운 국가야.

그들은 소금과 치즈, 올리브, 무화과, 땅콩과 콩을 곁들인 디저트도 먹을 거야. 여기에 은매화 열매에 구운 도토리까지. 그리고 모두들 술도 적당히 마시지.

이런 식단 덕분에 사람들은 무병장수하는 삶을 기대할 수 있으며, 자식들에게 길고도 행복한 삶을 물려줄 수 있을 걸세.

이 정도면 행복한 삶이 아닐까? 다른 이들은 은매화 열매와 구운 도토리만으로는 충분하지 않다고 생각해. 사람들은 편리한 삶을 좋아하지. 살면서 더 좋은 걸 가지고 싶어 해. 편안한 침대에서 자고 싶어 하고, 사탕과 베이컨을 먹고 싶어 하며, 보석과 아이패드 등 꼭 필요하지 않은 물건들을 모두 원하지. 소크라테스가 입을 열어.

그래, 이제 알겠어. 내가 생각해 봤으면 하는 자네의 질문은, 국가뿐만 아니라 어떻게 사치스러운 국가가 형성되는가군. 고려해서 손해 볼 건 없지. 그런 나라에서 정의와 불의가 어떻게 발생하는지 더 잘 보일 테니까.

내 생각에 진실하고 건강한 국가의 요건은 앞서 내가 기술한 바와 같아. 하지만 열병에 빠진 국가를 보고 싶다면 반대는 하지 않겠네. 많은 이가 단조로운 삶에 만족하지 않을 테니까.

집 안에 소파와 테이블을 놓고, 여러 가구에 앙증맞은 장식품, 향수와 방향제, 매춘부와 케이크를 들이려 할 걸세. 여기에 언급한 것뿐만 아니라 더 다양하게 말이야. 내가 앞서 언급한 것보다 필요한 게 틀림없이 더 많아져야겠지.

| 진실을 위해 농담이 필요하다

좋아, 소크라테스가 말하길 네가 멋진 걸 가지고 싶다면, 여기에 그런 사람들을 위한 국가가 있어.

독재 국가이다, 거짓말이 난무한다, 호전적인 국가이다, 검열을 무시무시하게 한다, 계급이 명확하게 구분된다, 생각을 자유롭게 주고받는 일은 금지된다, 섹스를 마음대로 할 수 없다, 선택된 자만 키울 수 있다, 가족은 없다, 종교는 국가의 통제에 따른다, 전통적인 종교 가치는 따를 수 없다.

여기에 그 이유가 있어.

"당신이 국가에서 필요하지 않은 걸 더 원한다면, 당신은 땅을 더 많이 가질 수밖에 없다. 현재 가지고 있는 필요 물품만으로는 만족하지 못하므로, 더 많은 걸 필요로 한다. 경작할 수 있는 더 많은 토지, 거대 저택을 지을 더 넓은 땅, 그리고 더 많은 자원과 땅을 더 많이, 더 많이.

그래서 당신은 그 많은 땅을 어디서 얻을 텐가? 음, 당신의 이웃에게 눈을 돌려야 할지도 모른다. 불평등을 만들어 내야 할지도 모르고. 그러면 어떻게 해야 하나? 군대를 확보한다.

그리고 다음과 같은 과격한 생각도 있다. 국가는 소극적 방어만을 위해 대규모의 군대를 두지 않는다. 대규모의 군대는 국가가 영토를 넓히는 데 필요하다. 다른 이들의 자원을 점령하기 위함이다.

이제 군대에 대해 생각해 보자. 특정 직업에 재능이 있는 개인에 대해 이야기한 적이 있지 않았던가? 전쟁은 신발을 만들거나 집을 짓는 것처럼 기술이나 예술은 아니지 않은가? 그게 사실이라면 우리는 군인으로 성장할 수많은 사람이 필요하다. 직업 군인이 필요하다는 말이다.

우리의 직업 군인들은 어떤 자질을 가져야 할까? 음, 우선 이 사람들은 '정신'이 필요하다. 공격적이고, 충돌을 즐기며, 천성적으로 경쟁심이 강할 것이다. 신체적으로 매우 민첩하고 빠른 건 말할 것도 없겠지?"

다른 이들은 그 말을 듣고 맞다고 수긍해. 그 모든 말이 진실하다고. 흠. 어디 보자, 그러면 우리는 이제 큰 문제에 봉착해. 그렇지 않니? 이런 계층의 사람들—수호자 계층—은 유별나게 위험해 보이기 때문이지.

누군가가 천성적으로 경쟁을 좋아하고, 툭하면 갈등을 일으키며, 강하고 민첩하다면, 우리 국가의 시민도 공격하려 들지 않을까? 소크라테스는 답을 가지고 있어.

"우리는 수호자들을 교육할 것이다. 주인을 물지 않는 개처럼 훈련시킬 것이다. 물론 우리의 교육은 현재 체제의 특정 부분에 수정이 필요할 수도 있다.

아버지를 죽인 크로노스나, 백조로 변해 여자들을 겁탈한 제우스 등 온갖 말도 안 되는 이야기를 생각해 보라. 이런 예는 도대체 뭐란 말인가? 신은 그렇게 되어서는 안 된다. 그렇지 않으면 사람들이 그렇게 될 것이다.

우리는 우리의 신들이 절대 악행을 저질러서는 안 된다는 걸 확실히 알아야 한다. 신은 완벽하게 선해야 하며, 악한 일의 원동력이 되어서는 안 된다. 그러니 종교를 검토해 보고 사람들이 의문시할 점을 끄집어내야 한다. 그러고 나서 또한 문헌에 나온 일부를 없애 버려야 할지도 모른다. 호메로스는 특히. 벗들이여, 《일리아드》에 나온 모든 내용은 없애 버려야 하네."

다른 이들이 소스라치게 놀라 반문했어. 죽음에 대한 공포로 점철되어 있기 때문이지. 그게 이유야!

《일리아드》의 이 부분을 보게나. 아킬레우스의 친구가 죽자, 아킬레우스는 어린 아이처럼 목 놓아 울어.

왜 슬퍼해야 하지? 그는 군인이야. 군인들은 죽어. 그게 그들의 존재 이유라네. 누구도 죽음을 슬퍼하면 안 돼, 특히 군인에게는. 죽음은 나쁘다는 의미를 내포하게 되니까.

우리는 이 사람들이 죽음은 선하다고 생각하길 바라네. 선할 뿐만 아니라, 자네 입장에서 가장 좋은 일이 될 수도 있지. 그렇지 않으면 우리나라에서 일어난 전쟁에서 그들이 왜 싸우려 하겠는가?

우리는 죽음을 영광으로 여겨야 해. 군인들이 죽음을 고귀하고 명예로운 일이라고 인식하게 만들어야 하네. 우리의 수호자들은 영광스럽게 죽기 위해 살아야 해.

물론 모든 이가 수호자의 자질을 지니고 있지는 않아. 대부분의 사람은 교만하고, 약하며, 멍청한 지도자의 지배 아래 있지. 그들은 우리 국가의 가장 밑바닥에 있을 거야. 농부와 상인으로서 매우 유용한 일을 하지만, 더 많은 걸 염원해서는 안 되지.

수호자 계층은 사람들의 삶을 안정적으로 유지시켜 주지만, 지도자의 위치에 넘어서는 안 되네. 그들은 너무 위험해. 우리에게 필요한 사람은 모든 이의 가장 위에 있는, 극히 적은 수의 현명한 지도자들이야."

이제 우리는 계급을 명확하게 나눌 수 있어. 모든 이는 자신이 속한 계층에 만족해야 하지. 다른 이들과 섞여서는 안 돼. 그렇게 되면 다른 마음을 먹을 테니. 모두들 자신의 주제를 알아야지.

그래서 네가 태어난 순간, 모든 이는 네게 작은 거짓말을 할 거야. 우리는 사람들이 세 종류의 영혼을 타고 났다고 말하지. 금의 영혼인 지도층, 은의 영혼인 수호자, 동의 영혼인 그밖에 모두. 하지만 이는 선한 거짓말이야. 모두의 이익을 위해서니까, 그렇지?

이제―지도층에 대해서―금의 영혼을 지닌 사람들에 대해 말인데, 누가 지도층이 되어야 옳을까?

소크라테스는 여기에 관해 아주 재밌는 농담을 건네. 그는 우리의 '완벽하게 정의로운' 국가를 합리적으로 이끌어 갈 수 있는 단 한 사람이 있다고 주장해. 그리고 놀랍게도, 그 사람은 아주 정확히 소크라테스와 같은 사람이야. 철학자.

바로 거기에, 누구나 원했던 호화로운 국가가 있어. 하지만 정말로 그런 국가에서 살고 싶을까? 소크라테스 스스로는 그런 국가를 경멸할 거야. 자신이 건강하지 못하다고 결론 내린 국가를 어떻게 사랑할 수 있겠어.

생각도 자유롭게 주고받지 못하고, 지혜를 추구하는 데 관심이 없고, 기쁨도 슬픔도 자유도 없는 그런 국가를? 국가는 오로지 시민에게서 뭔가 더 뜯어가는 데에만 정신이 팔려 있어. 더 많은 토지, 자원, 더, 더, 더 많이.

소크라테스는 이런 국가를 원하지 않아. 농담한 거야. 자신의 주장이 정당함을 보여 준 거지. 호화로운 국가에서, 탐욕과 부당함은 원동력이야. 그리고 그런 탐욕은 소크라테스가 기술한 대로 끔찍한 결과를 불러일으키지.

| 민주주의는 없다

소크라테스는 《국가》에서 민주주의를 신랄하게 비판해. 민주주의에는 문제가 많은데, 그중에서도 가장 나쁜 정부 체제인 독재 정치로 편승하려는 경향이 많대.

우리는 '민주주의'가 뭔지 생각해 볼 필요가 있어. 너는 민주주의 체제 아래 살고 있지 않으니까. 너는 공화국에 살고 있어. 의미론적인 구분이 아니야. 미국은 단 한 번도 민주주의인 적이 없고, 앞으로도 그럴 거야.

고대 아테네에야말로 진정한 민주주의를 실현했어. 모든 사람 즉, 최소한의 재산이 있는 모든 남성에게 투표권이 있었지. 아테네인들이 전쟁에 참여하길 원하면, 모두 투표를 했어.

고대 스파르타인들은 아테네인들이 이런 식으로 의사결정을 하는 모습을 보고 정신이 나갔다고 생각했지. 그리고 우리나라 미국을 세운 사람들도 그렇게 생각했어. 우리나라를 세운 사람들은 극렬 반 민주주의자들이었어. 플라톤이 제시했던 말을 주요 이유로 들었지. 민주주의가 독재주의로 이양되는 경향이 있다는 것.

민주주의 체제하에서는 '선동가'나 '사람들에게 인기가 많은 정치인'이 생겨나기 마련이거든. 그런 선동가는 아주 특정한 행동 방식을 따라.

- '일반 대중'을 위해 일한다고 주장한다.
- 자신을 지켜 줄 경호원을 두고 있다. 부유하거나 권력이 있는 사람들로 부터 신변을 위협받을까 봐 겁이 나기 때문이다.

- 피도 눈물도 없다. 정적 중 한 명을 처형하고, 이 일에 염려가 된다는 가정하에 완벽하게 좋은 이유를 댄다. "이 사람은 부유했기 때문에, 그들은 대중의 적이므로, 나를 죽이려 해서…."
- 권력을 얻는 과정에서 대중을 도우며 등장한다. 가난한 자들의 빚을 탕감해 주고, 사람들에게 땅을 나눠 준다. 덕분에 힘이 급속히 커진다. 이제 사람들은 그의 편이다. 무적이 된다. 독재자가 된 것이다.
- 독재자는 권력을 유지하고 확대하는 데에만 사로잡힌다.
- 독재자는 전쟁을 개시한다. 권력을 공고히 하기 위해서이다. 사람들은 독재자 주변에 모인다.
- 독재자는 계속해서 정적을 없앤다.
- 적이 모두 사라지면 다음은 친구들이다. 위험하기 때문이다. 당신은 당신의 권력을 위협하는 그 어떤 사람들도 둘 수 없다.
- 능력 있는 사람을 모조리 죽임으로써, 능력자가 데리고 있었던 최고의 시민을 착취한다. 상인과 사상가, 혁신가 그리고 군대 지휘관까지. 이런 방식으로 독재자는 사람들을 굶주리게 만든다. 사람들이 완전히 독재자에게 의존하게 만듦으로써 국가의 경쟁력을 떨어뜨렸기 때문이다.
- 독재자는 공공 자금을 빼돌리는 방식으로 자신만 배불린다.
- 독재자는 공포가 만연한 국가에서 산다. 그는 여행을 할 수도, 그 누구도 신뢰할 수 없다. 아첨꾼과 멍청이들, 거짓말쟁이들 그리고 그를 죽이려고 호시탐탐 노리는 사람들에 둘러싸여 있다. 밤마다 다른 침대에서 자야 하고, 휴식을 온전히 누릴 수 없다.

헤로도토스는 《역사》에서 현명한 아테네인 솔론의 이야기를 소개해. 솔론은 이렇게 말했지.

"죽기 전까지는 함부로 행복을 판단할 수 없다."

정의와 완전히 거리가 먼 사람들의 결말은 놀랍게도 다들 비슷해. 소크라테스가 독재자에 대해 기술한 바와 같이 말이야.

아돌프 히틀러, 사담 후세인, 오사마 빈 라덴, 무아마르 카다피는 말년을 구멍 속 동물처럼 살았어.

그들이 자유를 줬다고 주장했던 사람들에게서 숨어 지냈지. 그들은 누구도, 가족조차도 믿지 못했어. 전 세계인들이 그들을 경멸했지.

그들은 모두 잔인하게 처형당했어. 시신은 더럽혀졌고, 이름은 영원히 불명예로 남겠지.

그들은 한때 세상을 공포에 떨게 했지만, 결국엔 무기력하게 목숨을 잃고 말았고 이름도 함께 묻혔어.

마지막에 가서는 권력도 모두 사라진 거야. 권력이 정점에 있을 시기에도, 스스로 쌓은 권력의 욕망 속에 갇혀 있었지.

친구도 사라지고, 누군가의 표적이 되며, 멸시받는 삶. 그런 삶이 결국 벌이 되고 말았지.

│ 정의는 있어

별안간 소크라테스는 아주 교묘하게 놀라운 사실을 증명해 냈단다.

정의는 존재한다. 그리고 정의는 불의보다 더 바람직하다.

결국, 우리의 독재자로부터 '정당한 척하는 완전히 부당한 사람'을 발견하지 않았니? 누가 그렇게 살고 싶어 할까? 누가 무솔리니의 권력을 원하겠어. 길거리를 끌려 다니고, 뼈가 으스러지도록 얼굴을 걷어차이며, 죽도록 두드려 맞고, 광장에서 아내 옆에 고기처럼 시체가 매달리는 그런 삶을?

그게 잘 끝난 삶일까? 아니면 히틀러에게는? 사담 후세인에게는? 빈 라덴에게는?

이게 불의의 엄연한 결말이야, 바이올렛. 나아가, 언제나 이런 방식으로 끝나 버리지. 그렇게 끔찍하게 끝나기 전에도 부당한 삶은 이미 스스로 벌을 받고 말아.

부당한 사람은 진짜 친구가 없어. 아무도 그를 사랑하지 않지. 누구든 그를 죽이고 싶어 해, 그의 가족까지도. 그는 피해망상에 사로잡히고 외로움에 떨어. 자신이 훔친 권력과 돈 모두 제대로 누리지도 못하지. 기쁨이 빠진 삶이야, 죽을 때까지 영영.

더 소소한 경우에서도 같은 원칙이 적용된단다. 우리가 '완전히 부당한 사람'이라고 들 수 있는 전형적인 예시를 보고 있다는 걸 기억하렴. '더 적은 불의'에 가해지는 벌도 비슷해. 단지 벌의 중량이 비례할 뿐이지.

덜 부당한 죄는 길거리에 끌려 나가거나 처형당하지는 않겠지만, 결국 그들이 마땅히 받아야 할 벌을 받게 마련이지. 그들이 자신의 죄에 책임이 없다고 해도 상관없어.

그들의 삶 자체가 충분히 벌이니까. 그들은 불쌍하기 짝이 없는 인간들이야. 시간이 걸릴지도 몰라. 결국 처벌받는 모습을 볼 수 없을지도 모르지. 그러나 결국, 언제나 정의가 승리한단다.

이 세상에는 정의가 있어, 바이올렛.

Chapter 5.
행복은 지금, 여기, 네게 있어

아리스토텔레스, 《니코마코스 윤리학》 〈제1권〉

인생의 다양한 시점에서 행복한 순간을 상상해 봤단다. 내가 쓴 책이 출판되면 행복할 거야. 꿈에 그리던 여자 친구를 만날 때 행복하겠지. 저 사무실을 얻으면 행복하겠다. 승진을 하면, 저 차가 내 손 안에 있다면.

아빠가 쓴 책은 세상에 나왔어. 꿈에 그리던 여자 친구도 만났고, 원하던 사무실도 얻고, 승진도 하고, 차도 샀지. "여기 내가 이룩한 걸 봐!"라고 말할 수 있겠지. 기분은 우울하고 여전히 부족했지만 말이야.

그러자 행복하지 않다고 느끼는 데 죄책감이 들기 시작했어. 나보다 운이 안 좋은 사람들을 떠올려 봤지. 나는 내게 계속 타일렀어. "너는 행복해야 해, 왜 행복하지 않은 거야?"라고 말이야.

네가 우리에게 왔을 때도 나는 행복하지 않았어. 사실, 네가 태어나고 1년 동안 나는 내 인생 그 어느 때보다도 비참했어. 그 사실 때문에 더욱 우울해지더구나. 그건 너와는 전혀 상관이 없단다. 너는 언제나 최고이고 내게 한 줄기 빛이야.

이 세상 여느 사람들처럼 아빠는 일하는 데 문제가 많았어. 경제적 걱정까지 겹쳐 일어났지. 그때 생긴 문제들은 도저히 풀릴 것 같지 않았어. 그래서 한순간도 쉴 수 없었지.

일들이 죄다 나쁨에서 더 나쁨으로 가는 것 같았고, 이 모든 게 너무나 불공평하다고 느꼈지. 나는 나를 불쌍히 여기고 내게 직면한 모든 잘못된 일에 얽매였어. 그리고 분노를 엉뚱한 대상으로 돌렸지.

아빠는 네가 아빠의 우울증을 알아채지 않길 바랐어. 그래서 할 수 있는 최대한 아무렇지 않은 척했지. 하지만 너도 분명히 마음 한구석에서는 알아차렸을 거야. 그래도 너는 행복한 본성을 타고났어. 종종 네가 우리 둘 모두를 위해 행복해한다는 느낌이 들었고, 때로는 내게 기운을 북돋아 주려고 노력하는 것처럼 보이기도 했어.

너는 언제나 네 주변을 빛나게 밝혔지. 네가 두 살이 채 되지 않았을 무렵 매주 토요일이면 길 건너 샌드위치 가게에 너를 데려가고는 했는데, 카운터 뒤에 있던 사람들은 네가 가게 안을 돌아다닐 때 공짜로 뭔가를 주곤 했어. 과자 한 봉지, 레모네이드, 가끔은 쿠키까지.

그곳에 그렇게 자주 가지 않았는데도, 사람들은 너를 기억했어. 네 이름도 알았지. 그날 누가 일하고 있었는지는 중요하지 않았어. 점원들은 묻지도 않고 샌드위치를 네 등분으로 잘라 줬지. 네 작은 손으로도 충분히 먹을 수 있게끔 말이야.

너를 그곳에 데리고 갈 때면 아빠는 집에서 벗어나려고 애를 썼어. 유모차도 챙기고, 여분의 기저귀, 우유, 담요 그리고 고양이 인형까지 빠짐없이 준비하느라 이래저래 정신이 없었지.

아빠는 언제나 피곤에 절어 있었단다. 당시에 나는 야근을 자주했고, 너는 새벽 다섯 시 삼십 분이면 어김없이 깨곤 했어. 네 엄마는 일주일 내내 그 시간에 깨어 있었기 때문에, 아빠가 퉁퉁 부운 눈으로 침대에서 나와 낡은 플란넬 셔츠를 아무렇게나 걸치고 너를 안아선 아래층으로 내려갔지. 우리는 몇 시간 동안 놀다가 네가 낮잠을 자기 전에 샌드위치나 먹이려 나섰어.

마치 내가 로봇이 된 기분이더구나. 나는 명령에 따라 움직이는 것뿐이야, 낮잠 시간까지 통과하기를 바라며. 그래야 나도 한 시간 정도는 누울 수 있으니까. 가끔 잔뜩 성이 날 때도 있었어. 나는 도대체 언제 쉬라는 거야?

어느 토요일, 나는 네게 점심밥을 먹이느라 분주하게 움직이고 있었지. 네가 식사를 다 마치기 전에 치우고, 빌어먹을 업무 메일 때문에 매분 휴대폰을 체크하면서, 유모차를 접고, 네게 겉옷도 입혔어.

그러자 네가 자리를 냅다 벗어났어. 너는 아래로 기어 내려가더니 샌드위치 가게 안에서 춤을 추기 시작했지. 가게 안에서는 오래된 록음악이 흘러 나오고 있었어. 이글스의 노래였지. 〈바쁜 건 끝내 주게 좋아〉.

나는 이글스를 싫어했어, 이글스의 노래 중에서도 특히 이 노래가 가장 싫었어. 출세에 정신 팔린 부인이 가족보다 파티가 더 중요하다고 생각한다는 내용이었거든. 외모가 현실보다 더 중요하다는 거지.

너는 얼굴 가득 웃음기를 담고 어지러워 넘어질 때까지 가게를 빙글빙글 돌았어. 그러더니 웃음을 터뜨리더구나. 카운터 뒤에 있던 아가씨들이 웃으며 박수를 쳤어. 빌어먹을, 도대체 뭐가 잘못된 거지? 내가 네게 감히 행복에 대해 뭐라고 말할 수 있을까?

| 세상을 바라보는 두 관점

아리스토텔레스는 플라톤의 '제자'였어. 플라톤의 학당에서 수학했다는 관점에서 보면 말이지. 하지만 플라톤의 수제자는 아니었어. 플라톤에게 신비주의란 없어. 모든 게 합리적으로 설명 가능하지. 모든 것에 정의를 내리고 분류할 수 있어.

아리스토텔레스는 분류학, 즉 과학적으로 분류하는 학문을 창조했어. 기본적인 몇 개의 일반적 개념이나 범주에서 수많은 하위 범주로 흘러가는 개념—서양인들이 세상을 바라보는 전형적인 시각이지—이 아리스토텔레스에서 시작된 거야.

아리스토텔레스를 들여다보기 전에, 이 책에 나온 모든 저자 중 아리스토텔레스가 가장 골치 아팠다는 말을 먼저 전해야겠다. 아리스토텔레스가 엄청 중요하다는 말은 과언이 아니지만, 많은 중요 분야에서 제법 틀리기도 했단다.

그는 두말할 것도 없이 인종 차별주의자였어. 그리스인이 다른 사람들보다 우월하다고 믿었지. 이 때문에 별다른 충돌 없이 노예제와 같은 제도를 정당화할 수 있었단다. 어쨌거나 그리스인은 원래 우수하게 타고난 민족이므로 노예 제도도 자연스럽게 생겼다는 말이지.

그리고 광활한 만물에서 인간은 별로 중요하지 않다고 믿었던 소크라테스와 달리, 아리스토텔레스는 인간이—지구라는 행성도 마찬가지로—우주의 완전한 중심에 있다고 봤어. 덕분에 2천 년 동안이나 천문학은 왜곡된 길을 걸어왔지. 사람들은 아리스토텔레스가 무조건 옳을 거라고 믿었으니까.

하지만 틀렸어. 지구가 태양의 주위를 돈다는 지동설은 아리스타르코스와 아르키메데스 등 이후의 그리스인들에게 알려지기는 했어. 그래도 아리스토텔레스의 주장은 꺾이지 않았지. 그의 스승 플라톤과 그의 유명한 제자 알렉산드로스 대왕 모두 그의 주장을 상당 부분 무시했어.

그리고 로마 시대에 플루타르코스와 아우구스티누스도 아리스토텔레스의 가르침이나 세계관에 다소 직설적으로 이의를 제기했단다. 이들도 꽤나 영특한 사람들이었지. 아빠가 볼 때 세상을 바라보는 데에는 두 가지 본질적인 방법이 있는 것 같아. 플라톤의 관점과 아리스토텔레스의 관점.

플라톤은 우주에 비밀이 있다고 믿었지. 인간으로서 우리의 한계로 볼 때 도저히 알 수 없는 뭔가가 있다는 거야. 그는 알 수 없는 진리, 즉 신이라는 개념을 받아들였어.

아리스토텔레스는 여기에 찬성하지 않았던 것 같아. 그에게 모든 건 밝혀질 수 있고 설명할 수 있어. 그리고 그는 그가 뭘 말하는지 알던 모르던 모든 걸 설명할 채비가 되어 있어. 우주를 정의하고 설명하려는 그 시도—성공하든 실패하든—자체가 내게는 흥미로워.

유감스럽게도 아빠는 아리스토텔레스의 세계관에 동의하지 않지만, 절차와 정치 그리고 시스템에 관해 내놓은 그의 사상은 퍽 설득력이 있기도 해.

아리스토텔레스든 누구든 동의하지 않아도 괜찮아, 바이올렛. 우리는 위대한 사상가들을 우러러보기는 하지만, 그들도 틀릴 수 있어. 나도 여느 사람들처럼 생각이 치우쳐져 있단다. 하지만 그들 모두 틀릴 수 있다는 점도 인정하지. 기억해 두렴.

"의심하라."

그리고 소크라테스, 플라톤, 아리스토텔레스, 알렉산드로스 등 특정 인물들이 같은 시대 즈음에 살았다고 해서 그들을 한데 묶어 똑같이 바라볼 필요는 없어. 그들은 매우 다른 사상을 가진 아주 개별적인 인물이니까.

| 행복은 천의 얼굴을 가졌다

아리스토텔레스가 행복에 대해 정밀하게 분석했다는 점에서, 《니코마코스 윤리학》은 화장실에 심심풀이용으로 둘 만한 책은 아니야. 이 책은 행복의 정의를 내리는데, 내게 그랬던 것처럼 네게도 도움이 될 수 있을 거야.

아리스토텔레스는 인생의 모든 건 나름대로의 목적이 있다고 말한단다. 그 목적을 이루기 위해 적절히 기능하면, '선'이라고 말할 수 있지. 눈에게 '선'은 시력이고, 목수에게 '선'은 집을 제대로 짓는 것 등이야. 하지만 다수의 선이 다른 선에 종속되어 있어. 벌목꾼은 목수에게 나무를 제공하고 목수는 건축가에게 자재를 제공하는 식으로.

그러면 궁극적인 선이란 무엇일까? 그 무엇보다 위에 있고 모든 인간이 찾는 최고의 선이란 무엇인가? 누구에게나 제공되는 명백한 선, 이를테면 부, 권력, 기쁨, 지혜가 뭐가 좋은 것 같니?

아리스토텔레스는 궁극적인 선이 '행복'이라고 믿었어. 우리는 모두 행복을 추구하지. 행복이란 무엇일까? 기쁨일까, 부일까, 권력, 명예, 지혜? 사람들마다 다르게 대답할 거야. 예술가에게 물어보면 기쁨이라고 대답할 테고, 정치가들은 권력이라고 생각하겠지. 사업가들은 부를 추구해. 군인은 명예야말로 행복이라고 생각할 테고, 철학자들은 지혜를 최고로 치겠지.

이런 목적—기쁨, 부, 권력, 명예, 지혜—은 각기 다른 삶을 사는 사람들마다 달리 가져. 모두 각기 다른 본성을 타고 나니까. 누군가가 추구하는 바가 다른 이들보다 꼭 우월하지는 않아. 여기서 추구하는 목적 모두 '선'이란다. 명상은 아주 훌륭한 일이지만, 부가 꼭 나쁘다고 볼 수는 없듯이. 권력이나 명예, 기쁨도 마찬가지고.

그렇다고는 해도, 이렇게 다른 목적 가운데에서도 행복한 삶을 구성하는 공통적인 요소가 있을까? 아리스토텔레스가 정의하고자 했던 행복은 잠깐 동안 누릴 수 있는 즐거움이 아니라 영원한 상태를 의미해. 그렇지 않으면 누군가 인생에서 어떤 지점에는 행복하고 다른 때에는 행복하지 않다고 말하겠지. 영원한 상태의 행복을 만드는 건 뭘까?

인간의 그 어떤 기능도 덕업만큼 영원하지 않다. 여러 과학적 지식보다 더 영구하다고 생각된다. 또한 덕업 가운데 가장 가치 있는 게 가장 지속가능하다. 행복한 사람들이 덕업을 쌓으며 가장 순조롭고 지속적으로 자신의 삶을 살기 때문이다.

그렇다면 여기에 따라오는 질문은 행복한 사람에게 속하며, 그는 평생 행복할 것이다. 언제나 덕업과 관계된 일에 종사할 테고, 그에 대해 숙고할 것이기 때문이다. 또한 그가 진실로 선하고 고난에도 의연하다면, 살면서 일어나는 여러 변화에 고귀하고 품격 있게 대처할 것이다.

| 적당한 것에 행복이 있다

기회는 사람을 행복하게도, 비참하게도 만들 수 있지. 어떤 사람은 행복한 삶을 영위할 수 있고 부유하고 안정적인 가정에서 태어날 수 있어. 어떤 사람은 혼돈과 비극에 얽혀 살 수도 있지. 그러나 그 누구도 아리스토텔레스가 말하는, 있는 그대로 영원히 행복하게 살았다고 말할 수 없어.

부유한 사업가도 우울할 수 있고, 성공한 예술가나 위대한 장군도 마찬가지야. 그러니 네가 행복한지 그렇지 않은지 결론 내리는 게 네 삶이 추구하는 바가 되면 안 돼. 너를 진정으로 행복하게 만드는 건 인생에 찾아온 기회를 어떻게 대하느냐에 따라 달려 있어.

앞서 말한 바와 같이, 우리네 삶의 특징을 만들어 가는 게 활동이라면 그 어떤 사람도 비참해질 수 없다. 행복한 사람은 결코 남을 증오하거나 비열하지 않을 것이기에. 진실로 선하고 현명한 사람은, 우리가 생각하기에 살면서 맞이하는 모든 변화를 처지에 맞게 아주 잘 대처한다. 선한 장군이 군대를 효율적으로 통제하고, 선한 구두 장인이 최고의 신발을 만드는 것과 같다. 다른 장인도 마찬가지다.

진정으로 행복한 사람은 재수가 좋거나 나쁘거나 흔들리지 않아. 그는 지혜와 끈기에만 반응을 보이지.

행복은 완벽한 덕에 따라 움직이는 영혼의 활동이다.

이게 무슨 말일까? '영혼의 활동'이라니, 그리고 '덕'은 또 뭐고? 아리스토텔레스는 도덕이란 행동으로 배우는 거라고 했어. 우리가 담배를 피우거나 운동하는 것처럼 습관이라는 소리지. 우리에게는 이성과 비이성이라는 상반된 면이 있어. 덕은 이성과 비이성 사이에 놓여 있다는 특징이 있어. 누군가는 황금률이라 부르지.

예를 들어 누구나 기쁨과 고통을 느껴. 그리고 이 두 감정은 우리의 마음가짐에 따라 움직이지. 우리는 기쁨을 느끼고 싶고 고통은 피하고 싶어 해. 하지만 지나친 기쁨도 좋지는 않아. 하루 종일 자리에 앉아 마냥 놀고먹고 마실 수는 없으니까. 그리고 우리는 고통을 피하고 싶지만, 운동이나 다이어트처럼 약간의 고통은 유익하고 도움도 되지.

그러니 덕은 어디에나 중간에 있어. 아리스토텔레스가 말한 절제지. 서구 교육에서 최근까지도, 덕은 학교에서 다음과 같이 가르쳤어.

지나침의 극단은 경솔함, 방종과 말살, 자만심이고 덕의 중용은 용기, 절제, 야망이며 부족함의 극단은 소심, 고상한 체함, 게으름이라고.

우리는 극단을 피하고 중도로 나아가는 데 힘 써야 해. 오스카 와일드가 이런 말을 한 적이 있지.

"모든 건 적당히, 적당한 것도 적당히."

문제는 우리가 양극단으로 타고난다는 거야. 우리의 몸만 해도 지방이나 설탕을 가능한 한 많이 찾도록 진화해 왔지. 간절하게 음식을 찾아 돌아다니던 시대에 그런 음식은 드물었거든.

| 행복은 내게서 나온단다

오늘날 우리는 극단적인 걸 미화하고 있어. 건강을 해치는 외적 미용, 과도한 부 그리고 원칙을 지킨다고 착각하며 타협하지 않으려는 의지 같은 것 말이야.

우리는 행복이 외부에서 온다며 떠들어 대곤 하지. 행복은 '살 수 있다'거나 '소유할 수' 있다나. 이 간단한 장치만 있으면 당신은 행복해질 수 있어요. 아니면 복권에 당첨만 돼 봐요, 행복해질 수 있지.

하지만 그 어떤 것도 너를 행복하게 해 주지 못해, 바이올렛. 다른 사람들은 너를 행복하게 하지 못하지. 직장에서 거둔 성공이 행복을 가져다주지는 않을 테고, 부도 마찬가지야. 모든 게 네게서 떠나 버릴 수도 있어.

너를 행복하게 해 주는 건 네가 가진 게 아니라, 남들이 너를 어떻게 생각하느냐가 아니라, 네가 삶의 부침을 어떻게 대응하느냐에 달려 있어. 진정으로 행복한 사람은 성공과 실패에 같은 방식으로 반응한단다.

행복은 너의 내면으로부터 나온다. 오롯이 너의 책임이야. 행복은 선택이고, 그 다음 실천하는 거야.

너무 잔혹하게 들리겠지. 하지만 그럴 때 네 할머니가 내게 해 주셨던 말이 생각 나. 언젠가 시카고에 살고 있는데, 결혼한 친구가 와서 자신이 동성애자라고 고백했어. 하지만 동성애자가 되고 싶지 않았대. 그는 결혼을 유지하고 싶어 했어.

아빠는 친구가 너무나 안쓰러웠단다. 친구의 부끄러워하는 마음이 온전히 전해졌거든. 그는 아내와 아이들에게 상처를 주고 싶지 않았어. 자신에게 닥칠 고통이나 창피 등을 감당하기도 원치 않았지.

신부님에게는 뭐라고 말해야 하나? 어머니에게는? 친구들에게는? 그는 자신이 아닌 누군가가 되기 위해 몸부림쳤어. 그가 그렇게 살고 싶어 했기 때문이 아니라, 사회적 압력 때문이었지.

그는 내게 조언을 구하는 것 같았어. 아니면 자신의 결정을 정당화하려 했거나. 네 할머니는 눈치채고 촌철살인을 날려 주셨지.

"사람들과 어떻게 할 건데? 그들은 행복하거나 행복하지 않거나 둘 중 하나야. 얼마나 많은 사람이 비참하게 만드는 선택을 하는지 참 놀랍구나."

빙고. 나도 비참한 쪽을 선택하고 있었어. 물론 뇌 속의 화학 물질도 한몫 하지. 그래서 나를 포함한 많은 사람이, 살면서 몇 번은 이 화학 작용을 조절하도록 도움이 필요해. 하지만 행동의 역할을 과소평가하지는 말아 주렴. 알약으로 화학 물질을 조절할 수는 있지만, 너를 행복하게 만들지는 못해. 적어도 아리스토텔레스가 말한 대로라면 말이야.

약을 먹던 먹지 않던 간에, 너의 행동은 네 행복을 가늠하는 요인이 될 거야. 예를 들어 나는 용기가 없어서 많은 고통을 받았어. 작가가 되고 싶었지만, 직장 생활에서 오는 안락함과 안정감을 포기하기는 싫었지. 그래서 나를 가장 행복하게 해 주는 일을 하지 않기로 했어. 솔직히 말해 무서웠어.

나는 글쓰기와 '그밖에 모든 것' 중에 하나만 선택해야 한다고 생각했어. 그래서 다른 모든 이를 비난했지. 나는 할 수밖에 없었으니까. 말도 안 되는 생각이었어. 친구의 이야기를 듣고 기분이 좋지 않았던 것도 이해가 가. 나

역시 내가 아닌 누군가인 척했으니까. 부와 권력을 쫓았던 그 사람들.

네가 정말로 원한다면, 그것들을 추구한다고 해서 절대 틀린 게 아니야. 하지만 둘 다 얻고도 여전히 기분이 우울하자, 나는 분노하기 시작했어. 이제 나는 행복해야 하잖아, 안 그래? 왜 행복하지 않은 거지? 대답은 간단했어. 나는 잘못된 걸 쫓고 있었던 거야.

나는 행복을 찾았어, 태어나서 처음으로. 너의 예시를 따라가면서.

네가 태어난 그 순간 네게는 행복이 넘쳐 났어. 너는 미래나 과거에 얽매이지 않았지. 너는 네가 좋아하는 노래를 듣고 춤을 췄어. 너와 함께 있을 때—너와 온전히 함께 할 때 그리고 일에 정신 팔리지 않고 내가 가진 것이나 가지지 않을 것 때문에 속으로 하는 혼잣말에 마음 뺏기지 않던 바로 그 순간—그리고 샌드위치 가게에서 너와 함께 춤을 췄을 때 아빠도 행복했단다. 실로 오랜만에 온전한 나를 마주한 느낌이었어.

네가 원하는 삶을 살 거라, 바이올렛. 진정한 네가 되는 걸 두려워하지 마.

Chapter 6.
너는 책임감 있는 시민이야

아리스토텔레스, 《정치학》 〈제1권〉

네 할아버지는 방사선 회사의 설립 파트너였고, 마을에 병원이 새로 들어서면서 할아버지와 파트너는 설계를 맡기 위해 투입되었어. 두 분이 대기실의 초안을 그리고 있는데 병원의 행정실에서 말하길, 대기실은 '고객에게 긍정적인 경험을 제공해야 한다'라고 말했다더구나. 할아버지는 이 말이 거슬렸대. 그래서 단순하지만 분명히 선을 그었지.

"그들은 고객이 아니에요, 환자입니다."

아빠가 고등 교육을 대변하는 일을 했을 때, 학생들에게 비슷한 감정을 느낀 적이 있어. 교육계에서 학생들은 점점 '고객'으로 비춰지고 있었지. 그리고 고등 교육도 행정부 내부의 사업체라는 관점으로 비춰지기 시작했어. 이전에 행정부는 학교의 밑바닥에 있었지만, 지금은 실권을 장악하고 있는 실정이란다.

순익을 개선하는 한 가지 방법은, 용량을 늘리면서 비용은 줄이는 거지. 이걸 두고 '고등 교육에 접근성을 높인다'라고 부른단다. '가상 교실'을 제공해 접근성을 높이는 거야.

전국에 있는 학생들이 온라인으로 학위를 딸 수 있지. 언제 어디서나 로그인을 하고 강의를 다시보기할 수 있어. 그리고 온라인 플랫폼을 통해 과제를 내는 거지. 이런 강의실들은 기존보다 훨씬 크고, 학생 수 또는 과정에 따라 균일하게 보수를 받는 시간강사들이 가르칠 수 있단다. 원격으로 일하는 시간제 노동이기 때문에, 부교수진들은 시설비나 의료보험과 같은 부차적인 비용이 들지 않을 테지.

학생들은 이제 학위를 딴다기보다는 구매한다는 생각이 들어. 기존보다 낙제가 줄어들었다는 말이지, 아니면 낙제가 아예 없을 수도. 고객을 낙제시키면 안 되니까 말이야. 수준이 떨어진다는 불평이 나오는 강사들은 재빨리 교체가 돼. 그들은 학생들을 가르치기 위해 있는 게 아니라, 거래를 손쉽게 하도록 존재하는 것뿐이야.

소비중심적인 심리는 우리를 통치하는 방식을 선택하는 데까지 영향을 미쳤어. 우리가 뽑은 관리들은 정부를 사업이나 집안 살림을 꾸려 나가는 일과 비교하곤 하지. 2013년 10월 연방 정부는 셧다운(廢鎖)되고 말았어. 의회와의 예산 합의에 실패했기 때문이지. 조지아 주의 조니 이삭슨은 논쟁 중에 다음과 같은 성명서를 냈어. 의회 안팎에 널리 퍼졌지.

"사업가이자 절약가로서, 저는 돈의 시간적 가치가 얼마나 큰지 잘 알고 있습니다. 돈의 시간적 비용 역시 잘 알고 있습니다. 여러분이 빌린 돈을 갚고자 돈을 또 빌릴 때, 그것이 오늘날 미국의 현실이기도 합니다. (…)

　불일치하는 의견으로 다투는 대신, 우리는 공통 의견을 찾고 미국의 가정이 살림을 꾸려 나가는 방식으로 나라의 살림살이를 꾸려 나가야 합니다. 우리가 여기 워싱턴에서 모든 미국 가족이 1년 내내 해야 하는 일을 똑같이 한다면, 이곳은 완전히 달라질 것입니다.”

| 정치는 자연스러운 행위야

　'정치'라고 하면 현대의 우리에게 더러운 의미를 품고 있지만, 아리스토텔레스가 《정치학》에서 썼던 정치는 그리스어로 '폴리스의 업무'라는 뜻을 담고 있었어. 아리스토텔레스의 시대에 폴리스는 도시와 나라가 혼합된 형태였지.

　하지만 사실 그 이상의 의미가 있었어. 아리스토텔레스에게 폴리스는 인류의 자연적 상태라는 의미였어. 가족 단위의 최고봉이며, 폴리스의 존재 목적은 완전한 선을 뒷받침하기 위함이었지.

　아리스토텔레스는 국가가 주민들로 구성되었다고 봤어. 가장 기본적인 주민 단위는 가족이었지. 사람들은 근본적으로 살아남기 위해 서로 의지해야 해. 그래서 자연스럽게 가족이 생겨났지. 모든 국가를 구성하는 기본적인 단위야.

　가족들 중에서 가장 자연스러운 형태는 왕정이야. 아버지나 남편이 왕이 되는 거지.

친족 관계가 모이면 마을을 만들어. 아리스토텔레스에 따르면, 마을에서 자연스러운 정부 형태는 세습 왕권이야. 이런 형태만이 가족을 지속적으로 유지시켜 나갈 수 있지.

마을 사람들이 한데 모이면 폴리스를 만들어. '도시 국가'라고 부르는 모습이야. 즉 아테네와 같은 정치적 단체로서, 지리적으로 경계를 나누면 다소 작지만 영향력은 훨씬 컸지.

폴리스에서 왕정은 무력해져. 왕은 폴리스에 있는 모든 이의 이해관계를 적절하게 도모해 주지 못하거니와, 누가 권력을 세습하면 좋을지 명백하게 밝힐 수도 없거든. 아리스토텔레스가 보기에 폴리스의 궁극적인 목표는 '법의 집행'이었어. 법의 집행이야말로 정치적 단위를 구성하는 다양한 가족들 사이에서 질서를 보존할 수 있는 방법이었기 때문이지.

아리스토텔레스는 "사람은 정치적 동물이다"라는 유명한 말을 남겼어. 폴리스가 자연스러운 실체라는 말이지. 꿀벌이 벌집을 짓는 것처럼, 사람도 자연스럽게 더 큰 정치적 집단을 구성한 거야. 국가의 지도자에게 가장 중요한 업무는 법의 집행이야. 왜 그런지 알기 위해서 우리는 고대의 유쾌하지 못한 현실에 들어가 봐야 해.

국가가 가족으로 구성되어 있다는 전제 아래, 국가에 대해 논하기 전에 우선 우리는 가정의 관리에 대해 논해야 한다. 가정을 관리하는 일은 가족 구성원의 담당이며, 온전한 가정은 노예와 자유인으로 구성된다. 이제 우리는 가능한 한 가장 적은 요소를 모조리 검증하는 것으로 시작해야 한다.

가족을 이룰 수 있는 가장 첫 번째이자 가장 적은 부분은 주인과 노예, 남편과 아내, 아버지와 아이들을 들 수 있다.

따라서 우리는 세 가지 관계가 각각 어떤지 살펴보고 어떻게 되어야 하는지 생각해 봐야 한다. 즉 주인과 노예의 관계, 결혼 관계, 출생 관계가 되겠다.

가정을 이루는 또 다른 요소로는 부를 얻는 행위가 있는데, 가정 관리와 동일한 의미이며 가장 주요한 부분이기도 하다. 이런 행위의 본질 또한 다뤄야 할 필요가 있다.

여기에는 우리의 마음을 불편하게 하는 요소가 두 가지 있어.

우선, 아리스토텔레스는 집안을 다스리는 사람이 당연히 남자라고 말했어. 그리고 남자가 여자보다 더 우수하다고 단호하게 주장했지. 논란의 여지도 주지 않아. 둘째, 아리스토텔레스는 주인에게 노예가 마치 진공청소기인 것처럼 논해.

현대의 독자들에게 아리스토텔레스의 논쟁에 깔린 이 두 가지 전제는 공격적이라 말할 수 있지. 아리스토텔레스가 지니고 있던 엘리트주의가 훤히 보여. 세계 대다수 인구에 행해진 억압에도 무관심했고, 후에는 노예 제도에도 그럴듯하게 정당성을 부여했지.

왜 '죽은 백인들'이 그토록 평판이 나빴는지 알겠지? 현대의 관점에서 볼 때 이런 시선을 절대 옹호할 수 없지. 이해는 할 수 있을까?

아리스토텔레스의 가장 유명한 제자였던 알렉산드로스 대왕조차 그리스인이 다른 민족보다 더 우월하게 타고났다는 아리스토텔레스의 생각을 거부했어. 알렉산드로스는 그 큰 세상을 무력으로 정복한 후에도, 다른 생각은 개의치 않고 능력주의에 대한 자신의 믿음을 설파했지.

그는 외국의 군대를 훈련시켜 자신의 휘하에 편입했어. 그 때문에 원래 그의 군사들을 무척 짜증나게 했지. 그는 무력이 아닌 동의를 구하고 동양의 공주와 결혼했어. 그 나라의 관습을 받아들이고, 그가 정복한 국가의 국민들이 입는 옷도 입었지.

알렉산드로스는 아리스토텔레스의 가르침과 영 동떨어져 있었기 때문에, 혹자는 아리스토텔레스가 알렉산드로스를 독살하는 데 관여했을지도 모른다고 말하기도 했어. 그러나 알렉산드로스가 아리스토텔레스의 가르침 중 특정 부분을 거부하기는 했지만, 국민을 다스리는 데 있어서는 아리스토텔레스의 사상을 경외했어.

| 고대에는 성 역할이 나뉠 수밖에 없었어

아리스토텔레스는 상당히 많은 부분에서 잘못을 저지르기는 했지만, 전부는 아니야.

우리의 산업적 발전과 첨단 기술 문명의 가치를 산업화 이전의 사회에 적용하는 건 공평하지 못하고 어리석은 짓이야. 우리의 '계몽된' 가치는 인간사에서 아주 새로운 것에 불과하지. 우리는 19세기까지만 해도 사회적 평등이라는 개념을 누리지 않았어. 아리스토텔레스가 죽고 2천 2백 년이 지나고 나서도 말이지.

미국에서는 1865년까지만 해도 잔인한 노예 제도가 존재했고, 그 뒤 1세기 가량 인종 분리 정책이 이어졌어.

수십 년이 지난 지금도 인종 간에 팽팽한 긴장이 감돌고 있지. 미국에서 여성들은 1920년대까지 참정권도 없었어. 아빠의 할머니도 1920년대에는 살아 계셨다니까.

오늘날에도 여성들은 남성들과 같은 수준의 일을 하는데도 임금은 더 적어. 사람 간에 다양성을 인정하고 성 평등을 이룩하고자 하는 우리들의 헌신은 여전히 진행 중이란다. 인류가 사람들을 너무 갑작스레 도덕적으로 깨우치게 만들었거든. 경제적·정치적 현실이 한데 뭉쳐 그런 결과를 만들어 냈다는 말이지.

산업화는 사회적 가치를 변화시키는 데 거대한 역할을 했어. 1세기에 살았던 평범한 로마 시민의 생활 수준은 천 5백 년이 지나도록 그다지 변하지 않았단다. 사실 로마 시민의 생활이 훨씬 더 좋았지.

하지만 1900년대 이후 서양에서 태어난 사람들에게 삶은 몇천 년 전과 비교해 180도 달라졌어. 도심은 사람들이 몰려들어 터지기 일보 직전이었고 중심적인 역할을 하기 시작했지. 전 세계 인구도 기하급수적으로 늘기 시작했고 직업도 점차 세분화되었어.

경제적·정치적 제도는 새로운 현실을 반영하기 위해 완전히 뒤바뀌었고 가치도 그에 따라 변화했지.

산업화 이전 사회에서 생존의 중요한 열쇠는 출산을 무지 많이 하는 거였어. 그래야 농장의 일손이나 군사를 많이 확보할 수 있을뿐더러, 높은 영아 사망률로 인한 인구 감소를 막을 수 있었지.

오늘날, 우리 사회에서 대가족은 흔치 않아. 전통적 가족 자체도 점차 희소해지고 있지. 출산율이 낮아지거나 출산 연령이 늦어지는 추세를 보이고 있어.

고대 사회에서 여성들은 10대 초반이면 아이를 낳았지. 아이를 낳고 10년에서 20년 동안은 임신 중이거나 아주 어린 아이들을 돌보는 데 보냈어. 여성들이 아이를 낳다가 죽는 일은 흔했고, 모두가 현재 우리들보다 더 일찍 죽었지.

오늘날 우리는 70대에서 80대까지는 살아. 100년 전만 해도, 평균 기대 수명은 마흔다섯 살이었어. 그보다 1세기 전에는 스물여섯 살에 불과했지. 고대에서는 태어나는 데 성공했다 해도 그다지 오래 살지는 못할 터였어. 사람들은 암이나 심장 마비 따위는 걱정하지 않았지. 단순 감염이나 기아에 죽을 확률이 더 높았거나, 전쟁에서 상대방이 벽을 기어올라 거대한 창을 날려 두개골을 날려 버렸을 테니까.

그러니 당시 사회에서 여성은 가장 중요한 역할을 맡았어. 하지만 대부분의 삶을 단순히 아이들을 기르고 돌보는 데 보냈지. 사회는 말할 것도 없고 종의 생존을 위해 타협할 수 없는 부분이었어.

나라를 이끌어 갈 시간과 에너지가 누구에게 있었겠어, 남자뿐이었지. 그래서 고대 사회에서 우리는 성에 따라 다른 역할을 받아들였단다. 그러니 우리 입장에서 그게 옳지 않다고 생각하더라도, '모두가 악하고 어리석다' 외에 실제로 그럴 수밖에 없었던 이유가 있었던 거야.

| 노예의 기질? 지배자의 역할?

아리스토텔레스가 노예 제도를 옹호했다는 측면에 대해서는, 글쎄 네게는 정말 폭발할 만한 일이겠지. 기본적으로 그는 노예제란 평등하지 않은 권력에서 나오는 게 아니라 기질 차이에서 나오는 거라고 했어. 그러니까 어떤 사람들은 '노예 기질'을 타고 났다는 말이야.

우선 그는 주인과 노예와의 관계에 대해 면밀히 관찰했지. 그리고 노예제를 자연스럽게 정당화했어. 아리스토텔레스는 어떤 가정도 재산의 획득 없이는 성공할 수 없다고 했지. 그 재산은 어떤 형식으로도 취할 수 있어.

아리스토텔레스의 말에 따르면 노예도 도구에 불과해. 아니면 재산을 얻는 데 사용되는 수단이지. 포크나 나이프를 쓰는 용도와 별반 다르지 않아. 살아 있다는 것만 빼면 말이지. 하지만 누가 그런 소유물에 복종을 하겠어?

노예의 본성을 타고난 사람이 있는가? 그리고 그런 요건을 가지고 있는 게 정당한가, 아니면 모든 노예 제도는 자연에 위배되는가?

이론에 근거하든 사실에 근거하든, 이 질문에 답하기는 어렵지 않다. 어떤 이는 지배해야 하고 어떤 이는 지배받아야 하는 게 필요할 뿐만 아니라 편리하기 때문이다. 태어날 때부터 어떤 이는 종속되어 있고 다른 이는 지배하도록 되어 있다.

물론 우리는 노예 제도나 어떤 사람들에게 '노예 기질'이 있다는 말을 지지하지 않아. 세상에서 가장 터무니없는 말이지. 하지만 아리스토텔레스가 궁극적으로 말하고자 하는 건, 어떤 사람이 국가를 이끌어 가야 하는지 결정하는 거라는 걸 기억해 줘. 그러면 우리가 그의 정의에도 동의하지 않을까?

지배자는 도덕적으로 완벽한 덕을 쌓아야 한다. 그의 역할은 절대적으로 완벽한 기교가 요구되기 때문이다. 반대로 노예는 서로에게 적절한 정도의 미덕만 갖추면 된다.

국가의 수장이 지녀야 할 역할이란 무엇일까? 그리고 그건 가정의 수장과 무엇이 다를까? 한 집안의 가장은 주로 부와 재산의 획득에 많은 관심을 기울여. 나라를 이끌어 가는 수장은 부를 획득하는 데에도 고심하지만, 그게 주요 관심사는 아니야.

앞서 논의한 바와 같이 주인의 지배는 보편적이지 않으며, 누군가 단언하였듯이 지배의 종류는 서로 다르다. 자유민으로 타고난 사람에게 행해야 하는 지배가 있다면, 노예로 태어난 사람에게 행해야 하는 지배가 따로 있기 때문이다. 가정의 지배는 왕정과 같다. 모든 가정의 우두머리는 단 하나이므로. 반면 보편적 지배는 자유민이 평등하게 구성하는 정부 형태를 띈다.

아리스토텔레스의 세계에서, 우리보다 앞선 20세기 때에도 그랬지만 여성과 아이들은 기획 능력이 제한되어 있었고 노예에게는 아예 없었지. 가장은 자신의 집에서 가장 높은 지위를 누렸어.

그의 일은 가족을 위해 돈을 버는 것이었고, 그가 정한 규율은 그 무엇보다도 절대적이었지. 그러나 국가에서 지도자는 다른 자유 시민을 다스려야 하기 때문에, 국가의 수장은 단순히 부를 쌓는 것뿐만 아니라 반드시 정의를 실현하는 데 관심을 기울여야 해.

| 우리는 고객이 아니라 시민이다

우리는 아리스토텔레스가 여성과 노예제에 대해 생각한 바를 반대할 수 있어. 그러나 그 개념은 받아들여야 해. 그래, 국가는 재정을 잘 관리해야 하지. 하지만 정의를 실현하는 것 다음이야.

통치 또는 정치가 그 모든 행위를 다 차치하고 '최고 선'이라 믿는다면, 우리가 하는 모든 건 궁극적으로 국가에 기여해야 해. 그리고 결국에는 정의로운 사회를 만드는 데 도움이 되어야 하지.

상업 활동은 사회에서 중요한 역할을 하지만 정부는 부를 관리하는 것 외에 중요한 일들이 많아. 미국에서는 뭐든지 다 시장 지표로 표시를 해. 교육이든 의료 보험이든 연구 결과든 사회 복지 프로그램이든.

그러나 국가는 그런 식으로 움직이지 않아. 국가가 정의로워야 한다고 믿는다면 그렇게 작동해서는 안 되지. 우리는 국가의 고객이 아니니까. 우리는 정부의 일에 주도성을 가지고 참여하는 시민이야. 그 활동이 전쟁, 사회 복지 프로그램, 세법 등 무엇이 되었든 간에 말이다.

네가 병원에 입원할 때 너는 고객이 아니야, 환자이지. 네게 돈이 얼마나 있는지, 병원에서 '긍정적인 경험'을 했는지 안 했는지는 중요하지 않아. 중요한 건 네가 병원에서 건강하게 퇴원하고 다시 일상생활로 돌아갈 수 있는지 여부야.

교육 역시 재화가 아니야. 학생들은 학점을 따기 위해 돈을 낼 수는 있지만, 학위를 무조건 수여해서는 안 돼. 자격 미달이라면 진급하도록 허락하지 말아야지. 그렇게 하면 사회로서 우리에게 도움이 되지 않아. 《서구의 명작들》 편집자였던 로버트 허친스는 다음과 같이 썼어.

교육 제도의 목적은, 산업의 일꾼을 배출하거나 어떻게 살아야 할지 젊은이들에게 가르쳐 주기 위함이 아니다. 책임감 있는 시민을 배출하는 것이다.

얼마나 심오한 말이냐! 오늘날 우리의 정치 지도자들은 절대 저런 말을 내뱉지 않아. 그들에게 교육이란 세계 시장에 경쟁력 있는 인재를 훈련하기 위한 체육관으로 비춰질 뿐이지. 그리고 그렇게 훈련받은 기계가 낡고 닳았을 때, 교육도 그렇게 돼.

아빠가 나이를 먹어 보니, 우리의 지도자들은 국가를 책임감 있는 시민으로 채우길 진심으로 바라는지 궁금해지더라. 그런 시민들이 늘어나면 기존 질서에 퍽 위험이 되겠지. 그들은 공무원 사이에 만연한 부패나 무능을 두고 보지 않을 거야. 그들은 자신의 사사로운 이익에 어떤 영향을 미치든 구애받지 않고 동료 시민들과 기꺼이 의무를 함께 할 게다.

사람들은 국가의 방위를 위해 전쟁도 불사하겠지만, 절대 잘못된 이유로는 저지르지 않아. 정책적 이슈에 관해 우리의 정부 관리들은 질문 폭탄을 받게 될 거야. 그리고 그들 스스로가 시민의 덕목을 갖췄기 때문에, 지도자들은 답도 잘할 수 있을 거다.

정부는 사업이 아니야. 사회 복지 프로그램, 사회 기반 시설 투자 그리고 전쟁 등은 사업성이 좋다거나 이익이 많이 남을 거라고 해서 진행해서는 안 돼. 우리는 그런 정책이 궁극적으로 정의를 뒷받침한다고 보기 때문에 일괄적으로 실행에 옮기는 거란다.

너는 가장 먼저, 언제나 그리고 유일한 고객이라고 믿도록 강요받게 될 거야. 사상이나 의료 보험, 교육, 정부 프로그램 등 모든 것에 있어 네가 고객이라고 믿게 만들지. 너는 '돈으로 투표를' 하고 '모든 건 시장에서 경쟁한다' 며. 그런 곳이야말로 살기에 매우 위험한 곳이야, 바이올렛.

가난한 사람들을 굶어 죽게 하거나, 학교 문을 닫아 버리고, 환경 규제를 느슨하게 하거나, 아픈 어린이를 죽게 만드는 게 더 싸게 먹히지. 돈도 많이 아낄 수 있고 세금도 깎을 수 있어. 장기적인 관점에서 이론적으로 별로 좋아 보이지 않지.

모든 게 시장은 아니야, 시장이 시장이지. 시장은 더 큰 사회에서 중요한 기능을 해, 하지만 기능 중 하나일 뿐이야. 시장은 일반적으로 더 큰 선을 위해 존재해, 특정한 선을 위해서가 아니라.

아리스토텔레스에 따르면 더 큰 선이란, 정치야. 폴리스에서 행해졌던 일. 정의 실현, 복지 보장을 위해 하는 모든 행위지. 우리는 헌법상 자유로운 개인으로서, 서로 의무를 나눠지고 더불어 살기를 선택했어.

너는 단순 고객보다 훨씬 더 중요한 존재란다.

| 위대한 고전 한 줄 정리

플라톤, 《소크라테스의 변명》

플라톤의 저서 가운데 대화록이 아닌 유일한 작품이다. 소크라테스가 법정에서 자신의 입장을 변호하며, 당시의 인간 생활에서 관찰하는 사회적·윤리적 문제점을 토론한다.

플라톤, 《크리톤》

플라톤이 쓴 짧지만 중요한 대화편이다. 크리톤은 소크라테스에게 탈옥을 권유하고, 소크라테스는 정의와 법의 관점에서 반박논변을 펼친다. 정의에 대한 논의, 법의 지위와 사회계약에 대한 논의 등이 나온다. 일반철학 이외에도 정치철학이나 법철학에 큰 영향을 미쳤다.

아리스토파네스, 《구름》

아리스토파네스가 쓴 고대 아테네의 희극이다. 기원전 423년경에 쓰였다. 소피스트들을 풍자하는 내용을 담고 있으며, 소크라테스가 등장한다.

플라톤, 《국가》

플라톤의 저서로, 기원전 380년경 대화체로 작성했다. 소크라테스를 비롯한 다양한 아테네인과 외국인이 올바름의 정의에 관해 논하고, 철인 왕과 수호자들이 다스리는 이상 사회를 그리며, 정의로운 사람이 불의한 사람보다 더 행복한지 따진다. 철학자의 역할, 이데아론, 시가의 위상, 영혼의 불멸성도 다룬다.

아리스토텔레스, 《니코마코스 윤리학》〈제1권〉

도덕에 관한 아리스토텔레스의 철학을 담은 책이다. 전체 10권으로 되어 있으며, 리케이온에서의 강의 노트를 바탕으로 했다. 아리스토텔레스의 아들, 니코마코스에게 바치는 형식이거나 그에 의해 편집된 걸로 보인다. 도덕적 행동의 습관화를 통해 도덕적 성품을 고양하는 것에 초점을 둔다.

아리스토텔레스, 《정치학》〈제1권〉

아리스토텔레스가 쓴 정치 철학 저서이다. 학두기에 강의한 초고로, 전체 8권이다. 그중 제1권은 서론으로, 가정과 마을의 상대적 공동체 개념으로서 도시 또는 정치적 공동체의 정의와 구성에 대해 논했다.

Part 2

올바른 선택에
두려워 마라

Chapter 7.
좋은 리더가 좋은 영향을 줄 수 있어

플루타르코스, 《영웅전》〈리쿠르고스〉

아빠가 시카고의 셰익스피어 극장에서 첫 직장 생활을 시작했을 때, 맨땅에 극장이 세워지는 모습을 보는 행운을 누렸단다. 회사는 네이비 피어 옆천 백여 평 공간에 지었는데, 하룻밤 사이에 작은 지역 극장에서 국제적 문화 기업으로 발돋움했어.

그 후에 아빠는 어려움을 겪고 있던 협회에 들어갔지. 그때 협회는 워싱턴 뒷골목, 나무가 우거진 곳에 있었는데 몰골이 폐가나 다름없었어. 건물안에 2층을 지탱하는 나무 버팀대가 있었는데, 찌그러져 있었지 뭐야.

하루는 복사기가 있는 방에 들어갔는데, 카펫이 바뀌었다고 생각하며 보니 흰개미가 어마어마하게 떼를 지어 모인 거였어. 협회는 파산 직전이었지. 회원 수도 적었고, 해마다 열리는 학회에는 천 명이 겨우 모일까 말까했어. 직원들은 모두 피골이 상접해 있었지.

10년 뒤 아빠가 협회를 퇴사할 무렵, 협회는 북미에서 가장 큰 인문학 회의실을 갖췄단다. 예산은 다섯 배가 되었고, 전 세계적으로 회원수가 4만 명에 달했어.

아빠는 20년 이상 비영리 재단에 몸담았어. 어떤 곳은 굉장히 큰 성공을 거뒀고, 어떤 곳은 그러지 못했지. 훌륭한 리더와 일할 기회도 잡았고, 그렇지 못한 리더와 일할 때도 있었어. 또한 내 스스로가 리더가 될 때도 있었단다. 내 능력에 따라 성공하기도 했고 실패하기도 했어.

조직이 쑥쑥 성장해 가는 모습을 보던 시절—조직이 커지고, 팽창하고, 승승장구하고, 모두들 의욕 넘치던—조직 전체는 자기희생으로 움직이는 것처럼 보였지. 상부에서 밑바닥까지 모두 함께 일했어. 팀원 모두를 위해서든 자기 자신만을 위해서든, 조직의 더 많은 이익에 주력했어. 그 누구도 "그건 내 담당이 아니에요"라는 말을 하지 않았지. 무한한 창의성과 끊임없는 변화는 그와 같은 조직들이 가지고 있던 자산이었지.

사람들이 서로를 좋아하고, 서로를 친구처럼 잘 알고 지내는 행복한 공간이었어. 모두들 앞으로 나아갈 수 있도록 격려하고, 위험을 마다하지 않고, 혁신적이었어. 실패는 어리석다는 증거가 아니라 성공으로 나아갈 수 있다는 긍정적인 발판으로 받아들였지. 기대치는 있었지만 빡빡하게 일정을 잡지 않았어.

사람들은 마음대로 직장을 드나들었지만 언제나 일을 하는 것처럼 보였지. 그 누구도 조직의 규칙이 무엇인지 귀담아들을 필요가 없었어. 규칙은 단순하고 암묵적이었거든. 당신은 조직을 위해 일하고, 조직이 원하는 건 개인의 것보다 더 중요하다는 것.

아빠는 또 실패하고, 목적이라고는 전혀 찾아볼 수 없고, 번번이 휘청거리고, 침체되어 있으며, 변화를 거부하는 조직도 봤어. 부끄럽지만 그런 조직을 이끌어 보기도 했단다. 영역 다툼이 끊이지 않았고, 아무도 맡은 일에서 조금이라도 더 하려고 하지 않았지.

사람들은 "지금까지 이렇게 해 왔다고요!"라고 말하곤 했어. 복잡하기 짝이 없는 절차에 미로와 같은 시스템으로 어지러웠어. 모두들 자기만 억울하다 하고, 옹졸하고, 의심만 많았지. 사람들은 언제라도 떠날 준비가 되어 있었어. 그리고 자신의 특권을 마구잡이로 남용했지.

이런 조직에서 아빠가 알게 된 건 규칙과 정책이 지나치게 많다는 점이었어. 규칙은 법전처럼 성문화되어 있고, 복잡했으며, 주저리주저리 말이 많았어.

신입 직원이 처음 근무하는 날, 커다랗고 위압적인 책을 들이밀고 조직의 차트나 분규 처리 절차, 업무 설명, 근무 평가 범위 등을 공부하라 이르지. 직원들은 문서를 빽빽하게 채우고 보고서를 내고 회의를 진행하기 위한 회의에 참여하라는 지시를 받아.

사람들은 재빨리 변명하고 발뺌하는 법을 배우지. 보고서는 되는 대로 아무렇게나 작성해. 직원들의 근무 시간은 15분 간격으로 면밀히 모니터링되지. 직원들은 무력해지는 법을 배워. 솔선수범해 나서거나, 위험을 무릅쓸 때 그리고 실패할 때 벌을 받을 거라고 배우지.

아무도 위험을 감수하려 하지 않고, 상사의 명령에 질문하지 않아. 조직은 아주 조그만 변화에도 예민하게 반응을 일으켜.

위 두 조직에는 어떤 차이가 있을까? 왜 어떤 조직은 번영하고, 다른 조직은 실패하는 걸까?

| 좋은 리더의 비결에 대하여

리쿠르고스는 우연한 일로 스파르타의 왕이 되었어. 형이 세상을 떠나자, 그가 왕위를 물려받았지. 얼마 되지 않아 그는, 왕비가 세상을 떠난 왕의 아이를 임신했다는 걸 알게 돼. 리쿠르고스는 아직 태어나지 않은 아이가 왕좌를 물려받을 적통이라고 선언하지. 리쿠르고스와 사랑에 빠진 왕비는 그와 타협에 나서.

"할 말이 있어요, 리쿠르고스. 내가 아이를 지워 버릴게요. 그렇게 하면 당신이 영원토록 왕이 될 수 있어요."

리쿠르고스에게는 마다하기 힘든 달콤한 제안이었지만, 그는 왕비에게 아이를 낙태하지 말아 달라고 간곡히 부탁해. 왕비의 몸이 상할까 봐 걱정된다고 둘러 대면서 말이야. 그는 아기가 태어나는 순간, 그 즉시 죽이겠다고 약속하지. 하지만 그는 그렇게 하지 않았어. 사내아이가 태어나자마자, 리쿠르고스는 아기를 엄마에게서 떼어 놓고는 스파르타 시민들 앞으로 데려가지. 그는 아기를 높이 들어 올리고 선언해.

"스파르타의 시민이여, 여기 우리 앞에 왕이 납시었도다."

그러고 나서 아기를 내려놓고 이름을 카릴라오스라 지어 줬어. '사람들의 기쁨'이라는 뜻이야.

스파르타의 왕이 되는 건 쉬운 일이 아니었지. 리쿠르고스와 어린 양아들에게 온갖 음모가 도사리자, 리쿠르고스는 자발적으로 도시를 떠나기로 다짐했어. 그는 세상을 여행하며 다른 나라의 행정에 대해 공부했지.

처음 간 곳은 크레타 섬이었는데, 그곳에서 그는 절제 있고 검소하게 사는 사람들의 모습을 보고 깊은 인상을 받아. 크레타 섬 다음에는 이오니아인들이 사는 아시아로 떠나. 이오니아인들은 매우 부유해서 많은 사치를 부리며 살았는데 리쿠르고스는 그 모습을 혐오했어.

하지만 리쿠르고스가 유일하게 인정하는 점도 있었지. 호메로스의 시야. 플루타르코스에 따르면, 리쿠르고스가 호메로스의 시를 처음으로 번역하고 그리스인들에게 소개했다더구나. 아시아 다음에는 이집트에 갔는데 군대와 나머지 사회가 분리된 모습이 상당히 인상 깊었대.

| 순한맛 개혁

스파르타로 돌아온 리쿠르고스는 정부를 개편하기 시작하지. 퍽 급진적인 방식으로 말이야.

그는 개혁에 돌입해 나라를 완전히 바꾸기 시작했다. 특정 법만 바꾸고 부분적으로만 대체하는 게 무슨 소용인가? 그는 현명한 의사처럼 행동해야 했다. 약물과 치료를 통해 복잡하기 짝이 없는 병을 고치듯, 자신의 기질을 완전히 바꾼 뒤 철저히 새로운 생활 방식에 착수했다.

첫 번째 희생은 그 자신으로부터 나왔어. 그는 자신의 권력을 내려놓았지. 그러고는 왕의 권력과 맞먹는 원로원을 수립했어. 원로원은 예순 이상 되는 스물여덟 명의 남성들로 구성되었지. 이 사람들이야말로 나라에서 가장 우수한 시민이라는 공감대가 널리 형성되었기 때문이야.

그뿐만 아니라 그는 나라에 왕을 하나 아닌 둘을 둬야겠다고 마음먹었어. 그래야 서로를 견제할 수 있기 때문이었지. 리쿠르고스는 혼합 체제를 만들었어. 혼합 체제는 보다 원시적인 형태의 정부, 즉 군주정, 귀족정, 민주정에서 가장 좋은 요소만 뽑아 만드는 걸 말하지.

기원전 9세기에 이런 형태의 정부는 급진적으로 보였지. 지금 네가 살고 있는 정부의 모습과 크게 다르지 않아. 우리나라를 세운 선조들이 고대에서 본 모범적 형태의 정부는, 순수 민주제인 아테네가 아니라 리쿠르고스가 만든 스파르타 공화국이었어.

이어서 리쿠르고스가 단행한 개혁은 불평등을 해소하는 일이었어.

스파르타인들 사이에서는 심각한 불평등이 만연했다. 그 때문에 궁핍하고 도움이 필요한 사람들로 넘쳐나 나라는 막중한 부담을 안고 있었던 반면, 부는 몇몇 소수에게만 집중되어 있었다.

오만과 질투, 사치, 범죄 등을 나라에서 몰아내고 가난과 과잉이라는 고질적인 질병을 뿌리 뽑기 위해, 모두의 영토를 한데 모았다가 다시 나눠 주겠다고 선언했다. 모든 이가 같은 기반 위에 더불어 살 수 있다면서 말이다. 오직 명성을 추구하고, 악한 행위를 멸시하며, 선한 행동을 장려하여, 사람 사이에 그 어떤 불평등도 없어야 한다고 주장했다.

도시 중심에 있던 토지 일부만 놔두고, 모두들 거의 비슷한 크기의 땅을 할당받았어.

| 매운맛 개혁

지금까지의 개혁이 순한맛이라면, 더욱 급진적인 정책은 따로 있었지. 도시에서 쓰던 금과 은을 모두 없애 버린 거야. 그래도 사람들이 거래를 할 수 있는 수단이 필요하다는 걸 깨닫자, 리쿠르고스는 철제 통화를 만들어.

철은 무거웠고, 다른 것들은 가치가 없다 여겨졌어. 결국 아무도 돈을 훔치려 하지 않았지. 심지어 철로 무기를 만들까 봐, 철에 식초를 부어 못 쓰게 만들어 칼이나 방패로 쓰이지 못하게 했어.

스파르타인들이 철을 통화 수단으로 쓰기 시작하자, 스파르타에 아무도 상인들을 보내지 않았어. 수사학자, 점성가, 포주, 사기꾼, 변호사 들 모두 스파르타에 가지 않았지. 갈 이유가 있겠어? 돈도 만들어지지 않는걸.

네가 보기에 이런 나라는 따분하고 칙칙하다고 생각되겠지만, 스파르타는 그리스에서 가장 아름다운 국가로 전성기를 이뤘단다. 사치품이 필요 없었기에, 스파르타인들은 일상에서 필요한 걸 손수 만들어 뛰어난 솜씨를 자랑했어. 의자며 식탁, 특히 컵이 그랬지.

스파르타에서는 멋진 컵들이 많이 나왔어. 별거 아니라고 생각하기 전에 말이다. 바이올렛, 당시엔 물병이 없었다는 사실을 기억하렴. 깨끗하고 맛있는 물을 가지고 다니기 어려웠다는 말이야.

스파르타는 진흙과 모래를 걸러 주는 필터가 달린 컵을 개발했어. 그래서 물을 마실 때 깨끗하고 순수한 물만 마실 수 있게 된 거지. 전 세계 모든 사람은 스파르타의 컵을 매우 좋아했어. 다른 나라에서는 스파르타 컵이 폼 나는 사치품이 되었지.

리쿠르고스는 모든 사람이 같은 음식을 먹어야 한다고 주장했어. 식당의 커다란 식탁에서 다 함께 먹어야 한다고 했지. 단 하나 예외가 있다면 사슴을 사냥해서 돌아왔을 때만이야. 그러면 집에서 식사할 수 있었지. 하지만 그렇다고 해도 공동 식당에 고기를 어느 정도 보내야 했단다.

| 나만의 방식을 만들어라

스파르타 사회는 대개 차분하고 진지한 모습이었어. 스파르타인에게 술에 취한 것만큼이나 불쾌한 일은 없었지. 그들은 함께 밥을 먹으며 와인을 아주 약간만 마셨어. 그리고 다 같이 어두운 밤길을 지나 집으로 갔지.

대중문화에서 묘사된 모습과 대조적으로, 스파르타인들은 전쟁을 기피했고 같은 적과 전쟁을 오래 끌지 않았어. 그렇지 않으면 자신들의 기밀이 누설될 수 있으니까 말이야.

스파르타인들은 아이들이 나라 전체에 속해 있다고 믿었어, 가족이 아니라. 그리고 아이들을 선택적으로 길렀지. 어떤 남자가 다른 남자의 아내 사이에서 아이를 가지고 싶으면, 모두의 동의만 구하면 됐어. 그래서 간통은 아무런 문제가 되지 않았지.

아이들이 특정 나이에 다다르면—대략 7세 정도—그들은 가족의 품에서 벗어나 캠프로 보내졌지. 남자아이 여자아이 구별 없이 말이야. 모든 아이들이 완전히 벌거벗은 채 운동을 했어. 스파르타 사회에서 여성은 남성과 동등한 대접을 받았지. 여기, 플루타르코스는 아리스토텔레스에게 다소 냉정하게 문제를 제기해.

아리스토텔레스는 리쿠르고스가 여성들을 보다 정숙하고 엄숙해지도록 모든 방법을 동원했으나 결국 그만뒀다고 말했다. 남편들이 전쟁에 참여하기 위해 자리를 비웠을 때… 아내들은 자신에게 주어진 자유와 우월함을 즐겼기 때문이라고 한다. 그들은 지나치게 존경받고 아가씨 혹은 여왕이라는 칭호로 불렸다고 말했다. 그러나 아리스토텔레스의 말은 틀렸다. 리쿠르고스는 아내들에게도 많은 주의를 기울였다.

그는 처녀들에게도 레슬링이나 달리기, 원반던지기, 창던지기 등으로 운동을 하도록 명령했는데, 그들이 강인하고 건강한 몸으로 임신하고 단단한 뿌리로 더 잘 자라게 하기 위함이며 출산할 때에도 강한 정신력으로 출산의 고통을 이겨 내기 위함이었다. (…)

따라서 그들이 고르고처럼 말하는 건 자연스러웠다. 예를 들어 외국의 어떤 여성이 레오니다스의 아내에게… 스파르타의 여성들은 세상에서 남자들을 지배할 수 있는 유일한 여인들 같다고 이야기했다. 그러자 레오니다스는 "그럴 만도 하지요, 남자를 출산하는 건 여성들밖에 없으니까요"라고 대답했다.

공격적이지! 스파르타의 남자아이들은 매우 거칠게 길렀어. 따뜻한 이불이나 침대 따위는 주어지지 않았지. 그래서 아이들의 몸은 단단하면서도 어떤 요건에서도 잘 견디도록 적응했어. 남자아이들은 어른들의 감시 아래 자랐고, 정치나 정부에 대해 여러 가지를 배웠어. 아이들은 음식을 충분히 먹을 수가 없었어. 그래서 꾀를 내 음식을 얻어 낸다든가 훔치는 법을 배우곤 했지. 하지만 음식을 훔쳤다가 잡히면 무자비하게 얻어맞았어. 살아온 방식 때문인지는 몰라도, 스파르타인들은 촌철과 격언의 달인이 되었어.

도시의 방어 시설에 대해 누군가가 물을 때 이렇게 답했다.

"국가는 벽돌이 아닌 사람들로 잘 방어가 되어 있지요."

스파르타인들은 끊임없이 침입하는 자들을 어떻게 잘 격퇴할 수 있는지 묻자 이렇게 답했다.

"가난이 지속된다고 해서, 친구들보다 더 잘 살기를 갈망하지 않기만 하면 되지요."

스파르타인들은 왜 그렇게 조용한지 묻자 이렇게 대답했다.

"어떻게 말해야 좋을지 아는 자는 언제 말하는 게 좋은지도 압니다."

아테네인들은 스파르타인들이 정식 교육을 받지 않았다고 모욕하자 이렇게 답했다.

"선생님 말이 맞습니다. 그리스인들 중에 당신들의 나쁜 품성을 배우지 않은 자는 우리뿐이니까요."

스파르타인들의 인구가 얼마나 되느냐고 묻자 이렇게 답했다.

"나쁜 악당들을 몰아내기에 충분한 숫자입니다."

스파르타인들이 싸워야 할 때는 세상의 여느 전투 부대와 달랐어. 도망가거나 전투하러 돌격하지 않았지. 대신 춤을 췄어.

그들이 플루트 가락에 맞춰 행진하는 모습을 보는 건 끔찍했다. 그들은 질서 정연하게 움직였고, 마음의 동요가 없었으며, 얼굴 표정도 변하는 바가 없었다.

그저 무시무시한 싸움을 하러, 음악과 함께 차분하고 유쾌하게 움직일 뿐이었다.

다른 그리스 사회와는 달리, 스파르타인들은 연애결혼을 했어. 사람들 사이에 빈부격차가 없었으니까, 소송도 없었지.

그리고 아마 이 점이 가장 이상할 텐데, 그들은 한 번도 성문법을 만든 적이 없어. 리쿠르고스가 말했듯이 "백성들의 법은 마음속에 가장 잘 새겨져 있다"고 믿었기 때문이야.

그리고 스파르타인들은 전투에서 엄청나게 무서웠지만, 적들을 마구 추격하지도 않았고 정복한 적들에게 가혹한 형벌을 내리지도 않았어. 사람들이 다음과 같은 말을 알고 있으리라 여기면서 말이야.

"스파르타인들과 싸우는 가장 좋은 방법은 다른 길로 도망가는 것이다."

| 자기희생으로 리드해라

정부와 법을 세우고 원로원과 두 명의 왕 체제를 자리 잡아 놓고 난 뒤, 리쿠르고스는 말년에 여행을 떠나겠노라 일렀어. 그는 원로원과 왕들에게 법제를 잘 주시해 달라고 말했고, 원로원과 왕들은 그러겠다고 답했지. 그러고 나서 리쿠르고스는 델포이(그리스의 신전이 있는 곳)로 떠났고 사제에게 자신이 법을 제대로 잘 만들었는지 물었어. 사제는 그렇다고 대답했지.

이 대답을 들은 후, 리쿠르고스는 황무지로 나아가 죽기 직전까지 굶었어. 늙은이가 되었고, 해야 할 일을 다 마쳤다고 생각했지. 그는 젊은이들에게 더 잘 쓰일 거라며 그 어떤 지원도 원하지 않았어.

스파르타인들은 자신들의 말을 지켰어. 500년 동안 스파르타는 그리스를 이끌었지. 리쿠르고스가 떠나고 몇백 년 뒤에, 많은 사람이 그가 만든 법을 비판했어. '테오폼포스'라는 왕은 스파르타 왕들이 "백성이 복종하는 법을 너무나 잘 알기 때문에" 오랫동안 통치할 수 있었을 뿐이라고 말했다고 해. 하지만 플루타르코스는 이에 동의하지 않았어.

지배자가 명령하는 법을 모르면 사람들은 복종하지 않는다. 진정한 지도자는 훌륭한 추종자를 만든다. 말을 온순하고 가르치기 쉽게 하는 게 마술의 최종 성과이듯, 백성들이 복종하게끔 영감을 심어 주는 게 통치 원리이다. 플라톤, 디오게네스, 제논 등 참된 정치에 대해 쓴 사람은 리쿠르고스를 이상적인 모델로 삼았지만, 기획과 말뿐이었다. 리쿠르고스는 글을 쓰진 않았지만 누구도 모방할 수 없는 통치 제제를 남겼다.

리쿠르고스는 말썽 많고, 부패하고, 제대로 기능하지 못하는 왕국의 왕이 되었어. 그의 대담하면서도 급진적인 개혁은 받아들여지지 않았지. 너무나도 훌륭하고 합리적인 정책이었기 때문이야. 물론 리쿠르고스 이전에 더 똑똑하고 강력한 사람도 있었지. 하지만 사람들은 이성이나 권력으로 변하는 걸 납득하지 못해.

리쿠르고스는 좋은 본보기가 되었고, 나라를 위해 자신을 희생한 첫 번째 인물이었어. 그 스스로가 남들에게 권력을 양보했는데, 어찌 마음속에 최선의 이익을 품고 있었다고 의심할 수 있을까?

사람들은 그의 용기와 절제력, 호기심 그리고 열린 마음에서 끊임없이 영감을 받았어. 스파르타는 그런 특성이 잘 반영되어 나타났지. 리쿠르고스는 스스로를 가장 높은 기준에 놓았던 거야. 그는 자신의 나라를 변화시킬 유일한 방법은 개인의 철저한 희생에서 비롯된다는 걸 알고 있었어.

| 좋은 리더의 좋은 영향력

아빠가 어렸을 때 사람들은 돈이나 카리스마, 권력 등을 쫓아간다고 생각했지. 하지만 지금까지 일해 온 결과, 배운 건 다음과 같아.

성격이 가장 중요하다, 바이올렛. 작은 비영리 재단이든, 다국적 기업이든, 국가든, 조직이든 책임자들의 성격과 매우 닮아 있어.

뛰어난 성과를 올린 조직을 보면, 리더들은 도덕적이고 자기희생을 감내하며 보다 높은 목표를 향해 움직여. 그들은 리더십을 희생과 책임감이라고 여기지. 그들은 자신을 희생할 첫 번째 인물이며, 영예나 칭찬 같은 걸 바라지 않아. 이런 경우 조직은 폭발적으로 성장하지. 성공은 리더의 성격에서 나오는 부산물 같은 거야.

실패하는 조직을 봤을 때, 리더들은 옹졸하고 근시안적이며 이기적이었어. 그들은 자신에게 돌아오는 이익만을 위해 권력을 바라지. 리더십을 간판이나 재산쯤으로 여겨. 자신의 가치를 드높여 준다거나 소유하는 거라고 생각하지. 다른 사람들은 단순히 명령을 수행하기 위해 희생해야 할 거야. 필요한 경우 권력으로 복종을 강요하기도 해. 조직은 책임자들을 위해 존재하는 것일 뿐이야.

그러니 네가 일을 시작할 때 좋은 성격을 지닌 상사와 어울리도록 노력하렴. 그들은 너를 자리 잡아 줄 장본인이기 때문이지. 회사 면접을 볼 때 너도 그 사람들을 면접 본다는 사실을 염두에 둬라. 그들이 다른 사람들, 특히 아랫사람들과 어떻게 대화를 나누는지 면밀히 봐라. 미리 조사도 하고 네가 가고 싶은 특정 회사에 대해 질문을 해야 해.

또 한편으로는 사무실 안의 사람들도 유심히 보려고 해야 한다. 그들은 바쁘면서도 행복해 보이는가? 사람들이 다른 사람들과 대화를 나누는가, 회사에 함께 있으면서 행복해 보이는가? 아니면 외로워 보이거나, 따분해하거나, 겁을 내는 것 같은가? 네가 회사 문을 두드릴 때 어떻게 인사를 건네는가? 그곳에서 어떤 느낌을 받는가?

이런 질문들로 너는 책임자들에 대해 많은 걸 배울 거야. 그리고 네가 그들과 일하고 싶어지는지 아닌지도. 책임자를 직접 만나지는 못하더라도 알게 되겠지. 손님처럼 따뜻하게 인사를 받아야 하고, 인사는 활기 넘치고 친절해야 해. 그들과 함께 하고 싶다는 마음이 절로 들어야 한다고.

사람들이 모두 옳은 말만 하는 곳에서도 면접을 해 봤지만, 기분이 동하지 않았어. 그런 기분에 따라서 나는 제대로 된 선택을 했지. 그 기분을 무시하거나 내가 바꿀 수 있다고 생각했을 때, 그거야말로 어마어마한 실수였어.

좋은 지도자 한 사람이 엄청난 영향력을 줄 수 있어. 그리고 오래도록 지속되지. 그들은 한 조직이나 국가의 문화를 형성할 수 있단다.

플루타르코스에 따르면, 리쿠르고스가 세상을 떠나고 400년 후 마케도니아의 필리포스 왕이 스파르타에게 길고도 위협적인 편지를 보냈어.

그가 스파르타를 점령하면, 도시 전체를 파괴하고 그곳에 사는 사람들을 모조리 죽이겠다고 장담했지. 집을 모두 불태워 버리고 여자와 아이들을 노예로 삼아 버리겠다고 했어.

그가 스파르타 특유의 답장을 받자 마음을 바꿨어.

"그렇게 된다면."

Chapter 8

네 자신을 알고 싶으면 과거로 가렴

플루타르코스, 《영웅전》 〈누마 폼필리우스〉

네 두 번째 생일은 부활절이 있는 일요일이었어. 그래서 네 엄마와 나는 '성 토요일'에 네 작은 친구들을 초대해 부활절 달걀 찾기 놀이를 열어 줬지.

네 엄마와 아빠가 어렸을 때, 성 토요일은 그해에 가장 슬픈 날로 공식 지정되었어. 예수 그리스도가 '성 금요일'에 십자가에 매달려 돌아가셨기 때문이지.

성 금요일에 학교와 회사는 문을 닫았어. 신성한 토요일에 예수님은 이 땅에도, 천국에도 계시지 않기 때문에 이날만큼은 신이 온 우주에서 사라진 시간이었어.

아빠가 일곱 살이었을 때, 메리 베로니카 수녀님은 성스러운 토요일에 '예수님이 무덤에서 쉬고 계시다'고 말씀해 주셨지. 한 해 중 가장 오싹한 날이었어.

젊었을 때 아빠는 성 금요일을 일리노이 주 제네바에 있는 성 베드로 성당에서 보냈지. '십자가의 길(예수님의 고난을 상징하는 열네 개의 그림)' 주변을 배회하면서 말이야. 그날은 고해성사를 하는 날이었는데, 전실에 앉아 짐 신부님께 어렸을 적 지었던 죄를 고백하곤 했어.

성 베드로 성당은 그다지 볼품은 없었어. 그냥 옥수수 밭 한 가운데 서 있던 기둥 모양 건물이었지. 그렇다고 해도 성당은 수수께끼와 불가사의가 가득한 곳이었어. 이상한 고대의 의식이 있었고, 지독한 향이 나며, 비밀투성이였지.

어린 소년에 불과했던 나는, 모든 성당의 제단에 순교자의 신체 일부가 숨겨져 있다는 말을 철썩 같이 믿었어. 수천 년 전 화장을 한 아무개 성자의 손가락뼈가 숨겨져 있다며 말이야. 가톨릭 신자들이 으레 하는 일이 바로 이것이었어. 성자의 뼈를 잘라 교회의 순위나 가치에 따라 교구에 나눠 주고, 엽기적인 야구 카드처럼 모으고 있다나.

네 생일 전날이었던 성 금요일에, 네 엄마와 나는 플라스틱 달걀에 세사미 스트리트 스티커와 M&M 초콜릿 그리고 네 엄마가 가장 좋아하는 보라색 마시멜로 맛 부활절 사탕 등을 채워 넣었지.

대부분의 미국인에게 부활절은 이런 일을 하는 날이야. 부활절 달걀이나 찾으며 다니지. 심지어 대통령도 백악관 잔디 바로 옆에서 달걀을 찾는걸.

그러니 우리는 작은 바구니를 만들어 그 안을 풀로 채워 넣고, 마당에 플라스틱 달걀을 숨기느라 바쁘지. 이웃집 사람들을 보니 우리와 같은 일을 하고 있더구나. 우리는 지금 하고 있는 모습이 어이가 없어서 웃음을 터뜨렸어. 우리가 뭘 하고 있던 거지?

| 사색에 잠겨 사는 게 행복했지

예수 그리스도는 로마 제국 시대, 1세기에 태어났어. 그리고 로마법에 따라 처형당했지. 로마는 로물루스라는 또 다른 '신'이 그로부터 8세기 전에 세웠단다. 전설에 따르면 로물루스는 늑대의 젖을 먹고 자랐다고 해. 그는 매우 불가사의한 상황에서, 특히 신 때문에 세상을 떠났어.

때는 로마가 세워지고 37년이 지난 해였다. 당시 로마를 통치했던 로물루스는… 원로원과 로마 사람들이 보는 가운데 염소의 늪에서 제사를 올리고 있었다.

별안간 하늘이 어두워지고 먹구름이 새까맣게 몰려들더니 비가 쏟아졌다. 사람들은 겁에 질려 이리저리 뛰어다니며 흩어졌고, 로물루스는 회오리바람과 함께 사라졌다. 그의 몸은 산 채로도, 죽은 채로도 영영 발견되지 않았다.

원로원들을 향한 애먼 의심이 난무했고, 그들에게 잘못이 있다는 소문이 퍼졌다. 왕의 지배에 넌더리가 났고, 로물루스의 고압적인 태도에 화가 나서 그를 해칠 음모를 꾸몄다는 것이었다. 그리하여 그를 없애 권력과 정부가 그들 손에 들어올 거라 생각했다는 소문이 돌았다.

로마 사람들이 새로운 왕을 정해야 할 시기가 되었어. 하지만 로마에 있던 그 누구도 동의를 얻지 못했지. 마침내 로마인들은 누마 폼필리우스를 선택했어. 그는 왕이 되고 싶지 않았어. 사색에 잠겨 살 때 행복했거든.

사사로운 삶을 살 때, 그는 재미 또는 돈에 집착하지 않았다. 도리어 불멸의 신께 예배를 드리고, 신의 신성한 능력과 본질에 대해 합리적인 사색을 즐기는 일에 모든 힘을 쏟아부었다.

누마가 새 왕에 올라주십사 하는 제안을 받았을 때, 그는 대답했지.

사람이 살아가는 데 모든 걸 다 바꿔 버린다는 건 위험한 일입니다. 아무것도 필요하지 않고 모든 것에 만족하는데, 익숙한 삶을 포기한다니 미친 사람이나 그렇게 하겠지요. 지금이 삶에 단점이 있더라도, 온전히 의심스럽다거나 확실하지 않은 것보다는 분명히 낫지 않겠습니까.

누마는 그의 '신성한' 전임자였던 로물루스에게 일어난 일 때문에 걱정이 되었어. 아무도 그 일이 기적이라고 믿지 않았지. 그는 로마인들에게 왕이 되는 마지막 사람은 원로원에게 살해당하리라 일렀어. 그래서 자기가 받은 제안이 대단한 기회로 보이지 않았지. 게다가 누마가 말했듯, 로물루스는 신이 내린 자손일지도 모르지만 누마는 언젠가는 죽을 운명이었어.

제 성격 중에 칭찬을 가장 많이 받는 특성은, 제가 왕위를 이어받는 데 적합하지 않습니다. 저는 은거하기를 좋아하고 세속과 관계없는 일을 공부합니다. 또한 평화를 비롯해 전쟁과 관계없는 직업 그리고 농장이나 목장을 일궈 나가며 사람들과 교류하고 신앙생활을 하는 삶에 깊이 뿌리박혀 있습니다.

누마가 왕이 되어 달라는 제안을 거절하면 할수록, 로마인들은 더욱 그가 왕이 되길 바랐어. 결국 누마의 아버지가 나서서 아들을 설득했지. 누마가 제안을 수락한다면, 그는 아마도 신을 섬길 수 있는 최상의 자리에 앉게 될 거라면서. 그리고 그거야말로 누마가 로마 제국에서 한 일이야.

| 일상에 스며든 종교에 대하여

그는 로마에 종교를 도입했지. 여기에서 플루타르코스가 플라톤의《국가》에 나온 내용을 다시 한 번 상기해 줘.

열로 들끓는 도시라던 플라톤의 말은 당시 로마에 딱 들어맞는 표현이었다. 로마는 대담하고 호전적인 정신을 가진 사람들이 여기저기에서 무모하고도 열광적인 모험을 통해 세운 국가였으며, 이웃 나라를 침입하고 끝임없는 전쟁으로 (…) 이것이 성장의 자양분이요 수단이었다.

로마의 왕으로서, 누마는 종교와 예배를 로마인들의 일상 속에 자연스럽게 스며들게 해. 그의 정책은 퍽 성공적이었지.

종종 자기 자신을 희생했고, 당장이라도 전쟁에 뛰어들 것 같은 로마의 분위기를 진정시키려 노력하기도 했어. 로마인들에게 종교적 공포심을 심어 주기도 했지.

그는 이상한 허깨비를 보여 주거나 무서운 목소리를 들려주는 등 사람들의 마음에 종교적인 공포를 심어 넣어, 초자연적 현장에 두려움을 가지고 마음을 겸허하게 만들고자 했다.

또한 누마는 로마에 사제 서열을 만들기도 했어. 여기서 만들어진 체계는 훗날 가톨릭 교구에 채택되지. 그는 첫 번째 대신관이 되었어. 대신관이라는 단어는 '권력'이라는 뜻을 담고 있지. 로마 가톨릭 교황—가톨릭 신앙의 지도자이자 로마의 바티칸에 살고 있는—이 '대신관'이라고 불리기도 해.

폰티펙스 막시무스 또는 우두머리는 신의 계율을 해석하고 공포하는 임무를 맡았고, 신성한 의식을 관장하는 역할을 도맡았다.

| 달콤한 평화와 질서를 누리는 삶

누마는 세속에서도 개혁을 단행했어. 로마가 더 이상 전쟁에 휘말려 들지 않도록, 외교관으로만 이뤄진 외교 부대를 만들었지. 그리고 로마가 다른 나라에 얕보이지 않기 위해서, 이 외교관들이 파견되어 문제를 평화적으로 해결하도록 시도했어. 협상에 실패하면 로마는 전쟁에 나갔지.

그는 로물루스가 전쟁을 통해 얻은 땅을 사람들에게 나눠 주고, 그 땅을 '교구'라고 불렀어. 누마는 로마인들이 평화롭게 살기 위해서는, 각자가 농사일에 참여해야 한다고 믿었거든.

농사와 전원생활만큼 사람들에게 빠르고 강하게 평화를 심어 주는 직업은 없다. 그들에게는 자신의 것을 지키기 위해 싸울 용기가 있기 때문이다. 반면 불의를 저지르고 강탈하고자 하는 욕구는 사라진다.

누마가 단행한 세속적 개혁 중 가장 중요한 일은, 사람들을 인종이 아닌 물물거래에 따라 나눴다는 점이야. 누마는 로마에 조합 시스템을 세웠지.

사람들을 기술과 직업의 종류에 따라 각각 음악가, 금세공인, 목수, 염색업자, 구두장이, 모피상인과 놋각장인(화롯대 등을 만드는 사람) 등으로 나눴다. 그 외에 모든 장인을 하나로 묶었다. 그리고 각각의 집단에 법정과 의회, 종교 의식 등을 지명했다. (…)

이런 방식 덕분에 파벌로 구분하던 습관이 사라지게 되었다. 이제 더이상 누가 사비니 사람이니 누가 로마인인지 생각하지 않는다. (…)

따라서 새로운 구분법은 사람들이 모두 조화롭게 어울리는 원천이 되었다.

그는 로마의 달력을 지금 우리가 쓰는 형식으로 바꿨어.

그는 달의 순서도 바꿨다. 첫 번째 달이었던 3월을 세 번째에 놓았다. 그리고 열한 번째였던 1월을 첫 번째에 놓고, 열두 번째이자 마지막이었던 2월을 두 번째에 놓았다. 1월과 2월을 새로 넣은 장본인도 누마였다.

우리가 쓰고 있는 달의 이름 대부분은 로마에서 쓰던 이름에서 따온 거야. 12월이 December라 불리는 이유는 로마인들이 그 달을 열 번째 달이라고 여겨졌기 때문이지. deca가 라틴어로 '10'이라는 뜻이거든. 1월 January는 두 얼굴을 한 로마의 신 야누스에서 따왔어. 3월 March은 전쟁의 신인 마르스에서 가져온 것이고. 7월 July와 8월 August는 율리우스 카이사르와 그의 후계자인 아우구스투스 카이사르에서 따왔어. 그리고 4월 April로 말하자면 다음 구절을 보렴.

누군가가 말하길, 4월은 아프로디테에서 따왔다고 한다. 어떤 이들은 라틴어로 '열다'라는 뜻을 가진 aperio에서 왔다고도 말한다. 봄이 절정에 달하는 달이며, 꽃봉오리가 꽃잎을 활짝 열고 만개하기 때문이다.

이렇게 단행한 종교적·세속적 개혁은 모두 목적을 달성했어. 누마는 로마를 43년 동안 평화롭게 다스렸다고 해.

로마인들은 평화로운 왕의 온유하면서도 정의로운 통치에 그들 자신도 온순해지고 나긋나긋해졌을 뿐만 아니라, 주변 도시들 역시 로마에서부터 부드럽고 건전한 바람이 불어오는 것과 같은 느낌이 들자 뭔가 변화하는 느낌이 들기 시작했다. 그리고 달콤한 평화와 질서를 누리고, 조용히 밭을 일구며, 아이들을 키우고, 신을 경배하며 살고 싶은 바람이 퍼졌다.

| 과거에 현재의 모든 게 있단다

달력의 순서를 정하는 일 외에도, 누마가 만든 제도와 구조는 훗날 로마 가톨릭 교회의 밑바탕이 되었지. 그는 첫 번째 '행정 부서'를 만들기도 했어.

혁신을 한 결과, 종교가 도시의 삶 속에 녹아들었어. 때문에 로마 시대 이후, 지금 우리가 살고 있는 이 세상을 포함해 우리의 일상적인 의식이 종교와 깊게 엮이게 된 것도 우연이 아니지.

누마 폼필리우스는 미국 대통령이 백악관 잔디밭에서 부활절 달걀 사냥 대회를 주도하는 원인을 제공했어. 그리고 대통령이 정기적으로 전지전능하신 분을 소환하는 이유를 제공하기도 했지. 사람들은 법을 제공하는 나라만 원하는 게 아니야. 특정 덕목을 제공하는 나라를 원하기도 해.

누마는 법이 문화만큼은 중요하지 않다고 생각했어. 법은 변할 수 있지만 문화는 지속 돼. 미합중국은 지극히 세속적인 나라지만 종교적 의식과 이상과도 상당히 얽혀 있어. 좋든 싫든 미국은 기독교의 나라야. 법적으로는 그렇지 않지만, 문화적으로는 그렇지.

예를 들어 미 헌법에서는 공직자를 선출할 때 '종교적 테스트'를 보는 게 금지되어 있어, 법이 그러니까. 하지만 관습적으로는 각각의 후보자가 가지고 있는 종교적 믿음이나 실천이 현미경처럼 분석되지. 심지어 우리 대통령들 중 상당수가 누마처럼 신과 대화를 한다고 주장하기도 해.

너의 두 번째 생일날 너와 너의 작은 친구들이 버지니아 주 알렉산드리아에 있는 뒷마당에서 부활절 달걀 사냥에 나섰던 그 순간, 너는 네 바구니에 예수 그리스도의 상징을 담았던 거야.

초기 기독교인들은 달걀을 붉은색으로 칠하곤 했지. 달걀이 예수 그리스도의 비어 있는 무덤을 상징한다고 믿었거든. 그리고 붉은 물감은 예수님의 피를 상징한다고 말이야. 알에서 새가 부화하는 건 예수님이 천국으로 승천하는 걸 상징해.

이렇듯 초기 기독교인들은 관습과 의식의 위력에 대해 잘 알고 있었어. 로마의 예시를 따랐기 때문이지. 종교는 이제 우리 일상생활에 너무나 깊숙이 자리 잡고 있기에 우리는 의식조차 하지 못해. 1년에 한 번, 우리는 플라스틱 달걀에 마시멜로로 만든 새를 넣어. 왜 그러는지는 우리도 몰라, 그냥 하는 거야. 로마인들이 그랬듯 우리도 지금까지 하고 있는 거라고.

역사의 힘은 불확실한 날짜를 알아내거나 '누마 폼필리우스'와 같이 낯선 이름을 외우는 일이 아니야. 그 힘은 그것들이 '왜' 그렇게 되었는가를 이해하는 데서 나오지.

왜 달은 그렇게 순서가 정해졌고 이름 붙여졌을까? 왜 나는 알렉산드리아의 현관에 앉아 플라스틱 달걀에 마시멜로 새를 채워 넣고 있을까? 왜 우리는 중앙아시아와 전쟁을 하고 있을까? 왜 우리 경제는 무너졌을까? 왜 테러리스트들이 우리를 공격할까?

이런 사건들은 일시적 공백 상태에서 그냥 일어나지 않아. 단순히 지난 5분 동안에, 5개월 동안에, 아니면 5년 안에 일어난 결과물도 아니지. 우리가 지니고 있는 진정한 문제의 원인은 수십 년 혹은 과거의 몇 세기 전으로 거슬러 올라가기도 해.

네가 예수님을 믿던 믿지 않던, 세상을 바라보는 네 관점은 기독교인들의 렌즈로 초점이 맞춰져 있어. 정의, 평화적 항쟁, 개인의 권리, 사후 세계 등

이와 같은 개념들은 모두 로마인과 유대인 그리고 그들보다 앞서 살았던 그리스인에게 빚을 지고 있지.

예수님의 가르침 중 대다수가 소크라테스의 가르침과 유사해. 절대적 신의 존재라든지 불멸의 영혼 그리고 부당한 박해 등이지. 그건 우연이 아니야, 바이올렛.

네가 믿는 모든 것에 비밀스러운 역사가 있단다. 너는 이 세상에 삶은 달걀을 칠하러 충동적으로 오지 않았어. '민주주의'나 '자본주의' 혹은 '자유'의 사랑을 만끽하려고 온 건 더더욱 아니고.

여기 나온 개념들이 옳다 그르다는 말을 하려는 게 아니야. 하지만 이들이 모두 자연스럽게 주어지지 않았다는 점은 확실해.

아빠는 네가 구름 위로 저 멀리 뻗은 가느다란 첨탑 위에 균형을 잡고 있는 모습을 떠올린다. 너는 광활한 하늘과 태양, 별 그리고 하늘을 나는 새를 볼 수 있는 유리한 고점을 차지했어.

하지만 네 발 저 아래로 구름에 가려진 곳에는, 너의 무게를 지탱하는 거대한 기반이 있어. 그리고 네가 내려갈수록 점점 더 넓어지지. 네 자신을 진정으로 이해하고 싶다면, 현재에서 내려와 과거에 대해 배워 보렴.

Chapter 9

자애로운 승자가 되어라

플루타르코스, 《영웅전》 〈알렉산드로스〉

아빠가 스무 살이었을 때였어. 일리노이 샴페인에 있는 머피네 펍에서 친구 선 리와 술을 한잔하고 있었지. 술을 다 마시고 슬슬 나가려는데 다른 테이블에 술 취한 사람이 아빠 가슴을 턱 치더구나. 그가 물었어.

"내 여자 친구 보고 뭐라고 그랬냐?"

아빠는 그의 여자 친구에 대해 어떤 말도 하지 않았어. 그 남자나 그의 여자 친구가 누구인지도 몰랐지. 나는 그저 외투를 입고 떠나려던 참이었어. 하지만 그 순간 무슨 일이 일어날지 직감했지. 그는 술에 취해 170센티미터 정도에 불과한 나를 바라보고 있었어. 나를 조금 손봐 줘야겠다고 생각했겠지. 그리고 정말 그렇게 했어.

전에도 이런 경험이 있었어. 아빠는 항상 작았고 괴롭힘을 당했지. 내가 할 수 있는 최선의 방법은 가능한 한 얼른 자리에서 빠져나가는 거였어. 그 상황에서 벗어나기. 뛰어, 그대로 있었다면 바로 얻어맞을 테니까. 하지만 술집 안은 사람들로 혼잡했고, 남자는 내 앞을 가로막고 있었어. 게다가 남자의 친구들이 뒤에 서서 살살 부추기고 있었지. 내가 말했어.

"뭐라고?"

그러자 그는 맥주병을 내 머리 위로 내리쳐서 깨뜨려 버렸어. 영화에서 보면 별 거 아닌 것 같지. 하지만 큰일 나, 다쳐. 아빠는 그대로 쓰러졌지. 머리에서는 피가 흘러 내렸어. 아끼는 검정 트렌치코트를 입고 끈적끈적한 바닥 위로 뻗고 말았어. 그가 내 옆구리를 걷어차기 시작하자 나는 뱃속의 태아처럼 몸을 움츠렸어.

그 와중에 그의 친구들은 떠들썩하게 고함을 질렀지. 그 뒤로 기도(술집의 입구를 지키는 사람)들의 모습이 보였어. 그 누구도 나서지 않았지. 아무도 어떻게 하려 들지 않았어.

그러다 살면서 가장 재밌는 광경을 보게 되었어. 선 리가 날 공격하던 놈의 셔츠를 움켜쥐더니, 영화 속 영웅처럼 그를 공중으로 휙 잡아 빼고는 바에 앉아 있던 두어 명의 사람 사이로 날려 버렸어.

마치 누군가 연못 속으로 바위를 떨어뜨린 것 마냥, 작은 검투사의 구덩이가 모습을 드러냈어. 아빠는 구덩이의 한 가운데에 있었고, 선도 그랬지. 나를 때린 남자도 마찬가지였고.

아빠가 다리를 후들후들 떨고 있을 때, 선은 그놈 위에 무릎을 꿇고 앉아 있었고, 그놈은 검지와 새끼손가락으로 선의 눈을 마구 찔러 대고 있었어.

놈과 선 둘 다 소리를 질러댔지만, 아파서 소리를 지른 건 한 사람뿐이었지. 선의 고함소리는 전쟁터에 나간 군인들이나 지르는 맹폭한 포효였어.

그 순간은 오래가지 않았지. 1분 남짓이나 되었을까. 아빠에게는 영원처럼 느껴졌어. 놈의 친구들이 선의 팔을 붙잡아 놈에게서 떼어 놓았고, 놈은 손으로 눈을 감싼 채 재빨리 내 앞을 지나갔어. 선은 몸부림치며 발로 차고 싸웠지만, 결국 끌어내려져 신나게 두들겨 맞았지.

나는 그 모습을 마냥 서서 보고만 있었어. 아무것도 하지 않았지, 무서웠어. 몇 시간이 지나고 병원 응급실, 선은 진찰대 위에 앉아 있었어. 얼굴은 부어오르고, 입술도 부풀어 올라 피가 흐르고 있었지. 코도 깨진 것 같았고, 두 눈은 시퍼렇게 멍들었어. 나는 머리 옆에 작은 상처만 났을 뿐이었어.

선은 응급실에서 담뱃불을 붙였어. 우와, 진짜 멋있는 놈이네! 의사가 들어와 선에게 불을 끄라고 말하기 전, 그는 담배 연기를 기차처럼 길게 내뿜고 나를 바라보았지. 그가 물었어.

"너는 왜 아무것도 안 했어?"

| 위대한 승자가 태어났을 때

수백 년 동안 페르시아 제국은 그리스인들을 괴롭혔어. 페르시아인들은 그리스를 침략해 도시들을 점령했지. 어마어마한 공물을 요구하기도 하고 내정 간섭을 일삼았어. 알렉산드로스 대왕이 나타나 모든 걸 정리했지.

스무 살이 될 때까지 알렉산드로스는 마케도니아의 왕이었어. 사람들 말에 따르면, 그는 덩치가 그다지 크지 않았지. 그가 페르시아의 왕비를 사로잡았을 때, 그녀는 알렉산드로스보다 몸집이 컸던 친구 헤파이스티온의 앞에 무릎을 꿇었다고 해. 자신이 실수했다는 걸 깨달은 왕비는 무서워서 덜덜 떨었어. 알렉산드로스가 왕비를 안심시켰어.

"걱정할 것 없소, 왕비. 그도 역시 알렉산드로스이니까."

알렉산드로스 대왕은 자신을 보좌하던 사람에 대해서라면 누구든 그렇게 말하곤 했어. 자신의 곁에 있는 사람들에게 헌신적으로 대해 주면 그만큼 보답이 돌아왔거든. 알렉산드로스 밑에 있던 사람들은 그를 위해 기꺼이 죽음도 마다하지 않았지.

많은 사람이 알렉산드로스 대왕을 가리켜 신이라고 믿었어. '신과 같다'는 말이 아니라, 그 전에 그 어떤 사람도 아니면 추후에라도 할 수 없을 업적, 즉 이 모든 세상을 정복하고 통합하는 일을 해내기 위해 이 세상으로 내려온 진짜 신이라는 뜻이지.

그의 업적은 한니발, 율리우스 카이사르, 아우구스투스, 나폴레옹과 같은 후대 인물들에게 본보기가 되었어. 그중 단 한 사람도 그의 업적 발끝에도 미치지 못하지만 말이야.

너는 알렉산드로스의 그늘 아래 살고 있어, 바이올렛. 너는 알렉산드로스 덕분에 서양인인 거야. 그는 아마, 역사상 어느 누구보다도 서양의 지적 유산을 보전하고 전파하는 데 많은 지분을 가지고 있을 거야.

소크라테스가 플라톤을 가르치고, 플라톤이 아리스토텔레스에게 그 가르침을 전수하고, 아리스토텔레스가 알렉산드로스의 스승이 되었지. 알렉산드로스는 플라톤의 '공화국'에서 상상한 철학의 왕의 실존 인물이나 다름없었어. 그는 실망시키지 않았어.

알렉산드로스의 임신과 출산 과정은 미신에 둘러싸여 있단다. 그를 잉태하기 전날 밤, 부모님 두 분 모두 이상한 꿈을 꿨어. 어머니는 번개에 맞는 꿈을 꿨고, 아버지는 아내의 몸이 사자의 형상에 봉인당하는 모습을 봤지.

그리고 알렉산드로스가 태어나던 날, 에페수스에 있던 다이애나 신전이 불에 타 잿더미가 되어 버렸어. 고대인들은 신전을 지키던 여신(다이애나)이 알렉산드로스의 출산을 돕느라 자리를 비워 일어났다고 주장했어. 모든 점성술가는 신전이 불타오르는 모습을 보며 울부짖었지. 그들은 아시아 전체를 무너뜨릴 뭔가가 나타났다고 단언했지.

| 위대한 승자의 특출 난 잠재력

알렉산드로스의 아버지 필리포스는 마케도니아의 왕이었어. 그 자신이 군사적 천재이기도 했지. 필리포스 왕은 알렉산드로스가 태어났을 무렵 이미 그리스의 대부분을 점령한 상태였어. 그래서 알렉산드로스는 막대한 부와 권력에 둘러싸여 자랐지. 하지만 그는 아주 어릴 때부터 아버지가 성공했다는 소식을 들을 때마다 마구 화를 냈어.

필리포스 왕이 중요한 마을을 차지했거나 전투에서 승리했다는 소식을 들을 때마다, 함께 기뻐하기는커녕 그는 친구들에게 아버지가 뭐든지 다 선수를 쳤다고 이야기하곤 했다. 자신과 동료들이 위대하며 걸출한 행동을 개시할 기회를 전혀 주지 않고 말이다.

어린아이였을 때부터 알렉산드로스는 영광의 나날을 꿈꾸고 있었어. 그리고 상당 부분에서 잠재력을 뽐냈지.

아주 어린 나이에도, 아버지가 없는 자리에서 알렉산드로스는 페르시아 왕이 보낸 사신들을 즐겁게 접대했다. 그는 사신들과의 대화에 깊숙이 관여했고, 붙임성 덕분에 많은 걸 얻을 수 있었다. 또한 그가 사신들에게 질문할 때, 그 질문이 유치하다거나 하찮은 것과는 거리가 멀었다. 그는 길의 거리, 아시아 내부로 갈 때 길의 상태, 왕의 성격, 적에게 어떻게 진격하는지 등을 물었다.

페르시아 사신들은 이 조숙한 어린 소년을 보며 흐뭇한 미소를 지었어. 그들은 알렉산드로스가 알고 싶어 하던 내용을 몽땅 알려 줬어. 말해 준다고 해가 되겠어? 하지만 어린 나이에 불과했던 알렉산드로스는, 페르시아를 공격할 음모를 꾸미고 있었고 전략적 이득을 얻기 위해 온갖 기회를 이용하고 있었지.

알렉산드로스 대왕에 대한 가장 재밌는 이야기 중 하나는, 그가 애지중지했던 말 부케팔로스와 연관되어 있어. 부케팔로스는 알렉산드로스가 싸움에 나갈 때마다 그와 동행했던지라, 말의 업적을 기르기 위해 그의 이름을 딴 도시까지 있을 정도였어.

테실리아의 필로니쿠스가 필리포스 왕에게 부케팔로스라는 말을 데리고 왔다. 그는 왕에게 말을 13달란트에 사지 않겠느냐고 제안했다. 그들이 말을 타 보려 들판에 나갔을 때, 말이 매우 사납고 다루기 힘들다는 걸 알게 되었다. 사람들이 타려고 할 때마다 말이 자리를 박차고 일어섰고, 필리포스 왕의 신하 중 누구의 말도 들으려 하지 않았다.

말이 쓸모도 없고 다루기 힘들다고 여겨져 끌고 가려는데, 알렉산드로스가 말했다.

"말도 제대로 다루지 못하는 저들 때문에 훌륭한 말을 잃다니."

처음에 필리포스 왕은 아이의 말에 귀 기울이지 않았다. 하지만 알렉산드로스가 몇 번이고 같은 말을 반복했고, 말이 멀어지는 모습을 보고 짜증을 내자 필립포스 왕이 말했다.

"네가 지금 너보다 더 나이 많은 사람들을 책망하고 있느냐, 네가 더 많이 알고 저들보다 말을 더 잘 다룰 수 있다는 것처럼?"

알렉산드로스가 대답했다.

"제가 이 말을 다룰 수 있습니다. 저들보다 더 잘할 수 있어요."

필리포스 왕이 물었다.

"그러지 못하면? 네 경솔함의 대가로 무엇을 내놓겠느냐?"

알렉산드로스가 답했다.

"저 말의 가격만큼 돈을 내놓겠습니다."

알렉산드로스가 아버지에게 말하자, 아버지의 친구들은 모두 웃음을 터뜨렸어. 13달란트는 어마어마한 돈이거든. 필리포스 왕은 아들에게 한번 해보라고 했어.

알렉산드로스는 말고삐를 잡고 태양 반대쪽으로 데리고 갔어. 말이 자신의 그림자를 보고 날뛰는 모습을 봤거든. 그는 말을 가만가만 쓰다듬으며 부드럽게 말을 건네다가, 단번에 안장 위에 올라탔어. 평생 알고 지낸 사이처럼 말이지. 아버지는 아들의 모습을 보고 매우 기뻐하며 말했어.

오 아들아, 너의 가치와 맞먹는 왕국을 찾거라. 마케도니아는 네게 너무 작구나.

아버지는 알렉산드로스의 지적 능력을 즉각 알아챘어. 그래서 알렉산드로스의 스승으로 그 시대 가장 유명한 철학자를 골랐지. 바로 아리스토텔레스야. 알렉산드로스는 자신이 뛰어난 학생임을 몸소 증명해 보였어. 그는 열렬한 독서 애호가였는데, 그중에서도 호메로스를 가장 좋아했지.

그는 전투에 나갈 때 베개 밑에 두 가지를 숨겨 놓았어. 하나는 단검이고 또 하나는 아리스토텔레스가 엮어 쓴 《일리아드》야.

그는 책을 읽는 데 그치지 않았어. 의학도 공부했는데, 병사가 아프면 약이나 적절한 식이요법을 처방해 줬어. 과학이며 형이상학, 종교 등 방대한 분야를 탐독했지.

| 위대한 승자의 믿기 힘든 업적

필리포스 왕은 알렉산드로스가 스무 살이 되었을 때 암살당했어. 왕국은 알렉산드로스가 그대로 떠맡게 되었지. 마케도니아 왕좌에 앉아 생각해 보니, 사방에 위험이 도사리고 있었어. 필리포스 왕은 제국을 건설했지만, 야만족과 그리스의 도시들은 알렉산드로스가 왕위에 오르는 즉시 반역할 기회를 엿보고 있었지. 어쨌거나 그는 스무 살에 불과한 애송이였으니까.

알렉산드로스는 신속히 야만족들을 진압했어. 그리고 대놓고 반란을 일으킨 테베에 관심을 돌렸지. 알렉산드로스가 테베를 정복하는 일은 그의 첫 번째 군사적 실험이기도 했어. 그래서 단지 테베하고만 상대해서는 안 된다고 생각했지. 그는 그리스의 모든 도시, 특히 아테네를 겨냥했어. 그리스인들에게 반역은 현명치 못하다는 메시지를 전해야 했거든.

그는 그 핑계로 테베인들을 들었어. 반역을 주도한 우두머리를 넘기면 테베에 관용을 베풀겠다고 제안했지. 테베인들은 그 제안을 거절했을 뿐 아니라 알렉산드로스를 모욕하기까지 했어. 그래서 알렉산드로스는 테베인들을 아주 무서운 본보기로 삼았지.

반란을 진압한 후, 6천 명을 죽이고 3만 명을 노예로 팔아 버렸어. 그리스의 가장 오래 되고 유명한 도시 중 하나를 깡그리 망가뜨려 버린 거지.

지금은 통상적으로 알렉산드로스가 저지른 일을 가혹하게 비판하고 있어. 그는 지나치게 잔인하고 무자비했어. 그 때문에 그의 업적은 빛이 바랬지. 알렉산드로스도 자신이 한 짓이 너무 했다고 생각했어.

플루타르코스의 《영웅전》에 따르면, 알렉산드로스는 사람들에게 저지른 무자비한 행위를 평생 후회했다고 해.

다른 한편으로, 알렉산드로스는 미래를 종합적으로 내다볼 줄 아는 사람이었어. 즉각 다가오는 미래도 아니고, 그 다음 50년 또는 100년 뒤의 미래도 아닌, 모든 인류의 미래를 말이야. 그는 이 세상을 하나의 나라로 통합하겠다는 꿈을 꿨지. 그 꿈을 이루기 위해 충돌은 불가피한 일이었지.

알렉산드로스는 끔찍한 일을 저질렀어, 바이올렛. 그는 자신의 친구를 포함한 많은 사람을 사사로이 죽였어. 그는 인생 말년에 술고래가 되었을지도 몰라.

놀라울 정도로 군사적 성공을 많이 거둘수록 그 역시 자기 자신을 지나치게 신뢰하게 되었고, 남들의 비판이나 반대 의견을 듣지 않는 일이 늘어났어. 충성하지 않거나 폭동을 일으키는 자에게는 잔혹한 처벌을 내렸지.

그가 진짜 신이라고 믿었기에, 그의 부하들은 그가 오만한 태도로 신성한 분위기를 자아내고 그들 위에 군림한다고 생각했어. 알렉산드로스는 점점더 미신과 예언에 사로잡혔지. 그래서 자신의 군대에 엄청난 고난을 안기고 말았단다.

하지만 그가 이룩한 업적을 보면, 규모가 상상하기 어려울 정도야. 그가 서른두 살에 세상을 떠났다는 사실을 고려해 보면 말이야. 게다가 적은 규모의 군대로 세상에 알려진 나라를 건너 전쟁에서 한 번도 진 적이 없다는 점은, 알렉산드로스가 지적으로 뛰어난 호기심을 가졌다는 걸 말해 줘.

그는 이집트에 알렉산드리아라는 거대 도시를 세워. 이 도시는 전 세계 지적 생산물의 본거지가 되어, 알렉산드로스의 거대 제국이 닿는 모든 곳의 학자들이 모여들지. 그러곤 알렉산드리아의 대 도서관에서 지식을 나눴어.

이곳은 후에 율리우스 카이사르가 불태워 버리려고 했던 곳이기도 하지.

플라톤의 아카데미나 아리스토텔레스의 학당과는 달리, 알렉산드리아 도서관은 현대 대학의 원형으로서 역할을 했어. 한 사람의 지식인이 이끌어가는 모습이 아니라, 뛰어난 학식을 지닌 사람들이 모여 토론하는 곳. 전 세계의 과학자와 철학자 들이 소집되어 수학과 생물학, 수 세기 동안 번영을 이룩했던 과학의 모든 갈래가 모여 실험이 이뤄진 곳이 바로 여기였어.

여기서 밝혀진 지식들은 인류를 바꿀 수 있는 실용적인 혁신으로 이어졌지. 알렉산드로스는 부와 권력 위에 지식을 얹었어. 그리고 그의 가치는 페르시아의 전투에서 일어난 다음 이야기가 가장 잘 묘사해 줄 거야.

전투에 나서던 길에 그의 병사들이 화려하게 장식된 페르시아제 장식함을 바쳤어. 알렉산드로스의 부하들은 너도나도 거기에 무엇이 들어가게 될까 궁금해했어. 값비싼 장식함에는 응당 비싼 물건이 들어가야 하니까 말이야. 알렉산드로스는 낡고 닳아빠진 《일리아드》 복사본을 그 안에 넣었어.

그의 원대한 꿈은 전 세계에 큰 영감을 줬어. 알렉산드로스가 페르시아를 정복하겠노라 선언하자, 다들 자살 행위나 다름없는 정신 나간 계획이라 여겼지. 알렉산드로스가 침략할 당시 페르시아는 대제국이었거든. 국경이 아시아와 중동까지 뻗어 있었지.

현대의 지리적 개념으로 볼 때 알렉산드로스가 정복한 영역은 터키, 시리아, 이집트, 이라크, 이란, 아프가니스탄과 파키스탄까지였어. 역사상 그 어떤 서양 세력도 알렉산드로스가 했던 것만큼 떨친 적이 없어. 지금의 미국조차도 말이야.

| 세상을 가로지르는 용기의 재능

그는 어떻게 큰 제국을 건설할 수 있었을까? 말과 창 덕분만은 아니야. 알렉산드로스만이 가지고 있던 뛰어난 재능 덕분이지. 용기와 관용.

우선, 알렉산드로스는 자신이 하지 않을 일을 부하들에게 시키지 않았어. 전투 때마다, 어떤 환경에 처할 때든, 그는 앞장서서 위험에 뛰어들었지. 그저 뒤에 서서 명령이나 내리고 군사들이 죽음에 내몰리도록 두는 유형이 아니었어. 이게 바로 상대편이었던 페르시아의 왕, 다리우스 3세와 결정적으로 대비되는 점이었지.

가우가멜라 전투에서—여기에서 알렉산드로스의 군사는 무려 20대 1로 열세였다고 해—알렉산드로스는 마케도니아인들을 책임지고 이끌었지. 반면 다리우스 3세는 맨 뒤의 황실 전차에 앉아 있었어.

자신 앞에 놓인 위험과 타협하는 대신, 알렉산드로스는 다리우스를 향해 바로 돌진했지. 그는 다리우스와 일대일로 맞서려고 페르시아인들 사이를 뚫고 달려갔어. 자신에게 돌격해 오는 알렉산드로스를 본 다리우스는, 전차에서 뛰어내려 말에 올라타서는 도망쳐 버렸지. 자신의 군사를 버리고 만 거야. 왕이 후퇴해 버리자 페르시아 군대는 와해되었을 뿐 아니라 알렉산드로스를 존경하게 되었단다.

알렉산드로스가 보여 준 용감함과 개인적인 사례는 저 너머 적들마저 마음을 누그러뜨리게 만들었어. 다른 군대들은 그의 앞에서 경외하는 눈빛으로 서 있었지.

그는 심지어 모두가 자신을 확실히 알아보게끔 스스로를 위험에 빠뜨리기도 했단다. 특별한 갑옷에 눈에 띄는 투구를 써서 다른 군사와 착각하지 않도록 한 거야.

한마디로 자신을 거대한 표적으로 만든 셈이지. 그러고 나서 홀로 적군의 무리 사이를 질주했단다. 그러면서도 마치 신의 보호를 받는 듯 죽음을 요리저리 피해 다녔어.

알렉산드로스의 용기는 놀라울 정도로 관대한 성격에서 나왔어. 그는 페르시아를 침략하기 위해 바다를 건너는 동안, 땅과 자산을 부하들에게 남김없이 넘겨 줬지. 병사 중 한 명이 그럼 알렉산드로스에게 뭐가 남느냐고 묻자, 그가 대답했어.

"희망."

이 말을 들은 병사는 깊은 감명을 받아 알렉산드로스의 선물을 거절하며 자신도 그 희망을 나누게 해 달라고 간청했어.

알렉산드로스는 인심이 후한 사람이었지만, 재산이 늘어날수록 더욱더 많이 베풀었다. 남들에게 베풀 때는 예우를 갖춰 후하게 했는데, 진심이 우러나야 그만큼 자신에게도 돌아오게 된다.

네 친구들에게 관대해지는 건 쉬워, 바이올렛. 하지만 적들에게 관용을 베푸는 일은 어렵지. 이거야말로 알렉산드로스가 왜 군사적 천재인지 보여주는 결정적 요인이야.

| 세상을 품은 관용의 재능

알렉산드로스가 테베를 쫓을 때, 그는 아테네에 메시지를 전하려고 부단히 노력했어. 일단 자신의 생각을 밝히면, 알렉산드로스는 더 이상 잔인하게 압박하지 않았지. 사실, 그는 아테네인들을 용서했어. 그러고 나서 그가 할 수 있는 최대한의 보상을 했지.

그는 그들의 과오를 모두 용서했을 뿐만 아니라, 자신이 실패할 경우 그들이 그리스의 결정권자가 될 테니 매사에 경계를 늦추지 말 걸 당부했다.

한때 반감에 가득 찼던 아테네인들은 별안간 자부심으로 벅차올랐어. 그리고 알렉산더에게 애정이 생겼지.

그가 페르시아에서 첫 승전보를 거둔 후, 페르시아의 왕 다리우스의 값비싼 전리품과 함께 왕비와 딸들을 잡아갔어. 근시안적인 시각을 가진 사람이라면 보물을 약탈하고 포로는 노예로 팔아 버렸겠지. 하지만 알렉산드로스는 그들도 최고로 존중해 대접해야 한다고 주장했어. 그리고 그들의 재산을 그 어떤 것도 건드려서는 안 되고.

그는 안전이 확보되는 대로 포로들을 자유의 몸으로 풀어 주겠다고 약속했지. 거기에서 그치지 않고, 그는 포로들이 전에 받았던 연금보다 더 많은 돈을 지급하라고 명령했어.

그는 이 명문가의 포로들을 미덕과 성격에 따라 대우했으며, 그들이 부적절한 그 어떤 것도 듣거나 받게 하여 고통을 주지 않았다. 그들은 마치 사원이나 신성한 처녀의 방에 머무는 것 같이 보였고, 적진의 막사가 아닌 곳에서 신성한 대접을 받으며 사생활을 즐겼다.

그 어떤 전투보다도, 관용이 드러나는 이 행동 하나 덕분에 그는 자신이 정복한 페르시아인들에게 사랑과 존경을 받았어. 다리우스 3세의 아내가 세상을 떠났을 때, 알렉산드로스는 그녀를 위해 국장을 해 줬지. 그는 장례식 비용을 아낌없이 지원했고, 눈물을 흘리기까지 했어.

아내가 죽었다는 전갈을 받은 다리우스는 알렉산드로스를 저주했지. 자신의 아내가 잔혹하게 취급받았다고 믿었기 때문이야. 하지만 왕비와 함께 있던 노예가 알렉산드로스를 옹호하며 왕의 생각에 반기를 들었지.

"장례식에 관해서라면 혹은 왕비마마께서 그들로부터 받았어야 할 존경과 명예에 관해서라면, 페르시아의 악운을 원망할 이유가 조금도 없습니다. 왕비마마도, 대왕대비께서도 그리고 전하의 자녀들도 전에 누리던 행복한 생활을 변함없이 누리셨습니다. 왕비마마께서 돌아가신 뒤에도, 장담컨대 장례식에 필요한 장신구를 빠짐없이 다 갖췄을 뿐만 아니라 적군이 눈물을 흘릴 정도로 공경을 받으셨습니다."

그 후로 다리우스마저 알렉산드로스를 존경하게 되었어.

알렉산드로스가 인도의 포루스 왕을 상대로 큰 승리를 거둔 후, 그는 패배한 왕을 자신의 텐트로 데리고 가 어떻게 대우해 주길 바라는지 물었어. 포루스는 "나를 제왕답게 대해 주시오"라고 답했지. 포루스 왕의 기개와 재능을 알아 본 알렉산드로스는 그의 지위를 유지시켜 줬고, 애초에 포루스 왕이 다스리던 땅보다 더 많은 땅과 백성들을 줬어.

알렉산드로스는 자신이 정복한 나라의 사람들이 마케도니아인들과 동등한 능력이 있다고 생각했어. 아리스토텔레스의 사상과 분명히 대비되는 점이지. 아리스토텔레스는 마케도니아인과 그리스인이 다른 민족들보다 근본적으로 우수하다고 봤거든. 인도에서, 마케도니아인들에게는 유감스러운 일이지만 알렉산드로스는 남자아이 3만 명을 자신의 군사와 함께 훈련을 받도록 했어. 그는 사람들을 짓밟지 않았어. 자기편으로 끌어안았지.

그는 외국의 문화를 받아들이기도 했어. 그리스인 아내를 맞아들이기 전에, 알렉산드로스는 페르시아 공주였던 록산나에게 청혼했어. 그는 이미 록산나의 왕국을 점령했지만, 어쩌면 그에게 더 손쉬울지 모르는 방법, 즉 공주를 무력으로 빼앗지 않고 그녀의 아버지에게 동의를 구했지.

| 틀을 벗어난 군략의 재능

알렉산드로스는 전투의 천재야, 바이올렛. 우리는 위대한 전투가에게 그런 수식어를 쓰지만, 대부분 그럴 만한 가치가 없는데도 남용되었어. 알렉산드로스는 수적으로 열세이면서도 보급품이 충분치 않은 가운데 군대를 이끌고 대륙 세 개를 건넜어. 그리고 전투에서 단 한 번도 패배하지 않았지.

그가 혁신적으로 일으킨 전투 방식은 현 시대까지도 연구되고 적용되었어. 아인슈타인이 물리학의 천재라면 알렉산드로스는 전쟁의 천재야. 그는 적들이 가진 이점을 이용할 줄 알고, 마치 초능력이라도 부리듯 적들을 제대로 간파했지.

그는 자신에게 주어진 환경 가운데 전략적으로 가장 큰 이득을 남길 수 있는 전장을 선택했어. 자신의 군사들을 전적으로 신뢰했고, 군사들이 기꺼이 훈련에 참여하고 절제와 용기를 기르며 관용을 베풀도록 이끌었지.

알렉산드로스의 군사적 전략은 너의 일상생활 그 어느 곳에서도 적용할 수 있어. 참을성을 기르고, 적절한 시간을 정하고, 전략을 정하는 법 그리고 "틀에서 벗어난" 사고를 하도록 가르쳐 주지. 알렉산드로스의 일화 중 아빠가 가장 좋아하는 대목은 고르디온의 매듭을 잘라 냈을 때의 이야기야.

그러고 나서 그는 자신에게 대항하는 페르시아인들을 제압하고, 프리기아를 정복했다. 프리기아의 수도는 고르디온으로, 고대 미다스 왕의 성이었다고 알려졌다. 그는 그곳에서 전차가 층층나무의 껍질을 꼬아 만든 매듭으로 묶여 있는 모습을 보았다. 그 매듭을 푸는 자는 세계를 지배하는 제왕이 되리라는 전설이 내려온다고 했다.

대부분의 작가는 매듭의 끝이 교묘하게 얽히고 뒤틀려 있어서, 알렉산드로스가 혼자 힘으로는 도저히 매듭을 풀 수 없다고 생각해 칼로 내리쳤다고 말한다. 그러나 아리스토불로스는 알렉산드로스가 멍에를 고정시켜 놓은 핀을 기둥에서 뽑은 뒤, 그 아래에 있던 멍에를 빼서 매듭을 아주 쉽게 풀었다고 말했다.

| 자애로운 승자가 되고 싶다면

알렉산드로스가 네게 전하는 가장 중요한 두 가지 교훈은 바로 이거야. 용기를 가지고, 자애로운 승자가 되어라.

용기를 가지렴, 바이올렛! 네 스스로 일어서. 아빠 성격 중에는 비겁함만큼 꼴사나운 게 없어. 인생을 살면서 우리는 충돌과 폭력을 피할 수 없어. 꼭 신체적인 충돌이 아닐 때도 말이야. 다수가 그렇다고 할 때 아니라고 하는 자세가 바로 용기 있는 행동이야.

'폭력으로는 아무것도 해결할 수 없다'는 말은 사실이 아니야. 본질적으로 폭력 덕분에 끔찍한 문제들이 해결된 사례가 많아. 독립전쟁, 남북전쟁 그리고 제2차 세계대전은 상당히 끔찍한 사건이었지. 어마어마하게 많은 도덕적 의문도 남겼어.

하지만 무력을 가한다고 해도 승자의 관용 없이는 문제를 해결하지 못해. 그리고 알렉산드로스의 예시를 따랐던 시도자들은 최고의 성공을 거뒀지.

예를 들어 남북전쟁 후 링컨 대통령은 남부를 놀라울 정도로 관대하게 대우했어. 심지어 그랜트 장군에게 "그들을 안심시켜 주도록" 조언을 하기도 했지. 제2차 세계대전이 끝나고 트루먼 대통령은 마샬 플랜을 승인했어. 독일과 같은 적국이 재건할 수 있도록 돕는 아주 자애로운 계획이었지.

언뜻 보면 링컨과 트루먼의 관용 정책은 나약하고 어리석어 보였어. 정신 나갔다고 보는 사람들도 있었지. 하지만 장기적인 관점에서 아주 현명하고 효과적인 판단이었다는 게 증명되었지.

제1차 세계대전이 끝나고 승전국들은 완전히 다르게 행동했어. 그들은 독일에 지나치게 많은 보상금을 부과했지. '패전국'을 망가뜨리고, 파산 지경으로 내몰았어. 패전국의 땅을 빼앗고, 극도로 잔인하게 다뤘지. 손을 내밀어 평화와 화친을 도모하기는커녕, 상대에게 굴욕감을 줬어.

그리고 무슨 일이 일어났냐고? 분노와 억울함, 적대적 감정들이 수십 년간 끓어올랐어. 그러다 독일인들은 아돌프 히틀러가 설파하는 극단적 민족주의를 받아들이고 말았지. 그들은 자신의 영광을 되돌리고 싶어 했어.

선 리가 아빠를 바라보았던 그날 밤 왜 자신을 도우려 나서지 않았느냐고 물었을 때, 아빠는 너무나 부끄러웠어, 바이올렛. 그 감정은 오래도록 지워지지 않았지. 이 녀석은 내 편에 서려고 위험을 마다하지 않고 뛰어들었는데, 조금 아픈 게 무서워 벌벌 떨었던 내 모습은 몇 년이고 내 뒤를 따라다녔지. 아빠가 어려운 일을 해야만 할 때마다 그때 일이 생각 나.

너보고 술집에서 싸우라는 말이 아니야, 바이올렛. 하지만 네가 겁쟁이가 되길 바라지도 않는다. 네가 원하든 원하지 않든 싸움에 나서야 할 날이 올 거야. 그때 상황이 네게 불리하게 돌아갈지도 몰라.

무서워하는 건 괜찮아. 하지만 땅을 딛고 서서 너를 괴롭히는 인간의 얼굴에 한 방 먹여 줘. 그러고 나서 알렉산드로스 대왕이 했던 것처럼 하렴.

손을 내밀어 진정한 화해를 하거라.

Chapter 10

겸손한 자세를 잊지 말길

플루타르코스, 《영웅전》〈카이사르〉

'Hubris'는 그리스어로 자부심이 지나치거나 너무 거만해서 파멸의 길로 이끌게 된다는 뜻이야. 그리스 문학은 'Hubris'를 본보기로 삼은 작품들이 무수히 많지. 셰익스피어 희곡도 그런 주제를 많이 담고 있어. 그의 희곡 중 하나인 《율리우스 카이사르》역시 큰 틀은 플루타르코스의 이야기에 기반을 두고 있지.

율리우스 카이사르는—좋은 의미 혹은 나쁜 의미로—서양 역사상 가장 중요한 인물 중 하나야. 카이사르는 로마 공화정을 한순간에 뒤집어 놓았어. 그리고 로마 제국의 토대를 마련했지. 우리가 알고 있는 '유럽'은 카이사르 이전에는 존재하지 않았어. 현대의 유럽은 로마가 지배했을 때 대부분 형성되었지.

우리는 여전히 율리우스 카이사르의 목소리를 들을 수 있단다. 페리클레스, 알렉산드로스, 아우구스투스와 같은 고대의 위대한 인물들은 개인적 전기를 거의 남기지 않았어. 하지만 카이사르는 많은 기록물을 남겼지. 그가 지은 문학 작품들《갈리아 전기》와《내전기》속에서 율리우스 카이사르의 카리스마는 수십 세기가 지난 지금도 여전히 생생히 살아 있단다.

그는 자신을 3인칭으로 썼어. '그러다가 카이사르가 일격을 날렸다'라든가 '카이사르는 그 누구보다도 한 수 앞섰다' 등. 물론 직접 따온 인용문은 아니지만, 그렇다고 원본에서 아주 동떨어지지도 않아.

플루타르코스는 좀 더 복잡하게 그려 냈어. 젊어서 해적에게 붙잡혔던 카이사르는, 공포에 떠는 대신 해적 모두를 친구로 만들었지.

이 사람들이 카이사르의 몸값으로 20달란트를 요구할 때, 그는 포로의 가치도 제대로 모른다면서 비웃었다. 그리고 자발적으로 50달란트를 내겠다고 나섰다. (…) 38일 동안 세상의 모든 자유를 만끽하며, 해적들이 운동하고 놀이할 때 합류하기까지 했다. 마치 해적들이 자신을 붙잡아 놓고 있는 게 아니라 자신을 지켜 주는 경비병인 것처럼 말이다.

그는 시와 연설문을 쓰고 해적들을 청중으로 삼았다. 그리고 자신을 인정하지 않는 자들은 면전에 대고 무식하다거나 야만인이라고 부르는가 하면, 그들을 매달아 버리겠다며 농을 던지기도 했다. 그들은 이런 카이사르를 대단하다 여겼는데, 대수롭지 않게 수다를 떨 수 있는 요인은 그의 소년 같은 천진난만함 때문이라고 생각했다.

장난꾸러기 카이사르 같으니라고! 하지만, 카이사르는 해적을 포로로 잡아 버렸고 그들을 한 명도 남김없이 십자가에 못 박아 처벌했어.

| 절대 권력의 야망을 보면서

카이사르는 타고난 명 연설가였지. 그리고 돈을 마음대로 마구 썼어. 그는 로마에 정무직 사무소를 열었는데, 그곳에서 의회를 간섭하기 시작해. 키케로 같이 노련한 원로원은 카이사르의 진정한 야망을 알아차렸어.

그는 카이사르가 겉으로는 관대하고 붙임성이 좋으며 유머러스하지만, 그 뒤에는 권력에 대한 욕망이 도사리고 있다고 보았지. 키케로는 냉소적인 어투로 말했어.

그러나 그가 머리를 곱게 단장하고 손가락 하나로 머리를 매만지는 모습을 보면, 속으로 로마를 뒤집어 버리겠다는 생각을 할 남자라고 도저히 상상할 수 없다.

카이사르는 처음부터 절대 권력을 열망했어. 그리고 소크라테스가 독재자의 권력으로 향하는 길을 묘사했던 것과 똑같이, 카이사르는 자신을 시민의 한 사람으로 포장했지. 그리고 그들에게 선물을 아낌없이 줬어. 그는 어마어마한 빚더미에 올랐다는 걸 알게 되었고, 로마에서 제일가는 부자였던 크라수스와 동맹을 맺어.

크라수스가 카이사르의 빚을 탕감해 준 뒤, 카이사르는 알프스 근처로 원정을 떠나지. 그때 그는 허물어져 가는 야만족 마을을 지나게 되는데, 부하들이 마을 사람들을 보고 조롱하자 카이사르가 이렇게 말했다고 해.

나라면 로마에서 이인자가 되느니 여기에서 일인자가 되겠네.

또 하루는, 알렉산드로스 대왕에 대한 역사책을 읽은 후 눈물을 흘리며 "내 나이의 알렉산드로스는 이렇게 많은 나라를 정복했는데, 나는 지금껏 눈에 띄는 업적을 남기지 못했구나"라고 말했다고 해. 그러면서 부하들에게 어찌 슬퍼하지 않을 수 있겠느냐고 했다나.

카이사르는 전쟁에서 승리하는 일만이 명예를 획득할 수 있는 유일한 방법이라는 걸 알았어. 그의 생애 가장 강력한 맞수였던 폼페이우스는 군의 최고 우두머리로 추앙받았지만, 카이사르는 그 정도의 공로가 없었거든.

문제는 카이사르가 군 지휘권을 잡았을 때 나이도 많았고 자주 아팠다는 거야. 그는 심한 간질을 앓았는데, 그 때문에 엄격한 식이요법과 운동으로 몸을 다스릴 수밖에 없었지.

마침내 카이사르는 군대를 이끌고 프랑스의 갈리아 지방으로 원정을 떠나게 되었어. 당시 갈리아에는 수많은 야만 부족이 살고 있었는데 로마에 매우 적대적이었지. 카이사르의 정적들은 갈리아야말로 카이사르를 보내기에 적절한 곳이라고 생각했지. 카이사르가 갈리아에서 뭘 할 수 있었을까? 그는 전쟁을 치를 줄도 몰랐고, 갈리아는 거대하고도 위험한 곳이었어. 정적들은 카이사르가 6개월 안에 목숨을 잃으리라 생각했지.

하지만 그 뒤 10여 년 동안, 카이사르는 군사 지휘관으로서 재능이 아주 뛰어나다는 걸 몸소 증명했어. 그는 갈리아의 모든 부족뿐 아니라 독일도 일부 진압했고, 영국으로 원정군을 이끈 최초의 로마인이 되었어.

카이사르는 로마의 영역을 기가 막히게 넓혀 나갔지. 영토의 크기는 금세

두 배가 되었고 국고도 엄청나게 늘어났어. 그의 군대는 위대한 폼페이우스와 맞먹을 정도로 성장했어.

그는 자신의 부하에게 강력한 충성심을 심어 줬는데, 부하들은 그의 지휘 아래 노련한 베테랑 군인으로 성장했지. 또한 카이사르는 로마에 해를 끼칠지 모를 잠재적 위험을 모두 없애 버렸어. 덕분에 대부분의 서유럽이 로마의 식민지로 통합될 수 있었단다.

그가 갈리아에서 전쟁을 치른 기간은 10년이 채 되지 않았지만, 그동안 800개가 넘는 마을을 함락했고, 300개가 넘는 부족을 진압했으며, 300만 명과 몇 번이고 전투를 벌여 100만 명을 죽이고 수많은 사람을 포로로 잡았다.

| 매력 넘치는 야심가의 본성이란

카이사르는 단지 야망만 높았던 게 아니야. 알렉산드로스처럼 사람들을 이끌고 영향력을 끼치는 능력이 있었단다. 기개가 매우 높고 뛰어난 지략을 자랑하기도 했어.

그가 자진해서 뛰어들지 않은 위험이 없었고, 자진해서 뒤로 빠지겠다는 노역도 없었다.

카이사르의 세력이 점점 커지자, 폼페이우스는 카이사르가 로마로 돌아올까 봐 몹시 걱정이 되었어. 결국 두 사람은 단 하나의 왕좌, 로마에서 가장 강력한 자리를 차지하고 싶다면 다른 한 명을 무너뜨려야 한다는 결론을 내렸지. 그들의 경쟁 관계는 로마 정부를 혼돈에 빠뜨렸어.

결국 선거 현장은 살해당한 남자들의 피로 얼룩졌고, 사람들은 마침내 정부를 뒤로한 채 도시를 떠나 키잡이 없는 배 위에 있는 듯 표류했다. 깨어 있던 사람들은 그런 광기와 혼돈의 무질서가 왕정보다 더 나쁜 상태로 가지 않으면 다행일 거라 여길 정도였다.

그 시점에서 폼페이우스는 카이사르에게 무기를 내려놓고, 루비콘 강을 건널 때 군사를 데려오지 말라고 명령하지. 루비콘 강은 갈리아와 이탈리아의 경계를 짓는 강이야. 카이사르는 폼페이우스도 무기를 내려놓으면 그렇게 하겠다고 답했어. 폼페이우스는 거절했고. 카이사르는 군대를 이끌고 루비콘 강 근처로 갔어.

알프스의 갈리아와 이탈리아 사이에 있는 루비콘 강으로 왔을 때, 카이사르는 상념에 젖어 들었다. 이제 위험에 한 발짝 내딛은 참이었고, 엄청난 일에 자기 자신을 내던진다고 생각하니 마음이 흔들렸다. 그는 경로를 다시 한 번 검토하고 진군을 멈췄다. 그러면서 생각을 이리저리 바꿔 가며 머리를 굴렸다. (…) 강을 건너면 얼마나 많은 재앙을 인류에게 가져다줄지… 마침내, 계산은 접어 두고, 다소 격앙된 분위기로 앞으로 어떻게 실현될지 모르는 일에 자신을 내맡긴 채, "주사위는 던져졌다"라는 말을 남기고는 강을 건넜다.

카이사르가 실제로 한 말은 "주사위를 높이 던져라"일 수도 있어. 그러면 그의 성격이 굉장히 다르게 느껴지지. 우리가 흔히 쓰는 "루비콘 강을 건너다"라는 말은 더 이상 돌아올 곳이 없다는 비장한 결심을 뜻하지.

폼페이우스는 줄행랑을 쳤어. 60일도 채 되지 않아 카이사르는 로마를 완전히 손에 넣었지. 이때 그는 국고를 열라고 명령하여 자신의 군사를 지원하도록 했어. 국고가 열리는 모습을 보고 호민관 메텔루스가 카이사르에게 그러지 말아 달라고 간청했어. 매력 넘치는 야심가 카이사르는 이 대목에서 본성을 드러냈지.

카이사르는 무기와 법은 나름대로의 적절한 시간이 있다고 대답했다. "내가 한 일 때문에 불쾌하다면, 이곳을 떠나시게. 전쟁은 잡담할 시간을 주지 않으니까. 내가 무기를 내려놓을 때 그리고 평화가 이룩될 때, 다시 돌아와 당신이 원하던 연설을 풀게나. 내 권리를 내려놓고 말하는 것이네. 내게 반감을 가진 자네와 다른 모든 이가 이제는 내 수중 안에 있으니, 내가 원하는 대로 대우받아야겠지."

카이사르는 자신의 반대에 선 많은 로마인에게도 관용을 베풀었어. 하지만 정치적으로 자신의 편의에 의해서만 그렇게 행동했지. 그는 재빨리 허수아비 원로원을 세웠어. 원로원은 그를 독재자라 불렀지.

| 야망으로 흥한 자 야망으로 망하다

카이사르는 폼페이우스와의 대결에서 큰 고비를 맞고 한 번은 거의 질 뻔하기도 했어. 하지만 결국 그는 파르살로스 평야에서 폼페이우스 군대를 격퇴했지. 폼페이우스 군대는 카이사르보다 수적으로 더 우세했고 폼페이우스 역시 능력 있는 지휘관이었지만, 카이사르의 군사들은 10년 이상 전장을 누비고 다닌 데다 기량도 훨씬 더 뛰어났어. 전투 중에 카이사르는 부하들에게 창을 말에게 던지지 말고 적군의 얼굴에 던지라고 명령했지.

꽃다운 나이에 절정의 미모를 앞세운 젊은이들이, 전투와 부상에 대해 잘 알지 못한 채 긴 머리를 찰랑거리며 다가왔다. 그들은 얼굴에 가하는 타격을 더 두려워할 터였고, 당장 닥친 위험은 신경 쓰지 못하고 앞으로 닥쳐올 흉터 걱정을 더 할 것이었다.

카이사르의 말이 맞았어. 폼페이우스의 군사들은 도망갔고, 카이사르의 군사들은 적의 퇴로를 차단했지. 폼페이우스는 이집트로 도망쳤어. 이집트인들과 오랫동안 친분을 쌓아 왔기 때문에 자신을 환영해 주리라 생각했거든. 하지만 이제 로마의 진정한 지배자가 카이사르라는 사실을 안 이집트인들은 폼페이우스를 두 팔 벌려 맞아 주고는 죽이고 말았어.

카이사르가 로마로 돌아왔을 때, 민심이 예전과 달리 좋지 않았어. 그중 한 가지 이유로는 폼페이우스가 외국에서 온 적이 아니라 로마 시민의 한 사람이었기 때문이지. 그래서 사람들은 폼페이우스의 죽음이 불쾌했던 거야.

카이사르는 또한 중요한 위치에 있는 사람들을 공공연히 모욕했고, 무능하며 술에 빠져 사는 부관들을 높은 자리에 앉혀 놓았어.

카이사르는 도라벨라의 사치와 아만티우스의 탐욕스러움, 안토니우스의 방탕함 그리고 코르니피니우스의 낭비 등으로 비난을 받았다. (…) 카이사르는 그들의 기질을 잘 알고 있었고 그들을 좋아하지도 않았으나, 자신이 고안한 정부를 이끌어 가기 위해서는 그들을 어쩔 수 없이 곁에 둬야 했다.

그에게는 여전히 적이 많았어. 위대한 카토와 스키피오는 아프리카로 달아나 카이사르에 대항할 군사를 키웠지. 카이사르는 이 군대도 완전히 박살 내 버렸어. 하지만 로마에서 높은 신망을 받고 있던 카토가 카이사르에 항복하지 않고 할복해 자살하자, 카이사르는 엄청난 비난 여론에 맞닥뜨렸어.

카이사르는 갈수록 오만해졌고, 스스로를 '종신 독재자'라 이름 붙였을 뿐만 아니라, 자신에게 온갖 칭호를 다 갖다 붙였지. 로마의 온건파 시민들도 카이사르의 정책에 환멸을 느낀 나머지 등을 돌리고 말았어.

사람들은 왕이 되고자 하는 열망이 강했던 율리우스 카이사르에게 점점 지쳐 갔어. 그는 왕이 되는 것에 만족하지 않고 왕으로 불리고 싶어 했지. 서서히 그리고 당연하게도, 브루투스를 필두로 꼭두각시 원로원 내부에서 그를 제거하려는 음모가 점점 구체화되었어.

마침내 3월 어느 날, 카이사르가 원로원으로 향했어. 브루투스가 카이사르의 꼭두각시 정부에서 그를 왕이라고 부르기로 했다고 전했거든. 카이사르는 그의 인형들이 자신의 머리 위에 왕관을 씌워 주는 모습을 기대하며 내려왔지. 원로원 스물세 명이 돌변해 카이사르를 마구 찔러 죽이고 말았어.

율리우스 카이사르는 서구의 역사를 뒤바꿔 놓았어. 그는 갈리아 지방을 정복해 로마의 영토를 두 배로 늘렸지. 공화정을 뒤집어 제국의 초석을 닦기도 했어. 그 뒤를 이은 로마 제국은 전 세계 유례없는 문화 및 지적 유산을 남겼지. 서구 유럽 국가들은 영원히 로마 제국의 영향을 받을 거야.

로마 제국 치하에서 기독교가 부상해 유럽 각지로 퍼졌고, 그리스 사상은 대대로 보존되어 수백 년이 지나도 후손들에게 전해지겠지. 국가관과 법, 문화, 종교 등 우리의 독자적 개념—심지어 우리가 시간을 측정하는 방식까지—모두 율리우스 카이사르에 뿌리를 두고 있어.

역사적 인물로서 카이사르는 매우 깊은 인상을 남겼지만 한 인간으로서 그의 삶은 비극으로 끝났지. 결국 그 야망 때문에 몰락하고 말았어. 지나치게 많은 권력을 탐하고, 오만한 태도로 인한 대가를 톡톡히 치렀지.

카이사르는 강력한 군주였을까? 한때는. 하지만 솔론이 했던 말을 봐.

"마지막까지 행복하지 않으면 그 사람이 행복한 사람인지 알 수 없다."

카이사르를 행복한 사람이었다고 할 수 있을까? 그는 자신의 야망 때문에 비참하게 죽었어. 차가운 대리석 바닥 위에 피를 흘리며 꼼짝 못하는 돼지처럼 말이야. 결국 그는 소크라테스가 《국가》에서 경고했던 독재자의 길을 그대로 따랐던 거야. 그는 자신의 권력 속에 갇힌 꼴이 되었지. 그 누구도 믿지 못한 채. 그가 조금이라도 겸손한 자세를 보였더라면 좋았을 텐데.

Chapter 11.
대접받고자 하면 먼저 대접해라
성 마태, 《마태복음》

네가 태어났을 때, 그리고 아빠가 기억하는 한참 전부터 우리네 정치가들은 그들이 예수 그리스도를 어-얼-마-나 사랑하는지 침이 마르도록 이야기했단다. 다만 예수님이 실제로 어떻게 말하셨는지, 그가 어떻게 살고 어떻게 세상을 떠났는지에 대해서는 다소 의아하게 생각하는 듯해.

우리는 그분이 무슨 이야기를 하셨는지 알아, 바이올렛. 《마태복음》의 화자이자 예수님이 살아 계셨을 때 존재했던 인물인 마태에 따르면, 여기에 나온 말이 예수님이 직접 했던 말이라고 해.

심령이 가난한 자는 복이 있나니 천국이 저희 것임이요. 애통하는 자는 복이 있나니 그들이 위로를 받을 것임이요. 온유한 자는 복이 있나니 그들이 땅을 기업으로 받을 것임이요. 의에 주리고 목마른 자는 복이 있나니 그들이 배부를 것임이요. 긍휼히 여기는 자는 복이 있나니 그들이 긍휼히 여김을 받을 것임이요. 마음이 청결한 자는 복이 있나니 그들이 하나님을 볼 것임이요. 화평하게 하는 자는 복이 있나니 그들이 하나님의 아들이라 일컬음을 받을 것임이요. 의를 위해 핍박을 받은 자는 복이 있나니 천국이 그들의 것임이라. 나로 말미암아 너희를 욕하고 박해하고 거짓으로 너희를 거슬러 모든 악한 말을 할 때에는 너희에게 복이 있나니 기뻐하고 즐거워하라. 하늘에서 너희의 상이 큼이라 너희 전에 있던 선지자들도 이같이 핍박하였느니라.

그리고 예수님이 처형당하셨을 때 이렇게 말씀하셨단다.

나는 너희에게 이르노니 악한 자를 대적하지 말라. 누구든지 네 오른편 뺨을 치거든 왼편도 돌려 대며, 너를 송사해 속옷을 가지고자 하는 자에게 겉옷까지도 가지게 하며, 누구든지 너로 하여금 억지로 5리를 가게 하거든 그 사람과 10리를 동행하라. 네 이웃을 사랑하고 네 원수를 미워하라 했다는 걸 너희가 들었으나, 나는 너희에게 이르노니 너희 원수를 사랑하며 너희를 핍박하는 자를 위하여 기도하라.

다음은 하나님을 어떻게 섬겨야 하는지에 대해 나와 있는 구절이란다.

너희가 기도할 때에 외식하는 자와 같이 되지 말라. 저희는 사람에게 보이려고 회당과 큰 거리 어귀에 서서 기도하기를 좋아하느니라. 내가 진실로 너희에게 이르노니, 저희는 자기 상을 이미 받았으니라 너는 기도할 때에 네 골방에 들어가 문을 닫고 은밀한 중에 계신 네 아버지께

기도하라. 은밀한 중에 보시는 네 아버지께서 갚으시리라.

다음은 예수께서 비판하는 사람들에 대해 말한 구절이야.

비판을 받지 아니하려거든 비판하지 말라. 너희의 비판하는 그 비판으로 너희가 비판을 받을 것이요, 너희의 헤아리는 그 헤아림으로 너희가 헤아림을 받을 것이니라. 어찌하여 형제의 눈 속에 있는 티는 보고 네 눈 속에 있는 들보는 깨닫지 못하느냐?

다음은 천국으로 이르는 길에 대해 말씀하신 부분이야.

살인하지 말라, 간음하지 말라, 도적질하지 말라, 거짓증거하지 말라, 네 부모를 공경하라, 네 이웃을 네 몸과 같이 사랑하라. (…) 네가 온전하고자 할진대 가서 네 소유를 팔아 가난한 자들을 주라.

예수님은 동시대를 살던 바리새인들에 대해 이렇게 말씀하셨어.

저희는 말만 하고 행치 아니하며.

예수님이 군병에 쫓겨 십자가에 못 박히셨을 때, 제자 중 한 명이 칼을 뽑아 들고 예수님을 보호하러 나섰지. 예수님은 그에게 칼을 내려놓으라고 말씀하셨어.

네 검을 도로 집에 꽂으라. 검을 가진 자는 검으로 망하느니라.

돌아가시기 전에, 예수님은 자신의 가르침을 다음과 같이 정리하셨지.

그러므로 무엇이든지 남에게 대접을 받고자 하는 대로 너희도 남을
대접하라, 이것이 율법이요 선지자니라.

Chapter 12.
네 스스로 너만의 틀을 만들 것

성 누가, 《누가복음》

나는 동성애자를 시시때때로 놀리곤 했어. 누구나 동성애자를 희화화했지. 우리가 '호모'라고 불렀듯이 말이야. 호모들은 이상하고 웃겨! 어릴 적 봤던 영화는 동성애자에 대한 편견으로 가득했어. 대개 태닝을 한 금발남자가 분홍색 스웨터를 어깨에 두른 채 혀 짧은 목소리를 냈지.

사회는 동성애자를 용납하지 않았단다. 네가 동성애자라면, 반드시 그 사실을 숨겨야 해. 남자에게 '게이'라는 말은 네가 다른 남자를 좋아한다는 뜻과 동시에 '멍청하다'며 모욕을 주는 말이거든. 나는 사람들과 대화할 때 아무렇지도 않게 그 낱말을 썼어. "게이 같은 짓 하지 마"라거나 "이 게임은 게이들이나 하는 거야" 등으로 말이지.

아빠가 열두 살이었을 때 가장 좋아하는 코미디 배우 중에 샘 키니슨이라고 있었어. 그는 동성애자들이 에이즈에 걸리는 걸 재미로 이야기했지. 아빠가 어렸을 때는 그 누구도 에이즈에 걸린 사람을 가엾게 여기지 않았단다. 대통령조차 신경 쓰지 않았어. 에이즈는 동성애자들에게 '신이 내린 벌'

이었으니까.

동성애자들은 시도 때도 없이 괴롭힘을 당했어. 지독한 폭력에 시달리고 살해당하기도 했지. 매튜 셰퍼드라는 스물두 살 청년이 있었는데, 남자 세 명에게 납치를 당해 아무도 모르는 곳으로 끌려갔던 사건이 있었어. 남자들은 그를 울타리에 묶고 권총으로 뇌간이 박살날 때까지 때렸다고 해. 그때가 1998년이었어.

하지만 아빠가 대학을 졸업하고 시카고에 있는 셰익스피어 극장에 취직했는데, 그곳에서 으레 가지고 있던 편견과 전혀 맞지 않는 동성애자 밑에서 일을 하게 되었단다. 그는 분홍색 스웨터를 입고 있지도 않았고 혀 짧은 소리도 내지 않았어.

돈 드레이퍼(미국의 영화배우) 같이 정장을 입고 있었는데, 그가 사업가였다는 사실을 대변했지. 그는 매우 똑똑했어. 예술적으로 그랬다는 말이 아니라 사업가이자 프로듀서로서.

그의 어록 중에 가장 좋아했던 말이 "사람들은 이를 두고 쇼 비즈니스라 부르지, 쇼 아트가 아니라"였단다. 시카고의 내로라하는 엘리트들은 그 사람에게 깊은 인상을 받아, 도시의 가장 비싼 호수 앞 부지를 단 1달러에 내줬어. 거기에 그들은 셰익스피어 극장을 짓도록 4천만 달러나 지원해 줬지.

극장은 9개월간의 공사 끝에 완공되었어. 연극이 끝난 후에도 세계에서 가장 유명한 셰익스피어 학자들 몇몇—그중에는 대영제국의 기사 작위를 받은 사람도 있었단다—은 세상에서 가장 멋진 공연이었다며 극찬했어.

그는 그 모든 걸 단 10년 안에 이뤘단다. 엄청 빠르지!

아빠는 대학교 4년을 다녔을 때보다 그 사람과 6개월 동안 일했을 때 더 많은 걸 배웠어. 비록 그를 알고 지낸 시간은 짧았지만, 아빠 인생에 커다란 영향을 줬단다. 비영리 재단에 대한 지식을 모조리 그에게서 배운 거야. 시스템, 마케팅, 정치, 자금 모금 등 그 사람은 그 모든 걸 다 해냈어. 그는 아빠 인생에서 만난 사람들 가운데 몇 안 되는 천재였어. 앞을 내다볼 줄 알고, 청렴했으며, 대담했어. 그리고 아빠가 만난 사람 중 가장 강인했지.

언젠가 그는 내게 매출 상황을 분석해 달라고 요청했어. 9개월 안에 매출을 두 배로 만들겠다는 말도 안 되는 목표를 세우고 있었거든. 아빠는 불가능하다고 말했어. 그는 계획을 짜 보라고 말했지.

나는 그에게 도표를 만들어 주며, 특정 달에 매출이 어떻게 꼭지까지 오르는지 보여 줬고 그 달에 마케팅 전략을 집중해야 한다고 말했어. 내 도표가 말해 주잖아! 그는 도표를 보고는 내 눈앞에서 도표를 흔들더니 이렇게 말했지.

"당연히 그 달에 매출이 가장 많이 오르기를 바라겠지. 그때 광고 예산을 모두 쏟아부으니까!"

그러더니 한숨을 푹 쉬고 내가 어리석은 애송이일 뿐이라는 사실을 상기시키고는, 내 인생에서 가장 중요한 가르침을 남겼지.

"매트, 틀에 너를 맞추려 하지 마. 네가 스스로 틀을 만들어야지."

| 나만의 틀을 만들어라

네가 스스로 틀을 만들어야 한다, 바이올렛! 위대한 사람의 조언이기도 해. 알렉산드로스가 정확하게 똑같이 말했던 게 떠오르는구나. 환경이 너의 행동을 지배하도록 만들지 말거라. 위대한 사람은 자신이 환경의 희생양이라고 생각하지 않는단다. 자신만의 환경을 창조할 수 있다고 믿지.

그들은 자신의 운명을 책임지며 목표를 달성하기 위해 실패도 당당히 받아들일 준비가 되어 있어. 그들은 변명 따위는 하지 않는다. 장애물이 자신을 넘어뜨리도록 내버려두지도 않지. 목표를 대차게 세우고 위험을 무릅쓴단다. 엄청난 위협도 마다하지 않아. 과정이 결과에 방해가 되도록 내버려두지 않는다고. 다른 이들보다 더 열심히 일하고, 자신과 남들에게 지나칠 정도로 정직하단다.

이 사람은 내가 세상을 잘못된 방식으로 바라보고 있다는 사실을 가르쳐줬어. 내가 이 사람을 만나기 전, 나는 온갖 한계에 꽁꽁 묶여 있다고 굳게 믿었지. 개인적 한계, 재정적 한계, 그밖에 등등. 그래서 아빠는 변명을 했어. 돈이 충분하지 않아서요, 시간이 없어서요, 원래 이렇게 해 왔는걸요, 지금 시스템상으로는 어쩔 수 없어요.

변명은 다 헛소리야. 돈은 언제나 부족해. 시간도 맞지 않기 일쑤고. 어제 무슨 일이 일어났는지는 상관없어. 완전히 실패하고 돈도 다 잃었다고? 상관없어. 뭐니 뭐니 해도 네가 지금 뭘 하고 있는지가 가장 중요해.

목표를 밝히고 거꾸로 일해 봐. 다른 이들에게 허락을 구하지 말고. 도움 요청하는 걸 부끄러워할 필요 없어. 그렇다고 네 손을 잡아 달라고 구걸하지 말고. 실패하지 않으면 성공도 없어. 힘들다고 징징 대지 말고 뚝 그쳐.

되든 안 되든 해 보는 거야. 네가 있는 그곳에서 지금 당장 시작해. 돈이 더 필요하다고? 돈을 더 얻으러 가. 시간이 더 필요해? 늦게까지 남아 있으면 되지! 자기 힘으로는 이 제도를 감당할 수 없다고? 새로운 제도를 만들어.

그리고 이 모든 걸 다 시도해 봤는데도 일이 잘 풀리지 않는다는 걸 알게 되어도, 너는 할 수 있어. 뭐든 할 수 있다고. 우리는 9개월 안에 그 빌어먹을 부두 앞에 4천만 달러나 되는 셰익스피어 극장을 지을 수 있다고.

그는 내게 과거를 반복하라고 요구하지 않았어. 새로운 미래를 만들 걸 요구했지. 돈이 더 들 거라는 것도 알았어. 우리가 그간 해 왔던 일을 완전히 뒤바꿔야 한다는 것도 말이야. 그런 시시콜콜한 것들은 상관없어. 내가 뭘 하고 있는지 나조차도 도통 모르고 있다는 사실도 알고 있었지.

그는 내게 아낌없는 가르침을 줬지만, 내 스스로가 사업가가 되어 답을 찾길 기대했어. 그리고 내가 목표에 다다라야 한다고 줄기차게 주장하긴 했지만, 내가 실패한다고 해도 벌을 주지 않았단다. 내가 시도해 보려 하지 않았다면 벌을 줬을 거야.

그에게도 목표가 있었어. 예매율을 두 배로 늘리겠다거나 또 다른 셰익스피어 극장을 짓겠다는 건 아니었어. 시카고에 다국적 문화센터를 만들고 싶어 했지. 그의 말마따나 시카고는 그럴 만한 가치가 있었으니까. 그의 포부 안에 내 역할은 미미했지만, 지금 아빠는 그와 같은 경험을 하고 그의 포부를 함께했다는 점에서 매우 뿌듯하고 감사하단다.

이분은 내게 기회를 줬고 기본기를 쌓도록 해 줬지. 그가 아빠를 채용하기 전 아빠는 한 시간에 8달러를 받는 철물점에서 일하고 있었단다. 나는 그에게서 너무나 많은 걸 배웠어. 하지만 그중에서도 가장 소중한 가르침은, 내가 그동안 바보였고 편견에 가득한 사람이었다는 거야. 나는 그동안 일삼 았던 언행뿐만 아니라 생각과 행동까지 바꿔야 했어. 자신의 편견에 솔직하 게 맞서고, 내 행동을 부끄러워해야 했으며, 변해야 했지.

눈에서 비늘이 점점 걷히는 순간이었다고나 할까.

| 원할 때 언제든 변할 수 있어

바울은, 처음에는 바울이라 불리지 않았어. 원래는 사울이라는 이름이었 지. 그는 기독교인들을 혐오했단다. 기독교인들을 찾아내 기소하고 죽음으 로 몰아넣는 일에 적극적이었어.

사울이 교회를 잔멸할 새 각 집에 들어가 남녀를 끌어다 옥에 넘기니 라. (…) 사울이 주의 제자들을 대해 위협과 살기가 등등하여 대제사장에 게 가서, 다메섹의 여러 회당에 갈 공문을 청하니 도를 좇는 사람을 만 나면 남녀를 막론하고 결박해 예루살렘으로 잡아 오려 함이라.

그때 사울에게 매우 놀라운 일이 일어나지.

사울이 길을 가다가 다메섹에 가까이 이르더니 하늘로부터 홀연히 빛이 그를 둘러 비추는지라. 땅에 엎드러 들으매 소리가 있어 이르시되

"사울아 사울아 네가 어찌하여 나를 박해하느냐?" 하시거늘, 대답하되 누구시나이까 이르시되 나는 네가 박해하는 예수라. 너는 일어나 시내로 들어가라. 네가 행할 걸 네게 이를 자가 있느니라 하시니, 같이 가던 사람들은 소리만 듣고 아무도 보지 못해 말을 못 하고 서 있더라. 사울이 땅에서 일어나 눈은 떴으나 아무것도 보지 못하고 사람의 손에 끌려 다메섹으로 들어가서, 사흘 동안 보지 못하고 먹지도 마시지도 아니하니라.

사울은 아나니아라는 사람에게 안수를 받지. 주께서는 아나니아에게 사울에게 가서 그의 눈을 치료하라고 명하셔. 하지만 아나니아는 사울이 기독교인들을 얼마나 핍박했고, 얼마나 악한 짓을 해 왔는지 잘 알고 있었지. 그러자 주께서는 그에게 이렇게 말씀하셔.

주께서 이르시되 가라 이 사람은 내 이름을 이방인과 임금들과 이스라엘 자손들에게 전하기 위해 택한 나의 그릇이라.

아나니아는 사울에게 가서 자신의 손을 사울의 눈 위에 얹는단다.

즉시 사울의 눈에서 비늘 같은 게 벗어져 다시 보게 된지라.

사울은 주님께 돌아서서 이름도 바울이라고 바꿨어. 예수의 가장 열렬한 전도사가 되지. 그리고 로마 전역을 여행하며 예수의 말씀을 전한단다.

그런 식의 여행은 고대에서는 흔했어. 로마의 구조상 여행하기가 쉬웠고, 그리스어 덕분에 소통하기가 쉬웠거든. 그리고 바울은 로마 시민이었기에 여러 위기에서 살아남을 수 있었어.

로마 시민으로서 바울은 여느 기독교인이 당했던 것처럼 막무가내로 투옥되거나 얻어맞거나 처형당하지 않았지. 바울이 자신의 주장이 정당함을 입증하고 나자, 로마인들은 결국 바울을 자유의 몸으로 풀어 줬어. 자신을 변호하는 동안, 바울은 죄를 간증했지.

나도 나사렛 예수의 이름을 대적해 범사를 행하게 될 줄 스스로 생각하고, 예루살렘에서 이런 일을 행해 대제사장들에게서 권세를 얻어 가지고 많은 성도를 옥에 가두며 또 죽일 때에 내가 찬성 투표를 했고, 모든 회당에서 여러 번 형벌해 강제로 모독하는 말을 하게 하고 저희를 대해 심히 격분해 외국 성까지도 가서 핍박하였나이다.

네가 예수 그리스도를 믿던 믿지 않던 바이올렛, 살면서 이런 순간을 언젠가 한 번은 경험하게 될 거야. 네가 옳다고 확신하는 때가 있을 거야. 실제 그 확신이 너무 강해서 다른 생각을 할 여지조차 없을걸.

하지만 그 후에, 너의 위치를 재정립할 아주 좋은 이유를 부여받게 될 게다. 그리고 지금까지 이룩해 온 걸 되돌아 볼 기회가 있을 거야. 어떤 악한 일을 한 적이 있는지. 그리고 너만의 다메섹으로 가는 길을 찾게 될 거다. 사람은 변할 수 있어, 바이올렛. 너도 변할 수 있지. 너도 네가 원할 때 언제든 변할 수 있어. 틀에 너를 맞추려 하지 마. 네가 틀을 만들어 가라.

Chapter 13

올바른 선택을 하면서 두려워 마라

성 아우구스티누스, 《고백록》

아빠가 열한 살이 되던 여름, 친구 한 무리가 개구리를 죽이는 모습을 봤단다. 이웃에 사는 아이 중 한 명의 집 마당에 연못이 있었는데, 모두들 가장자리로 걸어가 손으로 쓱 떠서 개구리를 잡았지. 아이들은 신발 상자에 개구리를 넣고는 폭죽에 불을 붙여 상자 안에 떨어뜨렸어. 나는 그 모습을 몇 번이고 목격했지. 비록 직접 실행에 나서지는 않았지만 말이야. 아이들은 재밌다고 웃고, 나도 같이 웃었어. 아이들이 나를 좋아하길 바랐거든.

주황색 나이키 상자 안을 열었을 때가 아직도 또렷이 기억나는구나. 상자 한쪽은 폭죽이 터지면서 까맣게 그을려 있었어. 연기가 걷히자 그 안에 있던 작은 개구리가 모습을 드러냈는데, 아직도 살아 있었지 뭐야. 얼굴에서 피가 흘러내렸고, 작은 턱을 덜덜 떨며 고통에 몸부림치고 있었어. 아이들은 폭죽을 또 하나 넣어서 그 상황을 끝내고 싶어 했지.

나는 핑계를 대고 그 자리를 떠났어. 그 무리에 더 이상 끼고 싶지 않았지. 하지만 내가 온 힘을 다해 자전거 페달을 밟을 때도 아이들은 폭죽에 불을 붙이며 계속 웃어 댔어. 자전거를 타고 포레스트 대로로 가는 동안 그 가여운 개구리의 모습이 떠올라 울음이 터져 나왔어. 개구리들은 그렇게 비참하게 목숨을 놓아 버릴 이유가 전혀 없었으니까.

나는 왜 친구들을 말리지 않았을까? 나는 왜 그 광경을 보고 웃었을까? 속으로는 불편하고 뭔가 잘못되었다고 느꼈으면서도? 어떻게 그런 일에 가담할 수가 있지?

| 고대에서 자문을 구하는 법

아우구스티누스는 예수님이 탄생하고선 400여 년 후에 태어난 로마인이야. 그는 로마 제국 말기에 법정 변호인 등 중요한 역할을 도맡았어. 그는 제국의 여느 고위 관료와는 달랐단다. 교회 외부에서 중요한 인물이었지. 사람들은 그에게 많은 돈을 지불하며 중요한 일에 자문을 구하고자 했어.

고전적 관점에서 '수사학'은 오늘날 우리가 쓰고 있는 개념과는 다르단다. 고대에서 수사학은 매우 진중히 여겨지던 고도의 기술이었어. 현재로 따지면 아주 뛰어난 변호사와 동급이라고 볼 수 있지.

수사학은 근거와 언어적 기량을 이용해 논쟁을 만들고 평가하는 과정이었단다. 비즈니스나 법, 정부, 철학, 과학 심지어는 교회 등에서 두루두루 사용되었지. 수사학에 뛰어난 고수들은 많은 사례를 받곤 했어. 부유한 시민들은 자녀들을 수사학자에게 보내 배우도록 했지. 지금 우리가 아이들을 대학에 보내는 것처럼 말이다.

고대 그리스 시대에 수사학을 가르치는 선생을 가리켜 소피스트라고 불렀단다. 세월이 흘러 수사학이니 소피스트니 하는 말은 궤변 등 나쁜 의미로 변질되고 말았지. 지금 누군가 "수사학(미사여구)을 쓴다"고 하면 우리는 그 사람의 말을 미심쩍다고 여기게 돼. 그리고 소피스트처럼 궤변을 늘어 놓는 사람을 두고 말만 그럴싸하게 한다고 생각하지.

하지만 아우구스티누스의 시대에서는 그런 뜻으로 쓰이지 않았단다. 《고백록》도 한 위대한 수사학자의 작품이야. 아우구스티누스는 기독교에 대해 설득력 있으면서도 논리적인 주장을 체계적으로 만들어 내는 한편, 대의에 내재된 문제나 모순을 세심하게 다루고 설명하며 옹호하기도 했단다. 정작 그 자신은 말년까지 기독교를 받아들이지 않았고, 수십 년 동안 엄격하고 논리적으로 검증을 한 끝에야 받아들였지만 말이야.

| 동기가 없는데 왜 죄를 지었을까

《고백록》〈제2권〉에서 아우구스티누스는 어릴 적 친구들과 함께 배를 훔쳤던 일화를 소개해. 아이들은 배가 필요하지 않았어. 그래서 훔친 뒤에 재빨리 쓰레기로 버리고 말았지. 아우구스티누스는 자신이 죄를 저지르도록 충동질한, 도둑질이라는 행위의 본질이 궁금해졌어.

저는 부족해서 도둑질을 한 게 아니었습니다. 정의에 대한 부족함과 싫증, 악으로 배가 더부룩해졌기 때문에 그런 짓을 저지른 것이지요. 제

게는 훨씬 더 많이, 훨씬 더 좋은 게 있었는데도 저는 물건을 훔쳤습니다. 저는 훔친 물건이 필요해서가 아니라 훔치는 행위 그 자체를 원했습니다. 저는 죄악을 원했던 겁니다.

그는 자신이 배를 훔치려 했던 동기가 무엇이었는지 알지 못했어. 돈이 필요한 것도 아니었지. 배는 아무런 가치가 없었으니까. 그는 자신의 동기를 알아 낼 수 있는 다른 죄가 있는지 면밀히 살펴봤어.

대부분의 죄에는 나름대로의 동기가 있어. 심지어 살인마저도 그렇지. 일반적으로 사람들은 최소한의 이유가 있어서 살인을 저지른다고 해. 자신이 잘못된 일을 당해 분노해서 그럴 수도 있고, 성적인 이유 때문에 또는 개인적인 이득을 위해 아니면 외부에 알려지는 걸 막기 위해 저지를 수도 있지.

아우구스티누스는 죄를 다방면으로 성찰한 끝에 대부분의 죄는 이성적으로 설명 가능하다는 결론을 내렸어. 자존심은 자신이 아주 고결한 척하는 것이고, 공격성은 자신에 대한 경외심을 불어넣기 위해서야. 겁쟁이들은 자기를 보호하려고 그러는 거고.

하지만 '위대한 배 도둑'은 달랐어, 그럴 만한 이유가 없었거든. 아우구스티누스는 배가 필요하지 않았어. 배를 가지고 싶다는 욕심도 없었고, 배가 고픈 것도 아니었으니 먹지 않았지. 그가 욕망한 건 배를 훔치는 행위 그 자체였단다. 그는 자신의 죄를 선악과를 따먹은 아담에 비유했어.

부패함, 극악무도함, 죽음으로 몰아넣는 것. 이들은 허락받지 않았기에 유혹당하는 겁니다. 단지 허락받지 않았기 때문에요.

그는 자신이 혼자였다면 멍청한 범죄를 저지르지 않았을 거라 생각했어. 친구와 함께 있었으니 그런 죄를 저지르려는 충동이 일었겠지.

제가 혼자였다면, 그런 일을 저지를 리 만무합니다. 친구들과 함께 도둑질하며 얻는 유대감이 너무나 좋았던 게 분명합니다. (…) 현실적으로 그런 감정을 '유대감' 말고 달리 뭐라고 부를 수 있을까요? (…)

그렇다면 이런 애착이 어찌나 전염성이 강한지, 마음은 납득할 수 없으리만큼 휙 방향을 틀어 버리고, 장난으로 누군가를 해칠 준비가 되고, 남들에게 손해를 입히고 싶은 욕심이 생기다니. 누군가에게 당한 복수를 하려는 것도, 보상을 얻으려는 것도 아닌데. 그럼에도 누군가는 "가자!"라고 말하고 맙니다.

아우구스티누스의 생애 대부분 악의 존재는 그를 매우 괴롭혔단다. 악은 논리적으로 설명이 안 되거든. 그는 마냥 자비로운 신의 존재와 악의 존재를 조화롭게 받아들이지 못했어.

네가 신을 믿는다면, 신이 모든 걸 창조하셨다고 믿어야 해. 그리고 신이 창조하신 모든 게 선하다면, 신이 악도 창조하셨다는 걸 어떻게 믿을 수 있지? 신이 악을 창조하셨다면, 악도 당연히 선해야 하는데. 악이 어떻게 선할 수 있지? 철학자들은 이를 두고 '악의 문제'라고 불렀단다.

아우구스티누스는 일생 대부분 이 문제를 해결할 근거를 찾는 데 보냈단다. 초창기에는 신을 물질적 존재로 여겼어. 신의 손톱이 어떻게 구성되었는지도 궁금해 했었다니까.

그러다가 신이 선하다면, 저 반대편에서는 신에 반대하는 뭔가가 있으리라고 받아들였지. 신과 끊임없이 전쟁을 벌이는 사악한 힘 말이야. 그러면 악을 설명할 수 있을 거야. 그는 점성술과 천문학에서 답을 구하고자 했지. 하지만 과학이 이르는 길은 거기까지만이었어.

지혜에 대한 이해 없이는 그 누구도 천문학을 이해할 수 없습니다.

| 합리적인 인간이 한계에 다다랐을 때

아우구스티누스는 합리적인 인간이었어. 논리를 믿었지. 하지만 정신 세계적 탐구에서 번번이 좌절하고 말았어. 정신적 세계는 물질적 관념으로는 이해할 수 없으니까. 아우구스티누스는 플라톤을 알고 나서야 물질적인 것 너머에 어떤 세계가 있다고 믿기 시작했단다.

아우구스티누스가 살던 시대에는 아리스토텔레스를 최고의 철학자로 숭배했지. 아우구스티누스도 우리에게 퍽 옛날 사람으로 다가오지만, 그 역시도 아리스토텔레스가 죽고 나서 700년 후에야 태어났어.

로마 제국이 무너지고 르네상스 시대가 오기까지 천 년 사이에, 사상가들은 아리스토텔레스를 그저 '철학자'로만 대했단다.

아우구스티누스처럼 대부분의 철학자는 모든 걸 아리스토텔레스의 세계관에 맞추려고 애를 썼어. 이 세상 모든 건 경험에 의존해야 하고 그래야 측정 가능하다고 생각했지.

그러다 어느 날, 아우구스티누스는 아리스토텔레스의 저서 《범주론》을 읽게 되었어. 이 책에서 아리스토텔레스는 세상 만물을 열 가지로 분류했지. 아우구스티누스는 아리스토텔레스처럼 작은 범주 안에 모든 걸 맞추려는 자기 자신을 보고 웃음을 터뜨렸어.

이 책을 보고 저는 만물을 열 가지 범주에 포함시켜야 한다는 생각이 들었습니다. 당신의 놀랍도록 순수하면서도 독특한 본질까지 말입니다. 물질적 육체처럼 위대함과 아름다움도 예측할 수 있다는 듯 다룹니다. 당신의 위대함과 아름다움은 오롯이 당신만의 것인데도 말이죠.

아리스토텔레스는 경험주의자였다. 그는 세상을 어떻게든 정의하려던 사람이었어. 그리고 그 덕분에 뭐든 범주니 목록, 규칙으로 묶어야 한다는 강박관념으로 이어졌지. 물질세계에서는 기막히게 잘 들어맞을지 몰라도, 결국 한계에 다다랐어.

| 보이지 않는 곳에 진실이 있다

플라톤은 '신앙'도 어느 정도 받아들였단다. 그렇다고 해서 플라톤이 과학이나 과학적 기본 개념을 믿지 않았다는 말은 아니야. 오히려 꽤 반대 입장이었지. 《국가》에서, 우리의 감각이 완벽하지 않다고 본 첫 번째 인물이 바로 플라톤의 소크라테스였지. 시각과 청각 같은 자연 그대로의 매개체를 통해서는 이해할 수 없는, 한 차원 이상의 세계가 있다고 믿었어.

어떤 의미에서, 우리 모두는 동굴에 갇힌 죄수들이지. 동굴 너머 '실제' 세상은 인간의 눈으로 볼 수 없어. 그저 추상적으로만 이해할 수 있을 뿐. 소크라테스는 진정한 우주란 수학적으로만 이해할 수 있다고까지 이야기했단다. 우리는 직접 들여다볼 수 없는 시각적·청각적 영역이 있다는 사실을 알아. 우주를 지배하는 수학적 법칙도 있을지 모르지. 하지만 그게 뭔지 우리는 아직 몰라.

플라톤의 소크라테스는 또한 이 보이지 않는 세상의 어딘가 깊은 곳이 있다고 믿었어. 일종의 이상적인 형태로 존재했던 정의와 같은 추상적 개념이지. 이런 사상은 궁극적 진실의 자체의 그림자로, 우리가 흔히 알고 있는 '선의 이데아'야.

선의 이데아는 인간이 도저히 이해할 수 없는 것으로, 초자연적이고 쉽게 알 수 없으며 보이지 않는단다. 이 힘은 우주의 만물을 움직이게 해. 하지만 태양과도 같아서, 바로 쳐다볼 수는 없어. 선의 이데아가 세상에 미치는 영향만 볼 수 있을 뿐. 그리고 그것의 빛으로 창조한 그림자만 볼 수 있지.

우리의 세상은 이 근원적 세상과 비교해 극히 원시적이야. 우주는 선을 따라 '범주'로 나뉘는데, 우리는 가장 원시적인 범주에 있어. 우리 상위에 더 높은 현실을 관찰하지 못해.

플라톤이 주장한 선의 이데아는 아우구스티누스가 받아들인 신의 개념과 매우 유사해. 그리고 아우구스티누스에게 신을 편협한 물질적 법칙에 이리저리 뒤틀어 짜 맞추기는 갈수록 어려운 일이 되지. 그래서 아리스토텔레스와 점점 멀리하고, 플라톤에 더더욱 가깝게 가게 돼.

플라톤 학파의 책을 읽고 나니 비물체적 진실에 대해 지체 없이 탐구하게 되었습니다.

아우구스티누스는 평생 《성서》를 있는 그대로 받아들였지만, 세상에 비물체적 진실이 있다는 걸 깨닫고 나자 《성서》를 '상징적으로' 이해하기 시작했어.

만물을 범주 안에 억지로 우겨 넣는 일을 그만뒀지. 그리고 악의 문제를 해결할 수 있는 명쾌한 해결 방법을 찾아 나섰어.

| 결정엔 책임이 따른다

신은 나쁜 일이 일어나도록 두지 않아, 우리가 그렇지. 신은 우리에게 선택할 여지를 주셔. 우리에게 자유 의지를 주신단 말이다. 우리가 자유 의지를 어떻게 쓸지는 우리에게 달렸어.

금에 대해 생각해 봐. 아우구스티누스 시대에 금은 그다지 유용한 물건이 아니었어. 금으로는 무기를 만들지 못하지, 너무 유연하거든. 철과 같은 다른 물질이 훨씬 더 쓸모 있으면서도 가치는 훨씬 떨어져.

왜 상대적으로 쓸모없는 걸 두고 전쟁이 일어나야 하지? '금'은 악인가? 금 자체는 아무것도 아냐, 그냥 돌덩이일 뿐이지. 우리가 금을 탐하고자 한 선택이 바로 악이야.

저는 악이 무엇일까 곰곰이 생각해 보았습니다만 그 실체는 발견하지 못했습니다. 다만 최고의 실체에서 벗어나려는 인간의 뒤틀린 움직임이라는 걸 알게 되었습니다. '내면을 비워 버리고' 걸으로는 스스로를 부풀려 당신에게서 벗어나려는 것입니다.

우리가 내린 결정을 두고 신 또는 그 누구라도 비난하는 건 논리적으로 옳지 않아. 우리에게는 도덕적 책임이 있으니까. 우리는 우리가 살면서 내린 결정에 책임을 져야 해.

너도 네가 내린 결정에 책임이 있어, 바이올렛. 그 누구도 탓할 수 없지. 신도, 부모도, 친구도 그리고 국가의 탓으로 돌릴 수 없어.

그래, 올바른 선택을 내리는 일이 너무나도 어려운 시기도 있겠지. 이미 정립된 세계관에서 벗어나야 한다거나, 친구나 가족과 멀어져야 할 수도 있어. 올바른 선택을 하면서 두려워하지 말거라. 너의 영혼을 믿어. 너의 영혼이 네게 하는 말에 귀를 기울이렴.

앞에서 언급했던 개구리를 돌이켜 보면, 개구리들을 죽이지 않았다는 이유로 내가 지은 죄에 면죄부를 주고 싶진 않아. 적극적으로 나서지 않았던 내 행동이 죄였으니까. 다른 이들이 침묵으로 일관할 때 우리는 모두 악을 용인한다고 볼 수 있어. 그날 같이 있었던 다른 아이들—아마도 그 아이들 모두—도 다 같이 부끄러움을 느끼고 개구리를 죽였던 일을 후회할 거야.

하지만 누구도 아무 말도 하지 않았지. 우리는 부끄러움을 숨기려 웃기만 했어. 그게 우리가 했던 선택이야, 내 선택이기도 했고. 아무도 내게 그러라고 하지 않았어. 내 잘못이다.

《고백록》에 어른을 아이와 비교하는 대목이 종종 나와. 어린 시절에 했던 놀이가 어른이 되어서 하는 '놀이'와 별반 다르지 않다는 걸 알게 될 거다. 둘 다 부와 지위를 차지하기 위해 서로 경쟁하는 형태이지. 아우구스티누스는 어린 시절 부정행위로 붙잡혔던 나날을 회고하면서, 어린이들의 부정행위가 어른이 되어 저지르는 것과 다르지 않다는 결론을 내렸어.

저는 기억이나 재능이 부족하다고 할 어떤 핑계도 댈 수 없습니다. 당신이 제 나이에 충분토록 만들어 줬으니까요. 저는 단순히 놀이를 더 좋아했고, 어른들은 자신들도 놀기 좋아했으면서 저를 훈육했습니다. 이득은 어른들만 보니까요.

아빠 시대의 기업과 정치적 스캔들을 보며, 내 어린 시절에 저질렀던 죄를 돌이켜 볼 수 있게 되었어. 엔론이나 리먼 브라더스와 같은 기업들의 붕괴, 메이도프 폰지 사기 사건 폭로, 아부 지라이브 고문 스캔들 등에서 실제 죄를 저지른 사람은 몇몇 소수에 불과할지 모르지.

하지만 사건의 내막에 대해 알고 있었으면서도 아무런 행동도 취하지 않고 침묵한 사람들도 있었어. 때문에 그들도 결백하다 할 수 없어.

선택해야 하는 순간은 언제나 찾아온다. 마르쿠스 아우렐리우스가 썼듯이 말이야.

"아무것도 하지 않음으로써 불의를 저지를 수 있다."

| 위대한 고전 한 줄 정리

플루타르코스, 《영웅전》 〈리쿠르고스〉, 〈누마 폼필리우스〉, 〈알렉산 드로스〉, 〈카이사르〉

고대 로마 오현제 시기의 그리스인 작가이자 철학자였던 플루타르코스가 쓴 그리스와 로마의 역사책. 그리스와 로마의 비슷한 인물들을 비교 구성하고 두 인물 간의 비교와 평가를 넣어, 스물두 쌍의 대비열전과 네 개의 단독열전으로 구성했다. 당시 그리스와 로마의 정치적 상황이 어땠는지 자세히 알 수 있다.

성 마태, 《마태복음》

열두 명의 사도 가운데 한 사람인 마태가 집필한 복음서. 정경으로 인정받는 4복음서 중 첫 번째이며, 세 권의 공관 복음 중 하나이다. 상징물은 사람. 4복음서 중 '하느님은 왕이다'라는 관점이 가장 두드러진다. 4복음서 중 인지도가 가장 높다.

성 누가, 《누가복음》

사도 파울로스의 동료 가운데 한 사람으로 의사였던 누가가 집필한 복음서. 정경으로 인정받는 4복음서 가운데 세 번째이며, 세 권의 공관 복음 중 하나이다. 상징은 날개 달린 황소로, 봉사와 희생 그리고 힘을 나타낸다고 한다. 예수가 역사적으로 실존한 인물임을 강조하고자 4복음서 중 예수의 행적을 가장 포괄적으로 다루고 있다.

성 아우구스티누스, 《고백록》

397년에서 400년 사이에 쓰였다. 성 아우구스티누스의 수많은 저서 가운데, 가장 많이 알려져 있고 가장 많이 읽힌다. 자기애가 가득했던 지난날을 고백하며 신적인 사랑으로 올라서는 내용이다. 서구 세계에 큰 영향을 끼쳤다. 신학자 헨리 채드윅 교수는 《고백록》을 두고 서구 문학의 최고봉이라고 했다.

Part 3

좋은 사람이
되려고 해 보렴

Chapter 14.
혼란할 땐 질서부터 잡으렴

니콜로 마키아벨리, 《군주론》

아빠의 20대는 완전히 혼돈 그 자체였어. 스물세 살 당시 나는 매일 술을 마셨고 폐인이나 다름없었지. 두 명의 헤로인 중독자와 함께 아파트에 살았는데—그중 한 명은 열일곱 살 여자아이였어—그곳은 아빠가 경멸하던 도시 안에 있었고, 내 형편으로는 감당할 수 없었지.

직장에서도 더 이상 버티기 힘들었어. 아침마다 잠에서 깨어나 거울을 들여다보면, 숙취에 눈이 충혈되어 있고 커다란 다크서클을 한 내가 있었지. 나는 그럴 때마다 이제 다시는 이렇게 살지 않겠다고 다짐했어. 오늘이야말로 이 생활이 끝나는 날이야!

자정이 될 즈음 나는 또다시 술에 절어 있었지. 인사불성이 되어 있거나, 그보다 더 최악으로, 방안 전체는 연기로 뒤덮여 있었고 침대 옆에 있는 재떨이에는 담배꽁초가 수북이 쌓여 있곤 했어.

자정이 되면 다시는 똑같은 일을 저지르지 않겠다고 다짐했지만, 그 다음 날에 똑같은 상황이 펼쳐져 있었지. 아빠는 온갖 종류의 마약에 손을 댔어.

지금은 헤로인에서 완전히 손을 떼 다행이라고 생각하고 있어. 그리고 그때의 일 대부분을 철저히 비밀에 부쳤단다. 그렇게 2년이 흘러갔어.

몇 년 뒤 나는 미국의 정 반대편에 있었어. 올림픽 경기장 규모 정도 되는 수영장 앞에 서 있었지. 수영복 차림에 속은 울렁거렸어. 물에 뛰어드니 얼어붙을 것 같이 추웠어. 네 바퀴 정도 돈 다음 수영장 밖으로 나왔어. 그러고는 탈의실로 가서 다 토해 내고 말았지.

6개월 후, 나는 매일 아침이면 수영을 하러 갔단다. 그리고 철저하게 식단을 조절했어. 아침에는 커피와 과일, 요거트만 먹고 일을 하러 가. 그러고 글을 몇 시간 쓴 뒤, 밤엔 학교에 갔지. 독주는 더 이상 입에 대지 않았어. 마약도 하지 않고, 맥주도 두 병 이상은 마시지 않았단다. 아직 누구를 사귈 준비는 되지 않았어. 내가 완전히 탈바꿈했다고 여기고 싶지 않았거든.

마침내 나는 담배도 끊고, 독주와 마약도 하지 않았어. 맥주는 여전히 마셨지만. 차이점이라면 화요일마다 열두 병이나 마시지는 않았다는 것일지도. 대부분의 시간에 나는 글을 썼어. 어떤 날은 1만 자 이상 쓴 적도 있단다. 그중 대부분은 쓰레기였지만 말이야. 그건 상관없었어.

그때 나는 나를 단련할 필요가 있었고 생활 수칙도 엄격하게 해야 했거든. 그리고 너도 잘 알겠지만, 아빠는 아직도 일과는 꼭 지켜야 한다는 강박관념이 있어.

어느 날 서점에서 크리스틴이라는 여자아이를 만났어. 크리스틴은 얼굴도 예쁘고, 재밌는 친구였지. 그녀는 내가 좋아하는 밴드를 모두 좋아했어. 그 아이 역시 자신을 구렁텅이로 빠지게 한 습관에서 벗어나려 애쓰고 있었지. 알코올 중독에서 막 벗어나려던 참이었지만, 여전히 유혹에 약했어. 나도 그렇긴 했지만 진즉에 포기했지.

크리스틴은 자주 연락도 없이 찾아왔어. 새벽 3시에 나를 불렀는데 차 안에서 취해 기절하기 일보 직전이었어. 그래서 내가 대신 운전해서 집까지 데려다주곤 했지. 어느 날 밤에는 크리스틴이 우리 집에 몰래 들어와 내 룸메이트의 술을 훔쳤어. 그리고 룸메이트가 집에 왔는데 크리스틴이 녀석에게 수작을 걸지 뭐야.

아빠는 크리스틴과 헤어졌어. 그때 나는 엄청 잔인하게 굴었지. 그녀에게 쓰레기 술주정꾼이라고 불렀어. 그녀의 팔을 잡고는, 낡아 빠진 갈색 쉐비(쉐보레의 애칭)로 끌고 가서 안에 던져 버렸어. 그리고 꺼지라고 말하고는 경찰을 부르겠다고 했지.

크리스틴은 엉엉 울었어. 나와 다시 만나고 싶어서 그랬다고 했지. 내게 기회를 한 번만 더 달라고 빌었어. 아빠는 크리스틴에게 다시는 보고 싶지 않다고 말해 버렸어.

몇 주 뒤, 크리스틴이 한밤중에 내게 전화를 걸었어. 술에 취해 완전히 맛이 간 채로, 자기 좀 도와 달라고 애원했지. 나는 전화를 끊어 버렸어.

8년 뒤 아빠는 결혼을 하고, 집도 사고, 직장에서도 승승장구했단다. 어느 날 아침 신문에 크리스틴에 대한 기사가 나와 깜짝 놀랐어. 크리스틴은 마약 과다 복용으로 숨을 거두고 말았지. 신문에 실린 크리스틴의 사진이 눈에 바로 들어왔어. 이런 일이 일어나기 전 언젠가의 아름다운 모습이었어. 가족과 함께 행복한 그녀의 모습 말이야. 크리스틴은 젊고, 아름다웠고, 미래가 창창했지. 행복해 보였어.

크리스틴은 서른두 살에 세상을 떠났어. 무장 강도 혐의로 재판에 회부된 상태였지. 크리스틴과 남자 두 명이 약국을 털려고 했었다더군. 크리스틴은 자신의 차로 도주하는 역할이었지. 기사엔 차에 대한 설명도 실렸는데, 내가 전에 그녀를 던져 넣었을 때와 같은 차더구나.

이 여자에 대해 말하자면, 내 인생 중 가장 이상한 시기에 가졌던 짧은 만남이었고 내가 너무나도 잔인하게 대했던 사람이었어. 그런데도 아빠는 어떤 죄책감이나 놀라움, 회한도 느끼지 않았지. 솔직히 말해 안도했어. 저 차에 집어넣어 다행이다, 저 여자를 잘 대해 주지 않아 다행이다, 인생이 궤도에서 완전히 이탈하기 전에 스스로를 어떻게든 다잡을 수 있어서 다행이다.

│ 두려움의 대상이 되는 게 낫다

마키아벨리는 무엇이 꼭 어떻게 되어야 한다는 것엔 관심이 없었어. 그는 낙원을 만들려고 하지도 않았지. 사실과 인간의 본성에 대해 냉정한 눈길로 이렇게 말했어.

"좋아, 이게 바로 사람들의 실체야. 그들이 실제로 행동하는 방식이라고. 글, 맞아, 사람들은 착해야 하고 정직해야 해. 그리고 사랑하는 강아지에게 입맞춤을 해 주지. 그러나 현실에서 사람들은 탐욕스러워. 남들을 음해하지. 권력에 굶주린 개자식들이야. 당신이 권력을 원하고 누리고 싶다면, 여기 당신이 꼭 해야 할 일들이 있지."

《군주론》에 따르면, 권력자가 되고자 했을 때 해야 하는 강령이 있어.

- 적을 완전히 파괴해 버릴 것. 그리고 적의 가족도 모두 죽여 버린다.
- 장기 계획을 세울 것. 하지만 비밀리에 해야 함.
- 동맹을 맺을 것. 득실에 따라 동맹국을 배신할 준비가 되어 있어야 함.
- 권력의 주도권을 잡고 정치 과정을 장악할 것.
- 인색하게 굴 것. 특히 친구들에게. 애정은 금물.
- 필요할 때마다 거짓말을 할 것. 내게 이익이 된다면 약속을 어겨도 됨.
- 두려워할 것.
- 필요할 시 잔인하게 굴 것.
- 흉하고 잔인하며 남들이 꺼리는 짓을 부하에게 시킬 것. 하라는 대로 그
  들이 임무를 다 완수했을 때 그들을 없앨 것. 죽여도 됨. 공개적으로 그
  들과 절연하고 당신이 만들어 낸 괴물로부터 모두를 살렸다는 인정을
  받을 것.

마키아벨리는 가설에 근거해서 말하지 않아. 고대사와 현대사에서 무수
한 사례를 가져와 논증을 뒷받침하지. 대부분의 철학자와는 달리 그는 정치
에 있어 개인적 경험을 토대로 이야기해. 플라톤이 자신의 사상을 실현하러
시라쿠사에 가서 이상적인 국가를 만들려고 했다는 이야기는 유명하지.

그는 실패했어, 계속해서. 마키아벨리는 스스로 실패하기 전까지는 자신
의 일에 뛰어난 능력을 발휘했어. 많은 사람이 《군주론》을 보고 일종의 입
사 지원서라고 생각하지. 마키아벨리는 피렌체 정부에서 일했는데, 메디치

가문이 15세기 후반 권력을 잡았을 때 자리에서 밀려나고 말았어. 새로운 정권은 그를 고문하기까지 했지. 하지만 그는 메디치 가문에 대항하지 않았어. 아직 젊은 나이였으니까, 메디치 가문을 위해 이 책을 썼지. 대충 이렇게 말하려고 말이야.

"이것 보십시오, 고문을 받았지만 가혹하다는 느낌은 없습니다. 저는 통치하는 법을 압니다. 권력과 정부가 어떻게 일하는지도 알아요. 저를 고용하시고 제가 나라를 이끌어가는 데 도움이 될 수 있도록 하셔야 합니다."

《군주론》에서 가장 유명한 말은 다음과 같아.

사랑의 대상이 되는 것보다 두려움의 대상이 되는 게 더 낫다.

사랑받으면 좋지, 그리고 두려움의 대상이 되면서 사랑받는 것도 좋아. 하지만 둘 중에 하나만 골라야 한다면, 두려움의 대상이 되는 걸 택해. 사랑은 변하기 쉬우니까. 두려움이 좀 더 지속성이 강해. 사람들은 당신들과 사랑에 빠질 수 있겠지. 아마도 두려워하는 감정은 사그라들지 않을 걸.

《군주론》은 플라톤의 《국가》가 그렇듯이 명상집이나 이론서가 아니야. 실용서지, 실용적인 설명서야. 무엇이든 이끌어나갈 때 이 책을 활용할 수 있어. 아빠도 이 책을 유용하게 썼단다. 그리고 임원의 자리에서 아빠처럼 이용한 경우도 알아.

| 자유보다 질서를 우선해라

많은 사람이 마키아벨리가 이렇게 말했다고 생각해.

"목적이 수단을 정당화한다."

이 책은 그보다 더 복잡해. 무엇보다도 《군주론》은 질서의 중요성을 강조한 책이야. 사람들은 자신들이 자유와 번영을 원한다고 말하지. 그 모든 게 정말일 수도 있어. 하지만 사실이든 그렇지 않든, 그 어떤 최상급의 덕목도 질서 없이는 실현 불가능해.

소소한 예시 하나 보여 줄게. 네가 태어나기 몇 년 전에, 〈내니 쇼〉(〈우리 아이가 달라졌어요〉와 같은 육아 교정 프로그램)가 전국적으로 열풍을 일으킨 적이 있어. 모든 쇼가 다 이런 식으로 진행됐지.

중상위층 부모들에게 아이 둘이 있는데 손도 못 대. 아이들은 채소를 먹지 않겠다고 고개를 돌리지. 떼를 쓰고, 부모에게 장난감을 집어던져. 소리 지르고, 서로 싸움박질하고, 물고, 괴물처럼 굴어. 부모는 어쩔 줄을 몰라. 그래서 영국에서 온 엄격한 보모를 불러 상황 좀 진단해 달라고 요청하지. 영국 보모가 와서 오 분 정도 둘러보고는, 집집마다 같은 진단을 내려.

'아이들이 통제 불능이다.' 부모가 아예 훈육을 못해. 그래서 영국 보모는 집에 법과 질서를 내리지. 아이들에게는 지키라고 하지 않아. 아이들은 떼를 써. 자기 싫다고 소리 지르고. 애들이 밥을 먹지 않으면 보모는 아이들이 굶게 그냥 내버려 둬. 아이들에게 벌을 내리고 자신들이 어지른 걸 치우라고 명령하지. 부모들은 이 모든 일을 의심스러운 눈초리로 쳐다봐. 보모가 너무 혹독하다고 생각하면서 말이야.

이틀 뒤, 부모들은 결과를 보고 충격을 받아. 아이들은 완전히 다른 사람이 되었어. 행동도 바르고 사랑스러워졌지. 군말 없이 자신의 장난감을 모두 치워. 채소도 잘 먹고. 짜증도 부리지 않고 자러 가.

부모들은 다시 아이들에 대한 주도권을 쥐고 아이들도 말을 잘 듣지. 보모가 떠나도 괜찮을 거야. 이제 질서가 다시 정립되었어.

어떤 정치적 상황, 가족, 학교, 직장, 국가를 막론하고 '질서'가 먼저 와야 해.

미국에서 우리는 '자유'를 두고 수많은 사탕발림 소리를 해 왔지. 자유야 말로 궁극적인 미덕이며, 이 세상 사람들 모두 '자유를 갈망한다'고 외쳤어. 하지만 미국인들은 자유에 대해 얼마나 알고 있는 걸까? 우리에게 자유란 꿈을 좇는 걸까, 부담 가득한 정부 규제에서 벗어나는 걸까? 우리가 선택한 대로 살 자유, 우리가 원하는 걸 말할 자유, 종교의 자유?

수도꼭지를 틀면 깨끗한 물이 나와. 스위치를 누르면 전기가 켜지지. 우리가 사는 곳의 길은 잘 닦여 있어. 기차도 제 시간에 운행하고. 우리는 이런 것들을 당연하게 누려. 조금이라도 불편하면 마구 화를 내지. 큰 폭풍우가 몰아치고, 전기가 몇 시간 이상 끊기거나, 폭설에 뒤덮인 거리가 즉각 정리되지 않으면 속이 터져.

외국의 침략이나 식민지, 무정부 사태에 대한 자유를 생각하긴 할까? 우리는 외국의 세력이 해안으로 진군해 미 대륙을 군사 점령할 거라거나, 모든 국가 기반 시설이 하루아침에 무너져 내릴 거라는 두려움 속에서 살지 않아.

마키아벨리는 그런 질서를 당연시할 수 없었고, 지금도 많은 나라가 그럴 수 없다고 생각해. 그런 나라들은 언론의 자유를 간절히 바랄까, 아니면 공격이나 고문, 투옥, 기아에서 벗어나는 게 우선이라고 생각할까?

질서 시늉이라도 하기 전까지는 시민의 자유와 경제적 번영을 누릴 수 없어. 상황이 혼란스럽게 돌아갈 때, 강력하고 무자비한 인물이 질서를 정립해야 해. 혼란스러운 국가에서 그는 잔혹하고 표리부동하게 행동해야 할지도 몰라. 도덕성이나 정의 따위는 잊어버려. 어지러운 국가 상황에서 도덕이니 정의 같은 건 없어. 추구할 가치가 있는 유일한 미덕은 질서뿐이야.

그러니 잔혹하게 굴어도 괜찮아. 단, 혼란한 상황 속에서 질서를 정립할 때만이지. 마키아벨리도 잔인함을 목적으로 잔혹한 행위를 저지르는 건 옳지 않다고 못 박았어. 국가가 무자비하고 권위적인 상태로 영원히 지속되어야 한다고 생각하지 않았지.

| 잔인함은 선함이 되기 마련이야

그가 보기에 자유 공화국은 독재 국가보다 더 우월하고 진보된 형태의 국가였어. 하지만 그 자유 국가 역시 질서가 정립된 뒤에야 나올 수 있지. 그리고 종종 독재자가 그 역할을 맡기도 해. 마키아벨리는 우리 정부에 순환이 존재한다는 사실을 보여 줬어. 독재 국가에서 시작했다가, 공화국으로 발전하고, 다시 독재 국가로 후퇴, 그리고 공화국으로 다시 이끌지. 자유 공화국은 복잡해. 혼란스러운 국가에는 제대로 도입할 수 없어. 발전하는 데 시간이 걸리지. 난장판인 국가에 가서 단순히 이렇게 말할 수 없다고.

"좋아, 이제 우리는 성공을 위해 시민의 덕목에 바탕을 둔 복잡하면서도 거대한 정부 체제를 가지게 될 것이오."

그런 전략은 필패해. 혼란스러운 국가에서 이끌어 낼 수 있는 시민 덕목 같은 건 없어. 무정부 상태가 주도권을 쥐게 되지. 사람들은 생존보다 더 큰 목적에 움직일 수 없거든. 전통과 문화는 부패하고 무법 상태가 돼.

우선 더 높은 수준의 정부가 정책을 펼쳐 나갈 수 있는 여건을 만들어야 해. 그리고 그런 과정에서 너무 혹독하다는 평가를 받더라도, 장기적으로는 올바른 방향으로 나아가게 되겠지.

《로마사 논고》에서 마키아벨리는 로마 공화정을 예로 들었어. 로마 공화정은 앞선 독재 체제가 없었다면 존재하지 않았을 거야. 독재 체제는 몇 세기 동안이나 지속되었지. 하지만 상황이 충분하게 진정된 후, 사람들의 도덕심이 높아지고 자유 공화정이 자연스럽게 부상했어.

왕은 폐위되었고 사람들은 좀 더 진보된 형태의 정부를 세웠지. 그게 로마 공화정이야. 대표성을 띠고, 시민의 자유가 있었으며, 복잡한 법과 심판제도를 갖췄지. 이 체제도 역시 몇백 년이나 지속되었어. 하지만 내부의 타고난 결함으로 몰락의 길로 들어섰고, 로마 공화정은 로마 제국이 되었지.

혹자는 환경이 그다지 중요한 문제가 아니라고 주장할 수 있어. 통치자가 어떤 명분을 내세우더라도 잔인하게 구는 건 도덕적으로 옳지 않다는 거지. 하지만 그건 우리가 '도덕성'을 어떻게 규정하느냐에 따라 달라지게 마련이고, 장기적 관점에서 도덕성을 바라본다면 그림은 더욱 혼탁해져. 단기적 관점에서 '잔인함'은 장기적 관점에서 '선함'이 될 수 있거든. 보모가 집에서 아이들에게 훈육을 했던 바와 같이 말이야. 잔혹함 또는 훈육은 평화로운 삶을 획득하기 위해 적용될 뿐이지.

| 잔혹하게 굴어도 괜찮아

이와 같은 예는 미국 남북전쟁처럼 수두룩하게 많아. 남북전쟁 때 셔먼 장군은 '총력전'이라는 개념을 도입해 그 유명한 '바다로의 행군'으로 남쪽에 진격했어. 셔먼의 군대는 남부의 주 전역을 휩쓸어 버려 상대군의 사기를 완전히 무너뜨렸지.

그는 결사 항전하겠다는 사람들의 능력과 사기를 모두 파괴해 버렸어. 공장이며 농장, 항구 등 눈에 보이는 거라면 뭐든 다 깨부수고, 결국 무조건 항복을 받아 냈지. 사람들의 눈에 그는 괴물과 다름없었어.

제2차 세계대전도 별반 다르지 않았단다. 히로시마와 나가사키에 원자 폭탄이 떨어졌지. 마키아벨리가 상상할 수 있었던 '잔인함'을 훨씬 더 뛰어넘는 일이었어. 하지만 폭탄 투하의 목적이 꼭 일본의 공격력을 파괴하려던 건 아니었어. 일본인들의 의지를 없애 버리려는 의도였지.

여기에 다른 대안이 있었을까? 모두들 둘러앉아 해결책을 논할 수 있었을 거라고? 글쎄 아닐걸. 그리고 남부의 노예 제도나 일본의 제국주의는 도덕적으로 어땠지? 이때 문화가 도덕적으로 옳았을까? 그렇게 잔인하게 망가뜨린 후였지만 미합중국은 유지되었고 일본도 항복했지.

패전국들은 어떻게 되었을까? 시간이 지나며 더 번창했고, 자유와 미덕을 누리게 되었지. 남북전쟁 후에 노예제는 철폐되었고 시민권이 중요시되기 시작했어. 게다가 남부는 미국 정치의 주류가 되었고 말이야. 제2차 세계대전의 경우 일본과 독일, 이탈리아는 전체주의를 내려놓고 마침내 선진 공화국이 되어 미국의 충실한 친구가 되었단다.

마키아벨리는 잔혹성을 큰 그림 안에서 바라봐야 한다고 주장했어. 셔먼도 잘 알고 있었기에, 1864년 애틀랜타 의회에 다음과 같은 편지를 보냈지.

전쟁은 잔인합니다. 어떻게 순화할 수도 없지요. 따라서 우리 땅에 전쟁을 불러일으킨 자들은 사람들이 내뱉을 수 있는 온갖 욕과 저주를 다 받아도 마땅합니다. 제게는 전쟁을 일으킬 만한 힘이 없다는 걸 압니다. 또한 현재의 평화를 위해 여러분들은 그 누구보다도 자기 자신을 희생할 거라는 것도 잘 알고 있습니다.

그러나 당신들은 평화를 누릴 수 없고 우리 국가를 분열할 수도 없습니다. 미합중국이 지금 분열하는 데 동조해 버리면 이 전쟁은 멈추지 않을 것이며, 도리어 끝임없이 전쟁에 시달리고 있는 멕시코와 같은 전철을 밟고 말 것입니다.

2003년에 우리는 여러 핑계로 이라크를 침공했어. 그중 하나는, 자유를 준다는 거였지. 우리는 독재자를 찾아 냈고, 이라크 사람들은 즉시 그를 광장에 매달았어. 이라크는 자유를 되찾았고 우리는 사람들에게 자유를 줬지.

정의는 실현되었을까? 아마도. 이라크 사람들은 더 잘살게 되었을까? 꼭 그렇지만은 않을걸. 독재자가 제거된 초반 충돌 이후, 우리는 질서를 완전히 무너뜨렸지. 결과는 뻔했어. 혼돈과 걷잡을 수 없는 부패, 무정부 상태.

사람들은 커피를 마시다가 폭탄 테러에 날아갔어. 전기도 끊겼고 수돗물도 나오지 않았지. 지구상에 가장 많은 석유 매장량을 자랑하던 나라에서 그 누구도 기름을 얻을 수 없었어. 건물은 약탈당했고 기반 시설도 싹쓸이당했단다. 그 나라의 문화유산까지도 도둑맞거나 망가졌어. 인류 문명의 발상지였던 시대 유물이었지.

일단 혼란한 상태가 시작되면 다시 되돌리기 매우 어렵다는 게 드러났지. 끔찍한 사담 후세인은 끌어내렸지만, 그 자리에는 대신 혼돈 상태가 들어왔어. 그리고 혼란한 상황에서 정부를 대표하는 진보적 체제를 세우는 데 착수했어. 결과는 실패로 끝났지.

10여 년간의 전쟁 끝에 몇 조 달러나 되는 돈이 사라졌고, 수백 수천 명의 사람들이 죽었어. 미국은 끝내 철수하고 말았지. 얼마 지나지 않아 급진파가 나라의 주도권을 잡고, 끔찍하고 잔인한 법을 선포했어. 집단 학살에 착수했지. 이제 이라크의 상황은 후세인 시절보다 더 나빠졌고, 미국의 보호를 받기도 힘들어졌어. 우리는 최악의 적들에게 멍석을 깔아 주고 만 거야.

그러니 그 뒤에는 마키아벨리나 셔먼, 알렉산드로스와 같은 인물이 들어가야 해, 바이올렛. 단기적인 고통뿐 아니라 장기적인 선도 바라봐야지.

군주는 국민을 단합하고 충성하도록 만들 때, 잔인하다는 혹평에 신경 쓰지 말아야 한다. 몇몇 사례에서 알 수 있듯이 자비를 너무 베풀고 무질서를 용인해 살인이나 강도가 일어나게 하는 것보다, 소수만 처형해 기강을 바로 잡는 군주가 더 자비로울 수 있기 때문이다.

| 질서부터 바로잡아야 한다

질서를 바로잡는 사람이 그 어떤 이보다 위험한 지위에 놓여 있어.

새로운 질서를 도입하는 행위가 어렵고 위험하며, 성공할지 여부도 불확실하다는 사실을 명심해야 한다. 혁신을 일으키는 사람들의 적은 기존 환경에서 잘 살던 사람들이며, 새로운 질서 아래 잘 살게 될 사람들도 미온적인 옹호자가 될 터이기 때문이다.

이런 사람은 중립이 될 수 없어. 강력한 위치에 서서 맞서 싸워야지. 사람들에게 간청할 수도 없어. 가장 강력한 세력을 건드리지 않을 만큼 신중하기만 하다면, 적을 만드는 데 두려워해서는 안 돼. 사람들은 언제나 변화에 대항하지. 하지만 열심히 노력하고 성공을 몇 번 거두기만 하면, 네 적을 극복할 수 있을 뿐만 아니라 그들을 이길 수도 있어.

그리고 네가 두려움의 대상이 될지 사랑을 받을지 둘 중 하나만 고를 수 있다면, 두려움의 대상이 되는 게 나아. 그러면서도 마키아벨리는 지도자란 무릇 경멸의 대상이 되어서는 안 된다고 누누이 강조했어.

사람들에게 네가 재수 없는 인간이라고 알려져도 괜찮아. 다만 사람들의 미움을 받아서는 안 되지. 그 순간 두개골 사이에 총알이 관통하거나 정육점에 매달린 고기처럼 광장에 걸리는 결과를 낳을 테니. 아무 이유 없이, 아니면 가학주의자라서 잔혹하게 구는 건 금물이야. 그 대신 질서를 세우는 데 모든 촉각을 기울여야 한다.

그래서 마키아벨리는 정의가 수단을 정당화한다고 말했냐고? 아니, 그는 목적이 수단을 이따금 정당화한다고 했지. 하지만 어디까지나 목적에 따라 달라진단다.

아빠는 크리스틴이 떠올랐어. 그리고 내 인생, 내가 한때 혼란에 빠져 살았던 그 시절도. 그 시절을 네게 이야기하는 게 유쾌하지는 않아, 바이올렛. 그리고 내가 한때 그랬던 것처럼 네가 실패의 시기를 겪지 않길 바란다. 네가 사람들에게 잔인하게 대할 일이 결코 없었으면 좋겠어.

하지만 아빠와 같은 상황이 생긴다면, 그리고 너를 혼돈으로 이끄는 상황이 생긴다면 말이다, 조심하렴, 바이올렛. 네 의지와 상관없이 너를 빠르게 구렁텅이로 끌고 갈 수 있어. 크리스틴을 변하게 할 수 없었다는 걸 나는 이제야 알게 되었어.

크리스틴은 골치 아픈 아이일 뿐이었어. 혼란 그 자체였지. 나는 크리스틴을 피할 수밖에 없었고, 그렇게 모두를 외면할 수밖에 없었어. 내 인생을 바꿔야 했고 질서도 재정비해야 했기 때문이야.

아빠가 이렇게 마음먹었을 때, 스스로에게 정직하고 냉정하게 평가를 해야 한다는 걸 뜻했고 혹독한 결정을 해야 한다는 걸 뜻했지. 즉 직장과 집을 떠나 새로 시작해야 한다는 뜻이었어. 친구라고 여겼던 사람들도 떠나야 했지. 그동안의 삶을 등진다는 위험 부담을 스스로 떠안았어.

아빠는 개인적 생활에 경계선을 치고, 개인적인 감정을 막론하고 사람들이 그 경계선에 들어오지 못하도록 했어. 옛 친구들이 제발 도와달라며 내게 연락했지. 나는 그들을 버리고 떠났어. 그리고 스스로 다시 미끄러지려던 찰나, 빠르고 혹독하게 행동에 옮겨 다시는 그런 일이 일어나지 않도록 단속했어.

그리고 그렇게 마음을 겨우 다 잡은 후에야 아빠는 네 엄마를 만날 준비가 되었지. 내 인생을 밝게 해 주는 네 엄마, 너 그리고 네 동생은 내가 단련하고 인생을 재정비하지 않았다면 볼 수 없었을 거야.

그러니 인생에 크나큰 혼란을 만난다면, 바이올렛, 그리고 처음에 어떻게 해야 할지 모르겠다면—갈피를 못 잡아 절망하고 두렵다면—질서부터 제대로 잡으렴. 나머지는 자연스럽게 흘러갈 거야.

Chapter 15

공부의 목적은 미덕에 둘 것

미셸 에켐 드 몽테뉴, 《수상록》 〈어린이의 교육에 대하여〉

몇 년에 한 번씩 정장을 입은 남자가 백악관에 입성해. 그는 미국의 망가진 교육 시스템을 고칠 수 있다며 자신감을 내비치지.

부시 대통령에게 문제는 '교사의 학생 성적 책임'과 '기대치가 낮은 사람들에 대한 다소 편협한 시선'이었어. 우리는 모든 사람에 걸쳐 균일한 시험 성적이 필요했지. 공립학교의 성적이 일정 수준에 미치지 못하면, 문을 완전히 닫아 버리고 사립학교로 대체되어야 했어. 사립 분야에서는 뭐든 더 잘할 수 있었으니까.

'아동 낙오 방지법'이 참패로 끝난 후, 버락 오바마가 대통령으로 당선되었어. 그의 팀은 '기준'과 '장려책'이 문제라고 단언했지. 다수의 분과가 '공통 교과 과정' 기준을 만들었고, 교육안을 따르는 사람들을 위해 장려금을 만들었어. 모두에게 같은 종류의 기술을 일관되게 가르친다면, 그들에게 장려도 적절히 쓰일 것이고, 그러면 모두들 시계 태엽장치처럼 일할 거야. STEM, 즉 과학, 기술, 공학, 수학을 중점에 둔 교육이 시급했어.

공통 교과 과정은 아동 낙오 방지법만큼이나 실패작이라는 사실이 드러났어. 아빠는 또 다른 정부가 또 다른 거창한 정책을 들고 와 또 다른 두음문자(STEM과 같이 단어의 머리글자만 모은 줄임말)를 내세워 돈을 어마어마하게 쓰고, 교사들의 신경을 박박 긁고, 학생들을 실패의 도가니로 밀어 넣을 거라 확신해.

| 아이들을 교육하는 가장 좋은 방법

몽테뉴는 우리가 아이들에게 가르쳐야 할 가장 중요한 사항이 '덕목'이라고 생각했어. 임신한 여성이 몽테뉴를 찾아와 아이를 교육하는 가장 좋은 방법에 대해 알려 달라고 물었지. 요청을 받은 몽테뉴는 정중히, 자신이 고전을 얼마나 사랑하는지 떠올리며 입을 열었단다.

저는 책을 알차게 제 것으로 만든 적이 없습니다. 그나마 플루타르코스나 세네카의 책만 좀 읽었다고 할까요. 다나이데스('다나오스의 딸들'이라는 뜻으로 깨진 항아리에 물을 영원히 채우는 벌을 받음)처럼 끊임없이 배움을 채워 넣습니다.

그는 이 작가들에게 겸손함을 표하는 모습 그 이상을 하지. 극히 우월한 작가들의 재능과 작품에 대해 잘 알려 줘.

저 위대한 작가들에 비해 제가 얼마나 약하고 보잘 것 없는지 그리고 얼마나 둔하고 단순한지 알게 됩니다. … 비록 갈 길이 멀지만 그들과 같은 길을 걷고 있다는 사실에 "아, 정말 그렇구나"라고 말할 수 있습니다. 동시에 남들에게는 그런 영광이 없지만, 그들과 저 사이에 커다란 차이가 있다는 걸 꿰뚫게 되어 매우 만족스럽습니다. 그럼에도 불구하고 제가 만들어 낸 작품을, 비록 천하고 구차하기 그지없으나 스스로 발견한 결함이 있더라도 고치지 않고 그대로 내놓습니다.

그렇다면 그는 왜 계속 글을 쓰는 걸까? 자신이 존경하는 사람들과 필적하지 못하리라는 걸 알면서도?

저는 제가 얼마나 대담한지 잘 알고 있습니다. 언제 어디서나 독자들을 속여 보고 싶은 당돌한 희망이 없는 것도 아니지만, 내 글을 다른 데서 표절해 온 글과 대등하게 만들려고 하며 그들과 나란히 가려는 수작이 얼마나 건방진 짓인가를 알고 있습니다. 그러나 이건 내 착상과 문장력의 덕보다는 내가 적용하는 글의 덕입니다.

몽테뉴는 지혜와 자기 이해를 추구하는 힘을 믿었어. 그는 교육이야말로 문명사회의 가장 중요한 기능 중 하나라고 보았지. 우리는 자주 초라하게 실패하지만 말이야.

우리가 하는 첫 번째 실수는 아이들이 개별적으로 하기에는 적합하지 않을 일을 시킨다는 거야. 우리는 아이들에게 권위에 복종하고 믿으라고 지나치게 가르치지. 그중 최악은 자신들이 배운 걸 활용해 응용하고 생각하도록 가르치지 않고, 배운 그대로 써먹으라고 가르친다는 거야.

음식을 삼킨 그대로 토해 낸다면 소화가 제대로 되지 않았다는 증거입니다. 이것저것 섞어 만들라고 한 걸 소화시키지 않고 그대로 둔다면 위장은 그 기능을 제대로 하지 않은 것입니다.

우리는 아이들에게 회의적인 시각을 가지고 권위에 질문하라고 가르쳐야 해. 아이들에게 의심하라고 가르쳐야 하지. 그래야 미지의 지식과 새로운 사고방식을 개발할 수 있어. 몽테뉴는 교육을 꿀벌의 일에 비유했단다. 꿀벌이 꽃가루와 넥타를 모으고 나서 꿀이라는 그들만의 독자적인 물질로 조합한 것과 비슷하니까.

외워서 아는 건 아는 게 아닙니다. 그저 누군가 우리의 기억 속에 맡겨 놓은 걸 보관하는 것에 지나지 않지요.

아이들은 겸손함의 가치를 배워야 해. 그러니 잘 모르는 것에 대해 말하는 것보다는 가만히 있는 편이 더 나을 때가 있지. 말할 때는 짧고 간결하게 할 줄 알아야 해. 온갖 미사여구로 꾸며 대지 말고. 그리고 아이들이 실수를 받아들이도록 배우는 것도 중요하단다.

그가 자신의 주장에서 오류를 발견할 수 있다고 인정하는 건, 그가 스스로 알게 될 수도 있지만 진실하게 판단한 결과라는 걸 알게 해 줘야 합니다. 그가 추구해야 할 근본적인 사항이기도 합니다. 고집과 언쟁은 대체로 상스러운 영혼에서 나오게 마련입니다. 자신의 논리를 고치고 바로잡는 것, 논쟁이 절정에 달할 때 부당한 주장을 저버리는 행위는 드물지만 위대하고 철학적인 자질입니다.

아이들은 겉보기에 대단하다고 해서 현혹당하거나 계급 권력에 휘둘리지 않도록 배워야 한다. 역사는 꼭 배워야 하지. 특히 지난날 활약을 펼친 영웅들에 대해서 말이야. 아이들은 어떻게 행동해야 좋을지 배울 뿐만 아니라, 살면서 반드시 필요한 가치관을 얻게 된단다.

우리에게 내전이 일어나 혼란을 겪는 모습을 보고, 기계가 곧 해체된다고, 심판의 날이 다가왔다며, 비명 지르지 않는 이는 누구입니까? 아무 생각 없이, 세상의 반대편에 있는 수많은 사람은 그 수많은 최악의 상황을 보면서 즐거워하는 걸까요?

| 더 좋은 사람이 되어라

9·11테러가 일어났을 때 세상이 끝나는 줄 알았다. 미국인들은 일본이 진주만을 폭격했을 때나 1929년 주식 시장이 붕괴되었을 때와 같은 감정을 느꼈을 거야. 연합군이 섬터 요새를 공격했을 때, 영국이 독립전쟁에서 승리할 것 같았을 때 느낌일지도. 몽골군이 자신이 살던 도시로 접근할 때, 흑사병이 덮쳤을 때, 로마 제국의 절반이 무너졌을 때 사람들은 무슨 생각을 했을지 상상이 가지 않는구나. 그때마다 이제 끝장났다고 생각했겠지.

아무튼 세상은 여전히 돌아가고 있어. 상황이 아무리 나쁘다 하더라도 세상에 종말이 오리라는 걱정은 하지 마라. 나쁜 일은 항상 일어나게 마련이야. 장담하건대 더 악화되고 있어.

몽테뉴는 아이들이 많은 걸 배움으로써 자신들이 원하는 걸 배웠으면 하고 바랐단다. 자신들이 어떤 재능을 타고났는지, 그리고 어떤 직업이 적성에 맞는지 등 말이야. 자신의 의지와 상관없는 직업에 내몰리면 안 돼. 스스로 원하는 삶을 개척할 줄 알아야지. 그렇지만 어디까지나 그런 결정을 내릴 수 있는 필요조건이 충족된 다음이란다.

아는 게 무엇이고 모르는 게 무엇인가. 배움의 목적은 무엇이고 어떻게 공부해야 하는가. 용맹, 절제, 정의란 무엇인가. 야망과 탐욕, 노예와 신하, 허가와 자유의 차이는 무엇인가. 어떤 수단으로 사람은 진실하고 공고한 만족감을 알 수 있는가. 죽음과 고통, 수치를 어느 정도까지 이해할 수 있는가.

자신의 내면을 먼저 들여다보자. 내 자신을 파악하는 것. 스스로에게 정직해지기. 최선을 다해 더 나은 사람이 되도록 노력하면서도, 나의 강점과 부족한 점이 무엇인지 겸허히 받아들이기.

그 어떤 것에도 겁부터 내지 마. 뭔가 관심이 생기면 잘 살펴보렴. 지금도 그렇지만, 몽테뉴가 살던 시절에는 철학은 왠지 부담스럽고 재미없다는 인식이 팽배했어. 꼭 그렇게 생각할 필요는 없는데 말이야. 마냥 심각하게 받아들이기보다, 유쾌하게 받아들이는 게 좋아.

꾸준한 쾌활함이야말로 지혜가 가장 잘 드러나는 표시입니다. 그 상태는 저 달나라 위를 명랑하고 평화롭게 걷는 것과 같습니다.

고통을 참다가 더 불행해지지 말거라. 성공할 때도 있고, 실패할 때도 있는 법이야. 그리고 이런 말 하기는 싫지만, 대부분의 경우 네가 그 문제에 대해 변명할 기회는 많지 않아. 그러니 삶에 어려움이 닥치더라도 경험일 뿐이라며 받아들이고 즐기는 게 어떨까?

쾌락에 지나치게 빠지지 않길 바란다. 쾌락은 삶의 일부분이야, 그러니 무시하면 안 되지. 하지만 너무 빠져들면 쾌락 그 자체가 목적이 되어 버려 결국에는 불행해질 거야.

신들은 여신 미네르바의 궁전으로 가는 길보다 비너스의 침실로 가는 길을 더 힘들게 만들어 놓았습니다.

'미덕'은 살면서 꼭 배워야 하는 중요한 덕목이야. 아리스토텔레스가 알렉산드로스 대왕에게 가르쳤던 것과 같지. 아리스토텔레스는 알렉산드로스에게 사실이나 수치 등을 가르치지 않았어. 신중함, 정의, 용기와 같은 '선한 계율'을 가르쳤지. 알렉산드로스는 자신이 배운 덕목을 이용해 세상을 정복했단다.

미덕을 네 공부의 목적으로 삼으렴, 바이올렛. 너의 재능을 마음껏 펼치고, 더 좋은 사람이 되어라. 그밖에 모든 건 참고사항일 뿐이란다.

Chapter 16.
네 결점부터 들여다봐야 한다

미셸 에켐 드 몽테뉴, 《수상록》〈식인종에 대하여〉

너는 이라크 전쟁과 아프가니스탄 전쟁이 일어났던 시기 사이에 태어났어. 오늘날에는 거의 화젯거리에 오르지 않지만, 미국이 위 분쟁에 한창 대비하고 있을 때 우리는 이번 건이 빠르게 수습될 것이고 비용도 많이 들지 않으며 손쉬울 거라고 들었지. 그리고 그렇게 믿었어. 우리의 무장 병력은 이 '낙후된' 나라에 '충격과 공포'를 심어 넣을 터였어. 이라크에 관해서라면, 국방장관이었던 도널드 럼스펠드는 유럽 연합군에 이렇게 이야기했다지.

"6일, 아니 6주가 걸릴 수도 있소. 6개월까지는 가지 않을 거요."

전쟁 비용은 "대략 500억에서 600억 달러" 정도 들 거라고 했어. 이중 어떤 예측도 근사치조차 가지 않았다고 판명되었어. 하지만 아빠가 보기에 사람들은 자신이 말한 바를 믿게끔 만드는 것 같아.

우리의 정책 입안자들께서는 우리가 일단 중동에 '이상적인 민주주의'를 심어 놓기만 하면, 무슬림 세계 전역에서 민주주의 물결이 일어나리라고 진짜로 믿었거든. 그렇게 되면 그 지역은 안전하고 합리적인 국가로 변모해 미국에게 충성하고 감사할 거라며.

민주주의 물결은 실제 그 지역을 휩쓸었어. 그리고 미국이 심어 놓거나 묵인한 독재자들은, 길거리에 매달리거나 총살당하고 이리저리 끌려 다녔지. 하지만 이 지역 국가들의 국민들은 미국에 적대적이고 호전적인 신정 체제를 '민주적으로' 선택했어. 신기하게도 미국이 개입했다는 사실을 수십 년이 지나도 잊지 않았지.

우리의 침략이 낳은 유산은 이 지역을 명백하게도, 미국에 더욱 적대적으로 만들고 말았지. 엄청나게 돈을 까먹고 10년이 넘는 대실패를 겪으면서 말이야. 우리는 또한 적의 손에 놀아났어. 알 카에다가 9월 11일 세계무역센터를 공격했을 때, 그들의 목적은 미국에 미끼를 놓는 거였지. 중앙 아시아에 어마어마하게 돈을 쏟아붓고 정치적으로는 자살 행위나 다름없는 전쟁에 뛰어들도록 말이야.

아빠가 개인적으로 생각한 게 아니야. 오사마 빈 라덴의 의도가 실제로 그랬지. 그는 미국이 아프가니스탄을 공격하길 바랐어. 그리고 우리가 이라크에 했던 것처럼 다른 무슬림 국가를 침공하면 완전히 열광하겠다고 했지. 그는 심지어 자신의 전략을 숨기지도 않았어. 2004년 알자지라 방송을 통해 전 세계에 메시지를 보냈지.

우리가 해야 할 일은 두 명의 이슬람 전사를 가장 먼 동쪽에 보내 '알 카에다'라고 쓰인 깃발을 올리는 것이다. 그 목적은 우리의 용사들을 그곳에 보내 그들의 사기업에 이득을 주는 게 아닌, 미국에 인적 고통을 주고 경제적·정치적 손실을 입히는 것이다.

물론 아빠는 오사마 빈 라덴의 팬은 아니야. 그렇다고는 해도, 그의 예측이 미국의 정치적 엘리트보다 훨씬 더 정확하다는 게 증명되었지.
아주 최소한이라도, 왜 우리는 적들이 뭐라고 말하는지 조금도 귀 기울여 듣지 않았을까?

| 야만인은 뛰어나다던데

'야만인'이라는 말은 그리스인이 만들어 낸 용어야. 처음에는 언어를 구분하는 데서 왔지. 그리스인들은 그리스어를 구사하지 못하는 사람들을 가리켜 몽땅 '바바'라고 불렀어. 그들이 말할 때 "바 바 바" 하는 것처럼 들렸다는 데에서 유래하지. 그리스인들은 그리스어를 할 줄 모르는 세상 전체를 무식한 야만인이라며 도매금으로 취급했어. 여기에는 젊은 국가였던 로마도 포함되었지. 〈식인종에 대하여〉는 그리스의 피로스 왕의 말로 시작해. 그는 로마에 맞서기 위해 이탈리아로 원정을 나갔지.

모르겠다, 이자들은 어떤 종류의 야만인인지. 이들도 야만인일지 모르지. 그러나 군대가 배열해 있는 모습을 보니 야만인하고는 거리가 멀어 보인다.

로마는 그리스로부터 수백 년 동안이나 무시를 겪고 나서야 자신의 거대 제국 안으로 통합시켰어.

언젠가 역사 시간에, 5세기경 흉포한 야만인 무리가 이탈리아의 국경으로 흘러 들어와 로마를 '약탈'했다고 배울 거야. 그림에 묘사된 그들의 모습은 곰 가죽을 두르고, 뿔 달린 투구를 썼으며, 곤봉과 거대한 도끼를 휘두르고, 무자비하게 폭력을 가하며, 여자의 머리채를 잡고 이리저리 끌고 다니는 더러운 야만인이지.

하지만 로마를 약탈했던 사람들은 로마의 기준에서 봐도 '미개하지' 않았어. 그들은 더럽지도, 무식하지도 않았지. 교육을 잘 받은 일반적인 사람들로, 로마 군사보다 한 수 앞서 싸워 이겼지. 또한 그들에게는 그럴 수밖에 없었던 이유가 많았어. 더구나 무자비한 괴물도 아니었지.

정확하게 말해서, 로마는 제국의 경계 안으로 들어와 살도록 그들을 초대했어. 4세기에서 5세기쯤, 로마는 국경을 방어해 줄 군사력이 필요했거든. 로마는 언젠가는 없애 버릴 용병을 만들어 보조금도 지급했어. 5세기에 로마를 약탈했던 사람들 대다수는 가족이 있었는데, 그들은 몇 세대에 걸쳐 로마 제국 내부에서 살았지.

로마를 약탈했던 군사들은 사실 로마 제국 내에서 살던 사람들로 이뤄졌어. 그들은 하찮은 존재로 취급받고 불만이 많았던 사람들로, 수 세기에 걸친 쇠락과 부패, 권력 남용 등으로 점철되어 도덕적으로 무너진 제국을 공격했지.

그래도 몽테뉴가 지적했듯이, 로마는 결코 만만한 상대가 아니었어.

로마가 몰락한 이후, 유럽의 차세대 강국들은 몽테뉴가 살던 때에 최전성기를 맞이했어. 바로 '대항해시대'가 도래한 거지. 유럽의 열강들은 새로운 세상을 '발견'하고 무자비하게 식민지로 만드느라 분주했어. 15세기 후반 몇 번이고 항해를 반복한 끝에, 대서양의 모든 열강이 신세계의 사업에 뛰어들었어. 그리고 거기서 이해할 수 없는 사람들과 맞닥뜨렸지. 바로 아메리카 원주민이야.

몽테뉴는 아메리카 원주민에게 그 어떤 열등한 점도 찾아볼 수 없다고 생각했어. 오히려 다방면에서 유럽인들보다 뛰어났다고 믿었지.

나는 이 나라에서 그 어떤 야만적이거나 미개한 점을 찾아볼 수 없다. 내가 사람들에게서 들은 정보를 모아보건데, 자기네 관습과 다른 것에 야만적이라고 하는 것만 빼면 말이다.

몽테뉴는 그들이 유럽 사람들보다 인성도 더 좋을 것 같다고 주장했어. 그러면서 플라톤의 《법률》을 예로 들어 자신이 내놓은 근거를 합리화했지.

플라톤이 말하길, 모든 건 자연이나 운, 기교에 의해 만들어진다고 했다. 가장 위대하고 아름다운 건 자연이나 운으로 만들어지며, 가장 나쁘고 불완전한 건 기교에 의해 만들어진다.

그는 또한 아메리카 원주민들의 사회를 플라톤이 묘사한 '이상' 국가, 즉 리쿠르고스가 세운 고대 스파르타와 비교하기도 해.

리쿠르고스와 플라톤이 그들(아메리카 원주민)을 모른다니 참 애석하다. 내가 이해한 바로는 우리가 그들 나라에서 보는 건 시인들이 황금시대를 찬양하는 일이나, 행복한 사람들을 꾸며 내 상상하는 것뿐만 아니라 철학이 열망하고 바라는 환상이기 때문이다.

그들의 소박함은 너무나 순수해서, 우리가 그들의 소박함을 상상할 수도 없거니와 인간 사회가 인간적인 조작 없이 유지될 수 있으리라고 상상해 보지 못했다. (…) 플라톤은 자기가 상상한 국가가 완벽한지 못한지 알게 될까. (…) 신으로부터 막 나온 사람들, 이들이 자연이 가르쳐 준 방식이었다.

몽테뉴는 아메리카 원주민들의 용감하고 관대하며, 진실하고 근면한 특성이 나타나는 예시를 많이 보여 줘. 그는 원주민들이 얼마나 강인한지 설명하고, 그들 중 늙거나 약한 자가 얼마나 적은지도 알려 준단다.

그들은 음식도 많이 먹고, 해가 뜨면 일어나고, 해가 지고 난 다음 잠에 들지. 언제나 즐거워하고 자신들이 믿는 신을 숭배해. 여가 시간에는 춤을 추며 보내고 나무뿌리에서 채취한 무알코올 음료로 호사를 누린단다. 그들은 낯선 이들에게도 관대하고 후하게 대접한다고 해. 지나칠 정도로 충실하고 용감하다지.

그들이 지니고 있는 윤리적 의식은 다음과 같은 두 가지로 귀결된다. 전쟁에 대한 결연한 의지, 아내에 대한 사랑.

| 야만인에게도 결점은 있어

몽테뉴는 아메리칸 원주민을 장밋빛 시각으로만 보지는 않았어. 그들에게도 결점은 있다고 생각했지. 원주민들이 유럽인보다 열등하다는 말을 믿지 않았을 뿐이야.

예를 들어 아내들은 남편들에게 다른 여자와 동침하도록 권장한대. 그렇다고 해서 그들 사이에 다툼이 일어나지는 않는 것 같아. 그렇기는 해도 이런 식으로 '자는' 행위는 유럽에서 극히 드물지. 유럽인들이 그 부분에 대해 위선적으로 굴기는 하지만 말이야.

몽테뉴는 또한 원주민들이 아주 폭력적이라는 점을 지적했어. 전쟁 포로들을 서슴지 않고 죽였지. 하지만 적군을 감금하고 고문하는 유럽의 관습이 더 나을지는 의문이라고 했어. 또 영양 보충을 위해 어떻게 죽은 자를 먹는지도 설명했지. 하지만 서구에서도 과거에 이런 일이 왕왕 일어났어. 게다가 서양의 의사들은 시체를 모독하는 온갖 짓을 저지르는걸.

나는 원주민들의 이런 행동이 흉측하고 야만적인 행위라고 지적하는 걸 애석하게 생각하고 싶지는 않다. 오히려 그들의 결점은 분명하게 잘 보면서 우리의 결점을 보지 못함이 애석할 따름이다.

적에게 살해당하는 대상으로서, 그는 포로로 잡힌 원주민 군이 기꺼이 죽음을 받아들이는 모습에 주목했어. 일종의 저항 행동으로 봤지. 그들은 적에게 굴복하지 않아, 목숨을 내놓을 뿐이지.

그는 살해당했지만 정복되지는 않았다.

원주민들은 유럽인들과 그들의 행동 방식에 대해 뭐라고 말해야 했을까?
몽테뉴는 원주민의 시각에서 이야기를 꺼내.

그들은 처음에 매우 이상하다고 생각했다. 턱수염을 기르고 힘이 세
며 무장한 사람들이 왕을 둘러싸고 있었는데, 어린아이에게 복종하고
있었다 했다. 그리고 그들 중에서 우두머리를 뽑지 않는 게 이상하다고
했다.

두 번째로는 (…) 우리들 중 어떤 이들은 온갖 좋은 물품을 다 차지하고
있었던 반면, 문을 두드리며 먹을 걸 구걸하는 비쩍 마르고 굶주린 빈자
들도 있었다는 것이다. 그리고 이런 빈자들은 크나큰 불평등과 불의를
어떻게 견뎌 낼 수 있는지, 다른 이들의 멱살을 잡거나 집에 불을 놓지
않는지 의아하다고 했다.

아이구.

Chapter 17.
불안, 걱정, 고통에 대처하는 자세

미셸 에캠 드 몽테뉴, 《수상록》〈선악은 우리의 의견에 좌우된다〉

네가 태어나고 2년 동안 아빠는 직업을 세 번이나 바꿨어. 네 두 번째 생일 직후에 또 직업을 바꿨지. 무슨 이유에선가 네가 태어났을 때 나는 일에서 가장 걱정의 시기를 겪고 있었단다.

네가 태어나기 10년도 더 전에 아빠의 직업은 안정적이었어. 일에서 언제나 승승장구했지. 이런 불확실성은 내게 너무나 낯설어서 어떻게 하면 좋을지 갈피를 잡을 수 없었어.

잠이 들고 나서도 오늘 해고될지도 모른다는 생각에 새벽부터 눈이 떠지곤 했단다.

일을 하러 가던 기관 중 하나는 심각한 재정 위기를 겪어 있었고, 기관의 지불 상환 능력을 유지하기 위해 고군분투해야 했어. 재정 위기를 내가 만든 건 아니지만, 도무지 해결할 길이 보이지 않았지. 하지만 나는 그 일을 책임져야 했고, 주기적으로 자리를 위협받았어.

처음에 아빠는 나 때문이라고 믿었단다. 내가 뭔가 잘못을 했으니 대가를 치르는 것이겠지. 내 잘못이야. 그리고 그게 사실이라면 내가 문제를 해결할 수 있어.

더 열심히 일하고, 돈도 더 많이 벌고, 정치적인 문제도 잘 헤쳐 나가면 돼. 시카고에 있을 때 상사가 해 주던 말이 생각났어. 내가 틀을 만들어 나가야 한다. 그래서 최선을 다해 일을 했지.

하지만 그렇게 노력해서 성공했다 해도, 문제는 해결되지 않았어. 그리고 수많은 자기 성찰과 끊임없는 자기반성 후에, 이 모든 건 결국 나와 그다지 관계가 없다는 걸 깨달았지. 그냥 내가 통제할 수 없는 영역이 있었던 거야.

그렇다고 해서 걱정이 가시지는 않았어. 무엇보다도, 내가 그 상황을 통제하지 못한다면—시간이 맞지 않다거나, 성격이 맞지 않다거나, 운이 좋지 않다거나—나는 뭘 할 수 있지? 내가 돈을 얼마나 많이 버는지, 내가 몇 시간이나 일을 하는지, 내가 어떤 정치적 연대를 맺는지는 별로 중요하지 않잖아. 결국 나는 그 어떤 것에도 손을 대지 못해.

아빠는 숨이 막힐 것만 같았어. 몹시 지치고 희망도 보이지 않았지. 직장생활이 도무지 나아질 것 같지 않았단다. 남은 인생 내내 해고될지 모른다는 불안감에 시달리며 살게 될 거야. 너무나 두려워 속이 아팠어. 잠도 잘 수 없었고 밥도 제대로 먹을 수 없었지.

네 엄마와는 사소한 문제로 다투기도 했어. 나는 온갖 걱정을 집에 가져와서 내 인생을 코너로 몰았단다.

나는 어떻게 하면 좋았을까?

| 피할 수 없으면 즐겨라

고대 그리스의 격언에 나와 있는 바와 같이 사람들은 사물 자체가 아니라 사물에 대한 의견 때문에 고뇌한다. 우리는 죽음, 가난, 고통이야말로 우리의 근본적인 적이라 여긴다.

〈선악은 우리의 의견에 좌우된다〉는 위와 같이 시작해. 소크라테스는 죽음이 자신에게 일어날 수 있는 최선이지 않을까 생각했지. 몽테뉴는 소크라테스의 말을 메아리처럼 받는단다.

이 죽음을, 어떤 자들은 모든 끔찍한 일 중에서도 으뜸이라고 생각하지만, 다른 이들은 인생의 폭풍 속에서 유일한 안식처가 되어 주며 자연의 최고선이라고 부른다는 걸 모르는가? 자유를 누릴 수 있는 유일한 곳, 모든 악을 즉각적으로 치료해 주는 걸로 알지 않는가?

많은 사람에게 삶은 죽음보다 끔찍해. 그리고 신앙과 미덕, 자신감을 통해 사람들이 죽음을 행복하게 받아들이는 예가 무수히 많아.

남녀노소를 막론하고 가장 행복한 시기에도 죽음을 의연하게 맞이한 자, 자진해서 죽음을 찾아다닌 자, 힘든 삶에서 도피하기 위해서뿐만 아니라 삶에 지쳐 죽음을 선택한 자, 어딘가 다른 곳에서 더 나은 삶의 조건을 만나리라는 희망에 죽기를 바란 자 등 나열하자면 셀 수 없다.

'고통', 몽테뉴는 고통이야말로 죽음과 가난을 두렵게 만드는 요인이라 지적하지. 고통은 두 현상의 증상이야. 우리는 죽을 때 일어나는 신체적 고통과 추위 및 배고픔, 창피 등으로 발현되는 가난의 고통을 두려워하지. 하지만 거리낌 없이 고통을 참아 내는 사람들도 많아.

의사와 하나님조차 출산의 고통은 어마어마하다고 말한다. 여성들이 그토록 극심한 고통을 참아 내는 거라고. 그런데도 그런 고통을 아무것도 아닌 걸로 여기는 나라들이 있다.

여기에 신앙이라는 이름으로 어마어마한 고통을 견뎌 낸 순교자들도 있지. 물론, 일반적인 믿음도 마찬가지야. 게다가 고통스러운 삶이야말로 우리가 열망해야 할 삶일지도 몰라.

성 금요일이 될 때마다 여기저기에서 수많은 남자와 여자가 살이 벌어지고 뼈가 보이도록 마구 때리고 채찍질하지 않는가? (…) 사람은 더 큰 노동과 고통을 감당하는 걸 최우선으로 갈망해야 한다.

모든 형태의 고통은 우리의 삶에 빠져서는 안 될 근본적 특성이야. 그리고 고통 없는 삶은 있을 수 없어. 오래 살면 그만큼 신체적·감정적·재정적 고통도 많이 느끼겠지. 그건 중요하지 않아. 중요한 건 고통을 어떻게 느끼는가란다. 다칠까 봐 무섭다면, 그 정도 고통을 감내할 일은 아무것도 하지 않겠지. 고통 없이 무슨 훌륭한 일을 완수할 수 있겠어?

여기서 몽테뉴가 말하고자 하는 결론이 나온단다. 무척이나 놀라운 반전이지. 몽테뉴는 돈에 대한 논의로 결론을 내. 몽테뉴의 에세이에서 죽음에 직면할 때 우리에게 주는 교훈에 대해 나올 거라 생각했어. 하지만 돈에 관해 좀 더 심도 있는 논의가 나왔지.

| 돈 걱정으로 삶이 흔들릴 때

몽테뉴는 세 가지 다른 단계를 살아왔다고 해.

첫 번째 단계에서 그는 젊었고 돈이 없었지. 돈을 받으면 그냥 써 버렸어. 그는 빚을 엄청나게 지고 말았지. 그에 대해 별로 걱정은 하지 않았어.

두 번째 단계의 인생에서 몽테뉴는 돈을 벌기 시작했단다. 이윽고 그의 수중에 돈이 많다는 걸 알게 되었어. 하지만 뭔가 달라졌지. 그는 돈을 잃을까 봐 두려워졌어. 돈에 집착해 구두쇠가 되고 말았지.

그는 어쩌다 자신의 돈이 없어져 버릴까 봐 근심했어. 사고가 일어나거나 천재지변이 일어나면 어떡하지? 그리고 더 이상 돈을 벌지 못하면 어떻게 해야 하나?

내게 이런저런 사건이 닥치면 어떻게 해야 하나?

돈이 그를 세속적으로 변모하게 했지.

나는 그걸 비밀로 해 뒀다. 내 스스로 대담하게 말을 할 줄 알면서도, 돈에 대해서라면 입도 뻥긋 하지 않고 거짓말을 했다. 다른 사람들이 그 랬듯이 돈이 많으면 가난한 척하고, 가난하면 부유한 척하며, 가진 걸 결코 보여 주지 않으며 마음의 가책을 덜었다.

실로 우스꽝스럽고 수치스럽기 짝이 없는 조심성이 아니겠는가, 여 행을 갈까? 내 수중에는 항상 돈이 충분치 않았다. 그리고 돈이 더 많을 수록 두려움도 그만큼 커졌다. 노상강도를 만날까 봐, 혹은 짐꾼들이 영 믿음직스럽지 않아서. (…)

내 마음은 그런 일에만 쏠렸다. 생각해 보니, 돈을 버는 것보다 지키는 게 더 힘들었다. (…) 내가 가진 걸로 이득을 본 적은 거의 없었다. 그리고 더 많은 돈을 쓸 수 있었는데도 내 걱정을 덜어 주지는 못했다.

정말로 필요하다면 목구멍이 포도청이 된 후에야 건드릴 수 있다. (…) 사람들은 아직도 돈을 쌓아 놓으려만 하고, 점점 그 양을 불려서 결국엔 자기 재산을 적재적소에 제대로 쓰며 즐기지도 못하게 된다. 전부 저장 만 해 놓고 한 푼도 쓰지 않으려고 한다.

아빠가 젊었을 때는 돈이 한 푼도 없었단다. 돈이 생길 거라는 생각은 하 지 않았지. 극장에는 돈이 없었고, 문학계는 더더욱 심했어. 작가로 성공한 다 해도, 장기적 재정 안정을 보장해 주지 않는다는 걸 잘 알고 있었었지.

아주 소수의 작가들만이 경제적으로도 성공하는데, 나는 수천수만의 작가 들을 돕는 기관에서 일을 했기 때문에 그게 얼마나 희박한 일인지 잘 알고 있었단다. 그리고 그건 직업의식이나 재능, 기술과는 관련이 없었어. 위대하고 성실한 작가 대다수가 가난하게 살다 죽었으니까.

경제적 성공은 대부분 운이 잘 따른 경우였지. 제목이 기가 막히다거나, 방향성이 맞았을 때, 문화적 상황과 맞아 떨어졌을 때, 출판사와 홍보 기회를 잘 만났을 때 등.

그래서 나는 돈에 대해 별 걱정을 하지 않았어. 인생에서 가장 마음 편한 시기를 보냈지. 허름한 집에 산다 해도, 낡은 옷을 입었다 해도, 별 상관 하지 않았어. 싸구려 음식을 먹어도 개의치 않았지. 솔직히 말해 내 인생에서 가장 행복한 때 중 하나였단다.

그러다 무슨 일이 일어났어. 어쩌다 보니 직업을 갖게 된 거지. 아빠는 돈을 벌기 시작했어. 대단한 돈은 아니었지만, 분명히 필요 이상을 벌었어. 그리고 돈은 점점 불어났지. 저축을 하고 연금 펀드에도 가입했어. 집도 사고 투자도 시작했지.

걱정이 시작된 건 그때부터야. 몽테뉴가 이야기했던 바와 정확히 일치하지. 더 많이 벌수록 더 많이 저축했고, 돈을 다 잃을까 봐 걱정은 점점 늘어만 갔어. 뭔가 좋은 걸 사거나 여행을 가고 싶다는 생각이 들 때마다, 가격 때문에 걱정부터 들더라. 상여금을 받을 때마다 은행에 넣어 두면서, 해고되거나 사고가 생기면 어쩌나 두려움에 떨었지. 즐기며 살았던 그때로 돌아갈까 봐 두려워했어. 그래서 매일매일 비참했지. 그래서 몽테뉴의 세 번째 단계에 관심이 생겼어.

나는 최고의 수입을 올리며 살고 있다. 한때는 수입이 딱 맞고 때로는 초과할지 모르지만, 그 차이는 미미하다. 나는 입에 풀칠이나 하고 산다. 현재 필요한 것만 충족하면 만족한다. 비상시를 대비하려면 세상 모든 걸 다 가져와도 부족할 것이다. 그리고 운으로 그 자체를 대항할 수 있는 무기를 주리라고 상상하는 건 어리석다. 우리 자신만의 무기로 맞서 싸워야 한다.

마키아벨리는 근면한 사람이란 무릇 비운에 대비한다고 일갈했지. 마을이 홍수에 대비해 댐을 짓고 추가 세금을 부과하는 것처럼 말이야. 그 말도 일리가 있어. 그리고 대비를 해 두면 좋지. 하지만 천재지변이나 최악의 시나리오에 과몰입한다면, 그만큼 시간 낭비도 없어. 너를 구렁텅이에 빠뜨릴 최악의 순간에 대비할 방법은 없단다. 그저 최선을 다해 대처할 수 있는 방법을 찾으면 돼. 너는 잘 넘길 거야. 재밌을 수도 있어.

아빠는 공포의 단계에 살았단다. 돈을 잃을까 봐 두려워한 게 아니라, 돈을 잃을지 모른다는 생각으로 공포에 짓눌려 살았지. 나는 직장에서 해고될까 봐, 수입이 없어질까 봐 무서워했어. 네 엄마가 안정적인 직장을 다니고 있었고, 최소 2년 정도는 편히 살 정도로 예금도 있었는데 말이지.

이게 내 능력 밖이라고 결론지어 버린 건 아닐까? 만약 그렇다면, 내가 왜 두려워해야 하지? 내가 무엇 때문에 공포에 떠는 걸까? 공포는 실상보다 더 많이 아빠를 괴롭혔어. 그러니 몽테뉴 에세이의 결론이기도 한 다음 문구는 내게 큰 반항을 일으켰단다.

죽을 용기도 살고자 하는 의욕도 없는 사람을, 저항하려는 의지도 달아나려는 의지도 없는 사람을 두고 우리는 무엇을 할 수 있단 말인가?

Chapter 18.
역사를 대할 땐 열린 마음이 필요해

미셸 에켐 드 몽테뉴, 《수상록》 〈우리의 능력으로 진위를 가리는 건 어리석다〉

아빠가 어렸을 땐 현대 인류와 네안데르탈인은 공존하지 않았다는 게 기정사실로 널리 알려져 있었어. 인간의 진화는 침팬지에서 호모 에렉투스(직립하는 인간), 호모 하빌리스(능력을 갖춘 인간), 네안데르탈인, 그리고 호모 사피엔스에 이르기까지 일렬로 쭉 이뤄졌다면서 말이야.

모든 원인은 각각의 단계에서 우점종으로서 새로운 종이 우위를 점하기 전까지 전성기를 누리며 살았지. 아빠는 네안데르탈인이 유인원보다 크게 나은 점이 없는 야만인이라고 배웠어. 하지만 현대 인류가 네안데르탈인과 공존했을 뿐만 아니라 그들과 교배까지 했다는 게 밝혀졌어.

네안데르탈인과 현대 인류는 수천수만 년 동안 함께 살았으며, 만 2천 년여 전 인도네시아에 살았던 '호빗'이라는 독특한 종과도 함께 살았다는 걸 알게 되었어. 게다가 네안데르탈인은 바보가 아니었어. 우리의 뇌보다 용량도 더 컸지. 그들은 도구도 썼고, 언어로 소통했어. 예술 작품도 만들었고, 복잡한 사회도 구성했지.

이게 일반적인 통념이야, 바이올렛. 미래는 과거만큼 신비롭지 않아. 우리가 의사소통 능력을 갖추고 이성적으로 생각하도록 진화했다는 이점에도 불구하고, 우리의 과거에 대해 아는 게 별로 없다고 생각하면 참 신기해. 우리는 20분 전에 일어난 일도 겨우 이해해. 그러니 5천 년 전은 고사하고 5만 년 전은 전혀 알 수가 없지.

그래도 인류는 고대 조상들의 기억을 희미하게나마 지니고 있어. 입에서 입으로 전해 내려온 덕분이지. 우리는 여전히 고대 신화가 말도 안 된다고 가르쳐. 자연 현상을 설명하고자 무식한 사람들이 고안해 낸 거라며.

하지만 고대에서부터 내려온 많은 전설은 자연 현상과 별반 관계가 없어. 전쟁이나 고통, 자연 재해 그리고 비통이라는 감정에 관한 인간의 이야기가 주로 전해져 내려왔지. 트로이 전쟁 같은 대다수의 고대 전설이 한때 꾸며 낸 이야기라고 믿어 왔지만, 이제 고고학적 증거가 속속 나오고 있지.

고대인들의 정신은 우리와 달라. 과거에 인류는 지적으로 무척 뛰어났는데 현대에서 상상력을 펼치는 원동력이 되었단다. 예를 들어 고대에서 어떤 사람들은 천 쪽에 달하는 시를 달달 외워서 낭송할 줄 알았어. 토씨 하나 틀리지 않고 문자 그대로 말이야.

그게 어떻게 가능하지? 그리스인들은 시를 쓸 때 복잡한 연상 기법을 고안했어. 반복하거나, 운율 및 각운으로 기억력을 훈련하는 방식이었지. 이런 기법은 소리를 예쁘게 내는 데 그치지 않았고, 낭송도 그다지 쓸모없는 기술이 아니었어.

이게 바로 인쇄술이 도입되기 전까지 이야기가 세대를 거슬러 전해져 내려오던 방식이란다. 자신이 태어나기 전에 무슨 일이 일어났는지 기억하는 방법이었어. 사람들은 먼 과거의 이야기를 듣기 위해 한 자리에 모였지. 시인 한 명이 대서사시를 읊으며 등장인물마다 다른 소리와 흉내를 내. 이런 방법으로 과거가 보존되었지.

| 신화를 신화로만 치부할 순 없어

그리스인들은 '원시적'이지도, 역사적 중요성을 망각하지도 않았어. 그래서 시를 만들어 낸 거야. 독립전쟁이나 남북전쟁, 제1차 세계대전, 제2차 세계대전, 혹은 지금으로부터 5~60여 년 전에 일어났던 사건들에 대해 아무것도 모른 채 미국에서 태어났다고 쳐 봐. 어떻게 사회가 제대로 작동할 수 있겠니? 어떻게 사회가 정체성을 가지고 앞으로 나아갈 수 있을까?

이런 시들은 다음 세대로 전해져 내려와 온전한 형태로 유지되었지. 그 다음 세대에 더 솜씨 좋은 시인들이 조금씩 바꿨을지도 모르지만, 근본적인 진실만큼은 머나먼 과거에서부터 계속 보존해 왔단다. 호메로스의 대서사시《일리아드》와《오디세이》가 이런 방식으로 전해져 내려왔지.

우리는 호메로스라는 사람이 진짜 있었는지, 호메로스가 대대로 내려온 구전시인을 모두 뭉뚱그려 가리키는 말인지 알 수 없어. 헤로도토스는 호메로스가 기원전 9세기에 살았을 거라 봤어. 그러나《일리아드》가 출간된 시기는 그보다 300년 앞섰을 때야.

우리는 그런 시들이 기원전 9세기부터 명백히 시대착오적인 요소를 담고 있다는 사실을 알고 있어. 그리고 트로이 전쟁이 기원전 12세기에 호메로스가 주장한 사건의 발생지에서 실제로 일어났고 호메로스가 묘사한 장면이 실제로도 조금이나마 남아 있기 때문에, 구전으로 내려오는 전통이 진짜 고대인 '선사시대'에 일어난 실제 사건을 보존하는 게 가능하다는 걸 인정해야 해.

그래, 시에는 신도 있고 괴물도 있고 여러 가지가 있지. 하지만 실제 전쟁과 실존 인물, 그리고 실제 장소에서 일어났던 사건도 있단다.

서로 다른 사람들의 고대 전설에는 자연적 현상을 설명하기 위한 초자연적인 이야기로 치부하기에는 너무나 많은 우연이 있단다. 가장 확실한 예라면 홍수 신화를 들 수 있지. 열두 개가 넘는 고대 전설에서 나타나. 이 이야기의 무대 속 시민들은 서로 통상을 한 적이 없는데도 말이야.

그리스의 홍수 신화는 성경의 창세기에 나오는 내용과 놀라울 정도로 유사해. 또 창세기 이야기는 길가메시의 수메르 홍수와 아주 비슷한 면이 있지. 물론 다른 점도 있어. 하지만 신이 인간의 사악함을 벌하고자 신성한 홍수를 내렸고 모든 인류가 몰살했다, 신의 계시를 받은 단 한 사람만 빼고. 그는 커다란 배에 타서 살아남았다는 중심 구성은 모두 한결같이 비슷해.

다른 국가에서 전해져 내려오는 대다수 고대 구전 서사시는 과거 시대의 사람들에 대해 이야기해. 그들은 '거인'이라는 특성이 있지. 머나먼 황금시대에 인간은 자연과 조화를 이루며 살았어. 그리고 불가능할 정도로 장수하는 사람들이 흔했지.

아주 오래된 고대 그리스의 신화 중에서 신화적 영웅 테세우스가 주인공으로 나오는 이야기가 있는데, 그가 라피타이(그리스인 이전에 살던 부족) 그리고 켄타우로스와 전쟁을 벌인 장면을 그리고 있어. 로마의 시인이었던 오비디우스가 간직하고 있던 이야기는 훨씬 더 오래전 자료에서 가져온 건데, '켄타우로스'가 우리가 오늘날 상상하는 반인반마의 모습은 아니었던 걸로 보여. 그보다는 투박하고 거칠며 거대한 인류에 가까웠지.

라피타이족은 전쟁 중에 이 생명체를 죽이고 나머지를 저 멀리 북쪽으로 내쫓아 버려. 이 전설이 생긴 시기는 정확히 알 수 없지만, 서구 문명의 서막을 알리는 시기가 아닐까 해. 수천 년을 넘나들었던 '텔레폰 게임'(전화로 말을 전하는 과정에서 진위가 왜곡되는 현상)처럼, 이 이야기도 호모 사피엔스와 네안데르탈인의 충돌이 뒤죽박죽으로 기억되어 만들어진 이야기는 아닐까?

우리는 고대 신화를 가리켜 '무식한 미신'이라고 비웃기도 해. 미래의 가능성을 두고 코웃음만 칠 때도 있지. 안 돼, 우리는 성간 여행 따위는 절대 할 수 없어, 혹자는 이렇게 말해. 기술적 장벽이 너무 엄청나다고 말이야.

| 우리의 상상력에는 한계가 있어

아빠는 네가 열여덟 살이 되었을 때 이 책을 읽길 바라는 마음에서 썼다. 내가 그 나이 때는 휴대폰을 가지고 있는 사람이 없었어, 이메일 주소는 물론이고. 2세대 휴대폰은 아빠가 대학교를 졸업할 무렵에 나왔는데 마치 1960년대 텔레비전에 나온 〈스타트렉〉의 통신기기처럼 생겼었단다. 작고 까만색에, 접혔다 펴지기도 했지.

그리고 너는? 너는 언제 어디든 갈 수 있는 시대에 살게 될 거야. 그리고 이미 기록된 역사를 통해 즉시 모든 정보를 하나하나 다 볼 수 있겠지.

뭐든 불가능하다고 말하는 사람들은 하나 같이 상상력이 부족해. 거의 500년 전에, 〈우리의 능력으로 진위를 가리는 건 어리석다〉 편에서 몽테뉴 역시 정확히 같은 점을 지적했어.

우리가 보기에 사실일 것 같지 않다고 해서 그 모든 게 거짓이라고 무시하고 비난하는 건 어리석은 추측이다. (…) 우리의 이성이 이해할 수 없는 걸 괴물이나 기적이라고 이름 붙인다면, 우리 눈앞에 얼마나 많은 일이 지속적으로 나타나는 것인가?

16세기에 어땠을지 상상해 봐. 완전히 새로운 세상이 모습을 드러냈지. 유일하게 비교 대상이 되는 발견이라면 우리가 태양계 너머 지적 생명체를 발견하고 그들과 직접 접촉할 때가 될 거야. 우리의 종교적·과학적 추정을 없애 버리면 되지 않을까?

16세기, 아메리카 대륙 '발견' 뒤에 실제로 그런 일이 있었어. 이곳에 완전히 알 수 없는 방식으로 사회를 구성하던 인종이 있었던 거야. 그들은 다른 신을 믿었고, 관습이나 정치 체제도 달랐어. 그곳에 살던 동물들도 달랐고, 먹는 음식도 달랐지. 그들은 유럽인의 시선에 매우 신기하고도 호화로운 사치품을 즐겼어. 그게 바로 담배, 커피, 초콜릿이었지.

남아메리카에는 금도 아주 많아서 전 세계적으로 금의 가치가 뚝 떨어졌어. 여기에 살던 사람들은 예수 그리스도의 축복을 받지 않고도 오랫동안 잘 살고 있었지. 그리고 어떤 주제든 열린 마음으로 토론에 임했어.

플루타르코스나 플리니우스와 같이 덕망 있는 저자들이 쓴 고대의 기록도 포함돼. 그들이 쓴 전쟁 소식은 즉시 수천 킬로미터나 퍼져 나갔지. 한편 몽테뉴는 이게 어떻게 가능한지에 대해 논하지 않아. 그보다도 저자들 자체가 그가 제쳐 놓고 무시할 수 없는 인물이며 덕이라고 생각하지.

지금 살고 있는 사람 중에 뻔뻔하게도 미덕과 독실함, 학식, 판단력, 또는 그 어떤 완벽한 성향이 그들과 대적할 만하다고 생각하지 않는가?

우리의 상상력에는 한계가 있어. 우리가 생각하고 아는 건 결국 우리가 경험한 한도 내에서만 가능하니까.

강물을 한 번도 본 적 없는 사람이 처음으로 강을 봤을 때 그는 그게 바다라고 생각했다. (…) 우리가 이해하지 못하는 걸 경멸하는 건 매우 어리석은 당돌함일뿐더러, 더 큰 위험과 결과를 초래할 수 있다.

플라톤이 《티마이오스》와 《크리티아스》에서 언급한 아틀란티스가 생각나더구나. 신기하고도 매력적인 이야기이지. 플라톤이 말하길, 아틀란티스라는 고도로 발달된 문명 세계가 세상을 지배하고 있었대. 아틀란티스는 전체 대륙과 맞먹을 만큼 거대했다더구나. 아틀란티스는 '헤라클레스의 기둥' 너머 북대서양에 있었대. 그러니까 아프리카의 서쪽, 지브롤터 해협 바깥쪽에 있었던 거야.

플라톤은 고대로부터 전해져 내려온 '세상 반대편의 대륙'에 대해 자세히 설명해. 그리고 대재앙으로 대서양을 항해할 수 없게 되기 전까지, 고대의 선원들이 자주 아틀란티스에 갔다더구나.

이집트 고위 사제의 말에 따르면 아틀란티스는 만 2천 년 전 대지진이 일어나 바닷속으로 가라앉으며 사라져 버렸대. 아틀란티스는 아테네에 주둔하고 있던 고대 유럽 문명인들의 공격을 받았어. 너무 오래전 존재했던 문명이라 아테네인들조차 그 존재를 기억하지 못했대.

| 역사일까, 동화일까

소크라테스는 이 모든 걸 그리스의 철학자였던 솔론에게서 배웠다고 해. 그는 사이스(나일 삼각주의 고대 도시)의 비밀스러운 고위 사제를 만나러 이집트에 자주 갔는데, 솔론이 과거에 대한 지식을 들려주며 이집트의 사제들에게 깊은 인상을 주려고 노력했다고 해. 그리스의 홍수 신화에서부터 거슬러 올라가 그가 기억해 낼 수 있을 만큼 오래된 그리스 역사를 들려줬지.

이집트의 사제들은 솔론을 조롱하며 그의 무식함을 비웃었지. 그러며 태양의 신 헬리오스의 인간 아들이었던 파에톤이 태양으로 가는 마차를 몰았던 이야기를 들려준단다. 오비디우스가 쓴 《메타모르포세이스》〈제2권〉에 이 신화가 실려 있는데, 태양은 아주 정확한 궤도로 도는 걸로 묘사되지. 파에톤이 마차를 마음대로 조종할 수 없게 되자 태양이 땅에 떨어져 버리고, 그 때문에 엄청난 재앙이 일어나 "대도시와 성벽을 무너뜨리고, 모든 나라와 국민들을 파괴해 버렸다"고 해.

재앙 뒤에는 칠흑 같은 어둠이 지속되었고, 그동안 이 세상에 남은 모든 것들은 "동굴 저 깊숙한 곳으로 끌려갔다"고 한단다.

지금 파에톤의 이야기를 읽는다면, 소행성 충돌처럼 실제의 천문학적 사건을 아주 정확하게 묘사했다는 걸 부인하기 어려울 거야. 소행성이 지구에 충돌했을 때 실제로 일어날 법한 사건이 일어나지. 즉 광범위한 지역에 이르는 파괴, 예고 없이 찾아오는 화산 대폭발, 환경 대변동, 그리고 화산재에서 나오는 암흑기 등 말이야.

하지만 그런 일은 일어날 수 없어. 우리가 그런 사건에 대한 기억을 가지고 있을 리가 없잖아? 놀랍게도 이집트 사제들은 그런 일이 먼 과거에 반복적으로 일어났다고 주장해.

오, 솔론, 솔론이시여, 당신네 헬레네스(그리스인)인들은 어린애에 지나지 않는구려. 당신들 중에 어른은 없어. 솔론은 그게 무슨 말인지 물었다. 그가 대답하길, 제 말은 정신이 참 젊다는 거요. 고대의 전통을 통해 대대로 내려온 낡은 의견도 없고, 나이를 먹어 시들한 과학도 없지.

그 이유를 말해 드리리다. 수많은 원인으로 많은 인간이 죽었다오. 앞으로도 그럴 것이고, 불과 물이 근원이 되어 매우 심각한 피해를 몰고 왔고, 정도가 덜하기는 해도 다른 원인이 불러온 재난이 셀 수 없다오.

여기에 따른 이야기가 있는데, 당신네들도 알고 있을 것이오. 옛날, 헬리오스의 아들 파에톤이 아버지의 마차를 타고 말의 고삐를 쥐었다오. 그는 아버지가 가던 대로 마차를 제대로 몰 수 없었기에, 마차는 하늘 위로 날아오른 즉시 불타 버렸고 그 자신도 번개에 맞아 죽고 말았지요.

이제 이 이야기는 신화로 남았지만, 이는 땅을 둘러싸고 하늘 위에서 움직이는 실체의 몰락을 의미하고 땅 위에서 큰 불이 오랜 간격을 두고 주기적으로 일어난다는 걸 뜻한다오. 그런 시대에는 산악 지대나 아주 높고 건조한 지역에서 사는 사람들이 해변이나 강가에 사는 사람보다 죽을 확률이 더 높았지요.

이 재앙 속에서도 우리의 영원히 변치 않는 구원의 샘, 나일 강은 우리를 구해 준다오. 반대로 신이 땅에 물 폭탄을 쏟아붓는다면, 당신네 나라에서 살아남는 자들은 산에 사는 목동들이겠지요.

하지만 당신처럼 도시에 사는 사람들은 강물에 휩쓸려 바다로 떠내려갈 것이오. 반면 이 땅에서는 물이 아래에서 위로 올라오는 경향이 있어서 들판 위에서는 내려오지 않는다오. 이곳에서 보존하고 있는 전통이 가장 오래되어서이지요.

사실, 살이 에일 정도로 추운 겨울 또는 태양 빛이 작열하는 여름을 막지 못하는 곳에서 인류는 때로는 더 많이, 때로는 더 적게 존재한다오. 그리고 당신네 나라나 우리나라에서 어떤 일이 일어나든, 우리가 알고 있는 나라에서 고귀하거나 위대하고 놀라운 행동을 했더라면, 이 모든 게 기록되어 우리의 사원에 보관될 테지요.

당신과 다른 나라들이 문명화된 삶에 필요한 물자나 문자를 가지게 되었을 때, 평소와 같은 소강기 이후 하늘에서 물이 전염병처럼 흘러 내려와 땅에 부어 버리면, 당신들 중에 문자를 읽을 줄 모르거나 교육받지 못한 사람들만 남게 된다오. 그러니 당신들 모두는 다시 어린아이의 단계에서 새로 시작하는 거지. 그래서 아주 옛날 우리 혹은 당신들 중 하나에 무슨 일이 생겼는지 모르는 거라오.

당신이 우리에게 들려준 당신네들의 계보에 대해서라면 말이오, 솔론, 어린아이들의 이야기에 다름없소. 애초에 당신은 단 한 번의 홍수만 기억하지만, 그 이전에도 홍수는 많이 일어났다오.

당신들의 땅에서 한때 가장 온당하고 고귀한 민족이 살았다는 사실을 당신은 알지 못하오. 그리고 당신과 당신의 온 도시가 거기에서 살아남은 작은 씨앗의 후손이라는 사실도 말이오. 당신은 그 사실을 알 수가 없지. 그 재앙에서 살아남은 이들은 아무런 기록도 남기지 않고 세상을 떠났으니까.

2천 7백 년 전에 태어난 솔론은 수천 년을 거슬러 올라가 이야기를 해. 하지만 이집트인들은 미동도 하지 않지. 그들은 솔론에게 그가 그리스의 태초에 일어났다고 생각하는 대홍수가 실은 아주 오랫동안 주기적으로 일어났던 재앙 중에서도 가장 최근에 일어난 일일 뿐이라고 알려 주지. 실제로 인간의 세상은 훨씬, 그보다 훨씬 더 오래되었어.

전문가들은 이 말이 사실이 아니라고 말할 수도 있지. 불가능하다고 말할지 몰라. 동화에 나오는 이야기라며 말이야. 7천 년 전에 그렇게 앞선 문명은 존재할 수 없다고 말할 거야. 학자들은 아틀란티스가 우화일 뿐이라고 말하겠지. 플라톤이 철학적 의미를 증명하기 위해 꾸며 낸 이야기라고. 똑똑한 사람들의 말이 옳을 수도 있어. 하지만 그들의 말이 정확하게 맞는 것도 아니야, 바이올렛. 안 되면 되게 하라. 열린 마음을 가지도록 하렴.

Chapter 19

의미 없는 삶도 소중히 여기길

윌리엄 셰익스피어, 《햄릿》

　그래, 보라고, 네가 나를 얼마나 가치 없는 물건으로 여기는지! 자네는 나를 연주하고 싶겠지. 내 숨구멍이 어딨는지 잘 아는 것 같네. 자네는 수수께끼의 핵심을 빼내려고 해.

《햄릿》, 3막 2장

　아빠가 스물두 살이었을 때, 극작가가 되겠다는 원대한 꿈을 품고 할리우드로 이사를 했지. 이사를 가기 전, 딱히 바깥 활동을 즐겨 하지 않았던 네 할아버지는 아빠를 데리고 그랜드 캐니언으로 일주일간 래프팅 여행을 떠나셨단다. 일주일 동안 우리는 그랜드 캐니언 바닥의 따뜻한 모래에 누워 반짝이는 별을 보며 잠 들었어.

　우리의 래프팅 가이드는 다부지게 생긴 외모에 턱수염을 기른 마이크라는 사람이었어. 마이크는 옆구리에 뱀 문신을 하고 있었지. 그는 막 40대 중반에 접어들었는데, 낡아 빠진 야구모자 사이로 잿빛으로 샌 머리카락이 삐

죽이 나와 있었어.

그랜드 캐니언을 관통하는 콜로라도 쪽 물살은 그렇게 위험하지는 않았지만, 군데군데 위험한 구간이 있었단다. 마이크와 그의 팀은 힘든 일을 도맡아 했어. 요리와 청소는 물론이고, 우리가 버린 쓰레기도 끌고 갔지. 우리들 나머지는 노를 저었지만, 가이드가 하라는 대로 따라한 것뿐이야.

우리가 캠프를 꾸리고 난 저녁, 마이크가 바위 위를 올라가는 모습이 눈에 들어왔어. 그는 다음 날 아침, 우리를 맞이할 험한 강줄기를 보기 위해 올라가던 중이었지. 나도 보려고 옆에서 같이 올라갔어. 아래는 마치 죽음의 소용돌이처럼 보이더구나. 강물이 급강하하고, 수온이 4도 이상 올라가 본 적이 없는 물은 바위에 무섭도록 마구 부딪혔어. 우리가 여행길에 올랐던 강줄기 중에서도 압도적으로 가장 위험했지.

그날 저녁, 할아버지와 나는 맥주를 마시며 담배를 피웠어. 우리는 할아버지의 일이나 가족, 정치에 대해 이야기를 나눴지. 그냥 수다나 떠는 자리였어. 그러다가 그는 누군가 죽는 순간, 그 존재도 그대로 끝이 난다고 믿는다 했지. 할아버지가 말했어.

"내가 볼 땐 스위치의 전원을 끄는 것과 똑같다고 생각한다. 그대로 끝."

우리는 속도전을 성공리에 마쳤어. 배가 미드 호에 다다르자, 가이드들은 우리를 버스에 우겨 넣고 라스베이거스로 냅다 달렸지. 그랜드 캐니언에서 일주일 넘게 있다 보니, 라스베이거스는 피라미드와 에펠 탑, 엠파이어스테이트 빌딩 복제품과 더해져 난잡하고 얼토당토않게 보이더라.

| 모든 게 우스워 보이는 순간

어디에 가던 빛 공해에 야한 쇼가 펼쳐지고, 기름진 음식으로 가득 찬 무료 뷔페가 넘쳐 났지. 그곳에 있던 모든 게 다 작위적이고 역겨워 보였어. 그 모두가 탐욕으로 점철된 사막 한가운데의 거대한 금자탑이었어. 그 다음 주가 되면 이 모든 걸 다 박살내 버리고 더 크고 멋진 기념물을 세우겠지. 쉘리의 〈오지만디어스〉라는 시가 절로 떠오르더구나.

고대의 나라에서 온 한 여행자를 만났지.
그가 말하길, 두 개의 몸통 없는 돌다리가 사막에 서 있었다고 (…)
근처에는, 모래 위에 산산이 부서진 얼굴이 반쯤 묻혀 있었지.
찡그린 얼굴을 하고, 주름진 입술에, 차갑게 코웃음 치며,
명령을 내리는 모습이었다네.
조각가의 열정이 그대로 읽히는 모습이었지.
그 열정은 여전히 이 생명 없는 물체에 고스란히 찍혀 살아남았다네.
그들을 비웃었던 손과 받침대에는 이런 말이 쓰여 있지.
'내 이름은 오지만디어스, 왕 중의 왕
내 업적을 보라, 이 강력한 자들아, 그리고 절망하라!'
옆에는 남은 게 아무것도 없었지.
그 쇠락한 잔해의 둘레에는 가여운 텅 빈 난파선이 혼자 있을 뿐,
그리고 평평한 모래가 저 멀리까지 뻗어 있네.

그날 나는 호텔에서 잠을 이룰 수 없었어. 그랜드 캐니언에서 일주일을 보내고 나서 에어컨이 돌아가는 소리를 듣고 있자니 기분이 너무 이상했지. 그래서 전원을 꺼 버렸어. 너무 춥고, 너무 깨끗해서.

한밤중에 담배나 한 대 피우려고 밖으로 나갔어. 라스베이거스의 호텔이니까 승강기 바로 옆에서도 담배를 피울 수 있어서, 그 앞에 있던 벤치에 앉았지.

옆에는 갑옷을 입은 기사가 서 있었어. 승강기 문이 열릴 때마다 술에 취한 젊은이들이 휘청거리며 나오기도 하고, 나이 지긋한 부부가 중후한 분위기를 풍기며 나오기도 했지. 그 순간, 왠지 모든 게 다 우스워 보이더라.

할아버지가 내게 하셨던 말이 계속 신경 쓰였어. 삶은 의미 없지 않다고 믿도록 반박하고 싶었지. 하지만 그 순간에도 나는 할아버지 말이 옳다고 생각했어.

우리가 죽으면 우리를 기다리는 건 아무것도 없다고 믿었지. 그리고 죽음이 진정 무엇인지 알아야 하는 사람이 있다면, 그건 내 아버지가 아닐까? 내 아버지, 그러니까 네 할아버지는 의사이자 의학계에 몸담고 있는 분 그리고 과학적 인간이었으니까. 죽음을 가장 먼저 보는 사람이야.

그는 예수회에서 교육을 받았고 가톨릭 집안에서 자랐어. 내가 듣고 자랐던 모든 이야기를 똑같이 들으셨지. 나를 데리고 교회에 가기까지 하셨다니까. 그는 이 모든 게 다 의미 없다는 걸 알면서도 왜 그러셨을까? 내가 했던 것과 똑같이 믿었다는 사실이 왜 그렇게 신경 쓰였을까?

| 《햄릿》은 지리멸렬한 복수극일 뿐일까

　윌리엄 셰익스피어 버전의 《햄릿》은 1603년 혹은 그보다 1, 2년 더 이른 해에 공연되었다고 알려져 있어. 그리고 1597년, 윌리엄 셰익스피어의 외아들이었던 햄닛이 림프절 페스트로 열한 살의 나이에 세상을 떠났다는 사실도 잘 알려져 있지. 아빠는 이게 우연이 아니라고 생각한다.

　공연이 제작되던 동안, 《햄릿》은 그저 또 다른 복수극일 뿐이었어. 당시에는 줄거리가 비슷한 연극들이 많았는데, 대체로 주인공이 복수할 길을 찾지만 결국 복수심 때문에 파멸의 길을 걷게 된다는 내용이었지.

　그런 줄거리는 엘리자베스 여왕 시대에 그다지 새로운 것도 아니었어. 이미 2천 년 가까이 비슷한 연극이 무대에 올려졌는걸. 고대 그리스극부터 말이야. 예를 들어 아이스킬로스의 《오레스테이아》는 《햄릿》과 여러 면에서 매우 유사해. 다른 연극도 마찬가지이고, 줄거리는 다음과 같단다.

　햄릿 왕자는 외국에서 공부를 하다 고향으로 돌아와. 아버지였던 왕이 갑자기 세상을 떠났기 때문이지. 돌아왔더니 햄릿은 어머니인 거트루드가 햄릿의 삼촌인 클로디어스와 재빨리 재혼한 사실을 알게 되지. 햄릿은 절망에 빠졌고 아버지 생각으로 비통에 잠겼어. 그는 어머니가 빠르게 재혼한 걸 두고 분노해. 클로디어스의 품성이 저급하다고 여기며 싫어했거든.

　어느 날, 햄릿의 벗 호레이쇼는 그와 초소의 병사들이 왕의 유령을 목격했다고 보고해. 유령이 밤에 돌아다니고 있다면서. 유령은 햄릿에게만 그의 죽음이 우연이 아니라고 말하지. 클로디어스가 자신을 독살했다는 거야. 왕의 유령은 아들에게 자신을 살해한 클로디어스에게 복수해 줄 걸 명령하지. 햄릿은 그렇게 하겠다고 약속해.

하지만 햄릿은 바로 실행에 옮기지 않고 시간을 끌어. 그는 바로 클로디어스를 죽이지 않았지. 그 유령이 정말로 자신의 아버지인지, 악마가 자신을 속이기 위해 온 건지 확실히 알 수 없다고 판단했기 때문이야.

그는 유령의 이야기가 맞는지 알아보기 위해 교묘하게 책략을 꾸몄지. 정신이 나간 척한 다음, 오래된 전설을 밑바탕으로 만든 연극을 올렸어. 극 중에서 왕은 조카에게 살해당하고 말아. 왕이 낮잠을 자는 사이 조카가 왕의 귀에 독을 부어 버린 거지.

클로디어스가 살해 장면을 보며 눈에 띌 정도로 부들부들 떠는 모습을 보고, 햄릿은 그의 범행을 확신하게 되지. 하지만 햄릿은 클로디어스를 죽이지 않았어. 곁에 병사 하나 두지 않고 혼자 있는 삼촌의 모습을 보자, 자신이 저지른 죄에 대해 용서를 빌고 있다고 여기게 되지.

사실, 클로디어스는 관객에게 고백하며 햄릿을 살해할 음모를 꾸미고 있었어. 햄릿은 어머니와 함께 침대에 있는 클로디어스를 잡기로 결심해. 그렇게 하면 그를 죽일 수 있는 정당한 이유를 확보할 거라고 생각했지.

그러고 나서 햄릿은 어머니를 보러 가. 어머니를 비난하며 설전을 벌이던 햄릿은 다시 한 번 유령의 목소리를 듣게 되지. 유령은 빨리 복수하지 않는다며 햄릿을 책망했어.

그 순간 커튼 뒤에서 소리가 나자, 햄릿은 클로디어스일 거라 착각하고 그를 죽이고 말아. 하지만 살해당한 인물은 여자 친구 오필리어의 아버지였던 폴로니우스였어. 왕은 햄릿을 붙잡아 머나먼 곳으로 보내 버리고, 친구 두 명에게 살해당했다고 공표하지.

고국을 떠난 것도 잠시, 햄릿은 클로디어스를 죽이겠다는 계획을 세우고 탈출 끝에 돌아와. 그때 그는 애인 오필리어가 아버지의 죽음에 비통해하다 자살했다는 사실을 알게 되지. 애인의 오빠인 레어티스는 햄릿에게 펜싱 시합을 제안하고 햄릿은 이를 받아들인단다.

클로디어스는 비밀리에 레어티스와 공모해 칼에 독극물을 묻혀. 시합 도중 레어티스가 실수인 척 햄릿을 살짝 긁기만 해도, 햄릿은 죽고 말 거야. 혹여 그런 일이 일어나지 않을 걸 대비해, 클로디어스는 독이 들어 있는 술잔을 준비하지. 햄릿이 대결하다 목이 마르면 술잔에 들어 있는 독을 벌컥벌컥 마실 테고, 그럼 목숨을 잃겠지.

레어티스는 햄릿과 대결하는 동안 어떻게든 햄릿에게 상처를 입히려고 해. 하지만 그럴 때마다 햄릿은 레어티스를 걷어차면서 응수하지. 어쩌다 보니 칼이 뒤바뀌게 되고 도리어 햄릿이 레어티스에게 상처를 내고 말아. 그러자 왕비는 햄릿이 승리한 걸 축하하기 위해 독주 잔을 들어 올리지.

왕비는 아들이 마셨어야 할 독극물을 마셔 버리고, 그제야 진실을 깨닫게 돼. 햄릿은 결국 클로디어스를 죽이고 말아. 하지만 햄릿의 비극적인 운명도 여기까지, 결국 독 때문에 목숨을 잃고 말지.

이제 무대는 시체로 어질러진 상태가 되고, 노르웨이의 포틴브라스가 이끄는 군대가 즉시 들어와 왕궁을 점령해 버리지.

이상이 《햄릿》의 줄거리란다. 하지만 이게 다가 아니야. 이건 할아버지가 그날 밤 그랜드 캐니언에서 아빠에게 고백한 이야기이기도 해.

| 사이코패스 햄릿을 응원하는 이유

《햄릿》은 그저 '흔해빠진 복수극'이 아니야. 우리 모두가 햄릿은 잘 알면서 스페인 비극은 잘 모르는 이유가 있단다. 《햄릿》만큼 논란과 비판, 대립, 사랑, 심지어 증오까지 이끌어 온 영국 문학은 그 어디에도 없어. 20세기 위대한 시인이라 칭하는 T.S. 엘리엇이 《햄릿》을 두고 그 불가해한 본질 때문에 '예술적 실패'라고 평한 사실은 두고두고 회자된단다.

《햄릿》은 그다지 새롭지 않은 평범한 연극일지도 몰라. 하지만 더 면밀히 검토할수록 더 많이 바뀌지. 어느 순간, 너도 수수께끼의 핵심을 결코 빼낼 수 없다는 걸 깨닫게 될 거야.

햄릿은 옳았을까, 아니면 틀렸을까? 그는 불가능한 일을 성공한 걸까, 아니면 아무것도 이루지 못하고 끝난 걸까? 왜 그냥 클로디어스를 죽이지 않았을까? 그는 정말 미친 걸까, 아닌 걸까? 왜 정신 나간 척을 한 걸까? 원래부터 미쳐 있던 건 아닐까? 아니면 어떤 부분에서만 미쳐 있고 다른 때는 멀쩡했던 걸까?

이런 질문들은 연극 속에서 결코 하찮지 않아. 우리는 중심인물을 응원하게 되어 있어. 최소한 그 일이 왜 발생했는지 이해하게 마련이라고. 우리는 햄릿을 지지하고, 그 사건이 왜 일어났는지도 이해하지. 하지만 우리는 결국 그 사건이 그래서 어떻게 되었다는 건지 알지 못해. 그리고 우리가 햄릿을 응원한다고 해도, 동시에 끔찍하고 용서받지 못할 범죄를 저지르는 한 남자를 바라보고 있어.

햄릿은 오필리어를 완전히 무지막지하게 대했고, 실수로 그녀의 아버지를 죽이고 말아. 그런데 그 일에 대해 후회도 하지 않지. 그래서 오필리어가 미쳐서 자살하는 것도 무리가 아니야. 하지만 자살했다는 이유로 교회에서 적법한 장례 절차를 허가해 주지 않아 빌어먹을 구원도 받지 못하게 돼. 장례식에서 햄릿은 오필리어를 잃고 괴로워하는 오빠 레어티스를 조롱해. 햄릿의 경솔한 행동 때문에 졸지에 온 가족을 다 잃었는데도 말이야.

마지막에서 악은 벌을 받았냐고? 모르겠어. '선'이 승리했을까? 아니라고? 맞아? 모든 것의 중심에 있던 햄릿은 소설 속 완벽한 인물의 전형이지만, 결점도 많고 잔인하며 제정신이 아닌 사이코패스일 가능성도 높아.

그런데 우리는 왜 그를 응원하는 걸까? 어느 시점에서, 아마도 최악의 상황에서, 우리들 모두는 햄릿이었던 적이 있기 때문이지. 우리 모두는 비밀이든 아니든, 햄릿이 그토록 자신을 소모시키고 괴롭혔던 질문을 즐겼어.

이 모든 게 다 의미가 없다면?

| 살아야 할 이유를 모른다는 것

《햄릿》에서 아주 유명한 두 장면이 있어. 두 장면 모두 이 질문을 다루지. 햄릿이 알렉산드로스나 카이사르와 같은 위대한 인물의 업적을 어떤 시선으로 보는지 생각해 봐. 덴마크에서 돌아온 햄릿은 친구 호레이쇼와 함께 묘지에 있었어. 그때 궁정 광대로 일했던 요릭이라는 남자의 해골을 우연히 보게 돼. 그는 해골을 집어 들고 존재감 없던 요릭의 삶을 반추하지.

햄릿 아, 불쌍한 요릭. 나는 그를 잘 안 다네, 호레이쇼. 그의 재담은 끝이 없고, 상상력이 아주 뛰어났지. 자기 등에 나를 수없이 업어 줬는데, 지금은 그걸 생각하니 얼마나 몸서리쳐지는지. 아주 속이 뒤틀리는군. 여기 이 입술에 내가 얼마나 자주 입을 맞췄는지 몰라.

좌중을 배꼽 빠지도록 웃게 만들던 그대의 그 까불던 모습, 그 익살, 그 노래, 그 기막힌 유쾌함은 어디로 갔는가? 그대의 씩 웃는 얼굴을 이제 아무도 조롱하지 않는단 말인가? 이렇게 아래턱을 축 늘어뜨리고… 제발, 호레이쇼, 하나만 말해 주게.

호레이쇼 뭐 말입니까, 왕자님?

햄릿 알렉산드로스 대왕도 땅 속에서는 이 모양 이 꼴로 있겠지?

호레이쇼 그렇죠.

햄릿 그리고 냄새도 이렇고? 퉤!

호레이쇼 그렇습니다요, 왕자님.

햄릿 우리도 천한 쓰임새로 돌아갈 것을, 호레이쇼! 알렉산드로스 대왕이 고귀한 흙먼지가 되어 결국 술통 마개가 되어 버리는 걸 상상할 수도 있지 않겠나… 먼지는 흙이지, 우리는 흙을 반죽해. 그렇다면 그가 묻혔던 흙의 반죽으로 술통 구멍을 막는 용도로 쓸 수 있지 않겠나?

카이사르, 죽어서 점토가 되고 바람을 막는 구멍에 쓰일지도 모르지. 오, 이런, 온 천하를 벌벌 떨게 했던 그가 이제는 흙이 되어 벽 사이로 숭숭 들어오는 한겨울 찬바람을 막는 용도로 쓰이는구나.

우리는 평생 뭔가—돈, 권력, 사랑, 영광—를 이루려고 분투하며 살아. 그렇게 해서 우리가 전 세계를 정복한다 해도, 먼지 속에 냄새나는 시체로 끝나고 말겠지.

그렇게 무심한 우주 속에서 해야 하는 질문은, 어떻게 살아야 하는가가 아니야. 왜 살아야 하는가이지. 산다는 건 고통이란다. 왜 그냥 스스로 목숨을 끊으면 안 되는 걸까? 다음의 유명한 장면을 보며 생각해 보자.

햄릿 사느냐 죽느냐, 이것이 문제로다. 무엇이 더 고귀한 일인가. 난폭한 운명의 화살을 맞고 고통을 참는 것인가, 아니면 거친 파도처럼 밀려드는 재앙에 맞서 끝장 내는 것인가.

죽는 건, 자는 것이다. 그 이상은 아무것도 아니니. 잠들면 우리 마음의 고통과 육체에 끝임없이 따라붙는 무수한 고통이 모두 끝난다. 죽음이야말로 우리가 그토록 바라야 할 결말이다. 죽는 건, 그저 자는 것이다. 잠들면 꿈도 꾸겠지. 그게 문제야!

속세의 번뇌를 벗어나 죽음의 잠에 들 때, 우리에게 어떤 꿈이 나타날지 생각하면 다시 망설일 수밖에. 바로 이 점 때문에 불행이 평생 가는 것. 누가 이 세상의 채찍과 경멸을 참겠는가.

압제자들의 횡포와 거만한 자의 오만불손, 무시받는 사랑의 고통, 늑장 재판과 오만방자한 관료들 그리고 쓸모없는 자들의 모욕을 도대체 누가 참아 낸단 말이냐. 단검 한 자루로 이 괴로움을 깨끗하게 끝내 버릴 수 있을 텐데.

누가 이 무거운 짐을 지려 할까. 이 피곤한 삶 속에 누가 투덜대며 땀을 흘리려 할까. 그러나 죽은 뒤에 찾아올지 모를 불안, 알 수 없는 세상, 국경 너머 그 어떤 나그네도 돌아오지 못했던 터에 망설이게 되네.

우리가 알지 못하는 다른 세상으로 날아가느니 차라리 고통을 참고 견디게 만드는구나. 그리하여 양심의 가책으로 우리는 모두 겁쟁이가 되어 버리고, 본래 결심의 낯빛은 생각의 창백함으로 바래 버리며, 지극히 중대하게 차오르던 계획도 행동이란 이름을 잃고 점점 희미해진다. 가만 있자, 사랑스러운 오필리어! 요정이여, 그대의 기도 안에서 내 모든 죄를 기억해 주오.

햄릿이 살던 세상은 전적으로 타락한 세상이었어. 모두가 그를 배신했지. 친구, 연인, 참모, 왕, 어머니까지. 그는 철저하게 혼자였어. 국가, 가족, 친구, 연인과 맺었던 끈끈한 연은 모두 산산이 부서지고 말았단다.

하지만 햄릿에게 이런 역경이 찾아오지 않았다 하더라도, 의문은 여전히 남아. 그래서 어쩌라고? 내가 백만 달러를 번다고, 왕이 된다고, 연인을 만난다고 해서 어떻게 된다는 거지? 나는 죽음을 두려워하는 게 아니야. '의미의 부재'가 두려운 거지.

| 무의미한 세상에 맞서라

아빠는 목적 없는 세상이 두려워. 내가 사는 동네, 나의 연애 시절, 나의 조국 등 그 모든 허구는 결국 내 깊은 마음속 공허감을 가리기 위해, 편의상 억지로 짜 맞춘 것뿐이야.

아빠는 두려움을 감추려 부단히 노력했단다. 두려움 따위 없는 척했지. 죽음에는 뜻이 있는 양 행동했어. 신과 천국 그리고 지옥을 만들어 냈지. 하지만 죽음은 나를 기다리고 있고 다른 방향으로 생각하려고 아무리 노력해도, 저 너머에는 아무것도 없다는 공포가 밀려왔어.

스위치가 꺼지면 모든 게 암흑이 되지.

햄릿은 인간의 가장 근본적인 두려움에 대해 가장 우아한 표현을 남겼어. 우리 각각은 기계 또는 이 터무니없는 우주의 '걸작품'일 뿐이다, 우리의 삶은 물론이거니와 우리의 업적도 의미가 없다. 우리는 암도 치료할 수 있고 세상을 노예로 만들 수도 있어. 어떻게 하든 상관없지. 결국 우리는 발가벗겨져서 땅 속에 묻히고 잊힐 테니까.

우리가 《햄릿》을 볼 때, 공포를 느끼는 사람이 나 혼자만이 아니라는 걸 알게 돼. 다른 이들도 똑같이 느껴. 그리고 그리스인들이 잘 알고 있었듯이, 단순한 연극 하나가 우리를 문화와 지역을 넘어 한 인류로서 동질감을 갖게 해 주지. 잠시만이라도 두려움을 내려놓고 우리 마음을 괴롭히는 공포에 대해 진지하게 생각해 보는 거야. 그래서 우리는 무엇을 해야 하지? 햄릿은 어떻게 할까?

두려운 마음은 가득했으나, 햄릿은 포기하지 않아. 무심한 세상에 맞서 올바르고 고귀한 일에 행동을 개시하지. 그건 바로 도덕과 규율을 바로잡는 일이야. 그가 자신의 행동으로 살인자, 배신자, 암살자라는 오명을 뒤집어쓴다 해도 말이다.

그랜드 캐니언을 다녀온 지 수 년이 지나도록, 할아버지가 왜 아빠를 그곳으로 데리고 갔었는지 알지 못했어. 나는 젊었고, 명성과 부를 한창 좇을 때였으니까. 그는 내게 원대한 계획을 세우기에 앞서 그런 건 중요치 않다는 걸 보여 주고 싶었던 거야. 할아버지는 돈도 많았고, 지위도 높았으며, 주변의 신망을 받았단다. 그때도, 지금도 정말 훌륭하신 분이야. 하지만 그게 그랜드 캐니언에 무슨 의미였을까? 그게 무슨 상관이지?

그랜드 캐니언은 우리 앞에 있었고, 우리가 죽고 없어진 후에도 오랫동안 그 자리에 있을 거야. 저 빠른 물살은 우리가 죽든 살든 관심 없어. 우리가 유명해지든지 무명씨가 되든지 알 바 아니지. 그저 우리는 물길을 여행하는 자그마한 물질 중 하나일 뿐. 할아버지는 자신의 야망을 너무 심각하게 받아들이지 말라고 이야기하셨던 거였어. 하지만 그래도 밖으로 나가서 세상을 보고, 모험을 하며, 인생을 즐기기를 바라셨지.

그게 할아버지가 하신 일이야. 그는 보잘 것 없는 곳에서 자라나 전국 곳곳을 돌아다니며 학업을 이어 가셨어. 그리고 출세해서 네 할머니와 함께 대가족을 꾸리셨지. 전 세계를 여행하시면서 말이야.

그를 아는 사람이라면 누구든지 이렇게 말할 거다, 삶을 사랑하셨던 분이라고. 가족을 사랑하셨고, 여행과 스키, 정원 일, 그리고 항해하는 걸 무척 좋아하셨어. 눈을 감으시던 날, 할아버지는 사람들 사이에서 위스키 한 잔을 즐길 줄 아는 분으로 통했지.

| 그래도 삶은 아주 소중하다

아빠는 할아버지가 삶을 무의미하게 여기셨다고 생각하지 않는다. 오히려 삶이 소중하다고 믿으셨다 생각해. 셰익스피어도 그렇게 생각한 것 같아. 윌리엄 셰익스피어는 외아들이 끔찍하게 죽고 나서 무서운 악마와 씨름을 한 것 같다. 어느 시점에 그가 이렇게 물었을 것 같아.

"이 고통을 안고 어떻게 살아가나? 왜 나는 스스로 목숨을 끊지 못하는 걸까? 뭐가 중요해서?"

내 생각엔 그 시점부터 셰익스피어는 삶을 아주 사랑하기로 마음먹은 것 같아. 《햄릿》에서, 윌리엄 셰익스피어는 모든 인류를 공포에 떨게 했던 질문을 하고 대답했어. 의미가 없다면 어찌 할 것인가? 지금 놓인 삶이 전부라면? 음, 그게 사실이라 해도, 삶은 아주 소중해.

햄릿도 그렇게 느꼈을 거야. 그는 알렉산드로스 대왕과 카이사르 같은 사람을 존경했지만, 결국 평범하게 살길 원했지. 그는 대학에 진학하고, 친구들과 즐겁게 놀면서, 아름다운 여인과 사귀길 바랐어. 그러다 때가 되면 가내 사업을 일으키고자 했지.

클로디어스는 이 모든 걸 다 앗아갔어. 이제 햄릿은 그를 죽일 거야. 그 대가로 자신의 삶을 포기할 수밖에 없다는 사실을 잘 알았지. 하지만 햄릿은 그러길 원치 않았어. 그 누구도 원치 않아.

그래서 실행에 옮기길 주저하고, 삶의 무의미함에 대해 이런저런 불평을

늘어놓고, 숨이 차도록 혼잣말을 지껄이고, 운명을 피하고자 스스로를 정신
병자의 길로 몰아넣지.

결국 그는 고귀한 목적을 달성해. 햄릿은 정의와 왕국의 규율을 바로 잡
고 세상을 떠난단다. 햄릿이 쓰러지자, 그의 친구 호레이쇼는 두 팔로 그를
꼭 껴안아. 가장 친애하는 친구의 죽음을 목전에 두고 비통에 빠진 나머지,
호레이쇼는 독주 잔에 손을 뻗어 자신도 목숨을 끊으려 하지. 햄릿은 마지
막 남은 힘을 다해 호레이쇼의 손에서 잔을 밀어 버린단다.

햄릿 *사나이로서 그 잔을 내게 주게. 그냥 놔! 오, 내가 가져가야지.
오 사랑하는 호레이쇼, 이 사건의 전말이 묻히면 나는 오명을 남기고 말
걸세! 만약 자네가 나를 가슴 속에 품었다면, 행복은 잠시 동안 멀리 두
고 이 가혹한 세상에 고통스러운 숨을 쉬며 내 이야기를 들려주게.*

살아라, 우리에게 간청하고 있어. 고귀하게 살아가라, 남은 건 침묵뿐.

| 위대한 고전 한 줄 정리

니콜로 마키아벨리, 《군주론》

이탈리아의 외교관이자 정치철학자인 니콜로 마키아벨리가 저술한 16세기의 정치학 저서이다. 근대 철학, 특히 어떤 관념적 이상보다도 실질적인 진리를 이끌어 내는 게 더 중요하게 여겨지는 근대 정치 철학의 선구자라 일컬어진다. 또한 당대 지배적이었던 가톨릭과 더불어 스콜라주의와의 직접적인 갈등 속에서 정치와 윤리를 바라보는 시각에 방점을 찍었다.

미셸 에켐 드 몽테뉴, 《수상록》 〈어린이의 교육에 대하여〉, 〈식인종에 대하여〉, 〈선악은 우리의 의견에 좌우된다〉, 〈우리의 능력으로 진위를 가리는 건 어리석다〉

몽테뉴의 유일한 저서이다. 그는 35세에 영지를 상속받자 법률가에서 은퇴한 뒤 자신의 영지에서 글을 쓰기 시작한다. 그 결과물이 바로 이 책이다. 그는 에세이라는 장르를 개척했다. 짧고 형식에 얽매이지 않으며 개인적 색체를 띤 논문으로, 주제에 제한이 없었다. 이 책은 수필모음집이기 때문에 발췌해서 읽기에 적당하다. 하지만 몽테뉴를 제대로 이해하기 위해서는 처음부터 끝까지 차례대로 모두 읽어야 한다. 그는 자신을 위에서 아래, 앞에서 뒤, 오른쪽에서 왼쪽까지 철저히 묘사하겠다고 선언했다. 이 작품은 그런 저자의 변화무쌍하고 다양하며 복잡한 모습을 보여 준다.

윌리엄 셰익스피어, 《햄릿》

《덴마크 왕자 햄릿의 비극》, 흔히 줄여서 《햄릿》은 1599년에서 1601년 사이에 쓰인 윌리엄 셰익스피어의 비극이다. 덴마크를 배경으로 하고 있으며, 햄릿이 아버지를 죽이고 어머니와 결혼한 클로디어스에게 복수하는 과정에서 일어나는 비극을 보여 준다. 셰익스피어의 희곡 중 가장 긴 작품으로, 영어로 된 문학 작품 중 가장 큰 영향력을 발휘하고 있다. 셰익스피어 시대에도 그의 작품 중 가장 많이 공연되었으며, 오늘날에도 끊임없이 재해석되고 누군가에 의해 공연되고 있다.

Part 4

모두를 위해
더 좋은 길을 찾을 거야

Chapter 20.
정부에 끊임없이 물어야 할 것들

존 로크, 《통치론》

바이올렛, 네가 태어나기 10년 전은 너무나 끔찍했어. 9·11테러가 일어났을 당시 아빠는 영국의 옥스퍼드에 있었지. 바로 전달에 네 엄마를 만났는데, 엄마는 국방부에서 겨우 2킬로미터 남짓 떨어진 곳에 살고 있었어. 나는 세미나를 끝내고 집으로 가던 길에 술집을 지나치고 있었지.

인도에 세워진 칠판에는 "뉴욕, 워싱턴 피습"이라고 쓰여 있었어. 나와 함께 교환학생으로 왔던 친구 중 하나는 형이 세계무역센터에서 근무하고 있었어. 그는 온갖 방법을 동원해 형과 연락하려 했지만 닿지 않았고, 흐느끼며 눈물만 흘릴 수밖에 없었어.

나도 네 엄마에게 연락을 취했지만 전화는 불통이었단다. 인터넷도 연결이 끊겨 버렸고. 지금 무슨 일이 일어난 건지, 다음에 어떤 일이 벌어질지 아무도 몰랐지. 잘못된 정보와 혼란만 난무했어.

워싱턴에 사는 사람들 모두가 대피했다는 소식이 들렸어. 비행기가 추가로 백악관과 국회의사당으로 날아들 거라는 말도 들리더구나. 미국은 완전히 폐쇄되어 버렸고 며칠 내에 공격이 더 있을 거라 예상되었지. 뉴욕 거래소는 문을 닫았고 항공 역사상 처음으로 미국의 모든 비행기에 비행 금지령이 내려졌단다.

9·11테러를 겪었던 모든 사람은 세상이 전날과 완전히 달라졌다는 걸 깨달았어. 하지만 그토록 극심한 공포와 혼란, 걱정 그리고 분노와 싸우던 와중에 이상하고도 놀라운 감정도 섞여 있었지. 내가 텔레비전으로 건물이 무너지는 모습을 보며 입을 다물지 못하자, 영국인 바텐더가 내게 맥주 한 잔을 건네 주더구나. 아빠는 주문한 적이 없었거든. 내가 미국인이라는 걸 알았던 거지. 그가 말했어.

"우리가 있잖아요, 친구. 우리 함께 힘을 모읍시다."

버킹엄 궁전에서 근위병 교대식이 있을 때 밴드가 미국 국가 〈별이 빛나는 깃발〉을 연주하자 눈물이 흘러내렸어. 세계의 지도자들은 미국과 결속하겠다는 뜻을 보냈지. 프랑스의 신문은 케네디 대통령의 말을 인용했어.

"우리 모두는 미국인이다."

고향에서는 온갖 비방이 난무했던 정당 간 싸움이 싹 사라졌어. 그 순간 우리는 미국인으로서 중대한 기회와 마주한 거지. 그때 우리가 어떻게 하느냐에 따라 향후 수십 년간 우리나라의 방향이 결정될 테고, 세계 유일의 초강대국으로서 세상도 변화시킬 테니까.

| 테러 후에도 삶을 지속했던 이유

우리는 올바른 선택을 할 준비가 되었어. 모든 미국인은—부자건, 가난하건, 약하건, 강하건 관계없이—서로를 위해 희생을 마다하지 않았지. 세상 모두가 우리 뒤에서 연합했어. 비즈니스도 재개되었지. 정치적 지도자들은 세금을 좀 더 많이 낼 것과 절약할 것 그리고 인내심을 요구할 수도 있었어. 에너지를 절감하라고 요구할 수도 있었지.

우리는 귀를 기울일 만반의 준비가 되어 있었고, 세계에서 미국의 위치에 대해 허심탄회하게 대화를 나눌 의지도 충분했어. 우리 모두는 이 미친 인간들이 왜 그토록 비열하고 잔인한 행동을 자행했는지 진심으로 알고 싶었거든. 왜 그들은 우리를 그렇게 싫어하는 것인가?

마지막으로, 대통령은 우리가 할 수 있는 일을 하라고 말했어. 아무 일도 일어나지 않았던 것처럼 삶을 지속하라고 말이야. 쇼핑도 하고, 영화관도 가면서. 그거야말로 '테러리스트들이 이기도록 내버려 두지 않는다'는 걸 의미하니까. 테러리스트들의 동기에 대해서라면, 이유 따위는 없다고 들었지. 그런 질문 자체가 의미 없는 일이니까.

우리의 적들은 자유 미국을 싫어했던 광신도들이었을 뿐이야. 그들의 지도자는 만화책에서나 나올 법한 악당이었지. 상상할 수 없을 정도의 부자에, 말도 안 되게 교활한 미치광이. 우리의 적들이 그토록 경멸한 자유는 일단 잠시 내려 두고 조정해야 할 수도 있어. 적들이 미국 여기저기에 잠복해 숨을 죽이고 있으니까. 적은 바로 옆집 혹은 우리가 일하고 있는 그 현장에서 핵폭탄을 터뜨릴 준비를 하고 있을지도 몰라. 속옷이나 신발 속에 폭탄을 숨길 수도 있지.

우리는 빈틈없이 경계하며 조금이라도 의심 가는 사람이 있으면 바로 보고해야 했어. 공항에서 신발도 벗어야 했지. 강력 접착테이프와 생수도 사야 했고. 정보부와 군이 맞서 싸우고 잠복근무하도록 허용해야 했어.

우리의 보호자들이 얼른 결론을 도출할 수 있도록 대규모 감시 시스템을 새로 만들어야 했지. 불필요한 관료주의도 없애 버려 정부가 훨씬 빠른 속도와 엄청난 힘으로 일을 진행할 수 있도록 해야 했어. 비용이 얼마나 들던 상관없었지. 우리는 이 싸구려 전쟁을 벌여 얼른 끝내야 했어. 그리고 모두 감세도 해야 했고.

많은 사람이 그러했듯이, 아빠도 9·11테러 이후 공포에 떨기도 했고 분노하기도 했단다. 그 빌어먹을 놈들을 처단하고 싶었어. 테러의 주동자를 찾아 내 세상에서 가장 끔찍한 방법으로 죽이고 싶었지.

카퍼 블랙이라는 이름의 미국 반 테러리즘 위원회 지도층에 대한 기사를 읽은 적이 있는데, 그는 9·11테러 이후 드라이아이스가 들어 있는 상자를 가지고 아프가니스탄으로 떠났었대. 빈 라덴의 목을 넣어 가져오려고 말이야. 그가 대통령에게 이렇게 발언했다더군.

"우리의 임무가 끝나면, 파리가 놈들의 눈알 위를 기어 다닐 것입니다."

끝내주게 멋있는 말이라고 생각했지. 아빠는 카퍼 블랙 같은 사람들이 그놈들을 죽이고 우리가 안전해지도록 뭐든 하길 바랐어. 뭐라도 감수하고 말이야. 그게 정부가 존재하는 이유이지.

신성한 권력은 엉터리다

권리라는 개념은 17세기에 그다지 새롭지 않았어. 제국 치하의 로마 시민들에게도 권리가 있었지.

하지만 로마 제국이 몰락하고 입헌 공화국이 등장하던 시기 사이에는, 군주제가 서구 사회를 지배하던 정치 제도였어. 군주제 사회에서 국왕의 힘은 절대적이었지.

왕 그리고 일부 여왕에게는 신성한 권리가 있었어. 즉 왕의 권력은 사람들이 아닌 신에게서 내려왔다는 의미였지.

프랑스의 루이 14세가 했던 "짐이 곧 국가니라"라는 말이 왕의 권력에 대해 표현한 말 중 가장 유명할 거야.

하지만 존 로크가 살았던 시대(1632~1704년)에 사람들은 왕정을 심각한 문제로 받아들이기 시작했지. 그 이유는 단순했어. 시간이 지날수록 왕정의 관심사가 국민의 관심과 점점 멀어진 거야.

1642년에서 1651년 사이, 왕당파(왕을 지지하는 세력)와 의회파(입법 의회를 지지하는 세력) 사이에 내전이 벌어졌어. 의회파가 우위를 점하고 그 결과 영국에서 왕권은 땅바닥으로 떨어졌지.

1688년 제임스 2세가 폐위되고 의회가 정권을 장악했어. 1689년에는 영국 의회가 '권리 장전'을 만들었어. 왕의 권위와 권력을 분명히 제한하고자 함이었지. 영국의 권리 장전은 왕이 해서는 안 되는 사항을 일목요연하게 정리해 놓았어.

왕은 재판을 열거나 판결을 내릴 수 없다.

왕은 법령에 따라 세금을 새로 부과할 수 없다.

왕은 의회의 승인 없이 상비군을 유지할 수 없다.

왕은 국민이 무기를 소유하는 걸 막을 수 없다.

왕은 언론의 자유를 제한할 수 없다.

왕은 의회의 선거를 방해할 수 없다.

우리나라를 건국한 사람들은 영국 왕이 영국 시민으로서의 '기존 권리'를 침해했다고 판단했어. 새로운 권리를 갖겠다고 주장하지 않았다고. 그리고 자신들의 도덕적 변호를 위해, 그리고 자극을 받기 위해 존 로크의 《통치론》을 눈여겨봤어.

《통치론》은 신성한 권리, 즉 군주의 권력은 신에게서 직접 하사받는다는 생각을 부정하면서 시작해.

우선 로크가 말하길, 성경에 따르면 아담은 아이들에게 신성한 권리를 물려주지 않았어. 설사 그렇게 했다고 쳐도, 그는 그 권력으로 세상을 일으킬 그 어떤 권한도 없었어.

그가 그의 자녀들과 세상을 지배할 권한이 있었다 해도, 그의 자녀들이 꼭 그 권한을 물려받을 필요는 없었지. 그리고 아담의 자녀들이 세상을 지배할 권한을 물려받았다 해도, 누가 아담의 피를 이어받았고 그래서 누가 그 유산을 정당하게 차지할 수 있는지 알 수 없어. 그러니 신성한 권리는 엉터리지. 로크는 이제 정치권력에 대해 정의를 내려.

따라서 정치권력이라 함은, 법을 만드는 권리라고 할 수 있겠다. 여기에는 사형 선고와 같이 형벌을 정하는 법, 재산을 통제하고 보호하는 법 그리고 법을 집행하는 데 있어 공동체의 무력을 이용하고 외국의 피해로부터 국가를 방어하는 법을 제정하는 것이다. 이 모든 건 오로지 공익만 위해야 한다.

근본적으로, 이게 미국인들이 정부의 힘이라 믿는 거야. 우리는 정부만이 시민과 범죄자 모두를 대상으로 법을 만들 권리가 있다고 생각해. 그리고 정부가 법을 집행하는 데 무력을 쓸 권한을 허가해 주지. 또한 우리는 정부가 나라를 지켜 줘야 한다고 생각해. 이상하게 들리겠지만, 정부가 하는 일 중 가장 중요한 건 우리의 재산을 지키는 일이란다.

존 로크가 말하는 '재산'이란 미국의 정치·경제 제도를 이해하는 데 중요 요소야. 아테네와 같이 자유 재산에 헌신하는 정신은 우리 정치·경제적 신념의 핵심이지.

로크에 의하면 인간은 자연 상태에서 태어났어. 그리고 자연 상태에서 우리는 모두 평등해. 정확히 같다는 말이 아니야, 조심해. 어떤 이들은 다른 이들에게 없는 재능을 타고나기도 했으니까.

하지만 일반적으로 우리는 동등한 권한과 소속감을 가지고 살 수 있어. 정부가 생기기 전, 사람들은 내키는 대로 아무 데나 돌아다닐 수 있었고 원하는 건 뭐든 가질 수 있었으며 하고 싶은 일은 뭐든 했지.

| 정부의 권력은 신에게서 오지 않아

자, 어떤 사람들은 자연 상태에서 누구든 먹고 살 길을 찾아 스스로 힘써야 한다고 주장해. 개개인이 할 수 있는 최대치를 가지려 할 것이며, 이 과정에서 무자비한 살인이 일어난다던지 비슷한 일이 생기지.

전쟁과 투쟁이 끊임없이 일어났어. 하지만 로크는 실제로 그렇지 않다고 주장해. 자연 상태에서 사람은 자신의 이익을 최대한 확보하길 바라지. 이런 환경에서 모든 사람은 다른 이들에게서 좋은 것만 받길 원해. 사람들은 싸울 거리나 적을 찾아다니지 않아. 오히려 친구와 아군을 원하고 필요로 하지. 결과적으로 자연 상태에서 우리는 다른 이들을 위해 선을 행할 수 있는 방법을 찾아. 더 나아가 우리의 이익을 위해 말이지.

누구나 마음속으로 희망하듯이, 내게도 선이 오길 바라는 마음은 당연히 존재한다. 그렇다면 나 자신부터가 그런 욕망을 세심하게 고려하지 못하는데, 어떻게 내가 내 욕망을 충족시키기를 바라겠는가?

황금률은 참 이기적인 원칙이야. 우리는 우리가 받는 만큼만 다른 이에게 베풀 거야, 우리가 다른 이들에게 선을 베풀면 그 보답이 돌아올 거라고 기대하면서. 우리는 다른 이들에게 남은 음식을 나눠 주지. 언젠가 다른 이들도 우리들에게 음식을 나눠 주리라 생각하면서 말이야. 다른 이들을 없애는 게 진정 우리의 관심사일까? 《햄릿》을 보면서 복수의 개념에 대해 생각해 봐. 우리가 나가서 누군가를 죽이면, 무슨 일이 일어나지?

우리는 그 사람의 가족이나 친구가 우리를 죽이려 한다고 예상할 수 있어. 피는 피를 부르고, 복수의 사이클은 도저히 멈출 수 없지.

그래서 일반적으로 보기에 무정부적인 자연 상태에서 우리는 반드시 다른 이들의 물건을 훔치거나 싸울 필요가 없어. 솔직히 그 반대가 맞을 거야. 우리는 다른 이들과 협력해야 할 수도 있지.

하지만 자연 상태에서 우리는 정의의 본래 개념도 고려해 봐야 해. 누군가 와서 우리의 물건을 훔치려고 하면, 우리는 대항해 복수할 권리가 있지. 누군가 우리를 죽이려고 하면, 우리는 정당방위로 그 사람을 죽일 수 있어. 그리고 모두들 자연스럽게 이를 이해하지.

자연 상태에서 인간은 각기 스스로 판사이자 배심원, 집행자가 돼. 문제는 '잘못된' 일이 일어났는데 시시비비가 제대로 가려지지 않을 때 일어나지. 우리는 누가 옳고 그른지 가려 주고 적절한 판결을 내려 줄 중재자 혹은 재판관이 필요해.

누가 재판관의 역할을 할 수 있을까? 음, 군주제에서는 결코 공정한 결판을 내릴 수 없어. 중재권은 언제나 자연스럽지 않게 흘러가거든.

절대 군주정에서는 재판관이 없다는 사실을 기억하라. 정부가 저지른 위해로 판사의 판단이 필요한 경우, 자연 상태에 있는 거나 다름없다. 나는 자연 상태보다 더 나은 정부가 무엇인지, 얼마나 더 나은지 꼭 알고 싶다. 이런 정부에서 군중을 통솔하는 사람은 자신이 저지른 죄를 심판할 자유가 있고, 자신이 원하는 걸 하고 싶다면 그 누구에게 묻거나 간섭받지 않고 신하를 마음대로 부릴 수 있지 않을까?

나아가, 우리는 언제나 자연 상태 그대로 있어.

그러나 나는 더 나아가, 모든 사람이 자연적으로 그런 상태에 있으며, 스스로의 동의하에 자신들이 정치 사회의 구성원으로 남아 있음을 확신한다.

정부의 권력은 신에게서 오지 않아. 우리의 동의로 부여되는 거지. 그리고 우리는 시민으로서 매 순간 그런 동의를 인정하지. 우리는 언제든 동의를 철회해 정부의 활동을 위법으로 만들어 버릴 수 있어.

하지만 처음에 우리는 왜 동의를 하려 할까? 왜 우리는 누군지 알 수 없는 정부 기관에 우리의 자유를 양도하려 할까? 그 이유를 알아 보려면 우선 '자유'가 무엇인지 제대로 알 필요가 있겠구나.

자유란, 로버트 필머가 말한 것처럼 '모든 사람이 하고 싶은 대로 내키는 대로 하는 것이고, 법에 구속받지 않는 것이다'가 아니다. 오히려 정부 아래 인간의 자유는 사회 안에서 제정한 입법권과 모든 사람에게 똑같이 적용되는 규칙에 의해 사는 것이다.

정부는 우리의 자유를 제한하기 위해 존재하지 않아. 우리의 자유를 보호하고 확대하는 역할을 하지.

게다가 우리는 국가가 법과 규율을 만드는 데 동의했어. 그 규율이란 재판관을 비롯하여 모든 이에 의해 좌지우지돼.

| 재산을 지키는 권리에 대하여

로크는 우리가 자기 방어를 할 수 있는 자연권이 있는 것처럼 재산을 지킬 수 있는 자연권도 있다고 주장해. 로크는 재산을 '자연에서 얻은 걸 개인의 노동력과 결합한 것'으로 정의했어.

이렇게 생각해 보자. 대서양에 작은 섬이 펑 하고 나타났어. 섬은 돌투성이에 쓸모없는 땅이었지. 누군가 배를 타고 섬에 들어와 사과나무를 몇 그루 심어. 그는 몇 년 동안 나무를 정성스레 키우지. 물도 주고, 잘 자라라고 비료도 주고, 잡초도 뽑아. 드디어 나무에서 사과가 열리기 시작했어.

그 사람, 오직 그 한 사람만 열매에 대한 권리가 있어. 오롯이 그 사람의 노동력만으로 열매가 열렸으니까. 그 사람의 노력 없이는 사과나무가 열매를 맺지 않았을 거야. 땅과 노동력이 결합한 힘으로 이 땅에 열매가 생겼어.

하지만 어느 날 다른 누군가가 배를 타고 해안으로 다가와. 그리고 나무 주인의 열매를 훔치려 하지. 우리 모두 이런 짓이 옳지 않다는 걸 알아. 원래부터 옳지 않은 일이지. 정부가 생기기 한참 전에 이런 일이 일어났다 해도 상관없어. 그 사람은 섬에서 일하지 않았어. 어떤 노동력도 관여하지 않았지.

하지만 잠깐, 나무에서 나무 주인이 감당하기 힘들 정도로 사과가 많이 열렸다고 생각해 보자. 사과가 땅으로 우수수 떨어져 그냥 썩고 말아. 굶주린 사람이 해안으로 들어와 썩어 버릴지 모를 사과를 먹어. 이런 경우, 나무 주인은 사과에 대한 권리를 주장하지 않을 거야. 사과가 떨어져도 아무 일도 하지 않았으니까.

사람은 그게 썩기 전에 활용할 수 있을 만큼, 자신의 노동을 통해 재산으로 쓸 수 있을 만큼만 쓸 수 있다. 그 이상은 더 이상 그의 몫이 아니며, 다른 이들의 소유물이다. 신은 인간이 버리거나 파괴할 건 아무것도 만들지 않았다.

잉여 생산물의 문제는 자연스럽게 물물교환의 필요성으로 넘어가. 따라서 경제가 정부보다 앞서가지. 실로 엄청난 변화야, 바이올렛. 크게 볼 때 이 단순한 변화가 전 근대 사회와 근대 사회를 구분 지어.

아리스토텔레스는 반대 방향으로 믿고 있었거든. 인간은 정치적 동물이며, 경제적 동물이 아니라고 생각했어. 거의 2천 년 동안 경제는 국가에 종속되거나 부차적인 문제라고 여겨졌어. 그리고 정치 체제(왕정, 시민 공화국 등)가 먼저 생기고 경제 체제(봉건주의, 중상주의)가 뒤따라온 거지.

이 생각은 뒤집혔어. 정치 체제는 경제 뒷전으로 밀려났어. 국가보다 개인이 더 먼저야. 계급 제도는 철폐되고, 개인의 권리가 급부상해. 그리고 절대군주 국가는 자본주의를 받아들인 대의 정부에 자리를 양보하지.

이제 사과나무로 돌아가 보자. 나무 주인에게는 몇 톤의 사과가 생겼어. 하지만 다른 것도 필요해. 신발, 옷, 집 그리고 다른 음식도. 그래서 남은 과일을 가지고 필요한 다른 물품과 교환해. 아니면 팔아서 금이나 은을 얻지.

이제 열매는 땅에서 그냥 썩어 없어지지 않아. 쓸모가 생겼어. 나무 주인은 이제 가치를 '저장'하지. 그건 사과의 가치가 아니라 노동력의 가치야. 돈은 노동력의 가치를 따지지. 그래서 노동을 통해 부를 획득한다면 더할 나위 없이 좋아.

그가 일주일 안에 썩어 없어질지 모를 자두를 1년 내내 두고 먹을 수 있는 땅콩과 교환했다면 그에게 해가 될 건 없다. (…) 그리하여 돈이 등장했다. 썩어 없어지지 않고 오래 소유할 수 있는 물건이었고, 상호 동의하에 유용하면서도 훼손되기 쉬운 물건을 교환할 수 있게 되었다.

| 국가에 복종하지 않을 권리

우리는 우리의 자유를 널리 확산시키기 위해 국가에 제한된 권한을 위임해. 하지만 무턱대고 복종하지는 않아.

명예와 존경, 감사, 도움의 덕을 보는 건 단 하나밖에 없다. 그렇지 않으면 절대적인 복종과 종속 관계를 요구할 뿐.

국가가 선을 넘을 때, 동의를 한 대가로 너무 많은 걸 요구할 때, 시민은 복종하지 않을 권리가 있어. 로크도 복종하지 않을 의무가 있다고 주장했지. 계몽주의 시대에 유럽 전역의 절대 왕정에서 이런 일이 일어났으니까.

절대 왕정이 다스리는 나라에서도 처음에는 제대로 잘 돌아가. 하지만 시간이 흐르며 군주의 이익이 시민들의 이익에 반해 극적으로 달라져.

어느 날 무능한 왕위 계승자가 나타나거나, 군주가 권력을 남용해. 이런 일이 일어나면 사람들은 당연히 들고 일어서지. 능력 있는 정부를 찾아야 하고, 무엇보다도 전횡을 일삼는 권력에서 벗어나야 하니까.

야망과 사치의 시대가 다가오면서 군주는 임무를 제대로 수행하지 않고 권력을 유지하고 강화하는 데에만 힘썼으며, 간신들의 아첨까지 더해져 사람들과의 이해관계가 멀어졌다. 이에 따라 사람들은 정부의 본래 권리에 대해 좀 더 면밀히 검토해야 한다는 걸 깨닫게 되었고, 권력이 비대해지는 걸 저지하고 권력의 남용을 막는 방법을 찾아 나섰다.

신성한 경우와 불경한 경우 모두에서, 인간이 자신이 태어난 관할권 내에서 스스로 물러난 예가 역사상 그다지 많지 않았기 때문이다.

그런 나라가 존재하려면 다음의 세 가지를 해야 해.

- 시민의 사유 재산을 지킬 것.
- 논쟁에 있어 시민과 범죄인 모두에게 공정함을 지킬 것, 또한 법을 준수하여 심판할 것.
- 국방력을 제공할 것.

오로지 공익을 위해서만 이런 기능을 수행할 수 있는 권한이 위임되었어. 국가가 이 세 가지 기능을 제대로 수행하는 한, 우리의 자유는 보장되지. 국가는 자유를 앗아갈 수 없어. 우리의 개별 주권을 국가에 위임한 이유야.

하지만 국가가 권한을 지나치게 많이 행사하고 권력을 남용하거나 의무를 소홀히 한다면, 우리는 국가와 협의한 사안을 철폐할 수 있단다. 우리가 정부에 끊임없이 물어야 하는 질문은 다음과 같아.

나는 그 어떤 독단적이고 위법한 권력에도 자유로운가?

논쟁 시에 정부가 공정한 중재자 역할을 한다고 믿을 수 있는가?

내 사유 재산은 안전한가?

그리고 가장 중요한 것으로는,

정부는 내가 공익을 위해 양도한 제한된 권력을 쓰고 있는가?

| 공익을 위해서만 제한된 권력을 쓸 것

9·11테러 직후 느꼈던 살인 충동은 마침내 충족되었어. 우리 군이 오사마 빈 라덴을 찾아내 그의 얼굴에 총을 쏘고 시체를 가져가서 바다에 던져 버렸지. 그동안 대통령은 백악관 특파원 만찬에서 농담을 주고받고 있었어. 그러다 방송을 통해 우리의 위대한 업적을 축하했지.

테러가 있은 지 10년 뒤, 두 번의 전쟁을 거치고, 수 조 달러나 쓰고, 수많은 사람이 희생당한 뒤, 날아다니는 로봇군도 개발했고, 우리의 가장 기본적인 원칙을 버리고 나서야, 제3세계에 살고 있던 남자 하나를 찾아내 사살할 수 있었지.

하지만 그렇다고 해서 '테러와의 전쟁'을 끝냈다고 할 수는 없었어. '테러와의 전쟁'은 냉전과 여러 면에서 비슷해. 단 두 가지 확실한 차이점만 빼고 말이야. 테러와의 전쟁은 테러가 완전히 진압될 때까지 계속될 거야. 하지만 '결코' 그렇게는 못 할걸. 그리고 보이지 않는 적들과의 무력 충돌이라는 점, 그들은 동의나 통지 따위 없이 제 멋대로 결정하고 행동하지.

이 끝없는 전쟁이 지속되는 동안, 우리는 기약도 없이 두려움에 떨어야 했어. 그리고 비상사태가 최고조에 이를 때는 정말로 공포에 몸서리를 쳐야 했지. 미국은 전 세계 사람들을 고문하기 시작했고, 재판이나 기소 없이 무기한 감금했어. 마음대로 사살하기까지 했지.

우리는 사람의 성기에 전극을 묶었어. 물속에 집어넣다가 끄집어낸 뒤 다시 물에 처넣었지. 사나운 개들을 풀어 공격하도록 내버려 뒀어. 잠도 못 자게 방해하고, 발가벗기기도 했으며, 그들이 소지한 종교품에 배변을 하기도 했지. 그러면서 우리는 대중문화를 통해 '필요악'을 미화했어. 우리의 영화 및 텔레비전 영웅들은 판사, 배심원, 집행자와 함께 애국적 사디스트 역할을 맡았지.

미국 대통령은 직접 나서서 '살인 명부'를 수시로 검토하고 수정했어. 대통령이 테러리스트를 죽여야겠다고 결정을 내리면, 로봇이 출동해 그 사람을 겨냥한 뒤 미사일을 날리지. 로봇이 당도할 무렵 그 주변에 여성이나 아이들이 있었다면, 피해는 이루 말할 수 없을 거야.

양쪽 정당 대표들의 지휘 아래, 거대 국제적 감시 시스템이 구축되었어. 대법원이 특정 감시 활동을 위헌이라고 판결 내린 이후에도 이 제도는 폐기되거나 축소되지 않고 기하급수적으로 확대되었어. 게다가 이런 활동은 행정부가 국민은 물론이고 의원들에게까지 비밀로 하고 벌였단다. 적을 모니터링하려고 썼을 뿐만 아니라, 동맹국과 시민을 감시하는 데까지 쓰였어.

정부와의 비밀 공조 속에 우리 통신 회사들은 '백 도어 방식'(인증절차를 거치지 않고 컴퓨터 암호 시스템에 접근하는 것)을 구축했고, 정부는 우리의 통화 기록이나 인터넷 사용처, 금융 기록, 소셜 미디어 기록까지 쉽게 접속할 수 있게 되었어.

우리가 주고받은 서신은 정부가 나중에라도 접속할 수 있도록 모두 영구적으로 '정보관리 시스템'에 들어갔어. 행정부의 관료들은 그런 프로그램은 없다고 부정했지. 의회 앞에서 공개적으로 맹세하고 단도직입적으로 질문을 받아도 말이야.

우리는 여기에 안전장치가 있을 거라 확신했지. 감시 시스템은 비밀 법원이 감독했는데, 이 법원의 판결과 구성원, 심의 등은 결코 대중에게 공개될 수 없었고 공적으로 이의를 제기할 수도 없었어. 우리는 '법적 절차 없이 사람을 죽이는 것'이나 '특별 용의자 인도 프로그램', '적국 전투원', '강도 높은 심문 기법' 등의 신조어를 배웠어. 이런 용어들은 '암살', '무기한 구금', '전쟁 포로' 등 이전의 다소 문제가 많은 용어를 대신해서 나온 거야.

지금까지 아빠는 9·11테러 이후에 일어났던 이상한 기회의 순간과 연대에 관한 이야기를 들려줬어. 이제 내가 궁금한 건 우리의 지도자들이 9·11테러에 이어 다른 기회가 왔다는 걸 깨달았느냐야. 아우구스투스 카이사르가 끔찍한 로마 공화국 내전과 로마 공화국의 몰락을 보고 분명히 깨달았을 기회 말이다.

9·11테러 이후, 아빠를 포함한 우리 시민들은 가장 소중한 재산과 더불어 모든 걸 희생할 용의가 되어 있었어. 우리의 지도자들에게 임의로 권력을 행사할 수 있도록 절대적인 권한을 위임할 준비가 되어 있었단 말이야. 기꺼이 그들에게 동의를 했다고.

Chapter 21.
모두를 만족시킬 순 없어

장 자크 루소, 《사회계약론》

아빠는 어린 시절을 일리노이 주 제네바에 있는 작은 마을, 같은 집에서 보냈단다. 오늘날 제네바는 시카고 교외의 거주 지역 중 하나이지만, 아빠가 어렸을 땐 조용한 시골이었어.

어떤 사람들은 도시로 출퇴근하기도 했지만, 대부분은 마을에 살며 일을 했지. 인구수는 겨우 9천 명 남짓이었어. 개인이 단독으로 운영하는 상점들이 중심가를 따라 늘어서 있었지. 피자헛이 중심가에 문을 열려 했을 때, 마을의 상공회의소는 거의 들고 일어섰고 결국 기찻길 옆 차고 건물을 무너뜨리는 걸로 끝났어.

주일 아침마다 우리 가족은 미사에도 꼬박꼬박 참석했어. 그곳에서 이웃과 친구들 그리고 학교를 함께 다니던 아이들도 만났지. 신부님은 모든 이의 이름을 알고 계셨어. 미사가 끝나고 나면 할아버지는 우리들을 차에 태워 릴리 씨네 가게로 데리고 가셨는데, 우리는 그곳에서 사탕을 하나씩 사 먹을 수 있었단다.

릴리 아저씨는 우리들을 알고 계셨어. 계산대 뒤의 아가씨들도 우리를 알았지. 모두들 우리를 알고 있었고, 우리도 다른 이들을 모두 알고 있었어. 이름만 모를 뿐 그들이 어디에 사는지, 어디서 일하는지, 살면서 어떤 일이 일어나고 있는지 모두 알고 있었지.

농업은 여전히 마을의 주요 돈벌이 수단이었단다. 서쪽으로 1.6킬로미터 정도 떨어진 곳은 우주의 끝이었어. I-80 고속도로에서 세 시간을 가야 쿼드 시티즈(시카고에서 약 세 시간 거리에 있는 도시)가 나왔지. 나머지는 모두 논밭이었어. 우리는 브리처스네와 같은 농사꾼 가족들과도 잘 알고 지냈어. 줄리 브리처 양은 우리 부모님이 휴가를 떠날 때 우리를 돌봐 주시곤 했어. 종종 그들 가족이 지내는 농장으로 놀러도 갔지.

아빠가 처음 일을 한 곳도 밥 언타이트 씨가 운영하는 조그만 초콜릿 가게였어. 우리 집에서 세 블록 떨어진 월세 집에 살고 계셨지. 그러고 나서 바이킹 문구점의 주인인 웰든 존슨 씨네에 취직했단다. 대학교 여름 방학이 되면 일리노이의 라폭스—말 그대로 신호가 하나밖에 없는 작은 마을이야—에 있는 랜드버그 씨네 가게에서 일했어.

'포터의 잡화점'이라는 이름의 그곳에서 나는 농부용 작업 장화, 작업복, 플란넬 셔츠 등을 팔았지. 포터의 잡화점은 그곳에서만 150년이나 장사를 했어. 그리고 랜드버그 가족은 그만큼 제네바에 오래 살았고.

가게의 창업자인 르멜 밀크 포터 씨의 오래된 사진도 가게에 걸려 있단다. 키이스 랜드버드 씨는 도시 위원회 회원 중 하나였어. 웰든 존슨 씨도 마찬가지였고. 아빠의 리틀 야구 감독님이었던 케빈 번스도 후에 시장이 되었어. 감독님하고도 친하게 지냈어. 감독님 집에서 젤리도 얻어먹을 정도로.

제네바를 이끌어 가던 사람들은 제네바에서 자랐단다. 그들은 제네바에서 가족들을 길렀지. 그들은 마을의 일부였어. 제네바의 이름난 가족들은 한 마을에서만 몇 세대를 걸쳐, 심지어는 몇 세기를 걸쳐 살았지. 그리고 해마다 여름이면 온 마을 사람들이 모여 스웨덴에서 온 마을 설립자를 기리며 커다란 축제를 열었어. 웰든은 바이킹처럼 옷을 입고 자신의 가게 밖에서 펜을 할인해 팔았단다.

제네바는 그냥 마을이 아니었어, 공동체 사회였지. 슬픈 일이 일어났을 때—크리스 멀론이 채석장에서 물에 빠져 죽었을 때, 마이크 존스가 썰매를 타다 죽었을 때, 제니퍼 키이스가 뇌종양으로 세상을 떴을 때—우리의 공동체도 함께 느끼고 반응했지. 작은 마을이었고, 그 속에서도 이간질이나 흉흉한 소문, 정치 등도 있었지만 모두들 공동체에 많은 관심을 기울였어. 사람들은 서로를 돌봐 줬어. 아주 사소하고 미묘한 일에도 말이야.

풋볼 팀이 주 대표로 진출했을 때, 학교도 닫고 가게문도 닫고 모두들 차에 올라타 두 시간 떨어진 일리노이의 허쉘에 가서 바이킹스 팀이 경기를 뛰는 모습을 봤지. 마을 축제도 있었어. 축제도 많이 열렸지.

| 책임자가 더 힘들더라

제네바는 아마도 아빠가 살았던 곳 중 루소의 일반 의지가 가장 효과적으로 발휘된 장소였을 거야. 그리고 그런 일이 실제로 일어날 수 있던 유일한 곳이기도 했지. 제네바가 그립다.

일반 의지가 뭘까? 퍽 헷갈리는 개념이야, 바이올렛.

사람은 자유의 몸으로 태어났으나, 어디에 가나 굴레에 얽혀 있다. 자신을 다른 사람들의 주인이라고 생각하지만, 이들은 고용인보다 더 심각한 노예 상태로 남아 있을 뿐이다. 어쩌다 이렇게 바뀌어 버렸을까? 모르겠다. 어떻게 이게 타당해질 수 있는가?

마키아벨리의 《군주론》 생각나니? 어떤 사람들은 지배자가 다른 이들의 주인이라고 생각하며, 지배자가 되길 갈망해. 여기에서 논의되는 표현으로 바꾸면, 군주가 되고 싶어 한단 말이야. 그들은 남들을 지배하게 되면 단 하나의 권력을 부여받는다고 생각하지. 하지만 책임지는 위치에 있는 사람은 그의 '지배 대상'보다 더 많은 제한 속에 놓여 있어.

아빠는 이런 교훈을 참 힘들게 배웠단다. 책임자의 위치에 서서 말이야. 나는 세 개의 다른 조직의 임원으로 일한 적이 있어. 군주 혹은 책임자였지. 순진하게도 책임자의 위치에 설 때마다 내가 원하는 건 모두 할 수 있는 힘을 가지게 되리라고 믿었지. 현실은 완전히 반대였지만 말이야.

우선, 자원은 한정되어 있는데 목표는 끊임없이 생겨났어. 그래서 중요한 목표부터 차례차례 줄 세워야 했지. 그 말은 어떻게 해도 반기를 드는 사람이 생긴다는 걸 뜻해.

임원으로서 나는 달성해야 하는 법률상의 의무가 있었어. 의무에 위배되면 책임을 져야 했지. 경제적으로 상환 능력을 유지해야 할 의무도 있었으므로, 장부를 관리하는 데 시간을 어마어마하게 써야 했어. 문화적·정치적 환경 속에도 속박되어 있었어.

맞아, 아빠에게는 권력이 있었어. 하지만 다른 사람들도 마찬가지였어. 아빠 밑에 있던 이들조차도 말이야. 만약 내가 유능하고 인기 많은 부하의 의견에 동의하지 않는다면, 그 말을 어떻게 하면 잘 표현할 수 있을까 신중을 기해야 해. 그렇지 않으면 그는 직장을 떠나 버릴 거야. 바꿔 말하면 결국 내가 그들의 일까지 떠맡아야 한다는 소리이고, 혹은 그들 일을 대신할 누군가를 뽑아야 한다는 것이겠지. 그렇다고 더 유능한 사람이 온다는 보장도 없고.

그래서 아빠가 군주의 자리에 있다고 해도, 현재의 지위를 유지하기 위해 계속 만족스럽게 해 줘야 할 이해관계들이 여럿 있어. 우선 이사회와 투자자, 회원들이 묻는 말에 대답을 해 줘야 해. 직원들에게도 대답을 해 줘야 하지. 나를 위해 일하는 사람들에 대한 의무가 있다는 말이야. 그래서 나는 '다른 이들의 주인'이면서 동시에 '그들보다 더 일을 많이 하는 노예'이기도 했어.

거시적 관점에서 볼 때 아빠가 하던 일은 퍽 대단하진 않았지만, 어떤 일에서 책임자의 위치에 있을 때 적법성을 지키기 위해 매우 신중해야 한다는 교훈을 배웠어.

적법성이란 무엇일까? 내게는 두 가지 의미가 있었단다. 일을 진행시킬 자유—내가 이끄는 조직 또는 공동체의 공익을 위해 결정을 내릴—그리고 다른 이들의 복종하겠다는 의지.

내 결정은 내가 담당하고 있는 구성원 모두 또는 대부분을 만족시켜야 했어. 직원들에게 끊임없이 동기부여를 해 줘야 했지. 그래서 일을 지나치게 많이 시켜서도 안 됐고, 급여를 너무 적게 줘도 안 돼. 자신의 일을 자율적으로 할 수 있도록 충분히 배려도 해 줘야 했어.

그러나 예산에도 소홀히 할 수 없었기 때문에 돈도 많이 벌고 또 씀씀이도 크지 않게 신경 써야 했지. 이사회에 회사 실적이나 상황에 대해 충분히 보고해서 뒤통수 맞지 않게도 해 줘야 했고. 그렇다고 너무 관여하도록 내버려 둘 수도 없었어. 그렇게 되면 의사결정 과정에서 너무나 많은 걸림돌이 될 테니까.

회원들에게 단기간 그들이 원하는 것도 제공해 줘야 하는 건 물론, 조직과 내가 담당하는 사람들의 장기적 이익에도 눈을 뗄 수 없었단다. 당장은 좋아 보였던 게 시간이 갈수록 일을 망쳐 버리는 결과를 낳을 수도 있거든.

리더로서 다들 선호하지 않는 정책을 펼치는 일은 극도로 어려워. 그런 정책이 장기적으론 모두에게 이익이 된다고 해도 말이지. 내가 여기에 관여하는 사람들 이를테면 직원, 이사회, 회원 중 하나 또는 그 이상에게서 지지를 얻지 못하면, 해고될 수도 있다는 점을 알고 있었지. 어디까지나 나를 따르겠다고 동의한 사람들만큼만 내 권위를 행사할 수 있었던 거야.

만약 '군주'로서 내 역할이 위법하다고 여겨진다면, 내가 어떤 결정을 내린들 무슨 소용이 있을까? 예를 들어 내가 직원들에게 무리한 요구를 했다고 치자. 그러면 직원들은 일을 중단하려 들겠지. 물론 직원을 해고해 버리고 다른 사람들로 채워 버릴 수도 있어. 하지만 결국엔 그 사람들도 나를 따르려 하지 않을 거야.

| 무력은 올바른 결과를 낳을 수 없어

이런 경우를 《사회계약론》에 어떻게 적용하면 좋을까?

루소가 여기에서 주장하는 기본 요지는 통치권이란 결국 일반 의지가 발휘될 때에만 유효하다는 거야. 그리고 일반 의지라는 개념 자체가 다루기 매우 어려워. 아마도 너는 이렇게 반박하겠지.

"당신은 남들보다 위에 있고 권력도 있는데, 왜 당신이 원하는 대로 사람들을 부리지 않는 거예요? 왜 무력을 사용하지 않는 거예요?"

무력으로만 밀어붙이려고 한다면, 그로 인한 효과만 생각한다면, 이렇게 말할 수밖에 없다. 국민이 복종하라고 강요받으면 그들은 복종한다. 그건 잘 하는 것이다. 그러나 그들이 그 굴레를 물리칠 수 있다면, 물리쳐 버린다. 그건 더 잘하는 것이다.

무력은 규칙을 정당화할 수 없어. 이미 역사에서 무수히 증명되었단다. 페르시아는 무력으로 그리스를 침공해 권력을 행사하려 했어. 결국 식민지는 무너지고 말았지. 로마도 무력으로 야만족들에게 권력을 행사하려 했지. 결과적으로 야만족이 들고 일어났어. 영국도 강제로 미국을 지배하려 했어. 그 끝은 독립혁명이었지. 미국이 이라크와 아프가니스탄에 통치권을 행사하려 하자 게릴라 전쟁이 일어나고 말았어. 무력은 장기적으로 정치적 해결책이 되지 못해.

비즈니스에서도 똑같이 적용된단다. 기업의 수장으로서 횡포와 독재를 저지르고 사람들에게 겁을 주며 강요한다면, 어느 정도까지는 효력이 있지. 하지만 억압받은 이들은 어느 순간 뒤에서 칼을 꽂거나 이직을 해 버릴 거야. 권력은 흥하다 기울게 마련이야.

강자는 힘을 바르게 쓰고 복종을 의무로 바꾸지 않으면 주인의 위치를 유지시킬 만큼 강할 수가 없다. 무력에 굴복함은 어쩔 수 없이 하는 일이지 의지로 하는 게 아니다.

따라서 완력은 올바른 결과를 낳을 수 없지. 무력은 주인을 적법하게 만들 수 없어. 그 말이 맞는다면 노예 제도 역시 성립될 수 없지. 노예가 도망치거나 자유의 몸이 될 수 있다고 여기는 순간, 그들은 행동에 옮길 거야.

자유를 포기하는 건 인간이 되는 걸 포기하는 것이고, 인류의 권리뿐만 아니라 의무마저 포기하는 것이다.

통치자에게 절대적으로 복종하는 일은 불가능해. 우리는 개인적인 도덕성을 그 누구에게도 결코 양보할 수 없기 때문이지.

누군가의 의지에서 자유를 없애 버린다면 그의 행위에서 도덕성을 없애는 것과 마찬가지이다. (…) 나는 전쟁 노예나 정복된 민족은 복종하라고 강요받지 않는 한, 주인을 위해 해야 할 의무가 없다고 주장한다.

누군가가 무력으로 세상을 정복할 능력이 있다고 해도—그리고 몇몇은 실제로 그런 능력이 있었지—그들이 정복한 사람들은 개개인이 살아 있는 한에서만 복종할 뿐이야.

문제의 당사자는, 세상의 절반을 노예로 만들었다고 해도 여전히 한 개인일 뿐이다. 그의 이익은 다른 이들과 동떨어진 순수한 개인의 이익일 뿐이다. 만약 이 사람이 죽음에 이르면, 그 후 그의 제국은 오크 나무가 떨어져 불에 타 잿더미가 되듯 산산이 분열되고 흩어져 버릴 것이다.

| 합법적 통치에도 딜레마가 있다

알렉산드로스는 우리가 아는 많은 세계를 정복했어. 하지만 그가 죽고 나서 그의 제국은 결국 분열되었지. 그와 같은 능력을 가진 지도자가 없었기 때문이야. 칭기즈칸도 한때 중국과 러시아, 아라비아를 지배했지만 그가 세상을 떠난 뒤 몽골 제국은 무너지고 말았어. 사람들은 정복당할 수 있지만 결코 노예가 될 수는 없단다.

다수결의 원칙은 어떨까? 우리는 미국인이라서 정말 좋아, 그렇지 않니? 음, 그렇지 않다고 루소는 이야기하네. 다수결의 원칙도 그다지 효과는 없어.

주인을 원하는 백 사람이 그를 원하지 않는 열 사람을 대신해 투표할 권리가 어찌 있겠는가? 다수결의 원칙 자체가 상호 조약 하에 이뤄진 것이다. 따라서 적어도 한 번은 만장일치가 있었음을 추정할 수 있다.

다수결의 원칙이 적법하게 인정받기 위해, 우리는 다수결의 원칙에 따라야 한다는 의견에 만장일치로 동의해야 해. 그건 보장이 아니야. 100명이 벼랑 위에서 뛰어내리는 데 투표를 하는데 우리가 소수라면, 우리는 벼랑 아래로 뛰어내려야 하니? 우리가 다수결의 의지에 굴복한다면, 우리는 우리 자신을 위해 내릴 결정의 권리도 포기하는 거야. 그리고 우리는 공권력에 끌려가지 않고도 그렇게 진행하도록 동의할 수밖에 없지.
합법적인 통치에는 딜레마가 있단다.

문제는 어떤 방식으로 연대해야 할지 찾는 것이다. 이를 통해 공동의 힘으로 각 연대의 신체와 재산을 보호하고, 개인이 다른 이들과 연합하면서도 스스로에게만 복종하고, 이전과 같이 자유롭게 남아 있는 것. 이것이 《사회계약론》이 해결책을 제공해야 하는 근본적인 문제이다. …
우리 각자는 일반 의지의 최고 지휘 아래 자기 자신과 그의 모든 권한을 공동체에 위임한다. 그리고 우리는 각 구성원을 전체에서 불가분의 일환으로 인정한다.

정부가 합법적으로 통치하려면, 우리는 개인의 이익 창출에 기여하고 이익을 보호해 주는 체제에 우리의 자주권을 넘겨 줘야 해.

사회 계약을 통해 개개인의 자유 그리고 원하는 것과 성공을 얻기 위해 추구할 수 있는 무제한의 권리를 잃게 된다. 대신 얻는 건 사회의 자유와 개인이 가진 데에 대한 소유권이다.

　우리는 각자 원하는 바가 달라. 우리의 관심사는 일반 의지와 대립하거나 공동체 사회의 최고선과 대립할 수 있어.

　예를 들어 내가 집을 가지고 있는데 마을에서 우리 집을 통과하는 길을 내고 싶다고 해 봐. 마을은 길이 생겨서 이득이지만, 나는 집을 잃어서 손해겠지.

　그렇다면 절충이 가능할까? 글쎄, 아니라고 봐. 우위에 있는 파벌을 만족시킨다고 해서 그 결정을 합법이라고 인정하지는 않아.

　파벌이 일어나고 넓은 범위의 연대가 감소하며 편파적인 연대가 생성될 때, 연대 각각의 의지는 구성원에 비례해 일반적으로 되는 반면 국가에 관해서는 특정하게 남아 있다.

　사람의 수만큼 표를 얻을 수 없다고 말할 수 있으나, 연대가 되어 있는 만큼 (…) 이런 연대 중 하나가 나머지를 이길 만큼 영향력이 크다면, 그 결과는 적은 차이의 합이 아니라 하나 차이이다. …

　국가 내부에서 불공정한 사회가 있어서는 안 된다. (…) 하지만 불공정한 사회가 존재한다면 솔론과 누마, 세르비우스가 했던 바와 같이 불평등을 해소할 수 있도록 최선의 노력을 다 해야 한다.

일반 의지는 우리가 그에 따라 움직이겠다고 결정하는 거야. 우리가 얻는 이익이 없다고 해도 말이지. 그리고 단기적으로는 그 때문에 고통받는 것도 감안해야 해. 우리는 우리의 자주권을 공동체가 결정하도록 양보해. 장기적으로는 우리에게도 바람직하다고 생각하면서.

| 커질수록 분열되기 쉽다

일리노이 주 제네바에서는 일반 의지가 존재했어. 동의라든지 절충, 다수결, 공산주의와는 거리가 멀었지. 그와는 다른 성질이었어. 독특하고 보기 드문. 공동체 사회는 마치 전체처럼 움직였지. 각각의 사회 구성원들은 서로를 도우면서 개인의 이익을 추구했어. 그리고 공익을 도모하는 정책을 추진했지.

맞아, 우리는 스웨덴의 날 축제를 열기 위해 세금을 지원했지만 결과적으로 전국에서 방문객들이 찾아와 가게와 식당에서 돈을 썼지. 우리는 피자헛이 약속한 고용안과 저렴한 제품 가격 제안을 거절했어.

그래서 알포노 씨네와 같은 동네 피자 가게가 살아남을 수 있었지. 우리는 피자 값으로 1달러를 더 내고 15분을 더 기다릴 용의가 충분히 있었어. 우리 고등학교의 풋볼 팀이 플레이오프에 진출했을 때, 우리는 학교와 회사 문을 닫아 우리 지역 사회의 일원이 이뤄 낸 성과에 축하를 보냈지.

그곳의 체제는 결코 완벽하지 않았어—당연히 누군가의 이익이 다른 이들보다 더 컸지—하지만 대다수가 행복해하고 풍족함을 누렸으며, 무엇보다도 도덕적인 체제였어. 모두들 공평하게 대접받았지. 혹시 정말 문제라도 생기면, 지역 의회로 달려갔고 의회에서는 문제를 해결하기 위해 최선을 다했어.

하지만 제네바는 작은 마을이었어. 정치적 단체의 규모가 점점 커질수록, 일반 의지에 도달하기는 점점 어려워져. 공익이 무엇인지 결정하기 더 어려워지지. 메인 주 사람들의 이익은 애리조나 주에 사는 사람들의 관심사와 매우 다르니까.

희생을 분담하는 일도 점점 어려워져. 각각이 관여하는 이익이 너무나도 제각각이고 분열되어 자기 마음대로 자력을 휘두르지.

역사적으로 폭정에 빠지지 않고 급속하게 성장을 이룬 나라는 없어. 루소는 정부가 이런 방향으로 어떻게 자연스럽게 쇠퇴했는지 설명하지. 로마야말로 그에 딱 맞는 예시야.

로마는 한때 대 공화국이었지만, 너무 커지자 일반 의지에 의지해서만 지배하기가 불가능해졌지.

강력한 이익 집단이 너무 많았고 서로 조화를 이루기에는 심하게 제각각이었어. 그래서 율리우스 카이사르와 아우구스투스의 '개혁'을 통해 폭정에 휘말리게 되지.

그리고 황제 체제는 시간이 흐르며 스스로 와해되었어. 그러다 소수의 이익이 대다수의 이익보다 우선하게 되었지. 그래서 어떻게 되었을까? 로마 제국은 결국 작은 정치 집단으로 쪼개졌어. 스스로 통치할 수 있는 타당한 능력이 확보된 거지.

국가의 분열은 두 가지 중 하나의 방식으로 올 수 있다.

첫째, 지배자가 법에 따라 국가를 통치하지 않고 공권력을 남용할 때. 그때 두드러진 변화가 일어난다. 정부가 아닌 국가가 진통을 겪는다. 즉 국가에서 분열이 극심하게 일어날수록, 그 안에서 또 다른 국가 형태가 형성된다.

여기에는 오로지 정부 관료들로만 구성되고, 나머지 국민들에게는 지배자나 폭군이 될 뿐이다. 따라서 정부가 주권을 강탈하는 순간, 사회계약은 파기되고 모든 시민은 자신의 본래 자유를 되찾지만 복종을 강요받는다.

정부 관료들이 하나로 행사해야 할 권력을 무자비하게 찬탈할 때 같은 현상이 일어난다. 이는 법을 위반하는 행위만큼 심각하며, 그 결과 더 큰 혼란을 가져온다. 그렇게 되면 정부 관리만큼 많은 수의 군주가 나오고, 정부 못지않게 분열된 국가는 쇠퇴하거나 다른 형태로 변화를 꾀하게 된다. …

스파르타나 로마가 멸망한다면, 어떤 국가가 영원히 지속되리라는 희망을 가질 수 있겠는가?

Chapter 22.
종교도 영원하지 않다는 거야

에드워드 기번, 《로마제국 쇠망사》 〈제1권〉

로마는 다신교였어. 다시 말해 여러 신을 섬겼지. 그들은 사상을 숭배했고, 세상을 떠난 위인들을 숭배했으며, 커다란 신전과 반신반인, 영웅 들을 숭배했어.

로마인들은 그리스인들보다 다른 종교에 관대했어. 물론 지금 우리들보다 훨씬 더.

로마인들이 다른 나라를 정복할 때, 정복민들이 원하는 대로 종교 생활을 하도록 너그러이 허락해 줬어. 정복민들이 로마에 세금을 제대로 내고 종교 기념일이나 축제를 할 때 특정 기준만 잘 맞춘다면 문제될 게 없었지.

이게 바로 로마가 성공할 수 있었던 비결이야. 로마는 자신들이 합병한 영토의 문화에 간섭하지 않았거든. 대신 그런 문화를 더 넓은 범위의 문화로 녹여 냈지. 로마는 세계의 첫 번째 용광로였던 거야.

하지만 하나로 융합하기 어렵다고 판명 난 종교가 둘 있었어. 유대교와 기독교야. 기독교는 유대인 전통에서 비롯되었지만, 둘이 같지는 않아. 초기 기독교인들은 유대인들이었지.

로마인들에게, 적어도 초기에는 기독교가 유대교의 분파 정도로밖에 보이지 않았어. 그리고 명확히 종교라고 보기도 어려웠지.

더구나 로마인들은 예수님을 십자가에 못 박고 싶어 하지 않았어. 《신약성서》를 보면, 예수님이 십자가에 매달려 죽은 데에 가장 큰 책임이 있던 본디오 빌라도 역시 폭도들이 어째서 예수님을 죽음으로 몰아넣으려 했는지 혼란스러워 했던 것 같아.

사실 빌라도는 사람들의 요구를 승인하기 전에 계속해서 예수님을 석방해 주려고 했어. 그가 결국 예수님을 처형하는 데 동의했을 때도 심하게 주저하며, 군중에게 죄에 대한 죄책감으로 "내 손을 씻는다"라고 말하지. 그러고 나서 상관에게 죄 없는 사람을 강압에 의해 죽음으로 몰아넣었다고 보고했다고 해.

이런 사건으로 우리는 로마인들이 초기 기독교인들을 어떻게 대우했는지 잘 알 수 있지. 로마인들은 예수님이 죽고 나서 1세기 동안 기독교인을 관용으로 대했어. 로마인들이 제국 안에서 기독교인들을 박해하기 시작한 건 그 이후였지.

이 시기에 기독교인들은 예루살렘을 넘어 로마 제국 구석구석으로 퍼졌어. 이런 점에서 기독교와 유대교가 달라.

기독교는 로마의 발달한 기반 시설과 관용 정책, 불공정한 박해에서 사람들을 보호해 줬던 로마법 덕분에 광범위하게 퍼질 수 있었지.

| 기독교인들의 사업가 기질

기독교는 어떻게 성공했을까? 에드워드 기번은 다섯 가지를 들어.

- 기독교인들의 완강함 그리고 융통성 없는 열정을 들 수 있다. 이는 유대교에서 비롯되었지만, 유대교의 편협하면서도 비사교적인 정신에서는 벗어나 있다. 유대교는 이방인들에게 모세의 율법을 권유하는 건 고사하고 받아들이지 못하도록 막았다.
- 내세주의 정책. 이 중요한 진리에 무게와 효능을 더할 수 있는 모든 상황이 적용되었다.
- 초기 교회가 보유했던 기적적인 능력.
- 기독교인들이 지니고 있던 순수하면서도 엄격한 도덕성.
- 기독교인들의 단합과 규율. 이 덕분에 로마 제국의 심장부에서 독립적이고 강한 기독교 공화국이 형성되었다.

기독교인들은 고집이 세고 사업가 기질도 있었어. 하나의 신만 믿었고 다른 신을 믿는 우상 숭배를 용납하지 않았지. 유대인들도 다신교 세상에서 유일신만 믿었지만 결정적으로 다른 점이 있었어.

유대인들은 나라 안에서만 한정되어 있었지만, 기독교인들은 경계가 없었다는 거야. 유대인의 경우 대체로 모태신앙이었어. 그들은 국경 너머로 전도할 생각이 없었지. 기독교는 어디서나 전도를 했고, 누구나 큰 어려움 없이 기독교인이 될 수 있었단다.

유일신 사상은 다신교 세상에서 받아들이기 어려운 개념이었어. 로마인들은 갈리아인들이나 이집트인들이 숭배하는 신처럼 예수 그리스도 역시 여러 신 중 하나라고 생각했어. 오시리스나 주피터, 미네르바 그리고 흔히 믿는 다른 신들을 숭배할 여지가 있다면 예수 그리스도도 숭배할 수 있었지. 다른 신처럼 말이야.

기독교인들 입장에서는 예수님 말고 다른 신을 숭배할 수 없어. 그렇게 하면 우상 숭배가 되니까.

유일신 사상은 유대인들부터 행해 온 관례였지만 로마인들에게는 이해하기 어려운 일이었어. 유대인들은 자신의 신전에 칼리굴라 황제의 동상을 세운다면 죽음도 마다하지 않겠다는 의지를 내비쳤지.

칼리굴라는 예루살렘의 신전에 자신의 동상을 세우려 하는 정신 나간 시도를 했다. 사람들은 그렇게 불경한 우상 숭배를 하느니 죽음을 불사하겠다며 만장일치로 황제의 시도를 막아섰다. 모세의 율법에 대한 그들의 믿음은 외부 종교에 대한 혐오만큼이나 컸다.

로마인들에게 이런 태도는 정상이 아니었지. 그들은 처음에는 유일신 사상에서 꼭 필요한 무관용 원칙을 이해하지 못했어.

유대교나 기독교 모두 다른 신들에게 예외를 허용하지 않았단다. 그리고 유대인들이 너무나 심하게 혐오감을 드러내는 바람에 로마인들은 유대인들을 유대아(팔레스타인 남부에 있던 유대인 거주지) 안에 그냥 내버려 뒀지. 세금만 잘 내면 크게 문제될 것 없잖아?

유대인들이 자신의 거주지 안에서만 유일신 사상을 지킬 수 있었던 반면, 그 믿음을 국경 너머로 퍼뜨리는 건 완전히 불가능했어.

유대교는 방어하는 데는 훌륭했지만 정복하도록 고안된 종교는 결코 아니었다. (…) 이스라엘에는 국가의 신이 있었고, 가장 아끼는 마음을 가득 담아 그의 민족을 다른 민족들과 분리시켰다. (…) 그들은 다른 민족과 결혼을 하거나 동맹을 맺는 게 금지되어 있었다.

그리고 이방인은 집회에 참석하는 것도 금지되었다. 어떤 규제는 3대, 7대, 심지어 10대에 이르렀고 어떤 경우에는 영원히 지속되기도 하였다.

아브라함의 자손들은 그들만이 약속을 받은 유일한 적자라는 의견에 우쭐해 있었고, 낯선 이들과 자신들의 유산을 나누게 되면 그 가치가 떨어질 거라며 불안해했다.

한편 기독교는 상당히 달랐어.

새로운 개종자에게, 친구들과 친척들 사이에 헤아릴 수 없는 축복을 널리 퍼뜨리는 것이야말로 가장 신성한 의무였다. 또한 이를 거절하면 자애로우면서도 전지전능하신 신의 의지에 불복종한 죄인으로서 혹독한 벌을 받으리라는 경고도 해야 했다.

유대인들은 로마에 반기를 들었지. 그리고 기독교인들은 빠져나갈 구멍을 만들었어. 그들은 유대교를 포기하고 로마의 박해에서 벗어났지.

| 로마의 위기를 기회로 받은 기독교

기독교는 로마 제국 전역으로 퍼져 나가기 시작했어. 하지만 기독교인들은 로마 제국 곳곳에서 숭배받고 있는 다른 신들을 마냥 무시할 순 없었어. 그런 신들은 마귀로 대해야 했지. 주피터나 아이스쿨라피우스, 여타 신들과 맹렬하게 싸워야 했단 말이야. 이런 신들은 인간을 현혹시키는 '나쁜 신'이니까.

기독교인들에게 그렇게 행동하기란 쉽지 않았어. 유일신 사상이 우리 삶에 녹아 있듯, 다신교 사상은 로마 사회에 깊숙이 박혀 있었었든. 종교는 일주일에 한 번씩 사원에 예배하러 간다고 해서 다가 아니야.

종교는 모든 축제와 연극 그리고 온갖 공공 예술과 연관되어 있지. 게다가 대부분의 종교 의식은 해를 끼치지 않을뿐더러 어떤 경우는 매우 도덕적이기도 해. 이 때문에 기독교인들은 공적인 생활에서 물러나 자신만의 사회를 만들어 나갔지.

기독교인들은 시의적절한 상태에 있었어. 이때까지 로마의 상류층에게 종교는 조롱의 대상이었거든. 이도교의 도덕적 메시지는 너무 모호하고 헷갈려서 논란을 일으키거나 이해할 수 없었던 반면, 기독교의 교리는 분명하면서도 단순한 메시지를 전달했단다.

- 이도교의 신화 체계를 뒷받침하는 확실한 증거가 없었다. 그래서 이교도 중에서도 현명한 사람들은 땅에 떨어진 이 신화의 권위를 포기했다.

– 지옥 세계의 묘사는 화가나 시인들이 제멋대로 지어내고 있다. 그
  들은 사람들을 유령에 괴물로 만들어 버리고 상과 벌을 공평하지
  않게 내렸다. 인간 정신에 가장 알맞은 유일한 진실이 억압되고, 기
  괴한 허구와 마구잡이로 뒤섞인 오명을 쓰고 말았다.
– 그리스와 로마의 독실한 다신교인들은 내세의 교리가 신앙의 근본
  적인 조항이라고 생각해 본 적이 거의 없었다.

기독교는 기울어 가는 제국에 매우 매력적인 요소를 제공하기도 했지. 변
치 않는 보상. 여기에는 다른 면도 있어. 당신이 기독교를 받아들이지 않는
다면 영원히 저주받을 거라는. 그리고 그에 대한 심판은 항상 곧바로 들이
닥치지. 제국을 몰락의 길로 몰아넣은 모든 지진과 전염병, 화재, 여타 자연
재해들은 신을 화나게 해서 일어난 명백한 결과였어.

가장 차분하고 용감무쌍한 회의론자도 현 세계가 불로 멸망할 가능성
이 아주 높다는 걸 부인할 수 없었다. (…) 사람들은 로마 제국에 일어나
고 있는 일련의 재앙을 보며, 세계가 멸망하고 있다고 생각했다.

이때는 로마 제국에 시련의 시기였어. 2세기까지 로마는 군사적으로도
약했고, 전염병, 화재, 반복되는 재정 위기로 몰락 직전까지 갔지. 그러자
사람들은 세상이 멸망하겠구나 생각했단다.
이런 상황에서 기독교인들은 자신들의 기적적인 능력을 자랑했어.

기독교는 사도들과 초기 제자들의 시대부터 기적적인 능력, 말문이 터지게 하고 앞을 볼 수 있게 하는 능력, 예언할 수 있는 능력, 악마를 쫓는 능력, 병자를 고치고 죽은 자가 벌떡 일어나게 하는 능력을 대대로 물려받았다고 주장했다.

기독교인들은 로마 제국에 큰 갈등을 일으키지 않았어. 최소한 처음에는 말이야. 복역을 하거나 관직에 진출하려고 하지는 않았지만, 세금도 납부했고 엄격한 도덕적 규약에 따라 신앙생활을 이행했지.

기독교인들은 이 세상의 현 체계에서는 그런 제도가 필요하다는 걸 느꼈다. 따라서 그들은 이교도의 권위에 거리낌 없이 복종했다.

| 교회는 부자가 되어 갔어

사람들이 성금을 내면서 행정 업무가 필요해졌어. 그래서 교회가 설립되었는데, 기독교의 교회는 다른 종교의 사원이나 체계와는 사뭇 달랐단다. 마치 국가처럼 운영되었지. 초기 교회는 고결하고 순수했고, 도덕적·정치적 통일체가 선택한 현명하고 사려 깊은 지도자들이 이끌었어.

해마다 또는 수시로 치러지는 선거 때문에 신도들 사이에 혼란이 빈번하게 일어나자, 초기 기독교인들은 명예 종신 최고위를 구성해야 한다는 결론을 내렸다. 사제 중 가장 현명하고 고매한 사람을 뽑아 평생 동안 기독교의 수장으로서 임무를 다하도록 했다. (…)

임무 중에는 교회 성사 및 규율의 행정, 수가 증가하고 다양화되던 종교적 의식의 감독권, 주교가 각각의 직무를 나눠 주던 성직자들의 임명권, 교회 기금의 감독권 그리고 이교도 재판의 판사 앞에서 자신의 신앙을 드러내고 싶지 않아 했던 분쟁의 판결권 등이 있었다. (…)

각 교단은 각기 다른 공화국을 이뤘다. 작은 국가들은 서로 떨어져 있었지만, 서신을 교환하고 대표가 왕래하면서 친밀한 관계를 유지했다. 하지만 기독교 세계는 아직 최고 권위나 입법 의회 등으로 연결되어 있지는 않았다. (…) 이윽고 각각의 독립적인 교회 주교들이 봄과 가을에 정기적으로 각 지역의 수도에서 만나도록 관례화되었다.

초기의 교회는, 지금으로 따지면 지역 가맹점 같았어. 각각의 가맹점에는 공통의 임무가 있었지. 사람들은 자유롭게 주교를 고르고 지역 내에서 교회 업무를 봤지만, 결국 더 큰 네트워크가 부상하며 지역 교회를 지배하기 시작했어. 주교의 권력도 점차 커졌는데, 어느 시점에서 기독교 공동체 내에서는 지방 정부나 법의 권한을 넘어섰어.

로마의 교회가 가장 강력하게 남아 있던 와중에, 다른 연맹 교회들은 사업적으로 나아갔고 규모를 팽창해 갔어. 그들은 신도의 숫자를 늘릴 방법을 찾았지. 그리고 신도들은 자신의 수입 중 1퍼센트를 교회에 기부했어. 기부는 현금 형태로 했는데, 로마에서 유일하게 허가한 선물 형식이었기 때문이야.

헌금은 대개 현금으로 이뤄졌다. 기독교단은 상당한 크기의 땅을 소유하기에는 부담스러웠기에 헌금을 많이 바라지도 않았고 받을 능력도 되지 않았다.

몇몇 법으로 명시되었는데, 부동산 영구 양도법과 같은 방식으로 제정되었으며 원로원으로부터 특권 혹은 특별 허가 없이 부동산을 어떤 법인에게도 기증하거나 물려 줄 수 없었다.

원로원에게 기독도교인은, 처음에는 경멸의 대상이었고 마지막에는 공포와 질투의 대상이었다. 종파로 인정한 적이 거의 없었다.

교회는 어마어마한 현금 부자가 되기 시작했지. 일부 주교가 갑작스레 떨어진 돈벼락을 주체 못하고 남용하기도 했지만, 대부분의 교회는 돈에 영화롭게 그리고 현명하게 대처했어.

기독교인들은 심지어 자신의 재원을 가난한 이들을 위해 사용하기 시작했지. 교회가 그 이전 세계에서는 상상하기도 힘들고, 볼 수도 없었던 공공 복지 기관이 된 거야.

나머지 전부는 가난한 자들을 위한 신성한 유산이었다. 주교의 재량에 따라 남은 헌금은 과부나 고아, 절름발이, 병자, 그리고 노인이 모여 사는 공동체에 나눠졌다. (…)

지원 대상자의 가치보다 고통에 더 중점을 둔 조치는 기독교의 발전에 매우 큰 도움이 되었다.

| 기독교는 로마의 골칫덩이였어

　로마 제국의 시민들은 새로운 종교적 체제에 적응할 준비가 되었고, 기독교는 알맞게 대응했어. 이교도는 약해졌고 비논리적이었으며 자신들을 엄격하게 옹호하지도 않았어. 그러나 사람들은 자신보다 더 커다란 뭔가를 믿고 싶은 욕망이 내재되기 마련이지.

　미신적인 관습은 대다수의 사람이 매우 마음에 들어 했다. 따라서 강제로 이 관습에서 깨어난 사람들은 그동안 즐거워했던 환상에서 벗어나게 된 걸 유감으로 생각한다. 그들이 다신교를 기꺼이 받아들였던 근본적 원인으로는 놀랍고 초자연적인 현상에 대한 사랑, 미래에 대한 호기심 그리고 시각적 한계를 넘어 자신들의 희망과 공포를 확대하고자 하는 강력한 열망 등을 들 수 있다. 따라서 신화적 체계가 몰락하면 다른 형태의 미신이 이어받으리라는 속된 믿음이 급격하게 올라온다.

　기독교인들의 교리는 라틴어로 번역되었고, 공용어로 쓰인 교리는 복음이 되어 제국 전역으로 퍼져 나갔지. 로마는 오랫동안 이런 상황을 내버려 뒀어. 더 이상 못하게 하려고 했을 때는 이미 늦어 버렸지.
　고대는 다른 전통이나 종교에 관대했단다. 하지만 한계가 있었어. 로마는 다른 종교를 허용했지만, 다른 종교들 역시 로마의 종교적 관습을 용인하리라는 기대가 있었지. 유대인과 기독교인들은 로마인의 삶에서 스스로를 지워 버렸고 로마의 종교를 비난했어.

유대인의 경우에는 로마가 알아서 처리할 수 있었지. 유대인은 그들만의 나라 안에서만 종교 활동을 했으니까. 유대인이 로마의 규율에 공개적으로 반기를 들었을 때, 로마는 군대를 보내 반란을 진압했어. 위험이 도사리고 있는 지방에서 일어나는 반란은 정해진 대처 방법이 있었지.

기독교의 경우에는 문제가 훨씬 많았어. 기독교인들은 나라가 없었지. 로마 제국 어디에나 있었어. 게다가 기독교인들은 비밀리에 모습을 감추고 살았기 때문에 그들의 관습을 두고 유언비어가 팽배했어. 예를 들어 기독교인들은 피를 마시고 아기를 죽인다는 소문이 돌았다든가 말이야.

제국의 종교적 체제를 대담하게 공격한 죄로, 무신론자라는 악의 어린 편견에 시달렸던 기독교인들은 시 행정관들이 혹독한 비난을 보낼 만한 빌미를 제공했다. 그들은 다신교의 다양성에 따라 어느 곳에서나 받아들여졌던 미신의 형태에서 자신들을 모두 분리했다. 그러나 그들이 고대의 신과 신전 대신 어떤 형태의 신과 예배 형식을 가졌는지는 분명하지 않다.

기독교인들의 종교적 불복종은 그들의 행위를 더욱 심각하고 범죄적인 것으로 만들기에 이르렀다. 그리고 로마의 황제들은 자신들에게 복종할 준비만 되어 있다면 언제든 마음을 누그러뜨리겠지만, 자신의 명령을 얼마나 잘 이행하느냐를 두고 명예와도 관련지었기에, 치안 판사보다 더 우월하다고 주장하는 그들의 독립된 정신을 진압하기 위해 때로는 엄벌에 처하기도 했다.

| 로마는 기독교를 탄압했지

네로 황제가 재위한 지 10년 째 되던 해, 로마에 대화재가 일어나고 도시의 대부분이 파괴되고 말았어. 그는 오늘날 알려진 사실과 다르게, 로마인들의 고통을 덜기 위해 유례없이 발 벗고 나섰다고 해.

제국의 정원을 개방했고, 임시 피난소를 설치했지. 곡식과 물을 대폭 할인해 사람들에게 나눠 줬어. 하지만 네로 황제를 너무나 싫어했던 로마인들은 그가 일부러 불을 냈다고 의심했지. 네로는 사람들의 시선을 돌릴 손쉬운 대상을 기독교인 중에서 찾았어. 그는 기독교인들을 잡아넣어 고문하고 죽였지.

어떤 이들은 십자가 위에 못 박혔다. 다른 이들은 맹수의 가죽으로 꿰매져 흉포한 개들에게 던져지기도 했다. 또 어떤 이들은 불에 잘 타는 물질을 마구 입혀 어두운 밤을 밝히는 용도로 쓰이기도 했다.

네로의 전략은 역효과만 낳았어. 대중이 기독교인들을 싫어하게 만들기는커녕 그런 상황을 역겨워했지. 기독교인들이 당하는 모습에 동정을 보냈고 믿음에 순종한다는 이유로 부당하게 벌을 받았다고 생각했어.

새로운 관용 정책이 다시 실시되었어. 트라야누스 황제는 기독교인이라는 이유로 사람들을 기소하지 않는 법안을 만들었지. 하드리아누스 황제와 안토니누스 피우스 황제도 기독교인에 대한 로마의 관용 정책을 지속하고 강화했어.

치안 재판관 대다수는 각 지방에서 황제나 원로원의 권한을 행사한 인물들로, 죄인의 생사 판결을 독자적으로 결정했다. 그들은 교양 교육을 받고 세련된 몸가짐을 가진 사람들처럼 행동하며 정의를 존중했고 철학적 교훈도 잘 알고 있었다.

마침내 무관용 정책이 다시 고개를 들기 시작했지만, 실제로 시행되었을 때 로마는 매우 심각한 문제에 봉착했어. 기독교인들이 천국으로 가는 길로서 순교를 받아들이기 시작한 거야.

기독교인들에게 순교는 자신에게 일어날 수 있는 최고의 일이었지. 이그나티우스라는 기독교인은, 로마인들이 자신을 죽음으로 몰아넣으면 사형 집행관이나 맹수가 자신을 죽이도록 도발하겠다고 선언했어. 그래야 더 빨리 순교자의 길을 걸을 수 있으니까.

그 뒤 디오클레티아누스 황제의 시대가 왔는데, 그의 뒤를 이은 갈레리우스 황제의 주도하에 기독교인들이 즉각 척결 대상이 되었어. 갈레리우스 황제는 기독교인들을 증오했고 기독교가 로마의 가치를 해친다고 봤지. 그는 로마에 희생 제물을 바치지 않는 자는 산 채로 화형당할 거라고 위협했어. 그리고 모든 기독교 교회를 깡그리 무너뜨렸지. 기독교 교리는 모두 불에 타고 말았어.

동일한 칙령에 따라 기독교의 재산은 일시에 몰수당했다. 더 비싼 가격에 팔거나, 황실의 소유로 편입시키기도 하고, 시나 단체에 나눠 주는 한편, 탐욕스러운 간신들의 요청에 대가 없이 나눠 주기도 했다.

기독교인들을 탄압하기 위해 특별법이 발의되었어. 온갖 수단을 동원해 기독교인들을 고문하고 죽일 수 있게 만든 거지. 재앙이나 다름없는 대응 방식이었어.

로마의 관료들은 이런 끔찍한 정책을 강행하는 데 주저했어. 많은 지방의 로마 관리들—대부분 기독교인들로 구성되었지—은 이런 칙령이 힘들고, 불가능하며, 이행하기에 위험 부담이 너무 크다는 걸 인지했어. 그리고 여기서 또다시, 기독교인들은 자신의 고통을 모범적으로 견뎌 냈단다.

| 종교는 영원하지 않아

갈레리우스는 명령을 거두며 자신을 변호하고자 했어.

제국의 실익과 보존을 최우선으로 두고 있는 중요 관심사 중에, 로마의 공공 규율과 대대로 전해져 내려오는 법률에 따라 모든 사항을 바로잡고 재정립하고자 하는 게 우리의 의도였다. 특히 우리는 현혹된 기독교인들을 다시 합리적이며 자연적인 상태로 되돌려 놓기를 간절히 열망했다.

그들은 그들의 조상이 만든 종교와 의식을 거부했으며, 고대의 관습을 주제넘게 경멸했고, 마음 내키는 대로 과장된 법률과 의견을 만들어 냈다. 또한 제국 내의 각기 다른 주에 살던 다양한 사회 계층을 끌어모으기도 했다.

그 당시 기독교는 워낙 널리 퍼진데다 문화적으로도 강력했기 때문에, 콘스탄티누스가 황제의 자리에 오르자 그는 국가 차원에서 기독교를 인정했을 뿐만 아니라 로마의 국교로 채택하기에 이르렀어. 그때부터 교회의 권력은 커지고 또 커졌단다.

서양에서 기독교보다 앞섰던 이교도 체제는, 한때 사회 조직 속에서 기독교만큼이나 강력하고 흔하게 퍼져 있었지. 하지만 어느 순간 쓸모없다며 모멸의 대상이 되었어. 그리고 사람들에게 필요한 기본 도덕적 규율도 어느 순간 제공하지 않게 되었단다.

유대교와 기독교는 그 모든 단점에도 불구하고, 적어도 일정 부분에서는 로마 제국이라는 전 세계 초강대국에 새로운 가치를 심어 줬어. 그리고 최소의 일부는 로마 제국에 대응하기 위해 위조된 거였어.

확대주의 정책을 펼쳤던 교회는 개종자와 새로운 사상에도 열린 태도로 임했고, 로마의 지원으로 전역에 가르침을 퍼뜨렸지. 그러다 마침내 새로운 가르침이 낡은 걸 대체하기에 이르렀단다.

새로운 체제는 다음과 같은 약속을 제시했어.

"여기에 삶의 기본 원칙이 있으며, 여타 모든 정치적 규칙은 이 기본 원칙을 따라야 한다."

새로운 정치적 모델과 제도를 만들어야 할 필요가 생겼지. 그리고 '자연권'이라는 새로운 개념도 자연히 따라왔어.

여기서 만들어진 개념들은 현대 우리가 향유하는 정치적·경제적 방식으로 진화했어. 모자이크 작품과 기독교 전통을 보면, 그들의 도덕적 가르침이 잘 나와 있단다. 이교도가 더 이상 독자적으로 믿을 수 있는 체제로서의 역할을 할 수 없게 되자, 이교도의 가치관을 심어 줬던 정치·경제적 체제도 함께 약화되었어.

요점은 종교란 영원하지 않다는 거야, 바이올렛. 인간의 역사는 죽은 신들로 점철되어 있고, 우리가 역사를 믿는다면 기독교도 결국 또 다른 종교로 대체될 거야. 기독교가 너무 부패하고, 영향력이 약해지고, 사람들에게 더 이상 인정받지 못한다면 새로운 종교 체제가 들어올 테고, 그 결과 사회·정치·경제 체제의 붕괴 혹은 대폭적인 개편이 일어날 거야.

기번은 차후 시대에도 교회가 적법성을 지니기 위해, 다음과 같이 의미심장한 충고를 남겼단다.

내키지는 않지만 우울한 진실을 밝히는 것으로 이 장을 결론 내리고자 한다. (···) 기독교인들은 내부 불화 과정에서 이교도들에게 당했던 박해보다 서로에게 가한 고통이 훨씬 더 가혹했다는 점을 인정해야 한다.

로마의 교회는 거짓으로 얻어 낸 제국을 무력으로 지켜 냈다. 평화와 박애로 대표되던 체제가 추방과 전쟁, 대량 학살 그리고 종교 재판소의 설립 등으로 오명을 쓰고 말았던 것이다.

Chapter 23

위대한 원칙이 세운 나라에서 태어나

토머스 제퍼슨·벤저민 프랭클린 등, 《독립 선언문》

두 살 때 너는 〈슈퍼맨〉을 본 적이 있어. 네가 처음으로 본 영화였지. 너는 완전히 푹 빠지고 말았단다. 영화를 본 뒤 너는 '로이스'가 나오는 부분을 몇 번이고 다시 틀어 달라고 졸라 댔어. 그래야 슈퍼맨이 나는 모습을 볼 수 있으니까.

그 장면에서, 슈퍼맨과 로이스가 하늘을 날기 전에 로이스가 슈퍼맨을 인터뷰하지. 그에게 왜 여기에 있느냐고 물어. 그는 이렇게 말해.

"나는 이곳에 진실, 정의, 미국의 미래를 위해 싸우려고 왔습니다."

대도시에서 온 냉소적인 기자였던 로이스 레인은 그 말을 듣고 비웃어. 그러면서 이 나라에서 선출된 관리들이 모두 그를 노릴 거라고 말해. 슈퍼맨은 이렇게 응수하지.

"정말 그런 뜻으로 한 말은 아니겠지요."

그러더니, 여느 진부한 영화들과는 달리 이상하게 진지한 분위기로 슈퍼맨이 로이스를 바라보며 강한 어조로 말해.

"난 절대 거짓말하지 않아요."

아빠는 어릴 적에 슈퍼맨을 무척이나 좋아했어. 네가 슈퍼맨을 사랑하는 것처럼 나도 사랑했지. 네 엄마는 내가 일부러 너를 그렇게 만든다고 뭐라 했지만, 난 결코 그런 적이 없어.

너는 온전히 네 방식대로 슈퍼맨을 발견한 거야. 너는 망토에 슈퍼맨 복장을 원했고, 핼러윈에 슈퍼맨처럼 옷을 입고 싶어 했지. 그리고 네가 슈퍼맨 복장을 했을 때 금방이라도 날 것 같은 포즈를 취했어. 핼러윈이든 아니든 이 세상엔 너와 같은 아이들이 수백만 명은 되지. 아빠도 어릴 때 그랬으니까.

잠시 멈추고 슈퍼맨 이야기에 대해 생각해 보자.

슈퍼맨은 '칼 엘'이라는 희한한 이름을 가진 이민자로 삶을 시작하지. 농장에서 평범하고도 가난한 사람들의 손에서 성장해. 청소년기에 그는 자신의 뿌리에 대해 궁금해하지. 그래서 자신의 조상이 어디서 왔는지, 버려진 고대 문명의 지도자가 누군지 연구하며 혼자 사색하는 데 몇 년을 보내.

성인에 이르러 칼 엘은 농경의 가치와 지나간 과거에 경의하는 마음을 품고 도시로 가지. 그곳에서 그는 자유 언론의 일원이 돼. 그는 성인으로서 처음으로 슈퍼맨이 된단다. 아주 오래전 세상을 떠난 조상이 입었던 옷을 입고 말이야.

슈퍼맨은 이제 어마어마한 능력을 갖추고 원하는 건 뭐든 할 수 있게 되지. 그는 인류를 자신의 운명에 내맡기고 고독의 요새에 살 수 있어. 무력으로 세상을 지배할 수도 있었지만, 대신 약자를 보호하고 법을 위반한 자들에게 벌을 내린단다.

아주 기본적이면서도 핵심적인 원칙을 지키며 검소하게 살아. 그는 진실과 정의 그리고 미국의 미래를 위해 싸우지. 슈퍼맨은 도움을 주면서 말도 안 되는 힘을 가지고도 법에 순종한단다. 슈퍼맨을 독특하게 만든 요인은 무한한 힘보다는 놀라운 통제 능력이야.

| 원칙으로 세워진 첫 나라

슈퍼맨은 미국의 의인화라고 볼 수 있어. 바이올렛, 너를 위해 건국의 아버지들이 원했던 모습이지. 학식 있고, 검소하며, 강하면서도, 원칙에 무조건 따르는.

다음의 내용들은 미국인이 된다는 것에 대해 본격적으로 다룬단다. 미국인으로서, 바이올렛, 너는 이 세상 4억 명 슈퍼맨 중에 하나야. 슈퍼맨처럼 너도 어마어마한 힘과 특권을 보장하는 독특한 환경에서 자랐어. 네가 태어나면서 가진 특권에 대해 생각해 보렴.

인류 역사상 가장 강한 군사력이 총집합, 정부가 폐지할 수 없는 기본적 권리, 깨끗한 물과 공공 교육, 사회적 안전 네트워크 보장, 넉넉한 기대 수명, 바로잡을 수 있는 강력한 시스템, 효율적인 대륙 간 교통망, 다른 나라에서도 쓸 수 있는 공용어와 공용 화폐, 다른 나라의 침략이나 식민 지배를 받을 염려가 없음, 탄탄하면서도 매우 영향력 있는 문화 기반 시설, 역동적이고 혁신적인 민간 부분, 계층 간의 이동이 자유로움.

더 놀라운 점은 건국의 아버지들은 이 모든 게 가능하다고 믿었다는 거야. 그들은 미국의 독자적인 약속에 대해 잘 알고 있었고, 국가 중 유일하면서도 매우 강력한 나라가 되는 걸 상상하며 먼 미래를 바라볼 수 있었지. 이 나라가 정복에 의해서가 아닌 핵심적 원칙에 기반을 두고 상호 협의에 의해 세워졌기 때문이야.

이게 바로 미국 예외주의란다. 우리는 다른 나라들과는 달라. 서로 공유한 원칙에 기반을 두고 세워진 첫 번째 나라이기 때문이지.

우리나라를 세운 사람들이 괴짜라고 보이는 데에는 여러 가지 이유가 있단다. 그들이 이 모든 걸 큰 그림으로 그리고 있었을 때, 식민지는 혼란 그 자체였어. '연합국' 따위는 없었지. 기껏해야 영국 행정 구역상의 느슨한 연합이라고나 해야 할까.

그렇다고 통합된 모습은 아니었지. 심지어 그들 대부분은 대영제국을 떠나고 싶어 하지도 않았어. 그들 중 몇몇은 서로를 싫어했지. 그리고 영국은 뭐가 그리 나빴냐? 세금을 물렸으니까. 하지만 한편으로는 우리를 보호해 주고, 다른 나라의 시장에 진출할 수 있는 권한을 줬지. 그리고 입 다물고 세금만 꼬박꼬박 내면 대체로 그냥 내버려 뒀어.

그러니 어떤 바보가 대영제국을 상대로 싸움을 걸려 하겠어? 18세기 후반, 영국은 결코 삼류 강국이 아니었어. 매우 강력하고 거대한, 지금 우리와도 같은 이 세상의 지배자였지. 그들 편에 서는 게 좋지 않았을까?

당시 식민지는 해군은커녕 군대 하나 제대로 없었어. 돈이 없었지. 단체로 나서서 모금을 할 길도 없었고, 돈을 모을 수 있다 해도 그 돈을 누가, 어떻게 쓸지 의견을 모을 수 없었어. 중심적인 정치 체제가 없었던 거야. 완전히 엉망이었어. 그래서 반란을 일으키고자 하던 사람들은 영국만 걱정해서는 안 되었어. 미국에 살던 사람들도 납득시켜야 했지.

| 영국이 만든 법으로 영국을 기소했어

《독립 선언문》은 논리 정연한 논고야. 그 대상은 영국뿐만 아니라 식민지에 살던 사람도 포함하지. 오늘날 우리가 논고라고 하면 다소 부정적인 어감으로 바라보게 돼. 하지만 우리나라를 세운 사람처럼 고전 수사법을 배운 계몽주의자들에게 논고는 부정적인 것과는 거리가 멀었어.

인류 역사에서 한 민족이 다른 한 민족과의 정치적 결합을 해체하고, 세상의 권력 사이에서 자연법과 자연의 신의 법이 부여한 독립 및 평등한 지위가 필요하게 되었을 때, 인류의 의견에 대해 합당한 존경을 보내는 바, 그들은 독립 선언을 하지 않을 수 없다.

《독립 선언문》은 새로운 법을 만든다거나 영국보다 법이 우월하다는 전제하에 작성되지 않았어. 영국 법과 비슷하게 기반을 두고 있지. 《독립 선언문》을 작성한 사람들은 론 로크와 같은 사상가들의 저술에 힘입어 큰 논쟁을 일으켰단다. 그러고 나서 그들은 영국이 만든 바로 그 법으로 영국을 기소하지. 모든 사람이 특정 권리를 부여받았다는 말로 시작해.

우리들은 다음과 같은 자명한 진리를 지지한다. 즉, 모든 사람은 평등하게 태어났으며, 창조주는 양도 불가능한 특정 권리를 부여했다. 또한 그 권리에는 생명과 자유 그리고 행복 추구권이 있다.

이 권리를 확보하기 위해 인류는 정부를 세웠으며, 정부의 정당한 권력은 국민이 동의해야 얻을 수 있다. 그리고 어떤 형태의 정부이든 이런 목적을 파괴할 때마다 국민은 정부를 바꾸거나 끌어내릴 권리가 있으며, 그런 원칙에 기반을 두고 그런 형태로 권력을 갖춘 새로운 정부를 조직해 국민의 안전과 행복에 가장 큰 영향을 끼칠 수 있도록 하는 것도 국민의 권리인 것이다.

참으로, 심사숙고함은 오랜 기간 유지해 온 정부를 경박하고도 일시적인 이유로 변경해서는 안 된다는 걸 알려 줄 것이다. 또한 그에 따라 인간의 경험에 비춰 볼 때, 악을 견딜 수 있다면 그들에게 익숙한 형태를 스스로 없애려고 하기 보단 참을 수 있을 때까진 참는 경향이 있다는 걸 알려 줄 것이다.

그러나 오랜 시간에 걸친 학대와 착취가 변함없이 동일한 목적을 추구하고 인민을 절대 전제 정치 아래 예속시키려는 계획을 분명히 했을

때는, 이와 같은 정부를 타도하고 미래의 안전을 위해 새로운 보호자를
마련하는 건 그들의 권리이며 또한 의무인 것이다.

　존 로크의 말을 그대로 뽑아 왔지. 정부는 국민의 동의에 의해서만 존재
한다. 정부는 개인의 자유를 남용하는 게 아니라 확대하기 위해 존재한다
는 것. 그리고 정부가 시민의 권리를 보호하는 데 실패하면, 국민이 그 동의
를 철폐하고 새로운 정부를 세우는 건 권리가 아닌 의무라는 거야.

　《독립 선언문》은 영국 통치하의 식민지들이 겪은 고통을 나열한 내용이
대부분이지만, 무작위로 불평과 불만만 적은 목록은 아니야. 《독립 선언문》
에 기술한 불만은 현존했던 영국 법에 위배된 사항에 대한 불만사항이었지.
미국을 건국한 사람들은 급진적인 새로운 법을 제안하거나 '상위법' 또는 철
학적 원칙에 호소하고 있지 않아. 의회가 제정한 기존 규칙 아래 국왕이 어
떻게 자신의 권위를 반복해서 남용했는지 구체적인 예를 보여 주지.

　공익에 가장 유익하고 필요한 법률을 허가하는 데 동의하지 않았다.
　국민의 권리를 침해한 데 반대에 부딪히면 하원의원을 해산했다.
　사법권 수립 법률을 허가하지 않는 걸로 사법 행정을 방해했다.
　평화로운 와중에도 입법 기관의 동의 없이 상비군을 주둔시켰다.
　다른 이들과 결탁해 우리를 헌법과 다른 관할권에 속하게 했다.
　우리 법률에 인정받지 못하게 했으며, 가짜 입법에 동의하게 했다.
　대규모의 군대를 우리들 사이에 주둔시켰다.
　군대가 주민을 살해해도 가짜 재판으로 처벌받지 않도록 했다.

우리가 전 세계와 무역하지 못하도록 막았다.

우리의 동의 없이 세금을 부과했다.

수많은 사건에서 배심 재판을 받는 혜택을 박탈했다.

허위 범죄를 재판한다는 명목으로 우리를 본국으로 소환했다. (…)

여기에 나온 행위는 모두 불법으로 봤지. 입안자들은 동료 시민들에게 영국이 자신의 역할에 합당하게 대응하지 못하고 있다는 걸 보여 주고 있어. 그러고 나서 그들은 청중에게 체제 안에서 해결할 수 있는 방안을 지속적으로 찾고 있었다는 사실을 강조하지. 하지만 그들의 노력은 모두 수포로 돌아갔어. 그렇다면 그 외에 어떤 다른 결론에 도달할 수 있을까?

따라서 아메리카 연합의 대표들은 총회에 모여 우리의 청렴 강직한 의도를 세계의 최고 재판관에 호소하는 바이며, 이 식민지의 선량한 국민의 이름과 권위로서 엄숙히 발표하고 선언하는 바이다. 이 연합 식민지는 자유롭고 독립된 국가이며, 또한 그래야 할 권리가 있다. 이 국가는 영국 왕권에 충성해야 하는 모든 의무에서 벗어나며, 대영제국과의 모든 정치적 연대는 완전히 해소되어야 한다.

따라서 이 국가는, 자유롭고 독립된 국가로서 전쟁을 개시하고 평화를 체결하고 동맹 관계를 협정하고 통상 관계를 수립해 독립 국가가 당연히 해야 할 모든 행동과 사무를 할 수 있는 완전한 권리를 갖고 있는 바이다. 우리들은 우리의 생명과 재산과 신성한 명예를 걸고 신의 가호를 굳게 믿으면서 이 선언을 지지할 것을 서로 굳게 맹세하는 바이다.

| 원칙을 저버리면 예외적이지 않게 돼

《독립 선언문》은 미국의 원칙에 대한 최초이자 위대한 성명이야. 하지만 영국이 이미 기술했던 원칙을 반복해서 말하고 있지. 국민의 이름으로 더 이상 용납하지 않겠다고 선을 그었어.

《독립 선언문》은 흙을 일구며 어린 시절을 보내고, 고대의 위대한 업적을 공부하며 청소년기를 보냈으며, 정의를 위해 싸우며 성인 시절을 보낸 사람들이 작성했지. 그야말로 슈퍼맨—자연과 겸손, 이성과 역사에 대한 이해가 있는—의 작품인 거야.

이 사람들—여기 그리고 헌법과 연방주의론에도 나오는—이 제기한 원칙이야말로 미국이 가진 힘의 진정한 원천이란다, 바이올렛. 우리에게 막강한 군사력이 있고, 돈이 많아서 그리고 세상에서 가장 좋은 대학교를 보유하고 있기 때문에 미국이 강한 게 아니야. 우리의 원칙이 위와 같은 것들을 가능케 했기 때문에, 우리가 강력한 거란다.

이런 원칙을 저버리면 우린 전혀 예외적이지 않게 되지.

Chapter 24

주어진 권리를 잘 행사해야 한다

공저, 《미국 헌법》

로마 내전이 마침내 끝을 맺고 아우구스투스 카이사르가 독재자로서 절대 권력을 손에 넣었을 때에도, 보통의 로마 시민들은 그들이 독재 정권 하에 살고 있다고 생각하지 않았어. 로마 제국 내부는 기본적으로 원래 살던 모습과 별반 다르지 않았거든. 원로원과 재판정은 여전히 유효했지.

아우구스투스는 황제라고 불리지도 않았어. 그는 독재자니 왕정이니 하는 느낌이 나는 칭호를 거부했어. 그러다 결국 '원수' 또는 '일등 시민'이라고 불리기를 허락했지.

하지만 표면적으로는 자유 공화국이라고 해도, 로마는 이제 아우구스투스 카이사르의 절대 지배 아래에 있는 독재 국가가 되었지. 원로원에서 토론이 이뤄진다 해도, 그 결과는 이미 결정되어 있었어. 아우구스투스는 원로원의 구성을 좌지우지했지. 또한 그는 군사 통솔권뿐만 아니라 국고 및 사법, 여타 여러 분야를 손 안에서 흔들었어.

바야흐로 로마가 독재 시대로 들어섰지만, 네가 예상하는 그런 모습은 아니었단다. 제국이 세워지고 첫 세기 동안 로마인의 삶은 기가 막히게 좋았어. 로마인의 평균적 삶의 수준은 급격히 올라갔지. 공화국 시절 때보다 삶의 질도 훨씬 좋아졌고, 내전이 일어났을 때보다는 당연히 더 좋아졌단다.

로마는 전성기에 들어섰고, 그 기간 동안 로마의 지배하에 있던 거대 지역들은 유례없는 평화와 번영을 맛보았어. 보통 사람들에게 이때의 삶은, 향후 수천 년이 지난다 해도 이보다 더 좋을 수 없을 정도였어. 20세기 중반에 들어서야 미국인들의 평균적인 생활 수준이 황제의 지배 아래에 있던 로마 시민의 평균 생활과 맞먹게 되었지.

물론, 시간이 지나며 사람들은 상황이 달라졌다는 걸 알게 되었어. 아우구스투스는 여타 선출직들처럼 금세 물러날 것 같지 않아 보였어. 그는 40년이나 재위했고, 권력을 물려받은 아들 티베리우스 역시 20년 동안 로마를 다스렸지. 임종을 앞두고 있던 아우구스투스는 이렇게 한마디를 남겼대.

"나는 내 역할을 잘 수행했는가?"

그 말이 많은 뜻을 의미할 수도 있었겠지만, 공화국을 사랑하던 로마인들을 만족시킬 만한 적절한 이야기를 발굴했다는 뜻도 되겠지.

카이사르와는 달리, 아우구스투스는 군주로서의 모습을 과시하려 하지 않았어. 호화롭게 살지도 않았고 마을마다 첩을 두지도 않았고 황금 궁전에서 살지도 않았어. 왕이라 불리길 원치 않았고, 소박한 삶을 영위했지. 아마 역사상 가장 고루한 독재자였을지도 몰라.

하지만 그래도 그는 명백히 독재자였어. 그리고 400년간 그를 뒤따랐던 후계자들도 마찬가지였지. 트라야누스나 하드리아누스, 마르쿠스 아우렐리우스와 같은 독재자들은 자애로우면서도 능력이 출중했지.

어떤 독재자들은 바보 같거나 그저 명목상의 황제에 불과했어. 어떤 이는 정신이 온전하지 못했고, 누군가는 집무실에서 세상을 떠났지. 다른 이는 여러 가지 이유로 '권력에서 제거'되었어.

로마 공화국은 아우구스투스 카이사르 휘하의 제국으로 바뀌기까지 수세기 동안 영토를 확장해 왔어. 그 후 로마 제국은 5세기 동안 점진적인 쇠퇴기에 진입했지. 그동안 로마 시민들은 간간이 일어났던 군사 쿠데타와 암살, 가족의 배신 등을 지켜봤어. 하지만 그 전에, 삶은 괜찮았어. 그러니 괜히 건드릴 필요 없잖아?

| 미국은 민주주의 국가가 아니야

로마 공화국처럼 공화국으로서 미국은 왕을 축출하는 걸로 시작되었어. 로마의 마지막 왕은 타르퀴니우스였고, 미국의 마지막 왕은 조지 3세였지.

미국 식민지는 대영제국의 제국주의 지배를 받는 데에 반기를 들었어. 자유를 쟁취하고 난 뒤, 독립한 식민지들은 권력의 공유, 시민권, 제한된 정부라는 공화국의 가치에 혼신의 힘을 다해 맹세하며 연합했지. 그들은 연합을 굳게 지키겠다며 약속했어. 우리는 헌법으로 그 약속을 잘 알고 있지.

헌법은 민주주의를 창조하지 않았어. 공화국을 만들었지. 그리고 공화국에서 국민은 정부에 직접 손을 대지 않아. 미국 정부에서 가장 민주적으로 구성되었다는 하원 의원조차도 진정한 민주적 조직은 아니란다.

하원은 2년마다 재선해야 하는 선출직 대표로 구성되어 있어. 민주주의라는 관점에서 볼 때, 입안자들이 가장 비슷하게 볼 수 있는 범주이지. 국민은 실제로 대통령을 뽑지 않아, 선거인단이 뽑는단다. 초창기 헌법에서 국민은 상원 의원도 뽑지 않았어, 주 입법자들이 뽑았지.

오늘날에도 미국 국민은 정부 조직에서 가장 귀족적인 요소를 지니고 있는 대법관을 뽑지 않아. 대법관은 아홉 명으로 구성되어 있는데, 평생 임명이 보장되고 그 누구에게도 책임을 지지 않으며 법을 해석하는 데 절대적인 권한을 보장받지.

그러니 너는 민주주의 국가에서 살고 있는 게 아니야, 바이올렛. 너는 공화국의 시민이란다. 너는 어떤 사람들이 다른 사람보다 정부 업무에 더 적합하다는 개념 위에 세워진 정부 조직 속에서 살고 있어.

그리고 정말이지, 이 나라를 세운 사람들은 이 말이 사실이라고 믿었단다. 그들은 어떤 사람들이 다른 사람들보다 더 우수하다고 믿었어. 그들은 민주적이었다기보다는 대체로 귀족적이었지. 오늘날 우리가 생각하는 '동등하다'라는 말의 의미에서, 그들은 '모든 인간은 동등하게 태어났다'라는 말을 받아들이지 않았어.

그들은 백인에 재산을 가진 남성들이 법 휘하에서 모두 동등하다고 보았지. 그리고 이렇게 좁은 범위 내에서도 모든 남자가 같은 능력과 지능, 성격을 태어났다고 생각하지 않았어. 그들은 여성도 배제했지. 당연히 미국에서 그 수가 늘어나고 있던 노예들도 포함되지 않았어. 이 문서를 작성한 남자들 대다수가 노예를 보유하고 있었는걸. 토머스 제퍼슨처럼 가장 유명한

'건국의 아버지' 몇몇은 노예와의 사이에 아이까지 두고 있었지.

헌법을 쓴 사람들은 '군중'을 합당한 이유에서 두려워했어. 그들에게 고대의 모범 정부는 아테네가 아니라 혼합 정권으로 공화국을 이뤘던 스파르타였지.

고대 아테네는 알키비아데스 같은 선동가에게 쉽게 이끌렸는데, 그런 이들은 군중에게 전쟁과 제국이 아테네에 최선의 이익을 가져온다고 장담했지. 그리고 민주적 아테네는 평화로운 나라가 아니었어. 무력으로 무자비하게 영토를 넓혀 나갔어. 전성기에 아테네 민주주의는 밀로스 섬에서 표현되었던 '힘이 곧 정의이다'라는 격언을 믿었어. 이곳에서 한 아테네 장군이 이렇게 말했지.

"강자는 원하는 걸 얻고, 약자는 응당 고통을 겪어야 한다."

헌법을 만든 사람들은 미국이 제국으로의 길을 걷지 않길 바랐어. 그들은 미국이 아테네나 로마, 대영제국이 되는 걸 원하지 않았지. 헌법 회의를 주재했던 조지 워싱턴은 국가가 외국과 얽매이지 않도록 경고를 보낸 걸로 유명해. 그는 정치적 정당과 빚도 조심하라고 경고했지.

미국의 정부 시스템은 우수한 인재의 지배를 받는 귀족제와 다수의 지배를 받는 민주주의, 한 사람의 지배를 받는 왕정이 섞인 혼합 체제야. 어두운 이면도 소홀히 하면 안 돼. 소수의 지배를 받는 과두 정부, 부자의 지배를 받는 금권 정치, 한 사람의 지배를 받는 독재.

이런 관점에서 헌법은 '공화국'의 모든 속성과 문제점을 기술한 플라톤의 또 다른 각주라고 볼 수 있어.

그래서 어느 한쪽으로만 치우치지 않도록 헌법을 구상한 사람들은 각각의 분파가 다른 두 분파를 견제할 수 있도록 힘을 실어 주려 노력했지. 그들은 다음과 같은 순서로 각각의 분파에 대한 정의를 내렸어.

| 의회가 할 수 있는 일과 없는 일

입법 의회는 헌법 제1조에 기술되어 있어. 미국의 의회는 양원제로 구성되어 있단다. 하원과 상원이라고 부르지.

하원은 정부에서 가장 민주적인 조직이야. 하원 의원으로서 직무를 수행하려면 스물다섯 살 이상이 되어야 하고, 7년 이상 미국 시민권 자격을 유지하고 있어야 해. 그리고 선출된 주에 살고 있어야 하지.

하원 의원으로 선출되고 나서 임기는 단 2년밖에 되지 않아. 헌법을 만든 사람들은 의도적으로 이렇게 했는데, 민주적 요소를 약화시키기 위해서였지. 의원들은 유권자들에게 끊임없이 응답해야 하고, 너무 극단적으로 행동하는 사람들은 빨리 공직에서 물러나게 해야 한다는 생각이었어.

바람의 방향은 자주 바뀌게 마련이지. 의회는 가장 큰 입법기관이면서 각 주의 인구를 기반으로 의회를 대표한단다.

의회가 가장 큰 힘을 발휘하는 분야는 재정이야. 우리는 이를 두고 '지갑의 힘'이라 표현하지. 모든 예산은 의회에서 나와. 의회는 또한 유일하게 대통령에 대한 탄핵 소추권을 가지고 있어. 중요한 점은 의회가 대통령을 탄핵할 결정권은 갖고 있을지 모르지만 대통령을 끌어 내릴지 여부를 결정하는 투표권은 없다는 거야. 그 권한은 상원 의원에 있지.

원래 상원 의원은 순전히 귀족적 기구로 설계되었어. 각각의 주에는 두 명의 상원 의원이 있지. 주의 인구수와는 관계없단다.

상원 의원이 되기 위해서는 서른 살 이상이 되어야 하고 미국 시민권을 보유한 지 9년 이상이어야 해. 그리고 선출된 주에 거주해야 하지. 상원 의원으로 선출되면 임기는 6년이야. 그 이면에 어떤 생각이 있었는가 하면, 시시때때로 변하는 국민들에게 일일이 반응할 수 없을 것이기에 즉각적 보복의 두려움 없이 신중하게 판단할 자유를 줘야 한다는 거였어.

상원 의원은 법안을 상정할 수 있고, 하원 의회에서 통과된 예산을 수정할 수 있지. 상원 의원은 대통령이 대법관과 대사 그리고 다른 고위 관료를 임명할 때 동의해야 하는 의무가 있어.

이렇게 하원과 상원이 모여 의회를 구성하지. 이 둘은 다음과 같은 공통의 권한이 있단다.

전쟁 포고, 법안 상정, 세금 승인, 금전 차입, 대통령 탄핵(상원 의원 중 3분의 2 이상 동의 필요), 자체 구성원 감시, 대통령의 거부권을 금할 수 있음(각 의회에서 3분의 2 이상 동의 필요), 통상 규제, 시민권을 획득하는 데 따른 절차 수립, 화폐 발행, 우편 관서 설립, 저작권 및 특허 보호로 과학과 유용한 예술의 발전 장려, 군사력 확충 및 지원, 해군 창설 및 유지.

의회가 할 수 없는 것도 있어.

인신 보호 영장의 특권은 내란 또는 공공의 안전이 요구되는 경우를 제외하고는 유예할 수 없다.

의회는 누군가의 재판을 거부할 수 없고, 강제로 소급할 수 있는 법을 통과시킬 수 없다는 뜻이야. 네가 의회의 마음에 들지 않는 일을 저질렀대도 재판 없이 너를 유치장에 넘길 수 없다는 말이지. 그렇게 해서 의회는 네가 했던 일이 뭐가 되었든 불법이라고 규정한다 해도, 새로운 법에 따라 네가 과거에 저지른 죄로 기소할 수 없는 거야.

인두세나 그 밖의 직접세는 앞서 규정한 인구 조사 또는 산정에 비례하지 않는 한, 부과하지 못한다.

의회는 연방 소득세를 부과하지 못한다는 말이지. 헌법에 반대하는 많은 사람이 두려워하는 점이 연방 정부가 소득세를 부과할지 모른다는 거야. 헌법 옹호론자들은 이렇게 말했지.

"그런 걱정은 접어 두시길! 그런 일은 절대로 일어날 리 없을 테니."

그런 일은 일어났어. 수정헌법 제16조에서 이 부분이 뒤집혀 버렸는데, 의회가 소득세를 부과하도록 허가했지.

| 행정부와 사법부의 권한에 대하여

헌법이 성문법인 이유는, 식민지의 초기 정부 문서—연합 헌장—에 오류가 분명히 드러났기 때문이야. 연합 헌장의 가장 두드러진 문제는, 행정부 또는 일을 추진하고 완수할 수 있는 똑똑한 능력자들이 부족했다는 거지. 대부분의 사람에게는 일을 실행할 능력이 없었어. 원칙과 정책을 설계할 능력은 있었지만, 정부를 꾸려 나가는 데에는 완전히 서툴렀지.

그래서 헌법 제2조에 행정부의 권한에 대해 기술해 놓았어. 행정 체제에 군주적 요소를 융합했지. 당연한 이유로 헌법을 쓴 사람들은 군주제를 무척이나 두려워했어. 그래서 의회가 통수권자보다 더 많은 권한을 갖기를 바랐단다.

미국의 대통령이 되기 위해서는 미국에서 태어나고 자란 시민권자여야 해. 미국에서 14년 이상 살아야 하고, 서른다섯 살 이상이어야 하지. 대통령 재임 기간은 4년이야. 임기가 시작되기 전 대통령은 다음과 같이 맹세해야 해.

저는 미국 대통령으로서 임무를 성실히 수행할 것을 엄숙히 맹세합니다. 또한 제 능력을 최대한 발휘해, 미국의 헌법을 보존하고 보호하며 지킬 것입니다.

대통령은 육군과 해군의 통수권자야. 그는 상원 의원의 동의를 3분의 2 이상 얻은 하에 조약을 체결할 수 있지. 그는 대법관을 임명하고, 가끔 의회에 나가 연설을 하기도 해. 의회에서 대통령은 연두교서(매년 연초에 대통령이 연방제의 상황에 대해 설명하는 연설)를 하고 의회에 안건을 건의하기도 하지.

그는 임시로 의회를 소집할 수 있어. 그리고 의회에서 통과된 법을 거부할 수 있는데, 이 거부권은 양원에서 투표를 통해 3분의 2 이상 동의를 얻어야지만 기각할 수 있단다.

대통령은 '반역죄, 수뢰죄 또는 그 밖의 중대한 범죄 및 경범죄'로 탄핵될 수 있어. 즉 모종의 이유로 의회가 대통령을 탄핵하길 원한다면, 상원 의원에서 투표를 통해 3분의 2 이상 동의를 해 대통령을 면직 처분할 수 있지.

대통령은 국민이 뽑지 않아. 제2조에서는 선거인단이라는 치밀한 시스템을 구축하지. 선거인단이란 각 주의 선거인이 일반 투표에 기반을 두고 후보자에 투표를 하는 복잡한 방식이야. 하지만 선거인들은 자신의 양심에 따르고 국민의 의도에 반해 행동할 수 있지. 아직까지는 그런 일이 일어난 적이 없지만 언제든 일어날 수 있어.

헌법 제3조는 가장 짧아. 사법부의 권한에 대해 기술하지. 헌법에서 가장 귀족적인 요소를 가지고 있는데, 판사는 종신제인 데다가 그들이 적합하다고 생각하는 대로 법을 광범위하게 해석할 권한을 부여받기 때문이야.

판사들도 탄핵당할 수 있지만 절차는 매우 어려워. 의회는 대법관이 중대 범죄를 저지를 시 탄핵할 수 있고, 상원 의원의 동의를 3분의 2 이상 받아야 해. 사법권은 스스로 가진 돈도 없고 군대도 마음대로 가질 수 없다는 사실 때문에, 그 역할에 제한을 받기도 해.

헌법은 수정하기 어려워. 그동안 스물일곱 번 수정되었고, 그중 열 건은 헌법이 통과된 직후 비준되었어. 우리는 그 처음 열 개의 조항을 '권리장전'

이라고 알고 있지. 연방 정부의 권한을 대폭 축소하는 데 중점을 두고 있어. 권리장전을 구상한 사람들은 정부가 시민들을 마음대로 부릴지 모른다고 생각했어. 남은 조항도 예상치 못한 권력 남용이 일어난 후 통과되었지.

| 미국 수정헌법 10개조에 대하여

제1조가 아마 가장 유명할 거야.

연방 의회는 국교를 정하거나 또는 자유로운 신앙 행위를 금지하는 법률을 제정할 수 없다. 또한 언론, 출판의 자유나 국민이 평화로이 집회할 수 있는 권리 및 불만 사항의 구제를 위해 정부에게 청원할 수 있는 권리를 제한하는 법률을 제정할 수 없다.

제2조에는 의회가 국민이 무기를 소지하는 걸 금지할 수 없다고 나와 있어. 어떤 이들은 이 조항을 근거로 이런 자유가 무제한이라고 생각하는 반면, 다른 이들은 '통제가 잘 되는 민병대'만 지칭한다고 생각하지. 여기에 나온 조항의 의미는 지금도 뜨거운 논쟁의 대상이 되고 있어.

규율 있는 민병은 자유로운 주의 안보에 필요하므로 무기를 소장하고 휴대하는 인민의 권리를 침해할 수 없다.

제3조는 평화 시에 군인은 민가를 점유할 수 없다고 기술하고 있어. 이는 영국의 제도하에서도 일반적인 관례였지.

제4조는 국민이 합당하지 않은 이유로 수색이나 압수를 당할 수 없다는 내용이야. 경찰은 타당한 근거 없이 국민의 물건을 수색할 수 없어.

부당한 수색, 체포, 압수로부터 신체, 가택, 서류 및 통신의 안전을 보장받는 인민의 권리는 이를 침해할 수 없다. 체포, 수색, 압수의 영장은 상당한 이유에 의하고, 선서 또는 확약에 의해 뒷받침되고, 수색될 장소, 체포될 사람 또는 압수될 물품을 기재하지 아니하고는 이를 발급할 수 없다.

제5조는 같은 범죄로 두 번 기소될 수 없다는 내용이야. '일사부재리'로 알려져 있지.

제6조는 범죄가 발생한 주와 그 지역에 속한 공정한 배심원들에게 신속하고 공개적인 재판을 받을 권리가 있다고 말하고 있어. 이론적으로 사람들은 재판도 받지 않고 끌려가거나 붙잡힐 수 없지.

모든 형사 소추에서, 피고인은 범죄가 행해진 주 및 법률이 미리 정하는 지역의 공정한 배심에 의한 신속한 공판을 받을 권리, 사건의 성질과 이유에 관해 통고받을 권리, 자기에게 불리한 증언과 대질 심문을 받을 권리, 자기에게 유리한 증언을 얻기 위해 강제 수속을 취할 권리, 자신의 변호를 위해 변호인의 도움을 받을 권리가 있다.

제7조에는 '소송에 걸려 있는 액수가 20달러를 초과할 경우' 배심 재판을 받을 권리가 있다고 나와 있어.

제8조는 법원이 과다한 보석금을 요구할 수 없고 잔인하거나 유례없는 처벌을 내리지 못하도록 되어 있어.

과다한 보석금을 요구하거나, 과다한 벌금을 과하거나, 잔혹하고 비정상적인 형벌을 과하지 못한다.

제9조에는 헌법이 국민의 특정 권리만 명시했다고 해서 헌법에 없는 다른 권리는 없다고 여기면 안 된다고 나와 있어.

본 헌법에 특정 권리를 열거한 사실이, 인민이 보유하는 그 밖의 여러 권리를 부인하거나 경시하는 것으로 해석되어서는 아니 된다.

제10조에는 헌법에 의해 미국에 위임되지 않은 권한은 각 주에 귀속된다고 쓰여 있어. 예를 들어 대부분의 경우 살인은 연방 범죄가 아닌 그 주에서 일어난 범죄이기 때문에 해당 주는 그곳의 법에 따라 범인을 처벌할 수 있다는 말이지. 다양한 불평등과 문제를 다루고 있는 그 밖에 열일곱 개 수정 헌법과 마찬가지로 이것들은 너의 '권리'야. 하지만 정의를 위해서라면 너의 권리는 인정되지 않아, 바이올렛. 헌법에 단 하나, 커다랗게 예외 표시를 둔 게 있어. '전쟁 중에는 이 모든 게 적용되지 않는다.'

| 전쟁 중엔 권리가 없다는 걸 아니

전쟁 중에는 너의 권리가 언제까지고 제한될 수 있어. 재판 없이 철창에 갇힐 수도 있지. 청구권 없이 재산을 박탈당할 수도 있어.

어떤 범죄에 연루되었다거나 의심받지 않는다고 해도 정부는 개인적인 편지를 읽을 수 있고, 전화 내용을 감청할 수 있으며, 정치적 견해가 어떤지 평가할 수 있어. 자금 출처를 추적할 수도 있지.

심지어 대통령에게 개인을 고문하거나 죽일 수 있는 결정권도 있단다. 우리 정부가 이 모든 걸 다 한 적이 있다는 것도 알고 있어. 단, 전쟁 중일 때에만 말이지.

공식적으로 또는 비공식적으로, 미국은 지난 75년간 전쟁 상태였단다. 1941년 제2차 세계대전에 뛰어든 이후 미국은 다음의 분쟁들에 연루됐어.

1941~1945 제2차 세계대전

1947~1991 냉전

1950~1953 한국 전쟁

1961 쿠바 침공

1962 타이 방어

1955~1975 베트남 전쟁

1965 도미니카 공화국 침공

1982 레바논 주둔

1983 그레나다 침공

1983~1989 온두라스

1986 리비아 미사일 공격

1990~1991 페르시아 걸프전

1993~1995 보스니아 전쟁 / 소말리아 / 아이티

2002~2014 아프가니스탄 전쟁

2003~2011 이라크 전쟁

2001~ 테러와의 전쟁

2015~ 대통령이 ISIS를 격퇴하기 위해 비상 대권을 모색 중

너는 전쟁 중에 태어났어. 그리고 5년 뒤 이 글을 쓰는 동안에도 너는 평화로운 시기를 몰랐지. 아빠는 1995년에서 2001년 사이, 평화 비슷한 짧은 시기만을 보냈을 뿐이란다.

1941년 진주만이 폭격당한 이후, 미국은 74년 중 48년을 전쟁으로 보냈어. 대강 계산하면 65퍼센트나 되지. 냉전까지 더하면 74년이나 전쟁을 한 거야. 그럼, 90퍼센트네. 2001년 이후 우리는 100퍼센트, 하루도 빠짐없이 전쟁 중인 셈이지.

끝날 기미가 안 보여. 제2차 세계대전은 고등학교 재학 기간만큼 지속되었어. 테러와의 전쟁은 이미 한 세대를 지나 버렸지. 로마와 대영제국이 그랬던 것처럼, 미국도 전쟁 벌일 일을 찾는 것 같아.

정치가들은 우리가 평화로운 나라에 살고 있다고 주장할지 모르지. 아빠의 경험에서 볼 때 그 말은 사실이 아니야.

| 권리가 있다는 걸 잊지 마

미국은 이전 제국들처럼, 지난 한 세기 내내 무력 충돌에 연루되어 왔어. 다만 그 전과 다른 점은 정치적 목적을 달성하기 위해 어마어마한 군사력을 계획할 능력과 의지가 있다는 거지. 프로이센의 지략가였던 클라우제비츠가 썼던 바와 같이 "전쟁은 다른 수단에서 정치의 연속이기" 때문이야.

미국은 지구상에서 가장 막강한 군사력을 유지하고 있어. 이 군사력으로 육지와 바다, 하늘, 심지어 우주까지 지배하고 있단다. 우리나라는 전쟁 중에 건국되었고 무력으로 대륙을 차지했어. 남북전쟁 이후 통일되었고 전 세계 곳곳에서 일어나는 충돌을 통해 국제적 제국이 되었지. 그리고 로마와 같이 미국에서 군 복무를 하면 손쉽게 정치적 권력을 얻을 수 있지.

아빠는 베트남 전쟁 중에 태어났고 냉전을 보며 성장했어. 너는 이라크와 아프가니스탄을 상대로 전쟁하던 때에 태어났지. 그리고 테러와의 전쟁을 보며 자랄 거야. 우리는 35년 차이가 나지만, 너와 나는 어린 시절에 같은 말을 들으며 자라는구나.

저기에 이상하고 낯선 적이 있는데, 언젠가 경고 하나 없이 핵무기로 우리를 공격할 거야. 그들은 사악하고 억압적 이데올로기를 찬양하는, 사악한 노예들이지. 그리고 그들의 지도자는 너를 싫어해. 너는 선량하고 자유롭기 때문이야. 우리가 그들을 막으면 전 세계는 순식간에 우리를 상대로 과격해지겠지. 우리가 이런 위협으로부터 너를 보호할 수 있도록 너는 너의 권리 일부를 포기해야 해.

네가 이 글을 읽을 2028년에도 전쟁 중일 가능성은 매우 높아. 너의 아이들도 전쟁 중에 태어나겠지. 그렇게 되는 거야.

그러니, 우리에게는 헌법이 있고 헌법에는 너의 권리에 대해 참 좋은 말이 많이 쓰여 있어, 바이올렛.

2천 년 전 로마 시민의 권리가 침해받았을 때, 그들은 원로원에게 민원을 넣거나 법원에 소송을 제기할 수 있었지. 아우구스투스 카이사르가 마지막에 한 말을 기억해 봐, 바이올렛.

"나는 내 역할을 잘 수행했는가?"

Chapter 25.

부자가 되고 싶다면 열정을 따르렴

애덤 스미스, 《국부론》

아빠가 처음으로 아르바이트를 시작한 곳은 일리노이 주 제네바에 있는 초콜릿 가게였어. 3번가에 초콜릿 가게 하나가 오랫동안 자리를 지키고 있었는데, 장사가 안 되어서 끊임없이 주인이 바뀌었지.

원래 이름은 할머니네 초콜릿이었는데, 어떤 남자가 가게를 인수하더니 이름을 그라함네 초콜릿으로 바꿨지 뭐야. 왜 이름을 그렇게 바꿨는지 이해가 가지 않더라고. 남자의 이름은 밥이었거든.

밥은 젊고 말쑥한 남자였는데 폭스바겐 버스를 몰고 다녔어. 그가 서른 살 즈음이었을 거야. 부업으로 웨딩 밴드에서 트롬본을 불기도 했었지. 웨딩 밴드에서 연주를 하면서 돈을 더 많이 벌었을지도 몰라. 밤마다 끊임없이 일하러 나갔거든. 그래도 그의 꿈은 쇼콜라티에(초콜릿 장인)가 되는 거였어.

초콜릿 가게에서 일한다니, 여기에서보다 더 잘할 수는 없으리라 생각했어. 누가 사탕 가게에서 하는 일을 마다하겠어? 그러다 초콜릿 비즈니스가 생각보다 만만치 않다는 걸 알아차렸지. 밥은 매일 아침 엄청나게 일찍 나와서 초콜릿을 만들기 시작했어. 그리고 공연이 없으면 종종 밤늦게까지도 일을 했지. 밥에게는 '주말'이 없었어. 주말은 장사가 가장 잘되는 때였고, 주중에는 주말 장사를 위해 준비를 해야 했으니까.

나는 초콜릿을 상자에 담고 상자를 다시 채우는 일을 했어. 하지만 주방 청소가 주요 업무였지. 하루 종일 초콜릿과 캐러멜이 바닥으로 뚝뚝 떨어져 타일 바닥에 굳어 버리곤 했어. 그래서 가게 문을 닫기 한 시간 전부터 바닥에 무릎을 꿇고 손바닥을 딱 붙인 채 플라스틱 끌로 눌어붙은 초콜릿과 캐러멜을 긁어냈지. 긁어낸 사탕이 묻은 끌은 금세 쓸모없어지는데, 그러면 끓는 물로 씻어 내야 했어.

바닥 청소가 끝난 다음은 설거지하는 시간이야. 밥은 캐러멜을 만드는 데 커다란 구리 가마솥을 썼어. 새로 만든 1페니 동전 같은 색깔에 아주 멋진 도구였지. 수작업으로 만든 것 같았고, 작은 꽃잎이 옆에 앞뒤로 장식되어 있었어. 그 가마솥은 누가 봐도 밥에게 무척 특별했어. 우리에게 조심해서 다루라고 일렀지. 그때는 가마솥이 대대로 내려오는 물건인 줄 알았어. 돌이켜 보니 그가 가진 도구 중 가장 비싸서 특별했던 모양이야.

가마솥은 1톤은 나가 보일 정도로 무거웠고, 씻을 때 세제를 쓸 수 없었어. 오직 펄펄 끓는 물만 써야 했지. 단단히 굳은 캐러멜이 덕지덕지 붙은 구리 솥에 뜨거운 물을 부으면, 이 세상 어디서도 맡아 본 적 없는 고약한 악취가 뿜어져 나온단다.

냄새가 얼굴을 뒤덮는 동안 나는 가마솥 옆에 서서, 주방에서 가져온 특수 호스로 뜨거운 물을 가마솥에 채워 넣어. 물이 가득 차면 감당하기 힘들 정도로 무거워지는데, 그래도 들어서 물을 쏟아 내야 했고 이런 작업을 솥이 반짝반짝해질 때까지 반복해야 했지. 솥을 비울 때까지 매번 뜨거운 물에 손이 데는 건 일도 아니었어. 나머지 그릇들은 하나 같이 초콜릿에 마시멜로, 녹은 설탕투성이였어.

| 성공한 사업가 밥 이야기

아빠는 그곳에서 여지없이 가장 게으른 인간이었어. 밥은 언제나 근무 중이었지. 이따금 거기서 잠도 잤던 것 같아. 대학 다닐 때 한 번은, 크리스마스 방학을 맞아 집으로 가던 중이었는데 새벽 한 시 반에 우연히 그 가게를 지나갔어. 가게 안은 불이 환하게 켜져 있었지.

창문을 통해 본 밥은 초콜릿을 만들고 있었어. 크리스마스는 초콜릿 업계에서 아주 중요한 시즌이니까. 크리스마스 공휴일을 전후해서 초콜릿을 많이 팔 수 있어. 물 들어올 때 노 저어야지.

가게는 초콜릿만 팔지 않았어. 사람들은 나무로 된 바닥에 향수를 불러일으키는 진열 상자, 주철로 만든 테이블과 세심하게 골라온 상품들에 이끌려 가게에 들어왔어. 밥은 대부분 주방에서 일을 했기 때문에, 밴드에서 노래를 부르던 가수를 고용해 매장 안을 보도록 했지. 그녀의 이름은 베키였어.

베키는 예쁘면서도, 친절하고, 재밌었어. 그녀는 제 시간에 출근하길 바랐어. 변명 따위는 듣고 싶지 않아 했지. 다양한 장식품을 어떻게 놓을지 고민도 많이 했어. 거래원장을 가지고 다니며 매일 매출을 계산했지. 트러플 (동그란 버섯 모양 초콜릿)이 들어 있는 상자를 떨어뜨릴 땐 기분이 썩 좋지 않았어.

밥과 베키는 동업자였는데, 마침내 결혼해서 부부가 되었어. 처음에 그들은 가진 게 아무것도 없었지. 밥은 누군가의 집을 빌렸고 움직이는 창고 겸해서 폭스바겐 버스를 몰고 다녔어. 시간이 지나며 초콜릿 가게는 엄청나게 큰 성공을 거뒀지.

25년 뒤, 밥과 베키는 가게도 몇 개 더 열었고 돈도 많이 벌었을 거야. 그 초콜릿 가게는 우리 고향의 명소야. 먼 거리에 사는 사람들도 그곳을 보러 온단다. 매장에서 파는 것뿐만 아니라 그라함 초콜릿은 온라인으로도 판매하고, 결혼식이나 기업체, 고급 레스토랑용 맞춤 초콜릿을 공급하기도 해.

네 엄마와 나는 네가 세 살 때 그곳에 간 적이 있어. 너는 철제 테이블 중 하나에 앉아 초콜릿을 담뿍 입힌 딸기를 황홀한 눈빛으로 바라봤지.

하지만 그때 여름 내가 밥의 가게에서 처음 일을 시작했을 때를 돌이켜 보면, 그가 성공할 수 있을지 불확실했을 때 아빠가 살던 마을에는 그 밖에 다른 일도 일어나고 있었단다.

| 저축대부조합 파동 이야기

그 전해 가을, 주식 시장이 박살나고 우리 옆집 사람들이 급작스레 집을 팔고 이사를 가 버렸어. 이웃 사람들이 살던 곳은 천 평이 넘는 부지에 나무가 우거진 잔디밭 위의 화려하고 거대한 19세기 사택이었는데, 삼촌과 아빠는 그 집 마당에서 놀면서 어린 시절을 보냈지. 우리 이웃은 굉장한 부자처럼 보였고 그곳에서 몇 년 동안 살았어. 하지만 며칠 만에 사라져 버린 거야.

이웃에 살던 분은 시카고 상업 거래소의 딜러였는데, 1987년에 일어난 시장 붕괴로 재산을 모두 잃고 말았어. 그 시장 붕괴로 '저축대부조합 파동'이라고 불리는 사건이 뒤따랐지. 저축대부조합은 지역 협동조합의 일종이야. 이곳에 돈을 맡기면 조합에서는 지역 기업체나 집을 살 때 돈이 필요한 사람들에게 대출을 해 주곤 했지.

저축대부조합은 대출로 쏠쏠하게 이익을 봤어. 그렇게 얻은 이익을 은행에 예금을 맡긴 사람들에게 이자로 줬지. 조합에서는 예금을 맡긴 사람들이 한꺼번에 돈을 찾는 일은 절대 없으리라는 사실에 의지했어. 그래서 소소하게 투자하고 예금을 관리하기 위해 약간의 운용자금만 가지고 있었지.

대부협동조합은 1980년대까지 투자가 금지되었어. 그때 의회에서는 협동조합도 은행처럼 운영하게 해야 한다고 결정했지. 은행은 주식을 사고 어떤 분야에서든 투기를 할 수 있지. 조합이 똑같이 할 수 없다면 불공평한 거였어. 조합도 경쟁에 뛰어들게 하면 더 많은 이익을 볼 거고, 경쟁은 고객을 비롯한 모든 사람을 도울 거라는 의견이 팽배해졌어. 그래서 저축대부조합의 규제가 풀리고 주식 시장 투자에 뛰어들기 시작했지.

문제는 조합이 집값으로 운용을 했다는 점이야. 예금은 연방 정부의 보호를 받기 때문에 투자에 실패한다고 해도 정부가 간단히 변제해 주지. 경제학자들은 이 문제를 두고 '도덕적 위험'이라고 논평했어. 즉 사태가 악화되더라도 전적으로 책임을 지지 않기 때문에 당사자가 불필요한 위험을 감수하도록 상황을 만든다는 거지.

아니나 다를까, 조합은 너무나 많은 위험을 떠안았어. 그리고 그 위험한 투자가 실패하자, 지주는 미국 전역에서 줄줄이 도산했지. 정부는 은행에 예금을 넣은 사람들에게 돈을 지불해야 하는 상황에 놓였어. 하지만 여느 보험 회사와 마찬가지로, 이 사태에 책임이 있던 정부 부처는 모두에게 일시에 지급할 수 있는 충분한 돈이 없었지. 해마다 파산하는 몇몇 은행 정도는 감당할 수 있지만, 이렇게 큰 규모로 일어나는 위기에는 전혀 아니었어.

우리의 정치가들께서는 우리에게 참고 기다리라 말했지. 결국 시장의 보이지 않는 손이 모두 해결해 줄 거라며. 그동안 신뢰를 다시 구축해야 했어. 그래서 정부가 조합을 구제해 줬지.

| 경제 대침체 이야기

그로부터 25년 동안 밥의 사업이 성장하던 새, 대규모 금융 공황이 세 번 찾아왔고 마지막은 다른 두 번과 비교해 최악의 매운맛이었어. 2001년에 일어났던 닷컴 버블 또는 IT 버블 때는 투자자들이 지나치게 고평가되었던 IT 회사의 투자금을 갑자기 회수하면서 벌어졌지. 그 결과 불황이 찾아왔고 2002년 엔론 스캔들이 터지면서 더 악화되었어. 당시 미국의 가장 큰 회사 중 하나였던 엔론이 재정증명서를 위조한 게 드러난 거야.

마침내 경제 불황의 최강자가 등장했어. 2008년에 일어났던 경제 대침체였는데, 경제 대공황 이후 최악의 경제 위기였지.

IT 기업이 줄줄이 무너지고 엔론 스캔들이 일어나자 투자자들은 주식 시장에서 전의를 상실해 버렸고, 너도나도 부동산에 투자하기 시작했어.

집값은 말도 안 되게 높이 치솟았다가 이내 폭삭 주저앉아 버렸단다. 은행은 주택 붐에 편승해 돈을 더 많이 벌려고 '파생상품'이라고 알려진 베팅을 걸었어. 주택 가격이 더 오를 거라고 떠들어 댔고, 집값이 떨어질 것에 대비해 '헷지'라고도 하는 또 다른 보험 상품도 내걸었지.

정부에서는 이자율을 매우 낮게 유지시키기 위해 은행이 이런 방침을 계속하도록 부추겼어. 그리고 은행은 사람들이 되갚지 못할 정도로 어마어마한 돈을 대출해 줘서 엄청나게 돈을 벌었지. 예를 들어 내가 집 담보 대출을 하려고 할 때, 은행에서는 내 담보 대출을 잘게 쪼개고 그 쪼갠 조각들은 제3자에 '투자' 명목으로 팔아. 제3자는 이 투자가 실패할 것에 대비해 보험을 들겠지. 그러면 보험업자 역시 보험 가입자를 유치하는 셈이 되지.

이 모두가 제대로 진행이 돼. 집값이 지속적으로 오르기만 한다면 말이야. 나는 이때 집을 담보로 대출을 받아. 아빠가 집을 사려고 대출을 받으러 은행에 갔을 때, 1년 연봉이 4만 2천 달러였어.

은행에서는 아빠에게 40만 달러나 대출을 해 줬어. 1년 연봉에 거의 열 배지. 나는 그 금액을 절대 갚을 수 없을 터였어. 하지만 집을 사면 집값이 바로 올라갈 거라는 생각이 들더라. 그러면 집을 팔고 은행에 대출금을 갚으면 수중에 이익이 조금이라도 돌아오겠지.

모두들 돈을 만질 수 있어. 아빠는 결국 훨씬 더 적은 돈을 빌렸지만 그래도 출혈은 컸어. 다른 이들은 그런 기회에 뛰어들었단다. 사실 이 기간에 나는 온갖 애걸복걸에 시달렸어. 모두들 내게 5만 달러 또는 10만 달러를 더 대출해 주고 싶어 했지.

주택 가격이 폭락하자 모든 게 일순간에 도미노처럼 무너졌어. 사람들은 담보 대출을 갚을 길이 없어졌고, 채무 불이행 상태에 이르렀지. 은행은 악성 대출을 수습하려 보험사에 손을 벌렸지만 보험사에도 돈이 없었어. 은행의 보험사들은 자신의 보험업자에게 눈길을 돌렸지만 보험업자 역시 돈이 없기는 마찬가지였지. 마지막 보험사가 문을 닫았고, 은행의 보험사가 문을 닫았어. 그러고 나서 은행이 문을 닫았지. 이 모든 일이 불과 며칠 또는 몇 주 안에 일어났어. 아무도 누가 무엇을 소유하고 누가 누구에게 빚을 졌는지 알지 못했지. 하지만 누구나 문제가 얼마나 심각한지는 알았어.

1조 달러나 되는 규모였으니까. 전 세계 모든 금융 시스템이 무너져 내렸어. 주가 지수는 50퍼센트나 깎이고 말았지. 수백만 사람들이 직장과 집 그리고 평생 모은 예금을 잃고 말았단다.

| 모든 부는 노동에서 비롯돼

'시장의 보이지 않는 손'이라는 구절은 '자본주의 아버지'라 일컫는 애덤 스미스가 썼다고 알려져 있지만, 그는 단 한 번도 그런 구절을 쓴 적이 없어. 그는 《국부론》 〈제4권〉에 이렇게 썼어.

그러나 한 사회의 연간 수입은 그 사회의 연간 생산 활동에서 나오는 총생산물의 교환 가치와 정확히 같다. 아니, 오히려 교환할 수 있는 가치와 정확히 같다. 따라서 모든 개인은 국내 산업을 지원할 수 있도록 자신의 자본을 이용하고, 그 생산물이 최대 가치가 되도록 그 산업을 총괄하는 데 최선을 다한다.

모든 개인의 노동은 필연적으로 자신이 할 수 있는 한 최대로 사회의 연간 수입을 증가시킨다. 사실 개인은 공공의 이익을 늘릴 의도도 없고, 자신이 얼마나 기여하고 있는지도 알지 못한다. 그저 해외 산업보다는 국내에 지원하는 걸 선호함으로써, 자신의 안전을 확보하길 바랄 뿐이다. 그리고 그렇게 생산 활동에 전념해 최대 가치의 생산 실적을 내는 것 또한 자신의 이익을 도모하기 위함이다.

대다수의 예에서도 보았듯이, 이렇게 함으로써 의도와는 전혀 상관없이 보이지 않는 손에 이끌려 생산을 늘리게 된다. 그가 의도하지 않았다고 해서 사회에 해를 끼치지는 않는다. 오로지 자신의 이익을 도모하는 방식이 의도적으로 사회의 이익을 도모하려는 것보다 사회에 효과적으로 기여할 때가 더 많다.

그가 뭐라고 썼냐 하면, 사람들이 자신의 직업을 고를 자유가 있을 때 당연히 그들은 자신에게 가장 이득이 되는 일을 고를 거라는 거야. 그렇게 해야 그들과 가족들이 안정을 누릴 수 있기 때문이지. 그렇게 하면 개인은 자신이 모르는 어떤 힘에 이끌려 나라의 부를 최고치로 끌어올릴 수 있다고 해. 그가 최상의 이익을 낼 수 있는 일에 종사하기 때문이라지. 하지만 모든 부는 노동에서 비롯돼.

모든 국가의 연간 노동력은 매년 소비하는 모든 생활필수품과 편리함을 제공하는 자금이며, 노동의 즉각적인 생산물 또는 해외에서 생산된 물품을 구입한 것 중 하나로 구성된다.

모든 부는 일(노동)에서 창조된단다. 부는 복잡한 금융 알고리즘에서 나올 수 없어. 오직 노동을 통해서만 나오지.

| 수요와 공급의 법칙에 대하여

이제, 어떤 일은 다른 일보다 더 큰 가치가 있어. 어떤 일을 더 전문적으로 할수록, 그 노동에 상응하는 임금은 높아지게 마련이지.

만약 들어가는 노동력보다 더 많은 일을 할 수 있다면 임금은 더 올라갈 거야. 현재 있는 노동력으로 해야 하는 일이 더 적다면 임금은 떨어지겠지. 비단 노동에만 적용되는 게 아니라 어떤 재화에도 다 적용이 돼. 이를 '수요와 공급의 법칙'이라 부른단다.

공급이 높으면 수요는 낮고 가격도 떨어지지. 반면, 공급이 낮으면 수요는 높고 가격도 올라가고 말이야. 이런 역학 관계는 수요와 공급이 같아지도록 자연스러운 동기를 마련해. 그리고 공급과 수요가 같아지면 어떤 재화의 가격은 '자연' 수준으로 수렴하지.

이런 현상은 경제 활동에서 항상 나타나. 예를 들어 1990년대 중반 웹사이트 개발을 하는 노동력의 수요가 엄청나게 높았을 때, 웹사이트 디자이너들은 돈을 아주 잘 벌었어. 덕분에 다른 이들도 웹사이트 디자인 기술을 배우려고 몰려들었지. 사람들이 하나둘 웹사이트 디자인 기술을 가지고 시장에 뛰어들자, 임금은 떨어지고 말았어.

노동력은 혁신을 통해 새로운 부를 창조할 수 있어. 그리고 일반적으로 혁신은 일을 할 때 드는 노동력을 줄이고자 도입되지. 종종 노동자 당사자들이 혁신을 들고 오기도 한단다.

일이 가장 세분화된 제조업체에서 사용되는 기계들 대부분은 원래 일반적인 노동자들이 개발한 발명품이었는데, 이들은 간단한 조작을 하는 것에서 더 쉽고 순조로운 방법들을 찾아내는 쪽으로 생각을 돌렸다.

생각해 보면 확실해지지. 하루 종일 하찮은 일을 한다고 쳐. 결국 너는 일을 좀 더 수월하게 할 수 있는 길을 구상하겠지. 일의 능률을 올릴 수 있는 시스템이나 기계를 개발하게 될 거야.

힘들게 쟁기를 질질 끌며 일하는 대신, 황소를 들여오는 셈이지. 황소는 너보다 힘이 세니까, 너는 또 더 큰 쟁기를 개발하게 돼. 이제 다른 모든 농부도 네가 새로 개발한 쟁기를 갖고 싶어 하지. 쟁기를 개발하는 과정에서 조립 라인, 기계, 재고 관리 등 새롭고 효율적인 시스템이 도입되고 곧 농업 그 이상에서 적용이 가능해. 거대한 혁신의 사슬은 노동에서 시작되지.

애덤 스미스는 시장이 눈에 보이지 않게 정의를 추구한다거나 스스로 공정하게 규제한다고 말하지 않았어. 그는 남용을 저지르거나 독점을 일으키는 관행을 저지하는 데 정부가 핵심적인 역할을 하고 있다는 걸 꽤 잘 알았던 것 같아. 또한 정부는 특정 서비스, 이를테면 공공 교육을 제공해서 산업을 포함한 사회 전체가 혜택을 볼 수 있도록 해야 해.

시장 내부에서 재화와 노동력은 수요와 공급을 통해 자연스럽게 가격을 찾아갈 수 있어. 그 체제 자체로 돌아가도록 내버려 둔다면 말이야. 하지만 시장은 아이들이 공장에서 일하지 못하도록 막아 준다든가, 공해 또는 독점이 일어나는 걸 막지 못해. 부패나 과잉에 대한 면역력도 영 없지. 감각을 느낄 수 있는 것도 아니야. 시장은 그 어떤 것에도 '반응'하지 않아. 사람들이 하는 일에 '안달복달'하거나 '두려워하지'도 '박수갈채를 보내지'도 않지.

가격은 수요와 공급에 의해서만 오르고 내려. 그게 기본이야. 게다가 그런 일은 온전히 아무런 간섭이 없는 조건에서만 일어날 수 있단다. 일단 누군가가 의도적으로 재화의 가격을 조정하려고 한다면, 스미스가 기술했던 시장은 이상적인 기능을 더 이상 하지 못해.

우리나라는 수많은 방법으로 재화의 가격을 책정한단다. 세금이나 보조금, 관세, 특허 심지어 독점 금지법까지 있어. 미국 시민은 기름에 '자연스러운' 가격을 지불하지 않아. 강철이나 옥수수, 타이어, 처방약, 케이블 텔레비전, 금융 서비스, 여기에 노동력 그 자체도 마찬가지지. 사실 이 모든 것에 가치를 부여하기 위해 우리가 쓰는 화폐까지도 조작된단다.

| 자본주의 체제가 이상적인 이유

우리의 시장은 전혀 자유롭지 않아. 한 번도 자유로운 적이 없었지. 오늘날, 사람들이 '자유 경제 정책'을 열망한다고 주장할 때 그들의 속마음에는 특정 산업에 특혜를 준다거나 일련의 규제를 없애 주길 바란다는 뜻이 내포되어 있지. 저축대부조합이 무분별하게 투자하는 걸 막았던 예를 봐도.

그들은 분명히 모두가 공평하게 대우받고 모두가 실패하도록 용납하는 진정한 '자유 시장'을 대변하는 게 아니었어. 하지만 모든 시장이 정말로 자유로워진다면 그리고 사람들이 자신들에게 가장 이득이 되는 일을 추구하도록 내버려 둔다면, 스미스는 사람들의 개인적 노동을 통해 국부를 자연스럽게 창출할 수 있다고 주장하지.

부는 나라에게 좋은 거야. 우리는 부자가 되고 싶어 해. 하지만 단순히 부의 획득 그 자체를 위한 것만은 아니야. 나라의 부는 더 큰 목적을 염두에 두고 있어.

사냥과 어업이 주를 이루고 있는 미개 국가에서는 일할 수 있는 개개인이 어느 정도 유용한 노동에 종사한다. 그들은 자기 자신은 물론이거니와 너무 어리거나 나이가 많거나 또는 약해서 사냥이나 물고기를 잡기 힘든 그의 가족과 부족에게, 그가 할 수 있는 최대한의 필수품과 편의를 제공하려 열심히 일한다.

그러나 그런 국가는 지독할 정도로 가난하다. 때문에 어린아이와 늙은 부모, 병들고 약한 사람들을 굶어 죽이거나 야생동물에 잡아먹히도록 내버려 둘 정도로 심각한 사태에 직면했다고 생각한다.

반대로 문명화되고 번영하는 국가에서는 일을 전혀 하지 않는 대다수의 사람이 일을 하는 사람들보다 열 배 혹은 백 배나 더 많은 노동 결과물을 소비한다. 그런데도 그 사회의 전체 생산물은 너무나 많아 모두에게 충분히 공급된다. 게다가 가장 가난한 최하위층 사람들조차도 그들이 근검절약하고 부지런하기만 하면 미개한 사람들이 얻을 수 있는 필수품과 편의보다 훨씬 더 많이 누릴 수 있다.

부유하고 산업이 발전한 사회의 사람들은 가난한 개발도상국보다 훨씬 더 여유가 넘치지. '소박한 삶'을 근사하게 묘사하는 게 유행일지는 모르겠지만, 산업화된 사회에서 사람들은 더 오래 살고 여가 시간도 더 많아. 가장 중요한 점은 그런 사회에서는 도움이 필요한 사람들, 즉 어린이나 노인, 병약자를 위해 제공할 수 있는 자원이 넘쳐 난다는 거지.

스미스는 여기서 상당히 명쾌하게 진술해. '이게 자본주의 체제가 이상적인 이유이다.' 자본주의는 '모든 이가 스스로 하게 하는' 것도 아니고, 한 사람이 '모든 이익을 싹 쓸어 가는 것'도 아니야. 사람들을 착취하거나 부를 더 얻을 목적으로 다른 이들의 재산을 훔쳐 가는 건 더더욱 아니지. 어떤 부도 착취나 도둑질로 취할 수 없어. 기존에 있던 재산이 어떤 이에서 다른 이로 옮겨 가는 것뿐이니까.

| 노동이야말로 가치를 더하지

밥이 초콜릿 가게를 인수했을 때, 그는 모든 자원을 사업에 쏟아부었지. 가게 발전을 위해 열심히 일했어. 그리고 서서히, 시간이 지나며, 자신의 노력 덕분에 큰 재산을 일궜단다. 그는 일자리를 만들고, 채용된 직원들은 월급으로 물건을 사고 각종 서비스를 이용했으며, 그 결과 더 많은 일자리를 만들었지.

밥은 코코아, 설탕, 우유, 버터 등 상품을 만들 재료를 구입했어. 그는 노동을 통해 원재료를 세련된 상품으로 탈바꿈시켰지. 여기에 원재료 가격의

합과 상품을 만드는 데 들어간 노동력을 더해 가격을 매겼어. 여기에서 남는 금액이 밥의 이익이고, 그는 이 이익으로 사업을 확장했지. 더 나아가 사업을 개선하는 데 투자해, 사업을 더더욱 크게 확장했어. 그리고 그 돈으로 집도 사고 가족도 먹여 살렸단다.

밥이 실패했다면 정부에서는 그를 구제하지 않았을 거야. 밥은 모든 위험 부담을 알고 있었지만 일을 통해 받은 보상만 누렸지. 다른 많은 사람도 밥이 자신의 사업을 일궜을 때처럼 보상을 받았어. 그는 말 그대로 자신의 부를 다른 이들과 나눴던 거야. 별다른 선택지는 없었어.

그 초콜릿 가게를 소유하고 있던 한 여성은 밥에게 자신의 재산을 넘겼지. 그곳에는 아빠와 같은 종업원들이 있었고 그런 위험 부담 속에서 임금을 받았어. 우리가 초콜릿 가게에서 번 돈을 어딘가에서 쓰면 그곳에서도 이익을 얻는 사업이 나오지.

밥이 초콜릿을 만들기 위해 필요한 원재료를 판매해서 이득을 얻은 사람들도 있어. 그의 가게를 방문하러 온 관광객 덕분에 이익을 얻은 이웃 가게들도 있고. 밥과 그의 종업원으로부터 걷은 세금으로 제네바는 이익을 얻었지. 그리고 국가는 밥이 사업을 확장한 덕분에 배출된 전문 기술자와 납세자로부터 세금을 걷어.

하지만 실패할지 모른다는 예상은 밥의 부를 창출하는 데 필수요소였어. 성공이 무조건 보장된다면, 그 누가 초콜릿 가게 사업을 마다하겠어? 너도 나도 초콜릿 가게를 하겠다고 달려들면 밥의 상품 가치는 떨어지겠지. 수요보다 공급이 넘쳐 날 거야.

하지만 밥의 초콜릿은 그 수가 많지 않았기 때문에 시장에서 원가 이상으로 값을 쳐 줬어. 그가 만든 초콜릿 가격은 어느 정도 그가 사용한 재화에 의해 결정되었지만, 그의 전문적인 노동력의 가치 또한 반영된 거야. 모두들 나가서 코코아와 버터를 살 수 있지만, 누구나 원재료로 고급 제품을 만들 수 있는 건 아니니까. 노동이야말로 진정한 가치를 더하지.

이제, 밥은 부자라고 불릴 만해.

그리고 지난 25년 동안 있었던 모든 금융 위기—저축대부조합 파동, 닷컴 버블, 엔론 스캔들, 경제 대침체 등—속에서 모두들 많은 돈을 잃었지만 어떤 부도 실제로는 사라지지 않았어.

사실, 부는 한 번도 존재한 적이 없단다. 사람들이 잃어버린 건 부의 환영이었지. 부는 존재하지 않았고, 진정으로 존재한 적이 한 번도 없었어. 그 누구도 실제로는 부를 목적으로 일하지 않았기 때문이야.

재산을 일구기 위한 지름길은 없어, 바이올렛. 부자가 되고 싶다면, 너의 열정이 가는 대로 따르렴. 너의 열정만이 네가 위험을 감수하고, 참고 기다리며, 열심히 일하게 만들어 주는 유일한 원동력이니까.

Chapter 26

우리는 더 좋은 길을 찾을 거야

칼 마르크스·프리드리히 엥겔스, 《공산당 선언》

초콜릿 가게에서 2년 정도 일한 후, 아빠는 웰든 존슨 씨가 운영하는 바이킹 사무용품점에 취직했단다. 바이킹 사무용품점은 지역 사업체를 대상으로 가장 높은 매출을 올리고 있었고, 시청과 학교에도 물건을 공급했지.

사업은 아주 번창했어. 웰든 씨는 부자는 아니었지만 먹고 사는 데는 문제가 없었지. 컨버터블(지붕을 따로 떼어 내거나 접을 수 있도록 만든 자동차)을 타고 다니고 집에는 온수 욕조도 있었어. 여름마다 그는 직원들과 함께 야외에서 요리 파티를 열었지. 파티는 시에서 열리는 스웨덴의 날 행사 마지막을 장식했는데, 거기에서 웰든 씨는 축제를 지원하고 후원했어.

스웨덴의 날 기간에 마을 축제가 열리면, 모든 가게가 자정까지 문을 열고 일리노이에 사는 모든 이가 유서 깊은 제네바로 놀러 왔지. 웰든 씨는 바이킹처럼 옷을 입고 방문객들을 즐겁게 해 줬어.

그는 실제로도 바이킹같이 생겼단다. 덩치도 크고 건장한 데다 붉은 턱수염도 북슬북슬하게 있었거든. 아주 멋진 뿔 달린 투구에 검도 마련했어. 미식축구 경기라면 모조리 보러 갔는데, 관람석에서 투구를 쓰고 있는 그의 모습을 쉽게 알아볼 수 있었지.

웰든은 제네바에서 중요 인물이었어. 정말이지, 그의 별명도 '제네바 씨'였단다. 그는 시의 자문 위원이었고 고등학교와 교회에 기부도 아끼지 않았지. 직원도 많이 뒀고 말이야.

게다가 나와 다른 고등학생들 말고도 가족 모두가 가게에서 일을 했어. 모두들 좋은 직장에서 월급도 많이 받았지. 바이킹 사무용품점이 잘 되면 그해 모두들 잘 살았어.

웰든 씨는 지역 사회에 공헌할 수 있는 강력한 혜택을 줬단다. 그는 시와 지역 상공 회의소, 교육 위원회를 이어 주는 연결고리가 필요했지. 그래서 이사회 자리에 앉아 시 운영에 참여하기도 했어.

그의 가족은 바른 시민이 되고자 하는 열망이 강했어. 가족의 사업체가 있는 지역에 살고 있었으니까. 존슨 가족은 제네바에 있는 학교에 다녔고, 프랜과 웰든은 독실한 가톨릭 신자였어. 매주 성 베드로 성당에 가는 모습이 보였지.

축구팀에 후원 업체가 필요하거나 밴드에 새 악기가 필요하면, 바이킹 사무용품점이 그곳에 있었어. 웰든 씨는 스스로 뿌듯해했지. 그는 지역 사회에 잘해야 그의 사업도 잘 된다는 걸 알고 있었어.

웰든 씨와 그의 가족들은 정말 열심히 일했어. 그는 고객 만족 서비스에 심혈을 기울였지. 그래서 그가 할 수 있는 한 가장 좋은 가격을 제공했어. 어디 다른 데에서 더 싼 가격으로 판다는 걸 알게 되면 그걸로 웰든 씨와 흥정을 할 수도 있었지. 그는 심지어 손해도 감수했어. 그렇게 해서라도 단골 고객을 행복하게 해 줄 수만 있다면야.

미국 전역에는 마을마다 바이킹 사무용품점과 같은 가게들이 있었어. 토요일마다 네 할아버지는 우리들에게 심부름을 시키곤 하셨지. 은행에도 가고, 약국이나 철물점 등. 매번 다른 곳이었어.

아빠는 그곳에서 일하던 모든 사람을 알고 있었단다. 그들도 우리 이름을 하나하나 불러 줬지. 주인은 계산대 뒤에서 일하고, 가족들도 가게에서 손님을 맞았어.

나는 그들의 자녀와 함께 학교를 다녔고, 그들 중 대다수가 법적으로 일할 수 있는 연령이 되기도 전에 가게에서 일을 시작했단다. 사업과 함께 성장한 거야. 그들 중 몇몇은 가게 위에 딸린 아파트에서 살기도 했단다.

아빠의 친한 친구 중 하나였던 팀 랜드버그도 진열대를 채우고, 재고 정리를 하고, 손님들과 가격 흥정도 하며 자랐어. 그 아이는 아무에게나 뭐든 팔 수 있었어.

그가 직접 말하지는 않았지만, 녀석이 사람들의 말에 귀를 기울이면 사람들은 자신의 말을 잘 들어 주고 있구나 하고 느끼게 해 줬지. 참 독특한 기술이었어. 아마 가장 유용한 기술일 거야. 네가 가게에서 자라면 배우게 되겠지.

그런 가게들을 운영하며 여유 있게 살 수 있었던 때가 있었어. 집도 사고, 가족들 부양도 하고, 지역 사회의 사람들을 고용할 수도 있었지. 자신이 스스로 사장님이 되어 건물을 올릴 수도 있었어.

| 대기업이 장악하다

바이킹 사무용품점은 네가 태어나던 해에 문을 닫았단다. 장장 33년 만의 일이지. 아빠가 예상했던 기간보다 더 오래가긴 했어. 마지막에는 결국 대형 사무용품 기업과의 경쟁에서 뒤처지고 말았지.

오피스디포, 오피스맥스, 스테이플스는 너무나도 거대했고, 웰든 씨가 도저히 감당할 수 없는 규모로 물품을 사들였거든. 웰든 씨가 펜을 한 상자씩 샀다면 기업들은 10만 상자나 구매했어. 그런 기업들은 심지어 웰든 씨가 매입한 가격보다도 더 저렴한 가격으로 펜을 팔았지. 그리고 대부분의 고객에게 가격만이 유일한 선택 요인이었어.

어느 날, 대형 상점이 마을에 문을 열었고 같은 지역의 사무용품점 네 곳을 갈아 치우고 말았지. 소규모 사무용품점들은 웰든 씨처럼 주인이 있었어. 그들은 가족들을 직원으로 고용했고 월급과 혜택도 풍족하게 줬단다.

대형 사무용품점은 오직 단 하나의 웰든만 필요할 뿐이었고, 그와 수익을 나눌 생각은 조금도 없었지. 그리고 상점과 얽혀 있는 다른 모든 사람에게 월급을 줄 필요도 없었어. 부양해야 할 가족이 없었으니까. 가격을 최대한 낮춰서 투자자에게 최대의 이익을 돌려주기 위해 존재했어.

직원들은 돈이 많이 들었어. 대형 할인점이 의료보험과 월급을 깎으면 이익을 더 많이 남길 수 있었지. 그래서 고연봉 정규직을 저연봉 비정규직으로 바꾸고, 혜택도 없애 버렸어. 비정규직 직원들은 웰든 씨네 가게에서 방과 후 아르바이트로 일하던 학생들보다도 월급이 적었단다.

믿기 힘들겠지만 20년 더 전에도 아빠는 바이킹 사무용품점에서 한 시간에 6.5달러를 받고 일했어. 2015년 현재 최저 시급은 7.25달러야. 인플레이션을 적용한다면 대부분의 시간제 근무 직원은, 아빠가 열여섯 살이었을 때보다 35퍼센트나 적게 받고 일하는 셈이야.

바이킹 사무용품점뿐만이 아니었어. 같은 시기에 같은 일이 서점이나 철물점, 커피숍에서도 이어졌지.

아빠가 어렸을 때만 해도 제네바에 그런 소규모 상점이 모두 영업을 하고 있었고, 세인트 찰스나 바타비아와 같은 이웃 마을에도 작은 상점들이 성업했어. 하지만 점차 보더스라든지 반스앤노블, 홈디포, 스타벅스와 같은 대형 프랜차이즈가 동네 상권을 장악했지.

애덤 스미스와 칼 마르크스 둘 다 이 현상이 자본주의의 전형적인 모습이라는 데 동의할 거야. 새롭게 등장한 '거대 기업체'가 생산 단가를 낮췄고, 인건비를 절감했으며, 상품을 더 효율적으로 배달할 방법을 알아냈지.

일반적인 소비자들은 이제 사무용품이나 책, 커피, 음식, 옷을 훨씬 더 저렴한 가격에 구매할 수 있어. 그래서 이론적으로 사람들은 어딘가에 투자할 수 있는 가처분 소득이 더 많아졌거나 원하는 어디에든 쓸 수 있게 된 거지. 결과적으로 사람들의 생활 수준은 향상되었어.

마르크스와 스미스 둘 다 자본주의야말로 풍요를 창출하는 데 매우 효율적인 체제라는 점에 동의할 거야.

《공산당 선언》에서 마르크스와 엥겔스는 미국의 사무용품점 이야기의 끝이 무엇인지 알고 싶어 해.

| 하나로 통합하다

펜과 종이 등 실제 사무용품 생산에 관여된 모든 이, 즉 제조업자와 공급업체에 대해 생각해 보자. 독립적인 사무용품 매장이 수백 개 있었던 시절에는 전국에 공급업체도 수백 개가 퍼져 있었어. 그들 중 대부분은 퍽 잘 살았지만 '엄청난 부자'는 아니었지. 그러나 대형 할인점들이 사무용품의 유일한 구매업체로 부상하자, 공급업체 역시 하나둘씩 합병하기 시작했어. 살아남기 위해 통합할 수밖에 없었던 거지.

대형 할인점들은 개인 공급업자가 도저히 감당하기 힘들 정도로 엄청난 양을 구매했어. 그리고 대형 할인점들이 공급업자에게 대폭 할인을 요구하는 바람에 공급업자 스스로 효율적 생산을 통해 단가를 낮추게 되었지. 작은 기업들은 서로 통합하거나 더 큰 회사에 합병되어 갔어. 효율성을 높이고 생산 단가를 낮추기 위해 공급망 전체에 걸쳐 통합 관리를 단행했지.

이 시점에서도 시장에는 여전히 경쟁이 존재해. 남은 대형 할인점 세 업체(오피스디포, 오피스맥스, 스테이플스)는 전국에 있는 수천의 사무용품점을 경쟁에서 따돌리고는, 서로 치고 박고 싸워. 경쟁에서 우위를 점하려고 호시탐탐 기회를 노리지. 경쟁에서 이득을 취하기란 점점 더 어려워지고, 결국 아주 미세한 우위가 차이를 만들어.

이런 기업들은 모두 같은 지향점을 향해. 인간이 할 수 있는 한 가장 낮은 가격에 도달하는 것. 세 거대 기업은 서로 압력을 넣어. 한 기업이 펜을 0.1달러까지 낮출 수 있다면, 다른 두 기업도 가격을 그만큼 낮출 수밖에 없겠지. 당장은 그럴 형편이 되지 못해도 말이야. 막대한 양의 할인을 단행할 때, 단 한 푼의 가격 차이가 수백만 달러에 달할 수 있기 때문이야.

결국 세 기업 중 하나가 공급업체를 사 버릴지, 아니면 자사 소유의 펜과 종이를 만들 공장을 지을지 등을 결정해야 해. 이를 두고 '수직적 통합'이라 불러. 모든 공급망을 제어해 버리는 편이 나은 거지.

'중간 유통업자'를 제거함으로써 효율성을 높이고 관리 인력의 수를 줄일 수 있어. 다수의 펜과 종이, 연필 회사들을 상대하는 대신 모든 상품 생산을 맡는 한 사람에게만 비용을 지불하면 되니까. 배송 트럭이며 공장을 몽땅 사들이고, 모든 걸 하나의 거대한 사무용품 조직으로 통합하는 거지.

| 비용을 최소화하다

하나의 지붕 아래 모든 공급업체를 통합하고 난 뒤, 업무를 수직적으로 통합하고 자동화를 하고 나서도 여전히 공급망이 너무 비싸다는 사실이 명백해져. 뭐 하러 일리노이에서 펜을 만들어? 최저 임금과 환경 기준치가 이다지도 높은 곳에서? 같은 공급망은 멕시코나 중국에서도 만들 수 있어. 배송 비용을 고려한다고 해도 생산 비용이 절반밖에 들지 않지.

생산 공장은 신흥 시장으로든, 갑자기 사라져 버리지. 휙, 가 버렸어. 다시는 돌아오지 않아. 승승장구했던 공급업체들은, 실업자 신세로 전락한 소규모 사무용품점 사장들과 같은 처지가 돼.

한편 신흥 시장에서는 가난도 심각하고 노동력도 넘쳐 나기 때문에 노동자들의 임금은 최저 생활 수준으로 한달음에 내려와. 기업은 법이니 기준에 맞출 필요가 없지. 정부는 최소한의 사회적 안정을 위해 이런 기업이 필요하므로, 그들이 요구하는 건 뭐든 다 들어줘. 수백 명의 사람이 일자리를 구하겠다며 싸우고, 그들에겐 겨우 먹고 살 만할 정도만 월급을 쥐어 주지.

그리고 취직에 성공한 사람은? 해고되지 않으려고 무슨 일이든 해. 혹독한 환경에서 의료보험도 정년도 없이, 하루에 20시간씩 일해. 오늘만 살기 위해, 가족을 오늘만 먹여 살리기 위해 일해. 다른 선택지는 없어.

하지만 노동자들조차 비싸. 마침내 노동자 수천 명을 대신할 수 있는 기계가 개발 돼. 처음에는 생산하는 데 비용이 많이 들어. 하지만 계속 나가는 비용은 아니야. 일단 기계가 놓이면 유지 비용만 들지. 그리고 기계는 24시간 내내, 일주일 내내, 창고가 아주 더워도 추워도 계속 일할 수 있어.

소비자들이 물건을 사는 가게 역시 너무 비싸. 가게를 없애고 소비자들에게 직접 팔면 되지. 모든 상품을 생산하고, 포장하고, 배송까지 직접 해 주는 기계를 들이는 거야. 오로지 기계를 관리하고 유지하는 비용만 들지.

| 단 하나만 살아남다

특정한 지점에서, 이 경쟁에서 살아남는 유일한 방법은 두 작은 경쟁자가 서로 합치는 것뿐이라는 게 명백해져. 시장을 두 배로 늘릴 수 있지. 중복된 요소를 제거해 관리 비용을 후려칠 수 있어. 양쪽에 있는 직원 절반을 해고해 버리는 거야. 아니면 한쪽 기업에 있는 직원만 몽땅 해고해 버리든가. 현 경영진 입장에서는 후하게 인수하는 셈이지. 남은 사람들은 괜찮을 거야.

하지만 잘나갔던 중간 관리자들은 실업자 신세로 전락한 소규모 사무용품점 사장들 및 공급업체와 같은 처지가 돼. 그리고 기업을 후하게 인수했다고 쳐도, 살아남은 관리자들의 자녀들은 부자가 될 기회가 더욱 줄어들겠지. 시간이 지나며 부는 점점 사라져.

세 사무용품 할인점 중 두 곳이 합병을 하자, 이제 단 두 기업만 남아. 둘 다 수직적으로 통합했고, 최대한 낮은 가격에 생산하도록 밀어붙이지. 하지만 한 기업이 다른 기업보다 두 배 커졌기 때문에 더욱 효율적으로 운영할 수 있어. 이 시점에서 더 큰 기업은 단가 전쟁에 뛰어들어. 경쟁 업체를 밀어내기 위해 단기간 손해도 감수하는 거지. 더 작은 공급망은 쉽게 잠식되고 결국 단 하나의 승자만 남아. 메가맥스슈퍼 사무용품, 그러니까 전 세계의 모든 사무용품을 지배하는 단 하나의 독점업체이지.

이 기업은 모든 걸 만들고 팔아. 아무에게도 다른 선택지를 주지 않지. 이제 시장은 경쟁의 끝을 달려가. 우리가 지하실에서 종이와 펜을 만드는 법을 알 수 없다면 말이야. 만들 수 있다고 해도 원재료를 얻을 수 없지. 메가맥스슈퍼 사무용품점이 원재료도 통제하거든.

원재료를 만들 수 있다고 쳐도, 대기업과 맞먹는 양의 사무용품은 절대 만들 수 없어. 남은 공급업체들도 당연히 개인에게는 팔지 않을 거야. 메가맥스슈퍼 사무용품점은 이 모든 걸 소유하거나, 다른 잠재 고객을 거부할 만큼 압력을 넣을 테니까. 마르크스가 기술했듯이, 이렇게 긴 과정의 각 단계마다 생산 과정이 통합되면서 부는 점점 더 소수의 손에 집중돼.

| 한 사람만 재산을 일구다

시작 단계에서, 바이킹 사무용품점 그리고 비슷한 가게가 수천 개 있었던 시절에는 수천 명의 웰든 씨와 수천 명의 공급업자들이 잘 먹고 잘 살았어. 누구도 특출나게 부유하지는 않았지만 모두들 그럭저럭 풍족하게 살았지. 부는 착실한 중산층 사이에 골고루 분산되었어.

두 번째 단계에서, 거대 할인점이 세 개 있었던 시절에는 수백 명의 사람이 중간 관리자의 위치에 있었지. 맞아, 이전보다는 그 수가 현저히 줄어들었어. 그래도 여전히 중간 계급은 존재해. 그 수는 더 적어졌고 더 많은 압박을 받아. 그래도 아직 있어. 모든 기업에는 임원이 있고 그 다음으로 경영팀, 그리고 그 뒤에는 상점 매니저가 있어. 그리고 세 기업의 CEO와 부사장, 관리자와 장부 담당, 변호사 등이 있지.

하지만 마지막 단계에서 사무용품을 공급하는 중간 계급이 사라지고 말아. 지극히 소수만 있는 상위 계급, 이를테면 소유주와 주주와 안 그래도 많은데 점점 늘어나는 하층 계급, 이렇게 두 계급만 있어.

그전까지만 해도 잘 해 오던 사람들이—웰든 씨와 같은 소규모 사업자와 공급업체 그리고 거대 기업의 전 CEO까지 포함돼—하층 계급에 있던 노동자들과 같은 신세로 전락하고 말아. 부사장과 변호사, 회계사들조차 거의 남아 있지 않은 일자리를 두고 격렬하게 경쟁을 한단다. 그러니 임금도 비 내리듯 우수수 떨어지지.

몇 안 되는 사람들만 계속 월급을 받아. 그러다가 마침내는 오직 한 사람만 재산을 일군단다. 바로 슈퍼 웰든 씨, 메가맥스슈퍼 오피스의 유일한 소유주이자 그 아래에 있는 수천수만 명의 일꾼을 대신하는 사람이지.

슈퍼 웰든 씨 밑에는 여전히 직원이 몇몇 있긴 하지만 정말 최소한일 뿐이고, 그래서 월급도 정말 쥐꼬리만큼만 받아. 결국 그들의 월급도 엄청나게 줄어들고 기아에 허덕이게 돼. 그런데 이 세상은 놀라울 정도로 풍요로워. 펜과 종이가 너무나 많이 생산되지, 적은 비용으로 말이야. 어처구니없지. 세상은 더 이상 펜과 종이, 바인더 클립 같은 건 부족하지 않을 거야. 하지만 이렇게 비정상적으로 낮은 가격에도 누가 이 물건들을 살 수 있을까?

| 자본주의 등장에서 붕괴까지

《공산당 선언》에서는 산업화된 자유 시장 자본주의가 등장하면서, 다양한 형태로 정치·경제적 통제를 만들어 냈던 자유주의 전통이 끝나기 시작했다고 주장해. 지배 계급에 봉사하는 수단으로서 만들어졌던 서구의 철학적 밑그림도 함께 종말을 맞게 되었지.

이른 역사의 시대에 우리는 거의 모든 곳에서 사회가 여러 신분들로, 다양한 사회적 지위로 나뉘어 있었음을 알 수 있다. 고대 로마에서는 귀족과 기사, 상민, 노예가 있었고 중세에는 봉건 영주와 가신, 조합장, 장인, 도제, 농노가 있었다. 각 계급은 다시 하위 계급으로 나뉘었다.

봉건 사회가 몰락하면서 나타난 현대의 부르주아지 사회는 계급 대립을 폐지하지 않았다. 새로운 계급들, 새로운 억압 조건들, 새로운 투쟁 형태들로 낡은 것들을 대신했을 뿐이다.

그러나 우리 시대, 즉 부르주아지 시대는 다음과 같이 두드러진 점이 있다. 계급 대립을 단순하게 만들었다는 것이다. 전체 사회는 두 적대 진영, 직접 대립하는 두 개의 계급, 다시 말해 부르주아지와 프롤레타리아로 쪼개지고 있다.

부르주아지는 지배 계급이야. 모든 자본과 재산 그리고 생산 수단을 좌지우지하는 계급이지. 프롤레타리아는 노동자 계급이야. 부르주아지의 이익을 위해 일하는 계층이지.

마르크스와 엥겔스에 따르면, 현재의 산업화된 자본주의 사회에서는 서로의 이해관계가 상충하는 두 개의 계급으로 불가피하게 나누어진대. 부르주아지의 관심사는 프롤레타리아의 생활 수준을 가능한 한 낮추는 거지. 동시에 프롤레타리아를 쥐어짜서 더 많이 생산하게 만들어.

시간이 흐르며 프롤레타리아의 수는 점점 더 늘어나지만 생활은 점점 더 비참해져. 부르주아지의 수는 점점 더 줄어드는데 부는 점점 더 늘고 강력해지지. 그러면서 부르주아지도 비참해져.

결국에는 불균형이 너무 커지고 불만이 쌓이고 쌓여서 체제 자체가 부조리하게 변해. 그리고 이전에 봉건주의와 같은 사회적 체제가 그랬듯이, 자본주의 체제도 붕괴되어 부르주아지는 사라지게 되지.

이제는 프롤레타리아, 오직 한 계급만 남아. 노동자들 말이야. 모두가 프롤레타리아야. 프롤레타리아는 생산 수단을 통제할 수 있는 권한을 사로잡아. 그리고 사유 재산이라는 개념은 사라지지. 모두가 모든 걸 소유하는 셈이야. 사람들은 필요한 모든 걸 가지고 있어. 모든 이의 손에 거대한 생산력이 있으니까, 그리고 그런 생산력은 모든 이의 이익을 위해 쓰이니까.

미래에는 자유주의적 가치가 버림받고 교육이 급진적인 변화를 겪어. 예를 들어 가족이라는 개념이 없어지지. 불평등이라는 개념도 터무니없어. '정의'라든지 '개성', '자유'라는 말도 존재하지 않아. 필요가 없으니까.

사실 이런 생각 자체도 억압의 도구일 뿐이야. 마르크스와 엥겔스는 민주주의 같은 정치 체제가 지배 계급의 의지를 강요하고자 하는 구조적 수단에 지나지 않는다고 했어. 종교 같은 건 없어. 나라도 존재하지 않지. 하나의 공산주의 체제 아래 모두들 협력하고 조화롭게 살 뿐이야.

| 과잉 생산이 문제야

《공산당 선언》은 애덤 스미스의 《국부론》에 나오는 논리를 반박하지 않아. 사실, 완전히 동의하지. 스미스의 이론을 자신의 논리적 결론으로 끌고 간단다. 우선, 마르크스는 자유 시장의 자본주의가 이 세상의 생산력을 폭발로 이어 버린다고 주장해.

현대의 산업은 아메리카 발견으로 준비된 세계 시장을 설립했다. 시장은 상업과 항해, 대륙 간 통상에 엄청난 발전을 가져왔다. 발전은 산업을 확장하는 데 자극제가 되었다. 또한 산업과 상업, 항해, 철도가 늘어나는 것만큼이나 부르주아지들도 같은 비율로 성장했고, 자본을 늘리는 밑바탕이 되었으며, 중세 시대부터 내려온 모든 계급을 몰아냈다.

부르주아지들은 100년도 채 되지 않는 지배 기간 중에도 지금까지 내려온 모든 계급보다도 훨씬 더 많은 생산력을 창조해 냈다. (…)

인간의 활동이 어떤 결과를 가져올 수 있는지 보여 준 첫 사례이다. 이집트의 피라미드, 로마의 수도관, 고딕 양식 대성당을 훨씬 능가하는 놀라운 업적을 이룩했다. 과거 국가 간 이주와 십자군 원정을 무색하게 할 정도로 대단한 원정을 수행했다.

자본주의가 본격적으로 행동에 돌입하면 부르주아지들은 사업을 한데 모으기 시작하지.

마르크스와 엥겔스가 주장하길, 통합은 자본주의의 자연스러운 흐름이야. 기업은 점점 더 커져서 서로를 게걸스럽게 잡아먹어. 그러다 곧 국가가 매달아 놓은 줄도 풀어 버리고 부와 재산은 극히 소수의 손에만 집중되기 시작하지.

한편 산업은 점점 더 자동화되고 일자리는 점점 더 줄어들어. 노동자들은 줄어드는 일자리를 놓고 경쟁하다가 임금만 떨어뜨리는 결과를 낳지. 사회는 지배 계급의 이득에 따라 정치적으로 조직돼.

결국 과잉 생산은 부르주아지에게도 위협이 되고 말아. 사회가 원하는 양보다 더 많이 생산하는데 가난한 노동자들에게는 팔 수가 없어. 그래서 상품을 팔기 위해 새로운 시장을 개척하지. 이런 시장에서 부르주아지의 이익에 맞춰 정치 체제가 확립돼. 나라 전체가 착취당하는 거지.

주기적인 반복으로 점점 더 부르주아지의 실존 문제를 위협적으로 일으키는 상업 공황에 대해 언급하는 걸로 충분하다. 상업 공황이 오면, 기존의 생산물뿐만 아니라 이미 만들어진 생산력도 파괴된다.

공황 시기에는, 이전에는 일어나지 않으리라 봤던 전염병, 즉 과잉 생산이라는 전염병이 일어난다. 사회는 별안간 야만 상태로 되돌아갔다는 걸 깨닫게 된다. 사회가 너무나 많이 문명화되었고, 너무나 많은 생활 수단, 지나친 산업, 과도한 상업으로 점철되어 있기 때문이다. (…)

그렇다면 부르주아지는 공황을 어떻게 극복할 수 있는가? 한편으로는 대량의 생산력을 파괴하는 데 내몰려서, 다른 한 편으로는 새로운 시장을 개척하고 원래 있던 시장을 착취함으로써 해결한다.

스미스가 주장한 바와 같이, 노동력도 재화야. 그래서 사람들도 재화이고, 스스로를 더더욱 싼 값에, 완전히 노예 수준이 될 때까지 팔아.

처음에는 소규모 영세업자들처럼 중간 계급이 있었을지도 모르지. 그러나 산업이 한곳에 집중되고 대기업이 점점 더 커감에 따라 영세업자들은 거대한 경쟁자와 맞설 수 없어.

그들은 부르주아지들에게 팔리거나 계급에서 완전히 나가떨어지도록 강요받지. 그래서 프롤레타리아와 어깨를 나란히 하고 있는 자신을 발견하게 돼. 점점 더 적은 수의 사람들이 점점 더 많은 부를 쥐락펴락하는 거야.

소규모 상인, 가게 주인과 일반적인 연금 생활자, 장인과 농민 등 이 모든 하류 중산 계급은 점차 프롤레타리아로 전락하고 만다.

그들의 소자본이 거대 산업의 경영에 충족하지 않아 대자본과들의 경쟁에서 실패하기 때문이고, 또 하나는 그들의 특화된 기술이 새롭게 도입된 생산 방식으로 인해 가치가 떨어졌기 때문이다.

| 사유 재산이 문제야

마르크스와 엥겔스는 이와 같은 과정이 제로섬 게임이라고 주장하지. 첫 단계에서 노동자들은 단결하고 가끔 부르주아지들의 양보를 얻어 내. 하지만 일시적일 뿐이야. 양보가 보장된다면, 보통 지배 계급의 경쟁적 이해관계 때문에 양보를 받는 것뿐이지.

마침내 계급 투쟁이 결전의 시간에 가까이 오면, 지배 계급 내부에서 실제 구시대적 사회 전체 안에서 이뤄지는 해체 과정은 이글이글 타오르는 불꽃처럼 폭력적인 경향을 띤다. 이에 지배 계급 일부는 자신의 계급을 저버리고, 미래를 손 안에 쥐고 있는 혁명 계급에 합류한다.

지배 계급은 프롤레타리아의 생활 수준조차 맞추지 못해.

부르주아지는 지배하는 데 적합하지 못하다. 자신의 노예에게 노예로서 생존할 수 있는 확신을 줄 수 없고, 노예에게서 필요한 걸 충족하는 대신 노예를 먹여 살리지 않으면 안 될 상태까지 추락할 수밖에 없기 때문이다. 사회는 더 이상 부르주아지 아래에서 살 수 없다. 다시 말해, 사회는 부르주아지와 더 이상 화합할 수 없다. (…)

따라서 부르주아지는 그 무엇보다도 자신의 묫자리를 파는 사람을 생산한다. 부르주아지의 몰락과 프롤레타리아의 승리는 동시에 필연적이다.

마르크스와 엥겔스에 따르면 사유 재산이라는 개념 자체가 문제야.

공산주의의 두드러진 특징은, 일반적인 재산을 철폐하는 게 아닌 부르주아지의 재산을 없애는 것이다. (…) 이런 의미에서 공산주의 이론은 하나의 문장으로 귀결된다. '사유 재산의 철폐'

사유 재산의 철폐는 존 로크, 애덤 스미스 그리고 우리 헌법 제정자들처럼 사유 재산을 지지해 오던 모든 사상과 개념을 철폐하는 걸로 이어지지. 개인주의 사상도 저 멀리 가 버리고, 자유주의 개념과 개인의 인권, 정의도 마찬가지야.

자유나 문화, 법 등 당신들 부르주아지의 개념을 기준으로 우리가 의도하는 부르주아지 재산의 철폐를 논쟁거리로 삼으려 들지 말라. 당신들의 사상은 부르주아지의 생산 및 재산 관계의 결과물일 뿐이므로. 당신네들의 법률이 아닌 당신들 계급의 의지로 모두를 위한 법을 만들었듯이, 그 의지로 당신의 계급 존립이라는 경제적 조건하에 본질적인 특성과 방향이 결정된다.

인간의 사회적 관계와 삶 속에서 인간의 생각과 관점, 개념 들, 한마디로 인간의 의식이 그의 물질적 존재에 의해 시시때때로 변한다는 걸 이해하는 데 깊은 통찰이 필요한가? 지적 생산은 물질적 생산의 비율에 따라 특성이 변한다는 것 외에 사상적 역사가 증명하는 게 무엇이겠는가? 각 시대의 지배 이념은 언제나 지배 계급의 사상일 뿐이었다. (…)

고대 세계가 몰락 막바지에 왔을 때 고대 종교들은 기독교에 의해 정복당하고 말았다. 기독교 사상이 18세기 계몽사상 앞에 무릎 꿇었을 때, 봉건 사회는 혁명 부르주아지들과 치열한 전투를 벌였다. 종교적 자유와 사상의 자유라는 개념은 지식의 영역 내부에서 일어나는 자유 경쟁에 휘둘리고 있다는 걸 표현할 뿐이다.

| 기존 체제와 결별하다

끝을 향해 달려가는 와중에 누가 다시 모습을 나타낼까? 플라톤이야.

"의심할 여지없이 자유와 정의 등 불변의 진리가 존재하며, 이것들은 모든 사회에 공통적으로 있다."

공산주의는 불변의 진리, 종교와 도덕을 철폐한다. 그러므로 공산주의는 과거의 모든 역사적 경험과 반대된다. 이런 비난은 어떻게 귀결되는가? 지난 모든 과거에서 사회는 시대마다 다른 형태로 형성된 계급과 계급 사이의 대립으로 발전되어 왔다.

그러나 그게 어떤 형태가 되던, 사회 일부가 다른 사회를 착취했다는 건 과거의 공통된 사실이다. 그렇다면 과거의 사회적 의식은, 그 다양성에도 불구하고 공통된 형태 혹은 일반적 개념으로 움직인다 해도 놀랍지 않다. 그건 계급 대립이 철저히 사라지지 않으면 완전히 없앨 수 없다. 공산주의 혁명은 기존의 소유 관계와 완전히 결별한다. 기존의 사상과 철저하게 결별하며 발전한다는 건 놀랄 일이 아니다.

공산주의 혁명이 일어나는 동안 무슨 일이 일어날까? 마르크스와 엥겔스는 선진국에서 일어날 열 가지 단계를 기술해.

사유 재산의 철폐.
높은 누진세 적용.
상속권 폐지.
망명자들과 반역자들의 재산 몰수.
국가의 손 안에 신용 집중화.
운송 수단을 국가의 손 안에 집중화.
산업과 농업 계획 집중화·공동화.
모두가 똑같은 노동을 하도록 의무화.
공업과 농업 결합.
무료 공교육 실시.

마르크스와 엥겔스는 자본주의가 야기한 불평등이 종말에 이를 거라 이야기해. 결국 불평등이 너무나 심각해져 명백히 붕괴 직전에 이른다는 말이지. 피라미드의 꼭대기에 있는 사람들조차도 현 상황이 부조리하다는 걸 알게 돼. 마침내 모든 이가 평등해져.

│ 지금은 심각한 불평등의 시대야

미국은 전 세계에서 가장 부유하고 강력한 나라야. 단순히 미국인만 되어도 '가난한' 미국인이라 할지라도, 수십억 명의 사람들보다 더 형편이 좋아. 하지만 현대 자본주의가 가장 오래, 그리고 성공적으로 지속되고 있는 미국에서 부는 마르크스와 엥겔스가 예측한 방향으로 집중되기 시작했어.

2015년에 우리는 로마 제국의 전성기 또는 남북전쟁 직후 대호황 시대의 벼락부자 시절보다 훨씬 더 심각한 불평등 수치를 보이고 있어.

UC 버클리의 엠마누엘 샌즈 교수가 2014년 1월 퓨리서치센터 사이트에 발표한 연구에 따르면, 미국의 소득 불평등은 1928년 이래 최악이라고 하더구나. 부자는 점점 더 부유해지고, 가난한 사람들은 점점 더 가난해지고 있다는 말이야.

에드워드 울프가 2012년 11월 전미경제조사회지에 기고한 바에 따르면, 미국의 상위 20퍼센트가 국부 총합의 거의 90퍼센트를 차지한다고 해.

〈AP통신〉의 2013년 보고서에서는 미국인들의 빈곤이 점점 늘어나고 있을 뿐만 아니라 성인 다섯 명 중 네 명은 결국 실직하지 않도록 버둥대거나, 가세가 기울고, 혹은 공공 지원에 의존할 수밖에 없다는 사실이 밝혀졌어. 반면 최상위 지위에 있는 사람들의 봉급은 기하급수적으로 늘었지.

1974년 아빠가 태어났을 때, 최고 경영자들은 일반 근로자들의 봉급보다 50배 더 많이 받아 갔어. 미국노동총연맹 산업별 조합회의에 따르면 현재 최고 경영자들은 일반 근로자들보다 380배나 더 받아간다더구나.

가장 무시무시한 건 아마 국제 구호 개발기구인 옥스팜이 발표한 보고서일 텐데, 전 세계의 가장 부유한 85인이 쥐락펴락하는 부의 가치가 전 세계의 가장 가난한 35억 명의 재산을 합한 값과 맞먹는다고 해.

애덤 스미스는 자본주의가 불평등을 초래하기는 하지만 사회에 주는 이득이 막대하다고 주장하지. 가장 가난한 사람들조차 나아진 생활 수준으로 혜택받으니까. 자본주의가 제대로 돌아갈 때 상품과 서비스의 비용은 최저 자연 수준까지 억제돼. 따라서 사람들이 돈을 덜 번다고 해도 상품과 서비스를 더 많이 누릴 수 있는 거지.

시간이 흐르며 너는 돈을 더 많이 벌어야겠지만, 그렇지 않다고 해도 돈의 지출은 더욱 늘어날 거야. 구매력은 시간이 지나며 더 커지게 마련이지.

자, 지난 20년 동안 이 말이 참말인지 한번 살펴보자. 아빠가 대학교를 막 졸업했을 때인 1996년과 포괄적인 정보로 쉽게 이용할 수 있는 최근 연도인 2013년 사이 기본 물가를 비교해 봤어.

일리노이 대학 학비는 1996년에 10,732달러였는데 2013년엔 46,584달러로 434퍼센트 증가했어. 첫 집은 1996년에 114,090달러였는데 2013년엔 257,000달러로 225퍼센트 증가했지. 유가는 1996년에 1.23달러였는데 2013년엔 3.58달러로 291퍼센트 증가했고. 그런가 하면, 우유 한 병 값은

1996년에 2.56달러였는데 2013년엔 3.52달러로 138퍼센트나 뛰었어. 가족 의료 보험도 크게 뛰었는데, 1996년에 4,954달러였는데 2013년엔 15,745달러로 318퍼센트나 증가했지.

17년 동안, 공식적인 물가 상승률은 48퍼센트야. 물가 상승을 감안한다 해도, 지금은 물가가 더 낮아져야겠지? 그런데, 중위 소득의 경우 1996년에 35,492달러였는데 2012년엔 51,070달러로 44퍼센트밖에 증가하지 않았어. 물가 상승을 감안한다 해도, 우리는 17년 전보다 6퍼센트 적게 벌고 있는 셈이지. 현대 필수품의 가격이 두 배, 세 배, 네 배가 되었다 해도 말이야.

좋은 소식이라면 이런 현상이 무한정 지속되지는 않으리라는 거지. 나쁜 소식은 우리의 경제 체제를 완전히 뒤바꾸어 놓고 끝나리라는 거야. 자본 주의는 인류가 처음, 두 번째, 아니면 열다섯 번째로 시도했던 경제적 패러 다임이 아니란다. 마지막이 되지도 않을 테고.

| 세상은 너무 빨리, 많이 변해

과거에 경제적 패러다임에 변화가 일어났을 때, 그 변화는 마르크스와 엥 겔스가 예측했던 대로 정확히 빠르거나 완만하지도 쉽지도 않았어. 사람들 이 어느 날 아침에 일어나 이렇게 말하지는 않지.

"음, 내가 볼 때 그건 봉건주의에나 맞아. 함께 앉아서 사유 재산과 자유 시장에 대해 허심탄회하게 이야기해 봅시다."

사람들은 해고되고, 땅은 강제로 점령당해. 세상은 혼돈과 혁명의 소용돌이로 빠져들지. 아빠는 네 세대가 걱정된다. 너희들이 혁신을 할 능력이 안 된다거나, 이전 세대보다 산업 동력이 부족해서가 아니야. 너희 세대는 거대한 구조적 한계에 놓인 시대에 살고 있다는 걸 알게 될 거야. 자본주의는 인구와 경제, 기술적 기념이 지금과 매우 다른 상태에서 영향력을 행사하기 시작했어.

존 로크가 사유 재산과 노동에 대해 저서를 쓰던 당시, 왕과 여왕은 일하고자 하는 누구에게나 수백만 평이나 되는 땅을 나눠 줬지. 현대 인간이 대략 20만 년 전부터 진화했다고 생각한다면, 로크는 19만 9천 8백 년 동안이나 지속되었던 같은 인구 통계 추정치를 두고 다음과 같이 썼어.

"그 모든 일을 할 사람이 충분치 않았다."

산업 혁명으로 야기된 인구 폭발 이전의 이야기야. 전 세계 인구가 10억이 되는 데 대략 1998세기가 걸렸어. 그 다음 2세기 동안 70억까지 치솟았지. 세상이 많이 변했어. 사람들도 많아졌을 뿐만 아니라, 현대 의학 및 농업의 발달 덕분에 사람들은 이전보다 훨씬 더 오래 살게 되었지. 기술적 진보란 곧 17세기에 황소와 쟁기로 밭을 일구던 시대보다 몇 배나 더 많은 생산력을 갖추게 되었다는 걸 의미해.

17세기 일꾼들은 만 년 전의 사람들이 했던 일과 별반 다르지 않았지. 맞아, 17세기 노동자들은 살짝 더 나은 도구와 기술을 가졌을지도 모르지. 하지만 로봇으로 움직이는 10톤짜리 동력 쟁기로 밭을 돌아다니지는 않았어. 뛰어난 효능을 자랑하는 살충제를 비행기로 작물 위에 뿌려 대지도 않았지. 몇천 킬로미터나 떨어진 곳에 버튼만 딱 누르면 정량의 관개용수가 바로 나오지도 않았단 말이야.

하지만 마르크스와 엥겔스가 예측한 대로, 이런 혁신을 하는 데는 돈이 들어. 기계가 갈수록 복잡해지면서, 이전에 사람 손을 거쳐야 했던 일들이 자동화되어 수많은 노동력을 몰아내고 있지. 컴퓨터의 기능도 나날이 늘어가면서 더 뛰어난 기술을 뽐내고 있고, 덕분에 관련 직업들은 더 이상 쓸모가 없어지고 있어.

| 지금 우리는 과도기에 있어

우리는 지금 과도기에 있어, 바이올렛. 사람의 손길이 거의 혹은 아예 필요 없는 공장이나 자재 창고, 농장들이 이미 많이 있단다. 10년 후에는 자율주행 자동차의 도입으로 수백만 트럭 운전기사를 대신하기 시작할 거야. 금융 거래는 인간이 따라 하기에는 너무나 빠른 속도로 컴퓨터가 무자비하게 대신하고 있지.

네가 병원에서 퇴원하고 불과 며칠 뒤, 그러니까 2010년 5월 6일이었지. 주식 시장에서 이 기계들에 쓰인 알고리즘이 주가지수를 천 포인트 밑으로 떨어뜨렸어. 너무나 순식간에 벌어져서 인간 딜러들은 무슨 일이 일어났는지 어리둥절했지.

네가 사는 동안 기계는 의사와 같이 고도로 숙련된 전문가들의 직업도 가져가 버릴지 몰라. IBM은 '왓슨'이라는 컴퓨터를 개발했는데 〈제오파디〉라는 텔레비전 쇼에서 최초로 우승자를 가볍게 이겨 유명세를 탔지.

여기에 도입된 시스템이 환자의 병을 진단하는 데 쓰이고 있어. 인간 의사들보다 훨씬 더 효율적이고, 능률적이며, 정확하게 임무 수행 중이야.

오늘날 기계는 음식을 생산하고, 금융을 관리하고, 물건을 만들고 있어. 자동차도 운전하고, 전쟁에 나가 싸우기도 하며, 병을 치료하지. 20년 전까지만 해도 이 모든 일은 인간의 손을 거쳐야만 했지만, 이제는 아니야. 이와 관련해 이런 용어도 생겼단다. '기술적 실업'. 마르크스가 이런 현상을 예측했는데, 그런 현상을 적게나마 몸소 경험했지.

애덤 스미스와 존 로크가 단정한 것처럼, 자본주의는 근본적으로 인건비를 바탕으로 돌아가. 사유 재산이라든지 제한된 정부 그리고 개인의 권리와 같은 개념이 들어 있는 우리 정치 제도의 중심에, 모든 노동에는 비용이 어느 정도 들어간다는 가정을 전제하지. 아무리 뛰어난 기술을 자랑하는 일도 아무 짝에 쓸모없다고 치부된다면, 이런 체제가 어떻게 유지되겠니?

| 더 좋은 방법은 언제나 존재한단다

아빠는 네가 《공산당 선언》에 불길한 어조로 묘사된 풍요와 불평들의 시대에 살게 될까 봐 매우 두려워. 그런 시대는 경제·정치적 제도가 점차 쇠퇴한다는 신호를 제대로 보내 주겠지.

어떤 체제가 부상할지 또는 할 수 있을지 아무도 몰라. 자본주의와 공화주의 뒤에 무엇이 오든, 변화하는 과정은 어려울 거야. 그리고 그간 역사가 보여준 대로 그 과정은 폭력적일 수 있어.

그러면 무슨 일이 일어날까? 아빠도 모르겠다. 마르크스와 엥겔스도 알 것 같지는 않아. 그들이 자본주의 멸망을 증명했다 해도, 그들이 시사한 새로운 체제가 실제로 제대로 작동할지는 의문이다. 마르크스와 엥겔스가 주장한 개인주의의 감소는 치명적인 단점을 안고 있는 듯해.

소크라테스와 아리스토텔레스, 예수, 존 로크와 같은 인물을 '기득권층'의 나팔수쯤으로 폄하하는 건 정말 말도 안 되거든. 위 인물 중 대다수는 지배계급의 응원단장도 아니었을 뿐더러, 그중 몇몇은 기득권층에 도전했다는 죄목으로 목숨을 잃고 말았는걸.

역사적으로 많은 예시를 봐 왔듯이, 위대한 인물들이 기여한 독자적인 공로 덕분에 이 세상이 변화했어. 아빠는 소크라테스와 에이브러햄 링컨, 스티브 잡스와 같은 인물이 없었다면 세상이 퍽 달라졌을 것 같아. 그들은 《공산당 선언》에서 주장한 바와 같이 융통성 없고 체제에 순응하는 신조 아래에서는 절대 나올 수 없거든.

아이러니하게도 '우리는 모두 평등하게 태어났다'는 말은 공산주의적인 감상이야. 공화국 체제 내의 자본주의 사회에서는 그 말을 믿지 않아. 우리는 개개인의 우수성을 믿지. 차이점을 기꺼이 인정하고 불평등을 권장해.

우리의 경제·정치적 제도는 불평등에 기반을 두고 있지. 각각의 개인은 모두 다르다고 생각하며, 어떤 이는 다른 이보다 지도자로서 더 적합하다는 개념까지 수용한단다. 그런 사상은 이미 많은 역사적 증거로 입증되었어. 우리나라뿐만 아니라 공산주의 국가까지도.

바이올렛, 《공산당 선언》을 인정하겠다고 공산주의자가 될 필요는 없어. 이 책이야말로 영원한 건 없다는 걸 다시 한 번 알려 주니까. 우리의 공화국은 영원하지 않아. 자본주의도 마찬가지고. 아빠도 영원하지 않고, 너도 그렇지. 언젠가 태양은 폭발하고 우주는 무너져 내릴 거야. 네가 태어난 고향인 '버지니아 주' 같은 곳도 없고, 달러니 하는 것도 없어. 그리고 사유 재산도 다 날조된 이야기야.

우리는 우리의 삶을 향상시키기 위해 할 수 있는 모든 방법을 다 실험해 봤어. 왕정과 경제 제도 그리고 자유와 독재도. 어떤 실험은 다른 것보다 더 성공적인 걸로 판명 났지. 하지만 그보다 더 좋은 방법이 언제나 존재해. 그리고 언젠가 너는 우리 모두를 위해 더 좋은 길을 찾을 거야.

아마도 그래서 네 영혼이 이 세상과 맞서 싸워 온 거겠지. 그래서 네가 1.6킬로그램밖에 안 되었고 숨도 제대로 못 쉬는 가운데에서도 강인함, 인내, 무엇보다도 활발한 기질을 타고난 거야.

이건 너만 가지고 있는 재능은 아니야, 바이올렛. 하지만 네가 이 세상에 오던 그 순간 너의 내면에 간직하고 있던 기질이었고, 아빠는 네가 그런 기질을 타고 났다고 믿어. 너는 정말 행운아야. 그런 자질은 학점이나 돈, 권력보다 더 중요한 자산이니까. 너는 인생의 시험대에 오를 거야. 네 영혼을 갉아먹을지도 모르지만, 너는 견뎌 내리라 믿는다.

강해져라, 바이올렛. 끝까지 밀고 나가. 그리고 뭐니 뭐니 해도 언제나 명랑함을 잃지 말아야 한다. 네가 태어난 그날부터 아빠는 하루하루를 너와 비슷해지기 위해 고군분투했어, 바이올렛.

그리고 네 영혼을 본보기로 따르려고 노력했단다.

존 로크,《통치론》

영국의 철학자 존 로크가 1689년 출판한 정치 철학 책이다. 후기 스튜어트 왕조의 반동화가 진행되어 왕권신수설이 다시 유행하기 시작한 걸 보고, 로크는 1688년 명예혁명을 지지하며 이론적인 기초를 제공하려 했다. 이 책에 나타난 로크의 사상은 근대 민주주의 사상의 원형을 이룬다.

장 자크 루소,《사회계약론》

장 자크 루소의 대표적 저술로, 1762년에 출판되었다. 1755년 무렵부터 백과전서파와의 사이가 나빠지자, 루소가 파리의 살롱 생활에서 은퇴할 생각으로 완성시킨 게 이 책이다. 루소는 백과전서파를 비롯한 많은 사람의 반대를 받았을 뿐만 아니라 박해까지 받아, 실의와 불행의 만년을 보냈다.

에드워드 기번,《로마제국 쇠망사》〈제1권〉

영국의 역사가 에드워드 기번이 쓴 역사 책이다. 네르바·안토니누스 왕조부터 로마 제국 멸망까지를 담고 있다. 에드워드 기번의 일생은 로마 역사를 쓰기 위한 세월과 다름 아니다. 어릴 적 건강이 좋지 못했던 환경은 기번으로 하여금 더욱더 역사에 몰두할 수 있게 했다.

토머스 제퍼슨·벤저민 프랭클린 등,《독립 선언문》

1776년 7월 4일 당시 영국의 식민지 상태에 있던 열세 개 주가 모여 필라델피아 인디펜던스 홀에서 독립을 선언했다. 독립 선언이 있은 후 약 8년간에 걸친 싸움 끝에, 1783년 9월 3일에 이르러 비로소 미국은 영국과 프랑스로부터 완전한 독립을 인정받게 되었다.

공저, 《미국 헌법》

미국의 최고 법이다. 1787년 5월 25일부터 9월 17일까지 펜실베이니아 주 필라델피아에서 열린 필라델피아 제헌회의를 기원으로 한다. 1789년 열세 개 주에서 인민의 이름으로 비준한 미국 헌법은, 총 일곱 개 조이며 1969년 7월까지 26회 수정해 현재 50개 주 정치의 규범이 되었다.

애덤 스미스, 《국부론》

1776년 3월 9일에 출판된, 영국의 경제학자 애덤 스미스의 주요 저작이다. 무엇이 국가의 부를 형성하는가에 대한 세계 최초의 설명 중 하나이며, 오늘날 고전 경제학의 기초적인 저작으로 여겨진다. 이 책을 관통하는 중요한 주제는, 경제 체제는 자동적이며 지속적으로 자유로운 상태에 놓여졌을 때 통제할 수 있다는 것이다. 이런 개념은 '보이지 않는 손'이라 일컬어진다.

칼 마르크스·프리드리히 엥겔스, 《공산당 선언》

공산주의 사상가인 칼 마르크스와 프리드리히 엥겔스에 의해 1848년 2월 21일 출판되었다. 19세기 중엽 등장한 프롤레타리아에게 역사적 사명과 해방의 앞길을 밝혀 주고 국제공산주의 운동의 지침을 확립한다는 목적하에, 1847년 초안이 작성되었다. 1847년 의인동맹은 《공산당 선언》을 정책문서로 채택했다.

이 세상엔 가격을 매길 수 없는 가치가 있단다

너는 아무런 지식도, 제대로 된 폐 기능도, 네 자신을 돌볼 능력도 없이 이 세상에 왔어. 그렇지만 네 연약한 존재가 처음 몸짓한 순간, 너는 데이터와 화학 반응 이상의 뭔가로 활력을 찾았지. 네게는 영혼이 있어, 바이올렛. 너는 운 좋게도 역사상 가장 위대한 제국—물질 세계를 정복한 나라지—의 시민으로 태어났어. 그러나 우리의 제국은 무형의 세계를 잊고 말았어.

현재 미국에서는 가치가 점점 '화폐 가치'로만 여겨지고 있어. 2010년에 조지타운 대학의 교육 센터는 졸업생들의 평생 소득을 측정하는 방식으로 다양한 대학 학위의 가치를 밝혀내는 데 착수했어. 별로 놀라울 것도 없이, 영문학과 인문학을 전공한 졸업생들의 중위 소득은 엔지니어나 과학을 전공한 졸업생들보다 훨씬 낮았지.

너는 가치를 측정하는 법을 배울 거야, 바이올렛. 미국은 언제나 경제적이면서 기술 중심의 문화였으니까, 모든 걸 실증적으로 측정하도록 요구하지. 자본주의자로서, 모든 게 투자 대비 수익률을 지니고 있다고 주장해.

아빠에게는 셰익스피어에 관한 일화가 있어. 대학을 졸업하고 들어간 첫 직장이 시카고 셰익스피어 극장이었단다. 데이터베이스를 관리하고 광고용 우편물 기획 일을 맡았지. 극장이 행하던 업무 방식에 약간의 행정적 변화가 필요했어. 그러나 극장에서 《햄릿》을 공연했을 땐 그 누구도 대사를 바꾸지 않았어. 왜 바꾸지 않았을까?

셰익스피어가 지닌 지식보다 훨씬 우월한 학력으로, 아빠는 셰익스피어의 작품을 더 멋지게 각색할 수 있을걸. 셰익스피어는 내가 배워 온 것과 이뤄 온 것에 대해 잘 알지 못해. 그는 핵이 뭔지 알지 못하고 진화나 중력이 뭔지 모르지. 물론 질병이 어떻게 전염되는지도 몰랐어.

《햄릿》을 또 공연하는 게 무슨 의미지? 이미 수백만 번이나 공연되었는데 말이야. 모르긴 해도 누구나 한 번쯤은 봤을걸. 관객들은 언제 무슨 장면이 나올지 다 알아. 지루하지 않을까?

《햄릿》에는 새로울 게 하나도 없어. 《햄릿》은 셰익스피어가 썼을 때도 새로운 작품이 아니었어. 다른 사람의 희곡에서 줄거리와 등장인물을 훔쳐왔단다. 빼앗긴 사람 역시 누군가의 대본을 훔쳐 왔을 거야. 대본의 기본적 골격은 저 멀리 고대 그리스의 아이스킬로스까지 거슬러 올라가야 해.

네가 이 책을 읽을 때 즈음, 수준 높은 교육을 받고 입이 떡 벌어질 만큼 고도의 기술에 접속할 수 있다고 해도 아빠가 네 나이 때 했던 똑같은 질문을 너도 하게 될 게다.

아빠가 네 나이 때 그와 같은 질문을 했고, 400년 전 셰익스피어도 같은 질문을 했어. 2천 5백 년 전 아이스킬로스 역시 같은 질문을 제기했지. 아마도 너는 답을 알고 있다고 생각할 거야. 그러길 바란다. 하지만 나이를 먹을수록 점점 더 답하기 어렵다는 사실을 깨닫게 될 거다.

아빠도 네 나이 때 답을 알고 있다고 생각했어. 옳고 그름을 구별할 줄 알고, 내 운명을 내가 책임진다고 말이야. 보는 순간 진실을 안다고 여겼고, 사악한 자들은 절대 잘될 수 없고 선한 자들은 반드시 승리한다고 생각했지. 신 같은 건 없고, 나는 부자가 되고 또 유명해질 거라고 확신했단다.

이제 나는 나이를 더 먹었고, 내 대답은 말이 되지 않는 것 같아. 악당이 잘 먹고 잘사는데 착한 사람이 벌 받는 장면을 목격했지. 뭐가 선이고 악인지 구분하기도 힘들구나.

진실이라고 주장하는 거라면 뭐든 의심부터 들어. 그래도 신은 믿는다. 신을 이해할 수 없고 신의 존재를 논리적으로 증명하기는 힘들지만 말이다. 그리고 명성과 부를 위해 태어났다고 생각하지도 않는다.

아빠 생각에, 지금 여기에 있는 이유 중 하나는 너를 알기 위해서야. 내 인생에 가장 값진 선물 중 하나지. 네가 자라는 모습을 보는 것, 네가 배우는 모습을 바라보는 것, 네가 고집부리는 모습을 지켜보고 감탄하는 것.

너는 언제나 강인하고 밝고 유쾌했어, 바이올렛. 너는 내 인생을 바꿨지. 아빠가 네게 보답할 수 있는 건 그저 말, 말, 말뿐이란다. 네 엄마와 내게서 멀리 떨어진 곳에서도 이 편지로 네가 선택한 모험에서 길을 찾길 바란다.

2012년 가을로 돌아가서 말이다, 우리는 버지니아 알렉산드리아의 공원을 함께 거닐고 있었지. 아빠는 너와 함께 걷는 일상이 너무나 좋았어. 너는 내 손을 살짝 잡고는 했는데, 힘들면 내 어깨 위에 올라타기도 했지.

너는 그때 막 말문이 트인 참이었는데, 어느 날 공원에 다른 아빠들과 아이들이 있다는 사실을 알게 되었지. 너는 우리가 그들과 같다는 걸 알게 되었어. 네 손에는 주스 팩이 쥐여 있었지. 다른 아빠가 딸에게 그네를 태워주는 모습을 보더니, 너는 그를 가리키며 말했어.

"저기 아빠가 있네. 그리고 아빠도 아빠야."

나는 네가 혼자 알아낸 걸 보고 깊은 감명을 받았단다. 세상을 분류할 줄 아는 능력을 갖게 된 거야. 너는 머릿속으로 아빠들의 공통 특성을 알아냈어. '아빠들은 나를 공원에 데려간다. 아빠들은 나를 어깨에 태운다. 아빠들은 그네에 탈 수 있게 도와준다.' 내가 말했지.

"맞아, 바이올렛. 저 사람은 아빠야, 나도 아빠고. 그러면 너는 누구지?"

너는 잠시 생각에 잠겼어. 너의 눈빛은 답을 찾고 있었지. 생각 중, 생각 중. 그러다 씩 웃으며 너 자신을 가리키며 말했어.

"나는 바이올렛이지!"

바이올렛, 인생엔 작은 상자 속에 꼭 들어맞지 않는 것들이 있어. 가격을 매길 수 없는 가치란다. 이 세상엔 너의 철학이 꿈꾸는 것 이상이 있어.

배우고 사랑하고 살아 낼 딸에게 건네는 위대한 고전들

딸에게 보내는 인문학 편지

1판 1쇄 2021년 1월 14일
1판 2쇄 2021년 2월 3일

지은이 맷 뷰리에시
옮긴이 김미선
펴낸이 유경민 노종한
기획마케팅 1팀 우현권 **2팀** 정세림 금슬기 최지원 현나래
기획편집 1팀 이현정 임지연 **2팀** 김형욱 박익비 **라이프팀** 박지혜
책임편집 김형욱
디자인 남다희 홍진기
펴낸곳 유노북스
등록번호 제2015-000010호
주소 서울시 마포구 월드컵로20길 5, 4층
전화 02-323-7763 **팩스** 02-323-7764 **이메일** uknowbooks@naver.com

ISBN 979-11-90826-31-0 (03160)

시즈카 할머니와
은령 탐정사

시즈카 할머니와
은령 탐정사

나카야마 시치리 단편 연작 소설 ― 민현주 옮김

블루홀6

차례

제 1 화

말할 수 없는 증인

1

 원장실에 들어가자마자 시즈카는 환한 미소로 환영받았다.

 "이야, 설마 고엔지 판사님이 흔쾌히 수락해 주실 것이라고는 생각도 못 했습니다."

 초면인데도 불구하고 마시코 연수원장은 거침없이 시즈카의 손을 잡는다. 시즈카를 할머니라고 얕잡아보는 데서 나오는 거리낌 없는 행동에도 시즈카는 잠자코 있다. 일일이 지적해 자의식과잉으로 비치는 것도 싫어서다. 퇴임 후 꽤 세월이 흐른 지금 판사라고 불리는 것도 부끄러웠지만 그 점을 지적하는 것도 귀찮았다.

 "나 같은 할머니의 푸념이 사법에 도움이 된다면 제게도 엄청난 축복이죠."

 "무슨 말씀을요. 고엔지 판사님은 법조계의 레전드이신데요. 내년부터 연수 기간이 1년 6개월에서 1년 4개월로 단축되어 커리큘럼을 더욱 알차게 구성해야 해요. 고엔지 판사님이 교편을 잡아 주시면 그보다 나은 강의는 없을 거예요. 제가 수강하고 싶을 정도입니다."

노골적인 아부이지만 나이 차가 꽤 나는 선배한테는 그럴 수밖에 없겠다고 생각해 이 점도 너그럽게 넘어가 주기로 했다. 어쨌든 시즈카는 마시코보다 스물네 살 연상이다.

시즈카가 와코시에 있는 사법연수원의 교수로 초빙된 것은 올 2월이었다. 지금까지 법과대학의 강연을 부탁받거나 객원교수로 취임을 요청받은 적은 있었지만 솔직히 만족스럽지 못한 부분이 있던 것은 사실이다. 청강생의 절반 이상이 법조계와 무관한 사람이었기 때문이다. 하지만 상대가 사법연수생이라면 마음껏 의견을 개진할 수 있다. 원래대로라면 현역 검찰이나 변호사가 사법연수원의 교수로 발탁될 텐데, 자신 같은 퇴임한 사람이 이런 제안을 받은 것도 솔직히 기뻐해야 할 것이다.

제안을 수락한 데는 또 다른 이유가 있다. 올해 1월까지 법과대학에 초빙된 인연으로 나고야에 머물렀었는데, 그때 인정받는 지역 유명인 중 대단한 무데뽀가 있었다. 결코 선인은 아니고 돈과 권력에 물든 속물이지만 묘하게 인망이 있어서 제멋대로 구는 우물 안 개구리 같은 사람이다. 자제와 겸허를 신조로 삼는 시즈카에게는 가장 대하기 어려운 타입이었다. 사법연수원 교수로 초빙된 것은 이참에 나고야를 떠날 수 있는 아주 좋은 구실이었다.

"맡기로 한 이상 저도 사양하지 않겠습니다. 모두 사법고시를 통과한 인재들이죠. 엄격히 지도할 생각인데, 괜찮을까요?"

"물론입니다. 꼭 군기를 바싹 잡아 주세요."

요즘 같은 시대에 학생들의 군기를 잡아 달라니, 아무리 생각해도 옛날 사고방식이다. 분명 마시코의 사고는 시대착오적일 것이다. 법조계의 인식이 대중과 괴리되는 것은 이런 사고와 변하지 않는 체제 때문임은 쉽게 상상할 수 있다. 낡은 가죽 부대에 새 술을 담는다는 비유까지는 아니지만, 낡은 교육체제이기 때문에 바로 자신 같은 노인들이 참신한 수업을 해야 한다.

사명감이 활활 타오르는 순간, 마시코에게서 예상 밖의 질문이 날아들어 왔다.

"고엔지 판사님. 최근 건강검진은 받으셨습니까?"

"아뇨."

질문을 듣고 기억을 더듬는다. 그러고 보니 건강검진은커녕 최근 몇 년간 병원에 간 적도 없었다. 시력이 약간 떨어지긴 했지만 여든이 넘어서도 아직 신체적으로 일상생활에 지장이 없다는 점을 시즈카는 내심 자랑스러워했다.

"번거로우시겠지만 신속히 검진을 받아주세요. 연수원 교수는 검진이 의무라 이렇게 부탁드립니다."

검진 비용은 연수원이 부담하고 입소식까지는 아직 시간이 있다. 자유로운 홀몸에 당장 처리해야 할 일도 없어서 다음 주에라도 검진을 받기로 했다.

그러나 그때, 시즈카는 새까맣게 잊고 있었다.

자신은 운이 지독하게 나쁘다는 것을.

4일 후, 시즈카는 연수원에서 지정한 병원으로 향했다. 도내에 있는 '네리마 중앙병원'은 가장 가까운 역에서 도보 5분 거리에 있어 노령인 시즈카도 쉽게 갈 수 있었다.

주택지 변두리에 지어진 병원은 조용한 주변과도 잘 어울리는 차분한 분위기로, 시즈카의 눈에도 좋아 보였다. 1층 접수처로 가는 도중에도 그런 인상은 여전했다. 옅은 아이보리 색감의 벽, 자그마한 관엽식물과 눈을 자극하지 않는 부드러운 조명. 대기실 소파도 정말 편해 보였다. 병원 분위기가 이토록 편하다면 이 때문에 환자들의 통원 기간이 더 늘지는 않을까.

"10시 예약 고엔지 씨시군요. 기다리고 있었습니다."

사무적이지 않지만 과한 억지웃음도 아니다. 접수처 여성의 응대도 완벽했다.

"단기 종합 정밀 건강검진이라 완료 예정 시각은 오후 2시쯤입니다. 검사를 마치시면 점심 식사권을 드리니 지정된 레스토랑에서 식사해 주세요. 위 검사로 바륨을 마시게 되시는데요."

설명이 채 끝나기도 전이었다.

"오, 시즈카 씨잖아."

평온한 대기실에 갑자기 큰 소리가 울려 퍼졌다. 목소리의 주인은 화난 게 아닐지도 모르지만 목소리가 쓸데없이 크고 굵어서 마치 고함을 치는 것 같다. 실제로 대기 중인 환자들은 모두 깜짝 놀라 무슨 일이 일어났는지 뒤돌아보았다.

들어본 적 있는 불길한 목소리였다. 주뼛주뼛 목소리가 들리는 쪽을 돌아보니, 그곳에 시즈카가 나고야를 떠나 온 원인이기도 한 무데뽀가 있었다. 이쪽에서 먼저 다가갈 필요도 없다. 상대 쪽에서 휠체어를 직접 밀고 다가왔다.

"이야, 이런 곳에서 다시 만날 줄이야. 역시 나랑 시즈카 씨는 몹시 인연이 있는 것 같네. 으하하하."

휠체어에 앉은 고즈키 겐타로는 시즈카를 올려다보며 껄껄 웃는다. 아무래도 여기가 병원 대기실이라는 것을 완전히 잊은 듯하다.

아니, 안다고 해도 달라지는 건 없을 것이다. 겐타로야말로 인간의 탈을 쓴 안하무인 그 자체이기 때문이다.

휠체어 신세인 겐타로가 홀로 도쿄 변두리까지 오지는 않았을 것이다. 대기실을 둘러보니 역시 요양보호사 쓰즈키 미치코가 있었다. 미치코는 시즈카와 눈이 마주치자마자 자식이 저지른 장난을 사과하는 엄마 같은 얼굴이 되었다.

"인연이 있는 게 아니라 단지 우연일 뿐이라고 생각하는데요."

"아니. 이 넓은 도쿄에서 같은 병원에서 만나다니 이건 우연 중에서도 엄청난 우연이야. 그런데 시즈카 씨 어디 몸 안 좋아?"

갑자기 타인의 민감한 부분을 묻는 것도 정말이지 겐타로답다. 좋게 말하면 순박, 나쁘게 말하면 천박. 어느 쪽이든 일흔 넘은 노인이 할 만한 행동이라고 보기는 어렵다.

"건강검진 받으러 왔어요. 걱정 마세요."

"아하, 그건 다행이네. 우리 같은 노인들은 어디 한구석에라도 문제가 생기면 순식간에 몸 전체가 엉망이 돼. 당연하지. 이곳저곳 똑같이 늙었을 텐데 한구석만 병들 리가 없잖아."

"겐타로 씨의 건강 담론에 흥미가 없는 건 아닌데요, 지금 여기를 어디라고 생각하시나요?"

"미안 미안, 시즈카 씨. 아무리 그래도 여기가 병원 대기실인 걸

모를 정도로 노망들진 않았어."

"그럼 조금 목소리를 낮추는 게 어때요?"

"아니지, 좁은 곳에 환자들만 있으면 답답하니 한 명쯤은 기운찬 소리를 내야지."

슬슬 관자놀이 부근이 지끈거리기 시작할 때쯤, 미치코가 눈앞에 서 있었다.

"일전에 우리 겐타로 씨께서 몹시 폐를 끼친 것 같아서."

"어이, 미치코 씨. 폐를 끼쳤다니, 그게 아니라 신세를 많이 졌다고 해야지."

"가만있자. 겐타로 씨는 고엔지 씨와 함께 있었을 때 즐거웠다고 하셨잖아요."

"응, 즐거웠지."

"겐타로 씨가 즐거워하실 때는 대개 주변 사람한테 폐를 끼치고 계시거든요."

과연 온종일 겐타로를 보살피는 만큼, 미치코는 겐타로의 성격을 정확히 파악하고 있다. 시즈카는 저도 모르게 끄덕거리게 된다.

"뭐, 조금은 다른 사람에게 민폐를 끼치는 게 장수할 수도 있고."

"그렇게 잘난 척 말씀하시면서 지금 병원에 오신 게 누군데요."

"저기, 미치코 씨."

"네?"

"조금 조용히 하는 게 어때? 지금 여기가 어디라고 생각하는 거야? 병원이잖아."

순식간에 미치코의 표정이 도깨비처럼 험악해진다. 반사적으로 시즈카가 두 사람 사이에 끼어들었다.

"겐타로 씨는 왜 여기 계세요? 방금 겐타로 씨만의 장수법이 있다고 하셨죠?"

그 순간 겐타로는 입술을 삐죽거렸다.

"이래 봬도 그럴듯한 경영자라고. 몇십 명이나 되는 직원과 그 가족을 부양하고 있단 말이지."

"그건 알아요."

"내 몸은 나 혼자만의 것이 아니라며 재촉하는 직원들 때문에 매년 건강검진을 받아."

"좋은 직원들을 두셨네요."

"암이 의심돼."

시즈카가 시선을 돌리자 미치코가 묘한 표정을 짓는 것으로 보아 아무래도 농담은 아닌 듯하다.

"변에 잠혈반응이 있는 정도로 야단법석을 떠는 바람에. 경리 다니구치는 세상이 다 끝난 듯한 표정에, 손녀들은 울고, 게다가 그 녀석들 스스로 암 치료 일인자가 있다는 병원을 찾아서 여기를 예약했어. 나고야 일대 의사한테 해결을 봐야 할 것을 일부러 이런 곳까지 오게 하다니."

겐타로는 언뜻 성가시다는 듯이 불평하고 있지만 시즈카의 귀에는 주변 사람들이 본인을 소중히 생각해 주는 게 그리 싫지도 않다는 듯 들린다. 분명 입 밖으로 꺼내면 본인은 완전히 부정하겠지만 말이다.

"잠혈반응이라니 대장암이 의심되는 거네요."

"1년 내내 앉아만 있으면 엉덩이에서도 피가 나. 그런 걸로 오바 좀 하지 말라고."

"내시경 검사는 나고야에 있는 병원에서도 할 수 있을 것 같은데요."

"아니 그게, 내시경 검사도 의사에 따라서 결과가 다르게 나오거든. 어차피 카메라를 집어넣을 거라면 역시 일인자에게 진찰을 받는 게 낫단 말이지."

사법연수원 제휴 병원이라 왔을 뿐인 시즈카는 알 턱이 없지만, 이 병원에는 명의가 있는 듯하다. 의사와 변호사는 입소문이 가장 정확하다고 누가 말했던가. 먼 나고야까지 이름을 떨칠 정도면 상당한 명의일 것이다.

"검사 결과, 암이 발견된다고 해도 바로 처치할 수 있으니 좋은 선택이라고 생각해요."

"좋은 선택이라고는 조금도 생각 안 해. 의사가 좋든 나쁘든, 암이든 뭐든 도쿄에 있는 게 마음에 안 들어."

"겐타로 씨, 의사가 싫은 게 아니라 도쿄가 싫은 거예요?"

"그렇지. 다들 도쿄에 가면 이 세상 모든 것을 손에 넣을 수 있다고들 해. 옷이나 음식이나 뭐든지."

무엇이 그렇게 마음에 들지 않는지 겐타로는 도쿄에 대해 말할 때면 어린아이 같은 말투가 된다. 도쿄에서 나고 자란 시즈카에게는 도쿄가 편리하다는 생각이 아주 당연하지만 나고야 출신인 겐타로에게는 어딘가 열등감이 있을 것이다.

"우선 수도니까요. 상업의 중심이기도 하고 물류의 거점이기도 한 건 어쩔 수 없죠."

"그게 아니라 시즈카 씨, 한 나라의 중심에 사람, 물건, 돈이 모이는 건 당연해. 난 그것에 불만이 있는 게 아니야."

"그럼 뭐가 맘에 안 드시는 거예요?"

"도쿄에 사는 녀석들이 마음에 안 들어."

또 이 영감이 무슨 말을 하는 건지.

언제부터인가 세 사람을 바라보던 환자들이 겐타로에게 비난의 눈빛을 보내고 있다. 당연하다. 눈앞에서 자기 험담을 듣고도 아무렇지 않을 사람은 거의 없다.

미치코는 요양보호사라기보다는 거의 가족에 가까울 것이다. 미치코가 곧바로 겐타로의 어깨너머로 고개를 내밀었다.

"정말로 미움받을 만한 말을 하시는 데는 천하일품이시네요. 겐타로 씨. 여긴 겐타로 씨의 이름도 응석도 안 통하는 에도*니까 얌전히 좀 계세요."

"마음에 안 드는 걸 마음에 안 든다고 하는 게 뭐가 나빠. 어차피 오래 있을 것도 아닌데. 암이 아니라고 하면 휠체어에 제트 엔진을 달아서라도 나고야로 돌아갈 거야. 암이라고 해도 내 집에서 편하게 죽을 거고."

수십 명의 직원과 그 가족의 생활을 책임지는 경영자가 할 말이라고는 도저히 생각할 수 없다.

"그런데 이런 겐타로가 일부러 도쿄까지 불편한 몸을 이끌고 왔

---

* 도쿄의 옛 이름.

단 말이야. 그러니 수술했지만 소용없었습니다, 라고 하면 아주 곤란해."

"검사를 받기 전에 시비부터 거시나요?"

시즈카는 기가 막혀서 말했다.

"의사 선생님께 시비를 걸어도 소용없어요. 겐타로 씨는 여기저기 너무 시비를 걸어요. 조금은 나이에 맞게 차분해지시거나 원숙해지시는 건 어때요?"

"미안한데 양쪽 다 내 스타일은 아니라."

"아무리 자기 스타일이 아니라고 해도 환자는 의사 말을 따라야 해요."

"아직 환자는 아닌데."

"누구라도 마지막에는 병에 걸리거나 몸져눕게 되잖아요."

"그렇게 되기 전에 죽을 거야. 어차피 평범하게 죽을 수 있을 것이라곤 생각 안 해."

여전히 멋대로 지껄이는 말이지만 겐타로가 말하면 이상하게도 납득이 간다. 병상에 누워 있는 겐타로라니 상상하기 어렵다.

"시즈카 씨 나이라면 공습 정도는 한두 번 겪어 봤잖아."

"그럼요. 도쿄에서 나고 자랐으니까요."

도쿄 대공습이 있었던 날의 밤은 아직도 기억이 선명했다. 하늘에서는 B29가 폭격의 비를 내려, 깜빡깜빡 꼬리를 태우며 낙하하는 소이탄이 정말 예쁘다고 생각했다. 다음 날, 이웃집은 거의 다 타 버렸고, 자신의 집만 기적적으로 피해를 면해 꺼림칙했던 것은 지금도 잊을 수 없다.

"나도 그래. 나고야에도 꽤 큰 공습이 있었고, 그 뒤로도 지역 폭력단과 몇 번이나 싸움을 벌이고, 뇌경색을 앓다가 지금 이 꼴이야. 이제 와서 어디서 어떻게 죽든 상관없어."

선뜻 납득이 갔다.

젠타로가 안하무인에 유아독존인 것은 성격 탓만은 아니다. 한 번쯤 죽음에 직면한 덕에 각오가 되어 있는 것이다. 죽음을 두려워하지 않으면 어떤 난폭한 짓도 할 수 있다. 대부분의 사람이 모험이나 결단을 주저하는 것은 목숨이 아깝기 때문이다. 하지만 젠타로의 인성을 누구보다 잘 알 터인 미치코는 인정사정없다.

"어디서 어떻게 뒈지시든 젠타로 씨 마음대로 하세요. 그래도 돌봐 주는 사람에게 폐는 끼치지 않게, 웬만하면 침대 위에서 죽으시고요."

"저기, 미치코 씨."

"왜요."

"목소리가 커. 여기를 어디라고 생각하는 거야?"

또 미치코가 도깨비 같은 표정을 지으려 할 때, 때마침 간호사가 그 앞을 달려 지나갔다.

"실례합니다."

위급환자인가, 아니면 돌발사건인가. 어쨌든 이렇게 해서 대화는 무사히 일단락되었다.

"그런데 젠타로 씨, 직원들이 열성적으로 찾아준 선생님 성함이 뭐예요?"

"호오, 시즈카 씨도 장이 신경 쓰이나 보네."

대화의 흐름을 바꾸려고 떠본 것이지만 명의에 흥미가 생긴 것
도 사실이다.

"저도 언제 대장암이 걸릴지 모르니까."

"구스모토라는 외과의사였나."

겐타로와 이야기를 나누는 중에도 다른 간호사가 연달아 드나들
었다.

"죄송합니다."

"실례합니다."

"조금만 비켜 주세요."

위급환자치고는 분위기가 살벌하다. 겐타로도 이변을 눈치챈 듯
주변을 둘러보기 시작했다.

"시즈카 씨, 뭔가 수상한 냄새가 나는데."

과연 병원과는 어울리지 않는 사람들이 접수 카운터 앞을 가로
질러 갔다. 한두 명이 아니다. 시즈카가 센 것만 벌써 남자 네 명이
대기실을 지나 진찰실 쪽으로 달려가고 있었다.

"체포인가."

불쑥 내뱉은 한마디 말에 시즈카도 동감했다. 남자들은 한결같
이 경찰관 특유의 냄새를 뿜어대고 있다. 불온함과 사나움을 겸비
한 취기, 사냥개가 내뿜는 냄새라고 해도 좋다.

판사를 그만둔 지 꽤 지났는데도 사건 냄새를 맡으면 반사적으
로 신경이 예민해지는 것은 일종의 직업병일 것이다. 스스로도 지
긋지긋한 버릇이라고 생각하지만 한번 몸에 밴 것은 어쩔 도리가
없다.

그렇다고 나서서 분란에 끼어들 생각은 없다. 하지만 겐타로는 재빨리 휠체어 바퀴를 돌려 분주하게 뛰어다니는 간호사 한 명을 붙잡았다.

"대체 무슨 일인가. 인상도 안 좋은 사람들이 왔다 갔다 하는데."

"저, 그건 저도 잘 몰라요."

"모를 리가 있나. 지금 당신도 바쁘게 뛰었잖아. 간호사가 아무 이유도 없이 바쁘게 뛰어다니나?"

"아뇨, 그게."

"대기실에는 진찰 결과가 너무 걱정돼서 어쩔 줄 모르는 환자들이 모여 있네. 그런 와중에 소란을 피우면 쇠약한 환자들은 청진기를 대기도 전에 졸도할지 몰라. 그렇게 되면 당신들이 책임질 수 있냔 말이지."

상대가 여자라서 그런지 약간 부드러운 말투이기는 해도 겐타로의 질책은 역시 색다르다. 마음씨 좋은 할아버지인 척하며 상대의 말문을 막는 말투였다.

"그게, 우리 병원 선생님께 의료 과실 용의가 있다고, 네리마 경찰서 사람들이."

"호오, 의료 과실이라니 심상치 않군."

"무, 물론 우리 병원에서 그런 사고는 없었습니다. 분명 뭔가 잘못됐을 거예요."

병원 관계자로서 그렇게 말할 수밖에 없을 것이다. 그러나 경찰이 증거도 없이 대거 달려왔을 리도 없다. 간호사에게는 미안하지만 해당 의사에게 의혹을 살 만한 요인이 분명히 있을 것이다.

"진찰받는 처지에서는 정말 불안하고 불안해. 이런 기분은 당신도 알 거야. 설마 간호사가 환자의 기분을 모른다고 하진 않겠지."

"무, 물론이죠."

"아는 범위에서 설명해 주게."

"구스모토 선생님의 담당 환자분이 상태가 급변해서."

무려 겐타로를 검사할 예정인 의사 아닌가. 겐타로는 망연자실해 있었다. 간호사에게서 들을 수 있는 만큼 듣자 눈앞을 지나가는 경찰 같은 남자를 붙잡았다. 갑자기 팔을 붙잡힌 남자는 당황했다.

"난 고즈키 겐타로네."

겐타로 입장에서는 접시꽃 문양이 그려진 인롱印籠*을 내걸었다고 생각하겠지만, 중부 정재계에 연이 없는 듯한 남자는 의심스러운 표정을 지을 뿐이었다.

"고즈키 겐타로 씨시군요. 무슨 용건이십니까?"

그다음 겐타로의 표정이 걸작이었다.

"내가 누군지 모르나."

"네, 처음 뵙네요."

"자넨 형사인가."

"네리마 경찰서 형사과 소속입니다."

"도대체 무슨 일인가."

"죄송합니다, 할아버지. 수사에 관한 사안이라서요."

---

* 도쿠가와 집안의 무늬가 그려진 인롱으로, 집안의 위력을 나타내는 이 인롱을 보여 주면 기세가 등등하던 상대도 위축된다.

"구스모토 선생이 어쨌다고 들었는데."

"아니, 그러니까 일반인은 빠져 주세요."

슬슬 짜증을 부릴 타이밍이라 마음의 준비를 하고 있었는데 의외로 겐타로는 난폭하게 굴지 않고 마음씨 착한 할아버지의 가면을 썼다.

"구스모토 선생이 내 담당이야. 보다시피 암 치료를 받으려고 불편한 몸을 이끌고 나고야에서 올라왔어."

"그것참 힘드셨겠어요. 안타깝지만 구스모토 선생은 당분간 진찰할 수 없을 겁니다. 다른 선생님께 부탁하는 게 좋겠네요."

"의료 과실이라니, 명의로 이름난 구스모토 선생이 실수했다고 하면 다른 선생한테 부탁해도 미덥지가 않아. 자세한 이야기를 들려주지 않겠나."

"안됩니다. 이제 막 수사에 착수한 참이라."

"내 목숨이 걸려 있어도?"

시즈카는 미치코와 눈이 마주쳤다. 잔꾀도 이렇게까지 철저히 부리기 쉽지 않다고 생각하지만 미치코는 찡그린 얼굴을 감추려고도 하지 않는다. 첫 만남에서는 겐타로의 정체를 간파하지 못했는지, 형사는 꽤 안타까워하는 모습으로 겐타로와 시선을 마주쳤다.

"할아버지, 재난이라고 생각하세요. 경찰도 근거 없는 소문만으로 움직이지는 않습니다. 구스모토 선생이 바로 풀려날 일은 없을 거예요, 아마."

그러자 옆에 있던 간호사가 쓱 형사 앞에 나섰다.

"분명 무언가 잘못되었을 거예요. 저희 선생님은 결코 실수 같은 건 하지 않으신다고요."

"간호사님 심정은 알겠습니다만 의사들도 사람이라 한두 번 실수는 하죠. 뭐, 애초부터 실수가 아니었을지도 모르고요."

"무슨 말씀이세요, 형사님."

이번에는 간호사와 형사의 언쟁이 시작되었다. 모처럼 언쟁이 그쪽으로 이동했으니 방관자로 있으면 될 것을, 자신이 중심이 아니면 직성이 풀리지 않는지 또 겐타로가 끼어든다.

"저기 간호사님. 나는 대장암 의심 환자인데, 혹시 구스모토 선생보다 훌륭한 선생을 아나?"

"대장암 분야에서 구스모토 선생님보다 권위 있는 분은 없다고 생각합니다."

간호사는 마치 자기 이야기인 양 거만하게 말했다. 형사에게 반론하고 싶어서 그랬을 것이다.

"관계자분들에게도 사정을 청취해야 하는데 마침 잘됐네요. 간호사님 말씀도 좀 듣고 싶어요."

"좋아요. 구스모토 선생님에 관해 아는 것은 전부 말씀드리겠습니다. 선생님이 얼마나 우수하고 정확하신지 충분히 설명드리죠."

전투적으로 말하던 간호사는 어느새 형사를 따라 진찰실 쪽으로 사라졌다. 두 사람의 모습을 눈으로 쫓던 겐타로는 분한 듯 입술을 삐죽거렸다.

"내 담당 의사가 체포되었어, 미치코 씨."

"형사님이 말한 대로 재난이었죠."

"재난이었죠, 라고 하면 그만인가? 이렇게 된 이상 진상을 확인해야 해. 구스모토 선생이 의료 과실을 저지를 정도로 돌팔이라면 다른 의사를 찾아봐야 하니까. 역으로 경찰이 오인체포 한 것이라면 한시라도 빨리 혐의를 풀어서 내 대장을 진찰하게 해야 하고."

"……겐타로 씨, 설마 또 성가신 짓을 할 생각이신가요?"

"성가셔도 절차는 제대로 밟아야지. 전직 판사님 앞이니까 똑바로 하지 않으면 꾸중을 들을 테니."

겐타로는 시즈카에게 의미심장한 시선을 보냈다.

"뭔가 하실 말씀이 있으신 것 같네요."

"이제부터 경찰에 말해서 구스모토 선생이 누명을 썼다면 벗겨 줄 생각이야."

"경찰이 오인체포를 하는 경우는 많이 없어요."

"그렇다는 말은 아예 없다는 말은 아니네. 아까 간호사를 봤잖아. 간호사는 의외로 사람을 보는 눈이 정확하거든. 그 간호사가 그만큼 존경하는 의사라면 한번 믿어 볼 가치가 있어. 어때, 시즈카 씨. 시즈카 씨도 흥미가 생기지 않아?"

"어째서 제가 그렇게 주제넘게 나서야 하죠?"

"인연이란 참 기묘하다고들 하잖아. 여기서 나와 재회한 건 시즈카 씨도 수사에 동참하라는 하늘의 뜻이야."

"잘도 그렇겠네요. 그거야 해석하기 나름이죠."

"그럼 명의로 이름난 남자가 뻔히 원죄가 되는 걸 특등석에 앉아 구경이라도 하겠나."

어린아이조차 걸려들지 않을 것 같은, 속이 뻔히 들여다보이는 도발이다. 몹시 알기 쉬워서 뒤에 서 있는 미치코는 부끄러운 듯이 고개를 숙이고 있다.

문제는 시즈카의 정의감도 어린아이 같다는 것이다.

정의감이란 단어만큼 수상쩍은 것은 없다. 성과 없는 논의에 사용되고, 정치 싸움에 사용되고, 살인에도 사용된다. 시즈카가 알기로는 대량 살상 무기보다도 질이 나쁘다.

하지만 미숙하고 단순한 정의감만은 믿어도 좋다. 곤란에 처한 자에게 손을 내미는 것. 굶주린 자에게 자신의 빵을 나눠주는 것.

시즈카가 거부해도 가슴속에 있는 미숙한 정의감이 천천히 고개를 내밀었다.

"어차피 겐타로 씨는 경찰서에 쳐들어가 민폐를 끼치든 말든 억지를 쓰실 거잖아요."

"억지가 통하면 도리가 물러서게 되니, 대개 뜻대로 되지."

대량 살상 무기가 여기에 있었나.

미치코가 뒤에서 미안하다는 듯이 고개를 떨구고 있다. 한번 말을 내뱉었다 하면, 다른 사람의 말은 듣지 않는 겐타로의 성질을 뻔히 알기 때문이다.

미치코가 도움을 요청하면 응하지 않을 수 없다. 또 백발노인 악동의 감시역인가, 라고 남몰래 탄식한 뒤, 시즈카는 겐타로에게 다가갔다.

"그 어설픈 도발에 응하겠어요."

2

　네리마 경찰서 수사관은 구스모토 의사를 바로 체포하지 않고 일단은 병원에서 사정 청취를 한다고 한다. 시즈카가 바라던 바였다. 그렇다면 젠타로도 조금은 예의 바르게 굴 것이다.

　사정 청취는 병원 응접실에서 이루어진다. 전직 판사라는 직함은 의외로 유통기한이 긴 듯, 시즈카가 신분을 밝히자 의아한 기색만 보였던 네리마 경찰서 수사관은 태도를 바꾸었다.

　"네리마 경찰서 형사과 구루메입니다. 예전에 경시청에서 판사님 강연을 들은 적이 있습니다."

　구루메는 당장에라도 경례할 것 같은 얼굴로 시즈카를 맞이한다. 후진을 위해 각 지역에서 했던 강연이 이런 식으로 도움이 될 줄이야 생각도 못 했다. 다만 이것으로 무언가를 얻는다는 느낌은 조금도 없고 단지 낯간지럽기만 할 뿐이다.

　"미안해요. 마침 건강검진을 하러 와서는 수사 현장과 마주쳤네요."

"아닙니다. 저희에겐 뜻밖의 행운입니다. 수사 과정에 실수가 없는지 판사님께 보여 드릴 수 있는 절호의 기회니까요."

이런, 이라고 생각했다.

구루메의 말에서 뾰족한 가시가 느껴졌다. 돌이켜 생각해 보면 경시청 강연에서 경찰의 예측 수사에 의한 원죄에 관해 일장 연설을 했었다. 오인체포에서 발단된 원죄 사건이 발각된 타이밍이기도 하고 주의도 환기할 겸 강의한 것이지만, 청중에는 구루메처럼 반감을 가진 자도 있었던 듯하다.

반감을 사는 것은 아무렇지도 않다. 자신처럼 규율이나 준법에 까다로운 사람은 적잖이 미움받는다. 그렇게라도 자신을 기억해 주면 감사하고, 무시당하는 것보다는 훨씬 낫다.

"그런 말을 들으니 의욕이 샘솟는데요. 기꺼이 네리마 경찰서의 솜씨를 보고 싶네요."

"보시기만 하지 마시고 무언가 알아채신 점이 있으면 마구 지적 부탁드립니다."

정중한 말투였지만 지적당할 생각은 조금도 없다는 것이 느껴졌다.

"그런데 판사님. 같이 오신, 휠체어 타고 계신 분은 누구십니까?"

지금까지 침묵하고 있던 겐타로가 천천히 고개를 들었다. 미치코는 동석하지 않았다. 미치코까지 휘말리면 수습이 안 될 우려가 있어 스스로 자리에서 빠진 것이다.

"시즈카 씨가 소개해 주지 않겠나."

"고즈키 겐타로 씨. 나고야 상공회의소 회장이세요."

신분을 밝히자마자 구루메의 얼굴에 긴장이 드러났다. 아이고, 이 남자도 직함에 약한 타입 같다.

"오늘 구스모토 선생한테 진찰받을 예정이었는데, 일이 이렇게 되어 버려서 몹시 초조해하고 계세요."

"사정은 알겠지만 일반인 앞에서 수사 정보를 발설하기가 좀."

"음, 저 역시 지금은 일반인인데요."

구루메는 정곡을 찔려 미간을 찌푸렸다.

"게다가 수사본부가 누구를 무슨 근거로 의심하고 있는지는 알려 줄 필요 없어요. 어떤 식으로 수사가 진행되고 있는지가 궁금할 뿐이에요. 고즈키 씨는 구스모토 선생이 장기간 구속될까 봐 걱정하는 것이고요."

"맞아, 신문이나 TV로 보도되는 범위 안에서 알려 주면 족하네."

도쿄에서는 나고야 상공회의소 회장의 위력도 통하지 않는다. 그걸 깨닫고도 허세를 부리는 건가. 예상대로 구루메는 눈살을 찌푸리며 마지못해 이야기를 시작했다.

이변이 일어난 건 이틀 전, 즉 3월 5일 오전 7시 반경이었다. 지난달 말부터 입원 중이던 후루미 쇼조의 상태가 급변해 의사들이 필사적으로 소생 처치를 했지만 사망했다.

후루미는 대장암을 앓고 있어, 일주일 전에 병소 적출 수술을 막 마쳤던 참이었다. 적출 후에는 중환자실로 옮겨졌고 영양제가 투여됐다.

이변이 생긴 것은 그때였다. 혈압 저하, 의식 혼란을 반복한 끝에 후루미는 숨을 거두었다.

"문제는 링거팩 내용물입니다. 원래라면 영양제가 들어 있어야 하는데, 실제로는 프로포폴이라는 마취제가 들어 있었습니다."

정맥에 마취제가 투여되고 있던 것이 밝혀지자 즉시 후루미의 시신은 병리 해부에 들어갔다. 그 결과 사인은 마취제 투여에 의한 저산소성 허혈성 뇌병증이라는 것이 밝혀졌다.

저산소성 허혈성 뇌병증은 뇌의 관류 저하나 저산소혈증 때문에 발생하는 뇌 전체의 장애 상태다. 당연히 뇌기능 장애는 극단적인 저혈압과 심정지를 일으켜, 결국 질식사에 이르는 경우도 많다.

"이 뇌병증에 걸리면 절반 이상의 환자가 스물네 시간 안에 사망한다고 하니 꽤 치사율이 높습니다."

구루메는 은연중에 계획 살인을 암시한다. 경찰의 관점에서는 그럴 만하다. 절반의 확률로 사망한다면 모 아니면 도라는 생각으로 계획 살인을 실행해 볼 가치가 있다.

"물론 단순한 의료 과실일 가능성도 있습니다. 여하튼 '네리마 중앙병원'에는 전과가 있으니까요."

구루메가 말하는 전과라는 건, 작년 말 세상에 알려진 소송 사건이다. 역시 이곳에 입원 중이던 B형 간염 바이러스 보균 여성이 유방암 적출 수술을 받은 후, 스테로이드제를 병용한 화학요법 중에 전격 간염이 발병해 사망한 사건이었다. 유족은 의료 과실을 의심해 소송까지 제기했지만 공판이 시작되자마자 곧 합의했다.

"합의라고 해봤자 병원 측 변호사가 굉장히 실력이 좋은 남자여서요. 아무리 패배가 확실한 재판이라도 돈만 지불하면 의뢰인에게 유리한 방향으로 진행되고 말죠. 합의했다고 해도 유족 측은 몹시 괴로웠을 거예요."

합의에 의해 재판이 종결되었으므로 병원의 의료 과실은 흐지부지되었다. 주목해야 할 점은 그 관계자에 구스모토도 포함된다는 사실이었다.

"화학요법을 실행한 것은 다른 의사이지만 유방암 적출 수술은 구스모토 의사가 집도했습니다. 즉 그가 엮여 있는 의료 과실이 이번이 두 번째라는 말이죠."

사건 발생 이틀 후 네리마 경찰서가 움직인 것은 위와 같은 사정이 있어서였다. 단기간에, 같은 의사가 의료 과실을 일으켰다고 한다면, 이에 의심을 품는 것은 경찰로서 당연하다.

"아무리 명의라고 해도 실수 한두 번 정도는 하겠죠. 그런데 이렇게 단기간에 자꾸 발생하면 실수 말고 다른 의도를 의심할 수밖에 없습니다. 설령 그런 의도가 없어도 연달아 의료 과실을 일으키는 의사를 방치하는 건 문제이기도 하고요."

점차 사건의 전체상이 보이려는데, 시즈카가 질문을 시도한다.

"사망하신 후루미 씨는 어떤 분이셨나요?"

"철공소 경영자셨습니다. 3년 전 공장을 접고 지금은 은퇴해 마음 편히 지내고 계셨어요. 가족은 장남인 다카야와 며느리 스즈미, 손녀인 준코. 네 사람은 한집에서 살고 있었습니다."

"병원 관계자에게만 혐의가 있다면 임의동행을 하는 것이 통상적일 텐데, 현장 근무처에서 시종일관 사정 청취를 한다는 건 다른 가능성도 모색하고 있기 때문 아닌가요?"

"역시 판사님이시네요. 말씀하신 대로입니다."

구루메는 눈가에 분노를 띠며 말했다.

"사실 사망하신 후루미 씨는 가족과 사이가 그다지 좋지 않았던 것 같습니다. 공장을 접은 것도 경영 부진이 원인이었고, 운영자금을 위해 빌린 돈도 지금껏 다 갚지 못했고요. 가족이 사는 집에는 매일 빚쟁이들이 찾아오는 데다가, 매우 고지식해서 장남 부부와도 심하게 부딪혔다고 합니다."

"의료 관계자가 아닌 사람이 링거팩을 바꿔치기할 수가 있나요?"

"이제 수사에 막 착수한 참입니다. 지금부터예요. 중환자실에는 각종 의료기기인 모니터를 포함해 감시 카메라도 스물네 시간 가동되고 있어요. 현재 영상을 압수하고 있는데, 혹시 이상한 정황이 있으면 바로 일목요연하게 알 수 있습니다. 링거팩을 바꿔치기하는 현장이 찍혀 있으면 그것으로 한 건 해결이죠."

말 한마디 한마디에서 이 사건을 너무 쉽게 생각하고 있음을 알 수 있다. 구루메가 지적한 대로 중증 환자는 온종일 모니터에 연결되어 심박 수나 호흡, 혈압까지 병원 관리하에 있다. 이변이 생기거나, 혹은 중환자실에 침입한 자가 의심스러운 행동을 하면 확실히 증거가 남는다.

"지금부터 구스모토 의사를 사정 청취할 예정인데요, 정식 수사는 아니니 판사님도 동석하시겠습니까?"

이 발언도 역시 사건이 간단히 해결될 것이라 믿고 있다는 증거다. 용의자를 강압적으로 다루지 않아도 진술을 얻을 수 있다고 얕잡아 보는 게 틀림없다.

"나도 동석하겠네."

겐타로가 자못 당연하다는 듯 선언하자, 구루메는 성가시다는 듯이 고개를 젓는다.

"그건 거절하겠습니다."

"시즈카 씨도 같은 일반인이잖아."

"고엔지 판사님은 법조계 분이시니까요."

겐타로의 눈썹이 움찔했다. 그것이 짜증이 폭발했다는 신호라는 것을 눈치챘을 때는 이미 늦었다.

"이 빌어먹을!"

시즈카는 아슬아슬하게 귀를 막아서 피해를 면했지만, 불쌍한 구루메는 소파에서 굴러떨어질 뻔했다.

"뭐야, 아까부터 저자세로 나갔더니만 기어오르기나 하고."

그게 저자세였다는 말인가.

"공무원 주제에 납세자한테 네놈들 일이라 알려 줄 수 없다고 하는 게냐. 이 고즈키 겐타로가 국가와 현에 내는 세금은 네놈들 천 명을 먹여 살릴 금액이라고."

"그만 하세요, 겐타로 씨. 보기 흉해요."

"병원에서 돈 얘기를 하고 싶은 건 아닌데, 이놈들은 돈으로라도 계산해서 알려 주지 않으면 못 알아듣는다니까."

귀가 먹먹할 정도로 큰 노성과 말도 안 되는 욕설에, 구루메는 반론하는 것도 잊고 망연해 있다.

"잠자코 듣고 있자 하니, 일목요연이라든지, 한 건 해결이라든지, 현장은 제대로 보지도 않았으면서 아무 말이나 해대고. 그런 자만심이 예측 수사나 오인체포의 원흉이라고. 경험에 안주하고 자기를 과신하고 타인을 업신여기는 자세 때문에 사람들이 경찰을 불신하는 거야."

변함없는 겐타로의 트집이지만 내용 자체는 틀리지 않는다. 경찰의 직감이든, 과학수사의 분석 결과든, 원죄 사건의 원흉은 절반 이상이 지나친 확신이다. 용의자를 의심하는 한편, 자기 자신은 조금도 의심하지 않는 오만함이 진실을 왜곡한다. 시즈카가 과거에 저지른 오판결도 그랬다. 99.9퍼센트의 유죄율과 검찰 측이 제출한 물증을 과신해 죄 없는 사람에게 잘못된 판결을 내렸다. 돌이킬 수 없는 실수를 저질렀다는 것을 알게 되었을 때, 자기 자신의 처지를 저주한 피고인에게 얼마나 미안했던가.

스스로를 의심하는 마음은 그때를 기준으로 한층 엄격해진 기분이다. 남을 재판하는 건 자신을 재판하는 것이라는 사실을 가슴에 새겼다. 그렇게 비참하고, 어리석고, 죄악감에 짓눌릴 듯한 기분을 느끼는 것은 내 선에서 끝내고 싶었다. 그래서 후배들을 엄격히 대하며 그들에게 고결함과 겸허함을 요구했던 것이다.

분하지만 겐타로의 말에는 일일이 수긍하지 않을 수 없다. 본인의 의도와는 별개로 사법 관계자의 가슴에 꽂혔다.

그러나 구루메의 귀에까지는 도달해도 가슴에는 꽂히지 않은 듯하다. 구루메는 불쾌함을 감추려고도 하지 않고 겐타로를 노려보았다.

"상공회의소 회장이 무엇인지는 모르겠습니다만 일반 시민은 수사 방침에 참견하지 말아 주셨으면 합니다. 나이도 있으시고 휠체어를 탄 신세이신데, 그렇게 화를 내시면 수명 줄어드세요."

예상외로 겐타로가 잠자코 있어서 시즈카는 소름이 끼쳤다.

저 영감이 새파란 애송이의 반격에 꽁무니를 내뺄 리가 없다. 독설가가 침묵할 때는 무언가를 꾸미고 있을 때다.

과연 겐타로의 얼굴에는 심술궂은 웃음이 옅게 서려 있다. 여러 번 이 웃음을 본 적이 있는 시즈카의 머릿속에서 경고음이 울려 퍼진다.

"겐타로 씨, 본인 몸이 걱정돼서 여기까지 왔잖아요."

"응, 그렇지. 그런데 진퇴양난에 빠져서 말이야."

"혈압 상승으로 쓰러지면 미치코 씨를 볼 면목이 없어요. 제안인데, 별실에서 안정을 취하는 게 어때요?"

제안, 이라는 단어로 내 말의 의도를 헤아려 줄까―조금 걱정했지만 이쪽을 돌아보는 겐타로의 눈이 웃고 있어서 안도했다.

"시즈카 씨가 그렇게 하라고 하면 따라야지. 인생 선배님의 말을 거스르면 뒤가 두려우니까. 그럼 나는 이만 가볼까나."

겐타로는 이런 식으로 구루메를 비꼬고서는 휠체어 바퀴를 밀어 응접실을 나갔다.

"상공회의소 회장이라니. 시골 촌뜨기가 도대체 뭐라는 거야."

무의식중에 내뱉은 혼잣말인 듯한데, 구루메는 시즈카의 존재를 떠올리고는 죄송한 듯 가볍게 고개를 숙였다.

사과할 상대가 잘못된 것 같은데 말이다.

잠시 기다리자 아까부터 대기실에서 눈에 띄던 형사가 흰 가운 남자를 데리고 들어왔다. 구스모토 료지 외과의사였다.

구스모토의 첫인상은 선이 가늘다는 것이었다. 외모부터 신경질적인 듯하고, 가는 눈썹과 힐끔거리며 움직이는 눈이 더욱 그 인상을 부각시킨다.

먼저 입을 연 것은 구루메였다.

"바쁘신 것 같네요, 선생님."

"정신없어 보일지도 모르겠습니다만 제게는 이게 정상입니다. 그런데 옆에 계신 분은 누구십니까?"

"경찰은 아니시고요, 사법 관계자인 고엔지 씨입니다."

"어쨌든 오늘은 아직 회진도 안 끝났는데, 나고야에서 소견서를 가지고 온 환자분도 기다리고 있습니다. 이런 코미디 같은 일은 빨리 끝내고 통상 업무로 돌아가고 싶네요."

"그럼 단도직입적으로 묻겠습니다. 어제 후루미 쇼조 씨가 급사한 건에 관한 것입니다만 원래 투여하려 했던 것은 영양제였죠?"

"네."

"그런데 후루미 씨의 상태가 급변해, 사망. 링거팩을 확인하니 내용물은 마취제인 프로포폴이었고 그래서 다시 해부해 보니 프로포폴이 검출되었죠. 팩만 보고 내용물이 뭔지 알 수 있습니까?"

"팩에는 약제와 환자명을 기재한 라벨이 부착되어 있습니다. 그런데 회수한 팩의 라벨에는 프로포폴 약제명과 마취가 필요한 다른 환자의 이름이 기재되어 있었고요."

"즉 처음부터 마취제인 것을 알고 투여한 것이네요."

"아뇨, 그런 일은 있을 수 없습니다."

"하지만 실제로 일어났죠. 링거팩은 누가 세팅했습니까?"

"······담당 간호사인 아사쿠라 씨입니다."

"그럼 아사쿠라 씨가 마취제를 투여했다는 말이 되네요."

"아뇨, 세팅했을 때에는 제대로 '후루미 쇼조'라고 기재된 라벨이 붙어 있었습니다. 그건 제가 아사쿠라 씨에게 확인했습니다."

"링거팩을 취급할 수 있는 사람은 의사인 당신과 담당 간호사인 아사쿠라 씨뿐. 그건 틀림없겠죠?"

"네. 그렇습니다."

"즉 두 사람 중 누군가가 도중에 바꿔치기한 것이다."

"동기가 없습니다."

구스모토는 정면에서 구루메를 똑바로 쳐다보았다.

"저는 의사로서 암 치료에 커리어를 걸고 있습니다. 지금은 해외에서도 환자들이 찾아올 정도고요. 어떻게 쌓은 신뢰인데 그걸 망가뜨리는 짓을 제가 왜 하겠습니까? 말이 안 됩니다."

"사람은 때로 말도 안 되는 짓을 하는 법입니다. 가령 작년 말에도 이 병원에서는 유방암 적출 수술을 받은 환자가 사망했습니다. 역시 약제 관련으로 당신과 관계가 있죠."

"그 건은 이미 결말이 났습니다."

"언변이 뛰어난 변호사와 돈의 힘으로 무리하게 합의했을 뿐이죠. 진상이 규명되었다고는 볼 수 없고요."

"그 환자의 사망도 제 탓이라는 말입니까?"

"같은 병원에서 같은 의사에 의한 의료 과실이라니 우연이라고만 보기 어렵죠."

구스모토가 벌써 냉정을 잃어가고 있었다면, 구루메는 쥐를 괴롭히는 고양이처럼 여유롭다.

"현재 중환자실에 설치된 카메라 영상을 분석 중입니다. 그걸 확인하면 누가 링거팩을 바꿔치기했는지 밝혀지겠죠. 그런데 우리 손으로 특정하는 것보다 선생님 쪽에서 진상을 말씀해 주시는 게 낫지 않겠습니까?"

"진상이고 뭐고, 나나 아사쿠라 씨나 환자를 살해할 리가 없습니다. 멋대로 억측하지 마세요."

구스모토는 참기 어려웠는지 결국 자리에서 일어났다.

"죄송합니다. 그럼 일단 청취를 중단하고 분석 결과를 기다려 보죠. 그래도 무언가 하고 싶은 말이 있으시면 언제든지 하셔도 좋습니다."

두 번째 상대는 담당 간호사인 아사쿠라 마이코였다. 시즈카의 예상대로 대기실에서 형사와 언쟁하던 간호사였다.

"'네리마 중앙병원'이 두 번째 근무처이신 것 같네요?"

"네, 전에 일하던 병원이 폐업해서요."

"구스모토 선생과는 오래 일했습니까?"

"이 병원에 채용되고 나서 쭉 함께 일했습니다."

"링거팩 취급에 관해 묻겠습니다. 실제로 세팅 절차가 매뉴얼로 정해져 있습니까?"

"우선 의사 선생님의 지시에 따라 담당 간호사가 약국에 재고를 확인합니다. 약국에서는 지시대로 약제를 준비해, 간호사실 앞에 두고요. 그 후 담당 간호사가 팩에 기재된 환자명과 약제명을 진료

기록 카드와 대조해 병실에 가져가, 환자가 의식이 있으면 환자 본인에게도 확인을 받은 다음 세팅합니다."

"아사쿠라 씨에게 사정을 듣는 이유는 알고 계시겠죠?"

"링거팩이 바꿔치기 되어서 그러시겠죠. 제게는 납득되지 않는 의문투성이입니다. 약제가 뒤바뀌는 건 아주 큰 사고여서, 병원에서는 삼중 체크가 의무입니다. 방금 설명했듯이 약국에서 체크, 담당 간호사가 체크, 그리고 환자 본인의 체크요."

"그런데 후루미 씨의 상태가 급변해, 구스모토 선생이 달려왔을 때는 이미 마취제로 바꿔치기 되어 있었습니다."

"정확히는 후루미 씨의 사망이 확인되고 유족들이 중환자실에 들어오셨을 때입니다. 그때 뒤처리를 시작했으니까요. 팩 라벨을 보니 약제가 '프로포폴', 환자명도 다른 환자 이름이었습니다."

"어쨌든 링거팩을 세팅하고 나서 후루미 씨의 상태가 급변하기 전에 링거팩이 바꿔치기 된 것은 변함없는 사실입니다. 그 사이에 중환자실에 출입할 수 있던 사람은 누구누구입니까?"

"기본적으로 주치의인 구스모토 선생님과 저입니다만 허가를 받은 면회자라면 누구라도 입실할 수 있습니다."

구루메는 흘려듣는 것처럼 고개를 끄덕인다. 일단 관계자 증언을 들어 두긴 하겠지만 감시 카메라 영상을 확인하면 누가 출입했는지 바로 알게 될 것이라 생각하기 때문일 것이다.

아사쿠라 마이코가 퇴실하자 구루메가 시즈카 쪽으로 돌아섰다.

"어떻습니까, 판사님. 제가 놓친 것은 없습니까?"

"딱히요. 구스모토 선생과 아사쿠라 간호사를 의심하는 것 같은

데, 단순한 의료 과실이라고는 생각하지 않으시죠?"

"큰 병원이라 약제 취급에 관한 매뉴얼이 있습니다. 아까 아사쿠라 씨가 설명했듯이요. 그런데도 의료 과실이 연달아 발생했다는 점에 위화감이 있습니다. 우연이 아니라 의도적인 것이 아닐까 싶습니다."

"아까도 같은 말을 하셨었죠. 쾌락 살인의 가능성을 생각하시는 건가요?"

"네. 의료 관계자라고 해서 전원이면 전원, 논리적이지는 않습니다. 죽음이 일상이 되어 있으니까 감각이 마비되기도 하고요. 개중에는 반사회적인 성향을 숨기고 있는 사람도 있을 테고, 실제로 의료 관계자가 연쇄 살인을 저지른 전례도 있습니다. 흰 가운을 입은 살인귀인 것이죠."

시즈카는 마음속으로 탄식했다. 가능성을 넓히는 것은 나쁘지 않지만 구루메는 전례 때문에 생긴 선입견에 사로잡혀 있다. 선입견은 선글라스와 똑같다. 필터가 본래의 색채를 왜곡해 희미하게 반짝이는 빛을 망가뜨린다.

"잘 되었으면 좋겠네요."

상대가 얼굴을 찌푸릴 것을 알면서도 그 말을 남기고 응접실을 나왔다. 놀랍게도 문 앞에서 미치코가 대기하고 있었다.

"겐타로 씨가 기다리고 계세요."

석연치 않은 말투였다.

"그냥 기다리시는 건 아닌 것 같네요."

"시신을 찾으러 온 유족을 확보했으니 빨리 시즈카 씨를 모시고

오라서서요."

그걸로 경찰을 따돌릴 셈인가.

시즈카는 여전히 미안한 듯한 표정을 짓고 있는 미치코를 따라 걸으면서 이 병원에 온 것을 진심으로 후회했다.

3

겐타로가 마련한 자리는 무려 영안실 앞이었다. 변변치 않게 마련된 긴 의자에 앉아 있는 세 사람은 후루미의 장남 다카야와 며느리 스즈미, 그리고 손녀 준코일 것이다. 세 사람 모두 매우 지쳐 보이는 건 후루미를 떠나보낸 상실감 때문일까, 아니면 겐타로에 끌려다니느라 그런 것일까.

"이런 곳에서 뭐 하시는 거예요?"

"병원은 의외로 출입이 엄격한데 여기에는 거의 사람이 안 와. 조용하기도 하고."

"겐타로 씨에겐 돌아가신 분에 대한 경의가 없나요?"

"뭐, 나도 시즈카 씨도 나이로 따지면 지금 여기 있는 사람보다 저쪽 사람들과 더 가까우니, 경의가 없다기보다는 친근감이 있다고 해야겠지."

개구리 낯짝에 물 붓기*라는 속담이 있는데, 겐타로를 당황시키려면 황산을 끼얹는 수밖에 없을지도 모른다.

"경찰들도 병원 관계자도 안 올 테니 편하게 얘기해도 돼."

그 말을 듣고도 다카야는 반신반의하는 모습이었다.

"저, 형사님들을 떼어놔 주셔서 감사한데요, 어째서 저희 아버지와 일면식도 없는 고즈키 씨가 이 사건에 관심을 가지시는 건가요?"

"내가 암 말기인 듯해서."

겐타로는 천연덕스럽게 말한다. 무심코 이의를 제기하려 했지만 암 말기인 것이 아니라 암 말기인 듯하다는 것은 딱히 거짓말도 아닌 것 같다는 생각이 들었다. 즉 주관적인 문제이므로 해석하기 나름이다.

"나고야에서 날아온 것도 다 구스모토 선생 때문이야. 선생이 의료 과실을 저질렀다면 다른 의사로 갈아타야 해. 꼭 당신들 이야기를 듣고 싶어. 선생과 간호사를 의심하나?"

"아뇨, 딱히 의심하지는……하지만 링거팩 바꿔치기는 병원 관계자가 아니면 무리겠죠."

이미 경찰이 사정 청취를 해서 그런지 다카야의 말투에서 지긋지긋함이 묻어났다.

"솔직히 말해서 엎친 데 덮친 격이에요. 아버지 장례식도 준비해야 하는데 사정 청취와 겹쳐서 꼼짝도 못 해요."

---

* 어떤 자극에도 조금도 반응하지 않거나 어떤 일을 당해도 태연함을 비유적으로 이르는 일본 속담.

"흠, 빨리 화장하고 싶나. 아버지와는 별로 사이가 좋지 않았나."

보통이었어요, 라고 다카야가 무뚝뚝하게 답했다.

"엄격하다고 해야 하나, 쇼와*시대에 태어나셔서 전 시대의 유물 같은 분이셨으니까요. 젓가락질부터 목욕 순서까지, 뭐 하나부터 열까지 까다롭게 구셨죠. 저는 물론 며느리나 손녀한테도요."

옆에 앉아 있는 스즈미와 준코도 말없이 끄덕였다.

"그래도 현역으로 철공소에 계셨을 때는 괜찮았는데, 공장을 접고 나서는 울화통이 터지셨는지, 옹고집 할아버지가 되어 버리셨어요. 조금이라도 마음에 들지 않는 것이 있으면 고함을 치고 물건을 던지고, 완전히 폭군이셨죠. 단 하나 취미가 있다면 근처 신사 순례 정도였는데, 그것도 항상 혼자 가셨어요. 가족과 함께한 적은 한 번도 없었고요."

다카야의 이야기를 듣는 겐타로의 얼굴이야말로 볼 만했다. 쇼와 시대 태생의 옹고집 폭군이라면 여기에도 있다. 마치 자신의 가족에게 규탄받는 것 같다고 생각할 텐가.

"공장 운영할 때는 그 정도로 심하지는 않았다는 건가."

"네. 일 생각으로 머리가 꽉 차셨을 때는 그럴 시간도 없으셨거든요. 다만 공장을 접었는데도 빚이 꽤 남아 있어서 더 심란하셨을 거예요."

"나도 경영자 나부랭이지만 운영자금을 마련할 때는 대개 자택도 담보로 넣는데, 혹시 자네 아버지도 그러셨나."

---

* 1926년 12월부터 1989년 1월까지의 일본 연호.

다카야가 말하기 힘들어하자, 옆에 있던 스즈미가 이어 말했다.

"그래서 민폐였어요. 저희에게 나가 살라는 말씀은 안 하셨지만 3순위 저당권까지 설정되어 있는 집에 살자니 불안했거든요."

"그런 집 따위, 냉큼 나가면 그만 아닌가."

"그래도, 그게……."

이번에는 스즈미의 입이 무거워졌다. 시즈카는 무심하게 부부의 옷차림을 관찰하며 사정을 살폈다. 다카야는 어두운색 스웨터에 청바지, 스즈미도 실내복에 가까운 듯한 양판점 스웨터를 입고 있다. 다카야는 차치하고, 주부인 스즈미의 외출복만 보면 경제적으로 여유가 있다고는 볼 수 없다.

"자넨 아버지의 뒤를 잇지 않았나."

"아버지께서는 저보고 경영자가 될 그릇이 아니라며 일찍이 저를 단념하셨어요. 가업은 이을 수 없다고요. 그렇다 해도 제 월급으로는 가족을 부양할 수 없어서 아버지와 함께 살게 된 거예요. 경제적으로 자립한 건 딸 준코뿐이라서."

"호오, 이 아가씨가 벌써 직장인인가."

"고등학교를 졸업하고 바로 취직했어요. 빨리 독립하고 싶기도 했고요."

준코는 어딘가 뾰로통하게 말했다. 사망한 할아버지에게 기대지 않으면 생활할 수 없는 부모가 안타까운 건지, 아니면 다른 감정을 숨기려는 것인지는 분명하지 않다.

"나고야 근방에서는 아직 고졸자는 취직하기가 힘들어서 말이야. 우리 회사도 택지 건물 자격증 소지가 최소 조건인데, 좀처럼 유망한 인재를 찾기가 어려워."

"제가 다니는 회사는 인쇄 회사라 자격이나 경력 무관이에요. 수
도권에서는 업종만 특정하지 않으면 꽤 사람을 구할 수 있을 거예
요. 지금은 경기가 좋아지고 있기도 하고요."

"지방 경영자에게는 그저 부러운 이야기야."

"할아버지도 여기에 지점을 내면 좋을 텐데요."

준코와 이야기할 때의 겐타로의 얼굴은 지금까지와는 다르게 마
음씨 좋은 할아버지 같았다. 이에 무심결에 준코도 경계심을 풀어
버린 듯했다.

"호경기라고 해도 무턱대고 사업을 확장하기엔 용기가 필요하
지. 여하튼 직원과 그 가족의 생활을 책임지고 있으니까. 그런데 넌
네 할아버지에 대해 어떻게 생각했지?"

"뭐랄까, 부모님에겐 엄격한 할아버지셨어요. 그러니까, 그게, 저
는 별로."

준코도 말하기 어려운 듯이 말끝을 흐렸다. 그들의 말에 따르면
고인은 가족 모두에게 소외당하고 있었다는 말이 된다.

"들으셨나요, 겐타로 씨."

이 기회를 놓치지 않고 미치코가 끼어든다.

"보통은 가족이나 직원에게 고함을 지르면 이런 꼴을 당한답니
다."

"내버려 둬. 어차피 그 녀석들에게 간병을 받으면서 죽을 수 있
을 것이라고는 생각 안 해."

겐타로는 흥미롭다는 듯이 준코를 본다. 시즈카는 준코의 손에

핸드폰이 들려 있다는 것을 깨달았다. 요즘에는 핸드폰을 한시도 손에서 놓지 않는 젊은이들이 증가하고 있다고 한다. 준코도 그중 한 명일 것이다. 핸드폰 끝에 달려 있는 엄지손가락만 한 마스코트가 귀여웠다.

"호오, 호랑이 네쓰케인가. 취향이 젊은 사람답지 않네."

"네쓰케라니요. 이건 스트랩이란 거예요."

준코는 조금 웃어 보였다. 네쓰케는 에도 시대에 탄생한 장신구로, 담배곽이나 인롱을 끈으로 띠에 매달 때, 떨어지지 않도록 묶은 걸쇠의 일종이다. 스무 살 안팎의 여성이 네쓰케를 모르는 것도 어쩔 수 없다.

"그나저나 할아버지, 할아버지는 어떤 죽음을 맞이하실 거라 생각하세요?"

"뭐, 날 원망하는 놈에게 찔려 죽든가, 휠체어를 탄 채 선로에 내던져지든가, 아니면 집에서 불에 타 죽든가."

이따금 겐타로는 자신이 평범한 임종을 맞이할 수 없을 거라고 떠들고 다닌다. 마치 골목대장이 허세를 부리는 것 같지만 시즈카는 이해가 안 되는 것도 아니다. 언젠가 겐타로 본인이 사업을 확장하면서 '고즈키 개발'에 배신당한 동종업계 사람도 적지 않다고 말한 적이 있다. 중부 재계에 걸맞은 지위를 얻기 위해서는 그저 호인으로 있을 수만은 없었을 것이다.

시즈카도 사정은 비슷했다. 일본에서 스무 번째 여성 판사 등으로 인기가 있었지만, 좋아해 주는 사람이 있으면 당연히 깎아내리는 사람도 있었다. 심사숙고를 거듭해 내린 판결에도 피고인들은 대부분 원망을 느낄 것이다. 자신의 신념에 따라 법대로 하더라도 결국 자기만족에 지나지 않는다는 것도 이해한다. 이런 인간이 평범한 임종을 바라는 것은 자기 욕심이라는 말을 들어도 어쩔 수 없다. 시즈카는 자기도 모르게 쓴웃음을 지었다. 살아 온 환경도 신념도 다른 두 사람이지만 죽음에 관한 각오는 똑같았다.

"경찰은 저희도 의심하는 듯합니다. 아버지가 죽으면 빚이 탕감되는 줄 아나 봐요. 농담이 아니에요. 저당권이란 건 사람이 아니라 물건에 설정되는 것이잖아요. 아버지가 죽는다고 해서 상환이 면제될 리가 없습니다. 어째서 그런 기본적인 것을 그 녀석들은 모르는지."

"보험금으로 보전하는 방법도 있지 않나."

"의료보험에는 가입했지만 암 특약 같은 건 들지 않으셨더라고요. 아버지는 만약 자신이 죽는다면 작업 중에 사고로 죽을 것이라고 호언장담을 하셨으니까요."

다카야는 자포자기한 듯 말한다. 갑자기 아버지가 돌아가셔서 자세히 알아볼 여유가 없었을 것이다. 그래도 전부터 저당권이나 보험에 관해서는 얼추 알고 있었다는 것이 엿보인다.

"그렇다면 역시 주치의의 의료 과실이라고 생각하나?"

"고즈키 씨에게는 죄송하지만 현 상황을 보면 그렇게 생각할 수밖에 없습니다. 구스모토 선생은 명의로 유명하셨지만 어쨌든 실수를 하신 거죠."

부친이 죽고 이틀 후, 게다가 영안실 앞에서 이런 말투다. 남의 일이지만 시즈카는 공허한 기분이 들었다. 물론 가족이 아닌 사람에게 하는 말이라는 것을 감안할 필요가 있겠지만 시즈카는 거짓말이라도 고인을 향한 애도의 말 한마디가 듣고 싶었다.

잠시 침묵 후, 다카야는 힘없는 시선을 겐타로에게 향했다.

"고즈키 씨 회사는 잘 나가시는 것 같네요."

"고맙네."

"부러워요. 일부러 나고야까지 오신 것이라면 치료에도 충분히 돈을 쓰실 수 있겠죠. 고즈키 씨에게는 딱 와닿지 않을 수도 있지만, 돈이 없다는 건 목이 없는 것과 다를 바가 없습니다."

"그런 건 애저녁에 깨달았어."

겐타로는 자신의 목덜미에 손을 갖다 대며 말했다.

"나만 깨달은 게 아니라 경영자라는 사람들은 전부. 네 아버지도 그랬을 거야."

다카야가 무언가 말하려고 할 때, 복도 반대편에서 구루메가 달려왔다.

"판사님, 여기 계셨습니까?"

그는 겐타로와 미치코의 존재를 깨닫고 조건반사처럼 얼굴을 찌푸렸다.

"두 분은 여기서 뭐 하고 계십니까?"

"병으로 가족을 떠나보냈을 때의 심정에 관해 말하고 있었어. 그런데 그쪽 경찰은 무슨 일로? 어깨를 축 늘어뜨리고 있는 유족을 위로하는 것도 안 되는 건가."

"아뇨, 전혀요."

겐타로와 얽히면 매우 위험하다는 걸 알아차렸는지 구루메는 거의 절반은 겐타로를 무시하고 시즈카를 본다.

"감시 카메라 영상 준비를 마쳤습니다. 괜찮으시면 확인하시겠습니까?"

시즈카가 대답하기 전에 겐타로의 입이 열렸다.

"시즈카 씨, 다녀와. 그때까지 내가 세 사람과 함께 있을게. 유족의 목소리에 귀 기울이는 건 범죄가 아닌 듯하니."

구루메를 따라간 곳은 간호사실이었다. 간호사실 앞에는 링거팩이 가지런히 놓여 있었다. 투명한 팩에는 백지 라벨에 약제명과 환자명, 그리고 병실 번호까지 기재되어 있어 확실히 틀릴 수가 없다.

간호사실 안에서는 간호사들이 경찰들 사이를 지나다니며 일하고 있다. 의료 과실이나 살인 사건이 그녀들이 일을 놓을 이유가 되진 않는다. 거꾸로 말하면 의료 현장에서는 경찰이야말로 훼방꾼일 뿐이었다.

안쪽으로 들어가자 온통 모니터로 가득 차 있었다. 대강 세어 봐도 서른두 대나 되었고, 각각의 모니터가 수십 초마다 화면을 전환하고 있었다.

"중환자실을 포함해 병상은 전부 3백 개. 서른두 대의 모니터가 순서대로 병상을 비추고 있습니다. 환자의 상태가 급변하면 의료 기기 신호를 자동으로 읽어내 모니터가 고정되고, 간호사실에 경고를 알리는 시스템이라고 합니다."

간호사실 구석에서는 감식과 사람 한 명이 컴퓨터 화면을 주시하고 있었다. 14인치 정도 되는 카메라가 침대를 중심으로 거의 간호사실 전체를 찍고 있다.

"후루미 씨가 있던 중환자실의 영상만 추출했습니다. 지금 2배속으로 재생하고 있는데, 어떠신가요?"

질문을 받은 남자는 화면에서 눈을 떼지 않고 답했다.

"혹시 몰라 링거팩을 세팅하기 훨씬 전부터 재생하고 있습니다만 특이사항은 없습니다. 정기적으로 담당 간호사가 상태를 확인하러 오는 것뿐입니다."

시즈카도 그의 등 뒤로 돌아가 모니터를 보았다. 화면 우측 하단에 x32라고 표시되어 있는 것은 32배속이라는 의미일 것이다. 병실 안은 후루미를 포함해 어떤 움직임도 없어서 드나드는 사람이 있다면 바로 알 수 있다. 32배속이라는 건 그런 변화를 확인하는데 적합한 속도일 것이다.

우측 상단에는 시간이 표시되어 있다. 컴퓨터 모니터는 당일 오전 6시 장면을 재생하고 있다.

"이 시각, 담당 간호사는 튜브 접속 상태와 모니터 체크에 열중하고 있습니다. 이 시점에서는 링거팩을 세팅하지도 않았고, 무언가를 주입하는 기색도 보이지 않습니다."

7시. 마침내 아사쿠라 간호사가 링거팩을 들고 들어온다. 세팅하는 동작은 자연스럽고 막힘이 없다.

여기서 구루메가 모니터 화면에 얼굴을 가까이 가져갔다.

"링거팩 라벨 부분을 확대할 수 있습니까?"

구루메의 지시에 따라 커서가 링거팩으로 이동하더니 단계적으로 확대된다. 아쉽게도 '후루미 쇼조 님'의 '쇼'는 보이지만 약제명은 카메라의 사각지대에 있어 보이지 않았다. 아무리 확대해도 보이는 것은 라벨의 뒷면뿐이었다.

"뒷면만 보이는데도 라벨을 읽을 수 있나요?"

"다소 시간이 걸리긴 하지만 가능합니다."

"요즘은 그런 것도 가능한가요?"

시즈카는 자기도 모르게 말이 나왔다. 적어도 자신이 현역 판사였던 때에는 볼 수 없었던 기술이다. 감식과 남자는 자못 당연하다는 듯이 답했다.

"성능이 좋은 영상 분석 소프트웨어가 개발되었으니까요. 이 세상은 나날이 발전하고 있어요. 어제는 불가능했던 것이 오늘까지는 아니더라도 다음 달 정도에는 가능하게 되죠."

그 말을 듣는 순간, 시즈카는 기분이 복잡해졌다. 과학수사가 진보하면 검거율도 올라가고, 물증의 증거능력도 비약적으로 올라갈 것이다. 하지만 좋은 측면이 있으면 언제나 나쁜 측면도 있는 법이다. 각각의 증거능력이 올라감과 동시에 증거에 의존하려는 경향이 짙어진다. 사람은 자신이 한번 옳다고 믿은 것을 다시 의심하기란 어렵다. 한순간의 실수로 잘못된 증거물이 채택된 경우, 금세 원죄가 발생한다.

감식과 남자가 자신만만하게 내뱉은, 나날이 발전한다는 말도 어딘가 수상쩍다. 나날이 발전한다는 말은 현재의 상식이 미래에는 시대에 뒤처질 가능성을 내포한다. 실제로 지금, 항간에서 높이 평가하는 DNA 감정 등도 증거로 막 채택되기 시작할 즈음에는 정확도가 낮았을 것이다. 그렇다면 그 당시 DNA 감정이 결정적인 증거가 되어 유죄가 확정된 사건은 전부 미심쩍다는 결론에 이르고 만다.

너무 많이 생각한 것이 아니냐는 사람도 있겠지만 조금이라도 원죄가 발생할 수도 있는 가능성을 생각하면 시즈카는 과민하게 반응하게 된다. 어쨌든 시즈카가 정년을 채우지 않고 퇴임을 결심한 것도, 원죄가 직접적인 원인이었기 때문이다. 그 사건에서도 시즈카는 자신의 직감보다 제출된 물증의 신빙성을 중시했다. 결국 제출된 증거는 날조된 것이었고, 시즈카는 원죄가 발생하는 데 한 몫 거든 셈이 되었다. 후회해도 후회할 수 없는 과거다. 이후 시즈카는 확실해 보이는 물증도 완전히 신뢰할 수는 없게 되었다.

물증의 정확도가 높아질수록 관찰자의 눈은 흐려지는 게 아닐까. 막연한 불안을 아랑곳하지 않고, 화면의 시각은 배속으로 흐른다.

7시 10분. 아사쿠라 간호사가 화면에서 사라진다.

7시 30분. 아사쿠라를 선두로 간호사 몇 명이 분주하게 화면에 들어온다. 조금 늦게 등장한 구스모토가 후루미 위에서 무언가를 확인하고 있다. 링거팩이 매달려 있던 스탠드는 화면 밖으로 밀려나고, 간호사들이 후루미의 주변을 둘러싼다.

거기서부터는 일련의 심폐소생술을 보통 속도로 재생했다. 의료기기의 수치를 읽는 자, 구스모토를 보조하는 자, 새로운 기기와 약제를 주입하는 자. 초심자인 시즈카도 그들이 전력을 다해 심폐소생을 하고 있음을 알 수 있다.

그러나 구스모토와 간호사들의 필사적인 처치도 헛수고로 끝났다. 어깨를 축 늘어뜨린 구스모토와 갑자기 난처한 기색을 보이는 간호사들.

8시 20분. 위급한 상황임을 알게 된 다카야 가족 세 명이 들어온다. 시신에 매달리지는 않았지만 세 사람 모두 멍하니 서 있다. 간호사들은 의료기기를 철수하기 시작했다.

"아까워라."

구루메는 혼잣말처럼 중얼거린다.

"화면 바깥에 있어서 찍혀 있지는 않지만 이 시점에서 링거팩 내용물은 마취제였습니다. 즉 7시부터 7시 30분 사이에 교체되었다는 사실은 특정할 수 있었는데."

"그래도 그사이에 병실에 들어온 사람은 없는 듯한데요."

"범인이 카메라에는 찍히지 않도록 움직였거나, 아니면 촬영 범위 밖에서 무언가를 조작했을지도 모릅니다. 어느 쪽이든 이 30분짜리 영상을 한 컷 한 컷 확인할 필요가 있습니다."

30분짜리 영상을 한 컷씩 보면 도대체 시간이 얼마나 걸릴까. 상상하는 것만으로도 시즈카는 귀찮아진다.

간호사실을 나오니 마침 복도에서 겐타로와 구스모토가 한창 이야기 중이었다.

"시즈카 씨, 그쪽 용무는 끝났나?"

"끝났느냐니요. 복도에서 뭐 하고 있으세요?"

"아니, 대장암에 관해 의사 선생님과 사전동의를 하던 참이었어."

겐타로는 딱히 신경 쓰는 기색도 없이 구스모토에게 말했다.

"대장암 절제는 중요한 문제. 그건 알았네. 대장암은 간에도 이전되기 쉬우니까 수술 후에 항암제를 투여한다는 것도 이해했네. 그럼 항암제를 계속 투여할 경우, 내 몸은 어떻게 되는가. 칠십이나 먹은 이 늙은 몸에 어떤 결말이 기다리고 있을지."

"항암제에도 당연히 부작용이 있습니다. 부작용에는 개인차가 있지만 가장 대표적인 예로 탈모와 권태감이 있고요."

"머리카락이 빠지는 건 그렇다 치더라도 권태감을 느끼는 건 어렵지. 의사결정에도 지장이 있을 정도인가?"

"치밀하게 판단을 해야 하는 경우는 피하는 편이 좋겠죠."

"항암제는 언제까지 투여하나."

"정기 검사를 통해 암 전이가 없다는 것을 확인할 수 있을 때까지요."

"솔직히 돈 이야기를 하겠는데, 칠십 넘은 늙은이한테 항암치료는 꽤 부담이네."

"겐타로 씨는 회사 경영자라고 들었습니다만."

"경영자라서 돈 얘기에는 말이 많지. 고령자의 의료급여비가 줄고 있다는 이야긴데."

"잘 아시네요. 말씀하신 대로입니다."

구스모토는 당황한 기색을 감추려고도 하지 않았다.

"의료급여비가 감소하는 추세라는 건 병원한테 늙은 환자는 단지 돈 먹는 벌레라는 거야. 병원 측에서는 빨리 쫓아낼 수밖에 없지. 환자는 값비싼 유료 요양원에서 치료를 계속할 수밖에 없고."

"우리 병원은 그런 사태를 가급적 피하려 하고 있습니다."

"아무리 의사 선생이 역설해도 결정은 병원장이나 자치단체장이 하지 않나."

이번에야말로 이 영감의 머리를 열어 무엇이 들어 있는지 보고 싶어졌다. 도무지 자신의 주치의에게 할 말이 아니다.

그러나 한편 겐타로가 어떤 의도로 그런 질문을 했는지 이해가 가서 굳이 참견하지 않았다.

"경찰 관계자가 들어와 혼란스럽지만 고즈키 씨의 정밀검사는 예정대로 진행하겠습니다. 우선 내시경 검사부터."

겐타로는 순식간에 얼굴을 찌푸렸다.

"안 하면 안 되나."

"별로 아프지도 않으실 거예요."

"이 나이에 엉덩이에 뭔가를 넣는 건 아무래도 싫어."

몇 살이면 그래도 괜찮다는 건가.

겐타로가 계속 불평불만을 하려는 순간, 간호사실에서 나온 구루메가 구스모토를 알아차렸다.

"아, 구스모토 선생님. 감시 카메라 건으로 묻고 싶은 게 있습니다. 이쪽으로 오시죠."

겐타로에게서 벗어났다는 안도감과 구루메에게 불려갔다는 불쾌감으로 구스모토는 형언할 수 없는 표정이었다.

"그런데 겐타로 씨. 미치코 씨는 어디 가셨나요?"

"잠깐 심부름 좀 부탁했어. 어쨌든 나는 이제부터 고생스럽게 검사를 해야 하고, 무엇보다 이 다리가."

겐타로는 자신의 무릎을 왜인지 기쁜 것처럼 두드려 보였다.

"기분 탓인지도 모르겠는데 겐타로 씨는 하반신불수인 것을 즐기시나 봐요?"

"즐긴다기보다는 교섭 도구로 사용할 때가 있지."

"다른 장애인분들에게 실례가 된다고 생각하지는 않으세요?"

"뭐가 실례라는 거야, 시즈카 씨. 정상인들은 자기 발을 이용해 위협을 가하거나 폭력을 행사해. 나도 방법은 조금 다르지만 같은 목적으로 이용하는 거야. 애초에 하반신불수가 장애라고도 생각하지 않는다고."

이런 성질 나쁜 영감이 어째서 건강검진 등과 얽혔는지 정말 이상했다.

"심부름이란 게 뭔데요?"

"법무국."

역시 그건가, 하고 시즈카는 수긍했다.

"법무국에는 청산한 회사의 상업등기부도 남아 있잖아. 그 등기에서 관재인을 찾을 수 있지."

"관재인을 찾아서 무엇을 하시려고요."

"청산 회사의 장부 자료는 청산 종료 등기부터 10년간 보관 의무가……있어. 전직 판사인 시즈카 씨에게 이런 말을 하다니 번데기 앞에서 주름 잡는 것이려나."

"이렇게 짧은 시간에, 꽤 여러 정보를 입수하신 것 같네요."

"그건 시즈카 씨도 마찬가지 아닌가?"

겐타로는 공범에게 보내는 듯한 미소를 던지며 다가왔다.

시즈카가 조사 결과를 알게 된 것은 그날 저녁 무렵을 지날 때쯤이었다.

"왜 제가 형사나 탐정 흉내를 내야 하나요?"

미치코는 거리낌 없이 불만을 말하는 것치고는 겐타로의 명령을 착실히 수행하는 여자로, 이 정도쯤 되면 요양보호사보다는 원맨 사장의 독설에 전염된 비서 같은 느낌이다.

"뭐, 미치코 씨. 성격이 급하면 손해고, 화를 내면 수명이 짧아진다고. 투덜거리기 전에 부탁한 것이나 빨리 보여 줘."

겐타로가 손을 내밀자 미치코는 울분을 풀 길이 없다는 듯이 서류 뭉치를 거칠게 전달했다.

"그거 함부로 다루지 마."

"겐타로 씨, 관재인한테 도대체 무슨 서류를 받아온 건가요?"

"'후루미 철공소'의 결산보고서."

이렇게 말하며 겐타로는 서류에 시선을 떨어뜨렸다. 판사 시절, 시즈카도 사건 때문에 몇 번이나 결산보고서를 읽은 적이 있는데, 나열된 숫자 때문에 꽤 고생했던 기억이 있다. 지금 봐도 전부 이해하기는 어려울 것이다.

그런데 역시 현역 경영자인 겐타로는 익숙한지 마치 신문을 읽는 것처럼 눈을 굴린다.

"그림으로 그린 듯한 청산 회사네."

눈 깜짝할 사이에 서류를 다 읽자마자 한 말이었다.

"최근 3년 치 당기이익도 이월이익잉여금도 마이너스. 공장과 주택 이외에 눈에 띄는 자산은 없음. 매출이 매년 떨어지는 것은 중국에서 값싼 자재가 쏟아져 들어오는 것과 겹침. 외부 요인과 생산율 저하로 적자가 누적된 것 같군."

이야기를 듣고 있던 미치코가 미심쩍은 듯한 표정을 지었다.

"후루미 씨가 공장 경영에 실패한 것을 확인하시는 거예요?"

"응, 그렇지. 계획 도산의 경우에는 결산보고서에 부자연스러운 점이 드러나. 그런데 후루미 철공소는 액자에 넣어서 장식하고 싶을 정도로 완벽한 도산이야. 은닉 공제 같은 것도 보이지 않고."

"은닉 공제가 뭔가요?"

"도산 방지 공제라는 건데, 매달 최대 20만 엔을 납부해 절세 혜택을 받거나 일시 대출금을 지급받을 수 있는 제도야. 중소기업 경영자 중에는 그걸 몰래 자산을 숨기는 데 이용하는 사람도 있는데, 후루미는 그것조차 안 한 듯해."

"그걸 확인하려고 일부러 저를 심부름시키신 거예요? 저는 분명 중요한 단서가 숨어 있다고 생각했는데."

"무슨 말을 하는 거야. 미치코 씨. 적어도 후루미는 완전히 빈털터리인 게 증명됐어. 즉 후루미가 살해당했다고 해도 그 동기는 자산을 노린 게 아니라고 판단할 수 있지."

"그래서 어쨌다는 거예요. 저는 계약서에도 없는, 요양보호 이외의 일에 서너 시간을 빼앗겼는데."

"어쩔 수 없잖아. 그때 나와 시즈카 씨는 한심하고 가혹한 검사로 온몸을 괴롭힘당하고 있었다고."

"어랏, 저는 지극히 쾌적한 검사를 받았는데요. 위 검진할 때 바륨도 마시기 쉬웠고요."

"내 경우는 젊고 예쁜 간호사는커녕 힘센 남자가 두 명이나 달려들어 내 몸을 꼼짝 못 하게 했어."

"검사에 관한 불만은 듣고 싶지 않네요. 그래서 결국 범인은 알아내셨나요?"

그러자 겐타로가 갑자기 난처한 표정을 지었다.

시즈카는 그 심정을 너무나 잘 이해할 수 있었다.

4

"문제의 링거팩에 남아 있던 지문, 전체를 판독했습니다."

이틀 후, 후루미의 장례식장으로 향하는 경찰차 안에서 구루메는 그렇게 보고했다.

"가장 많이 남아 있던 것은 역시 아사쿠라 간호사의 지문이었고 다음으로 약국 담당자, 그리고 링거팩을 간호사실까지 옮긴 간호사의 지문. 구스모토 의사의 지문은 아쉽게도 하나도 검출되지 않았습니다."

"그렇겠죠."

"그렇겠죠, 라니 판사님은 예상하고 계셨습니까?"

"의약분업이라고 해서요. 치료와 조제를 독립적으로 하는 것은 꽤 예전부터 해오던 관습이에요. 네리마 중앙병원 같은 큰 병원에서는 원내처방이라고 해서 원칙에서 벗어나지만, 그래도 많은 병원에서는 의사가 조제에 관여하는 것을 피하는 경향이 있죠. 또 만약 구스모토 선생이 환자를 살해하려고 했다면 굳이 링거팩을 만지려 하지 않을 것이고요."

"그럼 판사님이 보시기에 가장 유력한 용의자는 아사쿠라 간호사입니까?"

"링거팩 바꿔치기라는 수단은 제쳐두고, 아사쿠라 간호사에게는 동기와 기회의 측면에서 의문이 있어요. 우선 담당 환자를 살해한다고 아사쿠라 씨에게 무슨 이익이 있을까요?"

시즈카의 질문에 구루메는 대답하기 어려운 듯 보였다.

"설마 그녀가 쾌락살인자라고 말할 생각이신가요? 작년 말 발생한 유방암 환자 건에서 그녀는 담당조차 아니었어요. 따라서 아사쿠라 간호사가 마치 각성한 것처럼 살인의 맛을 느꼈다는 설은 황당무계하다는 비판을 피할 수 없어요. 그럼 기회의 측면에서도 말해 볼게요. 문제의 7시 10분부터 7시 30분 사이, 감시 카메라 영상에 그녀가 입실한 흔적이 찍혔나요?"

"아뇨, 그게……수사관 몇 명이 눈에 불을 켜고 다시 확인했습니다만, 그 20분 동안 입실한 사람은 한 명도 없었습니다."

"즉 그 점도 구스모토 선생이 범행을 저지르는 게 불가능하다는 것을 증명할 수 있겠군요."

"그럼 범인은 어떻게 링거팩을 바꿔치기했다는 겁니까?"

안타깝게 물어 왔지만, 그 질문에 대한 답은 시즈카도 추측만 할 뿐이다. 구루메를 납득시키기 위해서는 범인에게서 진술을 얻는 것이 최선의 방법일 것이다.

후루미의 장례는 구립 장례식장에서 치를 예정이었다. 그저께 병리 해부한 시신이 어제 반송되어 가족만 모여 경야*를 치렀다고 들었다.

네리마 경찰서 사람들이 장례식장으로 향하는 것은 역시 범인이 얼굴을 내밀지 않을까 하는 실낱같은 기대 때문이다. 시즈카도 이 상황에 편승한 형국이었다.

장례식장에는 이미 방명록이 마련되어 있었다. 생전 고인을 따르는 사람이 많았는지 호상소 앞에는 줄이 꽤 늘어서 있다.

시즈카처럼 여생이 짧아지면 모르는 사람의 장례식도 남의 일 같지 않게 된다. 장례식장의 규모, 예상 조문객, 어느 스님에게 경을 부탁할지, 답례품으로는 무엇이 어울릴지 등을 상상하는 동안 시간이 훌쩍 흘러 버린다.

단 음울한 감상과는 거리가 멀다. 장례식은 긴 인생에서 주역이 되는 마지막 기회다. 할 수 있다면 남에게 맡기지 않고, 자신이 직접 기획하고 싶지 않은가. 장송해 주는 사람들이 봄날처럼 따뜻하게, 그리고 축제처럼 즐겨 주길 바란다. 이것이 시즈카가 생각하는 이상적인 장례식이었다.

그렇다면 지금 관에서 잠든 후루미는 자신의 장례식을 어떻게 보고 있을 텐가. 후회가 남는 인생이었을까, 아니면 웃으며 잠들 수 있는 인생이었을까. 공장을 접고 빚이 남아 있었다고 해서 꼭 후회할 거라는 법도 없다. 사람의 만족은 사람의 수만큼이나 존재하는 것이니까.

─────────────

* 장례를 치르기 전, 친족끼리 곁에서 밤새도록 지키는 것.

구루메와 함께 호상소와 접수처 앞을 지나 식장 안으로 들어갔다. 식장 안에는 대, 중, 소로 세 개의 홀이 있었는데 후루미 집안의 장례식은 가장 큰 홀에서 치러지고 있었다. 시즈카 일행은 큰 홀을 가로질러 안쪽 대기실로 서둘러 들어갔다.

"시즈카 씨, 역시 시간 딱 맞춰 왔네."

문을 열자 가장 처음으로 눈에 들어온 것은 친숙한 겐타로와 미치코 콤비였다. 눈에 띄는 것도 당연한데, 겐타로는 늘 이탈리안 레드로 칠해진 자주식 휠체어를 끈다. 그것만큼 장례식 자리에 어울리지 않는 것도 없을 것이다.

"……오늘 같은 날에는 검은색으로 칠한다든가 하는 배려를 하실 순 없나요?"

"TPO*를 생각하면 결혼식용 흰색이나 히나마쓰리**용 핑크색 휠체어를 준비해야지."

일일이 비꼬는 것도 바보 같아졌다. 미치코는 익숙한지 눈썹 하나 움직이지 않는다.

"조의 감사드립니다."

상복 차림인 다카야 부부와 준코는 불편한 기색이다. 원래는 가족들만 있는 대기실에 제삼자가 절반이나 차지하니 불편할 만도 하다.

---

* 시간(time), 장소(place), 경우(occasion)의 머리글자를 딴 것으로, 옷차림의 기본원칙을 의미한다.
** 여자아이의 건강한 성장과 건강을 기원하기 위해 매년 3월 3일에 치르는 일본 전통 축제.

"아니, 우리가 불청객이라는 걸 충분히 알지만 그래도 말해두고 싶은 것이 있네."

"형사분들도 함께, 입니까?"

"그렇네. 자네들도 터무니없는 의심을 받으면서 장례를 치르니 화딱지가 날 거 아냐. 게다가 고인의 목소리를 듣고 싶지 않나?"

"아버지의 목소리. 그걸 어떻게 듣는다는 말입니까?"

"들리는 것만 목소리가 아니야. 특히 자네 아버지는 고집쟁이에 욱하는 사람이었잖아. 그런 성가신 노인의 목소리는 더욱 귀로 들을 것이 못 돼."

"무슨 말씀이신지 잘 모르겠어요."

다카야는 미심쩍은 듯이 입술을 삐죽거렸다. 스즈미도 마찬가지로 외부인 네 사람을 향해 불신감을 드러내고 있다.

"사실 자네들은 아버지를 오해하고 있네."

"오해고 뭐고, 저희는 한집에서 같이 살았어요. 그런 저희가 아버지를 오해하고, 아버지를 한 번도 만난 적이 없는 겐타로 씨가 아버지를 안다니 정말 이상하네요."

"아버지가 공장을 정리할 때, 도와준 관재인 기억하나? 그 관재인은 변호사였는데, 아버지는 공장을 닫고 나서도 자주 사무실을 다녔대."

"왜 또."

"자택에 설정된 저당권을 실행시키고 싶지 않아서. 어떻게든 아들 부부가 살 곳을 확보해 주고 싶어서. 직업윤리에 반해서 관재인은 꽤 곤란했던 것 같지만, 회사 청산 시에는 재산 은닉 방법마저 상담한 듯해. 누적 적자에 시달리는 철공소를 유지할 생각은 조금도 없었고 어쨌든 자네들이 최소한의 생활을 할 수 있도록 해 주고 싶었나 봐. 하지만 달리 자산도 없었고, 공장을 운영할 때 곧이곧대로 회계 처리를 했던 것도 전혀 도움이 안 됐지. 주머니를 탈탈 털어도 나올 게 없는 거야. 외골수인 아버지는 그다음에 무엇을 했을 것 같나."

"글쎄요……."

"크고 작은 보험 회사를 찾아다녔어. 지금이라도 가입할 수 있는 보험이 없나 해서. 자기가 죽으면, 조금이라도 빚을 갚는 데 보탬이 되어 자네들이 이 집에서 계속 살 수 있도록 동분서주했다는 거야. 공장을 접고 나서 3년 동안 거의 매일 그러셨대."

"거짓말."

다카야는 단칼에 부정했다.

"아버지가 그러셨을 리가. 제게 그런 얘기는 한마디도 없었는데."

"그런 이야기를 맘 편히 할 수 있는 분위기가 아니었잖나. 분명 아들 부부에게 약한 모습을 보이고 싶지 않다고 고집을 부렸겠지."

그럴 리가, 라고 이번에는 스즈미가 목소리를 높였다.

"가족 일이라면 서로 논의하는 게 당연하지 않나요? 어째서 그렇게 고집을 부려야 하나요?"

"부친의 업이라고나 할까. 쇼와 시대 사람 중엔 많아. 미움은 받아도 되지만 바보 취급은 받기 싫은 부친. 그러니 가족 앞에서는 더더욱 고집을 부리는 거고."

후루미와 동시대 사람인 겐타로는 어딘가 낯간지러웠다. 어쩌면 고즈키 집안의 가족과 다카야 가족을 겹쳐 보고 있을지도 모른다.

"그런데 말이야, 고령에, 게다가 공장까지 망한 부친에게 상품을 추천하는 보험 회사는 한 군데도 없었어. 지금부터 또 새로운 빚을 내서 신규 사업을 벌일 기력도 체력도 없고. 끝장난 거지. 부친에게 대장암이 발견된 것은 마침 그때였네."

"그건 고즈키 씨의 상상 아닌가요? 갑자기 믿을 수가 없어서요."

"보험 회사 지점을 돌아다녔다는 건 관재인이 알려 줬어. 수많은 보험 회사를 소개해 준 것도 관재인이고. 직업상, 보험 회사 사람들이나 그들의 실적도 잘 알고 있었으니까. 내친김에 말하겠는데, 부친이 자네에게 가업을 물려주지 않으려고 한 것도 아들을 믿지 못해서 그런 게 아니었어. 재무 상태가 엉망인 회사를 아들에게 부담 지우고 싶지 않았던 거지. 그러니 아버지를 너무 원망하진 마. 보내 드릴 때만큼은 조금이라도 위로해 드리라고."

순간 정적이 흘렀다.

침묵을 깬 것은 구루메였다.

"그래서 고즈키 씨. 링거팩을 바꿔치기한 사람은 도대체 누구입니까?"

"음."

"음, 이 아니라요. 이 자리에서 범인을 지목하시려고 저를 부른 것 아니셨나요?"

"무슨 말을 하는 거야, 이 등신 같은 놈. 네 사명인 범인 찾기를 일반인에게 떠넘길 셈이냐."

겐타로는 말도 안 된다는 듯한 태도로 구루메를 깔보았다.

"어째서 내가 경찰 놈들에게 내 지혜를 빌려줘야 하지? 그런 건 스스로 생각해 봐. 쓸모없는 무임승차자 주제에."

바로 앞에서 사정없이 욕을 먹자 구루메의 얼굴이 새빨개졌다.

10분 후, 예정대로 장례식이 시작되었다. 스님의 구슬픈 독경이 흐르고 조문객이 차례대로 분향을 한다.

엄숙한 분위기 속에서 겐타로의 새빨간 휠체어는 상당한 위화감을 자아내고 있다. 원래 안하무인인 겐타로는 그렇다 하더라도, 뒤에서 핸들을 잡고 있는 미치코는 정말 아무렇지 않은지 새삼 그녀가 가여웠다.

조문객의 절반 정도가 분향했을 무렵이었다.

"준코, 잠깐 나 좀 볼 수 있나?"

평소라면 생각할 수 없을 정도로 작은 소리로 겐타로가 속삭였다. 준코는 잠깐 머뭇거렸지만 곧 겐타로와 미치코를 따라 나왔고, 시즈카도 그 자리에 동행했다.

겐타로는 대기실로 돌아가 상복을 입은 준코를 올려다보았다.

"나는 거들먹거리지도 못하고 그런 것도 싫으니 단도직입적으로 묻겠네. 링거팩을 조작한 건 너야."

순간 준코의 표정이 굳었다.

"갑자기 무슨 말씀이세요. 형사님께도 말씀드렸지만 담당 간호사분이 링거팩을 세팅하고 나서 할아버지의 용태가 위중해질 때까지 저는 중환자실에 들어간 적이 없어요. 링거팩에 손도 대지 않고 어떻게 바꿔치기를 한단 말이에요?"

"바꿔치기한 게 링거팩이 아니니까."

겐타로는 태연하게 말했다.

"어제 회사를 쉬었다고 하던데."

"경야도 있고, 경조 휴가이기도 해서요."

"실은 어제 네 회사를 찾아갔네. 견학 중에 이런저런 홍보를 하면서 꽤 친절하게 설명해 주더군. 요즘 인쇄소는 인쇄물 전반을 다루더라고."

"네. 종이 인쇄만 해서는 어려우니까요."

"라벨 작성도 한다고 들었어. 게다가 적은 수량도 가능하고 원하는 색 라벨에 원하는 디자인을 할 수 있지. 입사 2년 차 사원이라면 컴퓨터로 디자인해서 라벨을 출력하는 것 정도는 쉽게 할 수 있는 듯하던데. 시험 삼아 샘플을 주니까 불과 5분 만에 만들어 주더군."

겐타로가 꺼내 보인 것은 백지에 약제명과 환자명의 기입란이 인쇄된 라벨이었다. 상당히 얇은 라벨이 팔랑팔랑 흔들리고 있다.

"네 조작은 지극히 간단해. 미리 원본과 똑같은 라벨을 만들고, 거기에 영양제 명칭과 할아버지의 이름을 써 뒀지. 병문안 간 날, 간호사실 앞에 쭉 나열되어 있는 링거팩들 중에서 마취제가 들어 있는 것을 골라 그 위에 직접 만든 라벨을 붙이고. 진짜 링거팩은 라벨 면을 뒤집어서 라벨이 보이지 않게 해 둔 것일 테고. 그다음은 간호사가 잘못 가지고 가는 것을 뒤에서 지켜본 거지. 라벨 모양은 병문안 왔을 때 사진으로 찍어 두면 되고, 마취제 이름도 병문안 때마다 관찰하면 외우기 싫어도 외우게 되지. 병상이 3백 개나 되는 병원이라면 마취제가 필요한 환자도 어느 정도 있을 테고. 그 후엔 타이밍을 기다리는 것뿐."

준코는 말없이 서 있었다.

"할아버지의 용태가 급변해 너희들이 병실에 들어왔지. 의사와 간호사들은 환자의 급사로 정신이 없는 상태. 넌 구석에 있는 링거팩의 라벨을 살짝 떼어내기만 하면 됐어. 링거팩에 네 지문이 남아 있지 않은 것도 말이 돼. 실제로 스티커를 벗겨 보면 알 수 있겠지만, 스티커에는 지문이 남아도 링거팩 본체에는 손톱 끝이 닿는 것만으로는 아무것도 남지 않아. 회수한 가짜 라벨은 구겨서 주머니에 넣으면 아무도 모르지."

"증거 있으세요?"

간신히 준코가 반격을 가했다. 하지만 겐타로 앞에서는 허세일 뿐이다.

"무언가를 하면 그 흔적은 반드시 남아. 병원에 증거가 없어도 회사 컴퓨터를 분석하면 자작한 라벨 데이터가 나오겠지."

"······왜 제가 할아버지를 죽여야 하나요?"

"동기 말인가. 흠, 두 가지 설이 있어. 하나는 돈 문제야. 할아버지가 공장을 접었다고 해도 빚에 쫓겨 가족의 생활이 점점 어려워졌지. 게다가 대장암이라니. 입원비에 항암제, 고령자 의료는 이것저것 비싸. 이대로라면 아들 부부는 점점 팍팍해지겠지. 그래서 돈 먹는 벌레인 할아버지를 죽일 수밖에 없었다는 것."

준코는 지쳤다는 듯이 웃었다. 확실히 부정하지 않아 시즈카도 설득될 것 같았다.

"그런데 이건 뼛속부터 악하게 태어난 내 생각이야. 성선설을 믿는 시즈카 씨에게는 또 다른 설이 있는 듯해. 미안한데 핸드폰을 보여 주지 않겠나."

젠타로의 말대로 준코가 핸드폰을 꺼내자 젠타로는 스트랩을 가리켰다.

"너는 스트랩이라고 했지만 아무리 봐도 내 눈엔 네쓰케로만 보여. 젊은 아가씨의 취향은 잘 모르겠지만 적어도 네가 산 건 아닐 거야. 혹시 할아버지에게 받은 선물 아닌가?"

잠시 침묵한 후, 준코는 살짝 고개를 끄덕였다.

"할아버지의 유일한 취미는 신사 순례였다지. 네쓰케는 그때 받은 선물이고?"

"네."

"너, 처음에는 할아버지를 싫어하는 것처럼 말했지만 그건 거짓말이야. 그렇게 낡아빠진 네쓰케를 싫어하는 할아버지에게 받았다면 소중하게 간직할 리가 없거든. 다른 사람에게 주든가, 냉큼 버리겠지. 사실은 할아버지가 너무 좋았던 거야."

준코는 다시 입을 다물었다. 이제부터는 자신의 차례라고, 시즈카가 입을 열었다.

"이거, 조소시市에 있는 안락사安樂寺의 기념품이네."

흠칫 놀란 표정으로 이쪽을 봤다.

"이 절에 60간지 네쓰케가 있거든. 나도 원래 신사와 불각에 흥미가 있어서 퇴임 후에 여기저기 돌아다녀서 어렴풋이 기억해. 호랑이는 네 띠 맞지?"

"네."

"할아버지한테 받은 기념품을 항상 갖고 다니는 네가 마치 식구를 줄일 목적으로 할아버지를 살해했다고는 생각하지 않아. 고령자인 후루미 씨에게 항암 치료는 길고 고통스럽지. 거기에 암이 다른 곳으로 이전되면 더 괴로워질 테고. 준코, 할아버지를 빨리 고통에서 벗어나게 해 주고 싶었던 것 아니니? 게다가 그건 네 혼자만의 생각이 아니라 후루미 씨의 바람이기도 했어. 그렇게 생각하면 네 범행에 수긍이 가."

시즈카는 준코에게 가까이 다가가 호랑이 네쓰케를 만져 보았다.

"이 네쓰케는 언제 받았어? 솔직하게 대답 부탁해."

"……할아버지께서 입원하신 직후요."

"그렇겠지. 이 네쓰케는 유품. 그리고 동시에 후루미 씨가 보내는 마지막 메시지. 빨리 자신과 가족을 편하게 해 달라는. 가족에게도 별로 속내를 말하지 않는 사람 같았으니 이건 일종의 수수께끼 같은 거네. 이걸 판매하는 곳은 안락사. 그래, 곧 '안락사安樂死'라는 단어를 연상시키지."

그게 한계였던 듯하다. 준코는 고개를 숙이고 발작을 일으키듯 떨기 시작했다.

"……딱 한 번 확인했어요."

허세도 체면도 전부 떨어져 나간, 생생한 목소리였다.

"호랑이의 배에 '안락사'라고 쓰여 있어서…… 설마, 라는 생각에 침대 위에 있는 할아버지께 호랑이를 보여 줬더니 말없이 끄덕이셔서……."

두 사람 사이에 대화는 불필요했다는 말인가.

이윽고 준코는 힘없이 어깨를 늘어뜨렸다.

"경찰에 넘길 거면 넘기세요."

"무슨 허튼소릴 하는 거야."

겐타로는 뜻밖이라는 듯이 말한다.

"우리는 일반 시민이야. 시즈카 씨도 전직 판사일 뿐이고. 우리가 나설 자리가 아니야. 멋대로 굴지 마."

"멋대로라뇨."

"안락사가 고인의 의사였다면 외부인인 우리가 이러쿵저러쿵할 문제도 아니지. 다만, 준코. 다른 사람에게 말할 수 없는 비밀은 내면에서부터 본인을 좀먹어 가. 그걸 견딜 수 없을 것 같으면 언제라도 털어놓아도 돼."

준코는 얼굴을 가린 채 오열하기 시작했다.

다음 날, 시즈카는 구스모토가 불러서 병원으로 향했다. 진찰실에는 역시 겐타로와 미치코가 기다리고 있었다.

"세 분 모두, 감사드립니다."

구스모토는 세 사람을 향해 깊숙이 고개를 숙였다.

"다카야 씨께 들었습니다. 저와 아사쿠라 씨의 의혹을 벗겨 주셨다고……뭐라고 감사의 말을 드려야 할지."

그런 말을 들어도 시즈카는 솔직히 수긍이 가지 않는다. 후루미의 자살을 거든 준코는 장례가 끝나자마자 경찰에 출두해 전부 자백했다. 범행동기는 납득할 수 있었지만 그렇다고 우쭐할 기분도 나지 않는다. 누가 나쁜 것도 아닌데 사회적 약자가 죽어야 한다는 것은 역시 무언가 잘못되었다.

"예의 같은 거 안 차려도 돼. 난 그 시건방진 형사가 당황하는 꼴을 보고 싶었던 것뿐이니까."

겐타로는 변함없이 미움을 살 만한 말을 내뱉는다. 귀에 거슬리지만 이 말투야말로 겐타로가 건강하다는 것을 나타내는 지표이니 어쩔 수 없는 부분이기도 하다.

그러자 구스모토는 정신을 가다듬듯이 허리를 폈다.

"그럼, 이제부터는 담당의로서 설명드리겠습니다. 우선 고엔지 씨. 연세에 비해 신체는 매우 건강하십니다. 시력과 청력이 떨어지는 것 같다고 느끼시는 듯하지만, 연세를 생각하면 평균 이상입니다. 혈액 연령은 오히려 젊고, 현재로서는 생활 습관병의 조짐도 없고요."

"정말 다행이네요."

"그런데 문제는 당신입니다. 고즈키 씨."

겐타로는 도발하는 듯이 구스모토를 노려보았다.

"문제가 있으면 지금 이 자리에서 말해 줘. 미치코 씨는 내 전속 요양보호사, 시즈카 씨도 거의 가족이나 마찬가지니까 다 들어도 전혀 상관없어."

잠시 머뭇거리다가 구스모토가 입을 열었다.

"그렇다면. 고즈키 씨, 당신은 대장암 3기입니다. 조속히 입원하셔서 수술하시기 바랍니다."

제 2 화

상은 잊지 않는다

1

"후후후, 알고 있으려나, 시즈카 씨. 대장암 3기B는 5년 생존율이 60퍼센트라네."

뭐가 그리 기쁜지 침대에 누운 겐타로는 자기 병세를 자랑스럽게 말한다. 생존율 60퍼센트라는 것은 희망적이라고 하기에는 미묘한 수치이지만 겐타로를 다른 심약한 노인들과 똑같이 취급해서는 안 된다.

"10퍼센트나 5퍼센트처럼 좀 더 아슬아슬한 숫자가 아니면 전혀 안 떨려."

"본인 몸으로 내기라도 할 셈이신가요?"

겐타로 곁에서 간병하던 미치코가 거칠게 말했다.

"생존률 60퍼센트라는 말은 사망률이 40퍼센트란 뜻이에요."

"뭐야, 미치코 씨, 겨우 그 정도로 걱정하다니. 내 요양보호사 참 쓸데없는 짓 하는구먼."

"요양보호사라서 걱정하는 건데요."

"미치코 씨가 아무리 걱정해도 암세포가 줄진 않아."

부부 만담처럼 서로 주거니 받거니 하는 것을 바라보고 있던 시즈카는 어이가 없었다. 암 3기를 통지받고 기뻐하는 휠체어 노인과 그것을 지적하는 요양보호사 콤비야말로 겐타로 일행다웠다.

주치의가 된 구스모토에게서 암 3기를 고지받을 때도 겐타로는 별로 놀란 것 같지 않았다. 감탄한 듯한 목소리를 내더니 그 후 자세한 설명을 요구했던 것이다.

"대장암 3기에는 A와 B가 있습니다.* 3개 이하의 림프절에 이전된 상태는 A, 4개 이상의 림프절에 이전된 상태를 B라고 규정하고 있고요. A의 경우 5년 생존률은 77.7퍼센트이지만, 안타깝게도 겐타로 씨의 경우는 이전된 림프절이 7개나 되는군요."

구스모토가 걱정스러운 듯이 말하고 있을 때도 겐타로는 남의 일인 듯한 얼굴로 듣고 있었다.

"7개. 음, 재수가 좋네. 럭키 세븐이잖아."

진지하게 말하던 구스모토도 이런 반응에는 질렸는지 고압적인 말투로 말하기 시작했다.

"적출 수술은 꽤 오래 걸릴 텐데요. 술식術式을 진행하기 전에, 고즈키 씨에게 수술을 견딜 수 있을 만한 체력이 있는지요."

"상관없어, 선생. 암 적출이 최선이라면 그렇게 해 줘. 내 꼴이 이래도 조금 베이거나 배 속을 헤집는 정도로는 꿈쩍도 안 하거든."

---

* 대장암 3기에는 A, B, C가 있으나 작가는 여기서 A와 B만 언급하고 있다.

구스모토는 얼추 설명을 마치고는 뒤도 돌아보지 않고 진찰실을 나갔다. 아마 마음속으로 가망이 없다며 겐타로를 포기했을 것이라고 시즈카는 상상했다.

"어쨌든 겐타로 씨. 선생님이 빨리 수술을 해 주시는 거니까 어서 가족들도 불러야겠네요. 손녀들은 학교에 가야 하지만 데쓰야 씨 부부와 겐조 씨는 올 수 있는 것 같고요."

"필요 없어. 연락하지 마."

"왜요?"

미치코는 반쯤 항의하는 말투로 물었지만 겐타로는 태연하게 답한다.

"신칸센 타고 날아오면 두 시간 남짓, 수술이 몇 시에 끝날지는 모르지만 마취에서 깨어나는 데 또 몇 시간. 합치면 거의 하루를 빼앗는 거잖아. 그렇게 긴 시간 동안 그 녀석들을 구속할 수 있겠어?"

"구속이라뇨. 자식이 부모의 병세에 신경 쓰는 게 당연하지 않나요? 무엇보다 수술 사실을 알리지 않으면 제가 가족분들께 한 소리 들어요."

"있잖아, 미치코 씨. 병세에 신경 쓴다니, 그건 내가 죽을 거란 걸 전제로 하는 말인가."

미치코는 허를 찔린 듯이 입을 다물었다.

"아까 선생한테 한 말은 농담도 허세도 아니야. 난 암 따위로는 죽지 않아."

"무슨 근거로 그런 말씀을 하세요?"

"일본인의 약 3할이 암 때문에 죽는다지."

"맞아요, 저도 그렇게 들었어요."

"그렇게 뻔한 이유로 내가 죽을까 봐?"

젠타로는 침대 위에서 재주 좋게 몸을 뒤로 젖혀 거만하게 굴었다.

"병사라니, 나랑은 안 어울려. 고즈키 젠타로에게는 조금 더 멋지게 죽는 게 어울리지."

"그런 헛소리 좀 하지 마세요."

"태어날 때는 누구 배 속에서 태어날지 못 골라. 그러니 죽을 때 정도는 어디서 어떤 모습으로 죽을지 스스로 선택해야지."

"아, 정말 귀찮고 손 많이 가는 노인네."

미치코는 욕설을 퍼붓지만 젠타로는 변함없이 태연하다.

"어쨌든 데쓰야 씨께는 알리겠습니다. 이걸로 저를 해고하시겠다면 맘대로 하세요."

미치코는 말을 내뱉자마자 병실을 나갔다. 어딘가 핸드폰을 사용할 수 있는 구역이나 공중전화가 있는 곳으로 갈 것이다.

미치코의 등을 바라보던 젠타로는 허풍을 떨며 개탄했다.

"가만히 있으면 좋을 것을. 아무래도 나를 완전히 신뢰하지는 않나 봐."

"신뢰한다 해도 젠타로 씨의 요양보호사로서 최소한의 의무를 다해야 하니까요. 미치코 씨의 행동은 지극히 상식적이에요."

"상식이라니."

"젠타로 씨는 싫어하시겠지만 이 세상은 상식에 따라 움직여요.

폼을 잡고 싶은 기분도 이해가 안 가는 건 아닌데, 어쨌든 죽음이란 건 의외로 공평하답니다."

"저기 시즈카 씨. 검사 전에 평범하게 죽을 수 있을 거라고는 생각도 안 한다고 내가 말한 적 있지."

"네, 그렇게 말했잖아요."

"그것도 방편이야."

겐타로는 조금도 기죽지 않는다.

"평범하게 죽고 싶지 않다는 건 물론 희망 사항이기도 하지만, 솔직히 말하면 평범하게 죽으면 용서받지 못할 것 같아서야."

"왜 그렇게 생각하시나요?"

"오랫동안 사업을 하면 말이야, 본인도 모르는 사이에 경쟁자를 울리는 일도 있어. 사업이란 건 파이를 서로 빼앗는 것이니까 누군가 웃으면 다른 누군가는 울게 되거든. 이 나이까지 사장 의자에 편히 앉아 있을 수 있다는 건, 그만큼 다른 사람을 괴롭혔다는 말이지. 단지 내가 그 녀석들의 얼굴을 모르는 것뿐이고."

겐타로의 말이 천천히 가슴에 와닿는다.

신조도 윤리관도 다르지만 겐타로가 내뱉은 말은 시즈카가 전부터 품고 있던 갈등과 겹쳐진다. 판사로서 내린 판결은 고민에 고민을 거듭한 것이다. 그러나 판결을 원망하는 수감자와 그들의 가족은 일정 부분 존재한다. 아니, 피해자 측에서도 판결에 불만을 품은 자들이 있을 것이다.

일을 진지하게 하면 할수록 적이 생긴다. 그렇다고 해서 결단을 내리지 못한 채 모든 사람을 배려할 수도 없는 데다가 쉬운 쪽을 택하면 미움받는 대신 직업윤리가 무너지고 만다.

"그렇게 다른 사람에게 원망을 산 사람이 평범하게 죽는 것도 우습다고 생각하지 않나?"

"조금은 이해할 수 있을 것 같기도 하네요."

애매하게 대답했지만 진의가 전해졌을 것이다. 젠타로는 알아들었다는 듯이 끄덕였다.

"암으로는 죽지 않지만 그렇다고 평범하게 죽을 수도 없어. 그렇게 안 하면 균형이 안 맞는 듯한 기분도 들고."

"훌륭한 각오시네요."

"아니, 그런 게 아니야."

"그럼 참회 같은 건가요."

참회라는 말을 듣자마자 젠타로는 몸서리치듯 부들부들 떨었다.

"그거야말로 나와는 안 어울려. 참회는 무슨, 염라대왕 앞에 끌려가도 메롱을 해 볼까 계획 중이라고."

장시간의 수술을 견딜 수 있을 것이라는 판단하에 젠타로는 수술실로 옮겨졌다.

이후의 경위에 대해서 시즈카가 들은 바는 많지 않다. 장남 부부와 차남은 수술 중에 도착했지만, '수술 후에도 여전히 병원 안을 어슬렁거리고 있으면 가만 안 둔다'는 말을 전해 듣고는 겁먹어, 수술이 성공적으로 끝났다는 것을 확인하자 도망치듯 돌아가 버렸다(두 손녀도 함께 오고 싶어 했지만 수업 중인 관계로 오지 못했다).

"정말 놀랍네요. 나이 칠십에 저 정도 체력이라니."

본의 아니게 관계자가 된 시즈카는 구스모토 선생에게서 겐타로의 수술 후 경과를 통지받았다.

"장 절제 및 림프절 곽청술. 환자의 체력을 혹사하는 술식이었는데 정말 잘 견디셨습니다. 보통 휠체어 생활을 하시는 고령자분들은 운동 부족인 경우가 많아 체력이 떨어지기 쉽거든요……이렇게 상체가 튼튼한 고령자도 드물어요. 다른 운동이라도 하셨나요?"

구스모토의 질문에 시즈카 옆에 있던 미치코가 답했다.

"뭐, 그걸 운동이라고 해야 할지는 모르겠지만 평소에도 꾸준히 운동하셨어요."

"무슨 운동입니까? 후학을 위해 꼭 말씀해 주세요."

"생떼 부리기요."

"하."

"무리하게 억지를 부려서 도리가 물러나게 하는 거예요. 상대는 사업 경쟁자에 아이치현 경찰서 간부, 교육위원회에 국민당 아이치현 연합. 상대가 하는 말이 마음에 들지 않으면 거의 한 시간을 큰소리치고, 책임자가 날아와도 인정사정 볼 것 없음. 상대가 한 번 변명할 때마다 이쪽은 열 번, 스무 번을 응수하죠. 옆에서 보고만 있어도 분명히 칼로리를 대량 소비하는 운동이랍니다."

뾰로통한 말투에서 미치코가 얼마나 마음고생을 했는지 알 수 있었다. 구스모토도 짐작한 것처럼 멋쩍게 납득했다.

"어떤 운동이든 그걸로 환자의 체력과 기력이 충분해진다면 주치의로서는 환영입니다. 하지만 수술 후에는 절대 안정을 취하셔야 합니다. 당분간은 입원하셔야 하고요."

"환자가 심각하게 도쿄를 싫어하는데요."

"신칸센이든 요양보호 차량이든 이동은 금지입니다."

시즈카는 마음속으로 심술궂은 상상을 했다. 병세와 상관없이 새장에 갇힌 새 취급은 겐타로가 가장 싫어하는 것이다. 그가 이런 상황에 질려서 조금은 자중해 주기를 바란다.

"그리고 미치코 씨인가요? 고즈키 씨의 요양보호사이신 분에 관한 건데요, 입원 중에는 저희 병원 직원이 간병할 테니 맡겨 주십시오."

"왜죠?"

"수술 후 경과에는 약제 투여, 정기 진찰 등이 포함됩니다. 요양보호 서비스와는 여러모로 결이 다른 부분이지요."

이리하여 겐타로는 '네리마 중앙병원'의 포로가 되었다. 실밥을 제거할 때까지는 물론이고, 수술 후 전이할 우려가 있기 때문에 경과를 계속 관찰할 필요가 있다고 한다. 가벼운 병이라면 몰라도 수술까지 한 이상 마음대로 주치의를 바꿀 수도 없다. 겐타로의 입원이 길어지는 것은 피할 수 없는 상황이었다.

"이런 말씀 드리기 어려운데요."

시즈카와 둘이서만 남았을 때 미치코가 미안하다는 듯이 말을 꺼냈다.

"우선 저는 요양보호 서비스 회사 소속이라 겐타로 씨가 입원해 계시는 동안 계속 붙어 있을 수 없어요."

"그렇겠네요."

"구스모토 선생님께서도 아까 입원 중의 간병은 간호사에게 맡기라고 거의 지시하듯 말씀하셨고요."

병원에는 병원 방침대로 매뉴얼이 있을 테니 구스모토 선생의 제의도 지당하다. 요양보호 서비스 회사의 일개 직원인 미치코가 이를 거부할 방법도 없다.

"그래서 말인데, 시즈카 씨에게 부탁이 있어요."

그 말을 듣자마자 불길한 예감이 들었다.

"제가 없을 때 겐타로 씨를 봐주실 수 있나요? 시즈카 씨가 편하실 때 봐주셔도 괜찮아요."

이 세상에 존재하는 귀찮은 일 중 가장 최악인 것을 부탁받았다. 부탁한 미치코 본인도 잘 알고 있는 듯, 시즈카가 거절하면 무릎이라도 꿇을 기세였다.

"저 심술쟁이 영감님도 시즈카 씨 말은 얌전히 들을 거예요."

겐타로를 간병한다는 것은 요컨대 신관*이 노출된 핵폭탄을 운반하는 것과 같다. 운반자에게는 세심한 주의와 함께, 폭발할 각오 및 폭발 후 뒤처리가 세트로 따라붙는다. 이런 부탁은 어지간히 겁이 없는 사람이나 유별난 사람만 받아들일 것이다.

겐타로와 함께 있을 때 한순간이라도 마음이 편한 적이 있었나.

아니, 없다.

겐타로의 주변에서는 끊임없이 아슬아슬한 분위기가 감돌았고, 휠체어가 향하는 곳은 어김없이 지뢰밭이었다. 팔십 넘은 시즈카에게는 부담이 될뿐더러 애초에 잘 맞지 않는 타인 아닌가.

---

* 폭탄 등에 장착해 폭약을 점화시키는 장치.

그래서 마음을 먹고 말했다.

"단기간이라면……."

말을 내뱉고 나서 어쩔 줄을 몰랐다. 설마. 마치 남의 입이 움직이는 것 같았다.

미치코는 대답을 듣고 감격한 듯이 몇 번이나 고개를 숙였다. 그 모습을 보고 있으니 더는 빠져나갈 수 없었다.

신관이 노출된 핵폭탄에 마취는 겨우 하루도 먹히지 않았다. 수술 다음 날에는 확실히 정신을 차려서는 '미치코 씨는 어디 있어'라고 큰 소리를 쳤다고 한다.

구스모토가 감탄한 것처럼 겐타로의 체력은 남달랐다. 물론 칠십 대치고 그렇다는 말이지만, 겐타로는 눈을 뜨자마자 배고픔을 호소하며 이틀 후부터는 병원식을 눈 깜짝할 사이에 먹어치우고, 게다가 '소금과 된장은 없냐'며 배식 담당 직원에게 따졌다고 한다.

"특히 된장국 말야. 에도의 싱거운 된장국 따위 후루룩 마실 줄 알았냐. 피 색이 변할 정도로 진한 나고야 된장국을 가져오라고."

다행인지 불행인지 사법연수원 입소일은 4월이라 아직 여유가 있다. 미치코와 약속한 이상, 시즈카는 어쩔 수 없이 겐타로 옆을 지킬 수밖에 없었다.

"하아, 미치코 씨는 한시적으로 면직인가."

"병원 직원이 24시간 체제로 간병하면 자연히 요양보호사가 나설 일도 적어지겠죠."

겐타로는 낙담한 듯했지만 미치코가 없을 때는 시즈카가 자신을 돌봐 준다는 것을 안 순간, 황송해하기 시작했다.

"미치코 씨가 폐 끼친 건 아닌지 모르겠네."

"전혀 아니에요. 겐타로 씨가 꿔다 놓은 보릿자루처럼 얌전하게만 굴어 준다면요."

"그래도 시즈카 씨가 감시역이라니, 그건 좀."

"제가 감시하지 않아도 되게끔 얌전히 계시면 되지 않나요? 그런 몸으로는 제대로 움직이지도 못하시겠지만요."

하반신불수라고는 해도 특수 제작한 휠체어만 있으면 겐타로는 보통 사람과 행동 범위가 다르지 않다. 하지만 실밥을 제거하기까지는 침대에 묶여 있어, 휠체어로 폭주할 걱정도 없다.

"시즈카 씨 말투가 왜 그래. 내가 꼭 범죄자라도 된 것처럼 들리는데."

"배를 꿰맬 때, 그 입도 함께 꿰맸으면 좋았겠네요."

저번 사건으로 드러난 바와 같이 그 잘난 겐타로의 위세도 경시청에서는 통하지 않는다. 하지만 경제계는 또 달랐다. 겐타로가 대장암 수술로 입원했다는 뉴스는 그날 바로 수도권 경제계에 전부 퍼졌다.

시즈카도 나중에 안 것이지만 중앙경제계에서도 고즈키 겐타로라는 남자는 유명인인 듯하다. 버블 경제 무렵에도 붕괴 후에도 중부경제권*은 대체로 견실해, 도쿄나 오사카만큼 타격을 받지는 않았다. 견실한 경제기반과 독자적인 상법이 주목받아, 나고야 상공

---

* 아이치현, 기후현, 미에현으로 구성된 일본 3대 경제권 중 하나.

회의소 회장 겐타로는 이른바 이 분야의 지도자로 평가받는 듯하다. 실제로 병원에는 일본경제단체연합회 회장, 일본상공회의소 회장, 경제동우회 대표 간사 등 쟁쟁한 멤버들이 병문안을 왔다.

저런 인간 병기를 지도자로 받들다니 재계에는 어지간히 인재가 없다고 한탄했지만, 경제 3단체* 대표자들은 왜인지 겐타로에게 여러모로 배울 점이 있는 것처럼 전부 한결같이 경의를 표하는 듯했다.

"솔직히 의외네요."

문병객이 끊길 때쯤, 시즈카는 솔직한 감정을 드러냈다.

"겐타로 씨가 중앙경제계 인사들과 그렇게 친분이 두터울 줄은 몰랐네요."

"그게 뭐냐면, 시즈카 씨. 휠체어를 탄 몸으로는 자주 상경할 수 없어서 오랜만에 온 거라 그래. 아니, 저 녀석들과는 이렇게 되기 전부터 알고 지내서 그렇지. 지금까지 내가 나고야를 떠나지 못한 만큼, 여기를 운명이라고 생각하고 고군분투했어."

"마치 업계의 자문위원 같네요."

"그런 거창한 건 아니고. 나고야의 상업이 자신들에게 본보기가 된다고 생각해서 그런 거야."

"지역에 따라 상법도 꽤 다르려나요."

"나고야에서 성공한 사업은 도쿄든 오사카든 어디서든 먹혀. 그 반대는 어떨까. 도쿄 자본 사업이 나고야에 진출해서 성공한 사례

---

* 일본경제단체연합회, 일본상공회의소, 경제동우회를 가리키는 말.

는 거의 못 들어봤어."

"뭐가 다르죠?"

"여러 가지 있는데, 하나는 나고야에서는 한 번이라도 단골이 된 손님을 정말 소중히 한다는 거야. 그런데 도쿄의 방식은 융단폭격이지. 드넓은 곳에 수천수만의 폭탄을 떨어뜨려 놓고, 심지어 불타버린 들판은 그대로 방치해. 단기적으로는 수익도 오르겠지만 오래 지속되진 않아. 그러니 공습 범위를 전국으로, 전국을 다 태워버리면 그다음은 바다 너머로 확대할 수밖에 없지."

사업과는 연이 없는 시즈카도 이해할 수 있는 설명이었다.

"중부 상권은 비교적 폐쇄적이야. 전체 파이가 이미 정해져 있으니까 어떻게 해서든 기존 고객을 얼마나 오래 붙들지를 고민해. 말하자면 필요에 의해서 그런 상술이 발달한 것뿐이라는 말이네."

다음 날 고즈키를 찾아온 문병객 역시 중앙경제계에서 한몫하는 사람이었다.

일건련(일본건설업연합회) 회장, 미기와 가쓰히로. 시즈카도 경제신문에서 몇 번이나 얼굴을 본 적이 있는 사람이다.

"이야, 미기와 씨, 오랜만이구먼."

"고즈키 씨, 이제 몸은 괜찮나? 대장암으로 입원했다고 해서 날아왔는데."

"수술도 끝났고 실밥만 뽑으면 돼. 일단 나부터가 암 같은 존재인데 내가 대장암 같은 것에 잡아먹히겠나."

겐타로가 스스로를 암 같은 존재라고 하다니 딱 맞는 말이라고 생각했다.

그러고 나서 미기와는 공통 지인에 관해, 별로 좋지 않은 험담을 시작했다. 한참이 지나서야 미기와가 시즈카의 존재를 알아차렸다.

"그런데 고즈키 씨. 꽤 나이 있으신 비서를 뒀네. 어르신이 더 안정감이 있긴 하지."

"비서 아닌데요."

감정을 억눌렀지만 아주 조금은 얼굴에 티가 나타났을지도 모른다. 시즈카가 화가 났다는 것을 알았는지 겐타로가 당황하며 설명했다.

"저기, 미기와 씨. 이분은 고엔지 시즈카 씨라고, 나를 돌봐주는 분이셔."

"아, 이런. 실례했군."

원래 허술한 건지, 아니면 여자를 얕보는 건지 모르겠지만, 미기와는 시즈카에 대해 더는 묻지 않고 이야기를 계속했다.

"실은 긴히 고즈키 씨에게 상담할 것이 있어서. 오랫동안 토목건축 세계에 몸담고 있는 선배로서 의견을 듣고 싶네."

그 말에 병문안은 단지 구실이었다는 것을 알게 되었다.

"내가 오래됐긴 했지만 자네도 어느 정도는 터줏대감 같은 존재잖나."

"그렇다고 하기엔 다들 나보고 아직 덜 교활하다고들 하던데."

"그럼 난 충분히 교활하다는 말인가."

"지금 부정하는 건가."

"아니."

"상담이라는 게 별건 아니고, 항간에 떠도는 구조계산서 위조 문제에 관한 거네."

방관하기로 마음먹었던 시즈카는 갑자기 흥미가 생겼다. 미기와의 설명을 들을 것도 없이, 구조계산서 위조 문제는 이제 국회에서도 거론될 정도의 사건으로 번지고 있기 때문이다.

사건의 발단은 작년 11월, 국토교통성에 걸려온 익명 전화였다.

— 나루카와 건축 설계 사무소의 나루카와 히데미 일급건축사가 구조계산서를 위조하고 있다.

구조계산서는 건축물의 구조계산의 개요 등을 정리한 서식으로, 건축 확인 신청 시 의무적으로 제출해야 한다. 건축 전에는 이 구조계산서가 고정 하중, 적재 하중, 적설 하중, 풍 하중, 지진 하중에 대해 안전을 보증한다. 거꾸로 말하면 구조계산서 위조는 건축물에 대한 신뢰를 밑바닥에서부터 엎어 버린다.

즉시 국토교통성은 나루카와 일급건축사가 설계한 시공 예정 건축물을 검사. 그 결과, 검사 대상 여덟 동 중 여섯 동에서 철근량의 문제가 발견되어, 구조계산서가 위조되었다는 사실을 공표했다.

건축 업계가 발칵 뒤집어졌다. 왜냐하면 일급건축사인 나루카와 히데미는 일본건축사사무소협회 건축상 수상자이며, 그와 연관된 건축물은 이미 준공된 것으로 마흔 동을 넘었기 때문이다. 만약 그것들 전부 구조계산서가 위조된 경우, 재건축, 이전, 주민 보상 등 막대한 손해가 발생한다.

각각의 시공주가 자발적 또는 강제적인 형태로 검사를 진행한 결과, 현시점에서 철근량의 문제가 보고된 곳은 가이자 건설이 시공한 건물뿐이라는 것이 밝혀졌다.

올해 2월이 되어 중의원 국토교통위원회는 가이자 건설 대표이사 가이자 미네하루와 나루카와를 참고인으로 소환한다. 참고인의 질의 모습은 시즈카도 TV 중계로 봤기 때문에 기억이 생생하다. 가이자가 인사할 때, 허전한 정수리를 애써 매만졌던 것이 묘하게 기억에 남아 있다.

당일 나루카와는 결석했으며 가이자만 출석했다. 가이자는 국회에서 구조계산서를 나루카와에게 발주했지만 위조에는 일절 관여하지 않았다고 증언했다. 하지만 그 말을 믿는 사람은 많지 않았다. 철근을 줄이는 만큼 공사비가 대폭 남아 시방서에 기재된 공사비와의 차액이 그대로 이익이 되어 가이자 건설에게 돌아가기 때문이다.

한편 참고인 출석 요구에 불응한 나루카와는 어느 언론사 인터뷰에서 이렇게 답했다.

— 가이자 사장이 구조계산서를 위조하라고 지시했습니다.

가이자가 국회에서 한 증언을 완전히 부정하는 내용에 사람들은 크게 놀랐다. 어느 한쪽이 거짓말을 하고 있으며, 진위에 따라 피해가 더욱 커질 것이다.

언론 보도로 발등에 불이 떨어진 중의원 국토교통위원회는 가이자와 나루카와의 증인 소환을 의결, 이번 달에 출두일을 정해 두 사람의 증언을 기다리고 있는 중이었다. 증인 소환에서는 더 이상 위증은 허락되지 않는다. 죽 늘어앉은 의원과 전 국민 앞에서 진실이 밝혀진다.

"증인 소환을 하면 일건련에 뭐 안 좋은 점이라도 있나."

"알면서도 시치미를 떼는 건 나쁜 버릇이야. 아직 나루카와가 관여한 맨션을 전부 다 검사한 게 아니야. 가이자 건설 물량만 구조 계산서를 위조했다면 그걸로 괜찮아. 하지만 나루카와의 말이 거짓인 경우, 시공사들은 발 빼고 잠들 수 없겠지."

"결함 맨션*의 뒤치다꺼리가 두려운 건가."

"맨션 재건축뿐이라면 괜찮네. 두려운 건 주민들의 집단 소송이지. 시공에 관여한 건 대형 종합 건설 회사부터 중견기업까지 매우 다양해. 만약 일제히 집단 소송을 당하면 돈뿐만이 아니라 사람과 시간이 필요하게 돼. 그게 다가 아니야. 현재 아무 문제도 없는 건물까지도 의심받겠지. 이 정도로 세간의 주목을 받으면 주민들이 검사를 요구할 경우, 응하지 않을 수도 없을 거야. 그러면 또 돈과 사람, 시간이 들 테고."

"설마 나한테 동정받고 싶은 건가."

"동정받아도 1엔도 득이 안 돼. 상담하고 싶은 건 소송 대응이네. 자네는 옛날부터 그런 교섭에 익숙하잖아. 정확히 말하면 고객을 잠재우는 농간에 능하달까. 소송 전에 합의를 진행해 두면 좋잖나. 자네 교섭술의 일부를 꼭 시공사들에게 전수해 줬으면 좋겠네. 물론 실탄이라든가 다소 위험한 것들도 필요하다면."

"우, 콜록콜록."

미기와의 말을 끊는 것처럼 어색하게 겐타로가 기침을 콜록거렸다. 이야기에 열중이었던 미기와도 이제야 시즈카의 존재가 떠오

---

* 철근량 부족 등 구조상 문제가 있는 건물.

른 듯하다.

"있잖아, 미기와 씨. 시즈카 씨는 전직 판사로 올봄부터 사법연수원 교수로 임명됐어."

순식간에 미기와의 안색이 변했다.

"아니, 아까 실탄이라고 한 건 비유로 한 말이고, 고즈키 씨에게 전수받는다는 교섭술은 절대 위법 행위가 아니라."

"방금 하신 말은 안 들은 걸로 하죠."

구차한 변명은 들어 봤자 불쾌해질 뿐이다. 무엇보다 판사를 퇴임한 몸으로 무언가를 고발할 수 있을 리도 없다.

"배려해 주셔서 감사합니다. 그런데 고즈키 씨, 어째서 자네가 이런 분과 친한 거야?"

"내가 발이 넓잖아."

"천성이 착한 사람부터 악한 사람까지 폭넓게…… 앗, 이런. 또 말실수를 했네."

"그런데 자네치고는 뭔가 애매하네. 적어도 일건련 회장이라면 결단력 있게 가이자 사장이든 나루카와든 단죄하면, 그것만으로도 꽤 심증이 달라질 텐데. 무작정 주민을 회유하는 것보다 그게 더 먼저 해결해야 하는 문제 아닌가."

"그렇네, 두 사람 중 누구라도 단죄할 수 있다면 편하겠지. 그럴 수 없으니까 곤란하다는 거야. 우선 가이자 사장은 일건련 이사 중 한 명으로 서로 모르는 사이도 아니고."

즉 한 식구라서 탄핵할 수 없다는 말인가. 건설업계의 낡은 적폐를 보는 것 같아 시즈카는 몹시 불쾌했다.

"한편 건축사인 나루카와도 개인적으로 잘 아는 사이네. 우리 회사가 몇 번이나 일을 발주했고, 그에게 일본건축사사무소협회 건축상의 트로피를 시상한 것도 바로 나네."

"지인이라니. 도대체 어떤 남자인가."

"한마디로 미야자와 겐지라고 해야 할까. '바보라 불리고, 칭찬도 받지 않는*' 녀석이야. 아직 어린데도 주목받고 싶다거나 칭찬받고 싶다는 생각은 하지 않는 녀석으로, 시상식 때도 전혀 웃지 않더라고. 모처럼 받은 트로피도 그날 내다 버렸을지 모르겠다니까."

"패기가 없는 녀석인가?"

"어쨌든 금욕적인 남자라 패기가 있어도 보통 사람들과는 다른 쪽을 향하고 있을 거야. 실수도 안 하고 납기도 잘 지켜. 그렇게 성실하게 일해서 그런지 이번 구조계산서 위조 문제는 도무지 납득이 안 가. 가이자 사장의 지시, 나루카와의 독단. 어느 쪽도 받아들이기 어려워."

미기와는 괴로운 듯이 탄식한다. 다른 사람을 위해 고민할 수 있는 아량이 있는 걸로 보아 분명 근본은 착한 사람일 것이다.

"다가올 증인 소환에서 두 사람은 직접 대결할 거야. 누가 옳든 한바탕 소란이 일어날 테고, 누가 위증한다 해도 내 기분은 찝찝하겠지."

하지만 미기와의 고민은 전혀 생각지도 못한 방식으로 해결되고 말았다.

───────────────

* 미야자와 겐지의 시 「비에도 지지 않고」의 한 구절.

증인 소환을 사흘 앞둔 3월 25일, 논란 속의 나루카와가 사체로
발견되었기 때문이다.

2

겐타로와 시즈카가 나루카와의 죽음을 안 것은 다음 날 신문 보
도에서였다.

―25일 밤, 미나토구 시바공원 1번지의 육교 밑에서 쓰러져 있
는 남성이 발견되었다. 남성은 같은 구에 사는 나루카와 히데미 씨
(36세)로 병원으로 이송되었으나 곧 사망했다. 경찰은 나루카와 씨
가 육교 계단에서 굴러떨어진 것으로 보고 수사를 시작했다. 나루
카와 씨는 구조계산서 위조 문제의 증인으로 28일 중의원 국토교
통위원회의 증인 소환에 출두할 예정이었다.

미기와에게서 가이자 건설과 나루카와의 이야기를 막 들은 참이
라 나루카와의 사망 기사는 마음에 몹시 사무쳤다.

"읽었나, 시즈카 씨."

침대 위에서 겐타로가 흥미진진하다는 듯이 시즈카의 반응을 살
핀다.

"호랑이도 제 말 하면 온다지만, 기분이 썩 좋진 않네요."

"기분이 썩 좋지 않은 건 단순한 사고사 같지가 않아서. 증인 소환 직전에 바로 이런 타이밍이라니, 억측하지 말라는 게 더 무리지."

입막음.

약간 비약일 수도 있지만, 사건 배후에 건설업계가 얽혀 있다고 하면 자연스레 억측이 떠오른다. 현시점에서 가이자 건설이 발주한 건물 이외에서 구조계산서 위조는 발각되지 않았지만, 그렇다고 검사가 전부 완료된 것도 아니다. 아직 발견되지 않은 건물 중 철근량이 부족한 것이 더 있을 가능성은 부정할 수 없으며, 나루카와가 진실을 밝히면 곤란해지는 사람들이 가이자 말고도 있을 것 아닌가.

"그가 죽으면 발 뻗고 잘 수 있는 사람이 몇 명쯤 있겠죠. 겐타로 씨는 어떻게 생각하시나요?"

"대형 종합 건설 회사든, 영세 기업이든, 건설업에서는 인부가 제일이지. 인부를 모집하려고 하면, 아무래도 폭력단이나 프론트 기업*의 그림자가 아른거려. 물론 최근에는 폭대법**이니 뭐니 해서 겉으로는 드러나지 않게 되었지만, 위험한 일은 전부 폭력단에게 맡기려는 자가 있어도 이상할 것 없지."

판사 시절, 얼마 안 되는 돈이나 체면 때문에 살인을 저지른 인간을 수도 없이 봐 왔다. 지금도 그런 사람들이 어딘가에 숨어 있

---

* 폭력단 등 반사회적 세력이 자금 획득을 위해 경영하는 기업.
** 폭력단대책법의 줄임말. 폭력단원에 의한 부당 행위 방지 등에 관한 법률.

을 것이다.

문득 겐타로를 보니 천장에 시선을 고정한 채 입술을 삐죽거리고 있다. 마치 심한 장난을 쳐 외출 금지를 당한 어린아이 같았다.

"혹시 겐타로 씨, 또 탐정 흉내를 내고 싶진 않으신가요?"

정곡을 찔린 듯 병상 위의 노인은 몹시 무안한 표정을 지었다.

"흉내라니, 말이 지나친 거 아닌가."

"정식으로 수사권이 없는 사람의 수사는 어디까지나 결국 흉내죠."

"분명 정식 수사권은 없지만. 그래도 규명할 의무는 있네."

"들어 보죠."

"이건 단순한 사건이 아니야. 건설업뿐만 아니라 개발업계까지 말려들게 하는 귀찮은 일이라고. 이번 구조계산서 위조가 나루카와 한 명의 양심 불량에서 끝나면 다행이지만, 세상 사람들은 그렇게 보질 않아. 자신이 사는 맨션은 정말 괜찮은 걸까, 저 시공 회사와 일급건축사는 믿을 수 있나. 자신이 생활하는 맨션이 사실 터무니 없는 결함 주택이진 않을까. 한 번 그런 생각에 빠지기 시작하면 줄줄이 더 많은 의심을 낳게 돼. 맨션에 대한 불안감이 또 다른 불안을 부르고 패닉에 빠져. 내진 구조를 재검사하라느니, 구조계산서는 물론 건축에 관한 모든 자료를 공개하라느니, 결국 위조는 없었지만 정신적 고통을 받았으니 손해배상을 하라느니, 소문 때문에 집값이 떨어졌으니 집세나 대출금을 감액하라고 떠드는 무리가 나온다고."

"설마. 오바하지 마세요."

"정말 그렇게 생각하나."

분하게도 단언할 자신은 없었다.

"집을 사든 집에 살든 일단 계약서는 존재하지만 그 바탕에는 신뢰 관계가 있어. 그런데 그 신뢰 관계에 금이 간다고 해봐. 패닉 따위 눈 깜짝할 사이에 발생해. '고즈키 개발'도 예외가 아니야. 나루카와와 가이자 건설의 말에 따라 전국에서 집단 소송이 일어날지도 몰라. 개발업계의 사람으로서 규명해야 할 의무가 있다고 한 건 그래서야."

이쪽으로 돌아선 겐타로는 더 이상 악동이 아니라 의연한 경영자였다.

"그런 논리라면 저도 납득이 가네요. 그런데 안타깝게도 규명 동기야 어떻든, 그런 상태로는 휠체어에도 못 타잖아요."

비꼬거나 비아냥거리는 게 아니라 순수한 동정에서 나온 말이었다. 겐타로 스스로도 잘 알고 있으니 초연할 줄 알았는데, 바로 그때 겐타로. '흥' 하고 코를 킁킁거리더니 입술 끝을 일그러뜨렸다.

"몸을 못 써도 할 수 있는 일이 있네."

도대체 무슨 일을 꾸미고 있는 건가. 하고 싶지도 않은 상상을 하고 있는데 문이 열리고 간호사가 얼굴을 내비쳤다.

"면회 오신 분이 계십니다. 요전에도 병문안을 오신 일건련의 미기와 씨라고 하시는데요."

적출 수술 후, 면회는 허용되었지만 간호사 입장에서는 가족 이외의 면회는 삼가길 바랄 것이다. 하지만 그렇게 될 리가 없다. 겐타로는 그 즉시 눈을 번쩍이며 침대에서 튀어 나갈 기세였다.

"바로 보내게."

오리가 파를 짊어지고 온다*는 말은 이런 걸 두고 하는 말일 것이다. 신문 보도 직후라서 미기와가 왜 찾아왔는지는 대강 짐작이 간다. 도대체 겐타로가 사건을 강하게 끌어당기는 건지, 아니면 사건이 겐타로에게 다가가는 건지.

병실에 들어온 미기와의 눈가가 고뇌로 가득 차 있다. 무리도 아니다. 자신이 영예를 시상한 상대, 일 솜씨를 칭찬했던 남자가 죽어버렸다.

"신문 봤나, 고즈키 씨."

"응, 봤어. 육교에서 굴러떨어졌다던데."

"사고와 사건 두 측면에서 수사 중이라고 보도되던데, 내가 들은 바로는 분명 타살 선에서 수사 중이야."

육교 밑으로 사람을 떨어뜨린다. 피해자가 서 있던 자세에 따라 다르겠지만 툭 밀기만 하면 되는 살인이다. 수고롭지도 않고 흔적도 잘 남지 않는다. 거꾸로 말하면 그만큼 계획 살인을 의심하기 쉽다.

"증인 소환 당사자니까, 입을 막으면 누군가에게 이익이 될 거라는 의혹을 받을 만해. 분명 배가 아프지도 않은 관계자에게 혹시 어디 아프지 않냐며 떠보겠지**."

---

* 오리가 파를 짊어지고 옴으로써 오리요리를 만드는 데 필요한 재료가 갖춰지는 매우 편한 상황을 뜻하는 일본 속담. 즉 상대가 좋은 일을 들고 와 본인이 편해지는 상황을 뜻한다.
** 터무니없는 의심을 하는 상황을 뜻한다.

"배가 아픈 사람을 떠보면 더 아플 거 아냐."

암과 함께 그 독설도 제거해 주면 좋았을 것을.

"일건련 회장으로서 방금 그 말에는 단호히 반박해야겠지만 고 즈키 씨가 하는 말이라면, 뭐."

"가이자 사장한테 수사의 손길이 뻗기라도 했나?"

"가이자 건설뿐만이 아니야. 대형 종합 건설 회사나 중소기업, 나루카와에게 설계나 구조계산을 의뢰한 회사는 전부 수사대상에 오른 것 같아."

"자네 회사도 예외는 아니겠네. 괜찮나, 그 와중에 여기서 노닥거리다니."

"업계 전체가 난리가 날 텐데 노닥거릴 시간 없네. 오늘은 긴히 상담하러 온 거야."

"모처럼 와 줬는데, 난 지금 꼼짝도 못 해."

"자네에게 상담하러 온 게 아니야."

갑자기 불길한 예감이 들었지만 시즈카의 바람도 헛되이 미기와는 시즈카 쪽으로 얼굴을 돌렸다.

"고엔지 씨는 판사님이셨죠."

"'전직' 판사입니다."

"실례지만 조금 알아봤습니다. 퇴임하셨지만 일본 스무 번째 여성 판사로 법조계에서는 판사님을 모르는 사람이 없죠."

"과대평가예요. 전 그저 말 많은 노인네일 뿐인데요."

"여봐, 시즈카 씨. 가로채면 곤란한데. 나를 제쳐두고 노인네라고 하면 안 되지."

"나이 든 걸로 서로 경쟁해서 어쩌시려고요."

말다툼하는 것도 우스꽝스러워졌다.

"고엔지 판사님이 노인네이시라뇨. 대학뿐만 아니라 경찰 기관에서도 많이 강의하신다고 들었습니다. 우리 같은 건설업계 종사자와 판사님은 신뢰도부터가 다르죠."

"그래서 지금 저한테 수사 진척 상황을 묻겠다는 말씀이신가요?"

"고엔지 판사님이라면."

어떤 상황이든 조신하게 대처하기로 마음먹어 왔지만 도저히 참을 수 없었다.

"이해가 안 가시면 몇 번이라도 말씀드릴 수 있는데요, '전직'이라는 직함으로 현장에 발을 들일 만큼 저는 얼굴이 두껍지가 않습니다."

"저기, 미기와 씨. 시즈카 씨는 퇴임했어도 마음속에 야타의 거울* 배지를 달고 다니는 듯한 분이야. 건축가의 앞잡이로 쓸 생각을 했다가는 큰코다칠 거야."

"앞잡이라니 당치도 않네. 단지 건설업계에 닥친 미증유의 위기를 어떻게든 돌파하려고."

어느 쪽이든 문병객으로서는 최악이다. 환자를 안정시키기는커녕 오히려 흥분시키고 있다. 겐타로가 외출하겠다는 둥 말을 꺼내기 전에, 돌아가 달라고 부탁하는 것이 좋을 듯하다.

그런데 그때 간호사가 또다시 얼굴을 내밀었다.

---

* 일본 신화에 등장하는 거울로, 일본 판사의 심볼 마크에도 사용된다.

"저기, 미기와 씨라고 하셨죠?"

"네, 제가 미기와인데요."

"미기와 씨를 만나고 싶어 하는 경찰분이 오셨는데, 면회 끝날 때까지 기다려 달라고 할까요?"

나루카와와 꽤 연이 있는 미기와도 사정 청취할 셈인가. 그렇다고 해도 병문안을 간 병원까지 눈을 번뜩이는 건, 그만큼 경찰이 이 사건을 중대하게 생각한다는 뜻이었다.

미기와를 병실에서 쫓아낼 좋은 구실이 생겼다고 생각하고 있는데, 또 겐타로가 의미심장한 시선을 그에게 보냈다.

"흠, 호랑이도 제 말 하면 온다더니. 미기와 씨, 경찰을 여기로 불러들이면 어때. 난 전혀 상관없어."

갑작스러운 제안에 미기와는 당황했다.

"병원까지 왔다는 것은 자네 행동을 일일이 체크했다는 말이야."

"방심한 틈이 있었겠지."

"그런 녀석들이 자네를 신문할 거야. 자네도 이 업계에서는 베테랑이지만 경찰을 혼자 상대하기에는 불안해. 하지만 여기에는 법률 전문가가 있잖아. 옆에 있는 것만으로도 아주 든든할 거야."

"멋대로 무슨 말을 하는 거예요?"

"아니, 시즈카 씨에게 뭘 하라고는 안 해. 그냥 옆에 앉아 있기만 하면 돼. 그럼 경찰도 경솔한 짓은 안 할 테고."

"음, 수호신 같아서 든든하네."

미기와까지 거들었다. 어째서 노인들은 이렇게나 자기 편할 대로 이야기를 끌고 가는 걸까. 세 사람 중 가장 나이가 많은 시즈카는 자괴감을 느끼며 그렇게 생각했다.

"간호사 씨, 그 경찰을 병실에 불러 줘."

"네? 그래도 그건 좀."

"그 녀석들은 찾아온 사람을 못 만나면, 계속 대기실에 죽치고 있을 거야. 다른 환자에게 민폐를 끼치면 안 되잖아."

겐타로의 위협은 즉각 효과를 발휘해, 간호사는 고개를 끄덕이 자마자 바로 경찰을 데리고 왔다.

"아타고 경찰서 강력계 도치나미입니다."

삼십 대처럼 보이는 형사는 병실에 있는 노인들을 바라보더니 약간 머쓱한 듯했다.

"일건런 회장 미기와 씨와 말씀 좀 나누고 싶은데요, 다른 데서 이야기하는 게 나을 듯하네요."

"아니, 여기서 괜찮아."

도치나미가 말을 마치기도 전에 미기와가 시즈카 쪽을 가리킨다.

"혹시 이분을 아십니까. 일본 스무 번째 여성 판사, 고엔지 시즈 카 씨라고."

"네, 압니다. 경시청에서 개최한 강연에는 저도 참가했으니까요. 그런데 판사님이 왜 여기 계십니까?"

"이쪽 저쪽 다 친구라고 해야 하나."

미기와에게서 겐타로를 소개받은 도치나미는 미심쩍은 듯한 기 색을 감추지 않는다.

"어차피 나루카와 살해 사건으로 사정 청취하러 온 거잖아. 우리 는 신경 쓰지 않아도 되니까 얼른 시작하게."

"신경 쓰지 않아도 된다뇨, 제가 곤란한데요."

도치나미는 곤란하다고 말하면서 시즈카에게 힐끔힐끔 도와달라는 신호를 보낸다. 그에게 거슬리는 건 겐타로뿐인 듯하다.

"그렇겠네요. 대수술을 막 마친 환자 앞에서 자극적인 이야기는 금물이니까, 별실을 빌리는 건 어떤가요?"

"그게 좋겠네요."

도치나미는 노골적으로 안도하는 표정을 지으며, 자리에서 일어나라는 듯 미기와를 재촉했다.

세 사람이 자리에서 일어났지만 이상하게도 겐타로는 항의하려고도 하지 않는다. 모험을 즐기고 있는 것이라고 시즈카는 생각했다. 시즈카를 사정 청취에 동석시킨 후 나중에 상세한 내용을 물을 심산인 것이다. 그러고 보면 도치나미를 흔쾌히 병실로 불러들여 이야기를 재촉한 것도 전부 계산한 셈이다.

분할 따름이다.

별실이라고 해도 방음 설비가 완벽한 방이 있을 리도 없고, 시즈카 일행은 구스모토의 주선으로 대기실 하나를 빌릴 수 있었다.

대기실로 들어가기 직전, 도치나미가 작은 목소리로 속삭였다.

"경시청 강연, 저도 느낀 바가 많았습니다. 과학수사에 편중한 나머지 원죄가 늘고, 앞으로는 점점 수사관 개개인의 기량을 요구하게 된다는 말이 가슴에 사무쳤습니다."

청중이 감동하면 할수록 강사는 역으로 냉정해진다. 자주 있는 일이지만 이번에는 자신이 말려들고 있다는 자각 때문에 더욱 그렇다.

"지금부터 미기와 회장의 사정 청취를 시작하겠습니다만 미흡한 점이 있으면 꼭 지적 부탁드립니다."

명성도 나이가 들면 악덕이 될 수 있다. 겐타로가 꾸민 계획이 공을 발휘해, 시즈카는 원하지 않은 채 사건의 소용돌이 속으로 말려들어 갔다.

하지만 시즈카에게도 깨달아야 할 점이 있다. 정말 말려들고 싶지 않으면 도중에 그만두면 되는데, 시즈카의 호기심은 이미 수사를 향해 있다. 누가 어떤 죄를 지었고, 어떤 벌을 받아야 하는가. 이를 결정하려는 판사의 피가 펄펄 끓고 있는 것이다.

"미기와 씨. 구조계산서 위조 문제로 증인 소환에 출석할 예정이었던 나루카와 일급건축사가 사망한 것은 알고 계시겠죠?"

"네, 신문에서 봤습니다."

"형식적인 질문입니다만 어제 오후 9시부터 10시까지 어디에 계셨습니까?"

말하지 않아도 뻔한 알리바이 확인이지만 동시에 나루카와의 사망 추정 시각을 말하는 것이기도 하다. 오후 9시부터 10시 사이라고 하면, 대부분의 직장인은 귀가한 시간대일 것이다.

"그 시간에는 집에 있었습니다. 집사람이 증언해 줄 거고요."

"지금 입고 계신 재킷은 어제도 입으셨습니까?"

묘한 질문이라고 생각했지만 미기와는 어떤 반발도 없이 부정한다.

"아뇨. 재킷은 매일 갈아입습니다."

"나루카와 씨는 클라이언트를 많이 확보하고 있어서 구조계산서 위조가 각 클라이언트에게 영향을 끼칠 가능성이 있습니다. 미기와 회장님 회사도 예외는 아니죠. 게다가 회장님은 건축상 시상자이기도 하고, 수상 후 나루카와 씨에게 여러 가지로 눈독을 들이고 계셨던 것 같고요."

"일건련 건축상 수상자는 과거 실적은 물론 앞으로의 활약을 기대할 수 있는 인재입니다. 시상자인 제가 신경을 쓰는 것도 당연하죠."

"업계 내외에서 그에게 원한을 품었다거나, 다른 짚이는 사람은 없습니까?"

미기와는 살짝 얼굴을 찌푸렸다.

"구조계산서 위조 문제로 머릿속에 떠오르는 업자는 전부 용의자려나. 아무래도 난 잘 모르겠지만."

"일건련 회장님이신데도요?"

"기본적으로 회원들 전부 정당하게 사업을 하고 있다고 믿으니까요."

"논란의 한가운데에 있는 가이자 사장은 어떻습니까. 별로 좋은 소문은 들리지 않는 것 같던데요."

벌써 관계자 몇 명을 사정 청취해 정보를 얻었는지, 도치나미의 질문에 이미 그 근거가 깔려 있다. 미기와는 이번에도 부정적이다.

"무책임한 소문은 가이자 건설 이외에도 얼마든지 존재합니다. 회장이라는 사람이 소문에 휘둘려서는 안 되죠. 경찰은 소문을 곧이곧대로 믿습니까?"

"아니 땐 굴뚝에 연기 날까, 라는 말도 있으니까요. 가령 아니 땠다고 해도 소문을 퍼뜨린 사람이 불씨를 가지고 있다는 말이 됩니다."

"아무래도 우리 업계를 진흙투성이라고 생각하고 싶으신 것 같네요."

"제 개인이 아니라 세상 사람들의 심증입니다. 국토교통성이 구조계산서 위조 사실을 공표한 이래 사람들은 건설업계 전체를 수상쩍어하고 있습니다."

미기와는 완전히 빈정이 상한 듯, 입술을 삐죽거렸다. 도치나미의 술책에 완전히 걸려든 것이다. 일부러 상대를 화나게 해 속내를 끄집어내는 것은 숙련된 형사가 자주 쓰는 수법이다.

미기와는 화난 표정은 지었지만 화를 내지는 않았다. 자제심을 발휘해 뛰어난 반론을 제시해 보였다.

"그렇습니까. 그럼 한번 그 사람들을 제 눈앞에 데려와 주시겠습니까?"

"네?"

"데려올 수도 없는 인간의 망언을 그대로 받아들이다뇨. 그거야말로 수상쩍네요. 결국 당신은 자기 말에 어떤 근거도 설득력도 없다는 것을 아니까, 세상 사람들이라는 수상쩍은 것을 근거로 삼으려는 것뿐이죠. 당신 개인의 심증이었다면 차라리 건설업계 사람은 한 명도 믿을 수 없다고 했으면 좋았을 것을."

이 말에 동의하는지와는 별개로 세상 사람들이 떠드는 소문에 대한 항변으로서는 충분할 것이다.

예상치 못한 반격을 당한 도치나미는 별다른 응수를 못 하고 있다.

"이번에 우연히 건설업계가 도마 위에 오르고 있지만 오사카부 경찰서의 착복 사건*이나 경찰 본부의 공금 횡령 등 불미스러운 사건의 발생 빈도나 깊이만 봐도 경찰을 이길 수는 없죠. 다른 업계를 폄훼하기 전에 자신의 발밑부터 보는 건 어떻습니까?"

도치나미는 말을 잇지 못했다.

사정 청취는 미기와 쪽이 승리한 셈이다. 미기와가 대기실을 나간 후 도치나미는 시즈카를 제대로 볼 수도 없었다.

"면목이 없습니다, 판사님. 여러모로 볼썽사나운 꼴을."

"상대는 연륜도 있고 경험도 많은 사람이에요. 뜻대로 되지 않았다고 낙담하지 마세요. 이번 실패에 대해서는 반성하고 다음번에 만회하면 되죠."

도치나미의 서투름은 여러 번 겪고 나면 해결될 만한 것이다. 상대를 부추기는 신문은 별로 탐탁지 않지만, 지금부터라면 언제라도 다른 수법을 자유자재로 사용하게 될 가능성도 있다.

"미흡한 점을 지적해 달라고 부탁드렸습니다만, 부족한 점투성이라 어디서부터 말해야 할지 모르시겠죠."

"그렇게 자기 비하해 봤자 좋을 것 없어요."

"하아……."

"옆에서 보아하니 질문의 초점이 꽤 흐리다는 생각이 들었어요. 관계자 전원에게 같은 질문을 했다면 아직 용의자를 압축할 만한 조건을 못 찾은 건 아닌지."

말씀하신 대로입니다. 도치나미가 말한다.

---

* 1988년 오사카부 경찰서 경찰이 습득한 현금 15만 엔을 착복한 사건.

"부검 결과, 두개골 골절에 의한 뇌좌상으로, 상처는 계단 가장자리의 형상과 일치합니다. 또 신체에서는 알코올이 검출되지 않고, 피해자에게 빈혈이나 현기증 등의 지병은 없었다고 하고요. 육교 계단은 45단, 위에서 내려다보면 꽤 높아 나루카와가 실수로 떨어졌다고는 생각하기 어렵습니다. 누군가가 밀어서 떨어뜨렸다고 보는 게 타당합니다."

"목격자나 방범 카메라 영상은 없나요?"

"시간이 시간이었던지라 수소문하는 중입니다만 아직 목격자는 나타나지 않았습니다. 육교 근처에 방범 카메라는 없었고요."

"피해자 외의 다른 흔적은?"

"불명의 머리카락과 발자국이 많습니다. 게다가 어젯밤에는 바람이 강해, 범인이 남긴 것은 날아가 버렸을 가능성이 있습니다."

아무것도 없다는 말 아닌가. 그러니 방금 전 사정 청취에서 정곡을 찌르지 못한 것도 당연하다.

"아까 묘한 질문을 하셨잖아요. 미기와 씨가 어제도 같은 재킷을 입고 있었느냐는 질문이요. 그 질문의 의도가 뭐죠?"

"유일한 단서라면 단서인데요. 피해자의 사무실은 현장 가까이에 있고, 어쨌든 작업 도중이나 직후에 사무실을 나온 것처럼 오른손바닥에 제도용 잉크가 끈적끈적 묻어 있었습니다."

도치나미의 설명에 따르면 제도용 잉크는 색재色材로 안료를 쓰며, 아교* 등 고착액이 혼합되어 있다. 따라서 방수와 정착성이 우

---

* 동물성 접착제.

수해 보존을 목적으로 한 도면 작성에 알맞다고 한다.

"제도용 잉크는 브랜드나 용도에 따라 각기 성분이 다릅니다. 따라서 범인의 상의에 같은 성분의 잉크가 묻어 있는 경우, 확고한 물증이 되고요."

여기서 시즈카는 로카르의 교환법칙을 떠올렸다. 서로 다른 물질이 접촉하는 순간, 서로가 서로에게 접촉 사실을 가리키는 증거를 남긴다는 법칙이다.

"정착성이 뛰어나면 잉크가 피해자의 손에 묻자마자 굳지 않나요?"

"강하게 움켜쥐면 그래도 약간은 찍힌다고 합니다."

"입고 있는 옷에 찍혔다면 피해자의 손바닥에도 그 옷의 섬유가 남지 않을까요?"

"안타깝게도 피해자의 손바닥에서 섬유나 다른 잔류물은 검출되지 않았습니다."

"그렇다면 용의자로 추정되는 관계자가 어제 입었던 옷을 전부 감식해야겠네요."

생각만으로도 비효율적인 수사 방법이지만 상황을 들어보면 어쩔 수 없다.

"네. 그래도 판사님께서 조언을 해 주시면 용의자 범위도 신속하게 좁힐 수 있지 않을까 싶습니다."

도치나미는 기대하는 듯한 눈으로 시즈카를 본다. 그만해. 그런 눈으로 쳐다보면 거절하기 어렵지 않은가.

"현재 저는 일반 시민일 뿐이에요."

"사법연수원 교수로 임명되신 분이 일반 시민일 리가 없잖습니까. 고엔지 판사님이라면 사정 청취나 신문에 동석하셔도 윗분들이 뭐라고 못 할 거예요. 아니, 판사님께서 동석함으로써 수사가 적정하게 진행되었다는 것을 증명할 수도 있고요. 조금 더 저와 동행해 주시지 않겠습니까?"

"그래도 그건 좀."

"부탁드립니다."

깊숙이 고개를 숙이면 더는 거절할 이유가 없다.

처음에는 그저 말려드는 형국이었지만 언제부턴가 시즈카 스스로 수사에 깊이 관여하고 있었다.

3

병원을 나온 도치나미는 다음으로 가이자 사장을 사정 청취할 예정이라고 한다.

"그전에 판사님께서 현장과 나루카와의 사무실을 봐주셨으면 합니다."

나루카와의 사체가 발견된 장소는 이미 규제선이 해제되어 있었으나 가드레일 옆에 헌화가 있어 사건 현장임을 알 수 있었다.

"잔류물 수거가 끝나서 현장에 출입할 수 있습니다."

즉 나루카와가 서 있던 지점을 봐 달라는 요청이다. 시즈카는 천천히 육교의 계단을 오른다. 나이가 팔십을 넘었어도 아직 사지는 튼튼하기 때문에 로퍼를 신으면 무난히 오를 수 있다.

마흔다섯 개의 계단을 전부 올라 육교 위에 서니 눈앞에 도쿄 타워가 우뚝 솟아 있다. 이곳 잔디 공원의 지하 20미터에는 단단한 도쿄 역층이 펼쳐져 있어, 고층건축물을 짓기에 알맞다.

건축가의 사망 장소로 이보다 더 어울리는 곳은 없지 않을까.

다음으로 바로 밑을 내려다보고는 방금 했던 생각을 대번에 취소했다.

아무리 전망이 좋다고 해도 여기서 떨어지는 것은 딱 질색이다. 계단참도 없는 마흔다섯 개의 계단은 보고 있는 것만으로도 다리가 아파 온다. 난간을 붙잡지 않으면 시즈카는 내려갈 수도 없다.

도치나미가 시즈카를 배려해 한 계단 밑에 서 있어 줬다.

"건축 관계자들은 계단참이 구조상 의미 없는 것이라고 합니다만, 안정감의 측면에서는 꽤 차이가 있네요."

"저도 그렇게 생각해요."

자주 지나다니던 사람이라도 내려갈 때는 조심해야 한다.

"확실히 밀치지 않는 한 굴러떨어질 것 같진 않네요."

도치나미는 도쿄 타워의 반대 방향을 가리킨다.

"나루카와의 사무실은 저 근처로 여기서 걸어서 몇 분 거리입니다."

도치나미가 가리킨 쪽에는 오피스 빌딩이 늘어서 있다. 낮에는 번화하지만 심야가 되면 갑자기 인적이 끊기는 전형적인 오피스 타운이다. 이렇게 봐도 육교 근처에 방범 카메라는 보이지 않는다.

"사망 추정 시각은 오후 9시부터 10시 사이라고 하셨죠. 그 시간에 피해자는 무슨 일로 사무실을 나왔을까요. 자택이 따로 있나요?"

"아뇨, 사무실은 자택 겸용입니다. 나루카와는 분명 누군가에게 불려 나왔을 거예요. 사체에서 본인 핸드폰이 발견되지 않기도 했고요."

육교 근처에서 만나기 위해 연락했다고 가정하면, 나루카와의 핸드폰에는 착신 이력이 남아 있을 것이다. 그렇다면 핸드폰은 범인에게 불리한 증거로, 사체에서 빼앗아 간 이유도 설명된다.

"첫 번째 발견자는 10시 넘어서 현장을 지나가던 샐러리맨입니다. 야근 후 퇴근길에 사체를 발견했다고 합니다."

"신원은?"

"본인 말대로 이 근처 오피스에서 근무하는 인쇄 회사 직원입니다. 현재 건축업계와의 연관성은 찾을 수 없습니다."

"사체에서 훔쳐간 것은 핸드폰뿐인가요?"

"사무실을 압수 수색해도 핸드폰만은 찾을 수 없었습니다. 보통은 잠깐 외출할 때도 핸드폰은 들고 나가죠."

시즈카는 일선에서 물러났기도 해서, 전화로 연락을 주고받는 상대가 크게 줄고 말았다. 그러니 핸드폰을 깜빡 집에 두고 나와도 상관없지만 도치나미나 그보다 젊은 사람들은 몸에서 한 시도 뗄 수 없을 것이다.

나루카와의 사무실은 맨션 1층에 있었다. 창문에서 멀리 떨어진 곳에 제도 테이블과 컴퓨터가 있고, 그 주변에 도구가 가지런히 나열되어 있다. 시각적인 것보다는 기능성을 중시한 배치이지만 난잡하지 않아 잘 정돈되어 보인다. 벽에는 과거에 작업한 건축물 사진이 걸려 있어, 나루카와의 작업이 여러 방면에 걸쳐 있었다는 것을 증명했다. 고층 빌딩은 물론 일반 주택에 점포, 게다가 도서관 설계도 맡았던 듯하다.

잠시 사무실 안을 둘러보았다. 사무실이라 그렇다고 하면 그만이지만, 사무실에는 건축과 설계와 관련된 것뿐이었다. 소품부터 서적, 인테리어까지 전부 건축 관련한 것들이다. 미기와는 이런 점들도 포함해 나루카와를 금욕적인 사람이라고 말했을 것이다.

"그래도 사무실이 꽤 넓네요. 나루카와 씨에겐 직원이 몇 명 정도 있었나요?"

"그게……직원은 한 명도 없었던 듯합니다."

"직원 제로. 공모와 수주, 미팅이나 일정 조율도 전부 혼자서 한 건가요?"

"전에는 직원이 한 명 있었다고 하는데 최근에는 쭉 없었습니다."

"퇴직 이유는 조사하셨겠죠."

"직원이라고 해도 실은 여동생이었어요. 그런데 그 여동생이 재작년 말 자살했습니다."

"자살 이유는요?"

"알 수 없습니다."

도치나미는 살짝 고개를 흔든다.

"여동생, 나루카와 지카는 세 들어 사는 아파트 욕실에서 손목을 그어 출혈성 쇼크로 사망했습니다. 유서는 없었지만 현관 안쪽에서 체인과 열쇠가 걸려 있는 상태로 보아 자살로 처리되었고요."

"관계자들도 자살 동기를 몰랐나요?"

"네. 나루카와나 그녀의 친구들에게도 사정 청취를 했습니다만 단 한 명도 몰랐습니다."

여동생이 죽고 나서 다른 직원을 고용하는 것에 반감이 있었던 걸까. 나루카와 본인이 죽은 지금, 확인할 방법은 없지만 시즈카는 그럴지도 모른다고 생각했다.

갑자기 시즈카의 시선이 선반에 멈췄다. 받침대에 인물상을 얹은 트로피로, 가까이 가서 보니 플레이트에는 '일본건축사사무소협회 건축상 루이스 칸상'라고 적혀 있었다. 루이스 칸이 누군지는 모르지만 분명 건축계에서 저명한 사람일 것이다.

다시 한번 방을 둘러봤지만 다른 상장이나 트로피 종류는 보이지 않는다. 루이스 칸상이 유일한 상다운 상이었다.

"나루카와 씨의 수상 이력은 조사해 보셨나요?"

"지자체나 기업이 주최하는 작은 상은 몇 개 받았습니다만 업계 메이저급의 상은 일본건축사사무소협회 건축상이 처음인 듯합니다. 관계자들은 나루카와에게 그 상이 도약의 발판이었다고 입을 모아 말했고요."

재능이 좌우하는 세계에서는 관冠을 얻는 것이 비약의 조건이 되는 경우가 많다. 재능은 외부인의 눈에는 보이지 않아 보증할 만한 그 분야의 무언가가 필요하기 때문이다.

"이 사무실의 자택 부분도 이미 감식을 진행해 잔류물 수거가 끝난 상태입니다. 하지만 현재 용의자를 특정할 만한 것은 어떤 것도 검출되지 않았습니다."

역시 범인은 육교에서 나루카와와 만나 범행을 저질렀다고 보는 것이 타당하다.

도치나미는 시즈카와 함께 나루카와의 사무실을 나와 가이자 사장을 사정 청취하기 위해 수사본부로 돌아갔다.

"판사님께서는 옆 방에서 지켜봐 주시기를 부탁드립니다."

취조실 창문은 매직미러로 되어 있어 대상자와 의사소통하는 모습을 자세히 관찰할 수 있다. 사정 청취를 하는 쪽에서는 더할 나위 없이 좋겠지만 방청인들이 있는 법정에서 심리를 봐 온 시즈카에게는 위화감이 느껴진다.

"무언가 엿보는 것 같아서 꺼려지네요. 단순한 사정 청취라면 다른 방에서 동석해서 진행하면 안 되나요?"

"취조실이 신문하기 쉽다는 건 판사님께서도 아시잖습니까."

"몇 번이나 말하지만 지금 저는 단지 일반 시민일 뿐이에요."

도치나미의 얼굴이 일그러진다. 이윽고 그가 제시한 타협안은 밀실이 아닌 곳에서의 사정 청취였다. 1층 복도 한쪽, 파티션으로 가려진 코너에서 가이자 사장을 사정 청취 하기로 했다.

시즈카는 어디까지나 외부인이라는 입장을 굽히지 않은 채 도치나미의 뒤에서 대기하고 있었는데 마침내 지정한 시간에 나타난 가이자를 보고 깜짝 놀랐다.

가이자가 삭발을 하고 나타난 것이다.

"머리가 왜 그러세요?"

도치나미가 인사도 잊고 묻자 가이자는 민망하다는 듯이 대머리를 쓰다듬었다.

"증인 소환에 대비해 이발소를 다녀왔어요."

"그렇다는 건 사죄라든가 목욕재계를 의미하시는 건가요?"

도치나미가 기세를 몰아 재차 물었다.

"나루카와 일급건축사에게 구조계산서 위조를 지시한 것을 인정하시는 겁니까?"

"저는 그런 지시나 의뢰를 전혀 하지 않았습니다. 머리를 민 것
은 어디까지나 우리 회사가 시공한 맨션 주민과 국민을 불안하게
한 것에 사과하는 마음에서고요."

"……정말 그것뿐이신가요?"

도치나미의 의심은 시즈카도 이해할 수 있다. 국회에서의 증인
소환은 구조계산서 위조 문제에 분개한 많은 국민이 TV로 시청할
것이다. 그 전국 중계에 삭발한 머리로 나타나면 가이자 사장과 가
이자 건설에 대한 심증이 다소 누그러질 것이라는 해석이다.

"사장 한 명이 삭발하는 것만으로 회사를 향한 비난이 누그러진
다면 그거야말로 할 만하겠죠."

"뭐라고 하든, 대표이사로서 회사에 대한 책임은 져야 합니다. 우
선은 모습부터요."

점잔 떠는 얼굴에는 은근한 무례함과 뻔뻔함이 공존하고 있다.
겐타로라면 몰라도 시즈카는 흉내도 낼 수 없다. 기업 대표들에게
는 뻔뻔스러움이란 꼭 필요한 것일까.

"형식적인 질문입니다만 어제 오후 9시부터 10시 사이에 어디에
계셨습니까?"

"집에서 쉬고 있었죠."

"증명해 줄 수 있는 사람은 있습니까?"

"3년 전 아내가 죽어서 지금은 저 혼자예요. 혼자 사니 증언해 줄
사람은 없습니다."

"그건 좀 곤란하네요. 다시 설명할 것도 없이 나루카와 씨는 인

터뷰에서 당신에게 구조계산서를 위조하라는 지시를 받았다고 했습니다. 현시점에서는 나루카와 씨가 당신에게 죄를 덮어씌우고 있다고 볼 수도 있지만, 증인 소환에서 같은 증언을 하면 당신에게 퇴로는 없게 되죠. 즉 나루카와 씨의 죽음으로 가장 이득을 얻는 자는 당신이라는 말이 됩니다. 그런 당신이 알리바이를 입증하지 못하면 더욱 용의만 깊어질 뿐이죠."

"객관적으로 보면 확실히 그렇겠네요. 그런데 형사님 뒤에 계시는 분은 누구십니까? 경찰 관계자로는 안 보입니다만."

뒤늦게나마 도치나미가 시즈카를 소개하자 가이자는 안심한 듯 표정을 풀었다.

"전직 판사님이 방청인이시라는 건가요? 무조건 경찰 편은 아니라는 거네요."

"전직, 이니까 그럴 입장도 뭣도 없답니다."

"그래도 '무죄 추정의 원칙'이라는 대원칙을 누구보다 이해하고 계시겠죠. 알리바이를 입증할 수 없으면 용의가 깊어진다. 하지만 제가 나루카와를 살해했다는 것도 입증할 수 없잖아요. 그렇다면 아무리 용의가 깊어진다 해도 똑같은 것 아닌가요?"

가이자는 의기양양하게 말한다. 태도는 불손하지만 틀린 말은 아니다. 사실 타살이라는 견해도 정황상 추측에 지나지 않으며, 경찰은 헤매고 있다. 이대로 아무 물증도 발견하지 못하면 입건조차 어려워질 것이다.

도치나미는 표정 관리를 하려는 듯하지만 가이자만큼 얼굴이 두껍지 않다. 꽉 다문 입술이 분함을 감추지 못한다.

"안심하세요, 가이자 씨. 저희라고 물증도 없이 범인을 체포하진 않습니다."

"경찰은 증거를 날조한 적이 있죠. 당신의 말을 백 퍼센트 믿으려면 용기가 필요합니다."

도치나미는 또다시 입술을 꽉 깨물었다. 상대를 화나게 하는 것으로 사정 청취의 승부를 결정한다면 이번 라운드는 가이자의 우세승이다.

그러나 도치나미는 기죽지 않았다.

"현재 구조계산서 위조는 가이자 건설 시공 건물에만 해당합니다."

"어디까지나 현시점에서 그렇다는 거죠. 조사가 진행되면 업계의 다른 회사가 시공한 건축물에서도 철근량 문제가 발견될지도 모르고요."

"조사를 시작하자마자 발견된 것이 빠짐없이 전부 가이자 건설 시공이었다는 건 아무리 생각해도 이상합니다. 가이자 씨, 당신과 나루카와 씨 사이에 뭔가 갈등이 있진 않았습니까?"

말도 안 돼, 라며 가이자는 한 손으로 제지했다.

"저는 나루카와의 건축사로서의 재능을 인정한 사람 중 한 명입니다. 건축상 선고 때도 그를 밀었을 정도고요. 그러니 그에게 많은 일감을 발주했죠. 그의 사무실에는 큰 이익이 되었을 테니, 감사받을 일은 있어도 원망받을 기억은 전혀 없습니다."

"흐음. 그렇다면 나루카와 씨의 입에서 가이자 사장의 지시라는 말이 나왔을 때는 무척 화나셨겠네요."

"화났다기보다 놀랐습니다. 이중으로 배신당했으니까요. 구조계산서 위조만으로도 이해가 안 되는데 제가 지시를 했다뇨. 지금까지 잘 해줬었는데⋯⋯은혜를 원수로 갚다니."

"상대가 은혜를 원수로 갚았는데, 아직도 원망은 하지 않는다는 말씀이시네요."

"계속 같은 말을 하는 것 같은데, 저는 나루카와가 어째서 그런 짓을 했는지 이해가 가질 않습니다."

"하지만 실제로 가이자 건설이 시공한 여섯 개 동에서 철근량 문제가 발견되었습니다. 그 여섯 동만으로도 주민 보상이나 재건축을 생각하면 막대한 손해가 발생하죠. 게다가 당신의 지시인 것이 증명되면 형사 처벌을 받을 수도 있습니다. 그래도 당신에게는 동기가 없습니까?"

"백번 양보해서 동기가 있다고 쳐도."

가이자는 끝까지 여유를 잃지 않는다.

"나루카와의 죽음이 타살이고 내가 범인이라는 증거가 없으면 어떻게 할 수도 없겠죠."

여유만만한 가이자와 묘수를 다 써 버린 도치나미. 옆에서 봐도 우열은 확실했다.

하지만 시즈카도 이대로 끝낼 생각은 조금도 없다. 도치나미의 귓가에 대고 제안해 보았다.

"⋯⋯네, 맞습니다. 가이자 씨. 아직 수사본부는 어떤 증거도 갖고 있지 않습니다. 즉 당신에게서는 거리낌 없이 수사 협력을 받을 수 있고요."

"이제 와서요? 지금도 이렇게 사정 청취에 응하고 있지 않습니까?"

"청취뿐만이 아니라 채취에도 협력 부탁드립니다. 가이자 씨의 지문과 타액을 채취하게 해 주세요."

"용의자가 아닌데도 말입니까?"

"관계자분들에게는 전부 부탁드리고 있습니다. 나루카와 씨의 사무실에서 서류나 비품을 압수하고 있는데, 검출된 지문이나 DNA를 선별할 필요가 있어서요."

가이자는 내키지 않는 듯했지만, 도치나미가 계속 설득하자 마지못해 요청에 응했다.

수사본부를 나온 시즈카는 병원으로 되돌아갔다. 그다지 달갑지는 않지만, 겐타로가 시즈카의 보고를 기다리고 있을 터였다. 특별히 약속한 것은 아니어도 그 노인네는 보고하지 않으면 집요하게 질문을 계속 퍼부을 것이 분명하다. 귀찮은 일은 냉큼 스스로 해치워 버리자.

겐타로의 병실 앞까지 가자 안에서 말소리가 들려왔다. 손님이 와 있는데 들어가는 것도 민폐라는 생각에 돌아가려고 하는데, 마침 대화가 끊기고 문이 열렸다.

안에서 중년 남자 세 명이 나왔는데 역시나 인상이 좋지 않다. 피고인석에 앉은 사람을 계속 봐 온 시즈카는 한눈에 폭력단이라고 짐작했다.

남자들이 나오고 나서 병실에 들어가자 겐타로가 활짝 웃었다.

"오우, 시즈카 씨. 기다리고 있었어."

"방금 왔던 사람들은 병문안 온 사람들이죠?"

"아니, 아니야. 도쿄에 있는 업자들에게 부탁해서 빌린 내 수족들이야."

"꽤 평범해 보이지는 않는 수족이네요."

"업자가 많으니 그 안에 여러 녀석이 섞여 있는 거지. 그래도 쓸모 없는 녀석은 한 명도 없어. 누구에게나 각기 잘하는 것과 못 하는 것이 있잖아."

"아까 그 사람들은 뭘 잘하는데요? 만약 폭력 행사를 잘한다고 하시면 전 이 사건에서 손 뗄 거예요."

"아니 아니, 시즈카 씨. 사람을 겉모습만 보고 판단하면 안 되지. 약간 붙임성이 없긴 하지만 정보 수집에 뛰어나."

"무슨 정보요?"

"나루카와를 둘러싼 녀석들에 관한 정보. 같은 업계라 해도 도쿄에서 떠도는 소문에는 내가 어두워서. 여기서 현지 병력을 빌렸단 말씀이지."

"암 3기 환자가 재주도 좋으시네요. 어떻게 현지 업자들과 이야기하신 건가요?"

이 물음에 겐타로는 득의양양하게 핸드폰을 꺼내 보였다.

"말하는 것뿐이라면 이거 하나면 충분해. 이럴 때야말로 모처럼 문명의 이기를 써먹어야지."

"병실에서는 통화 금지일 텐데요."

아무래도 겐타로가 자신보다 핸드폰을 더 잘 사용하는 듯해, 조금 자존심이 상했다.

"그 사람들, 폭력은 쓰지 않겠죠?"

"시즈카 씨가 그런 걸 싫어한다는 거 내가 잘 알잖아. 건전한 방법으로 찾아오라고 말해 뒀어."

천연덕스럽게 반박하지만 어디까지가 사실인지 알 수 없었다. 꿍꿍이가 있는 겐타로인 만큼 분위기만으로 사람을 움직이는 것도 분명 쉬울 것이다.

"뭐야, 내 말을 의심하는 듯한 얼굴이나 하고."

"1년 정도 겐타로 씨의 수법을 제 눈으로 봐 왔으니까요. 겐타로 씨는 법률보다도 자신만의 방식을 우선하는 사람이죠."

"세상을 위한 것, 남을 위한 것이라면 법률 따위 지키지 않아도 돼. 대체로 법률은 악행을 제지하는 것이지 선행을 독려하는 건 아니야."

법률이 완벽하지 않다는 것을 시즈카 자신도 뼈저리게 알고 있지만 겐타로에게 지적받자 어쩐지 부아가 치밀었다.

"자신의 행동은 전부 선행이라고 말하는 건가요?"

"아니, 내 경우는 악행이 9할, 선행이 1할이려나. 그런데 시즈카 씨, 이번에는 틀림없이 1할 쪽이야."

"근거가 뭔가요?"

"우선 나루카와는 성실한 것으로 업계에서 평판이 자자해. 그건 미기와 사장이 증언한 대로고, 그런 성실함 때문에 일감도 늘었지. 구조계산서 위조 문제가 발각되었을 때도 나루카와를 아는 관계자는 전부 의외라고 생각했던 듯해. 설마 저 녀석만큼은 아니겠지, 이렇게. 다만 개중에는 나루카와의 변심이 이해가 가지 않는 것도 아니라는 증언도 있었어. 어떤 사건을 계기로 안 그래도 적었던 말수

126

가 더욱 적어졌다고 하고."

"여동생의 자살 때문이겠죠."

"맞아, 꽤 사이가 좋은 남매였다고 해. 부모님을 일찍 여의고 나루카와 혼자서 여동생을 대학까지 뒷바라지했지. 여동생은 여동생 대로 오빠의 일을 도우려고 건축과에 들어갔고."

처음 듣는 것이었다.

"아직 경찰도 초동 단계이니 우리 쪽만큼은 정보를 파악 못 했을 거야."

"그럼 시간 문제네요."

"바로 그 시간이 문제야. 초동 때 중요한 정보를 아느냐 모르느냐에 따라 그 후의 전개가 크게 달라지지. 가령 아직 경찰이 파악하지 못한 이야기로 이런 게 있어."

계속해서 겐타로가 내뱉은 것은 여동생 나루카와 지카를 둘러싼 어두운 소문이었다. 소문이지만 목격 증언도 있고, 사실이라면 스캔들이 분명한 이야기다.

배 속에서 화가 부글부글 끓어 오른다. 잘도 전직 판사 앞에서 그렇게 뻔뻔한 이야기를 할 수 있을까 싶다.

이번에는 시즈카가 정보를 제시할 차례였다.

"사실은요, 겐타로 씨. 나루카와 씨의 사무실에서 이런 걸 봤어요."

시즈카는 사무실에서 보고 들은 것을 하나도 빠짐없이 전했다. 전부 들은 겐타로는 기가 막힌다는 듯이 입을 연다.

"뭐야, 그건. 앞뒤가 안 맞잖아?"

"그래서 저도 이상하게 생각했어요. 그런데 지금 이야기를 들으니 납득이 가네요."

"응, 나도 납득했네."

젠타로와 시즈카는 얼굴을 마주 보고 거의 동시에 고개를 끄덕인다. 시즈카가 가지고 온 정보와 젠타로가 그러모은 정보가 퍼즐처럼 맞춰져 한 장의 그림이 완성된 순간이었다.

4

28일, 중의원 국토교통위원회는 예정대로 증인 소환을 진행했다. 소환된 증인 중 한 명인 나루카와 히데미는 사망했기 때문에 위원회에는 처음부터 불온한 분위기가 감돌고 있었다. 하지만 또 다른 증인인 가이자 미네하루가 삭발을 하고 나타나자 분위기는 곧 독기가 빠진 것처럼 변했다. 좋게 말하면 갸륵, 나쁘게 말하면 얍삽한 연출로 보였지만, 어느 정도 이해를 구한 건 틀림없는 사실이다.

증인 선서를 한 후, 가이자는 참고인 출석 때 말한 내용을 그대로 반복했다. 다른 점이 있다면 증언 곳곳에 사죄의 말과 가이자 건설이 져야 할 사회적 책임을 추가한 것뿐이다.

"저희 회사는 명백히 나루카와 건축사에게 구조계산서 위조를 지시하지 않았습니다. 하지만 시공한 맨션 여섯 동의 철근량이 기준 미만이었던 것은 틀림없는 사실이며, 주민들 입장에서는 불안한 나날을 보내고 계실 거라 생각합니다. 가이자 건설 섭외부에서는 주민 보상 창구를 개설해, 개별 대응을 준비하겠습니다. 물론 그것으로 만족하지 못하신 분들께서 소송을 진행하신다면 성의를 다해 합의에 응하겠습니다."

위원 중 한 명이 구조계산서 정밀 조사에 관해 질문했을 때도 막힘없이 대답했다.

"건축사가 제출한 구조계산서를 그대로 받았냐고 물으시면 그렇다고 답할 수밖에 없습니다. 민간 확인 검사 기관의 검사가 엉터리라는 비판도 지당합니다."

가이자가 자사와 업계의 잘못을 전면 인정한 것은 놀라웠다. 저번 참고인 출석에서는 '건축 확인 단계에서 위조를 발견하지 못한 것에는 지자체의 책임도 있다'는 지론을 펼쳤기 때문이다.

"앞으로는 당사가 중심이 되어 검사 기관을 확충하고 인재를 육성하는 것을 사회적 소명이라고 생각합니다."

가이자 건설이 개입했음을 밝힌 나루카와가 없어 결석 재판의 양상을 띠고 있었지만, 가이자의 진지한 태도는 의외로 좋은 인상으로 비쳤다. 이것만으로도 가이자가 증인 소환에 출두한 보람이 있다.

시즈카는 겐타로의 병실에서 국회 중계 상황을 보고 있었다.

"어떻게 생각하나, 시즈카 씨."

"가이자 사장은 위기를 기회로 바꾸는 재능을 가진 분이시네요. 어제까지 세상 사람들이 가이자 건설에 품고 있던 심증을 백팔십 도까지는 아니어도 90도 정도는 바꾼 것 아닌가요."

"저 말에 속아 넘어가는 사람은 많겠지. 능변도 아니지만 그렇다고 눌변도 아니야. 듣기 쉬운 속도에 말끝을 흐리지도 않지. 고개를 숙이지만 결코 비굴해지지도 않은 채, 책임 소재를 스스로 밝혀. 다만 구체적인 금액이나 기한은 말하지 않지. 저건 사죄회견 강사가 가나다순으로 맨 처음에 전수하는 방법이야."

"짓궂네요."

"그렇든 말든 우리가 부른 강사도 똑같은 얘길 했었다고."

"그 강의, 도움이 되었나요?"

"아니, 한 시간 듣고 돌려보냈어. 아무래도 사죄는 내 성격에 안 맞아."

"그럼 갈등이 전혀 해결되지 않을 텐데요."

"갈등을 해결하는 건 말이 아니야. 성의지."

젠타로가 말하는 성의라는 것은 아마 글자 그대로의 성의가 아닐 것이다. 하지만 본인에게 물으면 긁어 부스럼이 될 것 같아 굳이 깊이 캐물을 생각은 없었다.

"갑자기 삭발한 모습으로 등장한 것도 의표를 찔러 효과적이죠."

"늘 숱이 적은 머리를 신경 썼던 남자가 어느 날 머리를 싹 삭발해. 그런 걸 남자답다고 생각하는 녀석들은 어느 정도 있으니까."

"젠타로 씨는 그렇게 생각하지 않나요?"

"헤어스타일이나 옷차림은 강가의 돌이 둥근지 네모난지 정도의 차이일 뿐이야. 그런 것에 눈길을 빼앗기면 인간의 본성은 알 수 없게 되지."

젠타로다운 극단적인 견해라 한마디 되받아치려던 순간이었다.

기우뚱, 세계가 흔들렸다.

한순간 시즈카 자신이 휘청거린 것이라 생각했지만 문병객이 주고 간 꽃도 흔들리는 것을 보고 알아차렸다.

지진이다.

병실 안 물건들이 달그락 소리를 낸다. 흔들림은 멈추지 않고 진폭이 커져만 간다.

"시즈카 씨. 침대 밑에 숨어."

그 말에 따라 침대 밑에 몸을 웅크렸다.

"겐타로 씨는 어쩌시려고요."

"어차피 못 움직여."

"나 혼자 안전하다니."

"시즈카 씨는 여성분이잖아. 잔말 말고 빨리 숨어."

겐타로의 목소리는 심히 침착하다. 보통 사람이라면 수술 직후라 심신이 약해져 있을 텐데, 배짱 한번 두둑하다고 감탄했다.

지진은 더욱 심해져 꽃병이 쓰러져 꽃을 내뱉는다.

시즈카의 머리 위에 있는 침대가 점점 더 크게 삐걱거린다. 엎드려 있지 않으면 튕겨 나갈 것만 같았다.

20초 정도 계속되었을까, 마침내 지진이 진정되어 이내 사그라들었다.

시즈카는 살금살금 침대 밑에서 기어 나와 겐타로에게 달려간다.

"괜찮아요?"

"침대와 함께 흔들리니까 마치 놀이공원의 놀이기구 같네. 재밌었어."

"그렇게 함부로 말하는 걸 보니 걱정 안 해도 되겠군요."

TV를 보자 지진 속보 자막이 흘렀다.

─13시 21분 기상청 발표. 13시 16분경 지진이 발생했습니다. 진원지는 이바라키현 앞바다(북위 36.3도 동경 141.0도)로 진원의 깊이는 약 40킬로미터. 지진 규모(매그니튜드)는 5.1로 추정됩니다. 이 지진에 의한 쓰나미 우려는 없습니다. 이 지진에서 관측된 최대 진도는 4도입니다.

다음으로 각 지역의 진도가 흘러나온다. 이 근처는 진도 3이었던 듯하다.

"최대가 진도 4라니. 비교적 셌네."

"최근에는 좀처럼 없었던 강도네요."

있잖아, 시즈카 씨, 라고 겐타로는 한쪽 입꼬리를 올렸다.

"신은 가끔 이런 장난을 친다니까. 이 지진, 감춰져 있는 것을 백일하에 드러낼지도 몰라."

시즈카도 같은 생각이었다.

증인 소환 다음 날, 시즈카는 도치나미와 함께 롯폰기 히노키초 공원으로 발길을 향했다. 그곳에 가이자 건설이 시공한 구조계산서 위조 맨션이 있기 때문이다.

문제의 맨션 주변은 안전 보호 테이프와 노란색 로프로 봉쇄되어 있었고, 부지 안에는 헬멧을 착용한 남자들이 모여 있었다. 그중에는 가이자의 얼굴도 있었다.

시즈카와 도치나미가 로프 밑으로 들어가 다가가자 가이자가 곧 알아보았다.

"형사님과 판사님. 어떻게 여기에."

"회사에 확인하니 여기에 계시다고 하셔서요. 사장 스스로 피해 확인이라니 정말 대단하시네요."

"철근량이 기준보다 적다는 건 판명되었으니까요. 어제 지진 때 미나토구 일대는 진도 4였어요. 그것 때문에 맨션에 피해가 있을 거라 생각하니 가만히 있을 수가 없어서."

"구조계산서 위조가 있던 맨션은 전부 돌았습니까?"

"네, 이게 마지막 여섯 번째입니다."

전체 동을 돌았다는 것은 사실일 것이다. 가이자의 얼굴에는 피곤한 기색이 역력했다.

"피해 상황은 어땠습니까?"

"불행 중 다행히도 전부 무사했습니다. 어느 한 동도 균열 없이 진도 4를 견뎠고요."

가이자는 지친 듯했지만, 겨우 안도의 한숨을 내쉬었다.

"하지만 철근량은 기준보다 적었죠. 잘 견뎠네요."

"여섯 동 모두 내진벽耐震壁을 사용하고 있던 게 다행이었습니다. 적은 철근을 잘 커버해 준 셈입니다."

"나루카와 씨는 이런 상황까지 미리 반영했을지도 모르겠네요."

시즈카의 말에 가이자는 고개를 갸웃거렸다.

"미리 반영한다, 라니. 진도 4 정도로는 끄떡하지 않도록 철근 수를 줄였단 말입니까? 그런 바보 같은."

"구조계산서를 위조하더라도 최소한 주민에게는 직접 피해를 주

지 않을 정도로 했다는 말입니다. 업무상 친분이 있었던 가이자 씨는 그렇게 생각하지 않으시나요?",

"주민의 안전을 생각하면서 어째서 철근량을 줄이거나 한단 말인가요. 말이 안 되지 않습니까?"

"주민에게 직접적인 피해를 주지 않으면서 당신이나 가이자 건설에 손해가 되도록 했죠."

가이자가 할 말을 잃자 도치나미가 시즈카의 말을 이어받듯이 비집고 들어온다.

"가이자 씨, 애초에 이 소동의 발단이 무엇인지 기억하십니까?"

"잊기야 하겠습니까. 누군가 국토교통성에 익명으로 고발해서잖아요."

"사실 고발 전화는 녹음되어 있었습니다. 그저께 목소리 분석 결과가 나왔고요. 놀라지 마세요. 목소리의 주인은 나루카와 히데미였습니다."

가이자의 입이 반쯤 벌어졌다.

"그게 무슨……위조한 나루카와 본인이 고발했다니."

"황당한 자작극입니다만 이걸로 나루카와 씨의 의도를 알았습니다. 내진 강도를 유지하면서 철근의 수를 줄인다. 이렇게 되면 직접적인 데미지는 시공주인 가이자 건설만 받는다. 검사가 진행 중인 현 단계에서도 구조계산서 위조가 보고된 것은 가이자 건설이 시공한 맨션뿐입니다. 나루카와 씨는 당신과 당신 회사를 함정에 빠뜨리려고 이번 위조를 계획한 것이죠."

"무엇을 위해서죠?"

"제가 지적할 것도 없이 가이자 씨라면 이미 아시겠죠."

"아뇨. 전혀 모르겠는데요."

"그럼 그 이야기는 나중에. 하지만 나루카와 씨의 진의는 모른다 해도, 당신이 구조계산서 위조를 지시했다고 인터뷰한 시점에서 그의 악의는 눈치채셨겠죠."

"그건, 뭐."

"나루카와 씨 본인에게 사정을 듣고 싶다고 생각하셨겠죠. 그게 보통 사람들의 심리입니다."

"만나서 이야기를 하고 싶다고 생각한 건 사실이에요. 하지만 그가 죽는 날까지 기회는 없었고요."

"거짓말."

도치나미가 억양 없는 목소리로 나직이 협박했다.

"당신은 25일 오후 9시부터 10시 사이에 나루카와 씨와 접촉했어."

"알리바이를 입증할 순 없지만 그쪽도 물증이 없는 건 마찬가지잖아."

"아뇨. 있습니다. 오늘 아침, 마침내 감정 결과가 나왔단 말이죠."

"감정할 만한 것이 현장에 남아 있었단 말입니까?"

"현장이 아니에요. '후루타 이발소'의 쓰레기봉투에서 나왔습니다. 아시겠지만 '후루타 이발소'는 당신의 단골 이발소로, 증인 소환 전에 당신이 삭발했던 곳이기도 하죠."

도치나미는 기세등등하게 말한 후, 조심스럽게 시즈카를 본다.

원래 가이자의 단골 이발소를 조사하고 싶다고 한 건 시즈카였다. 도내의 쓰레기 수거일은 구마다 요일이 정해져 있다. 운이 가이자의 편이 아니라면 그의 머리카락은 아직 이발소에 남아 있을 터였다.

"나루카와 씨의 오른손에는 제도 잉크가 끈적하게 묻어 있었습니다. 처음에는 용의자의 옷에 잉크가 묻어 있지는 않을까 기대했습니다만 나루카와 씨는 더 영리했죠. 조금 생각해 보면 알 수 있겠지만, 옷에 잉크가 묻으면 처분해 버리면 끝입니다. 그러니 육교에서 몸싸움이 벌어졌을 때, 나루카와 씨는 순간적으로 판단해 좀처럼 처분할 수 없는 것을 붙잡았죠. 그래요, 바로 당신이 소중히 여겼던 머리카락입니다."

조건반사처럼 가이자는 자신의 머리에 손을 가져갔다.

"실례지만 전부터 머리숱을 걱정하셨었죠. 나루카와 씨는 그것을 깨닫고 당신의 머리카락을 붙잡았습니다. 다행인지 불행인지 머리카락 한 올도 빠지지 않은 채 나루카와 씨는 계단 밑으로 굴러떨어졌지만 대신 당신 머리카락에는 제도용 잉크가 묻었습니다. 아마 당신은 나루카와 씨와 몸싸움 당시, 나루카와 씨 손에 잉크가 묻어 있다는 것을 알아차렸겠죠. 머리를 붙잡혔지만 잉크가 어디에 얼마만큼 묻었는지 몰랐고요. 하지만 스스로 머리를 자르면 티가 나서 의심받을 테고, 그러니 범행 다음 날 '후루타 이발소'로 달려가 삭발하셨죠. 즉 삭발은 증인 소환이 아니라 증거 인멸을 위한 것이었습니다."

도치나미가 가슴에서 서류 한 장을 꺼내 가이자의 눈앞에 들이밀었다.

"이게 감정보고서입니다. '후루타 이발소'에서 압수한 대량의 머리카락에서 제도용 잉크가 묻은 것이 채취되었고요. DNA 감정 결과, 당신 머리카락인 것도 판명되었습니다."

"아니야. 아니라고. 난 죽이지 않았어."

가이자는 완전히 당황해 도치나미의 재킷에 매달린다.

"그날, 나루카와가 할 이야기가 있다며 나를 육교로 불러냈어. 그곳에서 이야기하는 동안 말다툼이 되었고. 하지만 난 밀어 떨어뜨리지 않았어."

여기까지 자백한다면 충분할 것이다. 도치나미도 같은 생각인 듯 시즈카에게 눈짓하더니 말투를 바꾸었다.

"다음은 경찰서에서 말씀해 주시겠습니까?"

취조실에 들어가서도 가이자는 계속 당황했다.

"믿어 주세요. 저는 밀어 떨어뜨리지 않았어요. 나루카와가 발을 헛디뎌서 떨어진 거예요."

"그 순간에 당신의 머리카락을 붙잡았단 말입니까? 그게 사실이라면 어째서 그때 신고하지 않았습니까?"

"정황상 제가 살해했다고 의심받을 것 같아서. 구조계산서 위조 문제만으로도 비난의 화살을 받고 있는데 살인 용의까지 추가되면, 더는 도망갈 곳이 없을 테니."

"나루카와 씨도 같은 생각을 했을지도 모르겠네요."

"네?"

"당신을 곤란하게 하기 위해 구조계산서 위조와 살인 용의를 세트로 마련. 어느 한쪽을 놓치더라도 다른 한쪽의 함정에 빠지도록 준비. 성실함을 모토로 하는 나루카와 씨다운 방법입니다."

"그럼 제가 살해하지 않았다는 것은 믿어 주시는 거네요."

나루카와가 타살인 것처럼 꾸민 것은 그의 손바닥에 끈적하게 묻어 있던 제도용 잉크만으로도 명확했다. 사무실에는 잉크를 쏟은 듯한 흔적도 없고, 평소대로라면 만진 물건에도 묻을 정도로 손을 더럽힐 이유도 없다. 무엇보다 사람을 만나러 갈 것이라면 더러운 손을 씻고 나서 외출하지 않을까.

"하지만, 어째서 나를 함정에 빠뜨리려고 했는지. 그걸 아직도 모르겠습니다."

꼴사납다는 생각에 시즈카 자신도 모르게 말을 뱉었다.

"복수겠죠."

"전에도 말했지만 전 그를 밀어줄 뿐만 아니라 일감도 많이 발주했어요. 그런 제가 왜 복수 당해야 합니까?"

"꽤 버릇이 좋지 않은 제 지인이 현지 건축 관계자들 사이에서 떠도는 소문을 모아왔습니다. 그중에는 정말 기분 나쁜 이야기도 있어서요. 가이자 씨, 건축상 선고위원이라는 지위를 악용해 나루카와 씨의 여동생에게 비열한 거래를 제안하지 않으셨나요?"

가이자의 표정이 굳었다. 무리도 아니다. 이것이야말로 가이자가 저지른 진짜 죄니까.

"일 솜씨는 훌륭했지만 나루카와 씨의 평판은 좀처럼 알려지지 않는다. 사무실을 유지하기 위해서는 역시 유명한 상을 거머쥘 필요가 있다. 이렇게 말하며 여동생에게 접근했죠. 당신과 여동생이 호텔로 들어가는 것을 본 관계자가 있었고요. 나루카와 씨는 순조롭게 건축상을 수상하지만 언젠가 본인의 귀에도 소문이 들려옵니다. 분명 나루카와 씨는 화가 났겠죠. 원래부터 미야자와 겐지의 시처럼, 주목받고 싶지도 칭찬받고 싶지도 않은 인물이었던 듯하니 어째서 그런 쓸데없는 짓을 했느냐며 여동생에게 따지고 드는 것은 쉽게 상상할 수 있고요."

오빠를 생각해 가이자에게 몸을 맡겼는데, 정작 나루카와 본인에게 멸시당한다면 분명 절망적일 것이다.

욕실에서 손목을 그은 것도 납득할 수 있다. 여동생을 그런 이유로 잃은 나루카와의 통곡도.

나루카와와 그 여동생이 사망한 지금, 그녀가 자살한 이유는 추측할 수밖에 없다. 하지만 시즈카는 크게 틀리지 않을 자신이 있다. 겐타로도 같은 의견이었기 때문이다.

"나루카와 씨가 타살인 것처럼 꾸몄다는 것도 가이자 씨를 원망한다는 것을 전제로 하는 추측입니다. 하지만 만약 원망할 이유가 없다고 한다면 가이자 씨에게 살해 동기가 있다는 이야기로 돌아가게 됩니다."

스스로도 심술궂은 제안이라고 생각하지만 가이자에게서 자백을 끌어내려면 이런 방법밖에 없다.

추잡한 거래인가, 아니면 살인인가.

이윽고 가이자는 전자에 대해 자백하기 시작했다.

"훌륭하십니다. 고엔지 판사님."

가이자의 취조를 마친 도치나미는 입을 열자마자 시즈카를 칭찬했다. 시즈카는 약간 낯간지러웠다. 도치나미에게 의견을 피력한 건 자신이지만 겐타로의 협력이 없었다면 도달할 수 없는 추리였다. 가이자가 걸려들었다는 것을 알려 주면 겐타로는 분명히 싱글벙글할 것이고, 그게 또 밉살스럽기도 하다.

"판사님께 도움을 청하길 잘한 것 같네요."

"그렇게 많은 양의 머리카락에 잉크가 묻은 것을 찾아낸 건 감식 덕분이에요. 칭찬받아야 하는 건 그들의 꾸준한 열의와 끈기죠."

"그 말씀, 꼭 전하겠습니다. 그렇다 해도 판사님. 아직 하나 설명되지 않은 것이 있습니다. 가이자가 여동생에게 비열한 거래를 제안했다는 사실을 알게 된 것만으로, 어떻게 즉시 나루카와의 복수와 연결 지을 수 있었습니까?"

"그 사무실을 둘러봤을 때, 위화감이 느껴졌어요."

그렇다. 이야기를 전해 들은 겐타로도 느낀 위화감이었다.

"그렇게 정돈된 사무실 어디에서 위화감이 느껴지셨습니까?"

"상에서요. 나루카와 씨는 칭찬받고 싶어 하지도 않고, 시상식 때도 웃지도 않았던 사람이에요. 그런 사람이 어째서 상을 그렇게나 소중히 장식하고 있었을까요."

"아무리 칭찬받고 싶지 않다고 해도, 역시 유일하게 획득한 타이틀이니까 그렇지 않을까요?"

"하지만 그 타이틀에는 가이자 사장의 의도가 개입되어 있었죠. 소중한, 단 한 명뿐인 혈육인 여동생을 더럽힌 원인이요."

"아……."

"나루카와 씨에게는 굴욕의 상징이었을 거예요. 이 상을 계속 근처에 둔 것은 자신의 치욕을 잊지 않기 위해서, 여동생의 억울함을 잊지 않기 위해서 아닐까요?"

제 3 화

철
제
관

1

"다녀올게."

가베무라 마사히코는 한마디 말을 남기고는 차고로 향한다. 대답은 없지만 없으면 없는 대로 전혀 상관없다. 대답이 있든 없든 한마디 남겼다는 것에 의미가 있다.

어둑어둑한 차고에 떡 하니 있는 것은 하이브리드 전용차다. 출시하자마자 구입해 이제 곧 10년 차가 되지만, 아직까지 큰 고장은 없다. 참, 훌륭하네, 메이드 인 재팬. 크게 고장 날 염려가 있는 건 오히려 운전대를 잡는 가베무라 쪽일 것이다. 올해로 일흔. 페달은 밟을 수 있지만 지팡이 없이는 걷기도 힘들다. 가베무라에게 애차는 단순한 기계 덩어리가 아니라 자신의 발이나 다름없었다.

시동을 걸고 액셀을 밟으면 애차는 조용히 발진한다. 시동음은 거의 무음 수준이라 그걸로 마음이 안정된다. 하이브리드차는 이 평온함만으로도 혁신적인 발명이라고 가베무라는 생각한다.

액셀과 브레이크의 높이가 같아 주로 쓰는 발을 수평으로 이동할 수 있다는 점도 마음에 든다. 지금의 가베무라처럼 신체가 자유롭지 않은 사람은 약간의 단차도 무시할 수 없기 때문이다. 중병을 앓으면서 신체 일부가 불편해졌지만 그래도 애차는 자신을 배신하지 않았다. 차 주인의 명령을 착실히 엔진에 전달해 잘도 기대에 부응해 주었다. 10년 정도 다리를 대신하고 있으면 액셀과 브레이크가 몸의 일부처럼 느껴지게 된다. 가베무라는 애정을 담아 가볍게 핸들을 두드렸다.

생각해 보면 꽤 오래된 사이다. 장기 근속한 공무원을 퇴직하고, 그때 받은 퇴직금으로 큰마음을 먹고 구입했다. 본래 새로운 것을 좋아하기도 해서 한 쇼핑이었는데, 사서 후회하지 않은 것 중 베스트가 이 하이브리드차다. 멀리 가야 하거나 가족을 태울 때도 많이 사용했다. 보통 도내에 살면 아무리 운전해도 주행 거리가 많이 늘지 않는데, 가베무라의 경우는 약 1년간 1만 킬로미터를 가볍게 뛰어넘었다. 가족을 태우기도 했지만 대부분 가베무라 혼자 운전했다. 정년이 되면 인간관계와 생활반경이 극단적으로 좁아진다. 그 악습관을 타파해 준 것이 애차였다.

애차에게는 감사해 마지않는다. 이런 마음이 들자 관리도 바지런히 하게 되었다. 공회전하지 않기. 급발진도 급브레이크도 삼가기. 그리고 무리한 가속도 하지 않기.

신기하게도 기계는 애정을 가지고 다루면 쉽게 고장 나지도 않고, 변함없는 성능을 유지해 주는 것 같다. 이런 의미에서 애차는 단순한 이동 수단이 아니라 자동차의 형태를 한 파트너였다.

제1게이힌 도로를 따라 남쪽으로 향하던 가베무라의 자동차는 하마마쓰초 1번지에 접어들었다. 왼쪽에는 신칸선의 고가가, 그 맞은편에는 하마리큐* 일부도 보일 듯 말 듯한다. 그 주변 일대는 비즈니스 거리이지만 상업 빌딩의 틈새에 가정집도 들어서 있다. 오늘날의 제1게이힌 도로는 원래 도카이도**의 요점으로 에도 시대에는 조카마치***로서 번성한 장소다. 그렇게 생각하면 번화한 현재의 모습에도 친근감이 느껴진다.

연금사무소 앞을 지나 목적지에 다다를 때였다.

불현듯 가베무라의 시야에 줄지어 산책 중인 유치원생들이 들어왔다.

갑자기 하반신을 마음대로 제어할 수 없다.

설마. 이런 젠장.

이상한 점을 눈치챘는지 유치원생 중 한 명이 이쪽을 돌아본다. 그 얼굴이 가베무라에게 다가오고, 다가오고, 다가온다.

***

"아직 젊네요."

사법연수원 교수실에서 시즈카는 자신의 면허증을 보고 감회가

---

* 도쿄에 있는 옛 별궁.
** 에도 시대 교토와 에도를 잇는 교통로.
*** 에도 시대에 형성된 계획도시로, 무사와 상공업자가 모여 성의 방위시설이자 행정도시, 상업도시의 역할을 했다.

새로운 듯 중얼거렸다. 증명사진은 3년 전에 찍은 것이었지만 그때는 시력이 양쪽 전부 1.0이었다. 지금은 틀림없이 시력이 떨어진 상태다. 분명 면허를 갱신할 때 양쪽 시력이 0.7을 넘지 않으면 안경이나 렌즈가 필요할 것이다. 그걸 생각하니 몇 달 후로 다가온 갱신 절차가 귀찮게 느껴진다. 시즈카가 면허를 취득했을 때에는 전 국민 면허 시대가 도래했다고 다들 호들갑을 떨며, 남녀노소 불문하고 면허를 취득하는 것이 당연했다. 하지만 실제로 시즈카가 운전대를 잡은 건 지방 법원에 부임했을 때뿐이었다.

도내에 살아서 좋은 점은 이동할 때 자가용이 없어도 되는 것이다. 대중교통이 사방으로 이어져 있고 언제 어디서든 택시를 탈 수 있어 스스로 운전대를 잡을 필요가 없다.

시즈카는 진지하게 면허증 반납을 고민하고 있다. 이유는 면허증이 도시 생활에 점점 필요 없어지게 되었고, 요즘 자주 발생하는 고령 운전자에 의한 사고도 신경 쓰이기 때문이다.

- 군마현 간에츠 도로에서 경트럭이 역주행. 맞은편 차량의 운전자가 급히 핸들을 꺾어 피했지만 다른 자동차와 충돌했다. 간신히 탈출했지만 자동차는 불에 타고, 동승한 아이는 정신적 쇼크로 밤에도 잠들지 못하게 되었다. 3일 후 경트럭 운전자가 75세 남자라는 것이 밝혀졌지만 남자는 치매 판정을 받아 면허가 취소되었다.
- 지바현의 한적한 곳에서 82세 남자가 운전하던 승용차가 편도 2차선의 반대편 차선에서 갑자기 진로를 변경해 직진 차와 충돌. 남자는 사망. 남자는 작년에도 추돌 사고를 일으켰으나 가족은 운전을 말리지 못하

고 있었다.

- 오랫동안 애용한 수동 기어 차에서 오토 차로 바꾼 78세 남자가 아내와 함께 대형 마트에 들렀다가 액셀과 브레이크를 착각해 고객들에게 돌진했다. 중, 경상자 4명이 발생하고 아내는 사망했다.

- 운전 이력 50년, 76세 베테랑 운전자가 자가용을 운전 중, 국도 커브를 다 돌지 못하고 맞은편 차량과 정면충돌했다. 본인도 중상을 입었지만 상대 측은 운전자 남성이 중상, 동승한 아내는 사망, 아이는 반신불수의 장애를 입었다. 고령 운전자 사고가 빈발하고 있어 슬슬 운전을 그만두려던 참에 일어난 사고였다.

- 3일 전, 70세 남자가 운전한 하이브리드차가 하마마쓰초 1번지 국도에서 폭주, 본인을 포함한 네 명의 사망자가 나왔다.

단 몇 개월 동안 이만큼의 사고가 발생하면 장롱면허나 다름없는 시즈카는 면허 반납을 고려할 수밖에 없다. 면허증이 있으면 언제 어떤 타이밍에 운전대를 잡을 일이 생길지 장담할 수 없다. 그럴 때 시즈카는 운전 실수를 하지 않을 자신이 없다. 같은 사고 당사자여도 가해자 측이 되는 것만큼은 꼭 피하고 싶다.

하지만 시즈카처럼 생각하는 고령자는 의외로 많지 않고, 면허를 반납하는 사람은 전혀 증가하지 않는 추세라고 한다. 시즈카는 그들의 심정도 너무나 이해가 간다.

늙는다는 것은 매일매일 무언가를 내려놓는 과정이다. 오랜 친구들, 체득한 기술, 지식, 그리고 기억. 본인이 아무리 발버둥 친다고 해도 소중한 것이 손가락 사이로 주르르 흘러내린다. 면허증 반납을 거부하는 사람은 그런 일상에 필사적으로 저항하고 있는 것이다.

고작 면허증, 그래도 면허증. 취득하기 위해 했던 노력과 기쁨으로 가득 차 있다. 시즈카도 예외는 아니다. 암기력에 비해 운동 신경이 불안했던 시즈카는 실기시험에서 고배를 마셨었다.

판사가 되자마자 면허증은 쓸모가 있었다. 지방 법원에 부임하면 자연스럽게 자동차는 다리를 대신하게 된다. 시즈카의 첫 애차는 귀여운 스바루 360으로 차체는 작아도 잘 달려 주었다. 액셀을 밟으면 지구 반대편까지도 태워다 줄 것 같은 든든한 상대였다.

"여자인 주제에 운전하는 거야?"

"잘도 시험 통과했나 보네."

"여자는 산만해서 언제 어디서나 사고를 낸다니까."

주변에서 심한 말을 들었지만 운전대를 놓을 생각은 들지 않았다. 아직 여성 사회진출이 여의치 않았던 당시, 시즈카가 자차를 몰았던 것에는 또 다른 의미가 있었다.

두 번째 차는 국민차로 널리 알려진 도요타 카로라. 이 차는 고장이 적기도 해서 20년 정도를 탔다. 스바루 360에 비해 트렁크가 현격히 넓어 쇼핑이나 이사할 때 편했던 기억이 있다.

어떤 자동차도 그렇다. 눈을 감으면 각각의 대시 보드가 뇌리에 떠오른다.

잠시 생각에 빠져 있는데 누군가의 시선이 느껴졌다. 고개를 들어보니 어느샌가 연수생 미사키 요스케가 흥미롭다는 듯이 시즈카를 쳐다보고 있다.

"앗, 죄송합니다."

미사키는 바로 고개를 숙였다. 나이에 어울리지 않는 차분한 태도와 그와는 반대로 어린아이 같은 솔직함이 그의 장점이다.

"아무리 상대가 할머니라고 해도 말없이 여성을 뚫어지게 쳐다봐서는 안 되죠."

시즈카가 농담조로 주의를 주자 미사키는 지극히 당황한 모습으로 허리를 꼿꼿이 폈다.

"정말 죄송합니다. 무심결에 쳐다보고 말았습니다."

"왜 그렇게 쳐다봤을까요."

"고엔지 판사님이 생각에 빠져 계신 모습은 정말 보기 드문 광경이어서요."

미사키는 정말 죄송하다는 듯이 말한다. 꽤 솔직한 반응에 잔소리를 했던 시즈카가 미안해진다.

올해 사법연수원에 입소한 제60기 연수생 중 미사키 요스케는 특별한 존재였다. 부친이 검찰관이라는 출신에 더해 대학 재학 중에 사법고시를 수석 합격했으며 수업에서도 우수한 성적을 자랑하고 있다. 흠잡을 데가 없는 인재이지만 이상하게도 본인은 그것을 자랑하기는커녕 울적해하는 것 같다.

그렇다고 해도 미래의 사법을 짊어질 인재임에는 변함이 없으며 시즈카는 이 청년에게 큰 기대를 걸고 있다.

"내가 넋 놓고 있는 게 그렇게 드문가요?"

"진짜 드물어요. 멍하니 생각에 잠기실 것 같은 이미지가 전혀 아니세요."

"팔십이 넘으면 내일 일보다 어제의 일, 어제의 일보다는 더 옛날의 일이 신경 쓰여서요. 봐봐요."

시즈카는 자신의 면허증을 보여 주었다. 그러자 미사키는 감탄하며 말했다.

"50년도 더 전에 첫 면허증을 받으셨네요."

최근 날짜가 아니라 첫 교부 날짜에 주목한 것이 매우 미사키다웠다.

"장롱면허 기간도 꽤 길어요. 슬슬 면허를 반납할까 생각 중이고."

이런 말을 꺼내면 대부분의 사람들은 '아깝네'라든지 '모처럼 골드 면허*인데'라며 시즈카의 기분을 살피듯 말한다.

하지만 미사키는 달랐다. 그렇군요, 라고 답하며 아무 말도 덧붙이려 하지 않는다.

"뚫어지게 쳐다봤던 것치고는 반응이 시원찮네요."

"본인의 결심에 대해 다른 사람들이 참견해 봤자 소용없어요. 게다가 이야기를 꺼낸 시점에서 고엔지 판사님은 이미 마음을 먹으신 것 아니신가요?"

놀라웠다. 설마 손자뻘 정도로 나이 차가 나는 사람이 자신을 꿰뚫어볼 것이라고는 생각지도 못했다.

"엄청난 관찰력이네요. 그래요, 어쩌면 누군가가 등을 떠밀어 주길 바랐을지도 모르고."

* 일본에서 우수운전자에게 발급되는 면허증. 과거 5년 동안 무위반 무사고일 경우 발급된다.

"그런 스타일은 아니신 것 같은데요."

"아니야. 잘 포기하지 못하고 욕심이 많아서, 한번 손에 넣은 것은 두 번 다시 놓지 않는 할머니일지 모르죠."

너무 고결한 인물로 치켜세워 주면 괜히 스스로를 다소 비하하고 싶은 마음이 생긴다. 그렇지 않아도 시즈카는 자신을 그다지 훌륭한 사람이라고 생각하지 않는다.

"나이를 먹는다는 건 미사키 군이 생각하는 것보다 더 비참하고 끔찍해요. 어제 할 수 있었던 일을 오늘은 할 수 없게 되고 오늘 할 수 있던 일을 내일은 할 수 없게 될지 모르고. 과장 같긴 하지만 절망과 공포가 서서히 일상생활에 스며든다고나 할까. 미사키 군은 아직 젊어서 모르겠지만."

나이 먹은 걸 자조하듯 말했지만 의외로 미사키는 살짝 고개를 가로저었다.

"그런 희망과 공포는 나이 드신 분들만 느끼는 것은 아니라고 생각합니다."

아직 스물세 살인데 마치 시즈카보다 더 나이 든 듯한 말투다. 도대체 미사키의 어느 부분을 자극했는지 몰랐지만, 물어보기도 전에 미사키는 교수실을 나가 버렸다.

시즈카는 강의를 마치고 그길로 네리마 중앙병원으로 향한다. 미치코 씨의 부탁으로 정기적으로 겐타로의 병세를 확인하기 위해서다. 겐타로의 막말을 듣는 것에도 최근에는 익숙해졌다. 원래 피해야 하는 것을 받아들이게 되는 것은 타락이지만, 자신에게 없는 것에 흥미를 느끼는 것은 인간의 업보일지도 모른다.

그 겐타로가 변함없이 침대 위에서 기염을 토한다.

"도쿄 간호사들은 글렀어. 뭐야, 저런 사무적인 태도는."

아무래도 막 담당이 바뀐 간호사에게 불만이 있는 모양이지만 어차피 이유는 젓가락질만큼 사소한 것이 분명하다. 환자의 푸념을 제대로 들어 봤자 불쾌해지기만 할 뿐이라 빨리 흘려듣기로 했다. 물론 흘려듣기만 해서는 겐타로도 가만있지 않기 때문에 시즈카는 대뜸 자기 이야기를 꺼냈다. 겐타로는 안하무인이 휠체어를 탄 듯한 남자이지만 다른 사람의 말을 들을 수 있는 귀는 가지고 있다.

자가용을 탈 일이 없어서 면허증을 반납하려고 생각 중이라고 시즈카가 털어놓자 겐타로는 바로 이의를 제기했다.

"모처럼 취득했는데 왜 반납해야 해. 위반한 것도 아니고."

기계를 만지작거리길 좋아하는 겐타로가 할 법한 말이다. 하지만 하반신불수 노인이 할 말로서는 조금 의외이기도 했다.

"원래부터 운동 신경이 없는데, 나이까지 먹으니 반사 신경도 둔해졌어요. 이 상태로 운전대를 잡으면 인간 병기죠. 운전을 안 하면 피해자가 될 수는 있어도 가해자는 되지 않을 수는 있으니까."

"시즈카 씨가 그렇게 말하면 무작정 말릴 수는 없는데, 조금 아까워. 난 싫어. 숨이 붙어 있을 때까지 기계와 지내고 싶어. 아니, 죽고 나서도 면허는 내놓지 않을 거야. 면허가 없으면 저승에서 자동차를 못 탈 테니."

"겐타로 씨, 그런 몸으로 아직 운전하시려고요?"

보통 상대방의 장애를 지적하면 몰상식하다는 비난을 피할 수 없지만 겐타로는 완곡하게 돌려 말하면 역으로 더 화를 낸다. 본인도 전혀 개의치 않는 장애를 상대가 의식하지 말라는 뜻이다.

"저기, 시즈카 씨. 내가 작년 말에 파워쇼블 타고 다녔던 거 벌써 잊었나?"

잊을 리가 있나. 떠올리고 싶지도 않다. 나이 일흔을 넘긴 하반신 불수 노인이 희희낙락하며 대형 건설 기계로 온갖 난동을 부리다니, 도무지 예사롭지 않다.

"그건 위법 행위 아닌가요?"

"무슨 말을 하는 거야, 시즈카 씨. 교통법은 지켜야지. 나는 보통 면허는 물론 특수 면허도 제대로 땄다고."

겐타로의 준법정신의 경계는 어디에 있는 걸까. 물어서 확인하는 것도 바보 같다. 대신 순수하게 궁금한 것을 묻기로 했다.

"보통 면허든 특수 대형 면허든 갱신 절차는 필요하잖아요."

"응, 맞아. 정부는 이런 연약한 노인, 게다가 신체장애인들한테도 예외 없이 적용해. 피도 눈물도 없어."

겐타로는 애처로운 목소리로 말하지만 평소의 언동을 아는 이상 능청스럽게만 보인다.

"도대체 어떻게 갱신하신 거예요?"

"장애 유무와 관계없이 교통법이 정한 기준을 충족하면 면허를 딸 수 있고 갱신도 가능해. 다만 신체가 자유롭지 않은 자들에게는 운전 보조 장치가 조건이야. 봐봐, 가령 이런 거."

겐타로는 자신의 핸드폰을 만지더니 시즈카에게 건넸다. 화면에는 사각 프레임이 표시되어 있다.

"핸드컨트롤인데, 한쪽 손으로 액셀과 브레이크를 조작할 수 있어. 지금은 꽤 보급돼서 가격도 적당해."

작년, 시즈카는 시제품이지만 판넬 조작만으로 구동되는 인공지능 탑재 건설기기를 목격했다. 그것에 비하면 로우테크(low tech)로 현실감이 있다.

"보급되었다는 건 그만큼 장애가 있는 분들에게 자동차가 필요하다는 말이네요."

"누구나 다 복지 차량이나 택시를 이용할 수 있는 건 아니니까. 무엇보다 도쿄에 사는 시즈카 씨에게는 와닿지 않겠지만 나고야에도 아직 자동차 없이는 생활할 수 없는 사람들이 아주 많아. 그 외 다른 지방은 자동차가 없으면 생활용품도 사러 못 갈걸. 결국 면허증을 반납할 수 있는 노인들은 도시에 살거나 돈 많은 가족을 둔 사람뿐이지."

"그래서 겐타로 씨도 면허증에 집착하시는 건가요?"

"집착이든 뭐든 기계는 내 신체의 일부야."

겐타로는 병실 한쪽에 놓인 이탈리안 레드 프레임의 휠체어를 가리킨다.

"이 휠체어뿐만 아니라 손만으로도 운전할 수 있는 자동차도, 인공지능을 탑재한 포크레인도, 핸드폰도, 전부 내 수족이야. 가족이나 정부가 뭐라고 하든, 내놓을 생각은 털끝만큼도 없다고."

거만한 말투는 겐타로의 말버릇이지만 이를 각오라고 생각할지 최후의 몸부림으로 생각할지는 사람마다 다를 것이다. 겐타로의 됨됨이를 꽤 아는 시즈카에게는 도리어 속 시원하게 들린다. 겐타로의 주장에도 납득이 가는 부분이 있다. 확실히 면허증을 쉽게 반납할 수 있는 건 시즈카처럼 조건이 갖춰진 노인들뿐이다. 지방에 사는 고령자에게 운전대를 놓지 못하는 사정이 있는 것도 잘 안다.

하지만 시즈카는 비극을 미연에 방지한다는 관점을 아무래도 놓칠 수 없다. 고령자 운전은 그 자체로 위험 행동이라고 볼 수도 있다. 운전은 면허취득자의 당연한 권리이지만 그렇다고 해서 보행자나 다른 자동차를 위험에 빠트려서는 안 된다. 시즈카처럼 운전 실력에 자신이 없는 사람이 운전대를 잡는 것은 안전장치를 해제한 권총을 소지하는 것과 다를 바가 없다.

"피해자가 되는 건 어쩔 수 없지만 가해자는 되고 싶지 않고. 가해자가 될 가능성이 조금이라도 있느니 다소 불편을 감수하겠다니. 정말 시즈카 씨다운 선택이네."

"세상 물정 모른다고 말하고 싶은 건가요."

"아니. 세간과의 타협도 자기 주관에 얽힌 것도 아니야. 거칠게 말하면 삶의 방식이 다른 거지. 시즈카 씨는 가해자가 되고 싶지 않다는 입장이라면 나는 조건부로 가해자가 되는 것은 명예라고 생각하는 입장이랄까."

설명을 듣지 않아도 겐타로가 말하는 조건부가 대강 무엇인지는 짐작이 간다. 안하무인에 불손한 폭주 노인이지만 그 뿌리는 권선징악과 반권력덩어리. 자기 외의 다른 누군가를 지키기 위해서라면 껄껄 웃으며 법을 파괴한다. 실제로 겐타로가 그렇게 하는 것을 직접 보기도 했다. 위법 행위라고 해서 전면 부정하는 것도 아니지만 법조계 사람이었던 시즈카는 역시 따라 할 수 없고, 애초에 따라 할 생각도 없다. 몇몇 언동에는 공감한다 해도 시즈카와 겐타로가 정의定義하는 정의正義는 서로 다르기 때문이다.

지극히 당연한 사실을 재확인하고 있는데, 누군가 병실 문을 노크했다. 들어온 사람은 저번 사건으로 알게 된 아타고 경찰서의 도치나미였다.

"감사합니다. 저번에는 폐를 많이 끼쳤습니다."

병실에 들어오자마자 도치나미는 갸륵하게 고개를 숙인다.

"사법연수원에 들렀더니 고엔지 판사님께서 이쪽에 계실 거라고 해서요."

"뭐야, 내 병실에 와서 용건은 시즈카 씨에게 있는 거야?"

아뇨, 라고 도치나미는 말끝을 흐렸다.

"정말로 판사님을 번거롭게 할 생각은 없는데요."

"십중팔구 사건에 관한 거네요. 몇 번이나 말했듯이 저는 이미 퇴임했어요. 수사에 공적으로 엮일 이유는 없죠."

"제 개인적인 사정이기도 합니다. 개인적인 사정이라면 판사님 개인의 입장에서 상담해 주실 수 있지 않으십니까?"

도무지 현직 경찰관이 전개할 논리는 아니었는데, 그 정도로 도치나미가 고민하고 있다는 증거였다.

"시즈카 씨, 듣기만 하는 건데 뭐 어때. 심심풀이로 듣는 데 돈 드는 것도 아니고."

"제가 겐타로 씨와 똑같을 거라고 생각하지 말아 주시죠. 그래서 무슨 사정이신가요?"

"3일 전, 하마마쓰초에서 일흔 살 노인이 자동차를 폭주한 사건에 대해 알고 계십니까?"

"신문에서 봤어요. 운전자를 포함해 사상자가 네 명 나온 사건 맞죠?"

"4월 20일 오전 10시 30분경, 국도 15호선을 남하하고 있던 하이브리드차가 갑자기 차선을 벗어나 편의점으로 돌진했습니다. 운전자 가베무라 마사히코는 머리에 강한 충격을 받아 사망, 편의점 손님 세 명이 각각 중경상을 입었습니다."

"사망자가 운전자뿐이라는 게 불행 중 다행이네요."

"아뇨. 현장 검증을 해보니 사실은 그것보다 더욱 행운이었습니다. 하이브리드차가 편의점으로 돌진하기 전에 유치원생들이 줄서서 지나가고 있었거든요."

"자칫 유치원생들까지 휘말린 대참사가 될 뻔했다는 말인가요?"

"현장에 남은 타이어 자국에서 운전자가 급히 핸들을 꺾었다는 점을 알 수 있었습니다. 순간적인 판단으로 유치원생들을 피했던 것이죠."

"폭주 원인은 무엇이었나요?"

"아직 수사 중입니다. 사고 차량은 오토매틱 차인데 액셀과 브레이크의 높이가 같았습니다. 사고를 담당하는 교통과에서는 다른 사례처럼 액셀과 브레이크를 착각한 것으로 추측하고 있습니다."

들기로는 자주 발생하는 폭주 사고인데 왜 도치나미가 고민하는지 알 수 없다.

"운전자의 운전 실수네요. 그에게 운전 실수를 할 요인이 있었나요?"

"운전자는 수년 전에 뇌종양을 앓았습니다. 다행히 수술로 종양은 제거했습니다만 한쪽 다리에 후유증이 남아 있었던 듯합니다."

"그렇다면 액셀과 브레이크를 착각했다고 해도 전혀 이상하지 않네요."

"아닙니다."

도치나미는 고개를 가로저었다.

"후유증이 남은 것은 왼쪽 다리입니다. 액셀과 브레이크는 오른발로 밟기 때문에 직접 관계는 없죠."

"그럼 도치나미 씨는 도대체 무엇이 거슬리시나요?"

"운전자 가베무라 마사히코는 전직 경찰관이셨습니다. 아니, 그냥 다 말씀드리죠. 그는 제가 존경하는 상사였습니다."

시즈카는 겐타로와 마주 본다. 도치나미가 말한 개인적인 사정이 무엇인지 눈치챘기 때문이다.

"벌써 10년도 더 된 일이지만 제가 아타고 경찰서로 발령받았을 때, 가베무라 씨가 부서장이셨습니다. 아무것도 모르는 애송이를 눈여겨봐 주셨죠. 직속 상사는 아니었지만 직원들을 차별하지 않으시는 성품으로 인망도 있으셨고요."

"인망이 있다고 해서 운전 실수를 하지 않는다고는 할 수 없잖아."

겐타로가 어깃장을 놓자 도치나미는 또 고개를 저었다.

"매사 신중하신 데다가 실수하고는 아주 거리가 먼 분이셨습니다. 한쪽 다리에 후유증이 남은 뒤부터는 더욱 신경 쓰셔서 사실 위반 건수는 제로, 근처 주민 이야기로는 평소 운전하실 때나 주차

하실 때도 전혀 불안감이 느껴지지 않았다고 합니다."

"계속 장롱 면허면 당연히 사고 날 일이 없지."

"골드 면허를 갖고 계시는데요, 평소에 운전하신 듯합니다."

젠타로는 우선 입을 다물었지만 무슨 말을 하고 싶은지 안다. 아무리 신중하고 운전에 익숙하다고 해도 사람은 실수할 때는 실수한다. 흔히 마가 낀다는 순간이 그러하다.

"두 분이 무슨 생각을 하시는지 잘 알고 있습니다. 아무리 주의해도 사고가 일어날 때는 일어나고 일흔이 된 노인이라면 그럴 확률도 높아진다고요. 알고 있죠. 논리로는 이해가 갑니다. 하지만 마음으로는 납득이 안 되어서요."

"사고를 일으킨 사람이 얼굴도 모르는 사람이라면 그렇게 생각하지 않겠지. 공사 구분을 못 하는 거 아닌가?"

"젠타로 씨."

"아니, 맞는 말씀이십니다. 냉철한 판단을 해야 하는 경찰이 개인적인 감정을 놓지 못하는 걸 부정할 수 없어요. 하지만 그렇기 때문에 고엔지 판사님께 부탁해야겠다고 생각한 것입니다."

"부탁이라니, 설마 저보고 그 교통사고를 조사하라는 말인가요?"

"저번 사건 때 알았습니다. 판사님 일행의 눈은 저희가 놓치는 것도 놓치지 않는다는 걸요."

"아니, 잠깐만."

갑자기 젠타로가 끼어든다.

"지금 판사님 일행이라고 했나. '일행'이라는 건 거기에 나도 포함된다는 뜻인가?"

"저번에 고즈키 씨의 추리가 큰 도움이 되었습니다. 솔직히 말하면 고즈키 씨의 의견도 구하고 싶지만, 아무리 그래도 입원 중이신 분께는."

"내가 무슨 새장에 갇힌 새도 아니고. 약간의 외출은 재활에도 도움이 돼."

아무래도 겐타로는 내키는 듯하지만 시즈카는 결정하지 못하고 있었다. 도치나미의 개인적인 의뢰라고 해도 시즈카가 현장에 있으면 아타고 경찰서 경찰들이 경계하는 것은 불 보듯 뻔하다. 사법연수원 교수의 몸으로 현장 수사관과 실랑이를 벌여서 뭘 한다는 말인가.

"역시 시즈카 씨는 이럴 때도 신중하네. 아직 고민하는 건가."

"겐타로 씨는 생각이 너무 없으시네요."

"노인들의 생각은 필요할 때도 필요하지 않을 때도 있어. 눈앞에서 젊은이가 늙어빠진 노인 두 명에게 고개를 숙여. 의義를 보고 행하지 않음은 용기가 없음이니라."

"그런 격언, 젊은 사람들은 몰라요."

"시즈카 씨만 알면 됐어."

겐타로도 도치나미도 기대가 가득한 눈으로 시즈카를 보고 있다. 거절했다가는 냉혈한이 되는 상황이지 않은가. 거절할 수 없는 처지가 된 시즈카는 겐타로를 노려보았다. 재활이라고 하며 외출하고 싶어 하는 듯하지만 이 영감과 동행하는 것만은 피하고 싶었다.

2

"이건 부동산 투기로 건물을 모조리 사들이려던 흔적이네."

현장인 하마마쓰초의 거리를 바라보며 겐타로는 주변도 신경 쓰지 않고 말한다. 휠체어를 밀고 있던 시즈카는 무심결에 겐타로를 차도에 던져 버릴까 생각했다.

"그런 말은 좀 작게 하세요. 아니, 그냥 입 다물고 계세요."

"그런데 시즈카 씨. 이런 식으로 현대적인 빌딩과 옛날 주택이 섞여 있으면 막상 재개발 단계에 가서는 지장이 생겨. 보아하니 이 일대는 아직 발전할 여지가 많은데, 이렇게 해서는 계획을 세워도 수월하게 진행이 안 돼."

"겐타로 씨, 하마마쓰초는 처음이시잖아요. 어떻게 부동산 투기 흔적인 줄 아시나요?"

"대도시권, 게다가 이용객이 많은 역 주변은 정기적으로 재개발의 파도가 밀려오기 마련이지. 재개발은 1구획, 1블록 단위로 하는 것이니까 건물은 건축 연수가 같게 돼. 바로 그거지."

"보기만 해도 건축 연수를 아세요?"

"건축물에도 유행이 있으니. 기념비처럼 디자인에 공을 들이는 등, 각 시점에 확립된 건축공학을 바탕으로 지어져. 공법, 구조에서 창문 유리 개수까지 특징이 있어서 뭐, 보면 대강은 알아."

젠타로의 언설은 정곡을 찔러 과연 노련한 베테랑의 눈은 만만치 않다고 시즈카는 혀를 내두른다. 젠타로와 걷고 있는 곳은 하마마쓰초 2번지, 무역센터 빌딩 주변이지만 한때 이 일대는 서민들의 주거지역이었다. 하지만 지가가 급등하면서 많은 주민이 닛포리나 미카와시마로 이사하게 되었다. 버블 초기에 들어서 투기가 재발했다고도 들었다.

"늘어선 건물 사이에 듬성듬성 주택이 섞여 있는 건 투기 실패를 뜻해. 그런 걸 보면 토지를 둘러싼 공방전이 눈앞에 떠올라."

"엄청난 상상력이시네요. 그런데 그건 이번 폭주 사고와 아무 관계도 없잖아요."

"그건 또 모르지."

젠타로는 정면을 바라본 채 수수께끼 같은 말을 내뱉는다.

"토지에 얽힌 인연이 재앙을 부른다는 건 드문 이야기도 아니야."

"고즈키 씨의 이야기는 여러모로 흥미롭지만 어딘가 괴담 같아서 잘 이해는 안 되네요."

앞장서서 가고 있던 도치나미가 조심스럽게 말한다. 아마 젠타로의 말에 긍정할 수 없는 면이 있지만 저번 사건 해결에 도움을 받은 터라 잠자코 있는 것일 테다.

드디어 사고현장에 도착했다.

편의점 피해 현황은 분명했다. 반투명 비닐로 덮여 있었지만 도로 쪽 유리 벽이 온통 깨져 있었다. 매장 안에 배치되어 있어야 할 진열대는 이미 철거가 끝난 상태였고 공간이 텅 비어 있어 썰렁했다. 자세히 보면 피를 닦아낸 흔적도 보인다.

갓길에는 죄다 시들어 버린 헌화가 블록에 놓여져 있다. 사망한 가베무라에게 바치는 것이 틀림없지만 한 다발뿐이라는 광경이 사건에 대한 사람들의 생각을 말해 주고 있다.

운전자 이외에 사망자가 없는 것은 다행이었다.

자업자득.

애초에 불편한 몸으로 운전하는 것이 잘못이다.

큰 소리로 외치는 사람들은 보이지 않지만 수군거리는 소리가 혼잡을 틈타 새어 나오는 것 같았다.

시선을 도로 쪽으로 돌린다. 쭉 뻗은 직선으로 도로 폭도 여유롭다. 매장 앞에는 초심자가 봐도 선명한 타이어 자국이 남아 있어, 차도에서 돌진해 오기 직전에 급하게 핸들을 꺾었다는 것을 알 수 있다.

"가베무라 씨가 급하게 핸들을 꺾은 건 폭주 방향에 유치원생들이 있어서, 였죠?"

"네. 인솔 교사의 증언도 그렇습니다. 교사 두 명이 유치원생 열두 명을 데리고 가는데 갑자기 자동차가 돌진해 왔고 하이브리드 차라서 다가오는 소리도 나지 않았던 듯합니다. 순간 유치원생들을 감싸려고 했는데 차가 급히 핸들을 꺾어 편의점으로 돌진했다고 합니다."

"아이들에게 돌진하기 직전에 핸들을 꺾었다니 정말 대단하시네요."

"그렇죠. 하지만 요즘처럼 고령 운전자에 의한 사고가 다수 발생하면 이런 호평도 악평에 묻히기 쉽습니다. 남는 건 고령 운전자에 대한 책임 전가와 의분의 탈을 쓴 울분 해소뿐이고요."

도치나미는 분하다는 듯이 말한다. 수사 단계에서 들었던 시민의 목소리를 떠올릴 것이다.

세 사람은 매장 안으로 들어갔다. 도치나미의 주선으로 오너 겸 점장에게서 이야기를 들을 수 있었다.

오너 겸 점장은 시나가와라는 오십 대 정도로 보이는 남자로, 유니폼만 입지 않으면 대기업의 중간관리자 같은 풍채였다.

"마침 제가 계산대에 있을 때여서 무지 놀랐습니다. 지금까지 이 근처에서 사고 같은 건 한 건도 없었으니까요. 보시면 아시겠지만 직선 도로라서 사고가 나기도 어려운 곳이죠."

시나가와는 사고 당시가 떠올랐는지 노골적으로 얼굴을 찌푸렸다.

"자동차가 돌진해 온 건 잡지 코너였습니다. 스무 살 정도 되는 청년과, 조금 떨어진 곳에 아이와 함께 온 엄마가 서 있었죠. 청년은 진열대에서 멀리 날아가 여기저기 부딪혔지만 정통으로 부딪히진 않아서 구사일생으로 살아남았죠. 아이와 엄마는 날아온 유리 파편에 피부가 찢긴 정도의 경상을 입었다고 들었습니다."

손님의 피해 상황에 대해서는 정중한 말투로 말했다. 하지만 그

다음부터 시나가와는 뾰족해졌다.

"가장 큰 피해자는 우리 쪽이에요. 실제로 유리 벽을 다시 세우는 것이 다가 아니라 충돌의 충격으로 건물 전체에 손상이 발생하고 있어요. 보험 회사에서 사정하고 있는 중인데 도대체 손실이 어느 정도나 될지."

"운전자의 모습은 어땠습니까?"

시즈카가 묻자 시나가와는 미간을 찌푸렸다.

"운전자요? 에어백 때문에 처음에는 잘 안 보였어요. 문도 찌그러져서 열리지 않는 바람에 구급차가 도착하기만을 기다릴 수밖에 없었고요."

이다음부터는 도치나미에게서 들었다. 구급차가 도착해 사고 차량의 문을 떼어내 가베무라를 꺼냈지만 에어백의 강한 충격으로 심장이 파열된 상태였다. 구급대원은 그 자리에서 가베무라의 심정지를 확인, 병원에 이송하는 도중 심폐소생술을 했지만 끝내 숨졌다. 이른바 애차가 그대로 가베무라의 관柩이 된 것이었다.

"보험 회사 담당자에게 물으니 운전자는 임의 보험에 가입되어 있지만 대물 배상 보험에 본인 희망으로 상한을 설정했다고 하네요. 그 배상 보험의 범위로는 건물 수리 비용을 전부 충당하지 못하고요. 게다가 운전자에게 그다지 재산이 없으니 배상 청구를 해도 소용이 없는 듯하고, 도대체 어떻게 하면 좋을지. 아이들을 피한 건 훌륭할지 몰라도 이쪽은 울고 싶은데 울 수도 없어요."

사고 당사자가 사망했기 때문에 공공연하게 거론하기는 찝찝하지만 그래도 가게의 피해를 생각하면 왠지 모르게 항의하고 싶어진다. 프랜차이즈 편의점 중에는 경영이 순조롭지 않은 매장도 적지 않다고 들었다.

"그래도 프랜차이즈니까 이런 수리 비용은 본사가 부담해 주지 않나요?"

"그럴 리가요."

시나가와는 지금도 울 것 같은 얼굴을 하고 있다.

"진열대나 간판은 전부 본사에서 대여하고 있고, 매장 보수 비용은 명목상 본사에서 구입하는 식이에요."

시즈카는 솔직히 깜짝 놀랐다. 설마 그런 식으로 운영할 것이라고는 생각지도 못했다.

"그래도 그렇지 너무 뻔뻔하네요."

"현재 본사와 한창 교섭 중인데 긍정적인 답변은 들을 것 같지 않아요."

"그런 건 물어보기 전에 빨리 가게부터 접어야지."

어깨를 축 늘어뜨린 시나가와 앞에서 겐타로가 헛소리를 한다.

"고객 대접이 별로인 걸 보면, 어디 회사에서 오십까지 근무하다 조기 퇴직 제도인지 뭔지로 퇴사해 가맹 편의점을 시작한 녀석이겠지."

"흐음, 뭐."

"2, 3년이나 점장을 했으니 뼈저리게 알겠지만 편의점 매출은 입지 조건으로 거의 결정돼. 예상치의 1할도 증감하지 않지. 하지만 인건비와 전기요금, 난방비, 폐기비는 꼬박꼬박 점주가 부담해. 그렇다고 24시간 365일을 최소 인원으로 돌리면 어디선가 문제가 발생하기 시작하고, 결국 점주 부부는 하루도 쉬지 못하지. 본사는 본사대로 무리하게 대량 발주를 요구하고, 매출이 호조면 본사가 근처에 직영점을 개점해 박살 내러 오지. 뭐, 엎친 데 덮친 격이랄까. 내 말이 틀리나?"

하나하나 정곡을 찔렸는지 시나가와는 점점 고개를 떨구기만 할 뿐 조금도 반박하지 않는다.

"원래 경쟁 매장이 이렇게 난립하면 편의점도 그렇게 벌이가 안돼. 가게를 내는 것만으로 돈을 벌 수 있다면 아무도 점주 따위 모집하지 않겠지. 직영점을 오픈하면 그만이니까. 그렇게 하지 않는 건 경영에 대해 1도 모르는 회사원들을 속여서 노예로 만들 속셈이라서야."

"겐타로 씨, 무슨 말을."

"시즈카 씨는 좀 조용히 있어 줘. 가게에 폭주 차가 돌진해서 운전자는 즉사. 징조가 나쁜 데도 정도가 있지. 이런 매장에 누가 물건을 사러 오겠어. 매장 수리 비용은 어차피 빚이 될 테고 편의점을 계속 경영하면 빚은 눈덩이처럼 불어날 거야. 이번 사고는 말야, 이쯤에서 그만두라는 하늘의 계시 같은 거야. 미안하지만 빨리 가게 접."

"죄송해요."

시즈카는 겐타로의 말을 끝까지 들을 생각도 없이 이야기 도중 휠체어째 겐타로를 매장 밖으로 옮겼다. 시나가와의 표정은 불쌍해서 차마 확인할 생각도 못 했다.

"지금 제정신이에요?"

시즈카는 바깥이라는 것도 신경 쓰지 않고 겐타로에게 화를 냈다. 아이를 다루는 것과 똑같다. 아이들은 그 현장에서 바로 혼나지 않으면 왜 혼났는지 이해하지 못한다.

"안 그래도 막막할 텐데 빨리 폐업하라니요. 상처에 소금을 뿌리는 격 아니에요?"

"소금만 뿌리는 거면 다행이지. 그대로 계속 매장을 운영하면 독약을 깊이 머금는 거나 똑같아."

겐타로에게 시즈카의 질책은 개구리 낯짝에 물 붓기나 마찬가지였다.

"시즈카 씨도 봤잖아. 그 매장 옆에 다른 매장 또 있고, 길 건너편에 또 있고. 거의 똑같은 편의점이 경쟁하는 와중에 일부러 사람이 죽은 매장에 오는 이상한 사람은 없어. 그 증거로 우리 말고 다른 손님은 한 명밖에 안 왔잖아. 이런 상태가 일주일이나 계속되면 조만간 본사에서 이러쿵저러쿵할 거야. 전직 회사원 부류들은 그런 압력에 의외로 약해. 본사의 지시와 공갈에 쫓기고, 가족까지 휘말려서 최악인 상태로 가게를 접게 될 게 눈에 훤해. 그렇게 되기 전에 빨리 손절하는 편이 본인을 위해서나 가족을 위해서 바람직해."

"마치 본 것처럼 말씀하시네요."

"실제로 봤어."

겐타로는 태연하게 말한다.

"나고야에서 편의점 매장을 몇 개나 지었거든. 다 짓고 나서 땡, 하고 끝내면 찝찝하기도 해서 매장이 잘 되는지 정기적으로 보러 갔어. 결과는 반반이더라고. 어떻게든 계속되는 매장이 있는 반면,

빨리 망하는 매장도 있고. 망한 매장의 점장에게는 공통점이 있었는데, 아까 그 점장도 예외가 아니야. 있잖아, 시즈카 씨. 장사는 옆에서 보는 것만큼 간단하지 않아. 나이 오십까지 회사 울타리 안에 있던 사람이 흉내 내서 될 일이 아니지. 물러날 때를 착각하면 지옥이니까."

담담한 말투가 오히려 무시무시했다. 판사로 부임해 약 반세기, 공무원으로 생활해 온 시즈카는 짐작도 할 수 없는 냉혹함이 있을 것이다. 울화통이 터지는 말이긴 해도 역시 반세기 정도를 경영자로 살아온 겐타로의 말에는 그에 걸맞은 설득력이 있었다.

"그런데 유치원생들이 걸어가던 곳은 어느 쪽인가?"

"저쪽이요."

겐타로의 질문에 도치나미가 가리켰다. 편의점 근처에 있는 건물 앞이었다.

지은 지 30년은 된 낡은 3층 건물로, 시대에 뒤떨어진 듯했다. 시즈카도 관심이 생겨 바로 앞까지 휠체어를 밀고 갔다. 층마다 창문에 회사명이 붙어 있었다. 1층은 다이어트&미용 회사인 '뷰티 크리스탈', 2층이 '니코니코 부동산', 그리고 3층이 '오노 법률사무소'였다.

"시즈카 씨, 어떻게 생각해?"

"조금 마음에 걸리네요."

"나는 꽤 걸려. 손잡이를 좀 놔 줘."

시즈카가 손잡이를 놓자 겐타로는 핸드림을 조작해 '뷰티 크리스탈'의 문 앞까지 나아갔다.

그리고 난동을 부렸다. 인터폰이 있는데도 불구하고 오른 주먹으로 문을 세차게 때리기 시작했다. 노크 정도로 가볍게 두드리는 힘이 아니라 문을 부술 정도로 엄청난 힘이다. 상반신과 입, 머리가 건강한 것은 알고 있지만 도대체 칠십 먹은 노인의 어디에서 저런 힘이 나오는지 시즈카는 신기하기만 하다.

"고즈키 씨, 지금 뭐 하시는 겁니까?"

아직 겐타로의 성격을 파악하지 못한 도치나미는 당황해 급히 겐타로를 말렸다. 성격을 잘 아는 시즈카는 조용히 탄식하며 지켜보기만 했다.

도치나미가 말려도 겐타로는 계속 내려쳤다.

"얼른 나와. 설마 이런 시간에 자고 있겠어? 자, 나와. 어서 나와. 지금 당장 나와."

슬슬 문의 표면이 찌그러질 것 같은 순간, 마침내 문이 열렸다.

"도대체 무슨 소란이야. 인터폰 안 보여?"

문틈으로 얼굴을 내민 것은 삼십 대로 보이는 배 나온 남자였다. 번듯하게 와이셔츠를 입은 직장인 차림이지만 어딘가 경박한 인상이 느껴지는 건 처음부터 감정을 발산하고 있어서일까.

남자는 문을 계속 두드린 사람이 휠체어 노인이라는 것을 알고 어안이 벙벙했다.

"드디어 나왔군."

"……무슨 일이십니까? 여긴 다이어트&미용 회사인데요."

"고즈키 겐타로라고 하는데, 사장 있나."

"사장님은 외출 중이신데요 오늘 약속 잡고 오신 건가요?"

"아니. 난 오늘 처음 여기 왔고 회사 이름은 본 적도 들어본 적도 없네."

겐타로가 가슴을 펴고 대답하는 것을 보고 시즈카는 또 한 번 한숨을 내쉬었다. 고령 운전자 폭주도 문제지만 겐타로의 폭주를 더욱 사회문제로 삼아야 하지 않을까.

"미리 약속하지 않으셨으면 만나실 수 없습니다. 저희 사장님은 무척 바쁘셔서요. 다이어트&미용과 거리가 멀어 보이시는데, 사장님께 어떤 용건이 있으신지요?"

"이름은?"

"전 다가미라고 합니다만."

"누가 네 이름을 물었나. 사장 이름 말이야."

순간 다가미의 눈썹이 한쪽으로 치켜 올라갔다.

"저희 회사 이름을 본 적도 들은 적도 없는 분께 왜 사장님 이름을 알려 드려야 하죠? 말씀드렸다시피 사장님께서는 안 계십니다. 돌아가 주세요."

다가미는 그렇게 말하자마자 문을 닫았다. 겐타로는 문전박대를 당했지만 의외로 순순히 시즈카 옆으로 돌아왔다.

"으, 손 아파."

"본인 나이 좀 생각하세요."

"생각했으니 주먹에서 끝낸 거야. 시즈카 씨, 열 살만 젊었어도 문을 차 부줬을 거야."

"이번 방문에 어떤 의미가 있는 겁니까?"

겐타로의 엉뚱한 행동에 당황한 도치나미가 조심스럽게 묻는다.

슬슬 하이브리드차보다도 젠타로 쪽이 폭주하기 쉽다는 것을 눈치 챈 듯하다.

"의미가 있는지 어떤지는 나중에 알게 될 거야. 그것보다 아까 점장 이야긴데, 운전자 가베무라에게는 거의 재산이 없으니 손해 배상 청구를 해도 소용없는 거 아닌가."

"재산이 없다는 건 사실이에요. 자택도 셋집인 데다가 현금이나 유가증권을 가지고 있었다는 이야기도 없었어요."

"퇴직금은 제대로 나왔을 거 아냐."

"경찰이라고 해도 퇴직금은 남은 인생을 유유자적하게 보낼 만 한 액수가 아니에요."

"그래도 공무원 퇴직금이잖아. 어느 정도는 목돈이 지급될 텐데."

"하지만 예금통장 잔고는 얼마 안됐어요. 다 어디에 쓰셨는지."

"집을 보고 싶어. 데려다주게."

가베무라의 자택을 방문하는 것에는 시즈카도 이견이 없었다. 젠타로의 기세에 도치나미는 그의 말을 따를 수밖에 없었다.

가베무라의 자택은 다이토구 이리야 주택가에 있었다. 나팔꽃 시장으로 유명한 곳이지만 직접 가보는 것은 시즈카도 처음이었 다. 큰길에는 중저층 건물이 즐비해 있지만 한 번 더 안으로 들어 가면 서민 정서를 풍기는 주택이 늘어서 있다.

가베무라의 집은 슬레이트 지붕의 목조 단층집으로 차고도 있었 다. 이미 가택수사는 끝난 듯 경찰의 모습은 보이지 않는다.

"가베무라 씨는 퇴직 후에도 원래 살던 집에 계속 사셨습니다."

문을 열면서 도치나미가 설명했다.

"퇴직하면 교외에 집을 사거나 맨션으로 이사하는 분들이 적지 않습니다만, 가베무라 씨는 이 동네가 정말 맘에 드셨나 봅니다."

장소뿐만이 아니라 집 자체에도 애착이 있는 것이 틀림없다고 시즈카는 생각했다. 작지만 남쪽에 화단이 있어 나팔꽃이 나란히 피어 있다.

"관리가 잘 되어 있네. 이 집에 애착을 보인 데엔 분명 다른 이유도 있을 거야."

"무슨 말씀이신가요, 겐타로 씨."

"가베무라라는 남자, 홀몸이었잖아. 집주인들은 독신 고령자에게는 좀처럼 방을 빌려주지 않거든. 이사하려면 싼 물건을 찾아야 하는데, 수도권에서는 찾기 어렵지."

"왜 그런가요?"

"독거노인은 고독사하기 쉬우니까. 이런 이야기도 부질없지만, 실내 청소를 하려면 번거롭고 또 그다음에는 사고 물건이 되잖아. 집주인이나 관리 회사 입장에서는 시한 폭탄한테 집을 빌려주는 느낌이겠지."

집 안은 쥐 죽은 듯이 조용했다. 사람이 살지 않는 집은 곧 숨을 멈추고 황폐해지기 시작한다. 바닥에서 피어오르는 적막함은 묘지의 적막함과 닮아 있었다. 청소도 잘 되어 있고, 바닥에도 먼지는 쌓여 있지 않다. 둘러봤지만 눈에 띄는 쓰레기도 없었다.

"사고 직후에 가택 수사를 했기 때문에 눈에 띄는 것들은 압수한 상태입니다."

작은 집으로 방도 많지 않다. 침실과 서재, 부엌 외에는 사용하지 않는 아이 방이 있을 뿐이었다.

시즈카는 아이 방 선반에 있는 포토 스탠드로 시선을 던졌다. 꽤 색이 바랜 사진으로 어느 공원을 배경으로 세 부자가 어깨를 맞대고 있다. 어디에나 있는 배경과, 어디에나 있는 행복. 그것을 도려낸 퇴색한 사진 한 장이 현 상황을 보여 주고 있다.

같은 것을 보고 있던 젠타로가 입을 열었다.

"가족은 어떻게 되었나."

"아내분은 몇 년 전에 사망하셨고 아들이 한 명 있습니다만…… 요 얼마 동안은 별거라고 해야 할지."

"똑바로 말하게. 아들이 어쨌다고?"

"사기죄로 징역 2년. 현재 지바 형무소에서 복역 중입니다."

"만나러 가자."

"만나러 가자니……지바에, 게다가 형무소예요. 지금 가봤자 헛수고예요."

"암 적출 수술을 막 마친 노인네가 죽을 둥 살 둥 수사에 협력했더니, 뭐야 그 미적지근한 태도는."

거만하게 가슴을 펴고 경찰에게 턱짓하는 태도 어디가 죽을 둥 살 둥인지.

"병원에서 이제 외출을 허락해 주지 않을지도 몰라. 하루에 끝낼 수 있는 건 하루에 끝내야지. 수감자 면회는 경찰이라면 얼마든 할 수 있잖아. 권력은 이럴 때 발휘하는 거라고. 어때?"

도대체 누가 권력을 발휘하는 거냐는 생각을 했지만 일일이 따지는 것도 귀찮았다.

불쌍한 도치나미는 고개를 떨구고, 핸드폰을 붙든 채 굽신거리며 지바 형무소에 연락을 취했다.

"가베무라의 외아들이 무슨 짓을 저질렀는데?"

지바 형무소로 향하는 도중, 복지 차량 맨 뒷줄에서 겐타로가 큰 소리로 질문을 해댔다. 운전석에 있는 도치나미에게 들릴 만큼 소리치는 바람에 가운뎃줄에 앉아 있는 시즈카는 무지 시끄러웠다.

"특수사기, 소위 보이스피싱의 전달책이었습니다. 지바시에 사는 82세 할머니를 속여, 현금 8백만 엔을 수령하려는 순간, 잠복해 있던 수사관에게 현행범으로 체포되었고요. 초범인 것을 감안해 징역 2년의 실형 판결을 받았습니다."

"부서장 아들인 것이 밝혀진 날에는 체포한 측도 껄끄러웠겠네."

"도둑을 잡고 봤더니 내 자식 놈이었던 거죠. 이미 가베무라 씨가 퇴직한 후였고, 지바 현경도 본인 이름과 주소를 공표한 것뿐이었습니다. 체포된 사람이 전 부서장 아들이란 것을 터뜨린 건 주간지였고요."

"부친은 면회를 왔었나."

"글쎄요. 저도 그 사건에 대해서는 가베무라 씨와 이야기한 적이 없어서요."

어딘지 괴로운 듯한 말투로 도치나미의 심정이 상상이 간다. 부서장까지 올라간 경찰이라면 자식이 실형 판결을 받은 상황에서 평온할 리가 없다. 도치나미가 옛 상사와의 접촉을 삼간 것은 가베무라를 배려해서였을 것이다.

"전달책은 사기 조직의 가장 말단이야. 두목은 잡혔나?"

"안타깝게도 못 잡았습니다. 체포된 전달책은 일방적으로 연락을 받기만 해서, 지휘계통조차 모르고 있었습니다."

"흠, 쓰고 버리는 카드인가. 용케도 그런 역할을 맡았군. 조금만 생각하면 불리한 일을 떠맡았다는 걸 알아차릴 수 있을 텐데, 참."

"본인에게 거절할 수 없는 사정이 있었습니다."

"빚인가?"

"네. 소비자금융이나 무허가 금융업자에게 쫓기는 중에 괜찮은 아르바이트 자리가 있다는 유혹에 넘어간 듯합니다."

그 후 겐타로는 말이 없었는데 한일자로 입을 꾹 닫고 생각에 잠겨 있다는 것을 손바닥 보듯 알 수 있었다.

겐타로는 맹렬히 화가 난 것이다.

마침내 세 사람을 태운 복지 차량이 지바 형무소에 도착했다. 높이 솟은 정문은 붉은 벽돌의 로마네스크 분위기를 풍기며 지붕은 좌우가 돔 모양이다. 본관도 붉은 벽돌로 메이지 모던 양식으로 더욱더 역사가 느껴진다. 그도 그럴 것이 이 형무소는 메이지 40년*에 지어진 것으로 전신은 지바 감옥이었다. 시즈카도 여러 번 방문한 곳이지만 몇 번이나 방문해도 지금이 헤이세이 시대라는 걸 의심해 보고 싶어진다.

면회 창구에서 신청을 마친 후 대기실에서 순서를 기다린다. 시

---

* 1907년.

간은 오후 4시까지, 한 번에 면회 가능한 사람은 세 명까지여서 시즈카 일행이 원하는 바가 이루어진 셈이었다.

번호가 불리자 시즈카 일행은 면회실로 안내받았다. 기다리고 있으니 곧 아크릴판 너머로 수염이 거뭇거뭇한 남자가 모습을 드러냈다. 징역수 가베무라 유키히로였다.

"아타고 경찰서 도치나미라고 하네. 예전에 네 아버지께 신세를 졌어."

"아, 형사님이신가. 어쩐지."

"어쩐지, 라니 무슨 말인가."

"아버지랑 똑같은 냄새가 나요. 형사라는 사람들한테서는 전부 같은 냄새가 나는구나."

"아버지가 돌아가셨다는 건 알고 있나."

"담당 선생님(교도관)께 들었어요. 운전하다가 유치원생들한테 돌진했다고요."

"정말 안타깝네."

"벌써 칠십이에요. 좋아했던 운전으로 돌아가셨으면 그래도 만족하시지 않으셨을까요?"

유키히로는 묘하게 시원시원한 말투로 부친의 죽음에 대해 말했다. 도치나미는 사정이 달라 말하기 힘들어 보였다.

"현재 사고에 관해 한창 수사 중인데, 질문에 대답해 주게."

"수감 중인 제게 뭘 묻는다는 거예요."

"질문은 내가 안 해. 고즈키 씨가 할 거야."

시즈카는 휠체어를 유키히로 앞까지 밀었다. 유키히로는 겐타로의 모습을 보고 흥미가 생긴 듯했다.

"아버지가 마지막으로 면회 온 건 언젠가?"

"할아버지, 뭔가 뜬금없네요. 마지막 면회는 이번 달 10일이었어요."

10일이라고 하면 가베무라가 사고를 일으키기 이틀 전이다. 도치나미의 얼굴에 긴장감이 흐르는 것을 시즈카는 놓치지 않았다.

"무슨 이야기를 했나?"

"여기 생활에 대해 말했어요. 뭐 아프지도 않고 뭐든 하고 있다고요. 모범수가 아니라 형기가 줄어들진 않을 것 같다든지, 그런 이야기요."

"사기 조직 이야기는 나왔나?"

"아뇨. 이제 와서 사건을 끄집어낸다고 제 형기가 줄어드는 것도 아니고, 조직에 대해서는 아직 아무것도 모르니까요. 실제로 저는 피해자고요."

수감자가 자신을 피해자라고 부르는 것은 드문 일도 아니다. 예전에 시즈카가 판결을 내린 피고인 중에서도 그런 사람들이 늘 어느 정도 존재했다. 게다가 장기간 복역하고 있으면 자신이 왜 벌을 받고 있는지 잊어버리기 때문에 어떻게든 피해의식이 싹트게 된다. 자신의 죄를 마주 보고 있지 않다는 반증이나 다름없는데, 이런 사람은 자칫 재범을 일으키기도 쉬웠다.

"나 말이야, 꽤 좋은 대학 나왔어요."

유키히로의 출신대학은 6개 대학에 들어가는 명문대였다.

"졸업만 하면 평탄한 인생이 기다리고 있을 터였죠. 그런데 3학년 때 취업난이 시작되더니. 백 군데 넣었으려나. 거의 서류에서 불합격하고, 면접도 전멸. 모처럼 명문대에 들어갔는데 가전제품 판매점마저 입사 못 했죠. 이런 분함을 고도성장기를 살아온 노인분들이 아시려나요. 마치 지금까지의 인생을 바닥에서부터 부정당하는 기분이라고요."

고도성장기에 일하고 있던 사람들은 전부 단물을 빼먹고 있었다고도 들리는 말투에 시즈카는 조금 애가 탔다. 고도성장기야말로 기업 간, 사원 간 경쟁도 치열해 결코 안온한 시대가 아니었다.

그러다가 흠칫했다. 비교적 안정적인 공무원이었던 시즈카마저 그렇게 생각한다면 불모지에서 회사를 일으켜 한평생을 살아온 겐타로가 유키히로의 말을 달갑게 들을 리도 없다.

슬쩍 둘러보니, 의외로 겐타로는 입술을 꾹 다문 채 한쪽 눈썹만 치켜올리고 있다. 분노를 모으고 있을 때 나오는 표정이었다.

"저한테도 자존심이 있어요. 중소기업에 들어가고 싶지 않아서 우선 파견사원이 된 다음에 중고 신입으로 취업 준비를 계속했어요. 그래도 일본 기업은 신입 이외에는 취급도 안 해서, 일단 파견사원이 된 사람은 좋은 대학 출신이어도 좀처럼 정직원을 시켜 주지 않더군요. 파견사원은 월급도 10만 엔 좀 넘으려나. 도내에서 저렴한 5만 엔 아파트를 찾았다고 해도 남은 5만 엔으로 한 달을 버텨야 하죠. 명문대 출신인데 생활비가 5만 엔이라니 장난하나."

"그래서 제대로 된 곳도 아닌 데서 돈을 빌렸나."

"생활비부터 수도, 난방비, 통신비를 빼고 나면 아무리 아껴도 안되니 어쩔 수 없죠. 처음에는 2, 3만 엔만 빌릴 생각이었는데 정신을 차렸을 때는 3백만 엔으로 부풀어 있었어요. 이것도 처음에 유명기업이 저를 고용해 줬다면 생기지도 않았을 빚이에요. 기업이 아니더라도 정부가 취업에 실패한 우리를 구제할 조치를 생각해 줬다면 이렇게 되지도 않았을 거예요. 이런 의미에서 저는 피해자라고요."

"피해자가 어째서 감방에 들어가 있나."

"사채업자에게 돈을 빌려서요. 돈을 못 갚으면 일해서 갚으라고 하더라고요."

"흠. 약점을 잡혀서 그런가."

"전달책이 옳지 않은 일이라는 건 알고 있어요. 추심이 심해지면 제대로 된 아르바이트도 하기 어려워요. 그래도 전달책을 한 번 하면 10만 엔이 생겼어요. 저처럼 궁지에 내몰린 사람은 누구라도 이렇게 할 거예요."

"그걸 아버지한테도 말했나?"

"네. 아무 답도 없었지만요."

"분명 답을 하다가는 이 얇은 아크릴판을 때려 부수게 될까 봐 그랬겠지."

겐타로가 눈앞의 아크릴판을 툭툭 치는 것을 보고 시즈카는 무심결에 휠체어를 반걸음 후퇴시켰다. 아까 그랬던 것처럼 문을 후려갈길 가능성이 컸다.

"아버지는 계속 듣기만 했나?"

"함께 살 때도 아버지가 먼저 말을 걸어 온 적은 거의 없었어요. 친자식이라고 특별히 사이가 좋은 것도 아니고요. 게다가 부서장까지 일하신 전직 경찰이시니 징역수 아들 따위 수치스러우셨겠죠."

"너 참 말 잘했다. 맞아, 정말 수치스러워. 다만 그건 콩밥을 먹어서가 아니라 포승줄에 묶인 죄상이 너무 한심해서야. 한심하고, 좀스럽고, 비열하고, 어린이 심부름만도 못한 범죄야. 너보다는 땅속을 기어다니는 지렁이가 더 도움이 되고, 영리하고, 살 가치가 있을 정도지. 아니, 물벼룩도 환경에 따라 체질을 바꿀 수 있으니, 너보다는 꽤 고등 생물이겠네."

욕을 청산유수처럼 얻어먹자 유키히로는 어안이 벙벙했다.

"잠시만요. 사기는 지능범죄로 분류돼요. 그걸 지렁이나 물벼룩보다 못하다고 하다니."

"여든두 살 할머니를 속여 현금 8백만 엔을 가로채려고 했다지. 아이의 귀여움에 눈이 먼 할머니 정도는 누구라도 속일 수 있어. 네가 현명하다고 생각할지 모르겠지만 그게 아니라 자식을 향한 그 할머니의 사랑이 깊었을 뿐이야. 가만히 듣자 하니 빚에 쫓겨서 어쩔 수 없었다고? 이런 젠장!"

겐타로의 일갈이 면회실에 울려 퍼졌다. 유키히로는 어깨를 흠칫 떨며 뒤에 있는 교도관에 닿을 정도로 몸을 크게 뒤로 젖혔다.

"큰소리도 작작 쳐야지. 빚에서 벗어나려고 가장 편하고 비열한 방법을 택한 주제에 무슨 피해자 타령이야. 네게 판결을 내린 판사 이름을 말해. 지금부터 내가 직접 담판을 지어서 더 무거운 형벌로 바꿔 줄 테니."

시즈카는 자신이라면 유키히로에게 어떤 판결을 내렸을지 한번 생각해 보았다. 판결 전에 그의 허튼소리를 들었다면 초범이라도 형량을 감안할 생각은 들지 않을 것이다.

"중소기업에 들어가는 건 자존심이 허락하지 않나. 대학을 나왔는데도 가전제품 판매점에서 일하는 게 그렇게 비참해? 그런 싸구려 자존심을 가진 인간은 실수로 대기업에 채용되어도 조만간 쓸모없다고 창가로 내몰릴 테지. 경영자로서 말하는데, 취업난에도 중소기업은 만성적인 인재부족에 시달렸어. 너처럼 싸구려 자존심 때문에 멀뚱멀뚱 취업 시기를 놓친 세상 물정 모르는 인간이 피해자인 척하면 몰라도, 급기야 사기꾼의 심부름꾼 따위를 지능범이라고 하질 않나. 제기랄!"

"면회 중지."

도중에 교도관이 가로막아 유키히로는 눈 깜짝할 사이에 반대편 문 너머로 끌려갔다.

"고즈키 씨. 도대체 무슨 목적으로 면회를 요구하신 겁니까?"

이번에야말로 도치나미는 주저하지 않고 항의했다.

"모처럼의 기회가 엉망이 되었습니다. 판사님도 마찬가지예요. 왜 말리지 않으셨습니까?"

유키히로가 저지른 범죄에 정상 참작의 여지가 전혀 없었다고는 말할 수 없다. 하지만 이는 전직 판사인 고엔지 시즈카로서의 견해이며, 올해 여든한 살이 된 노인의 기분으로서는 겐타로의 악담에 수긍이 가는 부분도 있다.

"앵앵 시끄러워."

항의를 받아도 겐타로의 태도에는 변함이 없었다.

"제대로 물어봐야 할 것은 물어봤어. 시즈카 씨도 그걸 알았으니까 말리지 않은 거고. 맞지?"

겐타로가 동의를 구했지만 시즈카는 무시했다.

"가베무라의 퇴직금은 도대체 얼마였나?"

지바 형무소를 나온 직후 겐타로는 복지 차량의 뒷좌석에서 물었다.

"같은 경찰서 사람이니 자네도 대강은 알 수 있을 거 아냐."

"그게 말이죠. 같은 경찰이라도 상벌 유무나 횟수에 따라 꽤 조정을 받아서요. 그래도 뭐, 퇴직한 분들의 이야기를 종합해 보면 평균 2천만 엔 정도인 듯합니다."

시즈카는 겐타로와 얼굴을 마주 보았다. 가베무라의 집은 연금에 의존한 독거노인의 집 그 자체여서, 어디에도 큰돈을 쓴 것 같은 흔적은 보이지 않았다.

"퇴직금은 직접 건네주나?"

"설마요. 월급이랑 똑같이 계좌이체 해주죠. 다만 압수한 가베무라 씨 명의의 통장에는 요 몇 달 분의 거래밖에 기재되어 있지 않았습니다."

"그럼 은행과 이야기해서 과거 거래기록을 받으면 되잖아. 가베무라가 퇴직금을 어디에 썼는지 조사해."

"정말로 경찰을 자신의 수족 정도로 착각하고 계시네요."

옆에서 듣고 있으니 결코 유쾌하지가 않아서 시즈카는 한마디 끼어들 수밖에 없었다.

"손이야 그렇다 치고 발이 이 모양이니 발 대신 쓸 수밖에 없잖아. 시즈카 씨는 반신불수인 사람한테 너무 냉정하네."

"하반신이 말을 안 듣는 대신 입과 손이 남달리 발달하셨죠. 그래서 쌤쌤이에요."

"저기, 말씀 중에 죄송합니다만."

도치나미가 머뭇머뭇 끼어든다.

"가베무라 씨의 퇴직금이 이번 사고와 무슨 연관이 있습니까?"

"자네는 몇 년 차지? 보통이라면 퇴직금 2천만 엔을 노후 자금으로 쌓아 두거나 제2의 인생을 위해 투자하거나 하지. 하지만 그 집에 그런 분위기는 전혀 없었어. 돈은 목숨 다음으로 중요한 거야. 그게 흔적도 없이 사라졌다는 게 이상하지 않나?"

"……그건 그렇네요."

"또 하나. 할 일을 일러주겠네."

이미 도치나미는 겐타로의 지시를 거절할 의지를 잃은 듯, 고분고분 따르고 있다.

겐타로의 두 번째 명령은 시즈카도 납득할 수 있는 것이었다.

3

이틀 후 겐타로에게서 병실에 와 달라는 연락이 왔다.

— 도치나미가 조사 결과를 우리에게 보고하고 싶다고 하네.

시즈카는 어째서 자신이 겐타로가 부르면 가야 하는지 싫은 소리를 하고 싶었지만 수사 협력을 약속한 도치나미의 보고를 무시할 수도 없다. 연수원 강의를 마치고 그대로 병원으로 향했다.

"가베무라 씨에게 지급된 퇴직금은 2천 2백 63만 엔이었습니다."

도치나미가 보고한 금액이 평균 이상인지 이하인지는 모른다. 하지만 정년 후 여유로운 생활을 보내기에는 충분한 금액이 아니라는 것은 시즈카도 알 수 있다.

"그런데 그 퇴직금이 몇 년 후 거의 인출되었습니다."

"그 멍청한 아들놈이 체포된 시기겠지."

겐타로가 지적하자 도치나미는 시큰둥하게 고개를 끄덕였다.

"네. 가베무라 유키히로가 체포되어 검찰에 송치된 무렵 2천만 엔을 현금으로 인출했습니다."

"그 돈이 어디로 사라졌는지 정도는 이미 조사했겠지?"

"고이 간직해 둔 퇴직금을 거의 인출하셨습니다. 가베무라 씨의 성격을 생각해 보면 어디로 갔는지 대강 유추할 수 있는데요. 투자 같은 거라면 정년 직후부터 운용을 시작하셨을 테고, 도박에 퇴직금을 쏟아부을 정도로 어리석은 분도 아니고요. 무엇보다 인출한 타이밍이 타이밍인지라 유키히로 사건과 얽혀 있다고 짐작하고 있습니다."

"사기 사건의 피해자인가?"

"NPO 법인 가운데 특수사기 피해자 모임 같은 것이 몇 개 있습니다. 각 단체에 문의해 보니 그중 한 곳에 익명으로 같은 날짜에 같은 금액이 입금되어 있었고요. 가베무라 씨가 우선 현금화한 것은 자신이 송금했다는 사실을 숨기고 싶어서였겠죠. 해당 NPO 법인은 거액의 기부금에 놀라면서 감사하고 있었습니다. 피해자 모임이라고 해도 정신적인 케어나 계몽 활동을 하는 것이 고작이고, 피해자를 경제적으로 지원해 줄 비용은 없으니까요."

이른바 보이스피싱 사기가 사회문제가 된 것은 오래되었지만 피해자에 대한 공적 자금이 없는 것은 도치나미의 지적대로였다. 재산범 등의 범죄에서는 가령 범인이 체포되어도 범행으로 얻은 수익을 몰수하거나 추징할 수 없기 때문이다. 조직 범죄 처벌법 개정에 따라 범인이 범죄로 얻은 재산은 형사재판에 의해 박탈할 수 있게 되었지만 그 법은 올해 12월 1일부터 적용된다.

"유키히로가 관여한 사건은 재판 중에도 전모가 불분명하고, 피해자를 전원 특정하는 데까지 이르지 못했으니까요. 가베무라 씨가 속죄와 사죄의 의미에서 관련 단체에 기부한 것도 이해가 갑니다."

도치나미는 힘껏 감정을 눌러 죽이고 있었다. 가베무라의 청렴함과 유키히로의 방자함을 대비하면 석연치 않은 기분이 드는 것도 당연했다.

"그런데 고즈키 씨. 퇴직금이 어디로 흘렀는지는 해명되었습니다만 그게 이번 사고와 어떤 관계가 있습니까?"

"가베무라의 됨됨이를 알면 그가 왜 무모한 운전을 했는지도 자연스럽게 알게 되니. 그것보다 다른 하나는 어떻게 됐나?"

"그 회사에 관한 조사였었죠. 가지고 왔습니다."

도치나미가 꺼낸 것은 상업등기부 초본이었다. 상업등기부에는 해당 기업의 본점 소재지, 회사 설립 연월일, 목적(업무 내용), 발생 가능 주식 총수, 자본금, 그리고 임원에 관한 항목이 기재되어 있다.

겐타로가 초본을 한번 훑어본 뒤 시즈카에게 건넸다.

상업등기부 초본은 '뷰티 크리스탈'에 관한 것이었다. 설립은 지금으로부터 3년 전, 자본금은 백만 엔, 업무 내용은 미용기구 판매, 건강식품 판매, 피트니스 클럽 운영 등이었다.

이사에 올라간 이름이 두 명, 감사가 한 명. 대표이사는 미나키 고키치. 회사를 무작정 방문했을 때 응대했던 다가미의 이름은 어디에도 없다.

"등기부만 보면 수상한 점은 없는 듯합니다. 회사 소재지도 업무 내용도 체재는 갖추고 있는 듯하네요."

"어디까지나 서류상의 체재지. 시즈카 씨도 사무실 안을 봤잖아. 어땠어?"

"본점치고는 미용 관련 포스터가 하나도 없는 것이 신경 쓰였죠. 응대하러 나온 다가미라는 남자도 미용과는 먼 풍채와 말투로, 거친 일을 하는 게 더 어울려 보였고요."

"깡패라고 똑똑히 말해 줘야지. 시즈카 씨는 꼭 이상한 데서 자제하더라."

"사람을 겉모습으로 판단하는 게 싫어서요."

"대표이사인 미나키라는 남자에 관해서도 당연히 조사했겠지."

"전과자입니다."

내뱉는 듯한 말투만으로도 어떤 전과인지 상상이 간다.

"미나키 고키치 38세, 초범은 22세 때, 절도죄로 체포. 이후는 사기죄로 두 번, 각각 복역을 마치고 출소했습니다."

"어디 조직원인가?"

"폭력단에는 속해 있지 않지만 범죄 집단에는 틀림없습니다. 물론 건전하지도 않은데 그렇다고 폭력단도 아닌, 애매한 것들이 더 골치 아프죠. 폭력단이 아니라 폭대법(폭력단대책법)의 규제도 받지 않고요. 그래서 사금융이나 산업폐기물업, 예능 프로 경영이라는 광범위한 사업을 위장해 뻔뻔하게 돈을 벌어들이고 있습니다."

"거기까지 조사했으면 '뷰티 크리스탈'의 정체도 알아냈겠지?"

"다이어트&미용이라는 건 그냥 간판으로, 실태는 폭력단 같은 것들의 사무실이겠죠. 미나키 같은 남자가 대표이사라는 점만 봐도 수상쩍은 회사입니다."

"오랫동안 경찰이었던 가베무라가 아주 싫어할 만한 못난 놈들."

"유키히로를 전달책으로 쓴 특수사기의 주동자가 미나키였습니다. 가베무라 씨는 그렇게 짐작했지만 상대가 폭력단도 아닌 데다가 증거도 없어 최종적으로는 자신의 몸을 바쳐 미나키의 사무실에 자동차로 돌진하려 했고요. 그런데 그 순간에 유치원생들이 사무실 앞을 지나가고 있어서, 급히 핸들을 꺾어 편의점 쪽으로 돌진하고 말았습니다……고엔지 판사님도 같은 생각이십니까?"

"사기에 손을 댄 아들은 복역 중이고, 자신은 퇴직금을 관련 단체에 기부하며 속죄하고 있었죠. 그런데 주동자인 인간은 느긋하게 살고 있다니 보통은 분개할 거예요. 하물며 가베무라 씨는 오랫동안 경찰이셨으니 더 화가 나셨을 겁니다. 하지만 자신은 한쪽 다리가 불편해 직접 담판도 못 짓고요. 가베무라 씨가 자동차의 힘을 빌리려고 한 것도 무리는 아니라고 생각해요."

겐타로는 시즈카의 말을 듣기만 할 뿐 아무 이론異論도 제기하려하지 않는다. 조금이라도 자신과 의견이 다르면 꼭 참견을 하는 영감이라 이건 시즈카의 생각에 동의한다는 증거다.

"세 가지 문제가 있습니다. 우선 가베무라 씨가 어떤 경로로 사기 조직의 주범격이 미나키라는 것을 알아차렸는가. 두 번째로 애초에 정말 미나키는 사기 조직의 리더인가. 그리고 마지막으로 '뷰티 크리스탈' 및 미나키를 어떤 법적 증거로 체포할 수 있는가. 도치나미 씨가 바로 의혹을 찾아낼 수 있을 정도였으니 예전부터 주시하고 있었다는 거네요."

"아타고 경찰서뿐만 아니라 경시청 수사2과도 쫓고 있습니다."

"그런데도 아직 꼬리도 잡히지 않은 건 상대가 상당히 교묘하게 처신하고 있어서겠죠."

"두 번째 의문은 가베무라 씨에게는 별로 의미가 없었을지도 모릅니다. 그렇게 믿어 버리면 입증할 필요는 없죠. 개인적인 복수니까요."

"하지만 가베무라 씨는 확증 없이 미나키를 범인 취급할 수 없잖아요."

시즈카는 완곡히 복수를 부정한다. 가베무라를 안타까워하는 도치나미가 미나키 사기 조직을 증오하는 것은 상상하기 어렵지 않다. 현역 경찰이 사적 원한에 매몰되어 버리면 사회질서는 유지할 수 없게 된다. 이는 시즈카가 몹시 싫어하는 것이다.

"확증을 얻고 싶은 마음은 굴뚝 같습니다만 이 사기 사건 정도 되면 강력계만으로는 벅찹니다. 경시청 수사2과의 협력이 간절하네요."

"협력받으면 되지 않나?"

겐타로가 태연하게 말한다.

"사기꾼은 사람을 속이는 게 생업이야. 내버려 두면 피해자는 늘어나기만 하지. 가베무라의 원통함을 풀어주느냐는 마느냐는 둘째치고, 일단 네 일이 그런 악당들을 한 놈도 빠짐없이 잡아내는 거잖아."

"사람도 예산도, 게다가 시간도 한정적입니다. 경시청에 협력을 요청하려 해도 그에 걸맞은 명분이나 확증이 필요합니다."

도치나미는 변명 같은 말을 하면서도 분한 마음을 감추려고 하지 않는다. 조직의 현실에 맞서기에는 개인의 힘 따위 계란으로 바위 치는 것과 같다. 이러한 현실에 절치부심하는 것만으로도 도치나미는 정직한 공무원이라고 시즈카는 생각한다.

"명분이니 확증이니 듣기만 해도 울적해 죽겠네. 목숨 걸고 밀어붙일 정도의 기개가 없는 거냐."

겐타로가 도발하듯 말한다. 아니, 이건 분명한 도발이다. 시즈카는 당황해서 불을 끄러 간다.

"겐타로 씨. 그런 말을 하면서 또 파워쇼블 타고 사무실에 쳐들어갈 생각이세요?"

정곡을 찔린 듯 겐타로가 곧 정색한다.

"시즈카 씨. 세상에는 실력을 행사하지 않으면 안 되는 때와 경우도 있잖아."

"겐타로 씨는 때와 경우도 생각하지 않으시잖아요. 아무나 겐타로 씨 같은 무법적인 짓을 할 수 있는 게 아니에요. 그리고 도치나미 씨는 경찰이시고요. 아무리 수사 목적이라고 해도 위법 행위는 절대 해서는 안 돼요."

"시즈카 씨 다운 말이지만 법을 지키는 것만으로 사기꾼을 체포할 수는 없어. 미나키는 몇 번이나 담 안팎을 드나들겠지. 붙잡히고 붙잡혀도 반성하지 않는 악당은 속세에 있든 감방에 있든 늘 흉계를 꾸며. 형무소에는 선배들도 많으니 실패담과 조언도 들을 수 있고. 예를 들면 악당들의 학교에서 공부를 열심히 하는 학생이 뛰어난 선생님과 만난 셈이지. 이런 악당 엘리트를 상대로 이쪽만 예의 바르게 굴어서 대적이 되겠나?"

시즈카는 대답이 궁했다. 시즈카 자신은 신념이나 긍지가 폭력을 이긴다고 믿지만 겐타로 같은 천상천하 유아독존 남자에게 통할 것 같지는 않다.

"우리나라는 법치국가에요. 개인의 복수나 폭력은 허용되지 않아요."

"복수든지 폭력이라든지 남부끄러운 소리 좀 하지 말아 줘. 영화의 라스트 5분은 주인공이 악당을 깨부수는 시간이지."

문득 전속 요양보호사로 일해 온 미치코라면 어떻게 반론할지 상상해 보았다. 이 심사가 뒤틀린 영감을 어떻게 하면 잘 다룰 수 있을까.

마침내 번뜩였다.

"겐타로 씨. 회사를 세운 지 몇 년 되셨나요?"

"대강 반세기. 스무 살이 될까 말까 했을 때, 부모님이 물려준 헐값의 토지를 정지해 팔았으니. 그게 '고즈키 개발'의 시작이야."

"그럼 50년이나 사장으로 계시잖아요. 그에 비하면 미나키는 대표이사에 취임한 지 겨우 3년이에요. 그런 하수랑 이야기를 해보기도 전에 실력 행사라니, 제가 완전 사람을 잘못 봤네요."

일단 무슨 말이든 해본 것인데 의외로 효과가 있는 듯하다. 도발이라는 것을 알았는지 겐타로가 입술을 삐죽 내밀었다.

"시즈카 씨. 내가 그런 말에 넘어갈 것 같아?"

"훌륭한 고즈키 사장이라면 결코 도망가거나 하시지 않겠죠."

겐타로는 끙, 하고 신음한 뒤 팔짱을 꼈다. 이런 단순한 면은 좀처럼 미워하기 어렵다.

"실력 행사 쪽이 훨씬 빠를 텐데."

"입원 환자시잖아요."

"다른 쪽으로 데미지를 주는 방법이 있긴 하지."

"어떤 쪽이죠?"

"견실한 놈이든 폭력단이든 상관없이 경영자라는 사람들이 가장 싫어할 쪽."

4

다음 주, 시즈카와 겐타로, 도치나미는 또 다른 한 사람을 데리고 '뷰티 크리스탈' 사무실을 방문했다.

"먼저 성함을 말씀해 주셨으면 다가미도 무례하게 굴진 않았을 텐데요……어쨌든 실례해서 정말 죄송합니다."

대표이사 미나키는 정중한 태도로 일행을 응접실로 안내했다. 키가 크고 비쩍 말라서는 다가미보다는 세련되었지만 역시 간사한 분위기는 지울 수 없다.

"그러나저러나 나고야 상공회의소의 겐타로 회장님이 일부러 찾아주시다니 영광일 따름입니다. 그런데 무슨 일로 또 회사를 찾아주셨나요?"

"이 세상에 여자가 존재하는 이상 미용에는 영원히 수요가 넘치잖아."

질문을 받은 겐타로는 그럴듯하게 너스레를 떤다.

"남자들의 시선과는 상관없이 여자는 아름다움을 끝없이 추구해. 오랫동안 개발업자로 먹고 살아온 내가 보기에도 미용에는 부동산과 마찬가지로 발굴 수요를 기대할 수 있어. 내가 업종 확장의 첫걸음으로 도쿄를 선택한 건 결코 이상하지 않다니까."

"선견지명이 있으시네요. 그런데 미용 비즈니스라면 우리 회사보다 더 성장한 다른 회사도 있을 텐데요."

"흠. 다 성장한 대기업에 무슨 매력이 있겠어. 어차피 제휴할 거라면 성장 중인 기업과 손을 잡는 게 훨씬 재밌지."

겐타로가 껄껄 웃으려고 하자 미나키는 독기가 빠진 듯 힘없이 아첨하듯 웃었다.

겐타로가 미나키와 대적할 수단으로 제안한 것이 경영자로서 정식으로 회담하는 것이었다. 다행히 겐타로에게는 나고야 상공회의소 회장이라는, 마치 본인의 품격을 무시한 듯한 직함이 있다. 가령 사기를 생업으로 하고 있긴 해도 표면적으로는 건실한 직업으로 대표이사를 맡고 있는 이상, 미나키가 겐타로의 제안을 거절하지 않을 거라는 생각이었다.

상공회의소 회장 정도 되면 수행원이 있어야 당연하다. 그래서 시즈카는 변호사 겸 비서, 도치나미와 다른 한 사람은 직원이라고 사전에 알려 동행한 것이다.

"자네 회사를 고른 데에는 다른 이유도 있어. 사무실을 차린 이 건물의 모습이 마음에 들었네. 벤처의 기개가 이 작은 건물에서 느껴져."

"과찬이십니다."

"한편 불안 재료가 없는 건 아니지."

"어떤 점에서 그렇습니까?"

"창업한 지 얼마 안 되었다면 월세나 수도, 난방비 등 고정비용을 아끼고 싶다는 취지는 알아. 하지만 회사 비품뿐만 아니라 모든 지출에 인색해서는 사업도 발전 못 해. 돈을 쓰면 돈 쓴 티가 나는 만큼 보람이 있으니까."

"역시 그런 건가요."

미나키는 깨달았다는 듯이 크게 고개를 끄덕인다.

"저는 결코 인색하지 않아요. 써야 할 곳에는 돈을 쓰고 있습니다."

"입으로는 무슨 말을 못 해."

"그럼 실제로 보시겠습니까. 무엇보다 지금 여러분께서 앉아 계신 소파는 3점 세트에 65만 엔입니다."

3점 세트에 65만 엔, 이라며 겐타로가 김 빠진 듯이 중얼거린다.

"이런, 쩨쩨하네. 말하기 좀 그렇지만 내가 앉아 있는 휠체어는 특수 주문 제작해서 78만 엔이야."

미나키는 미간을 찌푸린다.

"죄송합니다. 사무용 가구를 내세울 게 아니었네요. 그럼 회장실로 안내해 드리겠습니다."

미나키와 일동은 문 하나를 사이에 둔 옆방으로 들어갔다. 방에 한 발자국 발을 들이는 순간 시즈카는 압도당했다.

마치 사무실의 한 방으로는 보이지 않았다. 응접실보다 큰 방은 화려한 소품으로 가득 차 있다. 가장 먼저 눈에 들어오는 것은 히

가시야마 가이*와 후지타 쓰구하루**의 석판화다. 두 그림 모두 고가이지만 작풍이 확연히 달라 소유자가 미술에 아마추어인 것이 훤히 보인다.

책상 위에는 공예품 매와 시계 케이스가 있다. 전체가 눈부시게 빛나는 금색으로 유명한 장인의 작품인 것은 짐작이 가지만, 애석하게도 요란한 방 안에서는 매력이 반감되고 있다. 시계 케이스 안에는 롤렉스나 까르띠에 등 명품이 죽 들어 있는데, 애초에 자신의 취미용품이나 액세서리 등을 사무실 안에 장식해 둔다는 점에서 주인의 바닥을 알 수 있다.

"좋은 시계들 아닌가?"

"역시 보는 눈이 있으시네요. 이건 파텍 필립 한정판이에요."

"이 케이스에 담겨 있다는 것만으로 7천만 엔이라는 건가?"

"아깝네요. 총 1억입니다."

상공회의소 회장 앞에서 자만할 수 있는 것이 기쁜지, 미나키는 콧구멍을 벌름거리며 웃는다. 그런 모습이 정말 불쌍해 보인다는 것을 본인은 전혀 깨닫지 못하고 있다.

천만 번의 대화를 통해야 겨우 사람의 됨됨이를 이해할 수 있는 상대가 있다면, 몇 분간의 행동으로 얕은 바닥을 드러내는 사람도 있다. 미나키는 확실히 후자였다. 정당한 사업의 성과라면 과시용 사치품도 흐뭇하겠지만, 고급 시계도 미술품도 사기로 얻은 것이

---

* 일본 작가이자 예술가.

** 일본 화가이자 조각가.

니 보는 것만으로도 혐오감이 심해졌다. 그런 물건을 보란 듯이 자랑하는 미나키는 광대로밖에 보이지 않는다.

시즈카와 같은 생각을 하는지 겐타로의 눈은 모멸로도 연민으로도 보이는 눈빛으로 가득찼다.

"뭐, 내 사치품이라고 하면 이 특수 제작 휠체어 정도려나. 자넨 어떤 자동차를 타나?"

"외제차 두 대. 포르셰와 페라리입니다만 그날 기분에 맞춰 고릅니다. 괜찮으시면 한번 조수석에 타……."

미나키가 거기까지 말하다가 휠체어를 본 순간 말끝을 흐렸다. 정작 겐타로는 히죽히죽 웃으며 다음 말을 기다리고 있다.

"이왕이면 조수석보다는 운전석에 타고 싶은데."

"아뇨, 그건."

"흠. 뭐 회사가 잘 나간다는 이야기로 됐어. 물론 회사가 많이 버니까 몰 수 있는 자동차 취미잖아."

"네. 감사합니다."

"슬슬 본격적인 이야기를 하고 싶은데."

갑자기 겐타로의 말투가 딱딱해진다.

"과거 3년간의 결산보고서를 보여 주게."

"과거 3년 치는 바로 보여 드릴 수 없는데 작년 것이라면 바로 보여 드릴 수 있습니다."

"그럼 그렇게 해."

미나키가 핸드폰으로 지시했다. 시즈카는 새삼스럽게 이 방에 전화가 없다는 것을 알아차렸다.

잠시 후에 다가미가 파일을 들고 왔다. 저번과는 태도가 완전히 바뀌어, 겐타로 일행의 시선을 피하며 미나키에게 파일을 전달한다. 그러고는 허둥지둥 방을 나간다.

"자, 여기 있습니다. 보십시오."

겐타로는 결산보고서를 한 번 훑어본 후, 도치나미 옆에 앉아 있는 남자에게 건넸다. 남자는 눈을 부릅뜨고 결산보고서를 샅샅이 읽어나갔다.

미나키는 확인 정도로 훑어보았는데, 대수롭지 않게 생각했던 남자가 5분이 지나도 결산보고서에서 고개를 들지 않자 역시 불안을 느끼는 듯했다.

"정말 꼼꼼히 읽으시네요. 창업한 지 얼마 되지 않아서 유감스럽게도 눈에 띌 만한 이윤은 나고 있지 않습니다."

남자가 마침내 고개를 들었다.

"그런데도 고급시계나 외제차를 구입할 만큼 수중에 자금이 꽤나 있으신가 봐요."

"……날카롭게 말씀하시네요. 아무리 회장님과 함께 온 직원이라고 해도 말이 심하신데요?"

"소개가 늦었습니다. 도쿄 국세청의 사사키라고 합니다."

사사키가 미나키의 눈앞에 내놓은 것은 수색 영장이다.

"탈세 용의로 압수수색 하겠습니다."

미나키의 안색이 바뀜과 동시에 다가미가 뛰어들어 왔다.

"사장님, 지금 국세청 놈들이 현관을 부수고."

말을 마치기도 전에 와이셔츠 차림의 수사관이 열 명쯤 방으로 우르르 들어왔다.

"날 속인 건가."

미나키는 겐타로를 한 번 노려보고는 주머니에서 핸드폰을 꺼냈다.

"만약을 위해 말씀드리지만 자택에도 강제 조사가 이루어질 겁니다."

사사키는 검찰에게 결산보고서를 넘기고 미나키의 앞을 가로막았다.

"경찰의 협력을 얻어 건물 주변과 자택에도 경찰을 배치했습니다. 당신에게 도망칠 곳은 없습니다."

다음으로 도치나미가 가로막아 사사키의 옆에 섰다.

"국세청 조사와 동시 진행으로, 아타고 경찰서 쪽에서도 특수사기 건으로 조사하겠네. 마루사*의 강제 조사가 뭔지 알려나. 이 방은 물론 금고, 책상, 락커, 화장실까지 철저히 조사해 회계장부나 영수증 종류, 팩스나 메일 내용, 컴퓨터에 보존되어 있는 데이터 전부, 은행 계좌의 입출금 기록 등 전부 압류하겠네. 그러면 상업등기부니 기재되어 있지 않은 일에 대해서도 알 수 있겠지. 그중에 사기 관련 일이 발견되면 지능범 수사계가 친절하고 정중히 상대해 줄 거야. 도쿄 국세청과 아타고 경찰서가 극진히 마중가야지. 우리 취조실에 온 것을 환영한다."

미나키는 입을 반쯤 벌린 채 털썩 바닥에 주저앉았다.

---

* 국세청 사찰부를 가리키는 은어.

며칠 후, 겐타로의 병실을 방문한 도치나미는 신이 나 있었다.

"이번에도 두 분께 감사 인사를 드려야겠습니다. 감사합니다."

"아니야. 괜찮아."

침대 위의 겐타로는 한 손을 휘저으며 귀찮다는 듯이 말한다. 이유는 명확하다. 자신이 직접 철퇴를 내리지 못해서 욕구 불만인 것이다. 침대 옆에 앉아 있던 시즈카는 내심 속으로 피식 웃는다.

"처음에는 미나키도 묵비권을 행사하고 있었지만 사무실과 자택에서 산더미처럼 증거가 발견되자 서서히 입을 열더군요. 탈세는 물론 특수사기에 관해서도 진술을 시작한 참입니다."

"가베무라의 아들이 전달책이었던 사기 건은 어떻게 되었나?"

"역시 미나키가 지휘를 한 듯합니다. 이제야 드디어 가베무라 씨의 묘지 앞에서 보고할 수 있게 되었습니다."

몹시 울컥했는지 갑자기 도치나미가 말을 잇지 못했다.

"유키히로의 복역 기간에는 아무 영향도 없지만 적어도 가베무라 씨에게는 이걸로 성불할 수 있을 것 같습니다."

"이번 사건은 전부 겐타로 씨의 아이디어였죠."

성공적으로 진행된 것은 무엇보다 겐타로 덕분이다. 이것만큼은 칭찬해 줘야 불공평하지 않을 것이다.

"탈세 쪽에서 파고든 것이 맹점이었습니다. 역시 경영자만의 관점이었어요."

"암흑가의 유력자였던 알 카포네를 형무소에 처넣은 게 탈세 용의 때문이었지. 그걸 따라 한 것뿐이야. 범죄왕이든 사기꾼이든 정식으로 회사를 차린 단계에서 국세청의 추궁은 피할 수 없거든."

말 한마디 한마디에서 국세청에 대한 불평이 엿보이지만 이를 지적하지 않는 것이 무사의 인정일 것이다.

"가베무라 씨가 사기 조직의 주모자를 미나키라고 특정한 이유도 밝혀졌습니다. 그건 유키히로의 진술에서도 알 수 있습니다만 가베무라 씨는 유키히로에게 돈을 건넨 할머니를 여러 번 찾아가, 어째서 그녀가 먹잇감이 되었는지 살피고 있던 듯합니다. 그런데 그녀의 집에 '뷰티 크리스탈'의 가입 안내 팸플릿이 있던 거죠. 가입 희망자에게는 경품으로 고급 야마가타 소고기를 준다는 특전이 있어, 그녀는 무심코 응모 엽서를 보내고 말았습니다. 예상대로 자택 전화번호나 재산 유무를 기입하는 칸이 있었고 미나키 일행은 그 개인정보를 데이터화 해 보이스피싱 사기를 친 것이고요."

"가베무라 씨는 그 가입 안내서에서 '뷰티 크리스탈'을 눈여겨보신 듯하네요."

"뭐랄까, 현역 경찰로서는 부끄럽기만 합니다. 그런데 두 분께 여쭙고 싶습니다만 가베무라 씨가 실패를 감안하면서까지 '뷰티 크리스탈'에 돌격하려고 했다는 추측은 어디서부터 하셨습니까?"

"자택을 방문했을 때요."

침대로 시선을 보내자 겐타로는 말없이 끄덕였다.

"바닥에는 쓰레기는커녕 먼지조차 없었죠. 고령자 남성 혼자 사는 것치고는 정리도 너무 잘 되어 있었고요. 마치 죽음을 결심한 사람의 몸단장처럼 보였어요. 그런 방이었죠. 가베무라 씨에게 익숙한 애차가 관 대신이었던 것처럼요."

제**4**화

장례를 마치고

1

"주문. 피고인을 사형에 처한다."

시즈카가 판결을 내리자 그때까지 법정에 팽팽하던 분위기가 확 누그러졌다.

증언대에 선 유키시로 가스미는 멍하니 어깨를 늘어뜨린 채 하염없이 시즈카를 올려다보고 있다.

1심은 무기징역. 검사 측이 판결에 불복해 항소하자 시즈카와 두 명의 판사가 오랜 합의 끝에 사형을 선택했다. 말하자면 역전판결이지만 1심 판결은 온정이라기보다 사형을 피하려는 인상이 강하다. 사형 판결의 기초가 되는 나가야마 기준*을 납득할 만한 해석도 없이 피하고 있는 것도 문제였다. 세간은 일단 소란스러워지겠지만 시즈카 일행이 내린 판결은 판례에 비춰봐도 타당해 보였다.

* 일본에서 사형을 내릴 때의 양형 판단 기준.

변호 측에 남은 수단은 상고해 최고재판소에서 다투는 것이지만 최고재판소는 법률심이므로 서면 심리만 이루어진다. 상고 이유가 없다고 판단하면 구두 변론을 하지 않고 기각한다. 따라서 시즈카가 내린 판결이 확정판결이 될 공산이 크다.

피고인 유키시로 가스미는 세 사람을 살해했다. 돈을 빌린 상대, 무심결에 거절당한 상대, 그리고 소매치기 현장을 꾸짖은 상대. 전부 피해자에게는 잘못이 없고 가스미의 방자함만이 부각되는 사안이다. 물론 변호 측은 가스미의 범행에 관해 정상참작을 호소해 왔다. 남편의 가정폭력, 이혼 후의 궁핍한 생활은 같은 여자로서 동정심을 불러일으키지 않는 것도 아니지만 그렇다고 살인 행위에 대항할 만한 요인은 아니다.

1심의 무기징역 판결이 온정에 지나지 않는다는 것은 대중의 생각과도 일치하는 부분이었다. 세간과 매스컴은 가스미에게 가차 없이 비난의 목소리를 퍼부었다.

그렇다고 해서 시즈카가 손쉽게 판결문을 기안한 것은 아니다. 피고인이 아무리 악랄하고 잔인해도 인간임에는 분명하다. 그 인간을 사형대로 보내는 여권을 자신이 발행하는 것이다. 판사에 배임 후 40년 정도 되었지만 아직까지 사형판결문을 쓰는 것은 정신적으로 고통스럽다. 몇 번이고 사형 판결이 타당한지를 고민하고, 논점을 정리해 검찰 측도 변호 측도 피고인도, 그리고 무엇보다 시즈카 본인이 사형이 불가피하다고 납득할 수 있는 내용인지를 음미한다. 주관을 섞지 않고 냉철한 시야에서 사건을 파악하고 있는지, 엄벌주의가 아니라 갱생주의에 입각한 판단이 가능한지.

정답도 없고 채점하는 사람도 없다. 있다면 법의 여신 테미스 정도일 것이다. 씩씩하게 행동해도 불현듯 맹렬한 불안감이 덮쳐올 때가 있다. 그래도 견뎌 가며 피고인에게 판결을 읽어 준다.

가스미는 고개를 떨군 채 움직이지 않았다. 사형 판결을 내리면 시즈카가 더 이상 가스미에게 고할 말은 없다. 죽음을 향해 가는 자에게 향할 말은 무엇이든 공허하다.

"폐정."

교도관이 증언대에서 가스미를 데려가는 것을 보고 나서야 시즈카는 자리를 뜬다.

등 뒤의 문을 여는 순간이었다.

"엄마."

법정에 어린 목소리가 울려 퍼졌다.

소리가 난 쪽으로 돌아보니 가스미가 방청석으로 고개를 돌리고 있다. 서 있는 방청객들에게 가려 시즈카의 자리에서 목소리 주인의 모습은 보이지 않는다.

가스미는 상대가 보이는 듯 가만히 멈춰 서 있다. 교도관에게 몇 번이나 재촉당해 가스미는 반강제로 연행되고 있었다.

판사실에 돌아오자 우배심 다지마 슌사쿠가 수고했다는 말을 걸어왔다.

"수고하셨습니다. 고엔지 판사님."

"수고하셨습니다."

이어서 말한 것은 좌배심 마키세 스즈오였다. 다지마는 임관 25년 차 베테랑, 마키세는 작년에 막 판사로 부임했지만 사형판결문을 낭독하는 괴로움은 시즈카와 마찬가지로 잘 알고 있다.

"두 사람 모두 수고하셨어요."

시즈카가 답하면서 의자에 앉는다. 앉자마자 자신의 몸이 무겁게 느껴졌다. 사형 판결을 내릴 때 느껴지는 독특한 무게였다. 게다가 마지막에 들은 아이의 목소리가 아직 머릿속에 울리고 있다.

"들으셨습니까, 그거."

마키세가 슬쩍 말을 꺼내자 다지마는 께느른하게 고개를 끄덕여 보였다.

"들었어요. 듣기 힘드네요, 그런 거."

"고엔지 판사님도 다지마 판사님도 자식이 있으시니까요."

"음. 세 사람을 살해한 악독한 여자도 부모였구나, 라는 생각이 새삼 들더군요."

다지마는 흘끗 시즈카를 쳐다본다. 오래 알고 지내서 다지마의 표정만 봐도 무슨 생각을 하고 있는지 알 수 있다.

사형 판결이 내려진 직후, 아이 목소리를 들은 모친의 기분은 모친이 가장 잘 알고 있다.

"그런데, 다지마 씨. 그건 유키시로 가스미만 그런 게 아니에요. 우리가 재판하는 건 몬스터가 아니라 누군가의 엄마이고 누군가의 자식이죠."

"신문이나 TV에서 판결만을 다루는 사람들은 판사의 고민 따위 상상도 못 하겠죠. 분명."

판사는 법정에서 감정을 드러내서는 안 된다. 속내를 털어놓을 수 있는 것은 판사 동료들끼리 만났을 때 정도다. 아직 젊은 마키세는 판사실에 들어오면 평소 쌓인 울분을 토해내는 것이 습관이 되고 있다. 밖으로 새어 나가지 않는다면 괜찮지만 슬슬 자제하는 편이 좋을 것이다.

"판사가 망설이는 모습을 보이는 게 오히려 더 문제예요."

시즈카는 부드러운 말투로, 하지만 잘 알아듣도록 말한다.

"우리 판사가 미숙하거나 불완전한 건 상관없어요. 하지만 법정 안에서는 완전무결한 신이 되어야 하죠. 입에 담는 것도 우습긴 하지만 법정에서 판사는 테미스의 대변자이니까."

"신의 대변자 말입니까? 점점 마음이 무거워지네요."

"그게 싫으면 하루라도 빨리 완전에 가까워지도록 절차탁마해야 하고요."

마키세는 갑자기 난제를 떠맡은 듯 당황한다.

"완전한 인간이라니, 누구도 고엔지 판사님처럼은 될 수 없습니다."

부탁인데 나를 그런 식으로 보지 말아 줘.

목구멍까지 나오려던 말을 참는다. 일본에서 스무 번째 여성 판사라고 언급된 탓인지 젊은 판사들에게는 시즈카를 신격화하고 싶어 하는 경향이 있다. 아니, 정확히 말하면 젊은 판사가 성장하길 바라는 윗사람들이 시즈카를 법조계 경력의 대표적인 사례로 삼고 싶은 듯하다.

딱 질색이다. 비하하는 것은 아니지만 법복을 입고 약 40년, 아이의 목소리만 듣고 동요하는 미숙한 자의 어디를 본받으라는 건가. 수치심을 느끼기 전에 그들의 사람 보는 눈을 의심한다.

"완전해지라고 한 적 없어요. 완전을 목표로 하라고 했죠."

앞을 보고 노력을 계속하는 한, 인간은 정체나 타락의 유혹을 피할 수 있다. 거리낌 없이 말해 보자면, 지금보다 나빠질 일은 없다.

시즈카가 은사에게서 배운 교훈은 몇 가지나 있지만 그중에서 이것이 가장 정곡을 찌른다. 후진에 큰 가르침을 줄 순 없지만 적어도 이 교훈만은 실용성을 보증할 수 있다.

서투르게라도 시즈카의 생각을 읽었는지 마키세가 고개를 끄덕였다. 다지마가 눈을 가늘게 뜨고 이 모습을 바라보고 있다.

"마치 손자를 타이르는 할머니 같네요."

"이런, 실례."

"미안, 미안해요."

다지마는 한 손을 들어 사과한다.

"시즈카 씨를 보고 있으면 자연스럽게 의지하고 싶어져요. 거북이 등딱지보다는 나잇값*이라고들 하죠. 고엔지 씨 같은 판사님이 사법연수원에서 교편을 잡아 준다면 윗사람들이 안심할 텐데요."

"다지마 씨는 어때요? 나보다 훨씬 교수에 어울리는데."

"전혀."

다지마는 다시 께느른한 표정으로 돌아온다.

"사법연수생들에게 가르쳐 줄 만한 기술이 전혀 없어요."

"농담이 지나치네요, 다지마 씨. 25년이나 판사를 했는데 가르칠 기술이 없다니, 놀리는 것 같아요."

"그거야 조문 해석이나 기안 방법은 설명할 수 있지만 사람을 재

---

* 오랜 경험이나 나이에는 가치가 있다는 일본 속담.

판하는 데에는 육법 외에 무언가가 필요하잖아요. 솔직히 말해 현재 유시마 사법연수원에서 가르치고 있는 것들은 전문서적을 읽으면 다 알 수 있어요. 판사로서 가장 중요한 것은 오히려 연수원 밖에서 가르칠 기회가 많고요."

시즈카도 같은 의견이라 잠자코 있었다.

"표현력이 부족해서 지식 이외의 무언가라고밖에 말할 수 없지만, 적어도 제게는 철저히 부족한 요소에요."

전부 이해할 수는 없어도 와닿는 부분이 있는지, 마키세도 조용히 두 사람의 대화를 듣고 있다.

"내 퇴임 후까지 걱정해 줘서 고마워요. 그런데 저는 딸이 있어서요. 손주가 생기면 이것저것 잔소리를 하는 할머니가 되는 게 현재 제 희망이랍니다. 많은 애들을 상대하는 교수 일은 무리에요."

농담으로 한 말인데 다지마와 마키세는 아주 진지하게 끄덕이고 있다. 이런 융통성 없는 면이 시즈카는 불편하기만 하다.

연호가 헤이세이로 변하고, 법조계가 사법제도 개혁에 나선 것도 10년 이상 지난 이야기였다.

세월이 흘러 시즈카가 본의 아닌 일로 퇴임한 지도 벌써 17년이 지났다. 다지마와 마키세에게 말한 희망과는 정반대로 시즈카는 지금 사법연수원에서 교편을 잡고 있다. 정말로 인생이란 자신의 뜻대로 되지 않는 것 같다.

시즈카가 갑자기 두 사람과의 대화를 떠올린 이유가 있다. 맨션의 방에서 조간신문을 훑어보고 있는데 사회면의 부고란에서 한 이름을 발견했기 때문이다.

— 다지마 슌사쿠 씨 7월 9일, 심부전으로 서거. 시즈오카시 출신. 장례는 불교식으로 거행. 20일 오후 1시부터 스기나미구 우메자토 5—0—0 메모리홀. 상주는 장남 고스케 씨. 1964년 판사로 부임해 2000년 퇴직.

이 나이가 되면 자신보다 어린 사람의 죽음에는 영향을 받는다. 지인이라면 더욱 그렇다.

다지마 슌사쿠는 법리론의 토대가 탄탄해 살아 있는 판례집이라고 부를 만한 판사였다. 본인은 겸손해서 자신은 부족하다고 말했을지 모르지만 사법연수생을 상대로 한 강의라면 그만큼 적임자도 없을 것이다.

그와 주고받은 말들의 파편이 뇌리에 떠오른다. 법무 관련 이야기가 대부분이었지만 그래도 다지마의 고지식한 면을 엿볼 수 있는 내용으로 전혀 질리지 않았다. 진지한 사람의 말을 지겨워하는 사람도 있지만 시즈카에게는 안정을 불러일으키는 음악과도 같았다.

그 음악을 연주하던 사람도 떠나고 말았다. 시즈카 주변을 떠들썩하게 하고, 위무해 주었던 것들이 빗살이 빠지는 것처럼 하나하나 사라져 간다. 마치 사지死地를 향한 여행에 불필요한 짐들은 다 버리고 가라고 협박당하는 것 같다.

시즈카는 다지마의 사망 기사를 다시 읽는 동안 거슬리는 점을 발견했다. 사망한 날이 9일, 장례는 20일. 무려 열흘 이상 차이가 나지 않겠는가.

기사를 몇 번이고 봐도 자세한 내용은 파악할 수 없다. 20일에는 마침 강의도 없다. 시즈카는 장례식에 참석하기로 결심했다.

장례식 날은 아침부터 맑게 개어 있었다. 오늘도 폭염으로 시즈카가 맨션을 나올 무렵에는 피어오르는 아지랑이가 거리의 풍경을 일그러뜨리고 있었다. 분하지만 늙은 육체는 폭염을 견딜 수 없다. 맨션에서 장례식장까지는 택시를 탄다.

장례식장은 주차장도 협소하고 아담했다. 조문객이 백 명 정도 들어가면 꽉 찰 것 같았다. 방명록 줄에 서 있는데 뒤에서 누군가가 말을 걸었다.

"고엔지 판사님 아니십니까?"

돌아보니 건장한 중년 남자가 서 있었다. 머리는 희끗희끗하고 얼굴에는 주름도 눈에 띄지만 동안인 것은 옛날과 다르지 않다.

"마키세 씨."

"오랜만입니다."

이렇게 크다니, 라는 말이 나올 뻔했다. 이상에 불타오르던 예전 신진 판사들도 이제 전부 관록이 묻어난다.

"지금은 어디 있으려나요."

"마에바시 지방 법원 형사부에 있습니다. 변함없는 모습에 안심했습니다."

이야기를 나누는 동안 동떨어져 있던 시간이 되돌아온다. 기분이 좋긴 했지만 그렇기 때문에 자신은 현역에서 물러난 사람이라는 걸 통감한다.

"그 밖의 법원 관계자도 몇 명 봤습니다."

장례식장 안으로 시선을 돌리자 아는 얼굴이 몇몇 있다. 현역 당시 시즈카를 존경했던 사람, 뒤떨어진 성감수성을 지닌 사람, 적개심을 드러냈던 사람. 모두 각각 담담한 모습으로 서로의 근황을 주고받고 있다. 일부러 이쪽에서 인사를 하러 가는 것도 귀찮아서 가까이 가지 않기로 했다.

"최근 다지마 씨와 연락하고 지냈었나요?"

"아뇨, 의리가 없어서 죄송합니다만 요 몇 년은 연하장도 일방통행으로 답이 오지 않는 상태였어요."

"의리가 없다뇨. 연하장을 보낸 것만으로 충분히 의리가 두터운 데요."

시즈카 자신도 다지마와는 연하장을 주고받기만 했을 뿐이라 큰소리를 낼 수 없다. 퇴임 경위에 약간의 스캔들 같은 것도 있었기 때문에 시즈카 쪽에서 연락을 끊은 모양새였다.

"조문객이 별로 없어 쓸쓸하네요. 장례식장이 좁아서 조금 걱정했는데."

시즈카가 말을 꺼내자 마키세는 살짝 시선을 피했다.

"신문 부고란을 보고 달려왔는데, 하나 묘한 부분이 있었어요. 다지마 씨가 사망한 건 9일. 열흘 이상이나 장례가 늦어진 건 왜일까."

그러자 마키세는 주변을 둘러보더니 목소리를 낮췄다.

"장소를 옮기시죠."

방명록 줄에서 벗어나자 마키세는 주변을 경계하며 이야기를 꺼냈다.

"고엔지 판사님이시라면 벌써 눈치는 채셨겠죠."

시즈카는 납덩이처럼 무거운 말을 내뱉는다.

"고독사군요."

"스기나미 경찰서에 연줄이 있어서 물어봤습니다. 아파트에서 혼자 사셔서 발견이 늦어진 듯합니다. 발견 계기는 악취였다고 하고요."

요새는 폭염이 계속되고 있다. 에어컨이 잘 작동했다고 해도 실내에 시신이 방치되면 며칠 안에 분명히 부패할 것이다.

"신고자는 같은 아파트 주민이었습니다. 방에서 악취가 나자 신고를 했고, 가장 가까운 파출소에서 순경이 달려와 시신을 발견했다고 합니다."

"그래도 다지마 씨한테는 가족이 있을 텐데. 오늘 상주도 장남이고."

"가족과는 꽤 전부터 별거 상태라고 들었습니다. 관할에서 들을 수 있던 건 여기까지입니다."

물론 다지마가 고독사로 사망했을 가능성은 처음부터 머릿속에 있었다. 고독사는 대부분 악취 때문에 발견되므로 시신의 부패 상태에도 짐작이 간다.

시즈카는 믿고 싶지 않았다. 그 고지식하고 온화한 다지마의 죽음이 그런 꼴이었다고는 상상하고 싶지도 않았다.

"여러 가지 생각할 것이 있어요."

"저도 그렇습니다. 스기나미 경찰서 담당자에게 들었을 때는 꽤 충격을 받아서."

"오늘은 평정을 유지하도록 하죠. 다지마 씨가 당황해서 성불을 못 하면 큰일이니."

시즈카는 마키세와 함께 방명록 줄로 돌아간다. 고별식을 마치고 다지마의 시신은 발인되고 화장된다.

시즈카 자신이 납득하는 건 다지마의 영혼이 하늘로 올라간 후여도 좋다.

독경이 흐른다.

스님은 한 명뿐이지만 공간이 비좁고 조문객도 적어 오히려 분위기에 어울렸다.

식순은 예정보다 빨리 진행되는 듯했다. 고별식도 곧 시즈카의 차례가 돌아왔다.

관의 문이 열려 있어 몸을 앞으로 내밀자 유리 너머로 다지마의 얼굴이 보였다. 화장을 하고는 있지만 피부가 거무스름해 여기저기 노인성반점이 올라와 있는 것은 감출 수 없다. 한여름에 열흘 이상 방치된 시신을 이렇게까지 정돈한 장의사의 노력을 칭찬하고 싶었다.

"수고하셨어요."

시즈카는 시신을 향해 감사의 말을 전한다. 안건 하나를 처리할 때마다 항상 하는 인사였다.

하지만 다지마의 얼굴 보고 있는 동안, 가슴이 옥죄여 왔다. 생전 얼굴이 남아 있다고는 해도 기억 속 다지마와는 너무나 다르다. 많이 여위고 뼈가 드러나고 피부는 전체가 거칠거칠하다. 시신에 생기를 기대하는 것이 무리지만 그렇다고 해도 변화가 너무 심해 낯설었다. 자신도 이렇게 되는 걸까.

자신의 앞날에 관해 별로 신경 쓰지 않는 시즈카도, 최후의 화장 정도는 만족스럽게 하고 싶다고 생각한다. 조문객들이 쓸데없는 신경을 쓰지 않게끔 마지막은 온화하고 어떤 미련도 없는 듯 보이고 싶다. 그렇지 않으면 조문객들에게 미안하지 않을까.

합장하고 가볍게 절을 한 뒤 관을 떠난다. 장례는 중요하다. 일련의 예절을 마치자 약간의 의구심과 아쉬움이 싹 가시고 만다.

그런데 여자아이 한 명이 모든 것을 뒤집었다. 시즈카의 뒤에서 관 옆으로 다가간 것은 초등학교 저학년 여자아이였다.

"할아버지."

여자아이는 다지마의 얼굴을 바라보며 말했다. 여기까지라면 다른 참가자들의 눈물을 자극하는 광경이었지만 다음 말 한마디에 분위기가 싹 변했다.

"누구한테 이런 짓을 당한 거야."

삽시간에 위화감이 시즈카를 덮친다. 즉시 마키세에게 시선을 보내자 그도 이상함을 눈치챈 듯했다.

"얘도 참, 무슨 말을 하는 거야."

뒤에 있던 엄마가 당황해 여자아이의 입을 손으로 막았지만 얼버무리기는커녕 위화감이 증폭될 뿐이었다.

조문객들 사이에서 웅성거림이 있었지만 숙연하게 계속되는 독경에 묻혀 결국 가라앉아 간다. 의구심이 다시 떠오른 시즈카는 마키세에게 눈짓을 보낸다.

예전에 판사실에서 합의를 반복했던 동료와는 말없이 통하는 면이 있다. 시즈카와 마키세는 장례식장의 구석으로 자리를 옮긴다.

"아까 그 여자아이, 다지마 씨의 손녀인가요?"

"장남 부부에게 딸이 있다고 들었습니다. 분명 그럴 거예요."

"그 말, 거슬리지 않아요?"

"보통은 '왜 죽었어'라고 하죠. 임바밍*은 문제없이 진행되었습니다. 그런데도 그런 말을 하다니, 큰 의문이 남네요."

"그 아이의 말, 더 자세히 듣고 싶은데."

"저도 마찬가지입니다."

시즈카와 마키세는 그 여자아이에게로 시선을 향한다.

"마키세 씨는 어머니 쪽을 상대해 주시겠어요? 그럼 저는 여자아이에게 무슨 일인지 물어볼게요."

예전에 실컷 합의했던 관계라서 척척 맞는 호흡으로 마키세가 움직인다. 어머니로 보이는 여자에게 다가가 은근슬쩍 자신과 시즈카를 소개한다.

"예전에 다지마 판사님과 함께 일을 했습니다. 당시 아무것도 모르던 제가 그럭저럭 법원에서 계속 근무할 수 있었던 건 전부 다지마 판사님 덕분입니다."

"감사합니다. 시아버지도 분명 기뻐하실 거예요."

---

* 시신을 소독, 방부 처리해 생전의 건강한 상태처럼 보이게 하는 것으로 새로운 장례식의 하나.

두 사람이 이야기하는 동안 시즈카는 허리를 굽혀 여자아이와 눈높이를 맞춘다.

"이름이 뭐니?"

"리나. 다지마 리나. 여섯 살."

"그렇구나, 리나. 나는 시즈카, 고엔지 시즈카. 할아버지 친구."

시즈카는 어머니에게 등을 돌리고 리나에게 작은 목소리로 말을 건다.

"리나. 아까 '누구한테 이런 짓을 당한 거야'라고 했잖아."

"응."

"그게 무슨 말이야?"

"할아버지 말이야, 전에는 얼굴도 더 동글동글하고 반들반들했어. 아까 본 얼굴과는 전혀 달랐어."

"누군가가 얼굴을 변하게 했다고 생각한 거야?"

"응. 그리고 할아버지가 죽을 때는 리나와 함께 있고 싶다고 했었어. 할아버지는 항상 리나와 한 약속은 지켰어. 그러니까……."

"리나."

이야기가 점점 무르익는데 어머니가 눈치채고 말았다.

"정말로 얘가 처음 보는 분한테. 폐를 끼쳐서 죄송합니다."

어머니는 형식적으로 대하고는 도망치듯 시즈카와 마키세 곁에서 멀어져 갔다.

"마치 의심해 달라는 반응이네요."

"다지마 씨 시신은 부검했나요?"

"아뇨."

마키세는 고개를 젓는다. 이미 조문객이 아니라 사법 관계자의 얼굴이 되어 있다.

"저도 들은 얘기라 자세한 사항은 모르지만 현장에서 검안을 진행한 감식의가 사인이 정확하다고 판단해 부검할 필요를 알리지 않은 듯합니다."

"어떻게 생각하나요? 마키세 씨."

"고인이 지인이라는 사정을 빼고 봐도 마음에 걸립니다. 이런 의심이 단순한 착각이라면 지레짐작이라고 비난받으면 끝입니다. 하지만 어떤 악의를 놓쳐 버리면 그거야말로 돌아가신 다지마 씨께 호되게 혼날 것만 같아요."

훌륭한 판사로 성장해 주었다. 절박한 상황에서도 시즈카는 기분이 좋아진다.

"자, 어떻게 할까요."

"안타깝지만 고엔지 판사님은 퇴임하신 지 벌써 오래되셨고 저는 마에바시 지방 법원 소속이라 관할도 다릅니다. 손 댈 수가 없어요."

"그래도 가만히 있으면 다지마 씨의 시신은 몇 시간 후 곧 재가 되어 버려요."

"잠시만요."

마키세는 장례식장 안을 둘러보고 어떤 인물을 찾는다.

"도쿄 지방 법원의 지인이 있네요. 고엔지 판사님도 같이 가 주세요."

"난 아무 도움도 안 돼요."

"판사님만 그렇게 생각하시는 거예요."

성장하면서 강인함도 갖춘 듯, 마키세는 시즈카와 함께 도쿄 지방 법원의 지인이라는 사람에게 돌격한다.

"도쿄 지방 법원의 미노우라라고 합니다."

마키세에게 소개받은 미노우라는 신기하다는 듯 시즈카를 본다.

"설마 이런 곳에서 고엔지 판사님을 만나게 될 거라고는. 영광입니다."

마치 시즈카를 전설의 인물처럼 생각하는 듯하다. 부끄러워서 도망치고 싶었지만 지금 상황에서는 수사권을 가진 사람의 협조가 필요하다.

다지마의 죽음에 관해 감찰의가 부검의 필요성을 인정하지 않은 것, 아까 여자아이가 했던 말이 부자연스러웠던 것을 호소하자, 미노우라는 어느 정도 이해한 듯했지만 난색을 표했다.

"고엔지 판사님 말씀은 충분히 이해합니다만, 이미 매장埋葬 허가가 나온 데다가 실례지만 말씀하신 요건만으로는 감정 처분 허가장을 발부할 수 없습니다."

미노우라의 답변은 애초부터 예상할 수 있었다. 허가장 발부는 관할 법원이 하지만, 발부하기 위해서는 제삼자가 납득할 수 있는 이유가 필요하다.

자, 어떡할까.

고별식은 슬슬 끝나가고 있다. 식순에 따라 이후 장남인 고스케의 인사를 끝으로 시신은 대기하고 있는 영구차로 화장터까지 보내진다.

이제 시간이 없다.

궁지에 몰리자 엉뚱하게도 시즈카의 머리에 나쁜 수작을 잘 부리는 인물이 떠올랐다. 이럴 때가 아니면 절대 떠오르지도 않을 것이다.

장례식장 밖으로 나와 핸드폰으로 상대의 번호를 누른다. 두 번만에 전화가 연결되었다.

— 오, 시즈카 씨. 이게 웬일이야, 시즈카 씨가 전화를 다 하고.

침대에 누워 있을 겐타로는 환자 같지 않은 목소리로 말한다.

"지금 통화 괜찮나요?"

— 시즈카 씨 전화라면 새벽 두 시든 닭이 울기 전이든 상관없어. 무슨 용건인데.

"겐타로 씨의 지혜를 빌리고 싶어서."

시즈카는 옛 동료의 죽음에 의문이 남는 것, 그러나 이대로 화장되어 버릴 사정을 간략히 설명한다. 요점을 간결히 하는 것은 겐타로의 스타일이고, 장황하게 이야기하고 싶지 않은 것은 시즈카의 상황이다.

— 흠, 요약하자면 시신을 화장하고 싶지 않다는 건가. 그런데 죽은 지 20일 이상이나 지났으면 꽤 부패했을 텐데. 악취가 코를 찌르지 않을까.

"쭉 화장하지 않는다는 게 아니라 시간을 벌고 싶다는 말이에요."

— 몇 시간 벌면 좋으려나?

"……하루 정도면."

— 하루라니. 어려운 조건이네. 화장터 이름은 알고 있나.

시즈카는 장례식장에 대기하고 있는 장례 회사 직원에게 필요한 사항을 묻고는 겐타로에게 전한다.

"스기나미구의 호리야마 화장터예요."

—좋았어. 잘 될지는 모르겠지만 해보겠네. 안 되면 바로 연락할게.

이쪽의 답도 기다리지 않고 전화를 끊어 버렸다. 궁지에 몰려서 가장 의지하고 싶지 않은 상대에게 부탁한 시즈카도 시즈카지만 두말없이 대화를 매듭짓는 겐타로도 겐타로다.

도대체 겐타로는 무엇을 꾸미고 있는 걸까. 그 남자라면 분명 정식 절차를 밟을 리가 없다. 꽤 높은 확률로 시즈카가 눈살을 찌푸릴 만한 내용이겠지만 이미 부탁한 것은 어쩔 수 없다.

시즈카가 안달복달하고 있자 벌써 상주 인사가 시작되었다.

"유족을 대표해 인사를 올립니다. 고인의 장남 다지마 고스케입니다. 오늘 이렇게 무더운 날씨에도 와 주셔서 감사드립니다. 고인도 분명 기뻐하실 거라 생각합니다."

장남 고스케라는 남자에게는 다지마의 모습이 남아 있다. 다만 다지마보다도 선이 가늘고, 어딘가 내향적인 인상을 지울 수 없다.

"생전의 고인을 기리며 많은 업무 관계자분들께서 참석해 주셨습니다. 고인은 오랫동안 법원에서 일하며 많은 사건에서 판결을 내렸다고 들었습니다. 세상의 질서를 지키는 데 전부를 바친 인생에 본인도 더할 나위 없이 만족할 것이라 생각합니다."

고스케는 물 흐르듯 계속 말하지만, 나쁘게 보자면 장례 회사가 준비해 둔 정형문일 것이다. 술술 말하고 있지만 듣는 쪽에서는 가슴에 와닿지 않는다.

"앞으로는 고인의 가르침을 지켜, 가족끼리 서로를 의지하며 살아갈 생각입니다. 오늘은 정말 감사드립니다."

전형적인 인사였지만 박수에는 격려와 위로가 담겨 있는 것 같다고 시즈카는 생각했다. 법조계에서의 다지마는 보기 드문 사람이었지만 가정에서는 어떤 사람이었는지 심히 신경 쓰인다.

그것보다도 젠타로다. 시즈카의 핸드폰에는 아직 연락이 없다. 적어도 무엇을 꾸미고 있는지 확인해야 했다고 후회했지만 소 잃고 외양간 고치기다.

"그럼 출관하겠습니다."

사회자의 목소리를 신호로 유족들이 관을 운반한다.

"고엔지 판사님."

참기 어려운 듯 마키세가 말을 걸지만 유족들의 앞길을 막을 수도 없다.

시즈카는 이를 꽉 깨물고 서 있는 수밖에 없다.

"이제 작별입니다. 여러분, 다시 한번 절을 부탁드립니다."

영구차가 높고 긴 경적을 울린다. 천천히 발진해 조문객에게서 멀어져 간다.

어머니의 손을 잡고 있던 리나가 못 견디겠다는 듯 달려 나왔다.

"할아버지— "

애절한 목소리에 오열하는 사람까지 있었다.

하지만 시즈카는 안절부절못했다. 이대로라면 다지마의 몸은 재가 되어 버린다.

주머니 안에서 움켜쥔 핸드폰이 삐걱거릴 것만 같았다.

이윽고 시즈카 일행의 바람은 아랑곳하지 않고 영구차는 점점 눈에서 멀어져 간다.

겐타로에게도 묘안은 떠오르지 않은 건가. 시즈카는 실의에 잠겨 간다.

"아무래도 포기해야 할 것 같네요."

옆에 서 있던 마키세도 어깨를 늘어뜨리고 있었다.

"그래도 우리가 할 수 있는 것은 했어요. 분명 다지마 씨도 용서해 주실 거예요."

아직 무엇을 의심하고 있는지도 명확하지 않았다. 다지마는 틀림없이 용서해 주겠지만 시즈카 자신이 용서할 수 없다. 어째서 하필이면 마지막 순간에 겐타로를 믿었을까. 아무리 두뇌가 명석하고 세상 물정을 잘 안다고 해도 지금의 겐타로는 침대 위의 포로다. 환자에게 과한 기대를 품은 자신을 힘껏 때리고 싶어진다.

이렇게 되면 부검 없이 의문을 해결할 수밖에 없다. 시신이라는 가장 유용한 물증 없이 어디까지 조사할 수 있을지 몹시 불안하지만 할 수 있는 만큼 해봐야지.

생각을 가다듬고 발길을 돌릴 때였다.

"어랏. 저 영구차."

"이상하네. 돌아왔어."

조문객의 목소리에 돌아보니, 어쩐지 사라졌던 영구차가 장례식장을 향해 오고 있지 않은가.

제자리로 돌아온 영구차에 장례 회사 직원이 달려간다.

"도로 규제 때문인가요?"

창문으로 얼굴을 내민 운전기사는 심히 곤혹스러운 듯했다.

"아뇨. 도로가 아니라 화장터에서 긴급 연락이 와서⋯⋯미안하지만 오늘 화장터는 사용할 수 없게 되었다고."

"사용 불가라니, 도대체 무슨 말씀입니까."

직원들끼리 주고받는 말이 여기에도 들려와 조문객들도 고개를 갸웃거리고 있다.

겐타로다.

시즈카는 바로 그렇게 결론 지었다. 화장터로 향하고 있던 영구차가 다시 돌아온다. 이런 비합리를 해치우는 건 그 규격 밖의 영감 정도다.

마치 이 광경을 보고 있던 것처럼 핸드폰이 울린다. 발신자는 말할 것도 없었다.

— 이야, 시즈카 씨. 결과는 어때.

"화장터로 떠난 영구차가 돌아왔어요."

— 좋아 좋아. 내일 낮까지 호리야마 화장터에서는 개나 고양이도 화장 못 해.

"무슨 수를 쓴 건가요?"

— 무슨 수라니. 지극히 정당하게 해결했어.

정당한 수단으로 화장터를 사용 불가로 만들 수 있단 말인가.

— 스기나미 구청 담당자가 호리야마 화장터의 건조물 내구성을 체크하기 시작했어. 알고 있으려나, 시즈카 씨. 도내 화장터는 신설이 적고 대부분 노후화되었어. 다마 지역 동부를 시작으로 화장터

가 있는 지자체가 적고, 그 영향으로 도심의 화장터로 집중되고 있지. 그런데 화장로는 일종의 소비재로 내구 연수는 별로 길지 않아. 365일 계속 혹사시키면 그 한계도 멀지 않지.

"맙소사."

— 호리야마 화장터도 예외는 아니야. 총 세 기가 있는 화장로에 두 기가 내구 연수를 초과했어. 즉시 불을 피우는 걸 멈추고, 오늘내일은 업자가 꼼꼼히 검사하게 되었지. 게다가 다른 화장터도 일정이 꽉 차서 갑자기 시신을 가지고 가도 안 받아 줄걸.

"스기나미 구청에 어떤 압력을 넣으셨나요?"

— 뭐가 압력이야. 모처럼 이런 곳에 장기 입원했잖아. 도쿄에도 판로를 넓히고 싶다고 각 구청 연관 부서에 영업했지. 공공시설을 보수하거나 건설하려거든 도내 업자보다 비용을 낮춰 보겠다고. 비용을 낮춘 분만큼은 당연히 지자체에 유보될 테고.

그렇게 지자체를 길들였단 말인가.

— 화장터의 노후화는 지진대책의 측면에서도 지자체에는 골치 아픈 문제야. 우리 회사의 영업부 정보에 의하면 화장터 한두 곳은 곧 멈출 거야. 원래 멈추지 않으면 위험한 화장로가 아직도 많이 가동 중이거든. 이걸로 성공적으로 보수 공사 수주가 날아 들어오면 그거야말로 야케부토리*란 거지. 하하하하.

시즈카는 얼굴이 화끈거렸다.

---

* やけ太り, 화재 후, 살림이나 사업이 더욱 번창하는 현상을 가리키는 말.

2

겐타로의 재치랄까 간계 덕분에 다지마의 화장은 하루 유예되었
다. 시설 측의 사정으로 화장이 늦어지는 경우는 거의 없다. 어쨌든
다지마의 시신은 일단 냉동보존이 가능한 스기나미 경찰서에 보관
하기로 했다. 물론 이 조치에는 미노우라를 통해 시즈카의 의견이
반영되었다.

장남 고스케는 유족 대표로서 시신을 스기나미 경찰서에 보관하
는 것에 이의를 제기했다.

"사건성이 없다고 감찰의 선생님이 판단하지 않았습니까? 그걸
어째서 이제야 경찰이 맡는다는 겁니까?"

하지만 7월의 폭염이 한창인 가운데, 이미 열흘 이상 방치되었던
시신을 하루 동안 상온에 두면 어떻게 될까. 악취에 지독하게 시달
린 듯한 유족 측은 그 점을 지적하자 고개를 끄덕이지 않을 수 없
었다.

이렇게 해서 다지마의 시신은 일단 시즈카 일행의 관리하에 두

게 되었지만 허락된 시간이 하루라는 조건은 그대로였다.

시즈카와 마키세는 다지마의 시신을 발견한 순경과 유족에게서 신속히 이야기를 듣기로 했다. 다만 청취라고는 해도 정식 절차를 밟은 것이 아니라 강제력은 없고 상대도 무리하게 답할 의무도 없다. 상대가 어디까지 진지하게 증언해 줄지는 전부 미지수였다.

발견자인 스기나미 경찰서의 오누키라는 순경과는 바로 연락이 되었다. 모처럼이라 다지마가 살았던 집에 안내받기로 했다.

다지마가 죽기 전 마지막 집으로 선택한 것은 독신자 전용 목조 아파트였다. 보수 흔적이 있는 지붕에 금이 간 시멘트, 녹이 슨 철제 계단. 벽과 문은 몹시 날림으로 지어, 방음이나 보온에 뛰어나다고는 전혀 생각할 수 없는 외관이다.

"그래도 빈집은 없어요."

순찰하며 아파트의 집을 하나하나 방문했다는 오누키는 조금 힘들어 보였다.

"구내에서도 가장 집세가 저렴하잖아요. 그래서 그런지 이십 대 프리터나 일흔 넘은 노인뿐입니다."

밟을 때마다 소리가 나는 계단을 오른다. 비나 눈에 젖으면 쉽게 미끄러질 듯한 계단이다. 손잡이를 잡은 손에 저절로 힘이 들어간다.

"고엔지 판사님. 괜찮으시면 손을."

"안 그래도 돼요."

다지마의 집은 2층 구석에 있었다.

"신고한 건 옆집 여자였습니다. 보시다시피 옛날 건물이라 악취가 복도로 새어 나온 듯합니다. 아직 수리가 끝나지 않아서 냄새가 꽤 남아 있을 겁니다."

관리 회사에서 빌린 마스터키로 문을 연다. 바로 시신 썩는 냄새임을 알 수 있는 달고 쉰 냄새가 코를 찌른다.

좁다는 것은 알고 있었지만 스산함은 예상보다 더 심했다. 이름뿐인 부엌을 나오자 바로 거실이 나온다. 마룻바닥은 군데군데 변색되어 있다. 안에 있는 것은 소형 냉장고와 테이블, 그리고 책장 대신 컬러 박스 하나.

단지 그것뿐이었다.

"현관문은 확실히 잠겨 있었습니다. 방 한가운데에 이불이 깔려 있고, 본인은 그 위에서 죽어 있었습니다. 뭐랄까, 연일 폭염이 계속된 지라 처음에는 새까만 잠옷을 입은 줄 알았습니다만 사실 파리 떼가 모여 있던 것이었습니다. 그래서 이미 사망했다고 판단해 경찰서에 연락한 것이고요."

천장 근처에는 에어컨이 설치되어 있다. 시신 발견 당시에는 가동되고 있었는지를 묻자 오누키 순경은 고개를 저었다.

"그게 말이죠. 전기가 나가 있었습니다. 배전반을 확인하니 차단기가 내려가 있었고요. 분명 냉방 장치 외에 소비 전력이 큰 전자 제품을 사용할 때 내려갔겠죠. 아파트 한 집당 계약 암페어는 겨우 15암페어이고요."

시즈카는 냉장고를 열어본다. 전기가 들어오지 않는 상태라 당연히 안에서 악취가 날 거라 각오했지만 예상과는 다르게 썩을 만한 건 들어 있지 않았다. 식음료와 조미료, 약간의 팩에 든 햄뿐이었다. 욕실 문이 열려 있어서 물어보니, 시신 발견 당시부터 열려 있었다고 한다.

아무리 혼자 산다고 해도 너무 초라한 내부에 시즈카는 가슴이 답답해진다. 오랫동안 판사로 일했으니 그에 마땅한 연금도 받았을 텐데 이런 꼴이라니 어찌 된 일일까. 생전의 다지마는 꼼꼼한 남자로 물건을 그냥 내버려 두는 일은 전혀 없었다. 책상 위는 항상 정돈되어 있었다. 하지만 이 방의 물건들은 그것과는 양상이 전혀 다르다.

같은 것을 느낀 듯 마키세가 오누키에게 캐묻는다.

"순찰을 도셨다고 하셨죠? 언제쯤이었습니까?"

"재작년 5월입니다. 그때는 조금 불안한 인상을 받았습니다."

"불안이라니 어떤?"

"신체적인 게 아니고요. 다지마 씨의 행동이요. 이야기를 하는데 심하게 시선을 돌린다거나 침착하지 못한 기색을 보인다거나, 어쨌든 일반적인 태도는 아니었습니다."

이것 역시 생전의 다지마를 아는 시즈카는 받아들이기 어려운 증언이다. 약간 신경질적인 부분은 있었지만 다지마는 상대방의 시선을 피하거나 하지는 않았다. 언제나 상대의 눈을 보고 이야기해서 진지한 태도라는 인상이 강했다.

"다지마 씨에겐 핸드폰 같은 게 없었나요?"

"이불 옆에 있었는데요, 유품으로 유족에게 반환했을 거예요."

다음으로 시즈카와 마키세는 장남의 집을 방문한다. 다지마 고스케의 집은 한적한 주택지 구석에 있었는데, 다지마가 살았던 아파트와는 엎어지면 코 닿을 거리였다.

이 집도 건축 연수가 꽤 되었지만 방금 전 아파트 같은 날림 공사는 아니다. 슬레이트 지붕의 투바이포* 주택으로 주변 건물도 같은 사양인 것으로 보아 분양주택인 듯했다.

시즈카는 무심코 문패를 본다. 옛날 타입으로 전 세대원의 이름이 써 있지만 오른쪽 끝에 있는 다지마 슌사쿠의 이름에 이중선이 그어져 있다.

"여기, 다지마 씨의 이전 주소입니다."

마키세가 귓속말을 해 왔다.

"연하장의 수신처를 써서 기억하고 있습니다. 예전에는 여기서 장남 부부와 함께 사셨어요."

현관문에는 '상중'이라는 벽보가 붙어 있다. 집에는 고스케 부부가 있었다.

두 사람의 방문이 의외라는 듯 아내 레이카는 당혹감을 감추기 힘들다. 그래도 돌아가신 시아버지의 지인을 현관 앞에 세워 두는 것은 실례라는 상식은 있는지, 두 사람을 응접실로 안내했다.

"장례식에서 실수가 있어서 부끄럽기만 합니다."

두 사람 앞에 앉은 고스케는 먼저 그렇게 말하며 사죄했다. 화장터로 향하던 영구차가 도중에 돌아오는 일은 거의 일어나지 않는 일이라 사죄하고 있는 고스케 자신도 이해가 가지 않는 듯했다.

"아까 다지마 씨 아파트에 들렀습니다."

여기서의 질문은 시즈카가 하기로 사전에 합의했다.

---

* 기둥을 사용하지 않고 두께 2인치, 너비 4인치의 각재만으로 집을 짓는 방법.

"독신자용의 아담한 집이더라고요. 집 안도 냉장고 안도 정리되어 있어 정말 다지마 씨답다고 생각했어요."

"아버지는 물건을 쌓아 두는 성격이 아니셨으니까요."

통렬한 비아냥거림이었지만 고스케는 크게 신경 쓰지 않는 듯하다.

"재작년부터는 그 집을 빌리셨던 것 같네요."

"네. 무슨 일이 있으면 바로 달려갈 수 있도록 근처 물건 중에 골랐습니다."

"원래는 함께 사셨잖아요. 왜 다지마 씨가 혼자 사시게 되었나요?"

"가족이 귀찮아지신 게 아닐까요?"

고스케는 그렇게 답했지만 생전의 다지마를 아는 시즈카는 이해되지 않는다.

"가족을 귀찮아하는 사람은 아니었다고 생각해요. 게다가 저를 포함해 지인에게 주소가 바뀌었다고 알려 주지도 않았습니다. 만약 다지마 씨 의사대로 혼자 살기로 하셨다면 바뀐 주소도 알려 주셨을 테죠."

고스케는 벌써 거북한 표정을 지었다.

"주제넘는 질문인데요, 다지마 씨와 함께 사는 것이 곤란하셨나요?"

"정말 주제넘는 질문이네요. 아무리 예전 동료라지만 이렇게까지 말씀하셔도 되는 겁니까?"

"전직 판사라 그런지 사소한 일까지 신경 쓰여서요. 게다가 다지마 씨가 고독사했다고 하니, 어떻게든 당시 상황을 확인해야 합니다. 보호 책임자 유기죄라는 것을 아시나요?"

아무래도 감정이 바로 얼굴에 드러나는 성향 같다. 죄명을 언급한 순간, 고스케가 긴장하는 것을 알 수 있었다.

"아버지는 딱히 병상에 누워 계시는 노인이 아니셨어요. 저희가 보살펴 드려야 하는 경우도 아니었고요. 핸드폰도 드려서 연락도 자유롭게 할 수 있었어요."

"순찰을 돈 순경의 말로는 매우 불안한 상태였다고 하던데요. 그래서 더욱 납득이 가지 않았습니다. 우리가 아는 다지마 씨는 불안과는 거리가 먼 인격자였으니까요."

"인격자 말입니까?"

고스케의 얼굴에 순간 멸시의 빛이 스쳤다.

"확실히 현역 판사였을 때에는 인격자셨죠. 그렇다면 죽을 때까지 판사를 계속했으면 좋았을걸."

매우 험악한 말투였다.

그때까지 남편 옆에 앉아 침묵을 지키고 있던 레이카가 참을 수 없다는 듯이 입을 연다.

"당신. 이제 다 말해도 되지 않아? 우리도 피해를 입은 쪽이잖아."

"그래도."

"장례식 자리라서 너도 나도 시아버지를 치켜세우고 있었지만 며느리 입장에서는 하고 싶은 말이 정말 많았어요. 게다가 알지도 못하는 사람한테 보호 책임자 유기죄라는 등 제멋대로인 말을 들으니 못 참겠네요."

레이카의 울분이 상당하다는 것이 시즈카 일행에게도 전달되어

236

온다. 아내의 울분에 떠밀린 듯한 모습으로 고스케가 떨떠름하게 말을 시작한다.

"사실, 현역 시절 아버지는 착실하셨어요. 고지식하고 융통성 없는 부분이 있었지만 상식적이셨고요. 그런데 퇴임 후부터 조금씩 이상해지셨죠."

처음에는 수면 부족부터 시작되었다. 장남 일가와 함께 살던 때, 밤중에 소리를 지르며 벌떡 일어나는 일이 종종 있었다고 한다.

"자고 있던 우리도 깰 정도로 큰 소리를 내셨어요. 이야기를 들어보니 자신이 피고인에게 사형 판결을 내리는 순간이 꿈에 나왔다고 하셨죠. 실제로 그랬던 적을 떠올리셨겠지만 그럴 때마다 가족들까지 억지로 깨우셨어요."

불면 상태가 계속되자 그다음에는 일상생활에 변화가 생겼다고 한다.

"아버지는 기억력이 좋은 분이셨는데 불면증을 겪으시면서 건망증이 심해지셨어요. 슈퍼에 가도 무얼 사러 갔는지 잊으시고, 돌아오는 길을 헤매시고, 심할 때는 제 이름마저 잊기도 하셨습니다. 이건 좀 심각하다고 생각해서 의사에게 갔더니 알츠하이머가 진행 중이라고 하더군요. 그래도 아직 경도라서 시설에 들어갈 생각은 하지 않았습니다. 아버지도 시설은 싫어하셨거든요."

그런데 다지마의 상태가 나날이 악화되어 갔다.

"그게 알츠하이머 병증인지 아닌지는 모르겠습니다만 도벽이 생기셨습니다. 단골 슈퍼나 서점에서 도둑질을 하셨어요. 그런데 능숙하지 않으니까 점원에게 바로 발각되죠. 그런 탓에 저나 레이카는 창피해하면서 자주 아버지를 찾으러 가곤 했습니다. 아버지도 부끄러워하시는 듯했지만 도둑질하다 걸린 것이 부끄러운 건지, 아들이 데리러 온 것이 부끄러운 건지는 잘. 분명 둘 다였겠죠. 그런 트러블이 계속되자 아버지가 혼자 살고 싶다고 제안하셨어요. 같이 살면 저희에게 민폐를 끼치신다고 생각하셨겠죠. 다행히 적지 않은 연금이 나오고 있어서 혼자 사는 것도 가능했고요. 단지 무슨 일이 생길 경우를 대비해 걸어서 갈 수 있는 가까운 곳에서 사시라고 했어요."

이야기를 듣고 있던 시즈카에게 다시 한번 안타까움이 덮쳐 온다.

사형 판결을 내릴 때의 심리적인 압박은 경험한 자만이 이해할 수 있을 것이다. 법에 입각해, 다른 판사와 합의를 거듭한 끝에 내린 결론이라 해도, 자신의 판단으로 사람 한 명을 이 세상에서 말살한다는 사실에는 변함이 없다. 직무일 뿐이라고 하면 그만이지만 그렇다면 타인의 생사를 결정짓는 직업이 얼마나 된다는 말인가.

매일매일 긴장과 책임과 인명의 무게에 짓눌릴 듯한 상태로 판사실과 법정을 오고 간다. 신문으로 눈을 돌리면 어떤 판결을 내리든 비난하는 사람은 꼭 존재한다. 피해자 유족의 원망과 피고인에 대한 연민에 찢겨 지내는 나날. 이것에 스트레스를 받지 않는 사람은 괴물이다.

많은 판사들은 자신 나름의 스트레스 해소법을 알고 있다. 개중에는 눈살을 찌푸릴 만한 짓으로 스트레스를 해소하는 판사도 있지만 어쨌든 다지마는 잘 발산하지 못한 듯하다. 그걸 생각하자 점점 시즈카는 남의 일 같지 않았다.

"수도난방비와 집세는 아버지 계좌에서 자동이체되었고, 무슨 일이 생기면 바로 핸드폰으로 연락하라고 했습니다. 아버지도 이러쿵저러쿵 소리를 듣는 것도 싫으실 테니 매일 상태를 살피러 가거나 하진 않았고요. 그게 보호 책임자 유기죄라고 한다면 너무 가혹하네요."

고스케의 항변에는 일리가 있다. 시즈카와 마키세는 수긍하지 않을 수 없다.

"만일을 대비해 요양보호 서비스에도 등록했습니다. 아버지의 일상 케어에 관해 상담하거나 무슨 일이 생길 경우 대처법을 조언받거나 도움을 받고 있습니다."

고스케의 말에 레이카가 명함을 가지고 왔다. '니시고리 데이 서비스' 대표 니시고리 히로코라고 되어 있다.

"만약의 경우에도 대비해 두었습니다. 그래도 제게 보호 책임자 유기죄가 있나요?"

시즈카는 사과한 후 다지마 집에서 나올 수밖에 없었다.

"쓸 만한 정보는 별로 얻지 못했네요."

마키세가 미련이 남는 듯한 말을 하자마자 시즈카의 핸드폰에 착신이 왔다. 미노우라였다. 미노우라에게는 이미 시즈카와 마키세가 독자적으로 수사하겠다는 뜻을 전했다. 아마 진척 상황을 확인하는 전화일 거라고 생각했다.

─어떻게 되셨습니까.

시즈카는 다지마 아파트와 장남 집에서 청취한 증언을 전부 말했다.

― 뭔가 걸리는 부분은 찾으셨습니까.

"가장 큰 의문은 하나. 다지마 씨의 아파트 차단기는 내려간 채였어요. 시신을 발견한 오누키 씨는 에어컨 가동 시에 소비 전력이 높은 전자제품을 사용했을 것이라 추측한 듯해요. 확실히 15암페어밖에 안 되는 차단기라서 내려갈 수도 있겠지만 그 방에는 드라이어조차 없었거든요."

― 그럼.

"이런 폭염에 차단기가 내려가 에어컨이 멈춘 상태였다면 노인에게는 매우 가혹하죠. 다시 한번 담당 검찰의 이야기를 듣고 싶은 참입니다."

― 그럴 것까진 없어요, 고엔지 판사님.

미노우라는 흥분한 듯했다.

― 원인 불명으로 내려간 차단기. 그 이유만으로 감정 처분 허가장을 발부할 수 있습니다.

요즘 에어컨은 냉각 범위가 넓어지면 자동으로 출력이 높아진다. 욕실 문이 열려 있었기 때문에 그 기능이 작동해 차단기가 내려갔을 가능성도 있지만 굳이 시즈카는 입 밖에 내지 않았다.

3

다지마의 시신을 검안한 감찰의의 보고서는 미노우라를 통해 시즈카와 마키세 수중에 들어왔다.

감찰의가 내린 결단은 열사병에 의한 사망이었다. 감찰의가 현장에 도착했을 때, 실온은 43도, 시신의 직장 온도도 43도. 외표면에 이상 소견이 없고 7월에 빈발한 고령자 열사병사와 증상이 비슷해 부검 필요를 인정하지 않았다는 내용이다. 당시의 기상 조건과 실내 상황을 고려한 판단이었겠지만 사후 경과 시간이 긴 경우에는 부검 소견만으로는 진단이 어렵다.

감정 처분 허가장이 발부됨으로써 다지마의 시신은 대학 법의학 교실로 보내졌다. 사법 해부이므로 원래 유족의 승인은 필요 없지만 이번에는 부검 사실조차 고스케 일행에게는 숨겼다.

일단 감찰의가 필요 없다고 판단한 안건을 부검에 돌리는 것이므로 도쿄 감찰 의무원이 결코 좋게 보지 않을 것은 알고도 남지만 감수할 수밖에 없다. 미노우라도 잘도 감정 처분 허가장을 발부받았다고 생각한다.

조직에 권위가 뒤따르는 이상, 그 권위를 얕보면 당연히 반발을 불러일으키게 된다. 시즈카와 마키세가 미노우라에게 불려간 것은 다지마의 시신을 부검에 돌린 다음 날이었다.

두 사람이 고개를 숙이고 도쿄 지방 법원의 미노우라를 방문하자 집무실에는 미노우라와 몸집이 작은 초로의 남자가 기다리고 있었다. 몸집이 작은 남자는 처음부터 비난의 눈초리로 두 사람을 보았는데, 미노우라에게 그 남자를 소개받자 납득이 갔다. 바로 도쿄 감찰 의무원의 사무장인 우키타라는 남자였다.

"경찰이나 검찰을 건너뛰고 법원이 감정 처분 허가장을 발부하다니, 전대미문이지 않습니까?"

우키타는 집요한 말투로 시즈카와 마키세에게 트집을 잡기 시작한다. 원래 이런 말투로 말하는지, 아니면 이번 사건에 항의하고 싶어서 그런지는 알 수 없다. 미노우라는 시즈카를 향해 미안하다는 듯 목례를 한다.

검찰의의 판단을 무시한 것에 대한 항의임은 분명하지만 만약 본격적이라면 원장이 직접 나선다. 고작 사무장이 나선 것은 법원 측의 의향을 확인한다는 의미 정도일 것이다.

"사망하신 분이 저희의 예전 동료여서요. 고독사라는 상황이 도무지 납득이 가지 않았습니다."

자신이 미노우라에게 부탁했다는 책임감 때문인지 마키세가 변명했지만 우키타는 의외인 듯 입술을 삐죽였다.

"예전 동료가 신경 쓰이시는 건 어쩔 수 없겠지만, 전직 판사라고 해서 불행한 말로를 걷지 않는다고는 할 수 없죠. 살아 있을 때는 그렇다 치고, 죽음은 모두에게 평등하게 다가오니까요."

판사가 선민의식을 갖고 있다고 생각하는지 우키타의 말투는 신랄했다.

"덴엔초후*에 살든 다 쓰러져 가는 집에 살든 죽을 때는 혼자입니다. 고령자의 고독사는 요새 드문 이야기도 아니고요. 그런 이유로 감찰의의 판단을 의심하다니 참기 어렵네요."

"저희도 감정만으로 움직이진 않습니다. 다지마 씨의 죽음에 수상한 점이 있어요. 법원이라고 감상적인 이유로 감정 처분 허가장을 발부할 리가 없잖아요."

"대외적으로는 그렇게 말씀하실 수밖에 없겠죠. 어쨌든 제 식구니까요."

우키타는 의심을 숨길 생각도 없는 듯하다.

"사망하신 분이 얼굴도 모르는 일반 시민일 경우에도 판사님은 같은 행동을 하실 겁니까? 그렇게는 도저히 생각할 수 없는데요."

이 말에는 수긍할 수 없다. 시즈카는 어른답지 않다고 생각했지만 무심결에 반론했다.

"그럼 하나 여쭙겠는데요, 어째서 현장에서 감찰의는 부검도 하지 않고 사인을 열사병이라고 결론 지었습니까?"

"요새 자주 발생하는 열사병 증상과 상황이 비슷했으니까요."

---

* 일본의 부촌.

"비슷하다는 건 똑같다는 게 아니에요. 게다가 사후 시간이 길어 부패가 진행되고 있던 시신입니다. 외표면의 소견과 장내 온도를 측정하는 것만으로 사인을 특정하는 것은 너무 성급하지 않았나요?"

"현장에는 현장의 판단이란 게 있습니다. 그렇게 부검을 해서 검찰의 진단대로 열사병이었다고 한다면 엉뚱한 세금 낭비고요."

다른 사람이 다른 상황에서 한 말이라면 설득력이 있겠지만 우키타가 입에 담으니 아무래도 가볍게만 들린다.

"예전 동료가 비참한 죽음을 맞이하니 자신도 비참한 기분이 든다. 뭐, 그런 기분을 모르는 것도 아니지만 공사 구분 좀 하셔야죠. 판사셨다면 적어도 만년의 절조를 더럽히는 행동은 삼가 주셨으면 합니다."

분명 우키타는 자신의 말에 심취해 쓸데없는 말을 내뱉는 타입일 것이다. 하지만 시즈카 자신은 차치하고, 다지마의 죽음을 비참하다고 표현한 것을 흘려들을 수는 없었다. 노인네의 오만이라고 생각한다면 그래도 상관없다. 오는 말이 고와야 가는 말도 고운 법이다.

"저는 사인을 특정하는 것이 세금 낭비라고는 생각하지 않는데요. 좋아요. 만약 검찰의 진단이 맞다면 부검 비용은 전부 제가 지불하도록 하죠."

우키타는 흠칫 시즈카를 본다. 부검 비용은 약 25만 엔. 그것을 한 노인이 전액 지불하겠다고 하자 당황했을 것이다.

하지만 당황하는 것만으로 끝났다고 생각한다면 그거야말로 큰

오산이다.

"그 대신 부검 결과가 감찰의의 진단과는 다를 경우, 우키타 씨와 도쿄 감찰 의무원은 어떻게 뒷수습을 하실 건가요?"

"뒷수습이라니."

"조직의 간판을 짊어지고 항의하러 오신 거잖아요. 그 항의가 완전히 빗나간 것이라고 밝혀지면 마땅한 책임을 지는 것이 순리죠. 설마 체면을 구겼다는 울분 때문에 지방 법원까지 찾아오신 건가요?"

"아니, 그건, 저는 사무장이라는 입장상."

"과연. 사무장이라는 입장을 내세워 항의하러 오신 거군요."

"아니, 방금 한 말은 헛말이고. 아까 한 발언은 어디까지나 일반론 또는 개인적인 인상입니다."

"일반론 또는 개인적인 인상. 즉 항의는 아니라고 해석해도 괜찮겠네요."

수세에 몰린 우키타는 당황한 듯 고개를 젓는다.

"그럼 일반론 및 우키타 씨의 개인적인 인상은 잘 들었습니다. 다른 용무가 없으면 돌아가 주세요."

반론을 허용하지 않겠다는 시즈카의 기세에 눌려 우키타는 맥없이 퇴실했다.

"대단하십니다, 고엔지 판사님."

미노우라는 감탄한 듯 치켜세우지만 이제야 시즈카는 얼굴이 빨개지는 듯하다.

"나잇값도 못 하고 부끄러운 모습을 보였네요."

"당치도 않습니다. 멋진 반격에 완전히 반해 버렸어요. 옛날 솜씨 그대로시군요."

"이제 정말, 그만 하세요."

교섭치고는 막무가내다. 교섭이라기보다는 공갈에 가깝다.

무엇이 옛날 솜씨란 건가. 판사 시절에는 이런 막 나가는 짓을 한 적은 없다. 곰곰이 생각해 보건대 시즈카가 이렇게까지 공격적으로 된 것은 겐타로에게 안 좋은 영향을 받아서 그런 것이 아닐까.

훌륭한 반격이든 공갈이든 내뱉는 순간에는 상쾌해도 곧 부메랑처럼 돌아올 가능성이 있다. 내뱉는 기세가 강하면 강한 만큼 수중에 되돌아올 때의 위력도 크다.

이렇게 해서 부검 결과 검찰의 진단이 맞는다면 차마 눈 뜨고도 볼 수 없다. 시즈카는 드물게 맹렬히 후회하고 있었다.

강제적인 부검에 항의하러 온 것은 우키타뿐이 아니다. 그가 퇴실하고 나서 몇 분 뒤에 고스케와 레이카 부부가 온 것이다. 설마 우키타와 접촉하고 있을 리는 없고 성가신 일은 겹치는 법이다. 미노우라의 집무실에 함께 있던 시즈카와 마키세야말로 재난이었다.

"도쿄 지방 법원은 유족의 의지를 무시하는 건가요?"

미노우라 앞에 선 고스케는 입을 열자마자 지방 법원을 비판했다.

"장례식을 마치고 겨우 아버지를 화장하려는데 화장터 사정으로 연기가 되질 않나, 경찰 영안실에 보관 중인 줄 알았던 시신은 어느샌가 부검하려 하고 있고. 도대체 무슨 생각이십니까?"

유족의 감정으로서는 당연한 항의이기도 해서 마키세가 대응했다.

"유족분들의 기분을 뒷전으로 한 점은 부정할 수 없습니다. 다만 조금이라도 사건성이 있으면 부검에 유족의 동의는 필요하지 않습니다."

"어디에 사건성이 있다는 말입니까. 자랑할 만한 건 아니지만 아무리 봐도 노인의 고독사 아닙니까."

"수사 중이므로 상세한 정보는 유족에게도 말씀드릴 수는 없지만 다지마 씨의 죽음에는 수상한 점이 있습니다."

"유족에게도 말할 수 없는 건가요?"

이미 고스케 부부를 결백하다고 믿을 수 없게 되었다. 그리고 마키세는 현역 판사이기도 하다. 모처럼 찾아온 관계자를 그냥 돌려보내는 짓은 하지 않았다.

"다시 한번 묻겠습니다만 다지마 씨를 원망하거나 미워한 인물은 없었습니까?"

"그런 사람, 정말 많을 거예요."

고스케는 두 명의 현역 판사와 한 명의 전직 판사 앞에서 전혀 떨지 않는다.

"높은 자리에서 피고인에게 사형이나 무기징역 등의 벌을 내렸습니다. 원망받지 않을 리가 없잖아요."

"취미로 판결을 내린 것도 아니에요. 심리를 거듭해 죄상에 걸맞은 양형을 판단합니다. 그게 판사의 책무이니까요."

"생전 아버지도 그렇게 말씀하셨습니다. 법의 여신에게 위탁받은 일이라고. 그러니까요. 현역 시절 아버지는 마치 품행 단정이 넥타이를 맨 듯한 분이셨습니다."

"저도 알아요. 다지마 씨는 우리 젊은 판사의 본보기 같은 존재셨으니까요."

"은퇴 후에는 손버릇 나쁜 치매 노인이 되어 버리셨지만요. 현역 시절, 억누르고 억눌렀던 탐욕과 비겁함이 한순간에 폭발한 느낌이랄까."

"아무리 가족이지만 말씀이 지나친 거 아닌가요?"

"당신들 동료는 인격자로서의 아버지밖에 모르지만 우리는 인격도 품격도 다 떨어져 나간 나머지를 상대했죠. 이 정도는 말할 수 있겠지."

가족이라고 해도 말해도 좋을 것과 안 될 것이 있다. 무심결에 시즈카는 잔소리를 입에 담으려다가 만다.

다행히 시즈카는 요양보호사에게 신세를 지지도 않고 다른 사람에게 폐를 끼치지도 않는 노후를 보내고 있다. 하지만 시즈카 같은 노인은 극소수다. 많은 노인은 간병이 필요하며 주변 사람을 번거롭게 한다. 그 입과 머리가 발달한 겐타로마저 예외가 아니다.

간병의 어려움은 당사자가 아니면 알 수 없고 참견할 수 있는 것도 아니다. 고스케가 지적한 대로 시즈카가 아는 다지마와 고스케를 한창 애를 먹인 다지마는 마치 다른 인격이었을지도 모른다. 그렇다면 전 동료일 뿐인 시즈카에게 고인의 명예를 지킬 자격이 과연 있는 걸까.

하지만 망설임은 한순간이었다.

"아무리 육친이라고 해도 고인을 나쁘게 말하는 사람은 자기 자식에게도 같은 말을 들을 각오를 하는 게 좋을 거예요."

시즈카로서는 꽤 완곡하게 말한 것이지만 고스케는 금세 떨떠름한 얼굴이 되었다.

고스케가 말문이 막히면 레이카가 남편의 옆구리를 쿡쿡 찌른다. 별로 보고 싶지 않은 공동 전선이었다.

"듣기 거북하셨다면 죄송하지만 아버지를 빨리 화장하고 싶은 건 진심입니다. 지금 바로 아버지를 돌려 주세요."

상대 측의 집요함에 화가 났는지 마키세도 살짝 감정을 실어 말했다.

"심정은 이해합니다만 사법 시스템은 유족 감정과는 별개로 움직입니다. 아무쪼록 양해 부탁드립니다."

"그렇다면 여론에 호소해야겠네요."

고스케는 거만하게 내뱉는다.

"지금은 개인이 세상을 향해 발언할 수 있는 시대예요. 이번 도쿄 지방 법원의 결정이 강압적인 폭력이라는 걸 인터넷에 올리겠습니다. 그래도 괜찮으십니까?"

"개인의 의견이나 표현을 침해할 권리는 누구에게도 없습니다. 내키는 대로 하세요."

고스케와 레이카는 울분을 풀 방법이 없다는 표정으로 집무실을 나간다. 두 사람의 모습이 보이지 않자 동시에 마키세는 짧게 탄식했다.

"죄송해요. 저도 모르게 그만 되받아쳐 버려서."

"그 정도는 괜찮아요. 법원이 허가한 감정 처분을 유족의 생각만으로 뒤집을 수는 없습니다."

미노우라는 위로하듯 말해 주었지만 고스케가 여론이나 언론에 고발하는 것은 각오하는 게 좋을 듯했다. 만약 부검 결과가 허사로 끝나면 비용 처리는 물론 다른 책임까지 져야겠다고 시즈카는 다짐한다.

법의학 교실에서 부검보고서가 도착한 것은 그 직후였다.

병실에 있는 겐타로는 시즈카를 보자마자 웃음을 지었다.

"오오오, 시즈카 씨. 오랜만이네."

"그저께 전화 통화했잖아요."

"하루가 천년 같다는 말도 있잖아. 그래서 못 태운 시신은 어떻게 됐어?"

"겐타로 씨는 천벌 받을 말을 막 하시네요."

"벌이라면 오래전에 받았는데."

겐타로는 불구가 된 하반신을 즐겁다는 듯이 가리킨다. 신체에 장애를 가진 인간은 적지 않지만 겐타로만큼 달관한 사람은 없을 것이다.

"어차피 사람은 죽으면 재가 되거나 흙으로 돌아가거나 물고기 먹이가 돼. 중요한 건 시신이 어떻게 되는지가 아니라 그 녀석이 생전에 무엇을 남겼는가야. 시즈카 씨 동료였던 다지마라는 판사는 정당한 재판을 해 왔겠지. 그렇다면 그걸로 괜찮지 않아?"

이 극악한 영감은 가끔 본질적인 것을 떠들어대고, 게다가 워낙 정곡을 찔러서 여간 다루기가 어렵다.

"글쎄, 얼마나 훌륭한 사람인지는 모르지만 극진히 장사를 지내는 것과 시신을 소중히 하는 것은 다른 문제 아닌가. 나는 죽어도 레닌이나 마오쩌둥처럼 시신을 방부 처리하고 싶진 않아. 뼈 한 조각도 남지 않도록 엄청난 화력에 다 태워 줬으면 좋겠어."

상상해 보니 다지마 본인도 자신의 시신을 모셔 주기를 원하지 않았을 것이다. 시즈카의 편견일지도 모르지만 열심히 산 사람일수록 자신의 시신에는 집착하지 않을 것이다. 이 세상에 미련이 있는 자야말로 사후의 취급에 집착하지 않을까.

"걱정 마세요, 겐타로 씨. 만약 겐타로 씨의 장례식에 불러 주시면 화장로가 녹기 직전까지 화력을 올려 달라고 할 테니까요."

"그 기세를 몰아 화장터가 폭발이라도 하면 아주 좋겠는걸. 그런데 시즈카 씨. 오늘 내 장례식 이야기하려고 병문안 온 거야?"

"겐타로 씨한테는 부탁 같은 건 별로 하고 싶지 않은데, 제 주변에 겐타로 씨 말고는 적임자가 없네요."

"호오, 영광이네."

"혼자 사시기 전부터 다지마 씨에게 여러 변화가 생겼다고 해요. 건망증이 심해진다거나 도벽이 생기거나요."

"건망증이나 도벽 따위 드문 이야기도 아니야. 나야말로 젊을 때는 다른 사람의 땅을 거저 먹고."

"못난 자랑은 그만하시고요. 다지마 씨의 죽음에는 그 외에도 수상한 점이 있어요."

지금까지 밝혀진 사실을 설명하자 겐타로의 표정이 험악해졌다.

"흠. 시즈카 씨가 미심쩍어할 만하군. 그래서 내가 뭘 도와줘야 하는데?"

"제 남편인 척을 해 주세요."

갑자기 겐타로의 눈동자가 심술궂은 빛을 띤다. 단지 부부를 연기하는 것만으로 이 폭주 노인이 기뻐할 리는 없다. 뭔가 꾀를 부리지 않는다면 승낙하지 않을 것이다. 이 악당 노인이 평범하게 죽는 걸 거부하는 것도 나름대로 정당하다는 생각이 든다.

외출 허가를 얻는 게 아니라 거의 반강제로 빼앗아 시즈카와 향한 곳은 '니시고리 데이 서비스'다. 다이토구 이리야의 한쪽에 있었는데, 낡은 맨션 1층을 본사 겸 사무소로 쓰고 있다.

"처음 뵙겠습니다. 고엔지 씨. 니시고리라고 합니다."

대표 니시고리 히로코는 사업 수완이 좋은 여사장이라는 표현이 어울리게 시즈카와 겐타로를 미소로 응대했다.

"남편이 사고로 요양보호가 필요한 신세가 되었다. 지금은 아내가 바지런히 간병하고 있지만 몇 년 후에는 어떻게 될지 불안하다. 이런 상담이셨죠?"

"그렇네. 지금은 이렇게 휠체어를 밀어 주지만 언제 부부가 함께 휠체어 신세를 지게 될지도 모르고."

요양보호 서비스 관계자의 본심을 묻기 위해서는 같은 고민을 가진 고객이 되어 방문하는 것이 좋을지 모른다. 시즈카의 제안을 흔쾌히 수락한 겐타로는 즐거운 듯 남편인 척 연기하고 있다.

"유비무환이라고들 하잖아요. 안심하셔도 됩니다. 저희 회사는 만약의 사태가 발생해도 즉시 대응할 수 있는 시스템을 갖추고 있거든요. 물론 가입만 하는 것이라면 무료이고요."

"여기 회원이셨던 다지마 씨께 이야기를 들었어요. 매우 친절히 대해 주셨다고 감동하셨던데요."

"칭찬해 주시니 영광이네요. 곧 고령자 두 명을 젊은이 한 명이 짊어지는 시대가 올 것입니다. 요양보호 서비스는 지금보다 더욱 필요해지겠죠. 본인이 건강할 때 요양보호 서비스를 준비해 두는 게 현명한 선택입니다."

입에 붙은 말일 것이다. 전혀 막힘이 없었다.

"그런데 다지마 씨가 그렇게 되어 버려서."

넌지시 떠보자 니시고리는 감쪽같이 넘어왔다.

"저도 뉴스를 보고 많이 놀랐습니다. 고독사하셨다고요."

니시고리는 말문이 막힌다.

"그런 사태가 되기 전에 우리 회사에 의지해 주셨으면 해요. 이럴 때면 스스로 역부족이라는 생각을 안 할 수가 없습니다."

"다지마 씨는 정식으로 요양보호를 의뢰하지 않았나 보네요. 그렇다면 니시고리 씨가 책임을 느낄 이유는 없지 않나요?"

"보통은 정식 의뢰를 하기 전에 본인이나 가족과 논의를 합니다. 그 후에 회원가입을 하게 되는데, 좀 더 일찍 우리 회사에 오셨으면 그런 불행은 막았을지도 몰라요."

"마음에 걸리는 점을 말해 주게."

겐타로가 흥미로운 듯 돌진한다. 애드리브이지만 흐름에서 벗어나지 않는다.

"다지마 씨 이야기가 궁금하기도 하고, 앞으로 서비스를 이용할 내게도 도움이 될 테니."

"요양보호를 꼭 하셔야 할 만큼 심각한 문제는 아니셨지만 어쩐지 다지마 씨와 보호자의 마음이 통하지 않는 듯한 느낌이 있었어요. 본인이 요양보호를 사양하고 있든가, 그게 아니면 가족이 수속 절차를 싫어하든가, 둘 중 하나라고 착각했죠. 요양보호에서는 경제적인 문제도 물론 있겠지만 그것보다 가족 간의 신뢰가 큰 요인이 되어서요. 돈이 있어도 신뢰가 없으면 꽝, 신뢰가 있어도 돈이 없으면 꽝이라는 어려운 문제거든요."

니시고리의 이야기는 매우 현실적이다. 시즈카나 겐타로 같은 노인이 되면 지극히 당연한 이야기라고 생각할 수밖에 없다. 애정과 돈을 같은 선상에 두지 말라고 하는 사람도 있겠지만 가족도 하기 싫어하는 일을 다른 사람에게 시키려면 아무래도 돈 이야기가 나오는 건 피할 수 없다. 무급으로 환자의 오물에 젖고도 웃을 수 있는 사람은 모두 마더 테레사가 될 것이다.

"당신 눈앞에서 다지마 부자가 별로 사이가 좋지 않다는 게 쉽게 드러났다는 말인가."

"어디까지나 제 인상이에요."

"당신도 지금까지 수많은 가족을 봐 왔으니 알겠지. 인상과 그렇게 다른 사람은 없잖아."

"그렇죠. 실제로 요양보호 서비스가 시작되기도 전에 생면부지의 타인에게 가족 간의 불화가 보인다는 건 평소에는 더 심하다는 말이겠죠."

천성이 말이 많은지 니시고리의 이야기는 끝이 없다. 사정 청취의 상대로서는 이상적이지만 그녀에게 개인정보를 알려 주는 것은 상당히 위험한 행동이라는 생각이 든다.

"다지마 씨와 그 가족에게 무슨 조언을 해 준 적은 있나."

"진심을 터놓을 수 있는 것은 가족뿐이라고 말씀드렸죠. 가족이니까 진심을 터놓아야 용서받을 수 있는 부분이 있잖아요. 본격적인 요양보호를 시작하기 전에 철저히 진심을 말해야 나중에 옥신각신하지 않아도 되거든요."

타당한 설명이라고 생각했지만 한편으로 시즈카는 흐릿한 위화감을 느낀다.

가족의 형태는 가족의 수만큼 존재하고 어떤 가정의 상식이 다른 가정에서는 몰상식이 될 수 있다. 니시고리의 생각은 일견 정론처럼 보이지만 전부 통하는 것은 아니다.

"사실 가입을 마친 후에도 가족들은 몇 번이나 상담을 했습니다. 최근 다지마 씨의 도벽이 심해졌고 함께 생활하면 서로 스트레스를 받을 뿐이라고. 다지마 씨 본인도 가족에게 비밀로 하고 사무실에 상담하러 오셨고요. 최근 가족들이 냉담한 건 자신에게 문제가 있어서인지, 등등. 양쪽 모두 고민은 깊으셨겠죠."

"그 후 어떻게 되었나."

"다지마 씨도, 가족분들도 진지하게 조언을 들으셨으니 돌아가셔서 진심을 말하셨을지도 모르죠. 그 결과가 다지마 씨의 고독사로 연결되었다면 그건 역시 제 부덕의 소치입니다."

회원가입은 좀 더 고민하고 나서 결정하고 싶다고 한 뒤, 시즈카와 겐타로는 사무실을 뒤로한다. 터벅터벅 걷는 두 사람의 모습은 언뜻 보면 요양보호 서비스를 받을지 고민하는 노부부로 보일지도 모른다.

실제로 겐타로도 시즈카도 자신이 간병을 받게 될 상황과 미래를 생각하고 있었다.

"저기, 시즈카 씨."

"네."

"미치코 씨는 요양보호사인 주제에 나를 너무 심하게 대해. 구시렁거리고, 큰소리치고, 목을 졸라대고, 마치 내가 부모의 원수라도 되는 것처럼 굴어."

"당연하죠."

"하지만 저 요양보호 서비스 회사에 신세를 지는 것보다는 훨씬 나아. 아니 비교할 것도 못 돼."

"당연하죠."

4

다음 날, 시즈카와 마키세는 지방 법원의 미노우라에게 불려갔다.

"오늘 아침 데이토 신문 보셨습니까?"

미노우라는 책상 위에 있는 신문을 펼친다. 사회면에 다지마 고스케의 호소가 실려 있다.

— 유족의 바람을 무시한 사법 절차

어마어마한 표제에 이어지는 기사는 고스케의 항의를 고스란히 담은 내용이었다. 흔히 발생하는 고독사인데도 불구하고 아버지의 옛 동료들이 모여들어 사건으로 만들려 한다. 전직 판사의 말로가 고독사인 것이 자신들의 체면과 관계되기 때문이다. 유족으로서는 한시라도 빨리 화장을 하고 싶은데, 사법의 횡포가 이를 저지하고 있다. 도대체 이 나라의 정의는 어떻게 되어가는 것인가.

"데이토의 기자에게서는 사전에 취재 요청이 왔습니다만 개별 안건에는 코멘트를 할 수 없다고 통상적으로 대했더니 상대의 말만 듣고 기사를 썼네요. 기자 클럽에서는 즉시 문의가 들어왔고요. 무엇보다 유족 측이 신문사 여기저기에 제보했지만 사법 기자 대부분 지방 법원이 그런 짓은 하지 않는다고 생각하고 있습니다. 데이토 신문 외에는 어디도 상대해 주지 않은 듯하네요."

사법 기자가 미적지근한 태도를 보인 것은 지방 법원의 사정을 잘 알고 있다는 것 외에도, 섣부른 기사로 지방 법원에 반감을 사고 싶지 않다는 속셈이 있기 때문이다.

"언론뿐만 아니라 원장님에게서도 문의가 있었습니다."

원장 이야기가 나오자 마키세가 등을 꼿꼿이 세웠다. 도쿄 지방 법원의 원장으로 말할 것 같으면, 최종적으로는 최고재판소의 지위도 노리는 자리다. 마키세가 긴장하는 것은 전혀 이상하지 않다.

"원장님의 걱정은 언론의 반응이 아니라 해당 사건에 관해 잘못 파악한 것이 있는지 없는지입니다. 법원의 판단이 민의와 어긋나는가 아닌가는 두 번째고요. 사법 권한은 포퓰리즘에도, 특정 정치 사상에도 영향을 받지 않는 것이 중요하다고 늘 말씀하시는 분이시니까요."

"민의는 조금도 생각하지 않는다는 방침입니까?"

"민의는 움직이기 쉬운 것이니까요. 공언은 하지 않으셨지만 일전에는 배심원 제도에도 비판적이셨던 분입니다. 이번에는 법의학 교실에서의 부검보고서에 기재된 내용과 고엔지 판사님이 품으셨던 의심을 말씀드리니 납득하셨습니다."

미노우라의 눈빛이 시즈카를 칭찬하고 있었다.

"정말 대단하십니다. 원장님도 고엔지 판사님의 성함을 들으시자마자 어조가 변하셨으니까요."

"폐를 끼쳤네요."

시즈카는 깊숙이 고개를 숙인다. 자신과 마키세가 미노우라와 도쿄 지방 법원을 끌어들였으니 고개를 숙일 수밖에 없다. 그러나 미노우라는 심히 당황한 듯 손을 젓는다.

"이러지 말아 주세요, 고엔지 판사님. 판사님이 고개를 숙이시다뇨. 오히려 저는 감사하고 있을 정도인데요."

마키세도 지당하다는 듯이 끄덕인다.

"두 분의 움직임이 없었다면 한 건의 범죄가 어둠에 묻혔을 테니까요. 퇴임하셨어도 역시 사법연수원 교단에 설 만한 통찰력이 있으십니다."

"노인네를 칭찬해 봤자 얻을 건 없을 테니 이제 그만 하세요."

시즈카는 자숙을 담아 말한다. 노병은 단지 사라져 갈 뿐이고, 전장에 오래 머무르면 고령자 특유의 성급함과 파괴 충동이 심해진다. 그런 자에게 권한과 무기를 준다고 해보자. 겐타로 같은 백발의 테러리스트가 증가할 뿐 아닌가.

"그래도 원장님께까지 심려를 끼치고 있으니, 해결을 서두르는 게 좋겠습니다."

"동감입니다. 그래서 제안인데요, 다지마 고스케 씨가 도쿄 지방 법원에 이의 신청을 하고 있다면 차라리 출두해 달라는 게 어떨까 싶네요. 부검 결과가 나왔다는 것은 말하지 말고, 어디까지나 지방 법원으로서 유족의 이의를 듣겠다고 하고요."

미노우라가 장난스럽게 웃는다.

"제 방을 빌려 드릴 테니 고엔지 판사님께서 직접 마주하시는 게 어떠십니까? 다지마 고스케 씨도 바라던 바라고 생각됩니다만."

말투는 부드럽지만 소란을 일으킨 건 당신이니 책임을 지라고 말하는 것처럼 들리기도 한다. 원래 책임을 질 생각이었으므로 시즈카가 거절할 이유가 없었다.

"그렇게 하죠."

오후가 되어 고스케와 레이카가 도쿄 지방 법원에 출두했다. 미노우라의 집무실에 나타난 두 사람은 시즈카와 마키세의 모습을 알아차리자마자 잔학성에 불을 붙인 듯한 미소를 지었다.

"이런, 관계자가 다 모였네요."

시즈카는 두 사람 앞으로 나아간다. 책임을 지겠다고 한 이상, 진창도 불똥도 정면에서 맞을 셈이었다.

"고스케 씨는 도쿄 지방 법원의 절차에 대해 언론에 이의를 제기하셨지만 다지마 씨의 죽음을 단순 병사라고 결론 짓지 않은 것은 저희니까요. 규탄해야 할 건 도쿄 지방 법원보다는 앞에 있는 우리예요. 싸울 상대를 터무니없이 크게 잡고 아군을 늘리려 하는 건 일대일로 마주할 용기가 없어서라고 생각되네요."

"어째서 아버지의 지인 중에는 완고하고 구구절절 옳은 말이라고 하는 사람이 많은 건지."

고스케는 절레절레 고개를 흔든다.

"똑같은 말을 자주도 하더군요. 문제를 키우고 싶어 하는 건 눈에 띄고 싶어 하는 사람이나 하는 짓이라고요. 그런데요, 지위도 발언권도 없는 인간에게는 가장 유효한 방법이랍니다."

남의 일이지만 시즈카는 낙담한다.

청렴한 사람의 자식이 꼭 청렴한 것은 아니다. 아니 청렴하다고
해서 자식도 올바르게 키우는 것은 아니다.

"그럼 지금 당장 아버지의 시신을 돌려주시겠어요?"

"안 그래도 다지마 씨의 시신은 당장이라도 반환하겠습니다. 그
런데 당신 부부가 화장터에 입회할 수 있을지는 모르겠네요. 이미
부검이 끝났거든요. 부검보고서도 도착했습니다."

갑자기 고스케의 눈빛이 흔들리기 시작했다.

"탈수 증상에 의한 사망. 직접 사인은 장기 손상입니다. 물론 다
지마 씨의 시신에도 장기 손상은 발견되며 체표면의 소견은 열사
병이었죠. 하지만 부검해 보니 체내에서 고농도의 각성제가 검출
되었습니다. 다지마 씨 같은 초심자에, 게다가 고령자가 섭취하면
금세 의식불명이 되는 용량이 말이죠."

부검보고서를 읽으면 다지마가 어떻게 살해당했는지가 저절로
뇌리에 떠오른다.

마약 상습자에 의하면 각성제는 혀를 찌르는 듯해서 무언가에
섞어 마시는 것보다는 캡슐에 넣어 복용하는 경우가 많다고 한다.
고스케 부부도 이처럼 각성제 캡슐을 무슨 약이라고 속여 다지마
씨에게 먹인 것으로 보인다.

각성제를 투여 당한 다지마 씨는 의식불명이 된다. 그대로 방치
하면 실온은 점점 올라가고 의식 불명인 다지마 씨는 곧 탈수 상태
가 될 것이다. 이걸로 현관문만 잠겨 있으면 노인 고독사 한 건 발

생이라는 이야기다.

"아파트는 잠겨 있었습니다. 검찰의의 소견이 열사병이기도 했고, 문의 잠금장치도 지극히 자연스러운 상황으로 보입니다. 하지만 조금 생각해 보면 고령자가 혼자서, 그것도 아주 가까운 거리에 가족이 살고 있다면 당신이 여벌 열쇠를 가지고 있지 않을 리가 없어요. 보호자니까요. 위장 공작은 정말 간단해요. 욕실 문을 열어둔 채로 차단기를 내리는 것뿐. 남의 눈에는 에어컨이 갑자기 출력을 높인 탓에 차단기가 내려가, 취침 중이었던 다지마 씨가 저도 모르는 사이에 열사병에 걸린 것으로 보이죠. 다음은 문을 닫고 잠근 뒤 간다. 만일 다지마 씨가 죽지 않는다고 해도 그가 당신을 의심할 만한 흔적은 전혀 남지 않고요."

여기까지 시즈카의 설명을 말없이 듣고 있던 고스케는 초조와 허세가 뒤섞인 얼굴을 일그러뜨린다.

"대단해. 거북이 등껍질보다 나잇값이라고, 과연 타인을 심판하는 역량은 있으시네요. 다만 시즈카 씨. 당신이 말했듯이 설령 그런 위장 공작이 있었다 해도 아무 흔적도 없었죠. 체내에서 검출된 각성제라 한들 아버지가 속세의 괴로움을 잊기 위해 본인이 구입한 건지도 모르고. 그렇다면 당신 말은 단지 망상에 불과하지 않습니까?"

고스케는 차례차례 예상했던 반응을 보여 준다. 추궁하는 입장에서는 고맙지만 다지마 씨가 아들을 이렇게 천박하게밖에 키우지 못했다는 사실이 안타깝다.

"지금까지 여벌 열쇠를 사용한 적은 있나요?"

"없어요."

시즈카는 미노우라와 마키세에게 눈짓을 한다.

"지금 당신은 두 현역 판사 앞에서 말했습니다. 후에 발언을 번복하는 행위는 삼가 주세요. 우선 여벌 열쇠는 다지마 씨가 가진 원래 열쇠와는 비슷한 것입니다. 몇 번이나 원래 열쇠로 문을 잠갔다 열면 열쇠 구멍에는 독자적인 마모 흔적이 남고요. 거기에 미사용한 여벌 열쇠를 꽂으면 어떻게 될까요? 전혀 다른 흔적이 생기게 됩니다. 과학수사연구소의 검정 기술로 그 흔적을 판별하는 건 식은 죽 먹기고요."

고스케와 레이카의 얼굴에 불안의 색이 비친다. 시즈카는 추궁의 손길을 멈추지 않는다.

"차단기가 내려간 것처럼 보여도 전력 회사에 문의하면 과부하 여부는 금방 밝혀집니다. 확인 결과 다지마 씨 집에서 차단기가 내려가는 사고는 확인할 수 없었다고 하고요."

고스케는 드디어 침착성을 잃어 간다.

"아버지 본인이 각성제를 구입한 것 아니냐고 말하셨는데 고스케 씨는 아버지를 향한 반발심 때문인지 경찰이나 수사 기관의 능력을 과소평가하는 경향이 있으시네요. 불법 마약 수사에 관해 경찰 조직범죄대책 5과나 후생국 마약 단속부는 결코 만만하게 볼 상대가 아닙니다. 불법 마약 공급원을 검거하는 데 애를 먹는 일이 있긴 해도 말단 사용자는 비교적 간단하게 특정할 수 있고요."

"그 말을 누가 믿을까 봐."

고스케는 더욱 허세를 부린다.

"조만간 인터넷으로 불법 마약을 손쉽게 얻을 수 있을지 모르겠지만 현재로서는 불법 조직이나 폭력배들에게 살 수밖에 없어요. 고스케 씨. 당신과 다지마 씨 사이에 불화가 생긴 건 당신이 대학 시절 나쁜 친구를 사귀면서 아닌가요?"

고스케의 옛 교우 관계에 대해서는 후생국 마약 단속부가 세밀히 조사해 주었다. 그들의 수사 능력은 예측할 수 없는 면이 있고, 고스케의 나쁜 친구가 지금은 반사회적 세력의 부하 조직에 속해 있다는 사실을 간단히 알아내고 말았다.

"롯폰기 일대에서 활동하는 후타마타라는 친구였죠. 이미 마약 단속관에게 당신이 그에게 각성제를 몇 그램 구입했다는 사실을 들었습니다. 패킷이라고 소분해서 판매하는 게 일반적이라고 하더군요. 순도 백 퍼센트의 각성제는 존재하지 않고 대부분 불순물이 섞여 있습니다. 당연히 각각의 세트가 성분 배합이 다른데, 당신이 후타마타에게서 산 각성제 성분은 다지마 씨의 체내에서 검출된 각성제 그것과 일치했죠. 즉 당신이 구입한 것과 동일한 성분 구성의 각성제가 다지마 씨에게 투여되었다는 말이 됩니다. 그런데도 계속 항변할 건가요?"

퇴로가 막힌 고스케는 설명을 다 듣자 푹 어깨를 떨구었다.

"……믿기 어렵군. 후타마타와는 20년도 더 된 이야기야. 그 옛날까지 거슬러 올라가 조사하다니."

"여벌 열쇠도 그렇고 당신은 너무 허술해요."

도대체 그 용의주도한 다지마에게서 무엇을 배웠냐고 다그치고 싶었지만 참았다. 고스케에게 따져 봤자 부질없는 이야기였다.

완전히 체념한 듯 고스케는 더 이상 항변할 기색을 보이지 않았다.

정식 조사로 이행할 수 있도록 미노우라가 자리에서 일어나기 직전이었다.

"기분 좋으시겠네, 특히 은퇴하신 판사님."

지금까지 침묵을 지키고 있던 레이카가 처음으로 입을 열었다.

"잠자코 듣고만 있었더니 우쭐해져서는. 마치 우리 부부가 말도 안 되는 악인인 것처럼 말하는데, 당신이 시아버지에 대해 무얼 안다는 거야. 옛날에는 어땠는지 모르겠지만 퇴직하고 나서 시아버지는 정말로 골칫거리였어. 우리에게는 역귀 같았다고."

"그만해, 레이카."

"어차피 들켰으니까 다 말해 버려야겠어. 시아버지가 물건을 훔칠 때마다 가게에 불려가서, 우리가 얼마나 부끄러웠는지. 손버릇이 나쁜 게 누군데 오히려 짜증을 부리고, 며느리인 나에게 대놓고 면박을 주고, 결국에는 주변에 있는 일 없는 일 다 퍼뜨리고. 특히 요양보호 서비스에 상담하러 갈 때가 최악이었어. 그동안 쌓아 두었던 불평불만을 다 쏟아 내고, 원래 우리 결혼에는 반대였다는 둥, 이런 못된 며느리는 법정에서도 본 적이 없다는 둥, 완전히 아무 말 대 잔치야. 그런 말을 듣고 웃을 수 있는 인간이 있겠어? 끝내는 집을 팔고 우리한테는 하나도 주지 않겠다네. 자신이 돌아올 때까지 조금 유예를 줄 테니 그 안에 집을 나가라며. 아닌 밤중에 홍두깨처럼 그런 말을 들은 우리 입장도 돼 보라고."

"그렇다고 사람을 살해해도 되는 건 아니에요."

"그건 당신도 늙은이라서야. 어느 것에도 책임이 없고 조금 멋대로 굴거나 폭언을 해도 용서받을 수 있다고 착각하는 늙은이니까!"

울분이 쌓인 건 레이카도 마찬가지인 듯하다. 감정을 다 토해 내더니 그대로 양손으로 얼굴을 감싸고 오열하기 시작했다.

두 명의 현역 판사와 전직 판사는 겸연쩍게 얼굴을 마주 볼 수밖에 없었다.

이렇게 전직 판사를 둘러싼 범죄는 해결했다.

하지만 이것은 제1막이 끝난 것에 지나지 않았다.

제 5 화

복수의 여신

1

시즈카에게 그 부고가 전달된 것은 9월 18일 밤이었다.

— 아사쿠사 경찰서 스미카와입니다. 다키자와 요헤이 씨와 아내 미사코 씨가 사망하셨습니다.

외동딸 미사코가 죽었다.

너무 갑작스러워서 의식이 따라가지 못한다. 그래도 입 밖으로 나온 건 자신이 생각해도 놀랄 만큼 냉정한 말이었다.

"사고입니까, 사건입니까?"

— 교통사고입니다. 오늘 밤 10시 30분경, 아사쿠라 아즈마바시 근처에서 SUV 차에 치였습니다. 가장 가까운 아사쿠라 응급 센터로 이송되었지만 센터 도착 직후에 사망이 확인되었습니다.

"현장에 손녀는 있었나요?"

— 손녀는 무사했습니다. 지금은 응급 센터에 있습니다.

대화가 끝나자마자 시즈카는 택시를 타고 해당 병원으로 급히 향했다.

택시 안에서도 시즈카의 의식은 계속 흐트러졌다. 어린 시절부터 느긋하고 대범했던 미사코와 자기 절제가 강한 요헤이. 시즈카의 눈에도 잘 어울리는 부부였다. 마도카라는 외동딸도 낳아 행복의 정점에 있었다. 단란한 딸 부부를 보는 것은 시즈카에게 무엇보다 큰 즐거움이기도 했다. 그 종말이 이런 식으로 올 것이라고는 상상조차 하지 못했다.

이상하게도 눈물은 나오지 않았다. 오랜 세월 자신을 관찰해 온 시즈카는 알고 있다. 지금은 울 때가 아니라고 머리가 판단해 감정을 마비시키고 있는 것이다.

진정해.

이럴 때 진정하지 않으면 어디가 판사인가.

병원에서는 아까 연락을 준 스미카와 말고 다른 여경이 손녀를 돌봐주고 있었다. 올해 열네 살이니 어린아이도 아니지만 병원 대기실에서 가늘게 떨고 있는 손녀를 보는 순간, 감춰 두었던 감정이 터져 나왔다.

"할머니."

시즈카가 달려오자 마도카는 시즈카의 치마폭에 얼굴을 파묻었다.

마도카가 오열하며 꺼낸 이야기는 다음과 같다. 부모님과 센소지 잿날에 갔을 때, 뒤에서 자동차가 폭주해 와 부모님을 쳤다. 곧 운전석에서 남자가 뛰쳐나와 구급차를 불러오겠다는 말을 남겼다. 남자가 내뱉는 숨에서 술 냄새가 났다. 그 후 구급차가 도착했지만 부모님의 몸은 완전히 싸늘해져 있었다고 한다.

마도카는 너무나 혼란스러워 사고에 대해 간단히 설명하는 데도 많이 괴로워했다. 간호사도 우선 안정을 취해야 한다며 별실에서 손녀를 돌봐주기로 했다.

마도카의 증언에 약간 위화감이 들었던 시즈카는 스미카와에게 자세한 상황을 묻는다. 사건 발생상황과 목격자 유무를 묻는 질문에 처음에는 입이 무거운 듯했던 스미카와도 시즈카의 신분을 알자마자 띄엄띄엄 이야기를 시작했다.

"해당 자가용의 운전자는 현직 경찰관입니다."

그래서 입이 무거웠던 건가.

"운전자에게서 술 냄새가 났다고 하던데, 정말 음주운전이었나요?"

"운전자는 관할의 사에구사 미쓰노리라는 형사입니다. 그가 두 사람을 치고 나서 근처 응급센터에 사고 상황을 알린 후 현장에 돌아왔습니다. 신고를 접수한 우리 아사쿠사 경찰서 교통과가 현장에서 그를 도로교통법 위반 혐의로 체포해 알코올 측정을 했지만 알코올은 검출되지 않았고요."

그렇다면 운전자에게서 술 냄새가 났다는 건 마도카의 착각일지도 모른다. 무리도 아니다. 눈앞에서 부모님이 치어 죽었다. 깜짝 놀라 감각이 마비되었다고 하는 것이 오히려 자연스럽다.

시즈카는 미사코와 요헤이의 시신을 확인하기 위해 영안실로 향했다.

미사코의 시신은 아직 들것 위에 올려진 채 그대로였다. 시트를 벗기자 미사코의 얼굴이 드러났다.

아스팔트에 쏠리기라도 했는지 이마와 볼에 찰과상이 있었지만 그 외에는 깨끗했다.

"미사코."

불러 봐도 딸은 눈을 뜨려고도 하지 않는다.

"미사코."

미사코의 뺨을 어루만져 본다. 피가 흐르지 않아 얼음처럼 차가웠다.

아무런 예고도 없이 두 눈에서 뜨거운 눈물이 흘러내린다. 스미카와가 영안실 밖에 있어서인지, 분출되는 감정을 제어할 수 없다. 눈물샘이 계속 열려 있는 것처럼 눈물이 끊임없이 흘러내린다.

시즈카는 한참 동안 시신을 붙잡고 있었다.

미사코 부부를 친 사에구사는 아사쿠사 경찰서에서 조사를 받은 뒤 과실치사로 검찰에 송치되었다고 한다. 사에구사에게 어떤 판결이 내려질지는 신경이 쓰였지만 지금은 그것보다도 두 사람의 장례와 마도카의 미래를 생각해야만 했다. 요헤이의 부모는 일찍이 돌아가셔서 실질적으로 마도카의 친척은 시즈카뿐이다. 시즈카가 마도카를 맡는 것에 불만을 터뜨릴 자는 아무도 없겠지만 과연 마도카는 어떻게 생각할까. 또 아이를 맡으려면 어떤 형식이 적절할까. 전학 절차는 어떻게 될까.

여든 넘은 노인이 딸 부부의 장례와 입양 절차를 마치기란 여간 힘든 게 아니었다. 마도카와 함께 사는 것을 생각하면 사법연수원 근무에 지장이 생길 것은 분명했다.

원래 시즈카는 개인보다도 공을 우선하겠다고 항상 명심해 왔다. 노구를 이끌고 사법연수원 교수를 맡은 것도 그런 신념 때문이었다. 하지만 사법연수원 교수에 어울리는 인재는 자신 이외에도 몇 명이나 있지만 마도카의 할머니는 자신 한 명뿐이다.

시즈카는 마음을 먹으면 행동이 빠르다. 미사코 부부의 장례를 하루 앞둔 날, 연수원의 마시코 원장에게 사직서를 제출했다. 마시코도 처음에는 당황했지만 사정을 듣고 마지못해 수락해 주었다.

"거침없으신 건 여전하시네요."

마시코의 말은 선망으로도 비꼬는 것으로도 들렸지만 시즈카는 별로 신경 쓰지 않았다.

아쉬움이 없다고 하면 거짓말일 것이다. 사법연수생 중 유달리 눈에 띄는 미사키 요스케가 2차 시험을 끝내고 어떤 법률가를 목표로 하는지를 두 눈으로 확인하고 싶었기 때문이다. 하지만 미사키는 지난달, 하필이면 음악가로 진로를 바꾸고 사법연수원을 깔끔히 퇴소해 버렸다. 퇴소할 때 자세한 사정은 묻지 못했지만 마치 제정신으로 돌아온 듯한 얼굴이어서 좋았다. 아마도 음악가야말로 원래 그가 바라던 길이었음이 분명하다.

한편 시즈카는 생각한다. 손주가 생기면 잔소리하는 할머니가 되는 것이 자신의 바람이었다. 부모를 잃은 지금, 손녀딸을 맡아 있는 힘껏 애정과 윤리, 지혜를 주는 것이 자신이 원래 바라던 것이 아닌가.

교수를 그만두자마자 시즈카는 입양 절차를 진행했다. 다행히 마도카는 전부터 자신을 잘 따랐기 때문에 세이조에 있는 집에서 함께 사는 것도, 성을 고엔지로 바꾸는 것도 싫어하지 않았다. 다만 갑자기 부모를 잃은 충격과 절망이 며칠 안에 회복될 리는 만무했고, 마도카는 여전히 우울해했다.

사에구사의 재판이 시작되자 마도카는 한층 더 침울해졌다. 겐타로가 휠체어를 타고 고엔지 집을 처음 방문한 것은 마침 그럴 때였다.

"시즈카 씨, 들었어. 사법연수원 교수 그만뒀다면서."

겐타로는 현관에 들어오자마자 집 안이 울릴 정도로 큰 소리로 말한다. 재빨리 주의를 준 것은 마침내 겐타로의 요양보호사로 복귀한 미치코였다.

"남의 집에서 무슨 고함을 지르고 그러세요. 겐타로 씨 아직 환자예요."

"흥, 퇴원했으면 됐지."

암 적출 수술을 무사히 끝내고 수술 후 경과도 순조로워서 퇴원하게 되었다는 것은 시즈카도 들었다.

"시즈카 씨에게 오래 민폐를 끼쳤잖아. 오늘은 감사 인사 겸 작별 인사하러 왔어."

미치코가 백화점 봉투를 공손히 내밀었다.

"이런 고집쟁이 영감님을 돌봐 주셔서 뭐라고 감사의 말을 드려야 할지 모르겠네요."

봉투의 내용물은 대부분 짐작이 간다. 거절하면 겐타로가 봉투를 던질 것 같아 고개를 숙이며 건네받았다. 겐타로에게는 얼마든지 독설을 할 수 있지만 미치코에게는 동정심이 앞선다.

"결국 오래 입원 생활을 하셨네요. 이제 좀 도쿄에 적응하셨나요?"

묻는 순간 겐타로는 얼굴을 찡그렸다.

"이제 평생 안 와. 도쿄 거리도 상관습도 나와는 안 맞아."

그토록 도쿄 경제인과 만나고, 그토록 수도권의 수사 기관을 유린했는데도 이런 말투다. 나고야 사람의 기질인지, 아니면 단지 꼬인 건지 시즈카는 알 수 없다.

"그건 그렇고 집안에 힘든 일이 있었던 것 같은데. 이제 조금 괜찮아졌나."

문득 겐타로의 눈을 보고 떠올랐다. 이 남자도 딸 부부를 잃었던 것이다. 동병상련은 아니지만 딸을 잃은 허무함은 딸을 잃은 자만이 알 수 있다.

"자기 자식의 장례식만큼 싫은 것도 없어요."

"맞아."

겐타로 앞에서는 자신을 꾸밀 필요가 없다. 내뱉는 것은 거짓 없는 진심이다. 구청에서 화장허가증을 받을 때는 창구에서 추태를 보이지 않으려고 감정을 억눌렀다. 장례의 상주로 있을 때는 평정심을 가장하기 위해 얼굴 근육을 총동원했다. 다행이었던 것은 장례 자체가 워낙 분주하게 진행되는 바람에 슬퍼할 새도 없었다는 점이다.

"문패에 시즈카 씨 말고 '마도카'라는 이름이 있네."

여전히 눈이 밝다. 처음 방문한 집에서 그런 곳까지 살펴보고 있다. 무슨 비아냥이라도 들을까 봐 경계했지만 돌아온 것은 의외의 말이었다.

"손주랑 사는 게 좋지."

"그런가요."

"손주는 시끄럽기만 하다고 생각했는데 막상 생기면 안 그래. 눈속에 넣을 생각은 없지만 입 안이라면 어떻게든."

"누구도 그런 냄새 나는 입에 들어가기 싫어해요."

미치코가 받아치던 그때였다.

한쪽 방에서 마도카가 지르는 소리가 들려왔다.

분노와 공포가 뒤섞인 목소리에 가장 빨리 반응한 것은 겐타로로, 핸들을 잡고 있는 미치코에게 휠체어를 밀게 한다. 한발 늦었지만 시즈카도 두 사람을 따라 마도카가 있는 방으로 달린다.

넓은 집은 아니다. 마도카의 방은 다이닝 키친 맞은 편에 있다.

문을 열자 마도카가 울면서 신문을 찢고 있었다.

그 순간 마도카가 무엇에 분노하고 무엇에 자극을 받는지 곧 알게 되었다. 시즈카는 날뛰는 손녀를 뒤에서 끌어안아 진정시킨다.

"마도카."

귓가에 속삭이자 점점 마도카의 움직임이 사그라들었다.

겐타로는 바닥에 흩어져 있는 신문지 조각을 집어든다. 눈이 빠른 겐타로가 사회면 기사에서 시선을 멈춘다.

"어제 1심 판결이 나왔어요."

검찰에서는 어제 연락이 왔다. 마도카는 판결을 듣고 오늘처럼 날뛰었는데, 신문을 읽자 다시 분노가 치밀어 올랐을 것이다.

"이 아이의 부모를 친 범인은 과실치사로 기소되었어요. 그래도 변호사는 법규를 준수한 속도, 면허 취득 후 계속 무위반 무사고였던 이력과 보행자 측의 부주의를 주장해, 집행 유예 포함 징역 2년 5개월을 받았어요."

판결을 내리는 측이었던 시즈카에게는 판사 세 명의 협의 내용마저 투명하게 보인다. 요는 현직 경찰의 과실치사라는 불미스러운 일에 소극적이었던 검찰 측에 대해, 변호 측이 유효타를 갖췄다는 것이다.

판결을 들었을 때는 시즈카도 분노해 동요했다. 재판 기록을 넘겨받아 변호 측의 결점을 파헤치고 싶은 충동이 들기도 했다. 이게 자신과 관계없는 사건이라면 사법의 공정성과 엄격함을 희구하는 나머지 옆에서 간섭했을지도 모른다.

하지만 이번에는 시즈카 자신이 피해자 가족이다. 그래서 시즈카가 왕년의 직함을 내세워 사법에 개입하면 완전한 공사 혼동이다. 시즈카의 결벽은 항상 사적 감정보다 우선한다. 부모가 어찌 그렇게 냉담하냐는 말을 들어도, 사법의 독립성을 소홀히 하는 것은 시즈카의 인생을 부정하는 것과 마찬가지이기 때문이다.

물론 아직 어린 마도카에게 설명해 봤자 완전히 이해하진 않을 것이다. 적어도 지금은 마도카의 절망과 분노를 받아줄 수밖에 없다.

"운전하고 있던 경찰 아저씨한테서 술 냄새가 났어."

마도카는 흐릿한 목소리로 호소한다.

"아빠가 제대로 도보를 걷고 있었어. 그런데 어느샌가 차도로 삐져나온 것으로 되었어. 그 경찰 아저씨 때문에 두 사람이 죽었는데

징역 2년 5개월, 그것도 집행 유예 포함이니까 실질적으로 무죄 같은 거 아니야?"

마도카의 증언은 공판에서는 거의 무시당했다. 사고 발생 직후에 진행한 사에구사의 혈액 검사에서 알코올 혈중 농도는 0.01 퍼센트 미만으로 음주 사실이 인정되지 않았기 때문에 마도카의 증언 자체에 신빙성이 없다고 판단한 것일 테다.

하지만 재판의 공정성과는 별개로 마도카는 사법에 상당한 불신을 품고 있다.

"분명 범인이 경찰 아저씨니까 모두들 감싸 주고 있는 거야. 현장에 있던 내가 한 말은 거짓말이라고 치부하고 아무도 진지하게 들어 주지 않아."

주저앉은 마도카의 눈이 증오와 회의로 흐려진다. 어느새 열네 살 소녀의 눈이 아니다. 시즈카는 손녀가 그런 생각을 하게 된 것에 자신을 책망하지 않을 수 없다. 있는 힘껏 애정과 윤리, 지혜를 주겠다고 했는데. 현재 마도카는 증오와 비합리만을 기억하고 있을 뿐 아닌가.

"뭐가 법이야, 다 쓸데없어. 엄마 아빠가 살해당했는데 범인을 용서하는 법 따위 절대 용서 못 해."

위로의 말을 찾고 있는데 겐타로가 휠체어 위에서 마도카 쪽으로 얼굴을 가져갔다.

"네가 마도카구나."

"할아버지, 누구?"

"고즈키 겐타로라고 시즈카 할머니의 친한 친구 정도. 이야기는 대강 들었는데, 마도카. 아까처럼 신문지를 찢거나 소리를 질러서 기분은 풀렸니?"

마도카는 겐타로를 노려보기만 할 뿐 답하지 않는다. 당연하다. 처음 보는 사람이 속내를 꿰뚫어 보는 말을 하면 누구라도 반감을 느낀다.

"시즈카는 논리적인 사람인데 마도카는 감정적인 사람 같네."

"무슨."

"감정만으로는 길을 잘못 들고 논리만으로는 추진력이 부족하게 돼."

그럴싸한 말을 하지만 겐타로 자신도 마음먹은 대로 행동한다는 점에서 비난을 피하기 어렵다. 다만 겐타로에게는 경영자로서의 판단력이 있어서 길을 잘못 들지 않을 뿐이다. 무엇보다 이 영감은 길을 잘못 들어도 목적지에 도착할 것만 같다.

"부모를 잃은 아이의 심정을 할아버지는 모르잖아."

"아냐. 내게도 부모를 잃은 손녀가 있거든."

"거짓말."

"거짓말 아니야. 수마트라섬 지진 기억하니? 거기 딸 부부가 살았는데 대형 쓰나미가 덮쳤어. 손녀만 운 좋게 살아남았지. 그래서 마도카 일이 남의 일 같지가 않아."

겐타로의 울퉁불퉁한 손이 마도카의 어깨를 쓰다듬는다.

"루시아라는 손녀였어. 나이도 마도카랑 비슷했고. 처음엔 지금의 너처럼 울고 소리 지르고 우울해했지. 어쨌든 단 두 명뿐인 부모를 그곳에 산다는 이유만으로 잃어버렸으니까. 너무나 억울한데 누구를 원망할 수도 없지. 원망할 상대가 없다는 것도 힘들다면 힘들거든. 가슴속에 쌓인 답답한 감정을 토해 낼 곳이 없으니."

마도카는 여전히 겐타로를 노려보고 있지만 어두운 빛은 꽤 누그러들었다.

"우리 루시아도 마도카도 똑같아. 세상은 어마어마하게 비합리적이고 불행은 사람을 고르지 않아. 착한 사람에게 재앙이 닥치고 정직한 사람은 손해를 보지. 그런데 말이야, 그런 비합리에 얽매인 채 살아 봤자 소용없어."

"그럼 어떻게 하면 되는데?"

겐타로는 마도카의 어깨를 쓰다듬던 손을 머리에 가져갔다.

"비합리와 싸우기 위한 방법에는 두 가지가 있어. 계속 정직하게 사는 것, 혹은 자신이 세상보다도 더 비합리적인 인간이 되는 것. 마도카는 무얼 고르려나."

본인의 선택에 맡기면서도 물론 겐타로는 계속 정직하게 사는 것을 권하고 있다.

그러나 마도카는 아직 납득이 되지 않는 듯했다.

2

이상하게도 불행은 연달아온다. 시즈카가 마도카를 돌보느라 애를 먹고 있을 무렵, 이번에는 다른 부고가 들려왔다. 다지마와 마찬가지로 예전 동료였던 마키세가 살해당한 것이다.

시즈카가 부고를 확인한 건 10월 25일 자 조간신문에서였다.

—24일, 마에바시시, 이와가미마치의 노상에서 남자가 죽어 있는 것이 발견되었다. 남자는 마에바시 지방 법원에서 근무하는 마키세 스즈오 판사로, 경찰은 살인 사건으로 수사를 진행 중이다.

사회면 한쪽에 실린 작은 기사였지만 시즈카는 한동안 신문에서 눈을 뗄 수 없었다.

갑작스레 믿을 수 없었다. 마에바시 지방 법원에 근무하는 마키세 스즈오라고 하니 그가 분명하다. 하지만 마키세와는 7월에 막 만난 참이었다. 나이에 어울리는 관록이 붙었지만 함께 일했던 무렵 느낄 수 있었던, 이상에 타오르는 젊음이 남아 있었다. 그 생명력 넘치던 남자가 이제는 죽은 사람이 되었다는 게 좀처럼 와닿지 않는다.

판사 시절의 동료가 한 명, 그리고 또 한 명이 이 세계에서 사라진다. 그뿐이면 몰라도 다지마에 이어 마키세의 죽음에도 사건성이 있다는 건가. 시즈카는 술렁거리는 가슴을 걷잡을 수가 없다.

예전에 마에바시 지방 법원을 방문한 적이 있어서 주변 지리는 어느 정도 알고 있다. 마에바시 이와가미마치는 지방 법원 직원의 사택이 있는 곳이다. 시신이 이와가미마치에서 발견되었다면 마키세는 사택 근처에서 살해당한 것이 된다. 그렇다면 출근길이었을까, 퇴근길이었을까.

신문 기사 내용만으로는 정보가 부족하다. 사고의 틈새에서 마키세의 얼굴이 아른거린다. 시신 발견 장소가 사택에서 얼마나 떨어져 있었는지, 또 범행 시각은 언제였는지. 이 두 가지를 확정하는 것만으로도 용의자는 상당히 좁혀질 것이다.

무슨 생각을 하는 거야. 시즈카는 자기를 질책한다.

옛 동료가 살해되었다고 해도 어차피 자신은 일반인일 뿐이다. 법조계와의 유일한 연이었던 사법연수원 교수직도 그만둔 상태다. 자신이 범인에게 분노해 수사 정보를 요청하면 공사를 구분하느라 딸 미사코 부부의 사건을 파고들지 않은 스스로를 배신하는 것이 된다. 게다가 마도카에게도 좋은 본보기가 되지 못한다. 직업윤리가 사적 감정보다 우선하는 결벽은 여기에서도 시즈카를 옭아맨다. 말 그대로 자승자박이다.

자신의 윤리에 결벽을 추구할수록 마키세 사건을 추궁하고 싶어진다. 몇 달 전에 봤던 마키세의 얼굴이 뇌리에 오간다.

스스로도 한심하다고 생각한다. 여든이 넘었는데도 아직 자신의 감정에 결단을 내리지 못 한다. 지금까지 필요에 의해서, 또는 요청받은 대로 잠언 같은 말을 내뱉어 왔던 것이 부끄럽게 느껴졌다.

한참 생각에 잠겨 있는데 인터폰이 울려 손님이 온 것을 알렸다. 본 적 없는 중년 남자였다.

"누구십니까?"

— 군마 경찰본부 스에쓰구라고 합니다.

순식간에 군마현경과 마에바시 지방 법원이 연결된다.

— 고엔지 판사님은 댁에 계십니까?

"이제 판사는 아니지만 제가 고엔지입니다."

— 마에바시 지방 법원 마키세 판사 건으로 찾아뵈었습니다.

이쪽에서 찾아가기 전에 상대가 먼저 온 건가. 시즈카가 거절할 이유는 없다. 즉시 스에쓰구를 응접실로 안내했다.

"마키세 씨가 살해당했다는 건 조간신문을 보고 알았습니다."

시즈카가 말을 꺼내자 스에쓰구는 안심한 듯이 방문 목적을 말하기 시작했다.

"마키세 판사의 핸드폰을 조사했더니 통화 이력에 고엔지 판사님 이름이 있었습니다."

"주변 조사 때문에 오신 거군요."

"이야기가 빨라서 좋습니다. 이력을 보면 7월에 통화를 하신 것 같은데 최근의 피해자에 대해 알고 계실까 싶어서요."

통화 이력에 있던 인물이라는 것만으로 군마현경의 수사관이 세이조까지 온 것은 수사본부가 초동 수사에 많은 인원을 할당하고 있다는 증거였다.

"마키세 씨가 판사에 막 배임됐을 무렵부터 알고 지냈습니다. 그의 됨됨이나 법 해석 방법이라면 말할 수 있어요. 게다가 그를 원망하거나 증오한 사람이 있었는지도."

"역시 이야기가 빠르네요."

"다만 제게 수사 진척 상황을 알려 주셔야 원하는 정보를 드릴 수 있어요. 그렇지 않으면 수사본부가 어떤 정보를 요구하고 있는지 파악할 수 없으니까요."

"수사 정보를 알려 달라, 는 말씀이십니까?"

금세 스에쓰구의 표정에 경계의 빛이 떠오른다. 시즈카가 사법 연수원 교수를 사직한 것은 이미 조사했다. 일개 민간인에게 어디까지 수사 정보를 알려 줘야 할지 고민하는 것이 분명했다.

"아직 초동 수사 단계라서 밝혀진 사실도 언론에 발표할 수 있는 정도겠죠."

"……마에바시 지방 법원에 아는 분이 계십니까?"

"시시도 원장과는 고등 법원 시절에 같은 형사부였어요."

잠시 스에쓰구는 평가하는 듯이 이쪽의 안색을 살핀다. 아마 지방 법원의 내부를 사정 청취함에 있어서 시즈카의 인맥과 지위를 이용할 생각 정도는 할 것이다. 그다음에 정보 수집과 공개, 양쪽을 저울에 올리는 것이다.

"소심해서 재기발랄한 구석은 없었지만 매사에 진중한 타입이었어요. 몇 번 같은 안건을 맡았던 적도 있고요."

"수사본부가 요청할 경우, 수사에 협력해 주시겠습니까?"

"시민으로서 기꺼이 협력하겠어요."

양쪽의 이해가 일치했다고 판단했는지 스에쓰구는 안도하듯이 고개를 끄덕였다.

"신문기사에서는 마에바시 이와가미마치 거리에서 시신이 발견되었다고 하더군요. 지방 법원 사택이 근처에 있던 것으로 기억하는데요."

"지리감이 좋으시네요. 네, 확실히 사택이 있었습니다만 발견된 곳은 지방 법원과 사택 사이에 있는 공원 옆 도로입니다."

시즈카는 뇌리에 지방 법원 근처의 지리를 재생해 본다. 지방 법원에서 사택까지 직선거리로 약 1킬로미터. 사택은 미로 같은 거리에 있었고 남북으로 용수가 흐르고 있던 것으로 기억한다.

"괜찮다면 현장을 보여 주실 수 있나요?"

"원하신다면요."

다행히 마도카는 학교에 있다. 하교 시간까지는 돌아올 수 있을 거라고 생각해 시즈카는 스에쓰구와 함께 집을 나섰다.

스에쓰구가 운전하는 경찰차에 동승해 현장으로 향한다. 마에바시 지방 법원 주변은 전에 방문했을 때에 비해 많은 건물이 재건축되었다. 다만 사택에 이르는 거리에는 큰 변화는 없다. 미로 같은 도로가 화근이 돼 재개발이 어려운 걸지도 모른다. 분명 겐타로에게 보여 주면 술술 설명해 줄 것이다.

시즈카는 그 공원 옆에 내린다. 도로 옆은 용수로가 있어 흙빛 물이 요란하게 흐르고 있다. 어젯밤 군마현에 폭우가 내려 용수로의 물도 증가한 것이다.

감식 작업이 종료된 듯 출입금지 테이프는 떼어진 상태였지만 작업 흔적에서 시신이 있던 지점이 대략 짐작 간다. 스에쓰구에게 확인해 보니 시즈카가 짐작한 곳에 마키세의 사체가 쓰러져 있었다고 한다.

"시신은 24일 밤 11시, 퇴근하던 회사원이 발견했습니다. 아스팔트 위로 많은 피가 흐르고 있어 그 자리에서 신고했다고 합니다."

"발견 당시에도 비가 내리고 있었나요?"

"네, 오늘 새벽에 그쳤으니까요."

그럼 살해되고 나서 발견되기까지 마키세는 쭉 비를 맞고 있던 건가.

"본인 것으로 추정되는 우산이 공원에 있었습니다."

"사인은?"

"옆구리에 자상이 한 곳. 검시에서는 그 일격이 과다 출혈과 장기 손상을 초래했다고 합니다. 부검이 진행 중이지만 검시관의 소견과 거의 다르지 않겠죠."

시즈카는 그곳에서 합장한다.

분명 고통스러웠을 것이다.

분명 추웠을 것이다.

어디까지 가능할지 모르겠지만 전력을 다해 본다.

시즈카는 주위를 둘러본다. 공원이라고 해도 이름만 공원일 뿐 넓지도 않고 방범 카메라도 보이지 않는다. 가게도 없어 현장을 촬영할 수 있는 카메라는 없어 보였다.

"보시다시피 범행 현장을 촬영한 방범 카메라는 없습니다. 어젯 밤 폭우가 내린 탓에 목격자도 현재로서는 전무하고요."

"흉기는 발견되었나요?"

"아뇨. 흉기는 상처의 입구를 보면 끝이 뾰족하고 한쪽에만 날이 없는 날카로운 칼 종류로 추정됩니다만 현장 주변을 샅샅이 수색 해 봐도 비슷한 것은 발견되지 않았습니다."

스에쓰구의 시선이 용수로를 향한다.

"흉기를 용수로에 버렸다고 생각하시나요?"

"흉기를 그 상태로 계속 소지할 경우의 리스크는 설명할 것도 없 죠. 지문은 물론 특수한 형태의 칼이라면 브랜드만으로 최종 사용 자를 추적할 수 있으니까요."

물이 불어난 용수로는 대형 건축 기기마저 쓸어버릴 기세다. 나 이프 하나나 두 개는 순식간에 흘러 사라질 것이다. 범인의 입장에 서 생각해 보면 용수로에 버리는 것이 가장 빨리 처리할 수 있고, 심지어 뒤탈도 없다.

"물이 많이 불어나서 강을 수색도 하기 전에 수사관이 쓸려가 버 리죠. 수색할 예정이겠지만 그것도 조금 잠잠해진 뒤겠죠."

스에쓰구의 말에서 유감스러움이 느껴진다. 증수가 잠잠해질 무 렵에는 흉기는 하구는커녕 바다까지 흘러가고 있을 것이다.

"마키세 씨 소지품 중 무언가 도난당한 것은 없나요?"

"강도의 소행은 저희도 생각했습니다. 하지만 마키세 판사의 상 의를 조사했지만 현금이 든 지갑도 핸드폰도 고스란히 남아 있었 습니다."

"핸드폰 통화 이력에 수상한 점은 없었나요?"

"마지막은 밤 9시 35분경, 아내와의 통화 이력. 수상한 내용은 없었습니다."

"언제 살해당했을까요."

"검시관의 소견으로는 24일 밤 10시부터 발견된 11시 사이라고 합니다."

판사 업무가 정말로 바쁘다는 것은 시즈카도 잘 알고 있다. 밤 10시 퇴근이라면 아직 이른 편이다.

"밤 10시라면 그렇게 늦은 시간은 아니네요."

"말씀하신 대로입니다. 하지만 어젯밤 폭우로 용수로 옆 도로를 지나가려는 사람은 아무래도 적었습니다. 목격자가 나오지 않는 것도 무리는 아닙니다."

"비가 오늘 새벽에 멈췄다 해도 족적이나 유류품 대부분도 흘러 갔겠고요."

"네, 안타깝게도. 감식반원들도 꽤 매달렸습니다만 별로 수확은 없는 듯합니다."

더 이상 현장에 있어도 얻을 정보는 적을 것이다.

"마키세 씨의 가족 구성을 알려 주세요."

다지마 사건 때 함께 행동했지만 마키세의 프라이버시에 관해서는 기혼자라는 것밖에 듣지 못했다. 본인이 이야기를 꺼내면 자세히 알 수 있었겠지만 원래 마키세는 자기 이야기를 하고 싶어 하는 타입이 아니었다.

"사택에서는 부인과 둘이 살았고요. 자제분은 없으셨습니다."

마키세는 오십이 넘었다. 결혼을 늦게 한 걸까, 아니면 아이를 만들지 않은 걸까. 어느 쪽이든 남겨진 아내의 심정을 생각하자 기분이 점점 우울해졌다.

"아내분은 지금 어떻게 지내시나요?"

"자택과 시신 발견 장소가 가깝다는 게 생각해 볼 문제죠. 시신인 마키세라는 것을 확인하고서는 사택에 틀어박혀 계십니다. 시신 반환을 기다리면서 장례 준비를 하겠다고 하셨어요."

"부검은 언제 끝날 예정인가요?"

"오늘 아침 일찍 법의학 교실로 이송됐으니, 빠르면 지금쯤 슬슬 끝나겠네요."

반환된 남편의 시신과 마주하면 유족은 평정을 지키기 더 어려워질 것이다.

"스에쓰구 씨. 지금 아내분과 만날 수 있을까요?"

"아내분의 사정 청취는 저도 해보고 싶었습니다."

스에쓰구는 자기도 마찬가지라는 듯이 끄덕여 보인다.

"시신을 확인했을 때 아내분은 몹시 혼란스러워하셔서 질문할 경황이 아니었거든요."

지방 법원 사택은 재건축도 되지 않았고 전에 본 모습 그대로였다. 마키세가 살던 곳은 412호. 요즘 추세대로 1층 우편함에는 주민의 이름이 어디에도 써 있지 않다.

"아내분의 성함은 구니코이십니다."

떠올랐다는 듯이 스에쓰구가 알려 주었지만 결국 이름 외에 눈에 띄는 정보는 입수하지 못한 것을 슬며시 고백하는 셈이다.

"마키세의 아내입니다."

현관문에서 얼굴을 내민 구니코는 마키세보다 꽤 젊었는데 예상대로 기운이 없어 보였다. 현관 옆 신발장으로 시선을 돌리자 천으로 만든 귀여운 장식물이 한쪽으로 치워져 있다.

시즈카가 자신을 소개하자 구니코는 마키세에 들은 적이 있다는 듯이 여든 넘은 노인을 정중히 맞이해 주었다. 그 행동만으로 마키세가 시즈카에게 얼마나 존경심을 품고 있었는지 짐작이 간다.

"7월이었을까요. 남편이 예전 상사와 오랜만에 같이 일하게 되었다고 기뻐했어요."

구니코는 두 사람을 거실로 안내한 후에는 괴로움을 극복했다는 듯이 씩씩하게 행동한다. 하지만 감추기 힘든 표정 때문에 더욱 괴로워 보인다.

"마키세 판사가 퇴근 시간을 알려 주었던가요?"

스에쓰구의 질문에도 고통스러워 보였다.

"10시 넘어서는 퇴근한다고 연락이 왔었습니다."

그게 핸드폰에 남아 있던 마지막 통화 기록이 틀림없다.

"10시 넘어서 퇴근 예정. 하지만 실제로 마키세 판사는 살해당해 저희가 아내분께 알렸을 때가 11시 반이었습니다. 혹시 퇴근이 한 시간 이상 늦어진 것이 이상하지는 않으셨습니까?"

"평소에도 퇴근이 많이 늦어 자정이 되어서야 귀가할 때도 많았으니까요. 법원 업무가 몹시 고되다고 입버릇처럼 말해 와서 그렇게 신경 쓰이진 않았어요."

"집에서 일 얘기는 자주 했습니까? 예를 들면 재판 당사자한테 협박을 받는다든가."

스에쓰구의 질문의 의도는 명확하다. 마키세를 살해한 목적이 강도가 아니라면 동기는 원한일 가능성이 커진다.

하지만 구니코의 답변도 예상대로였다.

"일 때문에 투덜거리기는 했어도 내용에 관해서는 절대 말하지 않았어요. 그런 면은 꽤 철저했어요."

"그럼 사적으로 마키세 판사를 미워하거나 원망한다고 짐작 가는 사람은 없습니까?"

"매사에 조심스러워서 결코 사람들 앞에 나서려는 사람이 아니었어요. 그러니 남편을 미워하거나 원망한 사람도 전혀 떠오르지 않아요."

이것으로 구니코에게서 더 들을 것은 없게 되었다. 스에쓰구는 유감스럽다는 듯이 입술을 깨문다.

그럼 내가 질문해도 상관없겠지.

"두 분 다 부모님은 건재하신가요?"

사건과 무관한 것을 묻자 순간 구니코는 의아한 표정을 짓는다.

"저희 어머니는 오래전에 돌아가셨지만 시부모님은 여전히 건강하세요."

"마키세 씨, 기후의 다카야마 출신이셨죠?"

"네, 시부모님께 사건 소식을 전하니 바로 이쪽으로 오신다고 하셨어요. 저희 아버지는 후쿠오카에 계셔서 조금 늦으실 거고요."

"자녀는 있으신가요?"

이 질문도 의외라는 듯이 구니코는 고통을 참는 것처럼 얼굴을 찌푸린다.

"10년이나 애썼는데도 좀처럼 생기지 않아서. 신경 써 주셔서 감사합니다."

"괜찮다면 저도 장례식에 참가하고 싶은데요."

"꼭 부탁드립니다. 남편도 분명 기뻐할 거예요."

마키세의 집을 나오자 예상대로 스에쓰구가 물어 왔다.

"고엔지 판사님. 아까 본가 운운하신 질문은 왜 하신 건가요?"

"마키세 씨의 본가가 다카야마라는 걸 확인하고 싶었어요."

"설마 지금까지 모르고 계신 건가요?"

"아무리 동료라고 해도 서로 프라이버시는 잘 지켜 줬거든요. 스에쓰구 씨, 신발장 위에 천으로 만든 장식품 있는 거 보셨나요?"

"두건을 쓴 꼬마 인형이었죠."

"그건 '사루보보'라는 다카야마의 민속공예품이에요. 보통 자기 고향의 공예품을 현관에 장식하진 않잖아요. 저건 마키세의 부모님이 일방적으로 보낸 거예요. 시부모님이 오신다기에 마지못해 내놓은 거고요."

"어째서 마키세의 본가에서 보낸 거라고 단정 지으시는 건가요?"

"자기 집에서 보낸 거라면 바로 쓰레기통행이죠."

두 사람이 다음으로 향한 곳은 마에바시 지방 법원이었다. 마키세의 서기관은 사가라 미유키라는 여성으로 시즈카가 보기에 화장이 꽤 화려했다.

법원 서기관은 재판 수속, 기록 공증 사무와 함께 판사의 보조자라는 역할을 겸비해, 말하자면 비서 같은 존재다. 요즘은 신임 판사 채용 인원 증가에 따라 여성 비율이 높아졌다고 들었지만 이런 짙은 화장은 직장에 위화감을 조성하지 않을까 하는 쓸데없는 노파심을 품게 된다.

"마에바시 경찰서로부터 판사님의 사망 소식을 들었습니다."

미유키는 시즈카와 스에쓰구가 이야기를 꺼내기 전부터 냉정을 잃은 듯했다.

"도대체 누가 마키세 판사님을. 범인이 밝혀지면 내가 이 손으로 직접 심판해 줄 텐데."

아무리 감정적이라고는 해도 법원 직원이 수사 관계자에게 내뱉어도 될 말은 아니다.

스에쓰구가 눈짓으로 신호를 보낸다. 미유키의 신문을 맡긴다는 의사표시다.

"자기소개가 늦었네요. 저는 예전에 마키세 씨와 같은 법원에서 일했었어요."

"고엔지 판사님의 이름은 친숙합니다. 마키세 판사님이 자주 존경하는 선배라고 말씀하셔서서요."

바로 시즈카는 얼굴을 붉힐 지경이 된다.

"그럼 말할 것도 없네요. 법정에서의 증언은 묻는 것에만 답하는 게 좋다고 하지만 이런 사정 청취에서는 다 터놓고 말씀해 주세요. 맥락에서 벗어나도 전혀 상관없습니다. 첫 질문인데요, 최근 마키세 씨의 근무 태도는 어떠셨나요?"

"정말 멘탈이 강한 분이셨어요. 아무리 크고 부담이 되는 안건이라도 담담히 처리하셨거든요. 다른 판사님이시라면 고군분투하시거나 겁을 먹으실 텐데요."

아, 그런가, 라고 시즈카는 납득한다. 마키세와 함께 일할 무렵, 다지마와 자신이 묵묵히 말하지 않았던 직업윤리를 두 사람의 등 뒤에서 조금이라도 읽어 줬을지도 모른다.

"마에바시 지방 법원에서는 아직 공판 담당이셨지만 모쪼록 부총괄로 추천할 만한 판사님이셨습니다."

불현듯 시즈카는 눈치챈다. 미유키의 말에는 상사를 향한 존경심 이외에 사모의 마음도 아른거린다.

"마키세 씨의 근무 태도는 지금 증언과 연간 처리 건수로 대략 파악할 수 있습니다. 최근 특히 고심했던 안건이 있었습니까?"

미유키는 조금 생각하더니 고개를 젓는다.

"아뇨. 마키세 판사님이 안건 때문에 곤란해하는 얼굴은 본 적이 없습니다."

"그럼 안건 이외의 문제로 곤란해하는 걸 본 적은 있습니까?"

미유키는 그거라면 생각이 났다는 듯이 입을 연다.

"가정 일로 고민하셨던 듯합니다. 분명히는 말씀하지 않으셨지만 사모님과 사이가 별로 좋지 않으셨던 것 같아요."

"구체적인 에피소드를 보고 들으신 건 아니시네요."

"네. 그래도 그런 건 말하지 않아도 알지 않나요? 여자의 직감으로요."

순간 시즈카는 확신했다. 매사 소극적인 마키세는 분명히 우수한 판사였다. 상사로서도 좋았던 것이 틀림없다. 하지만 윗사람 입장에서 후배를 키우는 데는 맞지 않았던 듯하다. 가장 가까이 있는 서기관이 하필이면 여자의 직감 같은 걸 중시하고 있다. 이래서는 경박하다는 비난을 피할 수 없다.

물론 시즈카도 여자의 직감을 부정하는 것은 아니지만 적어도 범죄 수사를 조사해 온 수사관 앞에서 해도 될 말은 아니다. 가장 가까운 관계자가 이래서야 조금 정신을 차릴 필요가 있다. 시즈카의 눈짓을 읽었는지 스에쓰구도 떨떠름한 얼굴로 끄덕인다.

"마지막으로 24일 밤 10시부터 11시까지 어디서 무엇을 하셨습니까?"

"집에서 쉬고 있었어요. 아쉽게도 혼자 살아서 증언해 줄 사람은 없습니다."

그러나 부총괄인 고토다 판사에게 같은 질문을 던지자 전혀 다른 대답이 돌아와 두 사람 모두 놀랐다.

"가정 일로 고민하고 있었다라. 아뇨, 그런 기색은 전혀 없었어요."

"마키세 씨의 서기관은 그렇게 말하지 않던데요."

"아, 사가라 미유키 서기관이죠? 그녀라면 그렇게 증언하겠죠. 아니, 그렇게 증언할 수밖에 없어요."

의미심장하게 말하는 것으로 보아 미유키에 대해 생각하는 바가 있는 듯하다.

"공자 앞에서 문자 쓰는 격이지만, 판사의 독립성은 헌법이 보장하기 때문에 실제 재판의 진행 방식이나 판단의 제시법은 판사의 수만큼 존재합니다. 따라서 법원서기관은 매뉴얼대로 직무를 수행하기만 하면 되는 게 아니라 판사의 방침에 입각하면서도 상황에 따라 구체적인 행동을 늘 고려해야 하죠."

"서기관의 소양 중 하나네요."

"그런데 그 소양을 성실히 실천한 나머지, 담당 판사에 지나치게 공감하는 서기관이 간혹 있습니다."

"사가라 서기관이 그렇다는 말씀이신가요?"

"주임 서기관에게서도 보고를 받고 있습니다만 마키세 판세를 향한 마음이 도를 넘었다는 듯합니다. 물론 법원 업무에 지장을 줄 정도의 불상사는 생기지 않았지만요."

"일방적인 짝사랑이었군요."

"마키세 판사는 아내 바라기였으니까요. 멀쩡한 유부남에게 추파를 던지는 등 유혹에 지나지 않았지만 서기관이라는 직업의 특수성과 본인의 기질이 화학반응을 일으키면 혼자 착각에 빠질지도 모르죠."

"어떤 착각 말인가요."

"옛날 말로 하자면 '사랑하면 바보가 된다'는 착각이요."

고토다 판사는 한숨을 쉬며 계속 이야기한다.

"마키세 판사가 안건 외에 다른 것으로 곤란해했던 건 사실이에요. 사가라 서기관을 어떻게 대할지 고민이 깊었거든요. 자기 성격 탓에 사가라에게도 주위에도 대놓고 말하진 않았지만 실제로는 꽤 난감했을 거예요."

시즈카와 스에쓰구는 얼굴을 마주한다.

어쨌든 단호한 태도는 번거로울지 몰라도 오해는 받지 않는다.

한편 조심스러운 태도는 주위에 잘 스며들지만 오해받기 쉽다. 마키세와 미유키의 경우는 몇 가지 요소가 잘못된 방향으로 작용한 결과라고 볼 수 있었다.

"고토다 씨. 그럼 가장 답하기 어려운 질문을 하겠습니다. 법원 안에서 마키세 씨의 근무태도를 마음에 들어 하지 않았던 인물로 짐작 가는 사람이 있습니까?"

"제 눈이 정확하다는 가정하에 그런 사람은 없습니다. 유능하지만 결코 나서지 않는 사람. 평소 일을 마무리하는 역할로 이만큼 이상적인 자질은 없으니까요. 차기 부총괄에 그의 이름이 거론돼도 불만을 제기할 판사는 없어요."

고토다는 울적한 말투로 계속 말한다.

"마키세 판사의 살해가 강도 목적이 아니라고 한다면 그의 교우 관계에서 미루어 용의자를 소수로 좁힐 수 있을 테죠. 그게 법원 관계자가 아니길 바랄 뿐입니다."

시즈카도 같은 생각이었다.

3

법의학 교실에서 마키세의 시신이 돌아오자 그날 시내 장례식장에서 장례식을 거행하게 되었다.

한편 부검보고서는 시신이 도착하기 전에 수사본부에 전달되었다. 시즈카는 그 내용을 스에쓰구에게서 들었다.

"역시 검시관의 소견에 크게 틀린 점은 없었습니다. 직접 사인은 출혈사예요."

같은 출혈에 의한 사망이라 해도 극히 단기간의 출혈에 의한 사망은 출혈사라고 하는 게 적합하다. 한편 출혈량과 속도가 그 정도는 아닌 경우는 혈압 저하를 동반한 말초˚순환 부전, 즉 출혈성 쇼크사라고 한다. 즉 마키세는 전자의 패턴이라는 말이다.

"다만 찔린 것은 옆구리이며, 소견은 공격을 받고 나서 숨을 거두기 전까지 약간의 틈이 있었을 가능성을 시사하고 있습니다."

"마키세 씨의 우산은 공원에서 발견되었었죠?"

"고엔지 판사님이 무슨 생각을 하시는지는 짐작이 갑니다."

스에쓰구는 다음으로 감식보고서를 손에 든다.

"마키세 판사의 신발 밑창에서 공원 흙이 나왔습니다."

"지방 법원에서 사택으로 가는 길에 공원에 들릴 필요가 있나요?"

"없습니다. 공원에서 누군가와 만난 뒤 용수로 옆 도로로 이동했다고 보는 게 타당할 겁니다."

시즈카는 긍정의 뜻으로 끄덕인다. 주택가를 달리는 도로는 4미터, 다른 한쪽에 있는 용수로 옆 도로는 도로라고는 부를 수 없을 정도로 폭이 2미터 정도밖에 되지 않는다. 억수 같이 비가 내리는 와중에 집에 돌아가는 길이라면 4미터 도로로 돌아가는 것이 일반적일 것이다. 그런데 왜 마키세는 일부러 공원을 통과해 더 좁은 도로로 이동했을까.

부자연스러운 행동에는 당연히 그에 상응하는 이유가 있다.

"범인의 신발에도 공원 흙이 묻어 있으면 이야기는 빠르겠지만 본인의 동의 없이는 공판에서 싸울 수 있는 물증은 될 수 없습니다."

"흙만으로는 보충적 증거밖에 안 되겠죠."

재판 이야기가 되면 시즈카는 기탄없이 의견을 말할 수밖에 없다. 스에쓰구도 그것을 알면서 본심을 드러내는 것이다. 어쨌든 범인의 자백이 필요한 안건임은 명백했다.

두 사람이 장례식장에 도착하자 이미 호상소에는 줄이 길게 늘어서 있었다. 스에쓰구의 시선을 쫓으니 수사본부 사람들이 꽤 섞여 있는 듯하다.

구니코는 호상소 뒤에 서서 조문객에게 머리를 숙이고 있다. 옆에서 침울한 표정을 짓고 있는 두 사람은 마키세의 부모가 틀림없다. 시즈카가 방명록을 적는 사이 구니코가 소개하자 마키세의 부모는 극히 황송해했다.

장례는 불교식으로 치러졌다. 독경이 흐르는 가운데 시즈카는 조문객 한 명 한 명을 넌지시 바라본다. 사가라 미유키를 비롯한 마에바시 지방 법원 관계자는 물론, 그 외의 법원에서도 드문드문 아는 얼굴이 모여들고 있다.

현란한 행동을 하지 않아도 성실한 사람 주변에는 사람이 모인다는 좋은 예였다. 집에서의 마키세밖에 몰랐을 터인 구니코는 모인 조문객들의 수에 새삼 놀라는 눈치다.

미유키는 계속 오열을 쏟아 내고 있다. 장례식장에서 우는 건 전혀 상관없지만 만약 자신이 현역 판사라면 저런 서기관을 옆에 두고 싶지 않다. 감정표현이 풍부한 것을 비난할 생각은 없지만 쉴 새 없이 발휘하는 것에 약간 의구심이 들기 때문이다. 적어도 다양한 유형의 범죄자가 모이는 법정에 어울리는 자질은 아니다.

한편 구니코는 입을 굳게 다물고 평정을 지키려는 듯했다. 화장으로 가리려 했지만 눈 밑에는 다크써클이 있다. 그녀의 오른쪽에는 마키세의 부모가 앉아 있고 왼쪽에는 칠십 대로 보이는 노인이 바싹 붙어 있다. 분명 구니코의 친정 아버지일 것이다.

식은 순조롭게 진행되어 간다. 자신보다 젊은 사람의 장례식은 여전히 뒤숭숭하다. 순서를 틀린 채 일이 진행되는 것 같은 거북함이 있다.

시즈카가 잠시 앉아 있자 옆에서 스에쓰구가 귓속말을 해 왔다.

"조문객 대부분이 법조인들인 듯합니다."

"법원 관계자가 아닌 사람들은 빠짐없이 체크했겠죠?"

"수도권에 사는 동창들입니다. 대학, 고등학교 졸업명부를 입수해 조문객은 전원 조회가 가능했습니다."

내일 이후는 장례식에 오지 못한 지인의 조문도 있을 것이다. 그러나 오늘 시점에서 모인 것은 친척 몇 명과 동창, 그리고 대부분이 법조인들. 마키세가 이 세상을 떠났다는 소식에 달려온 사람들 중 법조인들이 압도적으로 많은 것은 그가 이런 삶의 방식을 선택한 결과다.

사적인 것보다는 공적인 것. 세간보다는 법조계를 우선하는 삶의 방식이 판사로서 과연 옳을까, 어떨까.

그것은 분명 아무도 모른다. 아니 알 필요도 없다. 당사자가 웃으며 죽을 수 있느냐 아니냐만이 문제일 것이다.

신중하지 못할지도 모르겠지만 시즈카는 아련한 동경을 품는다. 사람의 진가는 사후에 정해진다고까진 생각하지 않지만 살아 있는 동안 타인의 평가 따위 아무래도 좋다. 자신이 납득할 수 있는 삶의 방식을 다할 수 있으면 그걸로 충분하지 않을까.

시즈카는 자신의 인생을 돌아본다.

스스로 납득할 수 있는 인생이었을까. 마지막 순간에 마음속 깊은 곳에서 웃으며 죽음을 맞이할 수 있을까.

다른 사람의 장례식에서 자신의 임종을 생각하는 것이 별로 바람직한 것 같진 않지만 마키세라면 이런 무례한 짓도 용서해 줄 것만 같다.

고별식이 시작된다. 조문객이 나란히 서서 관의 창문으로 마키세의 얼굴을 바라본다. 이윽고 시즈카의 순서가 왔다. 마키세는 온화한 얼굴로 잠들어 있다. 마지막 순간에는 편안히 쉬었으면 하고 바라지 않을 수 없다.

매듭은 지어 줄게요.

시즈카는 합장하고 관에서 멀어진다.

조문객 전원이 고별식을 마치고 마지막은 상주인 구니코가 인사할 차례다.

마이크 앞에 선 구니코는 아직 고개를 숙이고 있다. 시즈카는 쭉 유가족석에 있는 그녀를 관찰하고 있었는데 그녀는 이제까지 감정을 겉으로 드러내지 않았다. 과연 마지막까지 의연하게 있을 수 있을지 불안하다.

"장례식에 와 주신 여러분. 상주 마키세 구니코입니다."

촉촉한 목소리로 입을 연 구니코는 얼굴을 들고 조문객들을 둘러본다.

"오늘 바쁘신 와중에 마키세 씨를 위해 일부러 시간 내 주셔서 감사합니다. 분명 마키세 씨도 기뻐하실 것이라 생각합니다. 모처럼 찾아주셨는데 제가 얼굴을 잘 알지 못해 많은 실례를 한 것 같습니다. 여러분들 대부분은 오늘 처음 뵈었습니다. 그 정도로 마키세 씨는 일에 열심이며 생활의 전부를 판사 일에 쏟아붓고 있었습니다. 생전 마키세 씨는 자주 판사 일이 힘들다고 말버릇처럼 말했습니다. 하지만 한 번도 재미없다든가 그만두고 싶다든가 하는 말은 입에 담지 않았습니다."

말에는 힘이 없고, 평소에 사람들 앞에서 말하는 것에 익숙한 사람의 말솜씨가 아니다. 그래도 막힘없이 구니코는 읽어 내려간다.

"긴 인생은 아니었지만 성실했던 인생으로 분명 본인은 행복했을 것입니다. 본인을 대신해 감사 인사를 드립니다. 정말 감사합니다."

성대하다고는 할 수 없지만 장례식장에서는 미망인에 대한 위로의 박수가 울려 퍼졌다.

드디어 마키세의 시신이 영구차 안에 실린다. 구니코를 포함한 친척들을 태운 영구차가 긴 경적음을 울리며 천천히 나아간다.

목소리를 내는 사람은 아무도 없었다. 미유키마저 말없이 영구차를 배웅한다.

옆에 있던 스에쓰구가 말을 걸어왔다.

"슬슬 저희도 갑시다."

시즈카와 스에쓰구는 화장터까지 가서 마키세의 마지막을 지켜볼 생각이었다.

최근에는 장례식장 근처에 화장터가 있는 곳이 늘었지만 마키세의 시신을 처리하는 화장터는 자동차로 15분 걸리는 곳에 있었다. 유족들은 불편하겠지만 다른 사람들과 섞이지 않는다는 점에서 시즈카와 스에쓰구에게는 더욱 좋았다.

시즈카와 스에쓰구가 늦게 도착하자 이미 다른 유족들은 대합실에서 모습을 감췄고 화장로 앞에는 구니코만 서 있을 뿐이었다.

"부부끼리 계시는데 죄송해요."

"고엔지 씨."

두 사람을 알아차린 구니코는 조금 놀란 듯했다.

"어째서."

"이런 곳에는 가까운 사람만 초대된다는 건 잘 알아요."

시즈카는 고개를 숙인다.

"그래도 뻔뻔하게 찾아왔습니다."

"시즈카 씨가 지켜봐 주신다면 마키세도 기뻐할 거예요."

시즈카는 한 발 앞으로 나가 구니코와 나란히 선다. 화장로의 정면에 서자 시신이 타는 소리가 들려온다. 머지않아 자신도 관 속에서 그 소리를 듣게 될 거라 생각하니 조금 주춤해졌다.

"장례식 상주, 고생 많으셨어요."

"감사합니다. 솔직히 아직 실감이 나질 않네요."

구니코는 당황하는 듯했다.

"시신이 돌아오자 곧 장례 회사 직원이 이것저것 도와주더라고요. 장례식장 물색부터 부고장 발송도. 저는 아무것도 한 게 없어요. 오늘 장례식도 식순을 듣고 조문객 한 명 한 명께 인사하고 있는 동안 시간이 흘러서. 마지막 상주 인사만 해도 바로 직전에 내용을 떠올려서 그런지 뭐랄까 슬퍼할 겨를도 없었습니다."

"유족들에게 슬퍼할 틈이 없도록 장례 회사가 일부러 바쁘게 한다고 들은 적이 있어요."

즉 유족이 천천히 슬픔에 잠기는 것은 장례식을 마치고 나서라는 의미이기도 하다. 의도가 전달된 듯 구니코는 쓸쓸하게 머리를 흔든다.

"양쪽 부모님도 내일에는 돌아가실 듯하니까 그럼 아마 많은 생각이 들 것 같아요."

마키세가 사망한 이상, 유족이 언제까지 사택에서 살 수 있을 리도 없다. 앞으로의 처신은 어떻게 할 셈일까.

"폐를 무릅쓰고 찾아온 건 수사의 진전 상황을 보고하고 싶어서예요."

"부검 결과 무언가 새로운 사실이라도 나왔나요?"

"아뇨. 부검 결과는 검시관의 소견과 별반 다르지 않은 듯합니다."

"현장에서 새로운 증거가 발견되었다든가."

"그것도 아닙니다. 범행 시에는 폭우가 내려 경찰이나 검찰이 반길 만한 물증은 거의 떠내려갔죠."

"그런 상황에서 수사에 진전이 있단 말씀이신가요?"

"소거법을 쓰면 편리하니까요. 초보적이지만 가능성을 하나씩 제거해 가는 데 정말 유효하답니다."

구니코는 갑자기 흥미가 생긴 듯했다.

"이번 범행의 양태는 크게 나누어 묻지 마 범죄, 강도, 혹은 원한 중 하나라고 생각됩니다. 그중에 우선 묻지 마 살인일 가능성을 검토했지만 묻지 마 범죄의 표적이 되는 건 대부분 여자아이처럼 자신보다 체력이 부족한 상대예요. 당시에는 폭우 때문에 마키세 씨가 우산을 쓰고 있어서 체격도 알기 어렵죠. 묻지 마 범죄의 표적으로는 적합하지 않습니다."

"그렇겠네요. 마키세 씨는 키도 있으니까요."

"두 번째 강도. 이건 빨리 제외되었습니다. 마키세 씨의 상의에는 현금이 든 지갑과 핸드폰이 그대로 있었으니까요."

"그렇다면 남은 가능성은 원한이네요. 그런데 그것도 딱 맞지는 않아요. 전에도 말씀드렸다시피 남편을 미워하거나 증오하는 사람도 전혀 짐작 가지 않거든요."

"설령 본인이 성인군자라도 해도 미움받을 때는 미움받는 법이죠. 오해가 생기는 경우도 있고요."

"남편은 오해를 사는 성격이 아니었어요."

"네, 그건 저도 잘 알고 있습니다. 그래서 이번에는 오해한 측의 문제라고 생각하고 있고요."

구니코는 고개를 갸웃거리며 영문을 모르겠다는 표정을 짓는다.

"처음부터 마키세 씨는 스스로 범인을 지목하고 있었습니다."

특별히 극적인 효과를 노린 건 아니었지만 시즈카의 한마디는 구니코의 안색을 변하게 하기에 충분했다.

"그럴 수가. 현장 물증은 거의 떠내려가지 않았나요?"

"마키세 씨는 남아 있는 핸드폰으로 범인의 이름을 말하고 있었습니다."

"말도 안 돼. 처음 들어요. 밤 9시 35분에 저랑 연락한 게 마지막이라고 하지 않았나요?"

"그렇습니다. 핸드폰 이력에는 당신과의 통화가 마지막 기록이었습니다. 그러니 오히려 이상하죠. 부검 보고에서는 마키세 씨는 찔린 후에도 잠시 숨이 붙어 있었다고 합니다. 누군가에게 찔렸다. 신경이 집중되어 있는 옆구리를 찔려서 고통스럽기도 하고 칼을 빼자마자 출혈이 생기는 것도 알고 있었겠죠. 지금까지 재판 기록에서 자상과 출혈사에 관해 자주 보고 들은 마키세 씨가 모를 리 없고요. 다행히 핸드폰은 가슴께에 있었습니다. 그렇다면 보통은 누군가에게 연락을 하겠죠. 습격당한 사실. 범인을 알면 그 이름. 게다가 습격당하기 직전에는 당신과 통화하고 있었으니 재다이얼만 하면 바로 통화했을 테고요. 그런데 실제로는 마키세 씨는 누구에게도 연락하려 하지 않았습니다. 왜 그랬을까요. 답은 간단합니다. 연락해도 소용없다는 걸 알고 있었던 겁니다. 자신을 찌른 범인이 당신이었으니까."

지적을 받자 구니코는 순간 몸이 굳은 듯했다.

"억지 논리예요."

"다소 억지스러운 건 알아요. 하지만 당신이 범인이 아니라면 마키세 씨가 핸드폰을 만지려고도 하지 않은 이유를 설명할 수 없습니다. 구니코 씨, 당신은 시신 발견 현장에서 마키세 씨의 시신과 마주하셨었죠. 시신을 보고 가장 놀란 사람은 아마 당신일 거예요. 공원에서 찔렸다고 생각했던 마키세 씨가 어느샌가 용수로 옆 도로에 와 있었으니까요."

마키세의 신발에 공원의 흙이 묻어 있었다는 것을 듣자 구니코의 얼굴이 굳는다.

"분명 남편은 범인에게서 도망치려고."

"중상을 입은 사람이 일부러 인적이 드문 도로를 선택하겠습니까? 도망친다면 공원을 나와 용수로 반대 방향으로 가겠죠."

"그럼 어째서."

"마키세 씨는 틀림없이 용수로를 향하고 있었습니다. 그 이유는 하나밖에 떠오르지 않네요. 흉기인 칼을 던져 넣으려고요."

"그럴 리가."

"옆구리는 칼에 찔린 채. 그대로 자신이 죽으면 칼에서 범인이 특정될지도 모르죠. 당신이 주의 깊게 지문을 남기지 않았다고 해도 감식하면 그 외의 잔류물이 발견될지도 모르고요. 특수한 칼이라면 브랜드만 보고 최종 사용자를 추적할 수도 있습니다. 어쨌든 칼을 현장에 남기는 것은 위험하죠. 그런데 다행히도 눈앞에 있는 용수로가 불어나고 있었고요. 칼을 처분하기에는 딱이죠. 그래서 마키세 씨는 마지막 힘을 짜내 공원을 나와 옆구리에서 빼낸 칼을 용수로에 던진 뒤 마침내 숨을 거두신 겁니다."

구니코는 화장로를 향해 선다. 마키세에게 진의를 묻고 싶은 건지, 시즈카에게서 얼굴을 돌리고 싶은 것뿐인지는 알 수 없다.

"여기까지 생각하면, 마키세 씨가 그렇게까지 해서 감싸고 싶은 사람은 당신 정도밖에 없어요. 이것도 당신이 범인임을 나타내는 증거 중 하나입니다."

시즈카에게서 등을 돌리고 있던 구니코가 어깨를 들썩이기 시작했다.

"마키세 씨가 당신을 감싸려 했던 이유는 말할 것도 없습니다. 가령 살해당해도 당신을 최후의 순간까지 지키고 싶었기 때문이죠."

그 말 한마디에 구니코는 자제심을 잃은 듯하다. 구니코는 털썩 그 자리에 주저앉아 두 손으로 얼굴을 가린다.

"죄송해요."

다음은 둑에 고여 있던 물이 흘러넘치는 것뿐이다.

"죄송해요, 정말 죄송해요, 죄송합니다."

마키세의 화장이 끝난 후 구니코는 스에쓰구를 따라 현경본부에 출두했다. 다음은 구니코가 진술한 내용이다. 마키세와의 결혼은 더할 나위 없이 좋았지만 단 하나 구니코를 괴롭게 하는 것이 있었다. 마키세의 부모가 하루라도 빨리 손주를 원했던 것이다. 구니코도 아이가 싫은 건 아니다. 하지만 좀처럼 아이가 생기지 않았다. 마키세의 부모는 사사건건 아이를 가지라고 재촉했고 그것이 구니코에게는 부담이 되어갔다. 시즈카도 지적한 대로 '사루보보'를 보낸 것은 마키세의 부모였는데 이는 자식이 생기기를 기원하는 공예품이기도 하다.

"말로 쿡쿡 재촉당하는 것도 싫었지만 일부러 불쾌한 그런 인형을 보낸 것은 정말 참을 수 없었어요."

전화로 연락을 몇 번 주고받는 동안 시어머니는 농담조로 '돌계집*'이라고 부르기까지 했다. 구니코는 이대로 아이가 안 생기면 이혼당하지 않을까 노심초사하게 되었다.

"사택에서는 주민이 전부 법원 관계자 가족이라서 부주의하게 상담할 수도 없어요. 남편은 법원 일로 몹시 바빠 언제나 지쳐서 돌아오느라 역시 상담할 수 없었고요."

****

* 아이를 낳지 못하는 여자를 얕잡아 일컫는 말.

누구에게 악의가 있는 것도 아니다. 굳이 말하면 '남들처럼'을 당연히 요구하는 주변의 압력이 구니코를 내몰았다.

"마침 그럴 때 우편함에 발신인 불명의 봉투가 들어 있었어요. 내용물은 사진이었는데 그건 마키세와 사가라 미유키 씨의 투샷이었습니다."

신문하던 스에쓰구는 기다리라는 듯이 한 손을 들었다.

"사가라 미유키 씨는 판사의 서기관입니다. 대개 그림자처럼 따라다니는 법이죠. 투샷은 딱히 드물지도 않다고 생각하는데요."

"사가라 씨가 몸을 꼭 기대고 있었어요. 근무 중에 찍힌 사진으로는 안 보였습니다."

사가라 미유키는 반은 노골적으로 마키세를 유혹하고 있었다. 그렇다면 그녀가 평소에 허물없이 구는 것도 수긍이 가지 않는 건 아니다.

"사진 뒷면에는 메일 주소가 있었어요. 사진이 진짜라면 사정을 묻지 않을 수 없죠. 그 메일 주소로 메일을 보내니 후루에 아이코라는, 다른 사택에 사는 법원 직원의 부인이 받았습니다."

구니코에 의하면 후루에 아이코는 쇼핑 도중 마키세와 사가라 미유키를 발견하고 무심결에 들고 있던 핸드폰으로 도촬했다고 한다.

"전 후루에 씨와 직접 만나 이야기를 했어요. 그러자 다른 사택에 살고 근무처도 다른 것에 마음이 편해져서는 마음을 터놓게 되었고요. 마키세 씨에게 말할 수 없는 불평불만도 후루에 씨에게는 말할 수 있었습니다."

후루에 아이코가 사는 사택에는 사가라 미유키도 사는 듯, 마키세와의 밀회는 그 후에도 계속된 듯하다.

"후루에 씨는 만날 때마다 핸드폰으로 찍은 두 사람의 사진을 보여 줬어요. 역시 아이를 갖지 못하는 마누라보다는 젊은 여자가 좋은가 봐, 라며."

"그래서 마키세 씨를 찔렀다는 건가요? 그렇게까지 생각했다면 이혼하는 방법도 있었을 텐데요."

"이혼하면 유족연금을 받을 수 없게 된다고 후루에 씨가 알려 줬어요."

구니코는 분하다는 듯이 말한다.

"결혼하고 나서 쭉 저랑 살았는데도 마키세 씨가 사가라 미유키 씨와 재혼하면 유족연금은 그 여자가 받는 거잖아요. 그건 절대 용서 못 해요. 저는 마키세 씨를 몹시 증오했습니다."

신문하고 있으니 구니코가 나날이 정신이 병들어갔다는 것이 느껴진다. 후루에 아이코의 쓸데없는 참견까지 한몫해, 구니코는 마키세를 향한 살의를 굳혀 간다.

"당일 밤 9시 35분에 마키세에게서 전화가 걸려오자 저는 깜빡 잊고 사지 못한 것이 있으니 공원에서 기다리라고 했어요."

그 후부터는 시즈카의 추리대로 구니코는 미리 홈센터에서 구입한 나이프를 들고 빗속으로 달려갔다. 범행 후 경찰에게서 연락을 받고 공원에 가니 어느샌가 시신이 이동하고 나이프도 사라져 있어 매우 당황했다고 한다.

진술을 마치자 구니코는 살인 용의로 체포되었다. 조속히 압수

수색을 하자 예상대로 구니코의 신발에서 공원의 흙이 발견되었다. 또 홈센터 전표에서 구니코가 나이프를 구입한 사실도 증명되었다. 마키세가 용수로로 던진 것으로 추정되는 나이프는 아직 발견되지 않았지만 스에쓰구는 검찰에 송치하기에는 충분하다고 확신했다. 다만 한 가지 의문이 남았다.

의심에 사로잡힌 구니코에게 접근해 좋은 말 상대가 되어 주고, 여러 조언을 전수한 후루에 아이코의 존재다. 수사본부가 보강 수사를 위해 각 사택을 탐문했지만 해당 인물은 전혀 보이지 않았던 것이다. 혹시나 해서 구니코의 핸드폰에 등록된 후루에 아이코 번호로 전화를 걸어봤지만 이미 해지된 번호였다.

그 후 수사본부가 추적해도 마키세 구니코에게 회의와 질투를 연료로 투하한 후루에 아이코의 행방은 알 수 없었다.

구니코가 마에바시 지검에 송치되고 일주일 후, 시즈카는 세이조의 자택에서 쉬고 있었다. 구니코가 검찰에 송치되는 것은 마키세가 바라던 바는 아닐 것이다. 하지만 시즈카의 성격상 숨겨진 악의를 간과할 수는 없다. 지금은 마키세도 떨떠름한 표정을 지으며 자신을 용서해 주고 있다고 생각하고 싶다. 부모의 사망 이후 마음의 문을 닫고 있던 마도카도 전학한 학교에 다니면서 조금씩 본래의 밝은 모습을 되찾고 있었다. 불행의 연속이었던 시즈카의 주변도 마침내 평온해졌다며 천장을 올려다본다.

전화가 울린 건 마침 그럴 때였다. 학교에서 돌아온 마도카가 전화를 받아 잠시 응대한 듯하지만 이윽고 기분 나쁜 듯한 표정을 지으며 다가왔다.

"이상한 전화."

장난 전화인가, 아니면 수상한 스팸 전화인가. 시즈카는 마도카와 함께 전화기로 향한다.

"네, 고엔지입니다."

그러자 전화 너머에서 성별도 나이도 구분할 수 없는 목소리가 들려왔다.

— 재판받는 기분이 어떤가.

음성변조기를 사용해 특징을 감춘 전자음 소리이지만 불길함은 육성 못지 않았다.

누구냐고 물으려는 순간, 전화는 일방적으로 끊겼다.

수화기를 내려놓고 시즈카는 그 자리에 내내 서 있다.

뇌리에서 두 사건이 느닷없이 연결되었다.

다지마와 마키세가 자신과 같은 사건을 담당한 적은 결코 적지 않았다. 그리고 재판에서는 승자와 패자가 발생한다. 이긴 쪽은 그렇다 치고 진 쪽은 판결을 내린 사람에게 한을 품기도 한다.

재판에서 쓴맛을 본 누군가가 시즈카 일행에게 복수하려고 하는 건 아닐까. 실제로 지금 시즈카 일행을 심판당하는 처지로 몰아넣고 싱글벙글 하는 자의 존재가 분명해졌다.

아들 부부에게 모살당한 다지마, 아내에게 오해받아 칼에 찔린 마키세. 둘 다 그들의 공적을 짓밟는 듯한 말로다. 두 사람의 죽음에 직면했을 때는 부조리마저 느꼈지만 누군가의 의도가 개입되어 있다고 생각하면 앞뒤가 맞다.

다음은 자신의 차례인가.

각오를 하니 이상하게도 공포심이 옅어졌다. 복수자가 어디의 누구인지는 모르지만 어차피 여생이 얼마 남지 않은 목숨이다. 올 테면 와 봐라. 복수는 못 해도 힘껏 상대해 줄 테다. 늙은이가 나댄 다고 비웃고 싶으면 비웃어도 좋다. 다지마와 마키세의 복수전이 라고 생각하면 약간 망가질 것도 각오했다.

쓸데없이 열이 올랐는데 정신을 차려보니 마도카가 허리에 매달 려 있었다.

"무슨 일이야, 할머니."

불안한 목소리에 시즈카는 정신이 든다.

이런.

적의 표적은 시즈카만이라고 할 수 없다. 손녀가 말려들지 않는 다는 보장은 어디에도 없다. 실제로 다지마와 마키세에게 손을 뻗 친 것은 각각의 가족이지 않았나. 다시 말해 복수자는 우선 표적의 가족에게 접촉한다.

지켜야 할 것은 내가 아니라 마도카일지도 모른다. 그렇게 생각 한 순간 시즈카는 갑자기 불안해졌다.

4

나야 어떻든 마도카까지 위험에 처하게 할 수는 없다. 미사코 부부가 맡긴 소중한 생명이다. 어떻게든 지켜내지 않으면 얼굴을 볼 면목도 없다.

마음을 먹은 시즈카는 관할인 세이조 경찰서에 연락했다. 협박 전화를 받았으니 보호를 요청하는 것은 정당한 행위일 것이다.

대표번호로 거니 생활안전과로 돌려주었다. 이름과 상황을 말했지만 경찰서 상담 직원의 반응은 미지근했다.

—그것만으로는 충분하지 않습니다. 명확히 위해를 가한 의사표시는 없네요. 장난 전화일지도 모르고요.

"그래도 실제로 제 예전 동료들이."

말을 하려다 그만두었다.

누군가가 다지마와 마키세의 가족을 조종했다는 것도 어디까지나 시즈카의 가설이고, 게다가 현실적이지도 않다. 늙은이의 푸념으로 취급받아도 불평할 수도 없다.

— 피해신고서를 제출해 주시면 감사하겠습니다.

경호를 생각한다 하더라도 양식을 갖추라는 취지다. 확실히 장난 전화에 일일이 출동한다면 경찰은 아무리 많아도 늘 부족할 것이다.

손녀의 안전을 위해서라면 피해신고서 따위 몇백 장이라도 쓰겠다.

"알겠습니다. 경찰서에서 뵙겠습니다."

전화를 끊고 다이닝 키친에 돌아오니 의자에 앉아 있던 마도카가 이쪽을 돌아보았다.

"할머니, 경찰서에 가?"

전화 내용을 들은 듯하다.

"엿듣는 건 좋지 않아."

"왜 할머니를 노리는 거야?"

마도카는 뚫어질 듯 이쪽을 본다. 보통 마도카는 걱정 없는 눈빛을 하고 있는데, 지금은 상대방의 진의를 재듯이 그 눈빛이 더욱 깊다. 미사코는 마도카의 이런 눈이 시즈카를 닮았다고 했었다. 열네 살의 시선은 더욱 날카롭게 내리꽂힌다.

"자기 일에 충실하려고 하면 반드시 불이익을 받는 사람이 생기기 마련이야."

판사로서 조용히 업무를 수행했던 동료가 두 명이나 살해당했다. 실행범은 체포되었지만 배후에서 그 모습을 보고 기뻐하는 자가 존재한다.

시즈카의 설명을 듣던 마도카는 자기 나름대로 분석해 자신만의 언어로 열심히 표현하려는 듯했다.

"할머니는 올바른 판결을 내렸잖아."

"그래. 그건 올바른 판결이었어."

"올바른 일을 했는데 어째서 미움받아야 하는 거야?"

"세상은 옳고 그른 것만으로 나눠질 만큼 단순하지 않아서 그래."

시즈카는 의자를 가져와 마도카의 정면에 앉는다. 이제 단순한 할머니와 손녀가 아니다. 앞으로 마도카는 시즈카의 말을 부모의 가르침으로 받아들인다. 함부로 말할 것이 아니었다.

이미 열네 살은 어린아이도 아니다. 자기 경험치와 자질로 세상과 맞서 싸울 무렵이다. 시즈카는 자신의 온갖 지혜와 윤리를 마도카에게 쏟기로 결심했다.

"아무리 도리가 올바르다고 해도 그것을 받아들이지 못하는 사람은 많아. 자기 출신이나 성장 환경의 영향인지 옳다는 걸 알아도 따르지 못하는 거야. 게다가 사람은 감정의 동물이니까. 올바른 판결을 내려도 반드시 불평불만을 갖는 사람이 생겨. 할머니를 노리는 사람은 분명 그런 사람일 거야."

가만히 시즈카의 이야기를 듣고 있던 마도카는 마침내 납득했다는 듯이 고개를 끄덕인다.

"나, 알겠어."

하지만 마도카의 눈동자는 총명함과는 다른 빛으로 빛나고 있었다.

"엄마 아빠를 친 경찰은 집행 유예 포함 징역 2년 5개월을 받았어. 판사는 올바른 판결을 내렸을지 모르겠지만 나는 결코 그렇게 생각 안 해."

시즈카는 등골이 서늘했다.

곪어 부스럼이었다.

도리를 무시하고 감정을 앞세운 자들의 존재에 열네 살 소녀는 동정을 느끼기 시작한다. 이럴 수가. 이대로라면 마도카는 이성보다 혼탁한 감정에 사로잡힐지 모른다.

감정에 휩쓸리는 것은 매우 쉽다. 원초적인 욕구에 몸을 맡기면 그걸로 끝이다. 시즈카는 이를 엄격히 거부할 생각은 없다. 감정이 내키는 대로 행동해도 매력적인 사람은 많이 존재한다. 하지만 그들이 매력적인 건 감정에 맡긴 행동에 책임을 지기 때문이다. 감정적인 행동으로 자신과 타인에게 폐를 끼치고도 모르는 척하는 것은 무법자일 뿐이다. 따라서 대부분의 사람은 감정을 자제하고 자신이 책임을 질 수 있는지를 이성적으로 판단하고 나서 행동한다.

마도카가 감정에 휩쓸리기만 하는 사람이 되지 않았으면 한다. 그런데 어떻게 된 걸까, 시즈카는 고민한다.

세이조 경찰서에 갈 채비를 하고 있는데 인터폰이 울렸다. 시각은 벌써 오후 6시를 지나고 있다. 이런 시간에 방문이라니 조금 비상식적이라고 생각하는데, 상대는 의외의 인물이었다.

서둘러 현관문을 연다. 그곳에 서 있는 것은 네리마 경찰서의 구루메와 아타고 경찰서의 도치나미였다.

"잘 지내셨습니까."

"이 시간에 죄송합니다."

구루메와 도치나미는 정중히 고개를 숙인다.

"어째서 여기에."

"세이조 경찰서에 경호를 요청하셨잖아요."

구루메는 미안하다는 듯이 말한다.

"생활안전과를 통해 저희에게도 소식이 들어왔습니다. 세이조 경찰서에서 피해신고서를 운운한 것 같은데요, 고엔지 판사님께서 저희 수사에 얼마나 협력해 주셨는지 말씀하시지 그러셨어요."

"판사님께서 그런 공로를 써먹는 걸 싫어하신다고 알고는 있습니다만 조금은 저희를 의지해 주세요."

도치나미는 도치나미대로 어딘가 퉁퉁거렸지만 두 사람이 수고롭게 찾아 준 것은 정말 고마웠다.

어쨌든 자세한 사정을 듣고 싶다고 해서 응접실로 안내한다. 마키세가 살해된 사건은 두 사람 모두 알고 있어서 이야기가 빨랐다.

사정을 다 들은 구루메는 옆에 앉은 도치나미와 얼굴을 마주한다.

"'재판받는 기분이 어떤가'라는 말은 확실히 거슬리네요. 법조인 외에 세 분이 같은 사건을 재판했다는 것을 아는 건 사건 관계자뿐이니까요. 다지마 판사 사건과 마키세 판사 사건이 시기적으로 가깝다는 것도 신경 쓰이고요."

도치나미도 동의의 표시로 끄덕이며 말한다.

"사건이 연속되는 경우, 판사 세 분에 대한 원망이라는 선이 있겠네요. 하지만 판사님, 그렇게 되면 전화로 협박해 온 범인은 세 분이 담당한 사건 관계자일 가능성이 큽니다만, 세 분이서 함께 재판하신 사건은 몇 건 정도 되나요?"

"옆에서 보면 판사라는 직업이 우아하게 보일지 모르겠지만 제가 배속된 법원에서는 단독 법정에서 하루 수 건, 합의의 경우는 두 건. 많을 때는 하루에 열 건 이상 법정에 섰어요. 우리 세 명이 도쿄 고등 법원 형사부에 있던 게 3년 정도니 대강 계산하면 천 5백 건이 되는 셈이네요."

"천 5백 건."

도치나미는 신음한다. 분명 세 판사가 담당했던 사건을 전부 조사할 생각을 하고 있었던 게 틀림없다.

"천 5백 건 전부 다 조사하지 않으셔도 돼요."

"무슨 말씀이십니까?"

"현역이었던 마키세 씨는 그렇다 치고, 저나 다지마 씨처럼 이미 퇴임한 사람의 거주지나 연락처를 어떻게 알아냈을까요."

두 경찰은 다시 한번 얼굴을 마주한다.

"즉 우리 세 사람의 연락처를 입수할 수 있는 기회가 있던 인물은 많지 않다는 말이에요. 거기서부터 추적해 가면 꽤 좁힐 수 있지 않을까요?"

시즈카는 협박 전화를 받았을 때부터 곰곰이 생각하고 있던 가능성을 두 사람에게 전한다. 가장 처음 반응한 건 도치나미였다.

"스기나미 경찰서 형사과에 지인이 있습니다. 한번 찾아보죠."

"사건을 특정할 수 있으면 관계자 조사도 할 수 있습니다. 저는 그 방향으로 조사해 볼게요."

방침까지 정하다니 경찰의 움직임은 빠르다. 두 사람은 말하자마자 자리에서 일어났다.

"새삼스럽지만."

시즈카는 못을 박는 것을 잊지 않는다.

"두 사람의 호의는 감사하지만 무슨 일에나 우선순위가 있으니까요."

우선은 그들의 안건을 우선해 달라고 말할 생각이었는데 구루메는 당연하다는 듯이 가슴을 젖혔다.

"그 정도는 알고 있습니다."

"미안해요."

"물론 최우선으로 정해져 있죠."

"네?"

"고엔지 판사님이 애써 주시지 않았다면 저희 사건은 꽤 늦게 해결되었겠죠. 다시 말씀드리지만 정말 감사드리고 있습니다. 한편 이미 은퇴한 고령자의 조력 없이는 사건을 해결할 수 없었던 자신이 한심스럽기도 하고요."

"맞아요. 그리고 마침내 명예를 회복할 기회를 얻었단 말이죠. 저희 두 사람 모두 녹을 먹고 있지만 가끔은 다른 걸 먹어 보고 싶다는 생각을 할 때가 있답니다."

예상외의 발언에 시즈카가 받아치지 못하자 구루메와 도치나미는 허둥지둥 응접실을 나와 현관으로 향한다.

"그럼, 판사님. 안녕히 주무십시오."

물러나는 순간 두 사람은 미리 짠 것처럼 딱 맞는 호흡으로 경례를 해 보였다. 너무나 감사한 나머지 시즈카는 고개를 숙인 채 말을 잃는다.

현관에서 반쯤 멍해 있는데 또 인터폰이 울렸다. 두고 간 물건이라도 있는가 싶어 그대로 문을 열었다.

하지만 그곳에 있는 것은 폭주 노인이었다.

"늦은 시간에 미안, 시즈카 씨."

이 영감은 말과 표정이 서로 다른 명령 계통으로 움직이는 듯 조금도 미안해하는 얼굴이 아니다. 뒤에서 대기하는 미치코가 겐타로의 몫까지 미안해하는 듯 고개를 떨구고 있다.

"도쿄에서의 사업 논의는 거의 끝났어. 내일 나고야로 돌아가. 마지막으로 시즈카 씨한테 인사하고 싶어서."

남의 집 현관 앞인데도 한 블록 앞까지 다 들릴 듯한 목소리다. 주변에 민폐여서 얼른 두 사람을 집으로 들였다.

"겐타로 씨, 인사하러 오신 건 괜찮은데, 이 일대 주민 모두에게 작별 인사 하러 오신 거예요?"

"도쿄, 그럼 안녕."

퇴원해 나고야로 돌아가는 것이 그렇게나 기쁜지 겐타로는 어린아이처럼 떠든다.

"그, 에도 된장국도 국물이 짜기만 한 우동도 전부 안녕. 내일부터는 나고야 된장국과 우동이 나를 기다린다고."

"나은 지 얼마 안 되지도 않았으면서 그게 무슨 말씀이세요."

시즈카에게 미안해서 그런지 미치코의 질책이 평소보다 신랄하게 들린다.

"당분간은 병원식이 더 맛있게 느껴질 정도로 염분도 칼로리도 확실히 뺀 메뉴일 거예요. 각오하세요."

이 두 사람은 내버려 두면 어디에서나 부부 만담을 시작한다.

"할머니."

거봐. 그럴 줄 알았다. 소란을 듣고 마도카가 다이닝 키친에서 얼굴을 내밀었다.

"오오, 마도카. 이 시간에 미안. 사실 작별 인사하러 왔어."

"할아버지, 벌써 돌아가는 거야?"

먼저 말을 꺼내더니 왜인지 마도카는 겐타로를 따르게 된 듯, 겁도 없이 겐타로에게 달려간다.

"응, 마도카와 헤어지는 건 싫지만 나고야에서 나를 기다리는 사람들이 엄청 많으니."

"몸 조심해."

"마도카도, 라고 말하고 싶은 참이었는데."

겐타로는 시즈카에게로 시선을 돌린다.

"방금 경찰 두 명과 스쳤어. 분명 네리마와 아타고 사건을 맡았던 형사였는데. 무슨 일 있던 건가."

시즈카는 어떻게든 얼버무리려 했지만 한발 앞서 마도카가 입을 열었다.

"누가 할머니를 노리고 있어."

순간 겐타로의 안색이 변했다.

"누군데?"

"옛날에 할머니에게 재판받은 사람 아니면 그 관계자."

그렇군, 하고 중얼거리며 겐타로는 다시 한번 시즈카를 바라본다.

"그건 뭐. 올바른 판단을 해도 오히려 원망하는 녀석은 언제 어디서든 있으니까. 시즈카 씨, 자세히 말해 주지 않겠나."

"이건 제 문제예요."

"응, 그건 알아. 하지만 시즈카 씨가 말해 주지 않으면 마도카에게 물어볼 수도."

이야기를 듣기 전까지는 꿈쩍도 하지 않겠다는 얼굴이다. 민폐라고 생각했지만 이것도 겐타로 나름의 기사도 정신일 것이다.

"어쩔 수 없네요."

시즈카는 탄식을 섞어 말한다.

"사정을 설명할게요. 하지만 이번에는 끼어들지 말아 주세요."

"왜 그런가."

"벌써 동료 두 명이 살해당했어요. 더는 누군가를 말려들게 할 순 없어요."

시즈카는 겐타로와 미치코에게 자초지종을 설명했다.

"대강 이야기는 알겠네."

설명을 다 들은 겐타로는 불온한 얼굴로 끄덕인다.

"그래서 그 두 형사가 경호하러 왔다는 말인가."

"두 사람 모두 재수사하겠다고 했어요."

"피해신고서를 제출해도 실제 피해가 없으면 경찰은 좀처럼 안 움직여. 아직 재수사 명목이 안 섰겠지. 첫째, 시즈카 씨가 표적이 된다고 해도 지금까지 한 짓을 생각해 보면 갑자기 폭탄을 끌어안고 이 집에 쳐들어오진 않을 거야."

겐타로는 힐끗 마도카를 본다. 시즈카와 마찬가지로 범인이 마도카에게 접촉할 가능성이 크다고 깨달은 것이다.

"그런데 시즈카 씨. 경찰에 맡기기만 해서 괜찮겠나."

"무슨 의미예요?"

"경찰은 무능하잖아. 마음만 먹으면 범인으로 추정되는 녀석도 특정할 수 있겠지. 그런데 붙잡는다고 무슨 죄를 묻겠어."

여전히 앞을 내다보는 영감이다. 실은 시즈카의 고민도 거기에 있었다.

"교사. 즉 범죄를 실행하도록 부추기는 것도 죄가 되지만 성립요건이 있어요. 수단은 특별히 한정되지 않고, 지시, 지휘, 명령, 촉탁, 유도, 강력 권유(최고재판소 판례 쇼와 26년 2월 6일) 등의 움직임이 있었는지 묻겠죠."

"그런 거 얼마든지 확대 해석 할 수 있지."

"네, 확대 해석이 가능하기 때문에 명확한 행위가 있었는지가 쟁점이 되고요."

"바꿔 말하면 실행한 본인마저 교사당한 것을 눈치채지 못했으면 성립도 곤란하다는 말인가."

"맞아요."

"죄를 물을 수 없으면 붙잡혀도 또 똑같은 짓을 반복하겠군."

"복수하면 되잖아."

어린 목소리가 위험한 말을 읊조린다.

시즈카와 겐타로가 멈칫해 마도카를 본다. 열네 살 소녀는 나이에 어울리지 않는 흐릿한 눈을 하고 있었다.

"범인은 할머니나 나에게 접근하려고 하겠네. 그럼 접근한 순간 정당방위인지 뭔지라는 명분으로 복수하면 돼. 자신을 지키려다 그런 거니 용서받겠지."

"마도카."

"할머니도 나도 힘이 없으니까 덫을 놓지 않으면 당하고 말 거야."

마도카는 은연중에 폭력행위를 긍정하고 있다. 자신의 부모를 앗아간 범인에게 합당한 벌을 내리지 않은 사법에 절망하면서 떠올린 발상이었다.

이대로라면 마도카의 윤리관이 왜곡되어 버린다. 충고해야겠다고 생각한 순간 겐타로가 스스로 휠체어를 밀며 마도카에게 다가갔다.

"마도카. 전에 내가 했던 말, 기억해?"

"비합리와 싸우기 위한 방법에는 두 가지가 있어. 계속 정직하게 있는 것, 아니면 자신이 세상보다도 더 비합리적인 인간이 되는 것."

"호오, 잘 기억하고 있네. 그런데 비합리에 비합리로 맞서는 건 나 같은 말썽쟁이들이나 하는 거고. 마도카는 나처럼 되면 안 돼. 계속 정직하게 살아가 줘. 딱 시즈카 씨처럼 말이야."

겐타로는 잘 알아듣도록 타이른다. 겐타로의 간사함과 횡포를 싫을 정도로 빤히 봐 왔던 시즈카의 눈에는 마치 다른 사람처럼 보인다.

"시즈카 씨가 지금의 시즈카 씨로 있을 수 있는 건 결벽 때문이야. 세간이 아무리 더럽고 비뚤어지려 해도 이 사람은 절대 자신의 기준을 굽히지 않아. 어리석은 것에도 비겁한 짓에도 청렴하고 바른 태도로 대해. 그러니 겨우 한 번 신세를 진 경찰이 자기 일을 내팽개치고 달려와 주잖아. 마도카도 시즈카 씨의 그런 점을 존경하겠지."

"응."

"자신이 정한 자신의 규칙을 따라. 간단하지만 꽤 어려워. 어려우니 그것을 실행하는 사람은 다른 사람에게 신뢰를 받는 거고."

"알 것 같아."

"남을 저주하면 자기에게도 재앙이 돌아와. 남에게 못된 짓을 하면 그대로 복수 당하지. 그런 걸 반복하는 동안 원래 모습으로 돌아갈 수 없게 되고. 마도카나 시즈카 씨와는 안 어울려."

"그런데 법으로 범인을 처벌하는 데는 한계가 있잖아."

"사람을 처벌하는 건 법뿐만이 아니야."

겐타로는 장난스럽게 웃어 보인다. 웃는 얼굴이 화가 날 정도로 사근사근하다.

"시즈카 씨는 법조계 사람이니까 어디까지나 법의 테두리 안에서 마도카를 보호해. 나는 나만의 방법으로 마도카를 보호할게."

"……할아버지는 폭력을 쓰는 거야?"

"이 몸으론 무리지."

겐타로는 즐거운 듯 자신의 하반신을 가리킨다.

"그 대신 내게는 이게 있어. 머리와 입. 두 다리보다도 훨씬 도움이 돼."

"할아버지가 머리 좋은 듯한 건 알아."

"좋은 듯한 게 아니라 실제로 좋아. 그러니 마도카는 다른 걱정도 하지 말고, 방에서 숙제라도 하세요."

젠타로는 마도카의 머리에 손을 올려 마구 쓰다듬었다. 신기하게도 마도카는 불쾌한 기색을 전혀 보이지 않았다.

마도카가 자기 방에 들어가는 것을 확인한 후 시즈카는 젠타로에게 말을 건다.

"손녀한테는 어렴풋하게만 말하셨는데, 제게는 다 말해 주시겠죠? 젠타로 씨의 방법이란 게 구체적으로 뭔가요? 아무리 젠타로 씨가 잘하는 수법이라고 해도 위법이라면 못 본 체할 수 없어요."

"그전에 시즈카 씨, 범인을 특정하지 않겠어? 실은 시즈카 씨 동료였던 다지마 건에서 살짝 걸려들었단 말이야."

젠타로는 어떤 이름을 입 밖에 낸다. 다시금 화가 나지만 시즈카가 마음에 두고 있던 인물과 같았다.

이틀 후, 젠타로와 시즈카는 다이토구 이리야에 있는 낡은 맨션 앞에 서 있었다.

"자, 가 봅세."

젠타로는 시즈카가 미는 휠체어를 타고 '니시고리 데이 서비스' 현관으로 들어간다. 저번 방문 때 부부라고 사전에 말해 둔 것처럼 이번에도 그 설정으로 가기로 해 미치코에게는 양해를 구했다. 대표 니시고리 히로코와는 사전에 약속을 잡아 두었다.

"어서 오세요, 고엔지 씨."

히로코는 두 손을 맞잡으며 두 사람을 맞이했다.

"오늘은 남편분의 회원가입 건이시네요."

"미안하지만 그건 구실이고. 당신과 까놓고 이야기하고 싶어서 거짓말 좀 했네."

"농담이 지나치시네요."

"농담이고 뭐고. 당신도 우리가 부부가 아닌 거 정도는 눈치챘을 거 아냐."

갑자기 겐타로는 첫 번째 카드를 꺼낸다. 히로코는 기선을 제압당한 몸으로 눈살을 찌푸렸다.

"그럼 진짜 상담 내용은 뭔가요?"

"점포 퇴거에 관해서야."

겐타로는 '고즈키 개발 대표이사'라고 직함이 적힌 명함을 책상위에 올려둔다.

"와우, 디벨로퍼 회장님이셨어요?"

"나고야에 거점을 두었지만 관동권 진출도 계획하고 있네. 우선 여기를 도쿄사무소로 할까 생각 중이라."

"사정은 알겠지만 아닌 밤중에 홍두깨격으로 말씀하시면."

"물론 무료로 해달라는 거 아니야. 견적을 받아 봤네."

겐타로가 견적서를 꺼내자 문서로 시선을 떨군 히로코의 안색이 싹 바뀌었다.

"어지간히 농담을 좋아하시나 보네요. 뭡니까, 제반 경비 포함 5만 엔이라니. 0이 두 개나 차이나잖아요."

"세입자를 내달라는 것뿐이야. 값비싼 집기나 설비가 있는 것도 아니고, 5만 엔은 지극히 타당한 금액 아닐까."

"농담이 아니라면 매우 실례이신데요."

"어차피 당신은 이 사무소에 있을 수 없어. 이제 연기 그만해. 당신에게는 살인 교사 혐의가 있네. 조사를 받아 혐의가 인정되면 천하태평하게 가게를 차리고 있을 여유는 없겠구먼."

"계속 헛소리를 하시는데 제가 누구한테 살인을 교사했다는 거예요?"

여기서부터는 내가 나설 차례다. 시즈카는 겐타로의 말을 잇는다.

"니시고리 히로코 씨. 당신의 과거를 조금 조사해 봤습니다. 입양되어 성이 바뀌었지만 예전 성은 유키시로. 우리가 사형을 선고한 전 사형수 유키시로 가스미의 딸이죠?"

히로코의 눈빛이 변한다. 요양보호 서비스 대표자에서 용의자로 변모하는 순간이었다.

"당신 어머니가 사형이 확정된 시기에 먼 친척에게 입양되었더군요. 당신이 어떤 반생을 보냈는지는 몰라요. 요양보호사 자격을 취득하고 나서 요양보호 서비스 회사를 운영하기까지 어떤 고생을 해 왔는지도 모릅니다. 분명 남에게 말할 수도 없는 생각도 했었겠죠. 그런 노력을 한 사람을 저는 존경합니다. 그러니 거기서 이상한 마음은 품고 싶지 않았어요. 당신은 다지마 씨와 아들 부부가 회사를 방문한 순간, 그가 당신의 어머니에게 사형을 선고한 판사 중한 명이었다는 걸 알아차리셨죠."

'니시고리 데이 서비스'에 다지마를 데려간 것은 고스케 부부였으니 두 사람의 재회야말로 우연이었을 것이다. 하지만 우연을 우연 그대로 두지 않은 점에 히로코의 악의가 있다.

"이제껏 환자와 보호자를 많이 상담했고, 또 질릴 정도로 실제 사례를 많이 봐온 당신이라면 다지마 씨와 아들 부부 사이를 이간질하기란 아주 쉬웠겠죠. 당신이 다지마 씨와 아들 부부에게 했던 조언은 이거였습니다. '가족이니까 진심을 터놓아야 용서받을 수 있는 부분이 있다. 그러니 본격적인 요양보호가 시작되기 전에 철저히 진심을 털어놓아야 나중에 옥신각신하지 않아도 된다.' 하나의 해결 방안인 건 확실하지만 당시 다지마 씨는 도벽이 심해져, 함께 사는 아들 부부도 스트레스가 쌓이기만 하는 상황이었어요. 그런 상황에서 서로 철저히 진심을 말하면 어떻게 될까요. 신뢰 관계가 구축되어 있으면 몰라도 그렇지 않으면 불에 기름을 붓는 격이죠."

"옆에서 듣고 있던 나도 같은 생각을 했네. 그러니 죽어도 당신 요양보호 서비스 회사는 이용하지 않을 거라고 생각했지."

두 노인에게 지적받고 히로코는 입술을 일그러뜨린다.

"스기나미 경찰서 담당자가 다지마 고스케에게서 새로운 진술을 얻고 있습니다. 당신은 다지마 씨의 치매 진행을 조사한다는 이유로 그에게 도착한 연하장을 빌렸다고 하네요. 마키세 씨도 저도 연하장은 계속 주고받았으니 당신은 어렵지 않게 우리의 주소와 연락처를 알아냈죠."

다지마가 사망한 기사를 보고 히로코는 자신의 의도가 공을 발휘했다며 춤을 췄을 것이 분명하다. 그리고 마키세를 다음 표적으로 골랐다.

"마키세 씨를 살해한 것은 아내 구니코 씨이지만 그녀에게 흉기를 쥐어 준 동기는 불안이었습니다. 시댁에게서 집요하게 임신을 재촉받지만 좀처럼 아이가 생기지 않는 상황. 시어머니한테는 돌계집이라고까지 욕먹고, 이혼당할까 봐 겁먹어 정신이 불안정했을 때 후루에 아이코라는 여자가 나타났죠. 후루에 아이코는 마키세 씨의 바람 현장을 촬영했다고 구니코 씨에게 접촉했습니다. 같은 법원 관계자의 가족으로서 마음을 터놓았고, 의심에 사로잡힌 구니코 씨의 대화 상대가 되어 여러 조언을 했죠. 그러나 그건 공연히 구니코 씨의 불안을 증폭시키기만 했고요. 후루에 아이코는 종종 마키세 씨의 밀회 현장 사진을 보여 줬습니다. 하지만 구니코 씨가 가지고 있던 사진 중 한 장을 분석한 결과, 단순한 합성사진임이 밝혀졌습니다. 그 후 수사본부가 추적해도 마키세 구니코의 회의와 질투에 연료를 투하한 후루에 아이코의 행방은 묘연해 알 수 없었고요. 당연하죠. 후루에 아이코는 니시고리 히로코 씨, 당신이니까요. 다지마 씨 때와 같습니다. 오랜 세월 요양보호 일을 통해 습득한 카운슬링 수법을 역이용하기만 하면 되었죠. 정신이 불안정했던 구니코 씨를 맘대로 조종하는 것은 그렇게 어려운 작업이 아니었을 테고요. 만약을 대비해 구니코 씨에게 당신 사진을 보여주자 후루에 아이코 씨라고 증언해 줬습니다."

이미 이야기 도중부터 히로코는 기분 나쁘게 엷은 웃음을 띠고 있었다.

"그래요? 제가 살인을 교사했다고 진술했나요?"

"그건 듣지 못했습니다."

"가명을 쓴 게 잘한 짓은 아니지만 저는 구니코 씨의 상담 상대가 된 것뿐이에요. 합성사진이요? 그냥 장난이에요. 합성사진을 구니코 씨에게 보여 준 게 그만큼이나 죄가 되나요?"

히로코는 방금까지 쓰고 있던 가면을 벗어던지고 완전히 정색하고 있었다.

"저는 구니코 씨의 상담 상대가 되거나 가끔 맞장구를 치거나 제 의견을 말했을 뿐이에요. 다지마 씨 때도 똑같아요. 저는 요양보호사로서 제가 체득한 지식의 일부를 제공한 것뿐이고요. 그걸 살인교사라고 하는 건 너무 억지 아닌가요?"

"결코 자신의 손을 더럽히지 않고 그들의 가족에 의해 죽게 만들다니. 가장 비열하고 잔혹하군요. 당신은 그렇게나 우리를 원망하고 있었던 거네요."

"사형수의 딸이라는 꼬리표가 얼마나 인생을 살기 힘들게 하는지 상상해 본 적 있어요? 훌륭하신 판사님. 당신들은 마음 편하시겠죠. 법의 이름하에 마음에 들지 않는 사람을 죽일 수 있으니까요. 우리 같은 아래 것들은 복수 하나 하는데도 머리를 짜내야 하는데."

자백하는 것처럼 들리지만 히로코는 가장 중요한 것을 일절 입밖에 내지 않는다. 녹음될 가능성에 대비하는 것일까, 아니면 시즈카에게 단서를 잡히지 않으려 하는 걸까.

분하지만 히로코의 변명은 이치에 맞다. 히로코가 다지마 부자에게, 그리고 구니코에게 무엇을 어떻게 주입했는지는 전혀 기록에 남아 있지 않다. 전부 체포된 용의자의 진술뿐이다. 설령 살인교사로 히로코를 검찰에 송치한다고 해도 유죄율 백 퍼센트를 표방하는 검찰청은 증거불충분이라며 불기소할 공산이 크다. 만약 기소된다고 해도, 혹은 시즈카가 재판을 담당한다 해도 역시 유죄 판결은 내리기 어려운 안건이다.

시즈카의 안색을 보고 승리를 확신했는지 히로코는 이쪽을 우습다는 듯이 웃는다. 이렇게 된 바에 한마디라도 더 빈정거릴 심산인 듯하다.

그러나 두 사람 사이에 겐타로가 끼어들었다.

"내 이야기는 아직 안 끝났어."

"조사를 받고 나면 천하태평하게 가게를 차리고 있을 여유는 없겠다고 하셨죠? 고소할 테면 하세요. 명예훼손으로 맞고소해 줄 테니."

"아니, 그전에 역시 당신은 가게를 접게 될 거야. 이 맨션은 오른쪽이 드러그스토어, 왼쪽이 핸드폰 매장인데, 최근 가게 사람과 이야기한 적 있나?"

"……딱히."

"두 점포 모두 이번 달 안에 폐점하네."

"처음 듣는데요. 후에 오픈할 가게는 벌써 결정된 건가요?"

"'고즈키 요양보호 서비스'"

겐타로는 심술궂게 웃는다.

"최신 설비와 일류 스태프도 준비했고 이 건물을 사이에 두고 두 점포에서 시작할 거야. 회원가입 같은 성가신 절차도 다 집어치우고, 데이 서비스와 24시간 간병도 가능. 요금 설정은 '니시고리 데이 서비스'의 반값으로 할 거고."

"말도 안 돼."

히로코의 안색이 변한다.

"요금이 우리의 반값이라니. 수지가 맞을 리 없어."

"무슨 사업이든 처음에는 초기투자야. 그래서 입소문이 나면 홍보도 되고 적자가 나도 경비로 계상하면 절세도 되고. 우리 쪽엔 전혀 문제가 안 돼. 하지만 두 점포 사이에 낀 당신 매장은 고전하겠지. 대표는 경찰에게 쓸데없이 의심받고, 고객은 확 떨어지는데도 임대료는 매달 꼬박꼬박 내야 하니. 뭐, 석 달 가려나? 명심해. 당신이 어디에 매장을 차리려 해도 나는 그 옆에서 반드시 똑같은 짓을 반복할 거야. 요양보호 서비스는 장래가 유망하니 어디서 하든 그리 크게 다를 게 없거든. 사업하기에 딱인 업종이야."

"……돈을 펑펑 써서 압박할 셈인가 보네요. 비열하긴."

"비열한 게 누군데. 당신도 자기 사업을 개인적인 복수에 사용했잖아. 난 뼛속부터 장사꾼이야. 장사꾼에게는 장사꾼의 방식이 있다고."

히로코는 깔깔 웃는 겐타로를 노려본다. 상대가 살의를 품게 하는 말을 하는 것으로는 이 영감이 일본 1등일지도 모른다.

"경찰 조사도 만만히 보지 않는 게 좋을 거야. 실행범을 뒤에서 조작하는 인간은 경찰과 검찰이 가장 싫어하는 놈들이니. 하룻밤 정도로 풀려날 거라고 생각하지 마. 게다가 조사 후에는 최대 고난이 기다리고 있을 거야."

"뭔데."

"아까 사형수의 딸이라는 꼬리표가 인생을 힘들게 한다고 말했었지. 이번 사건이 대중이나 매스컴에 알려지면 어떻게 될 것 같나. 어머니의 사형 판결에 원한을 품어 담당 판사들을 아내나 아들을 이용해 살해한 여자로, 네 악명은 더 높아져. 어디로 이사하든 쫓기는 신세가 되겠지. 요양보호 서비스 대표는커녕 일개 요양보호사로서 당신을 고용하려는 사람은 아무도 없겠고. 결국 생활보호에 신세를 지거나 노숙자가 되어 객사하겠군. 네 최대 적은 판결을 내린 판사가 아니야. 대중이지."

히로코의 얼굴에 금세 절망이 퍼져 간다.

"당신은 판결에 불복했겠지만 난 재판이란 건 공평한 데다가 죄인에게도 관대한 것 같아. 적어도 저런 말도 안 되는 사회적 제재라는 녀석보다는 나으니까."

"왜, 나한테만."

"다른 사람을 망자로 만들려고 했잖아. 사람을 공격하는 것들은 자기도 공격받을 각오를 했겠지."

"그럼 당신도 제대로 죽진 않겠네요."

"당연하지."

겐타로는 새삼스럽다는 듯이 대꾸한다.

"사업하면서 사람을 몇 명이나 곤경에 빠뜨렸는데. 평범하게 생을 마감할 수 있을 거란 생각은 처음부터 안 했어. 그러니 적어도 살아 있는 동안에는 맘대로 해야지."

히로코는 천천히 그 자리에 주저앉는다.

마침내 멀리서 경찰차 사이렌이 들려왔다.

에필로그

다음 신칸센이 홈으로 들어왔다.

"이제 정말 헤어질 시간이구먼."

미치코가 미는 휠체어에 탄 겐타로는 과장스럽게 하늘을 올려다보았다.

"아쉽네."

"그래도 도쿄는 싫으시잖아요."

"성격에 안 맞아."

"저랑도 안 맞지 않으셨어요?"

"성격은 안 맞아도 마음이 맞았어."

"글쎄요."

부정했지만 실은 시즈카도 아주 싫은 건 아니다. 겐타로와 협력하지 않으면 해결할 수 없을 것 같은 사건도 있지 않았나.

"표정이 별로 밝진 않네, 시즈카 씨."

"표정만으로 제 기분을 단정 짓진 마세요."

"그건 그래. 그런데 욕심이니 원망이니 하는 이야기는 아무래도 유쾌한 이야기는 아니지. 시즈카 씨 경우는 더욱 그렇고."

"판사는 정말 불운한 직업이에요."

"불운하지 않은 직업이 어디 있겠나. 누군가를 만족시키면 다른 누군가가 불만족하지. 세상 사람들이 처세술에 능한 사람을 질투하는 것도 다 그래서야."

"겐타로 씨가 말하니 설득력이 있네요."

"시즈카 씨가 말하면 더욱 설득력이 있지."

"왜 그럴까요."

"자신이 옳다고 믿는 것을 관철하는 사람이니까. 뭐 그런 성격이 아니면 판사는 못 했겠지."

자신의 정의를 관철한다. 얼마나 자아도취로 점철된 세상 물정 모르는 말인가. 하지만 좌고우면이 허락되지 않고 사회질서의 안녕을 목표로 하는 직업에는 꼭 필요한 말이다. 자신의 판사 생활을 돌아보며 생각한다. 반성해야 할 점은 많지만 후회는 하지 않는다. 세간이나 타인에게서 미움받거나 소외당해도 자기의 신조를 지킬 수 있다면 그것 말고 무얼 더 바라겠는가.

"할아버지, 꼭 건강해."

옆에 서 있던 마도카가 겐타로의 손을 잡았다. 니시고리 히로코가 살인 교사 용의로 체포되어서인지 마도카를 뒤덮고 있던 혼탁한 기운이 꽤 물러난 듯 보인다. 앞으로는 시즈카가 시간을 들여 완전히 불식시켜야 한다.

"다음에 나고야에 갈 일 있으면 하루카랑 루시아 만나고 싶어."

"그래그래, 꼭 오렴. 걔네들도 친구가 생기면 좋아할 거야."

탑승을 재촉하는 방송이 흐르자 겐타로의 얼굴이 번쩍 빛난다. 한시라도 빨리 나고야에 돌아가고 싶다는 건 진심일 것이다.

"그럼 시즈카 씨, 잘 지내."

"겐타로 씨도."

신칸센에 오른 겐타로는 홈에 서 있는 시즈카를 향해 크게 손을 흔든다. 마치 어린아이 같다. 하기야 저렇게 얄미운 아이도 최근에는 멸종위기지만.

이윽고 신칸센이 스르르 출발해 겐타로와 미치코의 얼굴이 멀어져 간다. 그래도 겐타로는 열심히 손을 계속 흔들고 있고, 이에 맞춰 마도카도 계속 발돋움을 하며 배웅한다.

문득 이것이 이승에서 보는 겐타로와의 마지막 이별 같은 예감이 들었다.

재치 만점 실버 콤비,
도쿄에서 다시 만나다.

『시즈카 할머니와 은령 탐정사』의 작가 나카야마 시치리는 2010년 『안녕, 드뷔시』로 데뷔해 작년 2020년 데뷔 10주년을 맞이했습니다. 데뷔 후 10년간 약 50편의 작품을 집필하며 엄청난 생산성을 자랑해 온 그는 모두가 놀랄 만한 데뷔 10주년 기념 프로젝트를 선보입니다. 바로 1년 동안 매달 신간을 발행하는 것입니다. 실제로 그는 작년 한 해 동안 불가능할 것만 같은 이 프로젝트를 기필코 완수해 나카야마 시치리 팬들에게 크나큰 즐거움을 선사합니다. 다작을 하면서도 일정 수준의 재미와 퀄리티를 잃지 않는 그의 능력에 또 한 번 놀랄 뿐입니다. 『시즈카 할머니와 은령 탐정사』는 '시즈카 할머니 시리즈' 세 번째 이야기(일본에서는 '시즈카 할머니와 휠체어 탐정 시리즈'의 두 번째 이야기로 출간되었다.)로 그가 프로젝트의 열 번째로 선보인 작품입니다.

'시즈카 할머니 시리즈'인 만큼 『시즈카 할머니와 은령 탐정사』

에서는 여든을 넘은 전직 판사 고엔지 시즈카와 중부 경제계의 중진인 휠체어 폭주 노인 고즈키 겐타로의 재치 만점 실버 콤비가 쿵짝을 이룹니다. 전작 『시즈카 할머니와 휠체어 탐정』에서는 이 실버 콤비가 나고야에서 대활약을 했다면 『시즈카 할머니와 은령 탐정사』에서는 장소를 옮겨와 도쿄에서 사건을 파헤칩니다. 도쿄는 왠지 싫다며 어린아이처럼 생떼를 부리는 겐타로지만 그는 뛰어난 입과 머리로 도쿄의 수족들을 활용해 사건을 해결하는 데 큰 몫을 해냅니다. 한편 건강검진을 받으러 간 병원에서 우연히 겐타로를 만난 자신이 지극히 운이 없다며 한탄하는 시즈카지만 시즈카 역시 사건을 함께 해결하자는 겐타로의 제안에 결국은 늘 응하고 맙니다.

도쿄에서 다시 만난 실버 콤비는 다섯 가지 사건과 마주하게 됩니다. 바로 대장암 명의의 의료 과실을 둘러싼 사건, 구조계산서 위조와 일급건축사의 의문사, 전직 경찰이었던 한 노인이 일으킨 교통사고, 전직 판사이자 옛 동료 다지마의 고독사, 현직 판사이자 후배인 마키세의 살해입니다. 안하무인 휠체어 탐정과 결벽이 극에 달한 법조계 레전드 할머니가 티격태격 주거니 받거니 단서를 찾아 사건을 하나하나 해결하는 것을 바라보는 데 큰 재미가 있습니다. 또한 이야기의 제왕, 반전의 달인의 작품인 만큼 각 이야기에 숨어 있는 반전을 예측해 보는 것도 이 작품을 즐길 수 있는 한 방법이 아닐까 싶습니다.

전작에 비해 이번 작품에서 눈에 띄는 점이 있다면 주로 시즈카가 활약을 하고 겐타로가 조력자의 역할을 한다는 것입니다. 전작

『시즈카 할머니와 휠체어 탐정』과 젠타로가 등장하는『안녕, 드뷔시 전주곡』에서 젠타로가 일당백을 했던 것과는 사뭇 달라진 비중입니다. 실제로 시즈카는 젠타로에게 도움을 구하기까지 하는데요, 어느새 이 둘은 서로 영향을 주고받는 듯합니다. 가령 목표를 달성하기 위해서라면 무법자가 되는 것도 마다하지 않는 젠타로가 '계속 정직하게 사는 것'을 제안하는가 하면, 신망이 두터운 시즈카가 '올 테면 와 봐라'라고 외칩니다. 어쩐지 둘의 대사가 바뀐 듯한 느낌이 드는 대목입니다.

다음으로 나카야마 월드를 전체적으로 조망하면서『시즈카 할머니와 은령 탐정사』를 읽는 법을 제안하고 싶습니다. 나카야마 시치리는 각 작품의 등장인물들을 유기적으로 연결해 서로 다른 작품에서 등장시키는, 소위 나카야마 월드를 구축하고 있습니다. 특히『시즈카 할머니와 은령 탐정사』에서는 피아니스트 탐정 미사키 요스케와 시즈카가 만나게 되는데요, 잠깐의 만남이지만 이 둘의 만남이 후에 다른 작품에서 어떻게 펼쳐질지 잔뜩 기대가 됩니다. 또 젠타로의 손녀인 루시아와 하루카, 시즈카의 손녀인 마도카가 훗날 어떻게든 엮이지 않을까 하는 조심스러운 예측도 해 봅니다(물론 이 세 손녀가 전부 만날 수는 없겠지만요).

마지막으로 시즈카와 젠타로가 등장하는 작품을 시간순으로 읽어보는 건 어떨까 합니다. 와타세 경부 시리즈인『테미스의 검』은 시간상 가장 빠른 작품으로 시즈카가 현역 판사인 시절을 배경으로 합니다. 다음으로는『시즈카 할머니와 휠체어 탐정』으로 이미 퇴임을 한 여든 살의 시즈카가 나고야에서 젠타로를 만나게 됨니다. 이때는 손녀 마도카와 함께 살지 않습니다. 그다음이 『시즈카 할머니와 은령 탐정사』입니다. 시즈카는 여든한 살로 나고야에서 도쿄로 이사합니다. 딸 미사코가 죽고 손녀 마도카와 함께 살기 시작하고요. 『안녕, 드뷔시 전주곡』에서는 나고야로 돌아온 겐타로와 요양보호사 미치코, 미사키 요스케가 등장합니다. 『시즈카 할머니에게 맡겨 줘』에서는 어린 손녀 마도카가 법대생이 되고요. 전부 블루홀식스에서 이미 출간된 작품이니 각 등장인물의 연결고리를 곱씹으며 읽어 보시기 바랍니다.

앞서 제시한 작품을 다 읽은 독자이자 번역가로서 마지막 장을 옮기며 쓸쓸한 마음을 지울 수가 없었습니다. 겐타로가 그토록 입버릇처럼 달고 다녔던 자신의 죽음에 관한 말들이 그의 앞날을 암시하는 것 같았기 때문입니다. 자신이 죽으면 시신을 '엄청난 화력에 다 태워 줬으면' 좋겠다는 그의 장난기 많은 한마디 말이 장난으로 들리지 않는 이유는 왜일까요. 앞으로 이 실버 콤비를 또 볼 수는 없는 건지, 기회가 있다면 한 번 더 만났으면 좋겠다는 마음을 담아 봅니다.

2021년 여름
민현주

시즈카 할머니와
은령 탐정사

1판 1쇄 인쇄 2021년 6월 22일 | **1판 1쇄 발행** 2021년 6월 28일

지은이 나카야마 시치리 | **옮긴이** 민현주
책임편집 민현주 | **디자인** 박진범 | **제작** 송승욱 | **발행인** 송호준

발행처 블루홀식스 | **출판등록** 2016년 4월 5일 제2016-000100호
주소 경기도 파주시 회동길 483-1 | **전화** (031)955-9777 | **팩스** (031)955-9779
이메일 blueholesix@naver.com

ISBN 979-11-89571-52-8 (03830)
정가 13,800원